해커스 HSK 4급 실전모의고사

중국어

학습을 위한 추가 혜택

교재 MP3 & HSK 4급 필수어휘 600

이용방법

해커스중국어 (china.Hackers.com) 접속 후 로그인
▶ 페이지 상단 [교재/MP3 → 교재 MP3/자료] 클릭
▶ [HSK → 4급] 클릭 후 본 교재 학습자료 이용하기

* 교재 MP3 : 모의고사용 / 문제별 분할 / 고사장 소음 버전 MP3

HSK 기출 사자성어

이용방법

해커스중국어 (china.Hackers.com) 접속 후 로그인
▶ 페이지 상단 [무료 자료 → 데일리 학습자료] 클릭
▶ [HSK 기출 사자성어] 클릭 후 이용하기

매일 HSK 필수어휘 테스트

이용방법

해커스중국어 (china.Hackers.com) 접속 후 로그인
▶ 페이지 상단 [무료 자료 → 데일리 학습자료] 클릭
▶ [4급 필수 단어] 클릭 후 이용하기

합격을 위한 해커스 MP3 활용 팁!

방법 1

[해커스 ONE] 앱 다운로드 후 로그인
▶ 좌측 상단에서 [중국어] 선택
▶ 페이지 상단 [교재·MP3] 클릭
▶ 본 교재 선택 후 이용하기

[해커스 ONE] 앱 다운받기 ▶

방법 2

다운로드 없이 즉시 학습이 가능한 [QR코드] 이용하기

해커스중국어 china.Hackers.com

해커스 중국어 HSK 4급 실전모의고사

해커스

해커스중국어
china.Hackers.com

해커스가 만들면
HSK 4급 실전모의고사도
다릅니다!

수많은 HSK 4급 수험생들이 묻습니다.
"HSK 4급 실전모의고사 교재 좀 추천해주세요~!"

그래서 해커스가 고민해 보았습니다.
HSK 4급 합격을 위한 실전모의고사는 어떤 교재여야 할까?

결론은, 실전모의고사는 모름지기,
1. 최신 출제 경향을 철저히 분석하여 그대로 반영해야 하고,
2. 실제 시험장에서 그대로 적용 가능한 전략적인 문제풀이 방법을 제시해야 하며,
3. HSK 4급 수험생들이 특히 어려워하는 듣기와 쓰기, 그리고 단어 암기에 직접적인
도움을 주는, 그러한 교재이어야 한다는 것이었습니다.

그래야만 수험생들이 합격에 대한 자신감과 확신을
가질 수 있기 때문입니다.

이러한 결론을 토대로 <해커스 HSK 4급 실전모의고사>를 만들었습니다.

특히, 시험 전 막판 1주일 동안 학습에 박차를 가하여
이번 시험에서 HSK 4급 합격증을 손에 쥐고 싶어 하는 수험생들을 위한 마음을
해커스가 이 교재에 고스란히 담았습니다.

여러분의 합격을 위해 <해커스 HSK 4급 실전모의고사>가 함께 합니다!

차례

해커스가 알려 드리는 HSK 4급 합격을 위한 막판 1주 학습법　06
HSK 4급 시험 정보　08
HSK 4급 출제 형태 및 문제풀이 전략　10
HSK 4급 합격을 위한 맞춤 학습 플랜　18

해설집

실전모의고사 제1회
| 듣기 | 22
| 독해 | 40
| 쓰기 | 56

실전모의고사 제2회
| 듣기 | 64
| 독해 | 82
| 쓰기 | 99

실전모의고사 제3회
| 듣기 | 106
| 독해 | 124
| 쓰기 | 141

실전모의고사 제4회
| 듣기 | 148
| 독해 | 166
| 쓰기 | 182

실전모의고사 제5회
| 듣기 | 190
| 독해 | 208
| 쓰기 | 225

해커스 HSK 4급 **실전모의고사**

문제집
[책속의 책]

실전모의고사 제1회	3
답안지 작성법	5
답안지	7
정답	26
실전모의고사 제2회	27
답안지	29
정답	48
실전모의고사 제3회	49
답안지	51
정답	70
실전모의고사 제4회	71
답안지	73
정답	92
실전모의고사 제5회	93
답안지	95
정답	114

듣기
1. 모의고사용 MP3
2. 문제별 분할 MP3
3. 고사장 소음 버전 MP3

4급 어휘 600

예문으로 마스터 하는
HSK 4급 필수어휘 600
(PDF+MP3)

* 듣기 학습을 위한 모든 MP3와 「예문으로 마스터하는 HSK 4급 필수어휘 600」 PDF+MP3는 해커스 중국어 사이트 (china.Hackers.com)에서 무료로 다운받으실 수 있습니다.

해커스가 알려 드리는
HSK 4급 합격을 위한 막판 1주 학습법

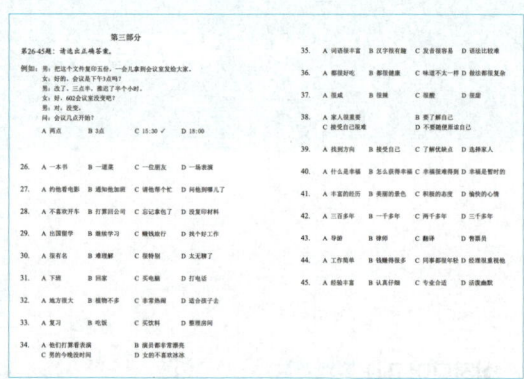

● 최신 출제 경향의 모의고사를 푼다!

최근 들어 출제 경향이 변화하고 있는 HSK 4급, 때문에 **최신 출제 경향을 철저히 분석**하여 그대로 반영한 <해커스 HSK 4급 실전모의고사>로 실제 시험장처럼 문제를 풀고 철저히 학습해서 **최신 경향에 익숙**해져야 합니다.

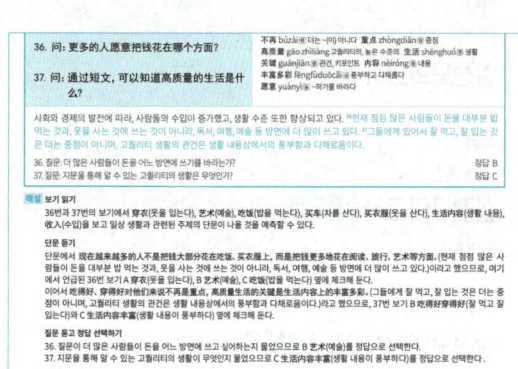

● 시험장에서 적용 가능한 해설로 공부한다!

시험장에서 적용할 수 없는 단편적인 설명 방식의 해설은 정답을 선택하는데 아무런 도움이 되지 않습니다. 때문에 **실제 시험장에서 시험이 진행되는 순서에 맞추어 그대로 적용 가능한 전략적인 해설**을 제공하는 <해커스 HSK 4급 실전모의고사>로 학습해야 **시험장에서 제대로 실력을 발휘**할 수 있습니다.

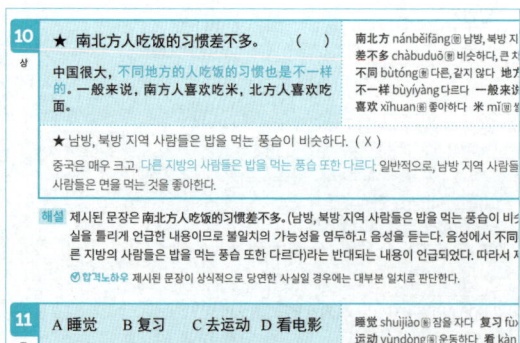

● 난이도가 높은 문제까지 맞힐 수 있도록 실력을 향상한다!

틀린 문제가 쉬운 문제인지 어려운 문제인지를 알 수 없으면 자신의 실력을 제대로 알 수 없습니다. 때문에 모든 문제에 '상/중/하'로 난이도를 표시해 놓은 <해커스 HSK 4급 실전모의고사>로 틀린 문제의 난이도를 확인하면서 취약한 부분을 보충하다 보면, 어느새 **난이도가 높은 문제까지 정복**하게 됩니다.

해커스 HSK 4급 **실전모의고사**

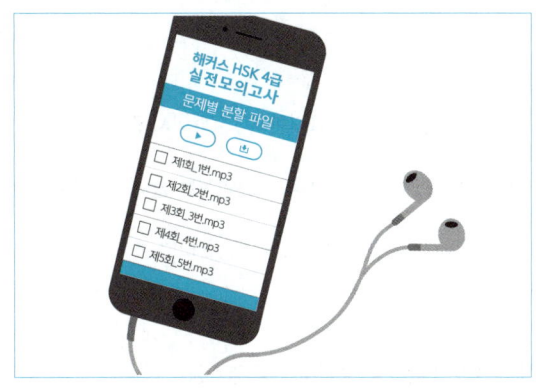

● 문제별 반복 청취로 듣기를 잡는다!

단어 하나하나는 들리는데 문장 또는 문단을 들으면 곧 바로 의미 해석이 되지 않아 HSK 4급 수험생들이 가장 어려워하는 듣기 영역! 때문에 <해커스 HSK 4급 실전모의고사>가 제공하는 **문제별 분할 MP3**로 각 문제가 **직청직해 될 때까지 반복 청취**하여 중국어 듣기 실력을 제대로 키워야 합니다.

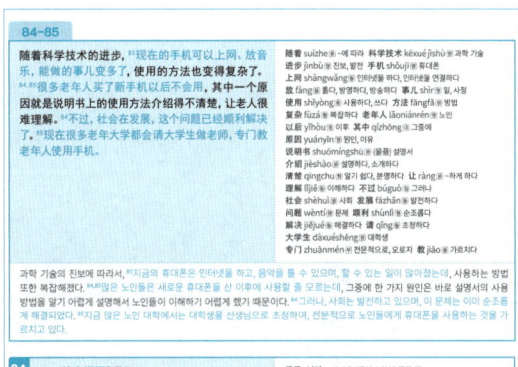

● 모르는 어휘는 바로 찾고 바로 암기한다!

HSK 4급 합격을 위해 어휘력은 필수 사항! 모르는 어휘가 나오면 정답 선택이 어렵죠! 때문에 **문제 바로 옆에 어휘를 정리**해 둔 <해커스 HSK 4급 실전모의고사>로 학습하면, 문제를 풀다가 모르는 어휘가 나와도 바로 찾고 바로 암기할 수 있습니다. 사전 찾는 시간도 아끼자!

● 핵심 필수 단어는 예문으로 집중 암기한다!

HSK 4급 시험에서 정답으로 자주 출제되는 단어는 바로 HSK 4급에 추가된 600개의 필수어휘! 때문에 <해커스 HSK 4급 실전모의고사>가 별도로 제공하는 「**예문으로 마스터하는 HSK 4급 필수어휘 600(PDF+MP3)**」로 막판 1주일 동안 집중 암기하면 어느새 문제를 술술 풀게 될 것입니다.

* PDF+MP3는 해커스 중국어(china.Hackers.com)에서 다운받으실 수 있습니다.

HSK 4급 시험 정보

📘 HSK 시험 접수

1. 인터넷 접수
HSK 한국사무국 홈페이지(http://www.hsk.or.kr)에서 좌측의 [IBT] 또는 [PBT]를 클릭한 후, 홈페이지 중앙의 [인터넷 접수]를 클릭하여 접수한다.
- 접수 과정: 인터넷 접수 바로가기 → 응시 등급 선택 → 결제 방법 선택 → 고시장 선택 → 개인정보 입력 → 사진 등록 → 내용 확인 및 결제
- * 국내 포털 사이트에서 'HSK 접수'로 검색하면 다른 시험센터에서 고사장을 선택하여 접수 가능합니다.

2. 우편 접수
구비 서류를 동봉하여 등기우편으로 접수한다.
- 구비 서류: 응시원서(사진 1장 부착), 응시원서에 부착한 사진 외 별도 사진 1장, 응시비 입금 영수증
- 보낼 주소: (06336) 서울시 강남구 강남우체국 사서함 115호 <HSK한국사무국>

3. 방문 접수
준비물을 지참하여 접수처에 방문하여 접수한다.
- 준비물: 응시 원서(사진 1장 부착), 응시 원서에 부착한 사진 외 1장, 응시비
- 접수처: 서울 강남구 강남대로92길 31(역삼동 649-8) 민석빌딩 8층 HSK한국사무국
- 접수 시간: 평일 09:00-12:00, 13:00-18:00(토·일요일, 공휴일 휴무)

📘 HSK 시험 당일 준비물

수험표	유효한 신분증	2B 연필, 지우개	시계

📘 HSK 시험 성적 확인

1. 성적 조회
지필시험 성적은 시험일로부터 1개월, IBT시험 성적은 시험일로부터 2주 후 중국고시센터(http://www.chinesetest.cn/goquery.do)에서 조회가 가능하다.
- 성적 조회 과정: 홈페이지 우측의 [성적조회] 클릭 → 페이지 하단의 [성적조회 바로가기] 클릭
- 입력 정보: 수험번호, 성명, 인증 번호
- * 수험번호는 IBT/PBT [성적조회] 페이지 하단의 [수험번호 조회]를 클릭한 후, 한글 이름, 생년월일, 핸드폰번호, 시험일자를 입력하면 바로 조회 가능합니다.

2. 성적표 수령 방법
- 우편 수령 신청자의 경우, 성적표는 시험일로부터 45일 이후 등기우편으로 발송된다.
- 방문 수령 신청자의 경우, 성적 조회일로부터 2주 후, 홈페이지에서 해당 시험일 성적표 발송 공지문을 확인한 후, 신분증을 지참하여 HSK 한국사무국으로 방문하여 수령한다.

3. 성적의 유효 기간
성적은 시험을 본 당일로부터 2년간 유효하다.

해커스 HSK 4급 **실전모의고사**

HSK 4급 시험 대상

HSK 4급 시험 대상은 약 4학기 동안 매주 2-4시간씩(총 190~400시간) 중국어를 학습하고, 1,200개의 상용어휘와 관련 어법 지식을 마스터한 학습자를 대상으로 한다.

HSK 4급 시험 구성 및 시험 시간

- HSK 4급은 듣기, 독해, 쓰기의 세 영역으로 나뉘며, 총 100문제가 출제된다.
- 듣기 영역의 경우, 듣기 시험 시간이 종료된 후 답안 작성시간 5분이 별도로 주어지며, 독해·쓰기 영역은 별도의 답안 작성 시간이 없으므로 해당 영역 시험 시간에 바로 작성해야 한다.

시험 내용		문항 수		시험 시간
듣기	제1부분	10	45	약 30분
	제2부분	15		
	제3부분	20		
듣기 영역에 대한 답안 작성 시간				5분
독해	제1부분	10	40	40분
	제2부분	10		
	제3부분	20		
쓰기	제1부분	10	15	25분
	제2부분	5		
합계		100문항		약 100분

* 전체 시험 시간은 응시자 개인정보 기재시간 5분을 포함하여 약 105분이다.

HSK 4급 합격 기준

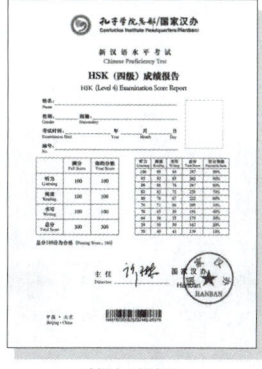

<합격 성적표>

- HSK 4급 성적표에는 듣기, 독해, 쓰기 세 영역별 점수와 총점이 기재된다. 영역별 만점은 100점이며, 따라서 총점은 300점 만점이다. 이때, 총점이 180점 이상이면 합격이다.
- 또한 성적표에는 영역별 점수 및 총점을 기준으로 백분율을 제공하고 있어 자신의 점수가 상위 몇 %에 속하는지를 확인할 수 있다.

HSK 4급 출제 형태 및 문제풀이 전략

一、听力 듣기

제1부분 | 지문 내용과 제시된 문장의 일치 불일치 판단하기

1. 출제 형태

- 지문을 듣고 지문의 내용과 제시된 문장이 일치하는지, 일치하지 않는지 판단하는 형태
- 총 문항 수: 10문항 (1번-10번)

문제지

1. ★ 李亮希望毕业后能开家公司。 (X)

음성

李亮大学毕业就去做生意了，这几年在上海发展得很好，而且开了几家分公司，同学们都很羡慕他。

정답 X

2. 문제풀이 전략

STEP 1 제시된 문장 읽기
제시된 문장을 읽고 주의 깊게 들어야 할 내용을 파악한다. 특히 제시된 문장에 시간·장소 관련 표현, 부사 또는 조동사, 그리고 부정·반의를 나타내는 표현이 있다면 음성에서 관련된 내용이 자주 언급되므로 꼭 체크해둔다.

STEP 2 음성을 들으며 제시된 문장과 일치 여부 판단하고 정답 선택하기
STEP 1에서 파악한 제시된 문장의 내용에 유의하며 음성을 듣는다. 음성의 내용이 제시된 문장과 일치하면 ✓, 일치하지 않으면 X를 문제지에 표시한다.

제2부분 | 대화 듣고 질문에 답하기

1. 출제 형태
- 남녀가 한 번씩 주고 받는 대화를 듣고 관련 질문에 대한 정답을 고르는 형태
- 총 문항 수: 15문항 (11번-25번)

문제지

| 11. A 回家 | B 考试 | C 看比赛 | D 打网球 |

음성

男: 今天下午有网球比赛, 我们一起去看吧?
女: 不好意思, 今天下午我们要考试。

问: 女的下午要做什么?

정답 B

2. 문제풀이 전략

STEP 1 보기 읽고 대화 내용과 질문 예상해보기
대화를 듣기 전에 먼저 문제지의 보기를 재빨리 읽고, 대화의 내용과 질문을 미리 예상한다.

STEP 2 대화를 들으며 대화에서 언급되거나 관련된 보기에 체크해두기
대화를 들으며, 대화에서 그대로 언급되거나 대화와 관련된 내용의 보기는 정답이 될 가능성이 크기 때문에 그 옆에 살짝 체크해둔다. 보기 옆에 대화에서 언급된 관련 내용을 재빨리 적어두는 것도 좋다.

STEP 3 질문 듣고 정답 선택하기
대화가 끝난 후 이어지는 질문을 듣고 보기 옆에 표시해둔 정보를 바탕으로 정답을 선택한다.

HSK 4급 출제 형태 및 문제풀이 전략

제3부분 | 대화 또는 단문 듣고 질문에 답하기

📖 대화 듣고 질문에 답하기

1. 출제 형태
- 남녀가 두 번씩 주고 받는 대화를 듣고 관련 질문에 대한 정답을 고르는 형태
- 총 문항 수: 10문항 (26번-35번)

문제지

| 26. A 想休息 | B 生病了 | C 想看比赛 | D 想去逛街 |

음성

男: 昨晚的比赛太精彩了, 你看了吗?
女: 还看比赛呢, 昨晚我加班加到很晚才回家。
男: 要不今天我们就不去逛街了吧?
女: 好的, 我太累了, 现在想睡觉。

问: 关于女的, 可以知道什么?

정답 A

2. 문제풀이 전략

STEP 1 보기 읽고 대화 내용과 질문 예상해보기
대화를 듣기 전에 먼저 문제지의 보기를 재빨리 읽고, 대화의 내용과 질문을 미리 예상한다.

STEP 2 대화를 들으며 대화에서 언급되거나 관련된 보기에 체크해두기
대화를 들으며, 보기 중 일부 표현이 대화에서 그대로 언급되거나 대화와 관련이 있는 경우 정답이 될 가능성이 높기 때문에 그 옆에 살짝 체크해둔다. 듣기 2부분보다는 대화가 길기 때문에 대화 중반을 제대로 듣지 못했다 하더라도 끝까지 집중해서 듣도록 한다.

STEP 3 질문 듣고 정답 선택하기
대화가 끝난 후 이어지는 질문을 듣고 보기 옆에 표시해 둔 정보를 바탕으로 정답을 선택한다.

단문 듣고 질문에 답하기

1. 출제 형태

- 단문을 듣고 관련 질문에 대한 정답을 고르는 형태. 한 단문당 두 문제 출제
- 총 문항 수: 10문항 (36번-45번)

문제지

| 36. | A 可以滑雪 | B 天气不冷 | C 阳关很美 | D 世界很安静 |
| 37. | A 季节 | B 温度 | C 颜色 | D 健身 |

음성

生活中有许多美丽的风景。春天的绿树、夏天的红花、秋天的阳光、冬天的白雪都是我们身边的美景。我最喜欢的季节是冬天，虽然天气很冷，但是世界让我感觉很安静，也很干净。到了冬天还可以和同学一起堆可爱的雪人，每年我们都会玩儿得特别开心。

36. 问: 说话人为什么喜欢冬天的世界？
37. 问: 这段话主要在谈什么？

정답 36 D, 37 A

2. 문제풀이 전략

STEP 1 2개 문제의 보기를 재빨리 읽고 단문 종류나 주제 예상해보기
단문을 듣기 전에 2개 문제의 보기를 재빨리 읽어 논설문, 설명문, 이야기 중 어느 종류의 단문이 나올지 또는 어떤 주제에 대한 단문이 나올지를 미리 예상한다.

STEP 2 단문 음성을 들으며 단문에서 언급되거나 관련된 보기에 체크해두기
단문 음성을 들으며, 보기 중 일부 표현이 단문에서 그대로 언급되거나 단문과 관련이 있는 경우 정답이 될 가능성이 높기 때문에 그 옆에 살짝 체크해둔다. 단문 중반을 제대로 듣지 못했다 하더라도 끝까지 집중해서 듣도록 한다.

STEP 3 2개의 질문 듣고 정답 선택하기
단문 음성이 끝난 후 이어지는 두 개의 질문을 들으면서 보기 옆에 표시해 둔 정보를 바탕으로 정답을 선택한다.

HSK 4급 출제 형태 및 문제풀이 전략

二、阅读 독해

제1부분 | 빈칸 채우기

1. 출제 형태

- 제시된 6개의 보기 중 예시 어휘를 제외한 5개의 어휘를 각각 알맞은 빈칸에 고르는 형태
- 서술문(46번-50번) 또는 대화문(51번-55번) 형태의 문장으로 출제
- 총 문항 수: 10문항 (46번-55번)

문제지 서술문 형태

| A 符合 | B 果然 | C 瓶子 | D 坚持 | E 内容 | F 香 |

46. 这本书的（　　）非常丰富，很适合小学生阅读。

정답 E

문제지 대화문 형태

| A 流行 | B 赚 | C 温度 | D 讨厌 | E 组 | F 恐怕 |

51. A: 你听的是什么歌?
　　B: 不会吧? 你不知道? 这首是现在最（　　）的歌。

정답 A

2. 문제풀이 전략

STEP 1　제시된 5개의 보기를 읽고 품사와 뜻 적어두기
A부터 F까지 제시된 6개의 어휘 중 예시에서 사용된 어휘에 취소선을 그은 후, 나머지 5개 어휘의 품사와 뜻을 재빨리 적어둔다.

STEP 2　빈칸에 들어갈 품사 또는 문맥에 따라 정답의 후보 고르기
각 문제의 문장을 읽을 때, 빈칸 주변의 문장 성분에 따라 빈칸에 어떤 품사의 어휘가 필요한지를 먼저 파악하거나 또는 문장의 문맥에 적절한 보기가 무엇인지를 파악하여 5개의 보기 중 정답의 후보를 고른다. 정답의 후보가 1개이면 정답으로 결정한다.

STEP 3　정답 후보 중 문맥에 적합한 보기를 정답으로 선택하기
정답의 후보 중 빈칸에 넣었을 때 문맥상 가장 자연스러운 어휘를 정답으로 선택한다. 한 번 선택된 어휘는 다른 문제에서 중복하여 정답이 될 수 없으므로 보기에서 소거해둔다.

· 남은 문제는 STEP 2와 STEP 3을 반복하여 푼다.

제2부분 | 순서 배열하기

1. 출제 형태
- 제시된 보기 A, B, C를 순서에 맞게 배열하는 형태
- 총 문항 수: 10문항 (56번-65번)

문제지

> 56. A 你都能做好
>   B 那我相信任何一种工作
>   C 如果你有这种工作态度的话
>
> 정답 CBA

2. 문제풀이 전략

STEP 1 3개의 보기를 읽고 첫 순서 고르기
제시된 보기를 재빨리 읽으면서 대사, 부사, 짝을 이루어 사용되는 연결어 중 나중에 쓰는 표현 등을 포함한 보기를 제외한 후, 첫 순서로 배열할 보기를 고른다.

STEP 2 문맥이나 논리의 흐름에 따라 남은 보기 배열하여 문장 완성하기
시간 표현이 있는 두 보기의 경우 시간 순서에 따라 배열하거나, 원인이 되는 보기는 결론이 되는 보기 앞에 배열하는 등, 문맥이나 논리의 흐름에 따라 남은 보기를 배열하여 문장을 완성한다.

제3부분 | 지문 읽고 질문에 답하기

1. 출제 형태
- 지문을 읽고 관련된 1개의 질문(66번-79번) 또는 2개의 질문(80번-85번)에 대한 정답을 고르는 형태
- 총 문항 수: 20문항 (66번-85번)

문제지

> 66. 2000年 8月 1日，国务院正式同意将每年的11月8日定为中国记者节。记者节像护士节、教师节一样，是中国仅有的三个行业性节日之一。按照国务院的规定，记者节是一个不放假的工作节日。
>
> ★ 根据这段话可以知道，记者节：
>   A 两年一次   B 要正常工作   C 是国际性节日   D 和教师节是同一天
>
> 정답 B

2. 문제풀이 전략

STEP 1 질문을 먼저 읽고 지문에서 파악해야 할 내용 체크하기
질문을 읽고 지문에서 어떤 내용을 중점적으로 봐야 할지를 파악한다. 질문의 포인트가 되는 핵심어구가 있으면 표시해 둔다.

STEP 2 지문을 읽고 정답을 선택하기
질문의 핵심어구를 지문에서 재빨리 찾거나, 질문이 묻는 포인트가 언급된 부분을 재빨리 찾아 그 주변에서 정답의 단서를 찾은 다음, 4개의 보기들 중 정답을 선택한다.

HSK 4급 출제 형태 및 문제풀이 전략

三、书写 쓰기

제1부분 | 제시된 어휘로 문장 완성하기

1. 출제 형태
- 제시된 4~5개의 어휘를 어순에 맞게 배치하여 하나의 문장을 완성하는 형태
- 총 문항 수: 10문항 (86번-95번)

문제지

86.	顺利地	考试	我	通过了

정답 我顺利地通过了考试。

2. 문제풀이 전략

STEP 1 술어 배치하기
제시된 어휘 중 술어가 되는 어휘를 찾아 배치한다. 이때, 동사 是이나 有, 개사 把나 被와 같은 어휘가 보이면 관련된 특수 문형의 어순을 떠올리며 술어를 배치한다.

STEP 2 주어와 목적어 배치하기
술어 자리에 배치한 어휘와 문맥적으로 목적어가 될 수 있는 어휘를 술어 다음 목적어 자리에, 주어가 될 수 있는 어휘를 술어 앞 주어 자리에 배치한다.

STEP 3 문장 완성하기
남은 어휘들은 어법이나 문맥에 따라 관형어나 부사어 등의 알맞은 자리에 배치하여 문장을 완성한다. 완성된 문장 끝에 반드시 마침표(。)나 물음표(?)를 붙여 답안지에 옮겨 적는다.

해커스 HSK 4급 **실전모의고사**

제2부분 | 제시된 어휘로 사진에 관한 문장 만들기

1. 출제 형태

- 제시된 사진과 어휘를 사용하여 관련된 하나의 문장을 완성하는 형태
- 총 문항 수: 5문항 (96번-100번)

문제지

96.　　　　　　　弹钢琴

모범 답안 这个小孩儿正在弹钢琴。

2. 문제풀이 전략

STEP 1 제시어로 문장 떠올리기
제시된 어휘의 뜻에 따라, 사진을 보고 연상되는 문장을 떠올린다. 이때 사진을 묘사하는 문장을 떠올리지 않아도 된다.

STEP 2 떠올린 문장 쓰기
STEP 1에서 떠올린 문장을 어법에 주의하여 중국어로 쓴다. 완성된 문장 끝에 반드시 마침표(。) 나 물음표(?)를 붙여서 답안지에 옮겨 적는다.

HSK 4급 합격을 위한 맞춤 학습 플랜

1주 학습 플랜

이전에 HSK 4급을 공부한 경험이 있어, 실전모의고사로 시험 전 막판 1주 동안 최종 마무리하고 싶은 학습자

일차	날짜	학습 내용
1일	/	★ HSK 실전모의고사 제1회 ☆ <HSK 4급 필수어휘 600> 1번~100번 어휘 암기
2일	/	★ HSK 실전모의고사 제2회 ☆ <HSK 4급 필수어휘 600> 101번~200번 어휘 암기
3일	/	★ HSK 실전모의고사 제3회 ☆ <HSK 4급 필수어휘 600> 201번~300번 어휘 암기
4일	/	★ HSK 실전모의고사 제4회 ☆ <HSK 4급 필수어휘 600> 301번~400번 어휘 암기
5일	/	★ HSK 실전모의고사 제5회 ☆ <HSK 4급 필수어휘 600> 401번~500번 어휘 암기
6일	/	★ HSK 실전모의고사 제1회 ~ 제3회 틀린 문제 한 번 더 풀기 ☆ <HSK 4급 필수어휘 600> 501번~600번 어휘 암기
7일	/	★ HSK 실전모의고사 제4회 ~ 제5회 틀린 문제 한 번 더 풀기 ☆ 잘 안 외워지는 어휘 집중 암기하기

시험일	/	시험장에 가져가면 좋을 학습 자료
		1. 듣기 문제별 분할 MP3를 담은 휴대폰
		   - 시험장 가는 길에 계속 들어요~
		2. <예문으로 외우는 HSK 4급 필수어휘 600> PDF
		   - 시험장에서 잘 안외워지는 단어를 재빨리 체크해요~

실전모의고사 학습법
1. 문제집, 문제집에서 분리한 답안지, 연필, 지우개 그리고 시계를 준비하여 실제 시험장처럼 모의고사 문제를 풉니다.
2. 채점 후 점수가 낮은 영역 또는 부분 위주로 집중 복습합니다.
    (1) 듣기 점수가 낮을 경우, 문제별 분할 MP3를 사용하여 직청직해가 될 때까지 반복해서 듣습니다.
    (2) 독해와 쓰기 점수가 낮을 경우, 틀린 문제 위주로 다시 풀어보되, 잘 모르는 어휘는 바로 찾고 바로 암기합니다.

HSK 4급 필수어휘 600 학습법
1. 6일 동안 매일 100개씩 집중 암기합니다.
    (1) PDF와 함께 제공되는 MP3를 사용하여, 단어와 예문을 따라 읽으면서 암기하면 더욱 효과가 좋습니다.
    (2) 잘 안 외워지는 단어에는 체크를 해둡니다.
2. 시험일 전날에는 먼저 MP3만 들으면서 600개 단어 전체를 복습합니다.
    이때 기억이 잘 안 나는 단어는 PDF를 보면서 한 번 더 암기하고, 잘 안 외워지는 것으로 체크된 단어는 좀 더 집중적으로 암기합니다.

해커스 HSK 4급 **실전모의고사**

2주 학습 플랜

중국어 기초 실력을 갖추고 있어서, 실전모의고사만으로 HSK 4급에 단번에 합격하고 싶은 학습자

주/일		날짜	학습 단계	학습 내용
1주	1일	/	제1단계 문제풀이 전략 익히기 ① HSK 4급 문제풀이 전략을 집중적으로 익히는 단계! ② 제1회의 모든 문제 해설을 꼼꼼히 공부하면서 문제풀이 전략을 제대로 익혀 나갑니다.	★ HSK 실전모의고사 제1회 풀고 채점하기 ☆ <HSK 4급 필수어휘 600> 001번~050번 어휘 암기
	2일	/		★ HSK 실전모의고사 제1회 듣기 집중 학습 ☆ <HSK 4급 필수어휘 600> 051번~100번 어휘 암기
	3일	/		★ HSK 실전모의고사 제1회 독해 집중 학습 ☆ <HSK 4급 필수어휘 600> 101번~150번 어휘 암기
	4일	/		★ HSK 실전모의고사 제1회 쓰기 집중 학습 ☆ <HSK 4급 필수어휘 600> 151번~200번 어휘 암기
	5일	/	제2단계 문제 풀이 실력 다지기 ① 1단계에서 익힌 문제풀이 전략을 지속적으로 적용하고 활용하는 단계! ② 공부한 모의고사 회차가 늘수록 문제 풀이에 익숙해지도록 실력을 다져 나갑니다.	★ HSK 실전모의고사 제2회 ☆ <HSK 4급 필수어휘 600> 201번~250번 어휘 암기
	6일	/		★ HSK 실전모의고사 제2회 ☆ <HSK 4급 필수어휘 600> 251번~300번 어휘 암기
	7일	/		★ HSK 실전모의고사 제3회 ☆ <HSK 4급 필수어휘 600> 301번~350번 어휘 암기
2주	8일	/		★ HSK 실전모의고사 제3회 ☆ <HSK 4급 필수어휘 600> 351번~400번 어휘 암기
	9일	/		★ HSK 실전모의고사 제4회 ☆ <HSK 4급 필수어휘 600> 401번~450번 어휘 암기
	10일	/		★ HSK 실전모외고사 제4회 ☆ <HSK 4급 필수어휘 600> 451번~500번 어휘 암기
	11일	/		★ HSK 실전모의고사 제5회 ☆ <HSK 4급 필수어휘 600> 501번~550번 어휘 암기
	12일	/		★ HSK 실전모의고사 제5회 ☆ <HSK 4급 필수어휘 600> 551번~600번 어휘 암기
	13일	/	제3단계 합격 실력 완성 단계 시험 직전, 틀린 문제들을 한 번 더 복습하여 취약한 영역/부분/문제 유형이 없도록 실력을 완성하는 단계	★ HSK 실전모의고사 제1회 ~ 제3회 틀린 문제 한 번 더 풀기 ☆ <HSK 4급 필수어휘 600> 전체 MP3듣고 안 외워진 단어 체크하기
	14일	/		★ HSK 실전모의고사 제4회 ~ 제5회 틀린 문제 한 번 더 풀기 ☆ <HSK 4급 필수어휘 600> 안 외워진 단어만 집중 최종 암기하기

시험일		/	시험장에 가져가면 좋을 학습 자료
			1. 듣기 문제별 분할 MP3를 담은 휴대폰
			   - 시험장 가는 길에 계속 들어요~
			2. <예문으로 외우는 HSK 4급 필수어휘 600> PDF
			   - 시험장에서 잘 안외워지는 단어를 재빨리 체크해요~	

**고사장 소음까지 대비하고
듣기 점수 올리려면?**

해커스중국어(china.Hackers.com)에서
고사장 소음 버전 MP3 무료 다운받기!

실전모의고사 제1회

听力 듣기 / 어휘·해석·해설

阅读 독해 / 어휘·해석·해설

书写 쓰기 / 어휘·해석·해설

一、听力 듣기

문제별 분할 mp3
바로듣기

1 하

★ 小李没有拿到签证。　　　　(　　)

小李去了三次大使馆, 终于拿到了去美国的签证, 真不容易。

没有 méiyǒu 뷔 ~하지 않았다　拿到 nádào 통 받다, 손에 넣다
签证 qiānzhèng 명 비자　次 cì 양 번, ~회, 차례
大使馆 dàshǐguǎn 명 대사관　终于 zhōngyú 뷔 마침내, 결국
美国 Měiguó 고유 미국　真不容易 zhēn bù róngyì 정말 쉽지 않다

★ 샤오리는 비자를 받지 못했다. (X)
샤오리는 대사관에 세 번 갔고, 마침내 미국 비자를 받았는데, 정말 쉽지 않았다.
정답 X

해설 제시된 문장에 부정부사 没有(~하지 않았다)가 있으므로 没有拿到签证(비자를 받지 못했다)이라는 내용이 음성에서 언급되는지를 주의 깊게 들어야 한다. 그런데 음성에서는 拿到了……签证(비자를……받았다)이라는 반대되는 내용이 언급되었다. 따라서 제시된 문장과 음성의 내용은 일치하지 않는다.

✓ 합격노하우 제시된 문장에 '没有+동사(~하지 않았다)'가 있으면, 음성에서도 '동사'의 동작을 안 했다고 하는지 주의 깊게 들어야 한다.

2 중

★ 哥哥不能参加明天的比赛。　　　　(　　)

医生说哥哥至少需要休息两个星期, 所以他不得不放弃了明天的比赛, 真是太可惜了。

不能 bùnéng 조동 ~할 수 없다　参加 cānjiā 통 참가하다
比赛 bǐsài 명 경기, 시합　医生 yīshēng 명 의사
至少 zhìshǎo 뷔 적어도, 최소한　需要 xūyào 통 필요하다, 요구하다
休息 xiūxi 통 휴식하다　所以 suǒyǐ 접 그래서
不得不 bùdébù 뷔 어쩔 수 없이　放弃 fàngqì 통 포기하다, 버리다
真是 zhēnshi 뷔 정말, 사실상　太…了 tài…le 너무 ~하다
可惜 kěxī 형 안타깝다, 아쉽다

★ 형은 내일의 경기에 참가할 수 없다. (✓)
의사가 형은 적어도 2주 동안 휴식해야 할 필요가 있다고 말해서, 그래서 그는 어쩔 수 없이 내일의 경기를 포기했다, 정말 너무나도 안타깝다.
정답 ✓

해설 제시된 문장에 불가능을 나타내는 不能(~할 수 없다)이 있으므로 不能参加明天的比赛(내일의 경기에 참가할 수 없다)라는 내용이 음성에서 언급되는지를 주의 깊게 들어야 한다. 음성에서 放弃了明天的比赛(내일의 경기를 포기했다)라고 언급되었으므로 내일의 경기에 참가할 수 없음을 알 수 있다. 따라서 제시된 문장과 음성의 내용은 일치한다.

✓ 합격노하우 제시된 문장에 '不能+동사(~할 수 없다)'가 있으면, 음성에서도 '동사'의 동작을 할 수 없다고 하는지 주의 깊게 들어야 한다.

3 하

★ 说话人的狗生病了。　　　　(　　)

小张, 这个周末我得去北京出差两天, 你能帮忙照顾一下我的狗吗?

狗 gǒu 명 강아지　生病 shēngbìng 통 병이 나다　周末 zhōumò 명 주말
得 děi 조동 ~해야 한다　出差 chūchāi 통 출장 가다
能 néng 조동 ~할 수 있다, 할 줄 안다
帮忙 bāngmáng 통 도움을 주다, 일을 돕다
照顾 zhàogù 통 돌보다, 보살피다　一下 yíxià 양 좀 ~하다

★ 화자의 강아지는 병이 났다. (X)
샤오장, 이번 주말에 내가 베이징으로 이틀 동안 출장을 가야 하는데, 네가 나를 도와 내 강아지를 좀 돌보아 줄 수 있겠니?
정답 X

해설 제시된 문장은 说话人的狗生病了。(화자의 강아지는 병이 났다.)라는 내용이므로 이 내용이 음성에서 언급되는지를 주의 깊게 들어야 한다. 그런데 음성에서는 강아지와 관련하여 你能帮忙照顾一下我的狗吗?(네가 나를 도와 내 강아지를 좀 돌보아 줄 수 있겠니?)라는 제시된 문장과 무관한 내용이 언급되었다. 따라서 제시된 문장과 음성은 일치하지 않는다.

✓ 합격노하우 제시된 문장에 '동사+了(~했다)'가 있으면, 음성에서도 '동사'의 동작을 했다고 언급되는지 주의 깊게 들어야 한다.

4 중

★ 这个超市的东西都非常便宜。　　　　(　　)

我家附近的超市每个周末都有打折活动, 有的东西非常便宜, 吸引了不少住在附近的人。

超市 chāoshì 명 슈퍼마켓　东西 dōngxi 명 물건, 물품　都 dōu 뷔 모두
非常 fēicháng 뷔 매우, 대단히　便宜 piányi 형 저렴하다, 싸다
附近 fùjìn 명 근처, 가까운　每个 měi ge ~마다　周末 zhōumò 명 주말
打折 dǎzhé 통 할인　活动 huódòng 명 행사
有的 yǒude 데 어떤 것, 어떤 사람　吸引 xīyǐn 통 매료시키다, 끌어당기다
不少 bùshǎo 형 많다, 적지 않다　住 zhù 통 살다, 숙박하다

★ 이 슈퍼마켓의 물건은 모두 매우 저렴하다. (X)
우리 집 근처 슈퍼마켓은 매 주말마다 할인 행사를 하는데, 어떤 물건은 매우 저렴해서, 근처에 사는 많은 사람을 매료시킨다.
정답 X

해설 제시된 문장에 都(모두)가 있으므로 都非常便宜(모두 매우 저렴하다)라는 내용이 음성에서 언급되는지를 주의 깊게 들어야 한다. 그런데 음성에서는 물건이 모두 저렴한 것이 아니라 有的东西非常便宜(어떤 물건은 매우 저렴하다)라는 다른 내용이 언급되었다. 따라서 제시된 문장과 음성은 일치하지 않는다.

합격노하우 제시된 문장에 都(모두)와 같이 전체를 나타내는 표현이 나오면, 음성의 내용과 불일치하는 문제로 자주 출제된다. 이 경우 음성에는 有的(어떤)와 같은 일부를 나타내는 표현이 주로 사용된다.

---

5 중

★ 他们不想在学校餐厅吃饭。 (　　)

学校餐厅的菜好吃是好吃, 不过那儿中午人太多了, 我们还是去外边吃吧。

学校 xuéxiào 몡 학교　餐厅 cāntīng 몡 식당　菜 cài 몡 요리, 반찬
好吃 hǎochī 몡 맛있다　不过 búguò 쩝 하지만
中午 zhōngwǔ 몡 정오, 낮 12시 전후　还是 háishi 뷔 ~하는 편이 더 좋다
外边 wàibian 몡 밖, 바깥

★ 그들은 학교 식당에서 밥을 먹으려고 하지 않는다. (✓)

학교 식당 요리가 맛있기는 맛있어, 하지만 그곳은 정오에 사람이 너무 많아, 우리 밖에 나가서 먹는 편이 더 좋겠어. 정답 ✓

해설 제시된 문장에 조동사 不想(~하고 싶지 않다)이 있으므로 不想在学校餐厅吃饭(학교 식당에서 밥을 먹으려고 하지 않는다)이라는 내용이 음성에서 언급되는지를 주의 깊게 들어야 한다. 음성에서 不过那儿中午人太多了, 我们还是去外边吃吧(하지만 그곳은 정오에 사람이 너무 많아, 우리 역시 밖에 나가서 먹는 것이 좋겠어)라고 언급된 내용을 통해, 이들이 학교 식당에서 밥을 먹고 싶어 하지 않음을 알 수 있다. 따라서 제시된 문장과 음성의 내용은 일치한다.

합격노하우 제시된 문장에 '想/不想+동사(~하고 싶다/~하고 싶지 않다)'가 있으면, 음성에서 '동사'의 동작을 하고 싶어하는 것으로 언급되는지의 여부를 주의 깊게 들어야 한다.

---

6 하

★ 父母的关心和支持非常重要。 (　　)

我们生活中总会遇到各种困难, 我觉得, 遇到困难的时候, 最重要的是能不能获得爸爸妈妈的关心和支持。

关心 guānxīn 통 관심을 갖다　支持 zhīchí 통 지지하다
非常 fēicháng 뷔 매우, 대단히　重要 zhòngyào 혱 중요하다
生活 shēnghuó 몡 생활　总 zǒng 뷔 언제나, 줄곧
遇到 yùdào 통 마주치다, 맞닥뜨리다　各种 gèzhǒng 혱 갖가지의, 각종의
困难 kùnnan 몡 어려움　觉得 juéde 통 ~라고 생각하다, ~라고 느끼다
……的时候 de shíhou ~할 때　最 zuì 뷔 가장, 제일
获得 huòdé 통 얻다, 획득하다

★ 부모의 관심과 지지는 매우 중요하다. (✓)

우리는 생활 속에서 언제나 갖가지 어려움을 마주칠 수 있는데, 내가 생각하기에, 어려움을 마주쳤을 때, 가장 중요한 것은 아빠와 엄마의 관심과 지지를 얻을 수 있는지 없는지이다. 정답 ✓

해설 제시된 문장이 父母的关心和支持非常重要.(부모의 관심과 지지는 매우 중요하다.)라는 다소 상식적으로 당연한 사실의 내용이므로 일치일 가능성을 염두에 두고 음성을 듣는다. 음성에서 最重要的是能不能获得爸爸妈妈的关心和支持(가장 중요한 것은 아빠와 엄마의 관심과 지지를 얻을 수 있는지 없는지이다)이 언급되었다. 따라서 제시된 문장과 음성의 내용은 일치한다.

합격노하우 1. 제시된 문장이 상식적으로 당연한 사실일 경우에는 일치일 가능성을 염두에 두고 음성을 듣는다.
2. 非常(매우)처럼 의미를 강조하는 정도부사가 있을 경우, 음성에서도 같은 정도로 의미를 강조하는 정도부사가 언급되는지 주의 깊게 들어야 한다.

---

7 중

★ 学习汉语对了解中国文化有帮助。 (　　)

通过学习汉语, 我们可以了解中国文化。熟悉中国文化以后, 我们也能更好地理解汉语。

学习 xuéxí 통 학습하다, 공부하다　汉语 Hànyǔ 고유 중국어
对 duì 깨 ~에 대해서, ~에 대하여　了解 liǎojiě 통 이해하다, 자세하게 알다
文化 wénhuà 몡 문화　有帮助 yǒu bāngzhù 도움이 되다
通过 tōngguò 깨 ~을 통해, ~을 거쳐　熟悉 shúxī 통 충분히 알다, 익숙하다
更 gèng 뷔 더, 더욱　理解 lǐjiě 통 이해하다

★ 중국어를 학습하는 것은 중국 문화를 이해하는 데 도움이 된다. (✓)

중국어 학습을 통해, 우리는 중국 문화를 이해할 수 있다. 중국 문화를 충분히 알고 난 후, 우리는 중국어를 더 잘 이해할 수 있다. 정답 ✓

해설 제시된 문장은 学习汉语对了解中国文化有帮助.(중국어를 학습하는 것은 중국 문화를 이해하는 데 도움이 된다.)라는 다소 상식적으로 당연한 사실의 내용이므로 일치일 가능성을 염두에 두고 음성을 듣는다. 음성에서 通过学习汉语, 我们可以了解中国文化.(중국어 학습을 통해, 우리는 중국 문화를 이해할 수 있다.)가 언급되었다. 따라서 제시된 문장과 음성의 내용은 일치한다.

합격노하우 제시된 문장이 상식적으로 당연한 사실일 경우에는 일치일 가능성을 염두에 두고 음성을 듣는다.

8 중	★ 说话人完全<u>不了解</u>中国的节日。（　）	完全 wánquán 툇 전혀, 완전히　了解 liǎojiě 용 알다, 이해하다
	来中国以前我不了解中国的节日, 在中国生活了一年以后, <u>我发现中国有很多特别的节日</u>。其中, 春节是最重要的。	节日 jiérì 몡 명절, 기념일　以前 yǐqián 몡 이전, 과거 生活 shēnghuó 용 생활하다　以后 yǐhòu 몡 이후, 금후 发现 fāxiàn 용 알아차리다, 발견하다　特别 tèbié 혱 특별하다, 특이하다 其中 qízhōng 때 그중에, 그 안에　春节 Chūnjié 몡 춘절, 설 重要 zhòngyào 혱 중요하다

★ 화자는 중국의 명절을 전혀 <u>알지 못한다</u>. （ X ）

중국에 오기 이전에 나는 중국의 명절을 알지 못했는데, 중국에서 1년을 생활한 이후, <u>나는 중국에 매우 많은 특별한 명절이 있다는 것을 알아차렸다</u>. 그중에서, 춘절은 가장 중요한 것이다.　　　　　　　　　　　　　　정답 X

해설 제시된 문장에 부정부사 不(~하지 않다)가 있으므로 不了解中国的节日(중국의 명절을 알지 못한다)라는 내용이 음성에서 언급되는지를 주의 깊게 들어야 한다. 그런데 음성에서는 我发现中国有很多特别的节日(나는 중국에 매우 많은 특별한 명절이 있다는 것을 알아차렸다)이라는 반대되는 내용이 언급되었다. 따라서 제시된 문장과 음성은 일치하지 않는다.

합격노하우 제시된 문장에 '不+동사(~하지 않다)'가 있으면, 음성에서도 '동사'의 동작을 안하는 것으로 언급되는지 주의 깊게 들어야 한다.

9 중	★ 小云<u>不想找</u>工作。（　）	想 xiǎng 조동 ~하려고 하다　找 zhǎo 용 구하다, 찾다
	小云今年夏天就毕业了, <u>她不打算找工作</u>, 想去南京大学读博士。	工作 gōngzuò 몡 일자리, 직업　今年 jīnnián 몡 올해, 금년 夏天 xiàtiān 몡 여름　毕业 bìyè 용 졸업(하다) 打算 dǎsuàn 용 ~하려고 하다, 계획하다 南京大学 Nánjīng Dàxué 교유 남경 대학　读 dú 용 공부하다, 학교를 다니다 博士 bóshì 몡 박사(학위)

★ 샤오윈은 일을 <u>찾고 싶어하지 않는다</u>. （ ✓ ）

샤오윈은 올해 여름에 졸업하는데, <u>그녀는 일자리를 구하려고 하지 않고</u>, 남경 대학으로 가서 박사 과정을 공부하려고 한다.　　　　정답 ✓

해설 제시된 문장에 '부정부사+조동사' 형태인 不想(~하고 싶지 않다)이 있으므로 小云不想找工作.(샤오윈은 일을 찾고 싶어하지 않는다.)라는 내용이 음성에서 언급되는지를 주의 깊게 들어야 한다. 음성에서 她不打算找工作(그녀는 일자리를 구하려고 하지 않는다)라는 동일한 내용이 언급되었다. 따라서 제시된 문장과 음성의 내용은 일치한다.

합격노하우 제시된 문장에 '想/不想+동사(~하고 싶다/~하고 싶지 않다)'가 있으면, 음성에서 '동사'의 동작을 하고 싶어하는 것으로 언급되는지의 여부를 주의 깊게 들어야 한다.

10 상	★ 南北方人吃饭的习惯差不多。（　）	南北方 nánběifāng 몡 남방, 북방 지역　习惯 xíguàn 몡 풍습, 습관, 습성
	中国很大, <u>不同地方的人吃饭的习惯也是不一样的</u>。一般来说, 南方人喜欢吃米, 北方人喜欢吃面。	差不多 chàbuduō 혱 비슷하다, 큰 차이가 없다 不同 bùtóng 혱 다르다, 같지 않다　地方 dìfang 몡 지방 不一样 bùyíyàng 다르다　一般来说 yìbān láishuō 일반적으로 喜欢 xǐhuan 용 좋아하다　米 mǐ 몡 쌀　面 miàn 몡 면

★ 남방, 북방 지역 사람들은 밥을 먹는 풍습이 비슷하다. （ X ）

중국은 매우 크고, <u>다른 지방의 사람들은 밥을 먹는 풍습 또한 다르다</u>. 일반적으로, 남방 지역 사람들은 쌀을 먹는 것을 좋아하고, 북방 지역 사람들은 면을 먹는 것을 좋아한다.　　　　　　　　　　　　정답 X

해설 제시된 문장은 南北方人吃饭的习惯差不多.(남방, 북방 지역 사람들은 밥을 먹는 풍습이 비슷하다.)라는 다소 상식적으로 당연한 사실을 틀리게 언급한 내용이므로 불일치의 가능성을 염두하고 음성을 듣는다. 음성에서 不同地方的人吃饭的习惯也是不一样的(다른 지방의 사람들은 밥을 먹는 풍습 또한 다르다)라는 반대되는 내용이 언급되었다. 따라서 제시된 문장과 음성은 일치하지 않는다.

합격노하우 제시된 문장이 상식적으로 당연한 사실일 경우에는 대부분 일치로 판단한다.

11 중	A 睡觉　　B 复习　　C 去运动　D 看电影	睡觉 shuìjiào 용 잠을 자다　复习 fùxí 용 복습하다
	男: 这周末你想去运动还是去看电影? 女: 马上就要考试了, <u>我得认真复习</u>, 哪儿都不想去。 问: 女的这周末打算做什么?	运动 yùndòng 용 운동하다　看 kàn 용 보다　电影 diànyǐng 몡 영화 周末 zhōumò 몡 주말　想 xiǎng 조동 ~하려고 하다, ~할 작정이다 还是 háishi 아니면　马上 mǎshàng 튀 곧, 즉시 就要 jiùyào 머지않아, 곧　考试 kǎoshì 몡 시험　得 děi 조동 ~해야 한다 认真 rènzhēn 혱 착실하다, 진지하다 打算 dǎsuàn 조동 ~하려고 하다, 계획하다

| A 잠을 잔다 | B 복습을 한다 | C 운동을 간다 | D 영화를 본다 |

남: 이번 주말에 너는 운동하러 갈 거니 아니면 영화를 보러 갈 거니?
여: 머지않아 곧 시험이라서, 나는 착실하게 복습을 해야 돼, 아무 데도 가고 싶지 않아.
질문: 여자는 이번 주말에 무엇을 계획하고 있는가?

정답 B

해설 제시된 보기 A 睡觉(잠을 잔다), B 复习(복습을 한다), C 去运动(운동을 간다), D 看电影(영화를 본다)이 모두 동작과 관련된 표현이므로 대화를 들을 때 화자가 하고 있거나 하려는 행동이 무엇인지를 주의 깊게 듣는다. 대화에서 남자가 운동하러 갈 건지 아니면 영화를 보러 갈 것인지를 묻자, 여자가 我得认真复习(나는 착실하게 복습을 해야 돼)라고 답했다. 질문이 여자는 이번 주말에 무엇을 할 계획인지를 물었으므로 B 复习(복습을 한다)를 정답으로 선택한다.

✓ **합격노하우** 보기가 모두 동사 또는 동사구(동사+목적어)이면, 화자가 하고 있거나 하려는 행동을 묻는 질문이 나올 것을 예상한다.

---

12 하

| A 7:00 | B 7:10 | C 7:30 | D 8:00 |

女: 20路公共汽车怎么还不来呀？我上班要迟到了。
男: 现在已经七点半了, 只有半小时了, 真让人着急。
问: 现在几点了？

路 lù 노선을 세는 단위　公共汽车 gōnggòngqìchē 버스
怎么 zěnme 어떻게, 왜　还 hái 아직도, 여전히
上班 shàngbān 출근하다　迟到 chídào 지각하다
现在 xiànzài 지금, 현재　已经 yǐjīng 벌써, 이미
只有 zhǐyǒu ~밖에 없다, ~만 있다　让 ràng ~하게 하다, ~하도록 시키다
着急 zháojí 조급해하다, 초조해하다

| A 7:00 | B 7:10 | C 7:30 | D 8:00 |

여: 20번 버스는 어떻게 아직도 오지 않는 거지? 나 출근하는 것 지각하겠어.
남: 지금 벌써 7시 30분이야, 30분밖에 없어, 정말 사람을 조급하게 하는구나.
질문: 지금은 몇 시인가?

정답 C

해설 제시된 보기가 모두 특정 시점이므로 대화를 들을 때 대화가 이루어지고 있는 현재 시점 또는 어떤 일이 시작되는 시점을 주의 깊게 듣는다. 대화에서 남자가 现在已经七点半了(지금 벌써 7시 30분이야)라고 말했다. 질문이 지금은 몇 시인지를 물었으므로 C 7:30를 정답으로 선택한다.

✓ **합격노하우** 보기가 모두 시점이면, 음성을 들을 때 대화가 이루어지는 지금이 몇 시인지를 주의 깊게 들어야 한다.

---

13 하

| A 学习成绩好 | B 字写得很快 |
| C 琴弹得很好 | D 画儿画得好 |

男: 李元的钢琴弹得真好听。
女: 那当然, 他从8岁开始学钢琴, 已经弹了十多年了。
问: 关于李元, 可以知道什么？

成绩 chéngjì 성적, 성과　字 zì 글자　写 xiě (글씨를) 쓰다
得 de 정도를 나타냄　快 kuài 빠르다　弹琴 tánqín 피아노를 치다
画 huà 그림을 그리다; 그림　钢琴 gāngqín 피아노
好听 hǎotīng 감미롭다, 듣기 좋다　当然 dāngrán 당연하다, 물론이다
从 cóng ~부터, ~을 기점으로　开始 kāishǐ 시작되다, 개시하다
已经 yǐjīng 벌써, 이미

| A 학습 성적이 좋다 | B 글자를 빨리 쓴다 | C 피아노를 잘 친다 | D 그림을 잘 그린다 |

남: 리위엔이 치는 피아노는 정말 감미로워.
여: 그건 당연하지, 그는 8살부터 피아노를 배우기 시작했어, 벌써 친 지 10년이 넘었어.
질문: 리위엔에 관해 알 수 있는 것은 무엇인가?

정답 C

해설 제시된 보기가 같은 형태의 문장이므로 각 보기에서 A의 学习成绩(학습 성적), B의 字(글자), C의 琴(피아노), D의 画(그림)를 핵심어구로 체크해 둔다. 대화에서 남자는 리위엔이 치는 피아노가 감미롭다고 했고, 여자는 他从8岁开始学钢琴, 已经弹了十多年了(그는 8살부터 피아노를 배우기 시작했어, 벌써 친 지 10년이 넘었어)라고 말했다. 질문이 리위엔에 대해 알 수 있는 것을 물었으므로 琴(피아노)을 핵심어구로 사용한 C 琴弹得很好(피아노를 잘 친다)를 정답으로 선택한다.

✓ **합격노하우** 보기가 동일한 형태의 문장일 경우에는, 각 보기의 내용을 명확하게 구별해주는 표현을 핵심어구로 체크하여 어느 것이 음성에서 언급되는지 확인한다.

14 중

A 买不到票了　　　B 门票比去年贵
C 这个月举行　　　D 参加的人很多

女: 你知道吗? 下个月上海要举办亚洲音乐会。
男: 是的, 不过听说今年的门票价格是去年的两倍。
问: 关于音乐会, 哪项是对的?

买不到 mǎi bu dào [동] 살 수 없다　门票 ménpiào [명] 입장권
比 bǐ [개] ~보다, 비교하다　去年 qùnián [명] 작년　贵 guì [형] 비싸다, 귀하다
举行 jǔxíng [동] 개최하다, 거행하다　参加 cānjiā [동] 참가하다, 참여하다
下个月 xià ge yuè [명] 다음 달　举办 jǔbàn [동] 개최하다, 거행하다
亚洲 Yàzhōu [고유] 아시아　音乐会 yīnyuèhuì [명] 음악회
不过 búguò [접] 그런데, 하지만　听说 tīngshuō [동] 들은 바로는, 듣자 하니
今年 jīnnián [명] 올해　价格 jiàgé [명] 가격, 값　两倍 liǎng bèi 두 배

A 표를 살 수 없다　　B 입장권이 작년보다 비싸다　　C 이번 달에 개최된다　　D 참가하는 사람이 매우 많다

여: 너 알고 있어? 다음 달 상하이에서 아시아 음악회를 개최할 거래.
남: 응, 그런데 들은 바로는 올해 입장권 가격이 작년의 두 배라고 하더라고.
질문: 음악회에 관해, 옳은 것은 무엇인가?

정답 B

해설 제시된 보기가 다양한 형태의 문장이므로, 보기의 의미를 최대한 정확히 파악한 후 음성을 듣는 것이 중요하다. 대화에서 여자가 下个月上海要举办亚洲音乐会。(다음 달 상하이에서 아시아 음악회를 개최할 거래.)라고 한 내용을 듣고 이와 내용이 다른 C 这个月举行(이번 달에 개최된다)을 오답으로 제거해 둔다. 남자가 今年的门票价格是去年的两倍(올해 입장권 가격이 작년의 두 배)라고 한 내용을 듣고 B 门票比去年贵(입장권이 작년보다 비싸다)를 정답의 후보로 체크해 둔다. 질문이 음악회에 관하여 옳은 것을 물었으므로 B 门票比去年贵(입장권이 작년보다 비싸다)를 정답으로 선택한다.

✓ 합격노하우　제시된 보기가 다양한 형태의 문장인 경우에는, 각 보기의 의미를 정확히 파악한 후 음성을 들어야 하며, 대화를 들을 때 대화의 내용과 다른 보기는 미리 오답으로 제거해둔다.

15 중

A 买东西　B 寄邮件　C 住宾馆　D 去换钱

男: 您好, 请问附近有可以换钱的地方吗?
女: 这条路上有一个银行, 就在那个宾馆的前面。
问: 男的想要做什么?

寄 jì [동] 보내다　邮件 yóujiàn [명] 우편물　宾馆 bīnguǎn [명] 호텔
换钱 huànqián [동] 환전하다　请问 qǐngwèn [동] 말씀 좀 여쭙겠습니다
附近 fùjìn [명] 근처, 가까운　地方 dìfang [명] 곳
条 tiáo [양] 갈래(길을 세는 단위)　银行 yínháng [명] 은행　就 jiù [부] 바로
前面 qiánmiàn [명] 앞, 앞부분

A 물건을 산다　　B 우편물을 보낸다　　C 호텔에 묵는다　　D 환전을 하러 간다

남: 안녕하세요, 말씀 좀 묻겠는데 근처에 환전할 수 있는 곳이 있나요?
여: 이 길에 은행이 하나 있어요, 바로 저 호텔 앞에 있어요.
질문: 남자는 무엇을 하려고 하는가?

정답 D

해설 제시된 보기 A 买东西(물건을 산다), B 寄邮件(우편물을 보낸다), C 住宾馆(호텔에 묵는다), D 去换钱(환전을 하러 간다)이 모두 동작과 관련된 표현이므로 대화를 들을 때 화자가 하고 있거나 하려는 행동이 무엇인지를 주의 깊게 듣는다. 대화에서 남자가 附近有可以换钱的地方吗?(근처에 환전할 수 있는 곳이 있나요?)라고 묻자, 여자가 이 길에 은행이 하나 있다고 답했다. 질문이 남자가 무엇을 하려고 하는지를 물어봤으므로 D 去换钱(환전을 하러 간다)을 정답으로 선택한다.

✓ 합격노하우　보기가 모두 동사 또는 동사구(동사+목적어)이면, 화자가 하고 있거나 하려는 행동을 묻는 질문이 나올 것을 예상한다.

16 상

A 不太想看　　　B 忙着工作
C 比赛不精彩　　D 参加招聘会

女: 昨天那场足球比赛精彩极了, 你怎么没去看?
男: 我在准备公司的招聘材料, 没有时间。
问: 男的为什么没看比赛?

忙 máng [형] 바쁘다　工作 gōngzuò [명] 일, 근무　比赛 bǐsài [명] 경기, 시합
精彩 jīngcǎi [형] 멋지다, 훌륭하다　参加 cānjiā [동] 참가하다
招聘会 zhāopìnhuì [명] 채용 박람회
场 cháng [양] 오락, 체육 활동 등을 세는 단위　足球 zúqiú [명] 축구
…极了 jíle 너무 (형용사 뒤에 위치해 뜻을 매우 강조할 때 쓰임)
怎么 zěnme [대] 왜, 어째서　准备 zhǔnbèi [동] 준비하다
公司 gōngsī [명] 회사　招聘 zhāopìn [동] 채용하다, 모집하다
材料 cáiliào [명] 자료, 데이터

A 그다지 보고 싶지 않다　　B 일하느라 바쁘다　　C 경기가 멋지지 않다　　D 채용 박람회에 참가한다

여: 어제 그 축구 경기 너무 멋졌어, 너는 왜 가서 보지 않았니?
남: 나는 회사의 채용 자료를 준비하고 있어서, 시간이 없었어.
질문: 남자는 왜 경기를 보지 못했는가?

정답 B

해설 제시된 보기가 다양한 형태의 문장이므로, 보기의 의미를 최대한 정확히 파악한 후 음성을 듣는 것이 중요하다. 대화에서 여자가 남자에게 축구 경기를 왜 가서 보지 않았는지를 묻자, 남자가 我在准备公司的招聘材料, 没有时间。(나는 회사의 채용 자료를 준비하고 있어서, 시간이 없었어.)이라고 말했다. 질문이 남자는 왜 경기를 보지 못했는지를 물었으므로 B 忙着工作(일하느라 바쁘다)를 정답으로 선택한다. 没有时间(시간이 없다)이 忙(바쁘다)으로 바꿔 표현된 것에 유의한다.

17 中

A 生病了 B 有点饿 C 很难过 D 没睡好

男：你怎么了? 看上去精神不太好。
女：我昨天晚上加班到很晚, 上床以后一直睡不着, 现在特别困。
问：女的怎么了?

生病 shēngbìng 통 병이 나다 有点 yǒudiǎn 凰 약간, 다소
饿 è 휑 배고프다 难过 nánguò 휑 슬프다, 괴롭다 睡 shuì 통 (잠을) 자다
怎么了 zěnme le 무슨 일이야? 看上去 kànshàngqu 보아하니, ~하다
精神 jīngshén 廨 정신 加班 jiābān 통 야근하다
上床 shàngchuáng 통 침대에 오르다 一直 yìzhí 凰 줄곧, 계속
睡不着 shuì bu zháo 凰 잠들지 못하다 现在 xiànzài 廨 지금, 현재
特别 tèbié 凰 아주, 특별하다 困 kùn 휑 피곤하다, 지치다

A 병이 났다   B 약간 배가 고프다   C 슬프다   D 잠을 잘 못 잤다
남：너 무슨 일 있니? 보아하니 제정신이 아닌 것 같아.
여：나 어젯밤에 늦게까지 야근하고, 침대에 누운 후 줄곧 잠들지 못했어, 지금 아주 피곤해.
질문：여자는 무슨 일인가?

정답 D

해설 제시된 보기 A의 生病了(병이 나다), B의 饿(배고프다), C의 难过(슬프다), D의 没睡好(잠을 잘 못 잤다)가 모두 사람의 상태나 심리와 관련된 표현이므로, 대화를 들을 때 화자의 상태가 어떠한지 주의 깊게 듣는다. 대화에서 남자가 여자에게 무슨 일 있냐고 묻자, 여자가 上床以后一直睡不着, 现在特别困(침대에 누운 후 줄곧 잠들지 못했어, 지금 아주 피곤해)이라고 한 내용을 듣고 D 没睡好(잠을 잘 못 잤다)를 정답의 후보로 체크해 둔다. 질문이 여자는 무슨 일인지 상태를 물었으므로 D 没睡好(잠을 잘 못 잤다)를 정답으로 선택한다.

✅ **합격노하우** 보기가 모두 사람의 상태나 심리와 관련된 표현이면, 대화를 들을 때 화자의 상태와 관련된 표현을 주의 깊게 들어야 한다.

18 中

A 价格非常贵   B 是朋友送的
C 在网上买的   D 样子不流行

女：这件衬衫的样子很适合你!
男：谢谢。我上网买的, 不但很便宜, 而且还能送到家, 非常方便。
问：关于这件衬衫, 可以知道什么?

价格 jiàgé 廨 가격, 값 非常 fēicháng 凰 매우, 대단히
贵 guì 휑 비싸다, 귀하다 送 sòng 통 선물하다, 배송하다
网上 wǎngshàng 廨 온라인 样子 yàngzi 廨 스타일
流行 liúxíng 통 유행하다 件 jiàn 廨 벌(옷을 세는 단위)
衬衫 chènshān 廨 와이셔츠 适合 shìhé 통 어울리다, 적합하다
上网 shàngwǎng 통 인터넷을 하다
不但…而且 búdàn…érqiě ~뿐만 아니라 方便 fāngbiàn 휑 편리하다

A 가격이 매우 비싸다   B 친구가 선물한 것이다   C 온라인에서 구매한 것이다   D 이 스타일은 유행하지 않는다
여：이 와이셔츠 스타일 너한테 정말 잘 어울린다!
남：고마워. 내가 인터넷으로 구매한 거야, 저렴할 뿐만 아니라, 게다가 집까지 배송도 가능해, 정말 편리해.
질문：이 와이셔츠에 관해 알 수 있는 것은 무엇인가?

정답 C

해설 제시된 보기가 다양한 형태의 문장이므로, 보기의 의미를 최대한 정확히 파악한 후 음성을 듣는 것이 중요하다. 대화에서 여자가 이 와이셔츠 스타일이 너한테 정말 잘 어울린다고 말하자, 남자가 我上网买的(내가 인터넷으로 구매한 거야)라고 말했다. 질문이 이 와이셔츠에 관해 알 수 있는 것을 물었으므로 C 在网上买的(온라인에서 구매한 것이다)를 정답으로 선택한다.

✅ **합격노하우** 제시된 보기가 다양한 형태의 문장인 경우에는, 각 보기의 의미를 정확히 파악한 후 음성을 들어야 한다.

19 下

A 回家 B 买东西 C 修手机 D 去办公室

男：我的手机坏了, 你能陪我去修手机吗?
女：我得马上去一趟办公室, 下午行不行?
问：女的现在要做什么?

修 xiū 통 수리하다, 보수하다 手机 shǒujī 廨 휴대폰
办公室 bàngōngshì 廨 사무실 坏 huài 휑 고장나다, 망가지다
陪 péi 통 함께하다, 동반하다, 모시다 得 děi 조통 해야 한다
马上 mǎshàng 凰 곧, 즉시 趟 tàng 廨 왕래한 횟수를 세는 단위
行不行 xíng bu xíng 어떠한가

A 귀가한다   B 물건을 산다   C 휴대폰을 고친다   D 사무실에 간다
남：내 휴대폰이 고장 났어, 너 나와 함께 휴대폰 고치러 갈 수 있니?
여：나 곧 사무실에 한 번 갔다 와야 해, 오후에는 어때?
질문：여자는 지금 무엇을 하려고 하는가?

정답 D

해설 제시된 보기 A 回家(귀가한다), B 买东西(물건을 산다), C 修手机(휴대폰을 고친다), D 去办公室(사무실에 간다)이 모두 동작과 관련된 표현이므로 대화를 들을 때 화자가 하고 있거나 하려는 행동이 무엇인지를 주의 깊게 듣는다. 대화에서 남자가 함께 휴대폰을 고치러 갈 수 있는지를 묻자, 여자가 我得马上去一趟办公室(나 곧 사무실에 한 번 갔다 와야 해)이라고 답했다. 질문이 여자는 지금 무엇을 하려고 하는지를 물었으므로 D 去办公室(사무실에 간다)을 정답으로 선택한다.

✅ **합격노하우** 보기가 모두 동사 또는 동사구(동사+목적어)이면, 화자가 하고 있거나 하려는 행동을 묻는 질문이 나올 것을 예상한다.

20 중

A 法国   B 医院   C 电影院   D 图书馆

女: 这部电影最近非常火。周末我们去看看吧。
男: 好啊, 我还从来没看过法国电影呢。
问: 男的周末可能去哪儿?

法国 Fǎguó 고유 프랑스 医院 yīyuàn 명 병원
电影院 diànyǐngyuàn 명 영화관 图书馆 túshūguǎn 명 도서관
部 bù 양 부, 편(영화 편수를 세는 단위) 电影 diànyǐng 명 영화
最近 zuìjìn 명 최근 非常 fēicháng 튀 매우, 대단히 火 huǒ 형 인기있는
周末 zhōumò 명 주말 吧 ba 조 제의, 기대를 나타냄
从来没…过 cónglái méi…guo 이제까지 ~한 적이 없다

A 프랑스   B 병원   C 영화관   D 도서관

여: 이 영화가 최근에 매우 인기 있어. 주말에 우리 보러 가자.
남: 좋아, 나는 이제까지 프랑스 영화는 본 적이 없어.
질문: 남자는 주말에 어디에 갈 것 같은가?

정답 C

해설 제시된 보기 A 法国(프랑스), B 医院(병원), C 电影院(영화관), D 图书馆(도서관)이 모두 장소와 관련된 표현이므로 대화를 들을 때 화자 혹은 특정 인물이 있는 장소 혹은 가려고 하는 장소가 어디인지를 주의 깊게 들어야 한다. 대화에서 여자가 这部电影最近非常火。周末我们去看看吧。(이 영화가 최근에 매우 인기 있어. 주말에 우리 보러 가자.)라고 하자, 남자가 好啊(좋아)라고 답했다. 질문이 남자는 주말에 어디에 갈 것 같은지를 물었으므로 C 电影院(영화관)을 정답으로 선택한다.

✓ **합격노하우** 보기가 모두 장소 표현이면, 화자 혹은 특정인물이 있는 장소 혹은 가려고 하는 장소가 어디인지를 주의 깊게 들어야 한다.

21 중

A 同事   B 夫妻   C 朋友   D 同学

男: 你下班以后记得买包糖, 我在做菜, 发现糖不够了。
女: 行, 正好咱们家牛奶也没了, 顺便再买一盒吧。
问: 说话人可能是什么关系?

同事 tóngshì 명 (직장)동료 夫妻 fūqī 명 부부 朋友 péngyou 명 친구
同学 tóngxué 명 동창(생), 동급생 下班 xiàbān 통 퇴근하다
记得 jìde 통 기억하다, 잊지 않고 있다
包 bāo 양 봉지, 포대(싸여 있는 물건을 세는 단위) 糖 táng 명 설탕
在 zài 부 마침 ~하고 있다 做菜 zuòcài 통 요리를 하다
发现 fāxiàn 통 발견하다 不够 búgòu 형 부족하다
正好 zhènghǎo 부 마침, 꼭 맞다 咱们 zánmen 대 우리(들)
顺便 shùnbiàn 부 겸사겸사, 하는 김에 盒 hé 양 갑, 박스(갑을 세는 단위)

A 동료   B 부부   C 친구   D 동창

남: 너 퇴근 이후에 설탕 사는 거 기억해, 내가 마침 음식을 하고 있는데, 설탕이 부족한 것을 발견했어.
여: 알겠어, 마침 우리 집에 우유도 떨어졌으니, 겸사겸사 하나 더 사야겠어.
질문: 화자들은 어떤 관계인 것 같은가?

정답 B

해설 제시된 보기 A 同事(동료), B 夫妻(부부), C 朋友(친구), D 同学(동창)가 모두 인물 관계를 나타내는 표현이므로, 두 화자 혹은 특정 인물과의 관계를 파악하면서 대화를 들어야 한다. 대화에서 남자가 你下班以后记得买包糖(너 퇴근 이후에 설탕 사는 거 기억해)이라고 하자, 여자가 行(알겠어)이라고 답하였고, 咱们家(우리 집)를 언급하였다. 질문이 화자들은 어떤 관계인지를 물었으므로 B 夫妻(부부)를 정답으로 선택한다.

✓ **합격노하우** 보기가 모두 인물관계를 나타내는 표현이면, 두 화자 혹은 특정인물과의 관계를 나타내는 내용을 주의 깊게 들어야 한다.

22 중

A 环境不错   B 房租很贵
C 交通很方便   D 周围不安静

女: 小李, 你想在哪儿租房子? 郊区还是城里?
男: 郊区吧, 尽管交通不太方便, 但是环境挺好的, 也很安静, 最重要的是房租便宜。
问: 男的觉得郊区怎么样?

环境 huánjìng 명 환경 不错 búcuò 형 좋다 房租 fángzū 명 집세, 임대료
贵 guì 형 비싸다, 귀하다 交通 jiāotōng 명 교통
方便 fāngbiàn 형 편리하다 周围 zhōuwéi 명 주위, 주변
安静 ānjìng 형 조용하다, 고요하다 租 zū 통 세내다 房子 fángzi 명 집
郊区 jiāoqū 명 변두리 城里 chénglǐ 명 시내
尽管…但是 jǐnguǎn…dànshì 비록 ~라 하더라도, ~에도 불구하고
挺…的 tǐng…de 아주 重要 zhòngyào 형 중요하다
便宜 piányi 형 저렴하다, 싸다

A 환경이 좋다   B 집세가 비싸다   C 교통이 편리하다   D 주변이 조용하지 않다

여: 샤오리, 너는 어디에 집을 세내고 싶니? 변두리 아니면 시내?
남: 변두리지, 비록 교통은 그다지 편하지 않더라도, 하지만 환경이 아주 좋아, 또 조용하기도 하고, 가장 중요한 것은 집세가 저렴해.
질문: 남자는 변두리를 어떻게 생각하고 있는가?

정답 A

해설 제시된 보기가 다양한 형태의 문장이므로, 보기의 의미를 최대한 정확히 파악한 후 음성을 듣는 것이 중요하다. 대화에서 여자가 어디에 집을 세내고 싶은지, 변두리 아니면 시내냐고 묻자, 남자가 郊区吧, 尽管交通不太方便(변두리지, 비록 교통은 그다지 편하지 않더라도)이라고 한 내용을 듣고 이와 내용이 다른 C 交通很方便(교통이 편리하다)를 오답으로 제거해 둔다. 이어서 남자가 但是环境挺好的(하지만 환경이 아주 좋아)라고 답했다. 질문이 남자는 변두리를 어떻게 생각하고 있는지를 물었으므로 A 环境不错(환경이 좋다)를 정답으로 선택한다.

> ✓ **합격노하우** 제시된 보기가 다양한 형태의 문장인 경우에는, 각 보기의 의미를 정확히 파악한 후 음성을 들어야 하며, 대화를 들을 때 대화의 내용과 다른 보기는 미리 오답으로 제거해둔다.

23 (하)

A 时间比较长　　B 不可以请假
C 已经开过了　　D 内容很重要

男: 明天下午三点开总结会, 记得准时参加。
女: 总结会上周就开过了。你不知道吗?
问: 关于总结会, 我们可以知道什么?

比较 bǐjiào 閉 비교적, 상대적으로　**请假** qǐngjià 결석을 하다
已经 yǐjīng 閉 벌써, 이미　**开** kāi 閉 열다, 개최하다　**内容** nèiróng 閉 내용
重要 zhòngyào 閉 중요하다　**总结会** zǒngjiéhuì 閉 평가회
记得 jìde 閉 기억하다　**准时** zhǔnshí 閉 제때에, 정시에
参加 cānjiā 閉 참석하다, 참여하다　**上周** shàngzhōu 閉 지난주

A 시간이 비교적 길다　B 결석을 하면 안 된다　C 이미 열렸었다　D 내용이 중요하다

남: 내일 오후 3시에 평가회가 열려요, 제때에 참석하는 거 기억하세요.
여: 평가회는 지난주에 이미 열렸어요. 모르고 있었어요?
질문: 평가회에 관해, 우리가 알 수 있는 것은 무엇인가?

정답 C

해설 제시된 보기가 다른 형태의 문장이므로, 보기의 의미를 최대한 정확히 파악한 후 음성을 듣는 것이 중요하다. 대화에서 남자가 내일 오후 3시에 평가회가 열리니, 제때 참석 하는 것을 기억하라고 하자, 여자가 总结会上周就开过了.(평가회는 지난주에 이미 열렸어요.)라고 답했다. 질문이 평가회에 관해 알 수 있는 것은 무엇인지를 물었으므로 C 已经开过了(이미 열렸었다)를 정답으로 선택한다.

> ✓ **합격노하우** 제시된 보기가 다양한 형태의 문장인 경우에는, 각 보기의 의미를 정확히 파악한 후 음성을 들어야 한다.

24 (하)

A 宿舍　　B 教室　　C 食堂　　D 图书馆

女: 你好! 我想问问国家图书馆怎么走?
男: 一直往前走, 可以看到一个小商店, 商店旁边就是。
问: 女的想去哪里?

宿舍 sùshè 閉 기숙사　**教室** jiàoshì 閉 교실　**食堂** shítáng 閉 식당
图书馆 túshūguǎn 閉 도서관　**问** wèn 묻다　**国家** guójiā 閉 국가
一直 yìzhí 閉 곧장, 곧바로　**往前** wǎngqián 閉 앞(쪽)으로
商店 shāngdiàn 閉 상점　**旁边** pángbiān 閉 옆, 근처　**就** jiù 閉 바로

A 기숙사　　B 교실　　C 식당　　D 도서관

여: 안녕하세요! 제가 묻고 싶은 것이 있는데 국립 도서관은 어떻게 가나요?
남: 곧장 앞으로 걸어가시면, 작은 상점 하나를 볼 수 있어요, 상점 옆이 바로 도서관이에요.
질문: 여자는 어디를 가려고 하는가?

정답 D

해설 제시된 보기 A 宿舍(기숙사), B 教室(교실), C 食堂(식당), D 图书馆(도서관)이 모두 장소와 관련된 표현이므로 대화를 들을 때 화자 혹은 특정인물이 있는 장소 혹은 가려고 하는 장소가 어디인지를 주의 깊게 들어야 한다. 대화에서 여자가 我想问问国家图书馆怎么走?(제가 묻고 싶은 것이 있는데 국립 도서관은 어떻게 가나요?)라고 묻자, 남자가 상점 옆이 바로 도서관이라고 답했다. 질문이 여자가 어디를 가려고 하는지를 물었으므로 D 图书馆(도서관)을 정답으로 선택한다.

> ✓ **합격노하우** 보기가 모두 장소 표현이면, 화자 혹은 특정인물이 있는 장소 혹은 가려고 하는 장소가 어디인지를 주의 깊게 들어야 한다.

25 (중)

A 没时间　　B 不会打
C 身体不好　　D 不感兴趣

男: 下午有时间吗? 咱们一起去打羽毛球吧?
女: 不好意思, 我只会打网球。
问: 女的为什么拒绝?

打 dǎ 閉 (운동을) 하다　**感兴趣** gǎn xìngqù 흥미가 있다
羽毛球 yǔmáoqiú 閉 배드민턴　**不好意思** bùhǎoyìsi 죄송합니다
只会 zhǐhuì 단지 ~할 줄만 알다　**网球** wǎngqiú 閉 테니스
拒绝 jùjué 閉 거절하다, 거부 하다

A 시간이 없다　B 칠 줄 모른다　C 몸이 안 좋다　D 흥미가 없다

남: 오후에 시간 있어요? 우리 같이 배드민턴 치러 갈래요?
여: 죄송합니다, 저는 테니스만 칠 줄 알아요.
질문: 여자는 왜 거절했는가?

정답 B

해설 제시된 보기가 다양한 형태의 문장이므로, 보기의 의미를 정확히 파악한 후 음성을 듣는 것이 중요하다. 대화에서 남자가 같이 배드민턴 치러 가자고 제안하자, 여자가 不好意思, 我只会打网球.(죄송합니다, 저는 테니스만 칠 줄 알아요.)라고 답했다. 질문이 여자가 거절한 이유를 물었으므로 B 不会打(칠 줄 모른다)를 정답으로 선택한다.

> ✓ **합격노하우** 보기가 다양한 형태의 문장인 경우에는 각 보기의 의미를 정확히 파악한 후 음성을 들어야 한다.

26 중

A 一本书　　　　　B 一道菜
C 一位朋友　　　　D 一场表演

本 běn 양 권(책을 세는 단위)　道 dào 양 음식을 세는 단위
菜 cài 명 음식, 요리　位 wèi 양 사람의 수를 나타내는 단위
场 chǎng 양 번, 회(공연, 오락 등을 세는 단위)　表演 biǎoyǎn 명 공연
餐厅 cāntīng 명 식당　听说 tīngshuō 동 듣자 하니, 듣건대
家 jiā 양 식당, 점포 등을 세는 단위　生意 shēngyi 명 장사, 사업
特别 tèbié 부 매우, 특별히　酸菜鱼 suāncàiyú 명 쏸차이위(배추 생선 요리)
酸 suān 형 시큼하다, 시다　辣 là 형 맵다　味道 wèidao 명 맛
可 kě 부 강조를 나타냄　尝 cháng 동 맛보다, 시식하다

女：听说那家餐厅生意特别好，有什么好吃的菜吗？
男：他们家最有名的是酸菜鱼，前几天我刚和朋友去吃过，又酸又辣，味道好极了。
女：是吗？那我可要尝尝去。
男：好啊，吃过的人都说好。
问：男的在介绍什么？

A 책 한 권　　　　B 요리 한 접시　　　　C 친구 한 명　　　　D 공연 한 회

여: 듣자 하니 저 식당이 장사가 매우 잘 된다던데, 어떤 맛있는 음식이 있나요?
남: 저 식당에서 가장 유명한 것은 쏸차이위에요. 며칠 전에 친구랑 가서 먹어 보았는데, 시큼하면서도 매워서 맛이 아주 좋아요.
여: 그래요? 그러면 저도 맛보러 가야겠어요.
남: 좋아요, 먹어 본 사람들은 모두 맛있다고 했어요.
질문: 남자는 무엇을 소개하고 있는가?

정답 B

해설 각 보기에서 A의 书(책), B의 菜(요리), C의 朋友(친구), D의 表演(공연)을 핵심어구로 체크해두고 관련되어 언급되는 내용을 주의 깊게 듣는다. 대화의 처음에 여자가 저 식당은 어떤 맛있는 음식이 있는지 묻자, 남자가 他们家最有名的是酸菜鱼(저 식당에서 가장 유명한 것은 쏸차이위에요)라고 답했다. 질문이 남자가 무엇을 소개하고 있는지를 물었으므로 남자가 소개한 酸菜鱼(쏸차이위)를 나타내는 B 一道菜(요리 한 접시)를 정답으로 선택한다. 대화의 酸菜鱼(쏸차이위)를 一道菜(요리 한 접시)로 바꿔 표현한 것에 유의한다.

합격노하우 제시된 보기가 서로 다른 명사일 경우, 대화를 들을 때 각 명사들과 관련된 내용을 주의 깊게 들어야 한다.

27 하

A 约他看电影　　　B 通知他加班
C 请他帮个忙　　　D 问他到哪儿了

约 yuē 동 약속하다　电影 diànyǐng 명 영화
通知 tōngzhī 동 알리다, 통지하다
加班 jiābān 동 초과 근무를 하다, 야근하다　问 wèn 동 묻다, 질문하다
还 hái 부 아직도, 여전히　就要…了 jiùyào…le 곧…이다, 머지않아
可能 kěnéng 부 아마도, 아마　堵车 dǔchē 동 교통이 막히다
正好 zhènghǎo 부 마침　下班 xiàbān 동 퇴근하다　别 bié 부 ~하지 마라
等 děng 동 기다리다　还是 háishi 부 ~하는 편이 좋다
着急 zháojí 동 조급해하다

男：电影还有五分钟就要开始了，王明怎么还不来？
女：可能路上堵车吧，现在正好是下班时间。
男：别等他了，我们还是先进去吧。
女：你别着急，我打个电话问问他现在到哪里了。
问：女的为什么打电话给王明？

A 그와 영화를 보기로 약속한다
C 그에게 도움을 청한다
B 그에게 초과 근무를 하라고 통지한다
D 그에게 어디까지 왔는지 물어본다

남: 영화가 이제 오 분만 있으면 곧 시작해, 왕밍은 왜 아직도 오지 않는 거야?
여: 아마도 길에 차가 막히나 봐, 지금이 마침 퇴근 시간이잖아.
남: 그를 기다리지 말고, 우리 먼저 들어가는 것이 좋겠어.
여: 조급해 하지마, 내가 전화를 걸어서 그에게 지금 어디까지 왔는지 한번 물어볼게.
질문: 여자는 왜 왕밍에게 전화를 거는가?

정답 D

해설 각 보기에서 A의 看电影(영화를 보다), B의 加班(초과 근무를 하다), C의 帮个忙(도와주다), D 问他到哪儿了(그에게 어디까지 왔는지 물어본다)를 핵심어구로 체크해두고 관련되어 언급되는 내용을 주의 깊게 듣는다. 대화의 마지막에 여자가 我打个电话问问他现在到哪里了(내가 전화를 걸어서 그에게 지금 어디까지 왔는지 한번 물어볼게)라고 말했다. 질문이 여자는 왜 왕밍에게 전화를 거는지를 물었으므로 D 问他到哪儿了(그에게 어디까지 왔는지 물어본다)를 정답으로 선택한다.

합격노하우 보기가 동일한 형태의 문장일 경우에는, 각 보기의 내용을 명확하게 구별해주는 표현을 핵심어구로 체크하여 음성에서 언급되는지 주의 깊게 듣는다.

28 중

A 不喜欢开车　　B 打算回公司
C 忘记拿包了　　D 没复印材料

女：复印好的材料呢？我记得放在包里了。
男：别着急，你再仔细找找看。
女：我可能把它忘在办公室了，我得回公司一趟。
男：行，我送你过去吧。

问：关于女的，我们能知道什么？

开车 kāichē [동] 운전하다, 차를 몰다 打算 dǎsuàn [동] ~하려고 하다
公司 gōngsī [명] 회사 忘记 wàngjì [동] 잊다, 망각하다 拿 ná [동] 들다, 잡다
包 bāo [명] 가방 复印 fùyìn [동] 복사하다 材料 cáiliào [명] 자료, 데이터
记得 jìde [동] 기억하다 放 fàng [동] 놓아두다 着急 zháojí [동] 조급해하다
再 zài [부] 다시, 재차 仔细 zǐxì [형] 꼼꼼하다, 세심하다 找 zhǎo [동] 찾다
办公室 bàngōngshì [명] 사무실
趟 tàng [양] 차례, 번(왕래한 횟수를 세는 단위)

A 운전하는 것을 좋아하지 않는다　　B 회사로 돌아가려고 한다
C 가방을 들고 오는 것을 잊어버렸다　　D 자료를 복사하지 않았다

여: 복사한 자료는? 내가 가방 안에 놓아둔 것을 기억하고 있어.
남: 조급해 하지 말고, 다시 꼼꼼하게 찾아봐.
여: 내가 아마도 자료를 사무실에 잊고 두고 왔나 봐, 회사에 한번 갔다 와야겠어.
남: 그래, 내가 너를 데려다 줄게.

질문: 여자에 관해 알 수 있는 것은 무엇인가?　　정답 B

해설 제시된 보기가 다양한 형태의 문장이므로, 보기의 의미를 최대한 정확히 파악한 후 음성을 듣는 것이 중요하다. 대화의 초반에 **复印好的材料**(복사한 자료)를 듣고 D **没有复印材料**(자료를 복사하지 않았다)를 오답으로 제거해 둔다. 대화의 중반에서 여자가 **我可能把它忘在办公室了，我得回公司一趟。**(내가 아마도 자료를 사무실에 잊고 두고 왔나 봐, 회사에 한번 갔다 와야겠어.)이라고 한 말을 듣고 B **打算回公司**(회사로 돌아가려고 한다)를 정답의 후보로 체크해 둔다. 질문이 여자에 관해 알 수 있는 것은 무엇인지를 물었으므로 여자의 말 **回公司**(회사에 돌아간다)를 그대로 언급한 B **打算回公司**(회사로 돌아가려고 한다)를 정답으로 선택한다.

합격노하우 제시된 보기가 다양한 형태의 문장인 경우에는, 각 보기의 의미를 정확히 파악한 후 음성을 들어야 하며, 대화를 들을 때 대화의 내용과 다른 보기는 미리 오답으로 제거해둔다.

29 중

A 出国留学　　B 继续学习
C 赚钱旅行　　D 找个好工作

男：毕业以后你有什么计划吗？
女：我打算一边赚钱，一边旅行。
男：这主意听起来很好啊！不过一个人会遇到很多麻烦。
女：即使有困难，我也愿意试试。

问：女的毕业后有什么打算？

出国 chūguó [동] 출국하다 留学 liúxué [동] 유학하다
继续 jìxù [동] 계속하다 赚钱 zhuànqián [동] 돈을 벌다
旅行 lǚxíng [동] 여행하다 找 zhǎo [동] 찾다 工作 gōngzuò [명] 일자리, 직업
毕业 bìyè [동] 졸업하다 计划 jìhuà [명] 계획 [동] 계획하다
一边…一边… yìbiān…yìbiān… 한편으로 ~하면서 또 한편으로 ~하다
主意 zhǔyi [명] 생각, 아이디어 听起来 tīngqǐlai 듣고 보니 ~인 것 같다
遇到 yùdào [동] 맞닥뜨리다, 부딪치다 麻烦 máfan [명] 골칫거리, 부담
即使…也 jíshǐ…yě 설령 ~일지라도 困难 kùnnan [명] 어려움, 곤란
愿意 yuànyì [동] 바라다, 희망하다 试 shì [동] 시험 삼아 해보다

A 해외 유학을 간다　　B 공부를 계속한다　　C 돈을 벌어 여행을 간다　　D 일자리를 찾는다

남: 졸업 이후에 너는 무슨 계획이 있니?
여: 나는 한편으로는 돈을 벌면서, 또 한편으로는 여행을 다니려고 해.
남: 듣고 보니 좋은 생각인 것 같다! 하지만 혼자서는 많은 골칫거리를 맞닥뜨릴 수 있어.
여: 설령 어려움이 있더라도, 나는 해보고 싶어.

질문: 여자는 졸업 후에 어떤 계획이 있는가?　　정답 C

해설 제시된 보기 A **出国留学**(해외 유학을 간다), B **继续学习**(계속 공부한다), C **赚钱旅行**(돈을 벌어 여행을 간다), D **找个好工作**(일자리를 찾는다)가 모두 동작과 관련된 표현이므로 대화를 들을 때 화자가 하고 있거나 하려는 행동이 무엇인지를 주의 깊게 듣는다. 대화의 처음에 남자가 여자에게 졸업 이후에 계획을 묻자, 여자가 **我打算一边赚钱，一边旅行。**(나는 한편으로는 돈을 벌면서, 또 한편으로는 여행을 다니려고 해.)이라고 답했다. 질문이 여자는 졸업 후에 어떤 계획이 있는지를 물었으므로 C **赚钱旅行**(돈을 벌어 여행을 간다)을 정답으로 선택한다.

합격노하우 보기가 모두 동사 또는 동사구(동사+목적어)이면, 화자가 하고 있거나 하려는 행동을 묻는 질문이 나올 것을 예상한다.

30 중

A 很有名　B 难理解　C 很特别　D 太无聊了

男: 我最喜欢鲁迅的书, 他的书我全都看过!
女: 鲁迅的书不太容易理解, 我只看过一本。
男: 那你平时喜欢读谁的书?
女: 我没有特别喜欢的作家, 什么书都看。

问: 女的认为鲁迅的书怎么样?

有名 yǒumíng 옝 유명하다　理解 lǐjiě 툉 이해하다
特别 tèbié 옝 특별하다, 특이하다　无聊 wúliáo 옝 지루하다, 따분하다
鲁迅 Lǔ Xùn 고유 루쉰, 노신(중국 현대의 저명한 문학가)
容易 róngyì 옝 쉽다　只 zhǐ 囝 겨우, 단지　平时 píngshí 몡 평소, 평상시
作家 zuòjiā 몡 작가

A 매우 유명하다　B 이해하기 어렵다　C 매우 특별하다　D 너무 지루하다

남: 나는 루쉰의 책이 제일 좋아, 그의 책은 전부 읽어봤어!
여: 루쉰의 책은 이해하기가 그리 쉽지 않아서, 나는 겨우 한 권 읽어 봤어.
남: 그럼 너는 평소에 누구의 책을 읽는 것을 좋아하니?
여: 나는 특별하게 좋아하는 작가가 없어, 무슨 책이든 봐.

질문: 여자는 루쉰의 책을 어떻게 생각하는가?

정답 B

해설 제시된 보기가 다양한 형태의 문장이므로, 보기의 의미를 최대한 정확히 파악한 후 음성을 듣는 것이 중요하다. 대화에서 여자가 **鲁迅的书不太容易理解, 我只看过一本。**(루쉰의 책은 이해하기가 그리 쉽지 않아서, 나는 겨우 한 권 읽어 봤어.)이라고 말했다. 질문이 여자는 루쉰의 책을 어떻게 생각하는지를 물었으므로 여자가 한 말인 **不太容易理解**(이해하기가 그리 쉽지 않다)를 바꿔 표현한 B **难理解**(이해하기 어렵다)를 정답으로 선택한다.

⊙ 합격노하우 제시된 보기가 특정 사물의 상태와 관련된 내용인 경우에는, 사물의 상태를 설명하는 내용을 주의 깊게 들어야 한다.

31 중

A 下班　B 回家　C 买电脑　D 打电话

女: 我的电脑出了点儿问题, 你能帮我看看吗?
男: 我也不太懂。你还是问小赵吧, 他学的就是这个专业。
女: 小赵现在还在公司吗?
男: 他早就下班了。你给他打个电话吧。

问: 女的可能会做什么?

下班 xiàbān 툉 퇴근하다　电脑 diànnǎo 몡 컴퓨터
打电话 dǎ diànhuà 전화를 걸다　出问题 chū wèntí 문제가 생기다
懂 dǒng 툉 알다, 이해하다　还是 háishi 囝 ~하는 편이 더 좋다
问 wèn 툉 묻다　专业 zhuānyè 몡 전공　现在 xiànzài 몡 지금
还 hái 囝 아직　公司 gōngsī 몡 회사　早就 zǎojiù 囝 일찌감치, 진작

A 퇴근한다　B 귀가한다　C 컴퓨터를 구매한다　D 전화를 건다

여: 제 컴퓨터에 문제가 조금 생겼어요, 저를 도와 한번 봐주실 수 있나요?
남: 저도 잘 몰라요. 샤오자오에게 물어보는 편이 더 좋을 것 같아요, 그가 공부한 것이 바로 이 전공이에요.
여: 샤오자오가 지금도 아직 회사에 있나요?
남: 그는 일찌감치 퇴근했어요. 그에게 전화를 걸어 보세요.

질문: 여자는 아마도 무엇을 할 것 같은가?

정답 D

해설 제시된 보기 A 下班(퇴근한다), B 回家(귀가한다), C 买电脑(컴퓨터를 구매한다), D 打电话(전화를 건다)가 모두 동작과 관련된 표현이므로 대화를 들을 때 화자가 하고 있거나 하려는 행동이 무엇인지를 주의 깊게 듣는다. 여자는 지금 샤오자오가 아직 회사에 있는지 물었고, 남자가 **他早就下班了。你给他打个电话吧。**(그는 일찌감치 퇴근했어요. 그에게 전화를 걸어 보세요.)라고 답했다. 질문이 여자는 아마도 무엇을 할 것 같은지를 물었으므로 대화의 마지막 내용을 듣고 여자가 바로 할 것 같은 동작 **打电话**(전화를 건다)를 그대로 언급한 D **打电话**(전화를 건다)를 정답으로 선택한다.

⊙ 합격노하우 보기가 모두 동사 또는 동사구(동사+목적어)이면, 화자가 하고 있거나 하려는 행동을 묻는 질문이 나올 것을 예상한다.

32

A 地方很大   B 植物不多
C 非常热闹   D 适合孩子去

女: 听说你昨天去植物园了?
男: 是的, 虽然地方不大, 但是植物很多。
女: 适合带孩子去玩儿吗?
男: 有很多种花草, 还有一条河, 可以坐船, 我相信孩子会喜欢的。

问: 关于植物园, 可以知道什么?

地方 dìfang 명 장소　植物 zhíwù 명 식물　热闹 rènao 형 시끌벅적하다
适合 shìhé 동 적합하다, 적절하다　孩子 háizi 명 아이, 어린이
听说 tīngshuō 동 듣자 하니　植物园 zhíwùyuán 명 식물원
虽然…但是 suīrán…dànshì 비록 ~이지만　带 dài 동 데리다, 인솔하다
多种 duōzhǒng 다양한　花草 huācǎo 명 화초　还 hái 팀 또, 게다가
条 tiáo 양 가늘고 긴 것을 세는 단위　坐船 zuòchuán 동 배를 타다
相信 xiāngxìn 동 믿다

A 장소가 크다   B 식물이 많지 않다   C 매우 시끌벅적하다   D 아이가 가기에 적합하다

여: 듣자 하니 너 어제 식물원 갔다면서?
남: 맞아, 비록 장소는 크지 않지만, 식물이 많았어.
여: 아이를 데리고 가서 놀기 적합하니?
남: 다양한 화초가 있고, 또 강이 있어서 배를 탈 수 있어, 나는 아이가 좋아할 거라고 믿어.

질문: 식물원에 관해, 알 수 있는 것은 무엇인가?

정답 D

해설 제시된 보기가 다양한 형태의 문장이므로, 보기의 의미를 최대한 정확히 파악한 후 음성을 듣는 것이 중요하다. 대화에서 남자가 虽然地方不大, 但是植物很多(비록 장소는 크지 않지만, 식물이 많았어)라고 한 내용을 듣고 이와 내용이 다른 A 地方很大(장소가 크다)와 B 植物不多(식물이 많지 않다)를 오답으로 제거해 둔다. 이어서 여자가 아이를 데리고 가서 놀기 적합한지를 물었고, 남자는 我相信孩子会喜欢的(나는 아이가 좋아할 거라고 믿어)라고 답한 내용을 듣고 이와 내용이 같은 D 适合孩子去(아이가 가기에 적합하다)를 정답의 후보로 체크해 둔다. 질문이 식물원에 관해, 알 수 있는 것은 무엇인지를 물었으므로 D 适合孩子去(아이가 가기에 적합하다)를 정답으로 선택한다.

✓ 합격노하우 제시된 보기가 다양한 형태의 문장인 경우에는, 각 보기의 의미를 정확히 파악한 후 음성을 들어야 하며, 대화를 들을 때 대화의 내용과 다른 보기는 미리 오답으로 제거해둔다.

33

A 复习   B 吃饭   C 买饮料   D 整理房间

男: 现在才10点半, 你怎么就吃午饭了?
女: 为了准备考试, 我昨天睡得太晚, 早上起得也晚, 所以早饭午饭一块儿吃了。
男: 那你慢慢吃, 我去图书馆了, 再见。
女: 再见。

问: 女的现在在做什么?

复习 fùxí 동 복습하다　饮料 yǐnliào 명 음료　整理 zhěnglǐ 동 정리하다
才 cái 팀 이제, 겨우　怎么 zěnme 왜　就 jiù 팀 벌써, 이미
为了 wèile 개 ~를 하기 위해　准备 zhǔnbèi 동 준비하다
考试 kǎoshì 명 시험　一块儿 yíkuàir 팀 함께, 같이
慢慢(儿) mànmān(r) 팀 천천히, 느리다　图书馆 túshūguǎn 명 도서관

A 복습한다   B 밥을 먹는다   C 음료를 산다   D 방을 정리한다

남: 지금 겨우 10시 반인데, 너는 왜 벌써 점심밥을 먹니?
여: 시험을 준비하기 위해, 내가 어제 너무 늦게 잤고, 아침에도 늦게 일어났어, 그래서 아침밥과 점심밥을 함께 먹는 거야.
남: 그럼 천천히 먹어, 나는 도서관에 갈게, 안녕.
여: 잘 가.

질문: 여자는 지금 무엇을 하고 있는가?

정답 B

해설 제시된 보기 A 复习(복습한다), B 吃饭(밥을 먹는다), C 买饮料(음료를 산다), D 整理房间(방을 정리한다)가 모두 동작과 관련된 표현이므로 대화를 들을 때 화자가 하고 있거나 하려는 행동이 무엇인지를 주의 깊게 듣는다. 대화의 초반에 남자가 现在才10点半, 你怎么就吃午饭了?(지금 겨우 10시 반인데, 너는 왜 벌써 점심밥을 먹니?)라고 묻자, 여자가 시험을 준비 하기 위해, 어제 너무 늦게 잤고, 아침에도 늦게 일어났다고 말한 후 所以早饭午饭一块儿吃了(그래서 아침밥과 점심밥을 함께 먹는 거야)라고 답했다. 질문이 여자는 지금 무엇을 하고 있는지를 물었으므로 B 吃饭(밥을 먹는다)을 정답으로 선택한다.

✓ 합격노하우 보기가 모두 동사 또는 동사구(동사+목적어)이면, 화자가 하고 있거나 하려는 행동을 묻는 질문이 나올 것을 예상한다.

34 중
A 他们打算看表演   B 演员都非常漂亮
C 男的今晚没时间   D 女的不喜欢冰冰

男: 今天晚上有一场歌舞表演，咱们一起去看吧。
女: 好的。这次表演有谁？
男: 著名演员冰冰。
女: 我在电视上看到过她，她很漂亮。
问: 从这段对话中，可以知道什么？

打算 dǎsuàn (동) ~할 계획이다 表演 biǎoyǎn (명) 공연
演员 yǎnyuán (명) 배우, 연기자 漂亮 piàoliang (형) 예쁘다
晚上 wǎnshang (명) 저녁 场 chǎng (양) 번, 회(공연, 오락 등을 세는 단위)
歌舞表演 gēwǔ biǎoyǎn (명) 가무 공연 咱们 zánmen (대) 우리(들)
这次 zhècì (명) 이번 谁 shéi (대) 누구 著名 zhùmíng (형) 유명하다
电视 diànshì (명) 텔레비전 看到 kàndào (동) 보다
过 guo (조) ~한 적이 있다

A 그들은 공연을 볼 계획이다   B 배우는 모두 매우 예쁘다
C 남자는 오늘 저녁에 시간이 없다   D 여자는 빙빙을 좋아하지 않는다

남: 오늘 저녁에 가무 공연이 있어, 우리 함께 가서 보자.
여: 좋아. 이번 공연에는 누가 있어?
남: 유명한 배우 빙빙이 있어.
여: 나 텔레비전에서 그녀를 본 적이 있어, 그녀는 정말 예뻐.
질문: 이 대화 중에서, 알 수 있는 것은 무엇인가?

정답 A

해설 제시된 보기가 다양한 형태의 문장이므로, 보기의 의미를 최대한 정확히 파악한 후 음성을 듣는 것이 중요하다. 대화 처음에서 남자가 今天晚上有一场歌舞表演，咱们一起去看吧。(오늘 저녁에 가무 공연이 있어, 우리 함께 가서 보자.)라고 하자, 여자가 好的。(좋아.)라고 답했다. 질문이 이 대화 중에서 알 수 있는 것은 무엇인지를 물었으므로 A 他们打算看表演(그들은 공연을 볼 계획이다)을 정답으로 선택한다.

✓ **합격노하우** 제시된 보기가 다양한 형태의 문장인 경우에는, 각 보기의 의미를 정확히 파악한 후 음성을 들어야 한다.

---

35 중
A 词语很丰富   B 汉字很有趣
C 发音很容易   D 语法比较难

女: 你已经学了一个学期的汉语了，觉得怎么样？
男: 汉语是一门很有趣的语言，但是语法不太容易懂，最近学习压力很大。
女: 别着急，要对自己有信心！
男: 谢谢你鼓励我。
问: 对于汉语，男的有什么看法？

词语 cíyǔ (명) 어휘 丰富 fēngfù (형) 풍부하다, 많다 汉字 Hànzì (고유) 한자
有趣 yǒuqù (형) 재미있다, 흥미가 있다 发音 fāyīn (명) 발음
容易 róngyì (형) 쉽다 语法 yǔfǎ (명) 어법 比较 bǐjiào (부) 비교적
难 nán (형) 어렵다 已经 yǐjīng (부) 이미 学期 xuéqī (명) 학기
觉得怎么样 juéde zěnmeyàng 어땠어요?
门 mén (양) 과목(수업, 기술 등을 세는 단위) 语言 yǔyán (명) 언어
不太 bútài 그다지 ~하지 않다 懂 dǒng (동) 이해하다, 알다
最近 zuìjìn (명) 최근 压力 yālì (명) 스트레스 别 bié (부) ~하지 마라
着急 zháojí (형) 조급해하다 对 duì (개) ~에 대하여 自己 zìjǐ (대) 자신, 스스로
信心 xìnxīn (명) 믿음, 신념 鼓励 gǔlì (동) 격려하다

A 어휘가 풍부하다   B 한자는 매우 재미있다   C 발음이 매우 쉽다   D 어법이 비교적 어렵다

여: 당신은 이미 한 학기 동안 중국어를 배웠는데, 어땠어요?
남: 중국어는 매우 재미있는 언어예요, 하지만 어법은 이해하기가 그다지 쉽지 않아서, 최근 학습 스트레스가 매우 커요.
여: 조급해 하지 말아요, 자신에 대한 믿음이 있어야 해요!
남: 저를 격려해 주셔서 감사해요.
질문: 중국어에 대해 남자는 어떤 생각을 가지고 있는가?

정답 D

해설 제시된 보기가 다양한 형태의 문장이므로, 보기의 의미를 최대한 정확히 파악한 후 음성을 듣는 것이 중요하다. 대화 처음에서 여자가 당신은 이미 한 학기 동안 중국어를 배웠는데 어땠냐고 묻자, 남자가 汉语是一门很有趣的语言(중국어는 매우 재미있는 언어예요)이라고 한 내용을 듣고 이와 내용이 다른 B 汉字很有趣(한자는 매우 재미있다)를 오답으로 제거해 둔다. 이어서 남자가 但是语法不太容易懂，最近学习压力很大(하지만 어법은 이해하기가 그다지 쉽지 않아서, 최근 학습 스트레스가 매우 커요)라고 한 내용을 듣고 D 语法比较难(어법이 비교적 어렵다)을 정답의 후보로 체크해 둔다. 질문이 중국어에 대해 남자는 어떤 생각을 가지고 있는지를 물었으므로 D 语法比较难(어법이 비교적 어렵다)을 정답으로 선택한다.

✓ **합격노하우** 제시된 보기가 다양한 형태의 문장인 경우에는, 각 보기의 의미를 정확히 파악한 후 음성을 들어야 하며, 대화를 들을 때 대화의 내용과 다른 보기는 미리 오답으로 제거해둔다.

36-37

36 중
A 都很好吃　　B 都很健康
C 味道不太一样　D 做法都很复杂

健康 jiànkāng 형 건강하다　味道 wèidao 명 맛
不太一样 bútài yíyàng 다르다　做法 zuòfǎ 명 (만드는) 방법
复杂 fùzá 형 복잡하다

A 모두 맛있다　　　　　　　　　　　B 모두 건강하다
C 맛이 다르다　　　　　　　　　　　D 만드는 방법이 모두 매우 복잡하다

37 중
A 很咸　B 很辣　C 很酸　D 很甜

咸 xián 형 짜다　辣 là 형 맵다　酸 suān 형 시다, 시큼하다　甜 tián 형 달다

A 매우 짜다　　　　B 매우 맵다　　　　C 매우 시다　　　　D 매우 달다

中国不仅有很多好玩的地方，每个地方的³⁶菜味道也不太一样。我以前在中国留学的时候，只要一放假，就和朋友一起去旅游，走到哪里吃到哪里。我的朋友喜欢吃³⁷很辣的四川菜，不过我不太喜欢，我更喜欢吃又酸又甜的上海菜。

36. 问：关于不同地方的中国菜，可以知道什么？

37. 问：说话人不太喜欢吃四川菜，是因为四川菜的味道怎么样？

不仅 bùjǐn 접 ~뿐만 아니라　好玩 hǎowán 형 재미있다
地方 dìfāng 명 지역, 지방　每个 měi ge ~마다　菜 cài 명 음식
味道 wèidao 명 맛　不太一样 bútài yíyàng 다르다
以前 yǐqián 명 예전, 이전　留学 liúxué 동 유학하다
…的时候 …de shíhou ~할 때　只要…就 zhǐyào…jiù ~하기만 하면
放假 fàngjià 동 방학하다　旅游 lǚyóu 동 여행하다
四川 Sìchuān 고유 쓰촨성, 사천　不过 búguò 접 하지만
上海 Shànghǎi 고유 상하이, 상해

중국은 재미있는 지역이 많을 뿐만 아니라, 모든 지역의 ³⁶음식 맛도 다르다. 내가 예전에 중국에서 유학할 때, 방학을 하기만 하면, 친구와 함께 여행을 가서, 어디를 가든지 그곳의 음식을 먹었다. 나의 친구는 ³⁷매운 쓰촨 음식 먹는 것을 좋아했는데, 하지만 나는 그다지 좋아하지 않았고, 시고 단 상하이 음식 먹는 것을 더 좋아했다.

36. 질문: 다른 지역의 중국 음식에 관해 알 수 있는 것은 무엇인가?　　　　　　　　　　　　　정답 C
37. 질문: 화자는 쓰촨 음식을 먹는 것을 그다지 좋아하지 않는데, 쓰촨 음식의 맛이 어떻기 때문인가?　정답 B

해설 보기 읽기

36번과 37번의 보기에서 好吃(맛있다), 味道(맛), 咸(짜다), 辣(맵다), 酸(시다), 甜(달다)를 읽고 맛과 관련된 이야기 혹은 설명문이 나올 것임을 예상할 수 있다.

단문 듣기

단문의 초반에서 菜味道也不太一样(음식 맛도 다르다)를 듣고 36번 보기 C 味道不太一样(맛이 다르다)을 정답의 후보로 재빨리 체크해 둔다. 단문 중반의 很辣的四川菜(매운 쓰촨 음식)에서 37번 보기 B 辣(맵다)와 관련된 四川(쓰촨)이 언급되었으므로 B 옆에 쓰촨을 재빨리 써두고, 我更喜欢吃又酸又甜的上海菜(나는 시고 단 상하이 음식 먹는 것을 더 좋아했다)에서 C의 酸(시다), D의 甜(달다)과 관련하여 上海(상하이)가 언급되었으므로 C, D 옆에 상하이를 재빨리 써둔다.

질문 듣고 정답 선택하기

36. 서로 다른 지역의 중국 음식에 관해 알 수 있는 것을 물었으므로 체크해 둔 C 味道不太一样(맛이 다르다)을 정답으로 선택한다.
37. 쓰촨 음식의 맛이 어떤지를 물었으므로 B 很辣(매우 맵다)를 정답으로 선택한다.

✓ **합격노하우** 37번처럼 보기가 같은 주제의 단어들로 구성된 문제의 경우에는, 단문을 들을 때 각 보기와 관련되어 언급된 사항을 보기 옆에 재빨리 써둔다.

38-39

38 중
A 家人很重要　　B 要了解自己
C 接受自己很难　D 不要随便原谅自己

家人 jiārén 명 가족　重要 zhòngyào 형 중요하다
了解 liǎojiě 동 알아내다　自己 zìjǐ 데 자신, 스스로
接受 jiēshòu 동 받아들이다　随便 suíbiàn 부 마음대로
原谅 yuánliàng 동 용서하다

A 가족은 매우 중요하다　　　　　　　　B 자신을 이해해야 한다
C 자신을 받아들이는 것은 어렵다　　　D 마음대로 자신을 용서해서는 안 된다

39 중
A 找到方向　　B 接受自己
C 了解优缺点　D 选择家人

找到 zhǎodào 찾아내다　方向 fāngxiàng 명 방향　优点 yōudiǎn 명 장점
缺点 quēdiǎn 명 단점　选择 xuǎnzé 동 선택하다

A 방향을 찾는다　　B 자신을 받아들인다　　C 장점과 단점을 이해한다　　D 가족을 선택한다

我们虽然不能选择自己的家人，³⁹但是可以选择成为一个什么样的人。在这个过程中，³⁸/³⁹要努力地找到自己的方向，清楚地了解自己的优点和缺点，愉快地接受自己。

38. 问: 根据这段话，能知道什么?

39. 问: 在弄清楚自己是谁以前，不需要做什么?

虽然…但是… suīrán…dànshì… 비록 ~이지만, 하지만~
选择 xuǎnzé 동 선택하다　自己 zìjǐ 대 자신, 스스로　家人 jiārén 명 가족
成为 chéngwéi 동 ~이 되다　什么样 shénmeyàng 대 어떠한
过程 guòchéng 명 과정　努力地 nǔlì de 열심히　找到 zhǎodào 찾아내다
方向 fāngxiàng 명 방향　清楚 qīngchu 형 분명하다, 뚜렷하다
了解 liǎojiě 동 알아내다　优点 yōudiǎn 명 장점　缺点 quēdiǎn 명 단점
愉快地 yúkuài de 즐겁게　接受 jiēshòu 동 받아들이다
弄清楚 nòng qīngchǔ 확실히 하다

비록 우리는 자신의 가족을 선택할 수 없지만, ³⁹어떠한 사람이 될 것인가는 선택할 수 있다. 이 과정 중에서, ³⁸/³⁹열심히 자신의 방향을 찾고, 분명하게 자신의 장점과 단점을 이해하고, 즐겁게 자신을 받아들여야 한다.

38. 질문: 대화에 근거해서, 알 수 있는 것은 무엇인가?　　　　　　　　　　　　　정답 B
39. 질문: 자신이 누구인지 확실히 하기 이전에, 할 필요가 없는 것은 무엇인가?　정답 D

해설 보기 읽기
38번과 39번의 보기에서 家人(가족), 自己(자기), 要(~해야 한다)와 不要(~해서는 안 된다)를 읽고 가족 혹은 자신과 관련된 논설문이 나올 것임을 미리 예상할 수 있다. 논설문에서는 단문의 중심 내용을 묻는 질문이 자주 출제되므로, 음성 단문의 첫 문장과 마지막 문장을 주의 깊게 들어야 한다.

단문 듣기
단문 초반에서 可以选择成为一个什么样的人(어떠한 사람이 될 것인가는 선택할 수 있다)라고 언급하였다. 두 번째 문장에서 要努力地找到自己的方向(열심히 자신의 방향을 찾아야 한다), 清楚地了解自己的优点和缺点(분명하게 자신의 장점과 단점을 이해한다), 愉快地接受自己(즐겁게 자신을 받아들인다)라는 내용을 듣고 39번의 A 找到方向(방향을 찾는다), C 了解优缺点(장점과 단점을 이해한다), B 接受自己(자신을 받아들인다) 옆에 체크해두고, 了解自己(자신을 이해한다)가 단문의 중심내용이라는 것을 알 수 있다.

질문 듣고 정답 선택하기
38. 단문의 중심 내용을 물었으므로 B 要了解自己(자신을 이해해야 한다)를 정답으로 선택한다.
39. 자신이 누구인지 확실히 하기 이전에, 할 필요가 없는 것은 무엇인지를 물었으므로 D 选择家人(가족을 선택한다)을 정답으로 선택한다.

✓ **합격노하우** 38번처럼 보기에 '要' 또는 '不要'와 같이 화자의 주장을 나타내는 표현이 사용되면, 논설문이 나올 것을 예상하여 음성을 들을 때 단문의 중심 내용을 파악해야 한다.

40-41

40 중
| A 什么是幸福 | B 怎么获得幸福 |
| C 幸福很难得到 | D 幸福是暂时的 |

幸福 xìngfú 몡 행복　获得 huòdé 동 얻다, 획득하다
得到 dédào 동 가지다, 얻다　暂时 zànshí 몡 일시, 잠시

A 무엇이 행복인가　B 어떻게 행복을 얻는가　C 행복은 갖기 어렵다　D 행복은 일시적이다

41 중
| A 丰富的经历 | B 美丽的景色 |
| C 积极的态度 | D 愉快的心情 |

丰富 fēngfù 혱 풍부하다, 많다　经历 jīnglì 몡 경험, 경력
美丽 měilì 혱 아름답다　景色 jǐngsè 몡 풍경, 경치　积极 jījí 혱 적극적이다
态度 tàidu 몡 태도　愉快 yúkuài 혱 즐겁다　心情 xīnqíng 몡 마음

A 풍부한 경험　B 아름다운 풍경　C 적극적인 태도　D 즐거운 마음

---

⁴⁰什么才是真正的幸福? 每个人都有自己的看法。有的人觉得幸福是丰富的经历, 有的人觉得幸福是工资和奖金, 还有人觉得幸福是好吃的食物和美丽的风景。⁴¹可是我觉得这都不是真正的幸福。真正的幸福是积极勇敢的态度, 即使遇到困难, 也会笑着解决, 不会放弃。

才是 cáishì ~이야말로　真正 zhēnzhèng 혱 진정한　幸福 xìngfú 몡 행복
每个人 měi ge rén 사람마다　自己 zìjǐ 떼 자신, 스스로　看法 kànfǎ 몡 견해
有的 yǒude 떼 어떤 것　觉得 juéde 동 ~라고 생각하다
丰富 fēngfù 혱 풍부하다, 많다　经历 jīnglì 몡 경험, 경력
工资 gōngzī 몡 월급　奖金 jiǎngjīn 몡 보너스, 포상금
还 hái 튀 또, 게다가　食物 shíwù 몡 음식　美丽 měilì 혱 아름답다
风景 fēngjǐng 몡 풍경　可是 kěshì 접 하지만, 그러나
积极 jījí 혱 적극적이다　勇敢 yǒnggǎn 혱 용감하다　态度 tàidu 몡 태도
即使…也 jíshǐ…yě 설령 ~하더라도　遇到 yùdào 마주치다, 맞닥뜨리다
困难 kùnnan 몡 어려움　笑着 xiàozhe 웃으며　解决 jiějué 동 해결하다
放弃 fàngqì 동 포기하다

40. 问: 这段话主要谈的是什么?

41. 问: 作者认为真正的幸福是什么?

⁴⁰무엇이야말로 진정한 행복인가? 사람마다 모두 자신의 생각이 있다. 어떤 사람은 행복이 풍부한 경험이라고 생각하고, 어떤 사람은 행복이 월급과 보너스라고 생각하며, 또 어떤 사람은 행복이 맛있는 음식과 아름다운 풍경이라고 생각한다. ⁴¹하지만 나는 이 모든 것은 진정한 행복이 아니라고 생각한다. 진정한 행복은 적극적이고 용감한 태도이고, 설령 어려움을 마주하더라도 웃으며 해결하고, 포기하지 않는 것이다.

40. 질문: 이 지문에서 주로 말하는 것은 무엇인가? **정답 A**
41. 질문: 작가는 진정한 행복은 무엇이라고 생각하는가? **정답 C**

해설 **보기 읽기**
40번의 보기 4개에 모두 幸福(행복)가 포함되어 있으므로 행복과 관련된 논설문이 나올 것임을 미리 예상할 수 있다. 논설문에서는 단문의 중심 내용을 묻는 질문이 자주 출제되므로, 음성 단문의 첫 문장과 마지막 문장 또한 주의 깊게 들어야 한다.

단문 듣기
단문의 초반에서 什么才是真正的幸福? (무엇이야말로 진정한 행복인가?)를 듣고 이 논설문의 중심 내용인 '행복은 무엇인가'를 그대로 언급한 40번의 A 什么是幸福(무엇이 행복인가) 옆에 체크해 둔다. 단문의 중반에서 丰富的经历(풍부한 경험)와 美丽的风景(아름다운 풍경)을 듣고 이를 그대로 언급한 41번의 A 丰富的经历(풍부한 경험)와 B 美丽的景色(아름다운 풍경) 옆에 체크해 둔다. 단문 마지막에서 可是我觉得这都不是真正的幸福。真正的幸福是积极勇敢的态度(하지만 나는 이 모든 것은 진정한 행복이 아니라고 생각한다. 진정한 행복은 적극적이고 용감한 태도이다)를 듣고, 41번의 C 积极的态度(적극적인 태도) 옆에 체크해 둔다.

질문 듣고 정답 선택하기
40. 단문의 중심 내용을 물었으므로 A 什么是幸福(무엇이 행복인가)를 정답으로 선택한다.
41. 작가는 진정한 행복은 무엇이라고 생각하는지를 물었으므로 C 积极的态度(적극적인 태도)를 정답으로 선택한다.

✓ 합격노하우 40번처럼 보기의 내용이 화자의 주관적인 의견이면, 논설문이 나올 것을 예상하여 음성을 들을 때 단문의 중심내용을 파악해야 한다.

42-43

42 하
- A 三百多年
- B 一千多年
- C 两千多年
- D 三千多年

多 duō㈜ (수량사 뒤에 쓰여) ~여, ~남짓

A 300여 년   B 1000여 년   C 2000여 년   D 3000여 년

43 상
- A 导游
- B 律师
- C 翻译
- D 售票员

导游 dǎoyóu㈜ 가이드   律师 lǜshī㈜ 변호사   翻译 fānyì㈜ 통역(사)
售票员 shòupiàoyuán㈜ 매표원

A 가이드   B 변호사   C 통역사   D 매표원

---

⁴³欢迎大家来到北京！北京是中国著名的旅游城市，在这里你可以感受到中国的历史和文化。咱们现在看到的就是在全世界都很有名的长城。⁴²长城已经有两千三百多年的历史了，是值得中国人骄傲的古代建筑。你们看，它像什么？

欢迎 huānyíng㈜ 환영하다   来到 láidào㈜ 오다
著名 zhùmíng㈜ 유명하다   旅游城市 lǚyóu chéngshì 관광 도시
在 zài㈚ ~에서   感受 gǎnshòu㈜ 느끼다   历史 lìshǐ㈜ 역사
文化 wénhuà㈜ 문화   咱们 zánmen㈜ 우리(들)   就 jiù㈜ 바로
全世界 quánshìjiè㈜ 전 세계   长城 Chángchéng 고유 만리장성
已经 yǐjīng㈜ 벌써, 이미   值得 zhídé㈜ ~할 만한 가치가 있다
骄傲 jiāo'ào㈜ 자랑스럽다   古代 gǔdài㈜ 고대
建筑 jiànzhù㈜ 건축물   像 xiàng㈜ 닮다

42. 问：长城可能有多少年历史了？

43. 问：说话人是做什么工作的？

⁴³여러분이 베이징에 오신 것을 환영합니다! 베이징은 중국의 유명한 관광 도시이며, 이곳에서 당신은 중국의 역사와 문화를 느낄 수 있습니다. 우리가 지금 보고 있는 것은 바로 전 세계에서 매우 유명한 만리장성입니다. ⁴²만리장성은 이미 2300여 년이 넘는 역사를 가지고 있으며, 중국인들이 자랑스러워할 만한 가치가 있는 고대 건축물입니다. 보세요, 무엇을 닮았나요?

42. 질문: 만리장성은 아마도 몇 년의 역사가 있는가?   정답 C
43. 질문: 화자는 어떤 일을 하는가?   정답 A

해설 보기 읽기

42번과 43번 보기에서 三百多年, 一千多年, 两千多年, 三千多年과 같은 숫자 보기와 导游(가이드), 律师(변호사), 翻译(통역사), 售票员(매표원)과 같은 신분을 나타내는 보기를 읽고, 실생활에서 활용되는 실용문이 나올 것임을 예상한다. 실용문에서는 신분을 나타내는 핵심어구를 주의 깊게 듣는다.

단문 듣기

단문 첫 문장에 欢迎大家来到北京! 北京是中国著名的旅游城市(여러분이 베이징에 오신 것을 환영합니다! 베이징은 중국의 유명한 관광 도시입니다)를 듣고 관광 가이드가 하는 말임을 알 수 있으므로 43번 A 导游(가이드) 옆에 체크해 둔다. 长城已经有两千三百多年的历史了(만리장성은 이미 2300여 년이 넘는 역사를 가지고 있다)를 듣고 숫자와 관련된 42번 보기 중 2300여 년과 가장 가까운 C 两千多年(2000여 년) 옆에 체크해 둔다.

질문 듣고 정답 선택하기

42. 만리장성은 아마도 몇 년의 역사가 있는지를 물었으므로 C 两千多年(2000여 년)을 정답으로 선택한다.
43. 화자가 어떤 일을 하는지를 물었으므로 A 导游(가이드)를 정답으로 선택한다.

✓합격노하우 43번처럼 제시된 보기가 직업을 나타내는 표현이면, 음성을 들을 때 직업과 관련된 내용을 주의 깊게 듣고 들어야 한다.

44-45

44 中
- A 工作简单
- B 钱赚得很多
- C 同事都很年轻
- D 经理很重视他

工作 gōngzuò 图 일하다 简单 jiǎndān 图 간단하다 钱 qián 图 돈 赚 zhuàn 图 (돈을) 벌다 同事 tóngshì 图 동료 年轻 niánqīng 图 젊다 经理 jīnglǐ 图 사장님 重视 zhòngshì 图 중시하다

- A 일이 간단하다
- B 돈을 많이 번다
- C 동료가 모두 젊다
- D 사장이 그를 중요시한다

45 中
- A 经验丰富
- B 认真仔细
- C 专业合适
- D 活泼幽默

经验 jīngyàn 图 경험 丰富 fēngfù 图 풍부하다, 많다 认真 rènzhēn 图 착실하다 仔细 zǐxì 图 꼼꼼하다 专业 zhuānyè 图 전공 合适 héshì 图 적합하다 活泼 huópō 图 활발하다 幽默 yōumò 图 유머러스하다

- A 경험이 풍부하다
- B 착실하고 꼼꼼하다
- C 전공이 적합하다
- D 활발하고 유머러스하다

王朋大学毕业后到一家公司工作。⁴⁵他做事认真仔细，⁴⁴因此经理很重视他，周围的同事也很友好。王朋觉得，即使钱赚得不多，他也愿意一直在这里工作。

44. 问：王朋为什么愿意在这家公司工作？

45. 问：关于王朋，下列哪一项是对的？

毕业 bìyè 图 졸업하다 家 jiā 图 회사, 공장 등을 세는 단위 公司 gōngsī 图 회사 工作 gōngzuò 图 일하다 做事 zuòshì 图 일을 하다 认真 rènzhēn 图 착실하다 仔细 zǐxì 图 꼼꼼하다 因此 yīncǐ 图 그래서 经理 jīnglǐ 图 사장님 重视 zhòngshì 图 중시하다 周围 zhōuwéi 图 주위 同事 tóngshì 图 동료 友好 yǒuhǎo 图 우호적이다 觉得 juéde 图 ~라고 생각하다 即使…也 jíshǐ…yě 설령 ~하더라도 钱 qián 图 돈 赚 zhuàn 图 (돈을) 벌다 愿意 yuànyì 图 바라다, 희망하다 一直 yìzhí 图 계속, 줄곧

왕펑은 대학 졸업 이후 한 회사에서 일을 하고 있다. ⁴⁵그는 착실하고 꼼꼼하게 일해서, ⁴⁴그래서 사장님이 그를 매우 중요시하고, 주위 동료들 또한 우호적이다. 왕펑이 생각하길, 설령 돈을 많이 벌지 못하더라도, 그는 계속 이곳에서 일하는 것을 바란다.

44. 질문: 왕펑은 왜 이 회사에서 일하는 것을 바라는 것인가?   정답 D
45. 질문: 왕펑에 관해, 다음 중 맞는 것은 무엇인가?   정답 B

해설 보기 읽기

44번과 45번의 보기에서 사람의 상태나 상황을 묘사하는 표현 钱赚得很多(돈을 많이 번다), 重视他(그를 중요시한다), 经验丰富(경험이 풍부하다), 认真仔细(착실하고 꼼꼼하다), 专业合适(전공이 적합하다), 活泼幽默(활발하고 유머러스하다)를 읽고 특정 인물과 관련된 이야기가 나오는지를 주의 깊게 들어야 한다.

단문 듣기

단문 초반에서 他做事认真仔细(그는 착실하고 꼼꼼하게 일한다)를 듣고, 认真仔细를 그대로 언급한 45번 B 认真仔细(착실하고 꼼꼼하다) 옆에 체크해 둔다. 이어서 因此经理很重视他, 周围的同事也很友好。王朋觉得，即使钱赚得不多，他也愿意一直在这里工作。(그래서 사장님이 그를 매우 중요시하고, 주위 동료들 또한 우호적이다. 왕펑이 생각하길, 설령 돈을 많이 벌지 못하더라도, 그는 계속 이 곳에서 일하는 것을 바란다.)를 듣고 经理很重视을 그대로 언급한 44번 D 经理很重视他(사장이 그를 중요시한다)를 체크해 둔다.

질문 듣고 정답 선택하기

44. 왕펑은 왜 이 회사에서 일하는 것을 바라는 것인지를 물었으므로 D 经理很重视他(사장이 그를 중요시한다)를 정답으로 선택한다.
45. 왕펑에 관해, 다음 중 맞는 것은 무엇인지를 물었으므로 B 认真仔细(착실하고 꼼꼼하다)를 정답으로 선택한다.

✅ **합격노하우** 45번처럼 보기가 사람의 성격이나 경험에 대한 내용이면, 특정 인물과 관련된 이야기가 나올 것임을 예상하고 단문을 듣는다.

二、阅读 독해

46-50

A 遍	B 交通	C 不过
D 坚持	E 稍微	F 祝贺

遍 biàn 양 번, 회(한 동작의 시작부터 끝까지 세는 단위)
交通 jiāotōng 몡 교통 不过 búguò 쥅 하지만, 그러나
坚持 jiānchí 동 꾸준히 하다 稍微 shāowēi 뷔 약간, 조금
祝贺 zhùhè 동 축하하다

A 번	B 교통	C 하지만	D 꾸준히 하다	E 약간	F 축하하다

* D 坚持(꾸준히 하다)은 예시 어휘이므로, 이를 제외한 나머지 5개의 보기 중에서 정답을 고른다.

46 중

今天这个会议是 关于城市 (B 交通) 管理问题的，请大家积极讨论。

会议 huìyì 몡 회의 关于 guānyú 꿰 ~에 관한
城市 chéngshì 몡 도시 交通 jiāotōng 몡 교통
管理 guǎnlǐ 동 관리하다 问题 wèntí 몡 문제
大家 dàjiā 떼 모두, 다들 积极 jījí 형 적극적으로
讨论 tǎolùn 동 토론하다

오늘의 이번 회의는 도시 (B 교통) 관리 문제에 관한 것입니다, 모두 적극적으로 토론해주시기 바랍니다. **정답 B**

해설 빈칸 앞에 개사 关于(~에 관한)가 있으므로 城市( )管理问题(도시 __ 관리 문제)라는 문맥에 어울리면서 개사 关于와 함께 쓰이는 명사 B 交通(교통)이 정답이다.

✓ **합격노하우** 빈칸이 개사 뒤에 있으면 개사와 함께 개사구 형태를 만들 수 있는 명사를 정답의 후보로 찾는다.

47 중

这件衣服漂亮是漂亮，但 (E 稍微) 贵了一些，能便宜点儿吗？

衣服 yīfu 몡 옷 漂亮 piàoliang 형 예쁘다 但 dàn 쥅 하지만
稍微 shāowēi 뷔 약간, 조금 贵 guì 형 비싸다
一些 yìxiē 양 좀, 약간
能……吗? néng……ma? ~할 수 있어요?, ~가 가능합니까?
便宜 piányi 동 (값을) 깎아 주다

이 옷이 예쁘긴 예쁜데, 하지만 (E 약간) 좀 비싸요, 좀 깎아 줄 수 있어요? **정답 E**

해설 빈칸 뒤에 술어 贵(비싸다)가 있으므로, 술어 앞에서 부사어로 쓰일 수 있는 부사 E 稍微(약간)가 정답이다. 참고로 稍微贵了一些(약간 좀 비싸다)는 자주 출제되는 표현이므로 한 덩어리로 외워두자.

✓ **합격노하우** 빈칸이 술어 앞에 있으면 주어나 부사어가 될 수 있는 단어를 정답의 후보로 찾는다.

48 중

这段话我看了几 (A 遍) 了，还是不理解，你能帮我解释一下吗？

段 duàn 양 단락, 토막(사물의 한 부분을 나타냄)
遍 biàn 양 번, 회(한 동작의 시작부터 끝까지 세는 단위)
还是 háishi 뷔 여전히 理解 lǐjiě 동 이해하다
能……吗? néng……ma? ~할 수 있어요?, ~가 가능합니까?
帮 bāng 동 돕다 解释 jiěshì 동 설명하다

이 단락을 내가 몇 (A 번)이나 봤지만 여전히 이해하지 못했어, 네가 나를 도와 설명해줄 수 있겠니? **정답 A**

해설 빈칸 앞에 수사 几(몇)가 있으므로 보기 중 유일한 양사인 A 遍(번)이 정답이다. 참고로, 양사 遍(번)은 동작의 횟수를 셀 때 쓰이는 양사이다.

✓ **합격노하우** 빈칸이 수사 뒤에 있으면 양사를 정답으로 선택한다.

49 중

这种"绿色水果"没有污染，所以很受欢迎，(C 不过) 价格有点儿贵。

绿色 lǜsè 몡 친환경의 초록색 水果 shuǐguǒ 몡 과일
污染 wūrǎn 동 오염되다 受欢迎 shòu huānyíng 환영을 받다
不过 búguò 쥅 하지만, 그러나 价格 jiàgé 몡 가격
有点儿 yǒudiǎnr 뷔 다소, 조금 贵 guì 형 비싸다

이런 "녹색 과일"은 오염되어 있지 않아서 매우 환영받는다, (C 하지만) 가격이 다소 비싸다. **정답 C**

해설 빈칸이 절의 맨 앞에 있고, 빈칸 앞의 很受欢迎(매우 환영받는다)과 빈칸 뒤의 价格有点儿贵(가격이 다소 비싸다)가 서로 반대되는 내용이므로 접속사 C 不过(하지만)가 정답이다.

✓ 합격노하우 빈칸이 완전한 문장의 앞이나 쉼표(,) 뒤에 있으면 접속사를 정답의 후보로 찾는다.

50 중
小丽，(F 祝贺)你顺利地考上了北京大学，我们都特别为你高兴!

祝贺 zhùhè 동 축하하다　顺利 shùnlì 형 순조롭다
考上 kǎoshàng 동 (시험을 통과하여) 합격하다
北京大学 Běijīng Dàxué 고유 베이징 대학교, 북경 대학교
特别 tèbié 부 매우, 특별히
为你高兴 wèi nǐ gāoxìng 네 덕분에 기쁘다

샤오리, 네가 순조롭게 베이징 대학교에 합격한 걸 (F 축하해), 우리 모두 네 덕분에 매우 기쁘다!　　정답 F

해설 빈칸이 문장 맨 앞에 있고, 빈칸 뒤에 你顺利地考上了北京大学(네가 순조롭게 베이징 대학교에 합격했다)라는 기쁜 내용이 나왔으므로, 문장 맨 앞에 쓰이면서 빈칸 뒤의 내용과 문맥상 어울리는 동사 F 祝贺(축하하다)가 정답이다. 참고로, 祝贺(축하하다)는 '주어+동사+목적어' 형태의 완전한 문장을 목적어로 가질 수 있는 동사로, 문장 맨 앞에 주로 사용됨을 알아두자.

✓ 합격노하우 보기 중 동사 祝贺(축하하다)가 있고, 빈칸이 문장 앞에 있으면서, 문맥이 기쁜 내용이면 祝贺(축하하다)를 정답으로 선택한다.

51-55

| A 表格 | B 到处 | C 温度 |
| D 误会 | E 盐 | F 占线 |

表格 biǎogé 명 양식, 서식, 표　到处 dàochù 여기저기
温度 wēndù 명 온도　误会 wùhuì 동 오해하다　盐 yán 명 소금
占线 zhànxiàn 동 통화 중이다

| A 양식 | B 여기저기 | ~~C 온도~~ | D 오해하다 | E 소금 | F 통화 중이다 |

* C 温度(온도)는 예시 어휘이므로, 이를 제외한 나머지 5개의 보기 중에서 정답을 고른다.

51 하
A: 你好，我来报名参加歌唱比赛。
B: 好的，请填一下这张(A 表格)，我们会打电话通知您比赛的时间和地点。

报名 bàomíng 동 신청하다　参加 cānjiā 동 참가하다, 참석하다
歌唱比赛 gēchàng bǐsài 노래 대회　填 tián 동 기입하다, 써넣다
张 zhāng 양 장(종이나 가죽 등을 세는 단위)
表格 biǎogé 명 양식, 서식, 표　会 huì 조동 ~할 것이다
打电话 dǎ diànhuà 전화를 걸다　通知 tōngzhī 동 알리다, 통지하다
地点 dìdiǎn 명 장소

A: 안녕하세요, 저는 노래 대회 참가를 신청하러 왔습니다.
B: 네, 이 (A 양식)을 기입 좀 해주세요, 저희가 전화로 대회 시간과 장소를 알려 드리겠습니다.　　정답 A

해설 빈칸 앞에 '지시대사+양사' 형태인 这张(이)이 있으므로, 빈칸 앞 양사 张(장)과 함께 쓰이는 명사 A 表格(양식)가 정답이다. 참고로, 양사 张(장)은 종이나 가죽 등을 셀 때 쓰인다.

✓ 합격노하우 빈칸 앞에 '지시대사+양사' 또는 '수사+양사'가 있으면 양사와 함께 쓰이는 명사를 정답으로 선택한다.

52 중
A: 昨天我看见你和一个漂亮的女人在一起，她是你女朋友吧？
B: 你(D 误会)了，她只是我的同事。

昨天 zuótiān 명 어제　看见 kànjiàn 동 보다, 눈에 띄다
和……在一起 hé……zài yìqǐ ~와 함께 있다
漂亮 piàoliang 형 예쁘다　女朋友 nǚpéngyou 명 여자 친구, 애인
误会 wùhuì 동 오해하다　只是 zhǐshì 부 단지
同事 tóngshì 명 동료

A: 어제 내가 너와 어떤 예쁜 여자가 같이 있는 걸 봤어, 그 여자 너의 여자친구지?
B: 네가 (D 오해)했어, 그녀는 단지 나의 동료야.　　정답 D

해설 빈칸 앞에 주어 你(너)가 있고, 빈칸 뒤에 어기조사 了가 있으므로 술어가 될 수 있는 동사 D 误会(오해하다)와 F 占线(통화 중이다)이 정답의 후보이다. 她是你女朋友吧?(그 여자 너의 여자친구지?)와 她只是我的同事(그녀는 단지 나의 동료야)를 문맥적으로 연결해 주는 동사 D 误会(오해하다)가 정답이다.

✓ 합격노하우 빈칸 앞에 주어가 있고 빈칸 뒤에 了가 있으면 동사를 정답의 후보로 찾는다.

53 중

A: 你刚才去哪儿了, 我(B 到处)找你。
B: 怎么了? 王教授刚才叫我去他的办公室拿材料。

刚才 gāngcái 🗒 방금, 지금 막 到处 dàochù 🗒 여기저기
找 zhǎo 🗒 찾다 怎么了 zěnme le 무슨 일이야?
教授 jiàoshòu 🗒 교수 叫 jiào 🗒 ~하게 하다, 시키다
办公室 bàngōngshì 🗒 사무실, 오피스 拿 ná 🗒 받다, 획득하다
材料 cáiliào 🗒 (회의, 수업 등에 사용되는) 자료

A: 너 방금 어디에 갔었어, 나 너를 (B 여기저기) 찾았어.
B: 무슨 일이야? 왕 교수님이 방금 나한테 그의 사무실로 가서 자료를 받으라고 하셨어.

정답 B

해설 빈칸 뒤에 술어 找(찾다)가 있으므로, 술어 앞에서 부사어로 쓰일 수 있는 부사 B 到处(여기저기)가 정답이다.

✓ **합격노하우** 빈칸이 술어 앞에 있으면 주어나 부사어가 될 수 있는 단어를 정답의 후보로 찾는다.

54 중

A: 我想找张亮帮个忙, 但是打了他好几次电话, 一直(F 占线)。
B: 你别急, 过一会儿再试试。

找……帮忙 zhǎo……bāngmáng ~에게 도움을 구하다
但是 dànshì 🗒 그러나 打电话 dǎ diànhuà 전화를 걸다
好几次 hǎojǐcì 아주 여러 번 一直 yìzhí 🗒 계속
占线 zhànxiàn 🗒 통화 중이다 别 bié 🗒 ~하지 마라
急 jí 🗒 초조하다 过一会儿 guò yíhuìr 조금 이따가, 잠시 후
再 zài 🗒 다시 试试 shìshi 🗒 한번 해 보다

A: 저는 짱량에게 도움을 구하고 싶은데, 그에게 아주 여러 번 전화를 걸었지만, 계속 (F 통화 중이에요).
B: 초조해 하지 말아요, 조금 이따가 다시 한번 해 보세요.

정답 F

해설 빈칸 앞에 부사 一直(계속)이 있고 但是打了他好几次电话, 一直( )(그에게 아주 여러 번 전화를 걸었지만, 계속 __)라는 문맥에 어울리는 동사 F 占线(통화 중이다)이 정답이다. 참고로, 一直占线(계속 통화 중이다)은 자주 출제되는 표현이므로 한 덩어리로 외워두자.

✓ **합격노하우** 빈칸 앞에 부사가 있으면 술어가 될 수 있는 동사나 형용사를 정답의 후보로 찾는다.

55 하

A: 今天食堂的汤好咸啊, 你尝尝看。
B: 嗯, 是有点儿咸, 可能(E 盐)放多了。

今天 jīntiān 🗒 오늘 食堂 shítáng 🗒 (구내) 식당
汤 tāng 🗒 국, 탕 好 hǎo 🗒 너무, 꽤 咸 xián 🗒 짜다
尝尝 chángchang 🗒 맛보다 有点儿 yǒudiǎnr 🗒 조금, 약간
可能 kěnéng 🗒 아마도 盐 yán 🗒 소금 放 fàng 🗒 (집어) 넣다

A: 오늘 식당의 국이 너무 짜네요, 당신도 한번 맛봐보세요.
B: 응, 조금 짜네요, 아마도 (E 소금)을 많이 넣었나 봐요.

정답 E

해설 是有点儿咸, 可能( )放多了(조금 짜네요, 아마도 __을 많이 넣었나 봐요)에서 咸(짜다)이라는 표현과 문맥상 어울리는 E 盐(소금)이 정답이다. 참고로, '……放多了'는 '~을 많이 넣었다'라는 의미이다.

✓ **합격노하우** 빈칸 주변에 특정 보기와 문맥상 밀접하게 관련된 표현이 있으면 그 보기를 정답으로 선택한다.

56 상

A 否则他永远都不会原谅你
B 并且把那件事情解释清楚
C 你最好现在就向他道个歉

否则 fǒuzé 🗒 만약 그렇지 않으면 永远 yǒngyuǎn 🗒 영원히
都 dōu 🗒 심지어 原谅 yuánliàng 🗒 용서하다
并且 bìngqiě 🗒 또한, 게다가 把 bǎ 🗒 ~을, ~을 가지고
解释 jiěshì 🗒 해명하다, 설명하다
清楚 qīngchu 🗒 분명하다, 조리있다
最好 zuìhǎo 🗒 가장 바람직한 것은 就 jiù 🗒 바로, 곧
向 xiàng 🗒 ~에게 道歉 dàoqiàn 🗒 (정중히) 사과하다

A 만약 그렇지 않으면 그는 영원히 당신을 용서하지 않을 거예요
B 또한 그 일을 분명하게 해명하는 거예요
C 당신에게 있어 가장 바람직한 것은 지금 바로 그에게 사과하는 거예요

정답 CBA

해설 첫 순서 보기 고르기
A는 접속사 否则(만약 그렇지 않으면)로, B는 접속사 并且(또한)로 시작하기 때문에 A, B는 문장의 맨 앞에 올 수 없다. 따라서 C 你最好现在就向他道个歉(당신에게 있어 가장 바람직한 것은 지금 바로 그에게 사과하는 거예요)을 문장의 첫 순서로 고른다. (C →)

남은 보기 순서 배열하기
A 否则他永远都不会原谅你(만약 그렇지 않으면 그는 영원히 당신을 용서하지 않을 거예요)는 첫 순서인 C 뒤에서 문맥이 자연스럽게 연결되므로 A를 C 다음으로 배열한다. (C → A)
B의 并且(또한)가 C 뒤에서 C의 道个歉(사과하다)과 B의 解释清楚(분명하게 해명하다)를 연결해주므로 B를 C 바로 다음, A 앞에 배열한다. (C → B → A)

완성된 문장
C 你最好现在就向他道个歉, B 并且把那件事情解释清楚, A 否则他永远都不会原谅你。
C 당신에게 있어 가장 바람직한 것은 지금 바로 그에게 사과하는 거예요. B 또한 그 일을 분명하게 해명하는 거예요. A 만약 그렇지 않으면 그는 영원히 당신을 용서하지 않을 거예요.

✓ **합격노하우** 접속사 并且(또한)가 있으면 문맥상 같은 주제로 연결되는 보기 뒤에 배열한다.

---

57 중

A 他晚上一般都是12点才睡觉
B 还没到9点就睡着了
C 可是昨天可能是因为实在太累了

晚上 wǎnshang 명 밤, 저녁　一般 yìbān 형 보통, 일반적으로
都 dōu 부 모두, 전부　才 cái 부 ~이 되어서야, ~서야 비로소
睡觉 shuìjiào 동 (잠을) 자다　还 hái 부 아직
到 dào 동 (어느 곳에) 이르다, 도달하다　就 jiù 부 벌써, 이미
睡着 shuìzháo 동 잠들다, 수면 상태에 들어가다
可是 kěshì 접 그러나, 하지만　可能 kěnéng 부 아마도
实在 shízài 부 정말, 실제로　累 lèi 형 힘들다, 지치다

A 그는 밤에 보통 12시가 되어서야 잠을 잔다
B 아직 9시도 되지 않았는데 벌써 잠들었다
C 그러나 어제는 아마도 정말 너무 힘들었기 때문인지

정답 ACB

해설 첫 순서 보기 고르기
B는 부사 还(아직)로, C는 접속사 可是(그러나)로 시작하기 때문에 B, C는 문장의 맨 앞에 올 수 없다. 따라서 A 他晚上一般都是12点才睡觉(그는 밤에 보통 12시가 되어서야 잠을 잔다)를 문장의 첫 순서로 고른다. (A →)

남은 보기 순서 배열하기
A의 晚上一般(밤에 보통)과 C의 可是昨天(그러나 어제는)이 문맥상 자연스럽게 이어지므로 C 可是昨天可能是因为实在太累了(그러나 어제는 아마도 정말 너무 힘들었기 때문인지)를 A 다음으로 바로 배열한다. (A → C)
남은 B 还没到9点就睡着了(아직 9시도 되지 않았는데 벌써 잠들었다)가 문맥상 C의 因为实在太累了(정말 너무 힘들었기 때문이다)에 대한 결과가 되므로 B를 C 다음에 배열한다. (A → C → B)

완성된 문장
A 他晚上一般都是12点才睡觉, C 可是昨天可能是因为实在太累了, B 还没到9点就睡着了。
A 그는 밤에 보통 12시가 되어서야 잠을 잔다. C 그러나 어제는 아마도 정말 너무 힘들었기 때문인지, B 아직 9시도 되지 않았는데 벌써 잠들었다.

✓ **합격노하우** 두 개의 보기에 각각 '一般……(보통 ~)', '可是……(그러나 ~)'이라는 짝꿍 연결어가 있으면 '一般……' → '可是……'의 순서로 배열한다.

---

58 중

A 受到了许多顾客的欢迎
B 公司旁边的这个饭店虽然地方不大
C 但是由于饭菜价格低、味道好

受到 shòudào 동 받다　许多 xǔduō 형 많은, 수많은
顾客 gùkè 명 손님, 고객　欢迎 huānyíng 동 환영하다
饭店 fàndiàn 명 식당　虽然 suīrán 접 비록 ~이지만
地方 dìfang 명 장소　但是 dànshì 접 그러나
由于 yóuyú 개 ~때문에　饭菜 fàncài 명 음식, 밥과 반찬
价格 jiàgé 명 가격　低 dī 형 낮다　味道 wèidao 명 맛

A 많은 손님들의 환영을 받았다
B 회사 옆의 이 식당이 비록 장소가 크지는 않지만
C 그러나 음식 가격이 낮고, 맛이 좋기 때문에

정답 BCA

해설 첫 순서 보기 고르기
A는 주어 없이 술어 受到了(받았다)로, C는 접속사 但是(그러나)로 시작하기 때문에 A, C는 문장의 맨 앞에 올 수 없다. 따라서 B 公司旁边的这个饭店虽然地方不大(회사 옆의 이 식당이 비록 장소가 크지는 않지만)를 문장의 첫 순서로 고른다. (B →)

남은 보기 순서 배열하기
첫 순서인 B의 虽然(비록 ~이지만)과 C의 但是(그러나)은 虽然…, 但是…(비록 ~이지만, 그러나 ~)라는 짝꿍 연결어로 사용되므로 B → C의 순서로 배열한다. (B → C)
남은 A 受到了许多顾客的欢迎(많은 손님들의 환영을 받았다)는 문맥상 C의 由于饭菜价格低、味道好(음식 가격이 낮고, 맛이 좋기 때문에)에 대한 결과가 되므로 A를 C 다음 맨 마지막에 배열한다. (B → C → A)

완성된 문장
B 公司旁边的这个饭店虽然地方不大, C 但是由于饭菜价格低、味道好, A 受到了许多顾客的欢迎。
B 회사 옆의 이 식당이 비록 장소가 크지는 않지만, C 그러나 음식 가격이 낮고, 맛이 좋기 때문에, A 많은 손님들의 환영을 받았다.

✓ **합격노하우** 두 개의 보기에 각각 '虽然……(비록 ~이지만)', '但是……(그러나 ~)'이라는 짝꿍 연결어가 있으면 '虽然……' → '但是……'의 순서로 배열한다.

59
중

A 我用这段时间给大家介绍一下明天的安排
B 早上我们去长城，吃过午饭会去故宫
C 各位朋友，车子还有十分钟就要到宾馆了

时间 shíjiān 圆 시간 介绍 jièshào 图 안내하다, 소개하다
安排 ānpái 圆 일정 长城 Chángchéng 고유 만리장성의 줄임말
会 huì 조동 ~할 것이다
故宫 gùgōng 圆 고궁(주로 북경의 자금성을 가리킴)
车子 chēzi 圆 차, 승용차 就要……了 jiùyào……le 곧 ~하려고 하다
宾馆 bīnguǎn 圆 호텔

A 제가 이 시간을 이용해 여러분들께 내일의 일정을 안내하겠습니다
B 아침에 우리는 만리장성에 가고, 점심을 먹고 나서는 고궁에 갈 것입니다
C 여러분, 차는 10분 더 있으면 곧 호텔에 도착합니다

정답 CAB

해설 첫 순서 보기 고르기

A는 这段时间(이 시간)에서 지시대사 这(이것)가 쓰였으므로 문장의 맨 앞에 올 수 없다. 따라서 B,C가 첫 순서의 후보이다.

남은 보기 순서 배열하기

C 各位朋友，车子还有十分钟就要到宾馆了(여러분, 차는 10분 더 있으면 곧 호텔에 도착합니다)의 十分钟(10분)이 A의 这段时间(이 시간)이 가리키는 구체적인 시간이므로 C 다음에 A를 배열한다. (C → A)

B 早上我们去长城，吃过午饭会去故宫(아침에 우리는 만리장성에 가고, 점심을 먹고 나서는 고궁에 갈 것입니다)은 A의 明天的安排(내일의 일정)를 설명해주는 내용이므로 B를 A 뒤에 배열한다. (C → A → B)

완성된 문장

C 各位朋友，车子还有十分钟就要到宾馆了 A 我用这段时间给大家介绍一下明天的安排 B 早上我们去长城，吃过午饭会去故宫

C 여러분, 차는 10분 더 있으면 곧 호텔에 도착합니다. A 제가 이 시간을 이용해 여러분들께 내일의 일정을 안내하겠습니다. B 아침에 우리는 만리장성에 가고, 점심을 먹고 나서는 고궁에 갈 것입니다.

합격노하우 두 개의 보기에 각각 구체적인 시간 표현과 这段时间(이 시간)이라는 표현이 있으면 구체적인 시간표현 → 这段时间의 순서로 배열한다.

60
중

A 我们不但要有自己的想法
B 在与别人一起工作时
C 而且也要能听别人的意见

不但 búdàn ~뿐만 아니라 自己 zìjǐ 圆 자기, 자신
想法 xiǎngfǎ 圆 생각, 견해 在……时 zài……shí ~할 때
与 yǔ ~와, ~함께 别人 biérén 圆 다른 사람, 남
而且 érqiě 圆 또한, 게다가 意见 yìjiàn 圆 의견, 견해

A 우리는 자기만의 생각을 가져야 할 뿐만 아니라
B 다른 사람과 같이 일을 할 때
C 또한 다른 사람의 의견을 들을 줄도 알아야 한다

정답 BAC

해설 첫 순서 보기 고르기

C는 접속사 而且(또한)로 시작하였기 때문에 문장의 맨 앞에 올 수 없다. 따라서 A, B가 첫 순서의 후보이다.

남은 보기 순서 배열하기

첫 순서 후보 A의 不但(~뿐만 아니라)과 C의 而且(또한)는 不但…，而且…(~뿐만 아니라, 또한 ~)라는 짝꿍 연결어로 사용되므로 A → C의 순서로 배열한다. (A → C)

남은 B 在与别人一起工作时(다른 사람과 같이 일을 할 때)는 在……时(~할 때)라는 시간을 나타내는 개사구로서, 문장 맨 앞에서 부사어로 쓰인다. 따라서 문장 맨 앞에 첫 순서로 배열한다. (B → A → C)

완성된 문장

B 在与别人一起工作时, A 我们不但要有自己的想法, C 而且也要能听别人的意见。

B 다른 사람과 같이 일을 할 때, A 우리는 자기만의 생각을 가져야 할 뿐만 아니라, C 또한 다른 사람의 의견을 들을 줄도 알아야 한다.

합격노하우 두 개의 보기에 각각 '不但……(~뿐만 아니라)', '而且……(또한 ~)'이라는 짝꿍 연결어가 있으면 '不但……' → '而且……'의 순서로 배열한다.

61
중

A 公司暂时还不能给他提供宿舍
B 他只好先在亲戚家住一段时间
C 林林这个暑假要到上海工作

公司 gōngsī 몡 회사　暂时 zànshí 몡 일시, 잠시
提供 tígōng 동 (조건·의견 등을) 제공하다　宿舍 sùshè 몡 기숙사
只好 zhǐhǎo 閈 어쩔 수 없이, ~할 수밖에 없다　亲戚 qīnqi 몡 친척
一段时间 yíduàn shíjiān 한동안　暑假 shǔjià 몡 여름 방학
要 yào 조동 ~할 것이다

A 회사는 일시적으로 그에게 기숙사를 제공하지 못한다
B 그는 우선 친척 집에서 한동안 살 수밖에 없다
C 린린은 이번 여름 방학 때 상하이에 가서 일을 할 것이다

정답 CAB

해설 첫 순서 보기 고르기
C가 林林(린린)이라는 특정 사람 이름으로 시작하고, A, B에는 林林(린린)을 가리키는 인칭대사 他(그)가 있으므로 C 林林这个暑假要到上海工作(린린은 이번 여름 방학 때 상하이에 가서 일을 할 것이다)를 문장의 첫 순서로 고른다. (C →)

남은 보기 순서 배열하기
A와 B 중 문맥상 A 公司暂时还不能给他提供宿舍(회사는 일시적으로 그에게 기숙사를 제공하지 못한다)가 이유, B 他只好先在亲戚家住一段时间(그는 우선 친척 집에서 한동안 살 수밖에 없다)이 결과가 되므로 A 뒤에 B를 연결한 후 C 다음으로 배열한다. (C → A → B)

완성된 문장
C 林林这个暑假要到上海工作, A 公司暂时还不能给他提供宿舍, B 他只好先在亲戚家住一段时间。
C 린린은 이번 여름 방학 때 상하이에 가서 일을 할 것인데, A 회사는 일시적으로 그에게 기숙사를 제공하지 못하여, B 그는 우선 친척 집에서 한동안 살 수밖에 없다.

✅ **합격노하우** 특정 사람 이름이 있는 보기 → 인칭대사 他(그)/她(그녀)가 있는 보기의 순서로 배열한다.

62
상

A 经过三个月的学习, 我有了很大的进步
B 所以一开学就选了京剧课
C 我对中国文化很有兴趣, 尤其是京剧

经过 jīngguò 동 (활동·사건을) 거치다, 경험하다
进步 jìnbù 몡 진보, 발전　所以 suǒyǐ 젭 그래서
一…就… yí…jiù… ~하자마자 ~하다　开学 kāixué 동 개학하다
选课 xuǎnkè 동 수강 신청을 하다
京剧 jīngjù 몡 경극(베이징의 전통 연극)
对……有兴趣 duì……yǒu xìngqù ~에 대해 관심(흥미)이 있다
文化 wénhuà 몡 문화　尤其 yóuqí 閈 특히

A 3개월의 학습을 거쳐, 나에겐 매우 큰 진보가 생겼다
B 그래서 개학하자마자 경극을 수강 신청했다
C 나는 중국 문화에 대해 매우 관심이 있으며, 특히 경극이 그렇다

정답 CBA

해설 첫 순서 보기 고르기
B는 접속사 所以(그래서)로 시작하였기 때문에 문장의 맨 앞에 올 수 없다. 따라서 A, C가 첫 순서의 후보이다.

남은 보기 순서 배열하기
B가 결과를 나타내는 접속사 所以(그래서)로 시작하였으므로, 문맥상 B 所以一开学就选了京剧课(그래서 개학하자마자 경극을 수강 신청했다)의 원인이 되는 C 我对中国文化很有兴趣, 尤其是京剧(나는 중국 문화에 대해 매우 관심이 있으며, 특히 경극이 그렇다)를 B 앞에 배열한다. (C → B)
A 经过三个月的学习, 我有了很大的进步(3개월의 학습을 거쳐, 나에겐 매우 큰 진보가 생겼다)는 문맥상 C와 B보다 나중에 발생한 상황이므로 A를 마지막 순서로 배열한다. (C → B → A)

완성된 문장
C 我对中国文化很有兴趣, 尤其是京剧, B 所以一开学就选了京剧课, A 经过三个月的学习, 我有了很大的进步。
C 나는 중국 문화에 대해 매우 관심이 있으며, 특히 경극이 그렇다. B 그래서 개학하자마자 경극을 수강 신청했다. A 3개월의 학습을 거쳐, 나에겐 매우 큰 진보가 생겼다.

✅ **합격노하우** 결과를 나타내는 접속사 所以(그래서)가 있으면 문맥상 원인이 되는 보기 뒤에 배열한다.

63
상

A 现在，人们的生活普遍离不开网络
B 买票、购物、找信息都可以在网上完成
C 这都是因为网络提供的信息越来越丰富了

生活 shēnghuó 명 생활 普遍 pǔbiàn 형 일반적이다, 보편적이다
离不开 lí bu kāi 통 없어서는 안 된다, 떨어질 수 없다
网络 wǎngluò 명 인터넷 购物 gòuwù 통 쇼핑
信息 xìnxī 명 정보, 데이터 完成 wánchéng 통 끝내다, 완성하다
提供 tígōng 통 (조건·의견 등을) 제공하다
越来越 yuèláiyuè 튀 점점, 갈수록, 더더욱
丰富 fēngfù 형 많다, 풍부하다

A 현재, 사람들의 생활은 일반적으로 인터넷이 없어서는 안 된다
B 표 구매, 쇼핑, 정보 검색 모두 인터넷에서 끝낼 수 있다
C 이것은 모두 인터넷에서 제공하는 정보가 점점 많아지고 있기 때문이다

정답 ABC

해설 첫 순서 보기 고르기
C는 지시대사 这(이것)로 시작하기 때문에 문장의 맨 앞에 올 수 없다. 따라서 A, B가 첫 순서의 후보이다.

남은 보기 순서 배열하기
B 买票、购物、找信息都可以在网上完成(표 구매, 쇼핑, 정보 검색 모두 인터넷에서 끝낼 수 있다)는 문맥상 A 人们的生活普遍离不开网络(사람들의 생활은 일반적으로 인터넷이 없어서는 안 된다)의 부연 설명임을 알 수 있다. 따라서 B를 A 뒤에 배열한다. (A → B)
C 这都是因为网络提供的信息越来越丰富了(이것은 모두 인터넷에서 제공하는 정보가 점점 많아지고 있기 때문이다)는 앞서 언급된 내용의 이유를 설명하고 있으므로, 这(이것)가 문맥상 A, B를 가리키는 것임을 알 수 있다. 따라서, C를 맨 뒤에 배열한다. (A → B → C)

완성된 문장
A 现在，人们的生活普遍离不开网络 B 买票、购物、找信息都可以在网上完成 C 这都是因为网络提供的信息越来越丰富了。
A 현재, 사람들의 생활은 일반적으로 인터넷이 없어서는 안 되며, B 표 구매, 쇼핑, 정보 검색 모두 인터넷에서 끝낼 수 있는데, C 이것은 모두 인터넷에서 제공하는 정보가 점점 많아지고 있기 때문이다.

✅ **합격노하우** 이유를 나타내는 是因为(~이기 때문이다)가 쓰인 보기는 문맥상 결과를 나타내는 보기 뒤에 배열한다.

64
상

A 大学毕业以后才开始在南方生活
B 我从小是在北方长大的
C 因为不适应这里的气候，常常生病

毕业 bìyè 통 졸업하다 명 졸업 才 cái 튀 비로소, ~에서야
南方 nánfāng 명 남방 지역, 남쪽 生活 shēnghuó 통 생활하다
从小 cóngxiǎo 튀 어릴 때부터 北方 běifāng 명 북방 지역, 북쪽
长大 zhǎngdà 통 자라다, 성장하다 适应 shìyìng 통 적응하다
气候 qìhòu 명 기후 常常 chángcháng 튀 자주, 항상
生病 shēngbìng 통 병이 나다, 병에 걸리다

A 대학을 졸업한 이후에서야 비로소 남방 지역에서 생활하기 시작했다
B 나는 어릴 때부터 북방 지역에서 자랐다
C 여기의 기후에 적응되지 않았기 때문에, 자주 병이 난다

정답 BAC

해설 첫 순서 보기 고르기
A는 주어 없이 大学毕业以后才开始……(대학을 졸업한 이후에서야 비로소 시작했다……)로 시작하고, C도 앞 절의 因为不适应(적응되지 않아서)과 뒤 절인 常常生病(자주 병이 난다)에 모두 주어가 없기 때문에 A, C는 문장 맨 앞에 올 수 없다. 따라서 주어 我(나)로 시작하는 B 我从小是在北方长大的(나는 어릴 때부터 북방 지역에서 자랐다)를 첫 순서로 배열한다. (B →)

남은 보기 순서 배열하기
A의 大学毕业以后(대학을 졸업한 이후)가 B의 从小(어릴 때부터) 이후의 시점을 나타내므로 A를 B 다음으로 배열한다. (B → A)
C 因为不适应这里的气候，常常生病(여기의 기후에 적응되지 않았기 때문에, 자주 병이 난다)의 지시대사 这里(여기)가 A의 南方(남방 지역)을 가리키므로 C를 A 다음 맨 마지막에 배열한다. (B → A → C)

완성된 문장
B 我从小是在北方长大的，A 大学毕业以后才开始在南方生活，C 因为不适应这里的气候，常常生病。
B 나는 어릴 때부터 북방 지역에서 자랐고, A 대학을 졸업한 이후에서야 비로소 남방 지역에서 생활하기 시작했는데, C 여기의 기후에 적응되지 않았기 때문에, 자주 병이 난다.

✅ **합격노하우** 大学毕业以后(대학을 졸업한 이후), 从小(어릴 때부터)와 같은 시간의 경과를 나타내는 표현이 있으면, 먼저 발생한 시점 → 나중에 발생한 시점 순으로 보기를 배열한다.

65 중

A 也很难按时完成这个任务
B 我觉得如果继续按照现在的速度干
C 即使再多给一个月的时间

难 nán [형] 어렵다, 힘들다 按时 ànshí [부] 제때에, 시간에 맞추어
完成 wánchéng [동] 완성하다, (예정대로) 끝내다
任务 rènwu [명] 임무, 책무 如果 rúguǒ [접] 만약, 만일
继续 jìxù [동] 계속하다, 끊임없이 하다 按照 ànzhào [개] ~에 따라
速度 sùdù [명] 속도 干 gàn [동] 일을 하다
即使 jíshǐ [접] 설령 ~하더라도

A 또한 제때에 이 임무를 완성하기 어렵다
B 내 생각에는 만약 계속해서 현재의 속도에 따라 일을 한다면
C 설령 다시 한 달의 시간을 더 준다고 하더라도

정답 BCA

해설 **첫 순서 보기 고르기**
A는 부사 也(또한)로 시작하므로 문장의 맨 앞에 올 수 없다. 따라서 B와 C가 첫 순서의 후보이다.

남은 보기 순서 배열하기
C의 접속사 即使(설령 ~하더라도)과 A의 부사 也(또한)가 即使……, 也……(설령 ~하더라도, 또한 ~)라는 짝꿍 연결어로 사용되므로 C → A의 순서로 배열한다. (C → A)
남은 B 如果继续按照现在的速度干(만약 계속해서 현재의 속도에 따라 일을 한다면)이 문맥상 'C → A'에서 말하는 **即使再多给一个月的时间, 也很难按时完成这个任务**(설령 다시 한 달의 시간을 더 준다고 하더라도, 또한 제때에 이 임무를 완성하기 어렵다)에 대한 가정이 되므로 B를 'C → A'의 앞에 배열한다. (B → C → A)

완성된 문장
B 我觉得如果继续按照现在的速度干, C 即使再多给一个月的时间, A 也很难按时完成这个任务。
B 내 생각에는 만약 계속해서 현재의 속도에 따라 일을 한다면, C 설령 다시 한 달의 시간을 더 준다고 하더라도, A 또한 제때에 이 임무를 완성하기 어렵다.

합격노하우 두 개의 보기에 각각 '即使……(설령 ~하더라도)'과 '也……(또한 ~)'라는 짝꿍 연결어가 있으면 '即使……' → '也……'의 순서로 배열한다.

66 하

生活中很多年轻人没有养成按时吃饭的习惯，他们总是说自己"太忙了"。其实，这对身体很不好，时间久了容易生病。

★ 根据这段话，年轻人不按时吃饭是因为：

A 想减肥　　B 生病了
C 要省钱　　D 太忙了

生活 shēnghuó [명] 생활 年轻人 niánqīngrén [명] 젊은이
养成 yǎngchéng [동] 습관을 기르다, 습관이 되다
按时 ànshí [부] 제때에, 시간에 맞추어 习惯 xíguàn [명] 습관, 습성
总是 zǒngshì [부] 늘, 줄곧 自己 zìjǐ [대] 자기, 자신
忙 máng [형] 바쁘다 其实 qíshí [부] 사실 久 jiǔ [형] (시간이) 오래다
容易 róngyì [형] ~하기 쉽다, ~하기 일쑤다
生病 shēngbìng [동] 병이 나다 减肥 jiǎnféi [동] 살을 빼다
省钱 shěngqián [동] 돈을 아끼다

생활 속에서 많은 젊은이들은 제때에 밥 먹는 습관을 기르지 않으며, 그들은 늘 자신들이 "너무 바쁘다"고 말한다. 사실, 이는 몸에 매우 좋지 않고, 시간이 오래되면 병이 나기 쉽다.

★ 지문에 근거하여, 젊은이들이 제때에 밥을 먹지 않는 이유는:

A 살을 빼고 싶다　B 병이 났다　C 돈을 아끼려고 한다　D 너무 바쁘다

정답 D

해설 질문의 **年轻人不按时吃饭**(젊은이들이 제때에 밥을 먹지 않는다)와 관련된 부분을 지문에서 찾아 주변에서 그 이유를 파악한다. 지문에서 **年轻人没有养成按时吃饭的习惯, 他们总是说自己"太忙了"**(젊은이들은 제때에 밥 먹는 습관을 기르지 않으며, 그들은 늘 자신들이 "너무 바쁘다"고 말한다)라고 하였으므로 D **太忙了**(너무 바쁘다)가 정답이다. 질문의 핵심 어구 **年轻人不按时吃饭**(젊은이들이 제때에 밥을 먹지 않는다)이 지문에서 **年轻人没有养成按时吃饭的习惯**(젊은이들은 제때에 밥 먹는 습관을 기르지 않는다)으로 표현된 것에 유의한다.

합격노하우 질문의 끝에 是因为(~ 때문이다)가 있으면 앞부분을 핵심어구로 하여 지문에서 관련된 이유를 재빨리 찾는다.

67 (중)

每年的"双十一", 也就是11月11号, 上网购物的人总是特别多。因为那一天几乎所有的东西都会打折, 有的东西甚至只卖几块钱。

★ 11月11号那天, 在网上买东西:
A 质量好极了　　B 价格便宜了
C 服务不太好　　D 顾客比较少

双十一 Shuāngshíyī [고유] 쌍11절(매년 11월 11일에 열리는 중국 인터넷 쇼핑몰 할인 행사의 날)　也就是 yějiùshì 다시 말하자면
上网 shàngwǎng [동] 인터넷을 하다, 인터넷을 연결하다
购物 gòuwù [동] 물건을 사다　总是 zǒngshì [부] 언제나, 늘
特别 tèbié [부] 유달리, 특별히, 아주　几乎 jīhū [부] 거의, 거의 모두
所有 suǒyǒu [형] 모든, 전부의
打折 dǎzhé [동] 할인하다, 가격을 깎다　有的 yǒude [대] 어떤 것
甚至 shènzhì [부] 심지어　只 zhǐ [부] 겨우, 단지
网上 wǎngshàng [명] 온라인　质量 zhìliàng [명] 품질
价格 jiàgé [명] 가격　便宜 piányi [형] (값이) 싸다
服务 fúwù [명] 서비스　顾客 gùkè [명] 손님, 고객

매년 "쌍11절"마다, 다시 말해 11월 11일마다, 인터넷으로 물건을 사는 사람이 언제나 유달리 많다. 왜냐하면 그날 하루는 거의 모든 물건을 할인하고, 어떤 물건은 심지어 겨우 몇 위안에 팔기 때문이다.

★ 11월 11일 그날, 온라인에서 물건을 사면:
A 품질이 매우 좋다　　B 가격이 싸다　　C 서비스가 그다지 좋지 않다　　D 손님이 비교적 적다

정답 B

해설 질문의 11月11号那天, 在网上买东西(11월 11일 그날, 온라인에서 물건을 산다)와 관련된 부분을 지문에서 찾아 주의 깊게 읽는다. 지문의 11月11号, 上网购物(11월 11일, 인터넷으로 물건을 산다) 다음에 那一天几乎所有的东西都会打折, 有的东西甚至只卖几块钱(그날 하루는 거의 모든 물건을 할인하고, 어떤 물건은 심지어 겨우 몇 위안에 판다)이라고 하였으므로 B 价格便宜了(가격이 싸다)가 정답이다.

합격노하우 질문의 在网上买东西(온라인에서 물건을 산다)가 지문에서 上网购物(인터넷으로 물건을 산다)로 바뀌어 표현된 것을 확인한다.

68 (중)

在技术公司做了这么多年的招聘工作, 我觉得对于应聘者来说, 良好的专业基础是应聘成功的关键。

★ 应聘技术公司时, 最重要的是:
A 打扮得漂亮　　B 非常有自信
C 经验很丰富　　D 专业基础好

技术 jìshù [명] 기술　公司 gōngsī [명] 회사, 직장
这么 zhème [대] 이렇게　招聘 zhāopìn [동] 채용하다
觉得 juéde [동] ~라고 느끼다　对于 duìyú [개] ~에 대해
应聘者 yìngpìnzhě [명] 지원자
……来说 ……láishuō ~로 말하자면
良好 liánghǎo [형] 훌륭하다, 양호하다　专业 zhuānyè [명] 전공
基础 jīchǔ [명] 기초, 기본　应聘 yìngpìn [동] 지원하다
成功 chénggōng [동] 성공하다　关键 guānjiàn [명] 관건, 키포인트
打扮 dǎban [동] 꾸미다, 치장하다　自信 zìxìn [명] 자신감
经验 jīngyàn [명] 경험(하다)　丰富 fēngfù [형] 풍부하다, 많다

기술 회사에서 이렇게 여러 해 동안 채용하는 업무를 하면서 지원자에 대해 말하자면 내 생각엔, 훌륭한 전공 기초가 지원 성공의 관건이다.

★ 기술 회사에 지원할 때, 가장 중요한 것은:
A 예쁘게 꾸민다　　B 아주 자신감이 있다　　C 경험이 풍부하다　　D 전공 기초가 훌륭하다

정답 D

해설 질문의 应聘技术公司时(기술 회사에 지원할 때)과 관련된 부분을 지문에서 찾아 주의 깊게 읽는다. 지문에서 我觉得对于应聘者来说, 良好的专业基础是应聘成功的关键(지원자에 대해 말하자면 내 생각엔, 훌륭한 전공 기초가 지원 성공의 관건이다)이라고 하였으므로 D 专业基础好(전공 기초가 훌륭하다)를 정답으로 선택한다.

합격노하우 질문에 最……的是(가장 ~한 것은)이 있으면 앞부분을 핵심어구로 하여 지문에서 관련된 내용을 재빨리 찾는다.

69 (중)

塑料袋虽然很方便, 但是会污染环境, 因此我们应该减少使用塑料袋, 而多用纸袋。这么做不仅是为了保护环境, 也是为了保护我们自己, 因为地球只有一个。

★ 为了保护环境, 我们应该:
A 骑自行车　　B 不扔垃圾
C 多用纸袋　　D 少用筷子

塑料袋 sùliàodài [명] 비닐봉지　虽然 suīrán [접] 비록 ~이지만
方便 fāngbiàn [형] 편리하다　污染 wūrǎn [동] 오염시키다
环境 huánjìng [명] 환경　因此 yīncǐ [접] 이 때문에, 이로 인하여
应该 yīnggāi [조동] ~해야 한다, ~하는 것이 마땅하다
减少 jiǎnshǎo [동] 줄이다, 줄다　使用 shǐyòng [동] 사용하다, 쓰다
而 ér [접] 그리고　纸袋 zhǐdài [명] 종이봉투, (종이) 쇼핑백
这么做 zhème zuò 이렇게 하는 것　不仅 bùjǐn ~뿐만 아니라
为了 wèile [개] ~을 하기 위하여　保护 bǎohù [동] 보호하다
自己 zìjǐ [대] 자신, 자기　地球 dìqiú [명] 지구
只有 zhǐyǒu ~밖에 없다, ~만 있다
骑 qí [동] (동물이나 자전거 등에) 타다　自行车 zìxíngchē [명] 자전거
垃圾 lājī [명] 쓰레기, 오물　筷子 kuàizi [명] 젓가락

비닐봉지는 비록 매우 편리하지만, 하지만 환경을 오염시킬 수 있어서, 이 때문에 우리는 마땅히 비닐봉지를 사용하는 것을 줄여야 하고, 그리고 종이봉투를 많이 사용해야 한다. 이렇게 하는 것은 환경을 보호하기 위함일 뿐만 아니라, 또한 우리 자신을 보호하기 위함이기도 한데, 왜냐하면 지구는 하나밖에 없기 때문이다.

★ 환경을 보호하기 위해, 우리가 해야 하는 것은:
A 자전거를 탄다 B 쓰레기를 버리지 않는다 C 종이봉투를 많이 사용한다 D 젓가락을 적게 사용한다   정답 C

해설 질문의 为了保护环境(환경을 보호하기 위해)와 관련된 부분을 지문에서 찾아 주의 깊게 읽는다. 지문에서 我们应该……多用纸袋。这么做……是为了保护环境(우리는 마땅히 종이봉투를 많이 사용해야 한다. 이렇게 하는 것은 환경을 보호하기 위함이다)이라고 하였으므로 C 多用纸袋(종이봉투를 많이 사용한다)를 정답으로 선택한다.

✅ **합격노하우** 질문에 '……我们应该(우리가 해야 하는 것은)'가 있으면 앞부분을 핵심어구로 하여 지문에서 관련된 내용을 재빨리 찾는다.

70 하

成龙是一位优秀的电影演员，他的电影幽默有趣，不仅受到中国观众的喜爱，在国际上也十分有名。

★ 成龙的电影：
A 幽默   B 感动
C 无聊   D 积极

成龙 Chéng Lóng [고유] 성룡(중국 배우 이름)
优秀 yōuxiù [형] 훌륭한, 우수한 电影 diànyǐng [명] 영화
演员 yǎnyuán [명] 배우, 연기자
幽默有趣 yōumò yǒuqù 유머러스하고 재미있다
不仅 bùjǐn [접] ~뿐만 아니라 受到 shòudào [동] 받다, 얻다
观众 guānzhòng [명] 시청자, 관중
喜爱 xǐ'ài [동] (애호하는 형태의) 사랑
在国际上 zài guójì shang 국제적으로 也 yě [부] ~도, 또한
十分 shífēn [부] 매우, 대단히 有名 yǒumíng [형] 유명하다
幽默 yōumò [형] 유머러스하다
感动 gǎndòng [동] 감동시키다, 감동하다
无聊 wúliáo [형] 지루하다, 따분하다
积极 jījí [형] 긍정적이다, 진취적이다

성룡은 훌륭한 영화배우이며, 그의 영화는 유머러스하고 재미있으며, 중국 시청자들의 사랑을 받을 뿐만 아니라, 국제적으로도 매우 유명하다.

★ 성룡의 영화는:
A 유머러스하다   B 감동적이다   C 지루하다   D 긍정적이다   정답 A

해설 질문의 成龙的电影(성룡의 영화는)과 관련된 부분을 지문에서 찾아 주의 깊게 읽는다. 지문에서 成龙……他的电影幽默(성룡……그의 영화는 유머러스하다)라고 하였으므로 A 幽默(유머러스하다)를 정답으로 선택한다.

✅ **합격노하우** 질문이 명사만으로 되어 있을 경우, 지문에서 명사를 재빨리 찾는다.

71 중

根据调查，76%的人有坚持运动的习惯，他们规定自己每天至少进行30分钟的体育锻炼。

★ 根据这段话，可以知道大部分人：
A 喜欢跑步   B 坚持运动
C 身体健康   D 需要减肥

根据 gēnjù [개] ~에 근거하여 调查 diàochá [명] 조사(하다)
坚持 jiānchí 어떤 상태나 행위를 계속 지속하게 하다
运动 yùndòng [동] 운동하다 习惯 xíguàn [명] 습관, 습성
规定 guīdìng [동] 정하다, 규정하다 自己 zìjǐ [대] 스스로, 자기
至少 zhìshǎo [부] 최소한, 적어도 进行 jìnxíng [동] (어떤 활동을) 하다
体育锻炼 tǐyù duànliàn [명] 운동, 스포츠
大部分 dàbùfen [명] 대부분의 跑步 pǎobù [동] 달리기, 달리다
身体 shēntǐ [명] 신체 健康 jiànkāng [형] 건강하다
减肥 jiǎnféi [동] 살을 빼다

조사에 근거하면, 76%의 사람들은 꾸준히 운동하는 습관을 가지고 있는데, 그들은 스스로 매일 최소 30분의 운동을 하도록 정한다.

★ 이 지문에 근거하여, 대부분의 사람들에 관하여 알 수 있는 것은:
A 달리기를 좋아한다   B 꾸준히 운동한다   C 신체가 건강하다   D 살을 빼야 한다   정답 B

해설 질문의 大部分人(대부분의 사람들)과 관련된 부분을 지문에서 찾아 주의 깊게 읽는다. 지문에서 76%的人有坚持运动的习惯(76%의 사람들은 꾸준히 운동하는 습관을 가지고 있다)이라고 하였으므로 B 坚持运动(꾸준히 운동한다)을 정답으로 선택한다.

✅ **합격노하우** 지문의 76%的人(76%의 사람들)이 질문에서 大部分人(대부분의 사람들)으로 바꾸어 표현된 것을 확인한다.

72
하

周末的时候, 我一般会选择去图书馆看看书, 有时会到附近的公园逛一逛, 偶尔也会和朋友去爬爬山。

★ 我周末不会做什么?
A 游泳　　　　B 阅读
C 爬山　　　　D 散步

周末 zhōumò 명 주말　一般 yìbān 児 보통, 일반적으로
选择 xuǎnzé 동 선택하다, 고르다　图书馆 túshūguǎn 명 도서관
看书 kànshū 동 책을 보다　有时 yǒushí 児 때로는, 경우에 따라서
附近 fùjìn 명 가까운, 인접한　公园 gōngyuán 명 공원
逛 guàng 동 돌아다니다, 거닐다　偶尔 ǒu'ěr 児 때때로, 간혹
爬山 páshān 동 등산하다　游泳 yóuyǒng 동 수영하다
阅读 yuèdú 동 독서하다, 책을 보다
散步 sànbù 동 산책하다, 산보하다

주말에 나는 보통 도서관에 가서 책을 보는 것을 선택하기도 하고, 때로는 근처의 공원에 가서 돌아다니기도 하고, 또한 때때로 친구와 등산을 하러 가기도 한다.

★ 나는 주말에 무엇을 할 리가 없는가?
A 수영　　　　B 독서　　　　C 등산　　　　D 산책　　　　정답 A

해설 질문의 周末不会做(주말에 할 리 없는 것)와 관련된 부분을 지문에서 찾아 주의 깊게 읽는다. 지문에서 周末的时候, 我……会选择……看看书, ……会……逛一逛, ……会……爬爬山(주말에 나는 책을 보는 것을 선택하기도 하고, 돌아다니기도 하고, 등산을 하러 가기도 한다)라고 하였으므로 언급되지 않은 A 游泳(수영)이 정답이다.

합격노하우 지문의 看书(책을 좀 보다)와 逛一逛(좀 돌아다니다)이 각각 보기 B 阅读(독서)와 D 散步(산책)로 바뀌어 표현된 것을 확인한다.

73
중

许多时候, 人与人的关系都是通过时间积累起来的。即使再好的亲戚朋友, 如果不经常联系, 关系也会变淡。

★ 根据这段话, 可以知道人们应该:
A 互相帮助　　　　B 积极工作
C 积累经验　　　　D 经常联系

许多 xǔduō 형 매우 많다　与 yǔ 개 ~와, ~함께
关系 guānxi 명 관계　都 dōu 児 전부, 모두
通过 tōngguò 개 ~를 통해, ~을 거쳐　积累 jīlěi 동 (조금씩) 쌓이다
即使 jíshǐ 접 설령 ~하더라도
再 zài 児 아무리 (형용사 앞에 쓰여 정도가 심함을 나타냄)
亲戚 qīnqi 명 친척　如果 rúguǒ 접 만약, 만일
经常 jīngcháng 児 자주, 항상　联系 liánxì 동 연락하다
变 biàn 동 변하다, 변화하다　淡 dàn 형 냉담하다, 싱겁다
帮助 bāngzhù 동 돕다　积极 jījí 형 적극적이다, 진취적이다
经验 jīngyàn 명 경험

매우 많은 경우에 있어, 사람과 사람의 관계는 모두 시간을 통해 쌓아 가는 것이다. 설령 아무리 좋은 친척이나 친구라 하더라도, 만약 자주 연락하지 않는다면 관계가 냉담해질 수 있다.

★ 이 지문에 근거하여, 사람들이 무엇을 해야하는지를 알 수 있는가:
A 서로 돕는다　　　　B 적극적으로 일한다　　　　C 경험을 쌓는다　　　　D 자주 연락한다　　　　정답 D

해설 질문의 人们应该(사람들이 해야 한다)와 관련된 부분을 지문에서 찾아 주의 깊게 읽는다. 지문에서 如果不经常联系, 关系也会变淡(만약 자주 연락하지 않는다면 관계가 냉담해질 수 있다)이라는 내용이 언급되었으므로 D 经常联系(자주 연락한다)가 정답이다.

합격노하우 질문에 根据这段话, 可以知道(이 지문에 근거하여, 알 수 있는 것은)가 있으면 뒷부분을 핵심어구로 하여 지문에서 관련된 내용을 재빨리 찾는다.

74
중

中国人过春节的时候, 大人常常会给小孩发一个红包。无论红包里的钱有多少, 都表示了大人对孩子的新年祝福。

★ 红包里装的是什么?
A 糖　　　　B 钱
C 地图　　　　D 书本

过 guò 동 (명절을) 지내다　春节 Chūnjié 고유 춘절, 설
大人 dàrén 명 어른, 성인　常常 chángcháng 児 보통, 흔히
小孩 xiǎohái 명 어린이　发 fā 동 건네주다
红包 hóngbāo 명 (축의금·세뱃돈 등을 넣는) 붉은 종이봉투
无论 wúlùn 접 ~에 관계없이, ~을 따지지 않고
表示 biǎoshì 동 의미하다, 가리키다　新年 xīnnián 명 새해, 신년
祝福 zhùfú 명 축복, 축하　装 zhuāng 동 담다, 포장하다
糖 táng 명 사탕　地图 dìtú 명 지도　书本 shūběn 명 책

중국인들이 춘절을 지낼 때, 어른들이 보통 아이들에게 붉은 종이봉투를 하나 건네준다. 붉은 종이봉투 안의 돈이 얼마가 있는지에 관계없이, 모두 아이들에 대한 어른들의 새해 축복을 의미한다.

★ 붉은 종이봉투 안에 담긴 것은 무엇인가?
A 사탕　　　　B 돈　　　　C 지도　　　　D 책　　　　정답 B

해설 질문의 红包里装的(붉은 종이봉투 안에 담긴 것)와 관련된 부분을 지문에서 찾아 주의 깊게 읽는다. 지문의 红包里的钱(붉은 종이봉투 안의 돈)이 언급되었으므로 이를 통해 알 수 있는 B 钱(돈)이 정답이다.

합격노하우 질문이 '……是什么?(~은 무엇인가?)'와 같은 의문문이면 앞부분을 핵심어구로 하여 지문에서 관련된 내용을 재빨리 찾는다.

75 (하)

如果一个人在外面旅行，首先要考虑的是安全问题，一定要放好自己的钱包和手机，千万别丢了，否则会很麻烦。

★ 一个人旅行，首先要考虑：
  A 护照　　　　B 健康
  C 安全　　　　D 快乐

어휘: 如果 rúguǒ 접 만약, 만일 | 一个人 yí ge rén 혼자서 | 外面 wàimian 명 밖, 바깥 | 旅行 lǚxíng 동 여행하다 | 首先 shǒuxiān 부 가장 먼저, 우선 | 考虑 kǎolǜ 동 고려하다, 생각하다 | 安全 ānquán 명 안전 형 안전하다 | 问题 wèntí 명 문제 | 钱包 qiánbāo 명 지갑 | 手机 shǒujī 명 휴대폰 | 千万 qiānwàn 부 절대로, 부디 | 丢 diū 동 잃어버리다 | 否则 fǒuzé 접 만약 그렇지 않으면 | 麻烦 máfan 형 귀찮다, 번거롭다 | 护照 hùzhào 명 여권 | 健康 jiànkāng 명 건강 | 快乐 kuàilè 명 재미, 쾌락

해석: 만일 혼자 밖에서 여행한다면, 가장 먼저 고려해야 할 것은 안전 문제이고, 반드시 자신의 지갑과 휴대폰을 잘 두어야 하며, 절대로 잃어버려서는 안 된다, 만약 그렇지 않으면 매우 귀찮아질 수 있다.

★ 혼자서 여행할 때, 가장 먼저 고려해야 할 것은:
  A 여권　　　B 건강　　　C 안전　　　D 재미　　　**정답 C**

해설: 질문의 一个人旅行, 首先要考虑(혼자서 여행할 때, 가장 먼저 고려해야 할 것은)와 관련된 부분을 지문에서 찾아 주의 깊게 읽는다. 지문에서 如果一个人在外面旅行, 首先要考虑的是安全问题(만일 혼자 밖에서 여행한다면, 가장 먼저 고려해야 할 것은 안전 문제이다)라고 하였으므로 C 安全(안전)이 정답이다.

✅ **합격노하우**: 질문이 전부 핵심어구인 경우에 질문과 관련된 부분을 지문에서 재빨리 찾는다.

76 (상)

这个男人好像对我有意思。他经常约我出去，还送我一些小礼物。我想告诉他我不喜欢他，但是又不知道怎么开口。

★ 她想要做什么?
  A 接受礼物　　　B 安排约会
  C 和他一起出去　D 拒绝他的邀请

어휘: 好像 hǎoxiàng 부 아마도 ~인 것 같다 | 有意思 yǒu yìsi 마음(호감)이 있다 | 经常 jīngcháng 부 자주, 종종 | 约 yuē 동 부르다, 초청하다 | 出去 chūqu 동 외출하다, 나가다 | 送 sòng 동 선물하다, 증정하다 | 礼物 lǐwù 명 선물 | 想 xiǎng 동 ~하고 싶다 | 告诉 gàosu 동 알리다, 말하다 | 怎么 zěnme 대 어떻게 | 开口 kāikǒu 동 말을 하다, 입을 떼다 | 接受 jiēshòu 동 받아들이다 | 安排 ānpái 동 준비하다, 안배하다 | 约会 yuēhuì 명 데이트, 약속 | 拒绝 jùjué 동 거절하다 | 邀请 yāoqǐng 명 초대, 초청

해석: 이 남자는 아마도 나에게 마음이 있는 것 같다. 그는 자주 나에게 함께 외출하자며 부르고, 게다가 나에게 작은 선물을 주기도 한다. 나는 그에게 내가 그를 좋아하지 않는다고 알려주고 싶은데, 하지만 또 어떻게 말을 할지 모르겠다.

★ 그녀는 무엇을 하고 싶은가?
  A 선물을 받아들인다　B 데이트를 준비한다　C 그와 함께 외출한다　D 그의 초대를 거절한다　**정답 D**

해설: 질문의 她想要做什么(그녀는 무엇을 하고 싶은가)와 관련된 부분을 지문에서 찾아 주의 깊게 읽는다. 지문에서 我想告诉他我不喜欢他(나는 그에게 내가 그를 좋아하지 않는다고 알려주고 싶다)라고 하였으므로, 이를 통해 알 수 있는 D 拒绝他的邀请(그의 초대를 거절한다)이 정답이다.

✅ **합격노하우**: 질문에 她나 他가 포함된 경우 지문에서는 我와 관련된 내용으로 재빨리 찾아야 한다.

77 (상)

二十四节气是中国人经验的积累。通过它，我们可以了解季节的变化和太阳的运动情况。比如"立春"，因为"立"是"马上开始"的意思，所以这个节气表示春天快到了，这时天气往往也暖和起来了。

★ 根据这段话，"立春"的意思是春天：
  A 已经到了　　　B 马上就到
  C 快要走了　　　D 已经走了

어휘: 二十四节气 èrshísì jiéqì 24절기 | 经验 jīngyàn 명 경험 | 积累 jīlěi 명 축적된 것, 쌓인 것 | 通过 tōngguò 개 ~를 통해 | 了解 liǎojiě 동 이해하다, 자세하게 알다 | 季节 jìjié 명 계절 | 变化 biànhuà 명 변화 | 太阳 tàiyáng 명 태양 | 运动 yùndòng 명 (물체의) 운동 | 情况 qíngkuàng 명 상황 | 比如 bǐrú 동 ~가 예다, 예를 들면 ~이다 | 立春 lìchūn 명 입춘 | 马上 mǎshàng 부 곧, 바로 | 开始 kāishǐ 동 시작되다, 시작하다 | 表示 biǎoshì 동 의미하다, 가리키다 | 春天 chūntiān 명 봄 | 快 kuài 부 곧, 머지않아 | 到 dào 동 이르다, 도착하다 | 天气 tiānqì 명 날씨 | 往往 wǎngwǎng 부 흔히, 종종 | 暖和 nuǎnhuo 형 따뜻하다 | 快要 kuàiyào 부 곧 (~하다)

해석: 24절기는 중국인들의 경험이 축적된 것이다. 이를 통해 우리는 계절의 변화와 태양의 운동 상황을 이해할 수 있다. "입춘(立春)"이 그 예인데, "입(立)"이 "곧 시작되다"라는 뜻이기 때문에, 그래서 이 절기는 봄이 곧 온다는 것을 의미하고, 또한 이때 흔히 날씨가 따뜻해지기 시작한다.

★ 이 지문에 근거하여, "입춘"이 의미하는 것은 봄이:
  A 이미 왔다　　　B 곧 온다　　　C 곧 지나간다　　　D 이미 지나갔다　　　**정답 B**

해설 질문의 "立春"의 意思는 春天("입춘"이 의미하는 것은 봄이)과 관련된 부분을 지문에서 찾아 주의 깊게 읽는다. 지문에서 "立春"……表示春天快到了("입춘(立春)" …… 봄이 곧 온다는 것을 의미한다)라고 하였으므로 B 马上就到(곧 온다)가 정답이다.

✓ 합격노하우 질문에 따옴표(" ")로 인용된 표현이 있으면, 이 표현을 핵심어구로 하여 지문에서 관련된 내용을 재빨리 찾는다.

78 상

中国人常说"三思而后行"，意思是在做事情前要多想几次。这告诉我们要养成考虑清楚再做事的好习惯，特别是在做重要决定的时候。

★ 根据这段话，做重要决定前应该：
A 养成习惯　　B 推迟计划
C 认真考虑　　D 主动交流

常 cháng 🖼 항상, 늘
三思而后行 sānsī ér hòuxíng 🖼 (일을 할 때) 마땅히 심사숙고하고 나서 행동하여야 한다
在…前 zài…qián ~전에　做事情 zuò shìqing 일을 하다
告诉 gàosu 🖼 말하다, 알리다
养成 yǎngchéng 🖼 습관을 기르다, 습관이 되다
考虑 kǎolǜ 🖼 생각하다, 고려하다
清楚 qīngchu 🖼 분명하다, 조리 있다
…再… zài… ~가 끝나고 다시 ~하다　习惯 xíguàn 🖼 습관, 습성
特别 tèbié 🖼 특히, 매우　重要 zhòngyào 🖼 중요하다
做决定 zuò juédìng 결정을 하다
推迟 tuīchí 🖼 지연시키다, 뒤로 미루다　计划 jìhuà 🖼 계획
交流 jiāoliú 🖼 소통하다, 교류하다

중국 사람들은 항상 "세 번 생각하고 그 후에 행동하라"고 말하는데, 뜻은 일을 하기 전에 여러 번 더 생각해야 한다는 것이다. 이는 우리에게 생각을 분명히 한 뒤에 일을 하는 좋은 습관을 길러야 하며, 특히 중요한 결정을 할 때는 더욱 그렇다는 것을 말해준다.

★ 이 지문에 근거하여, 중요한 결정을 하기 전에 해야 하는 것은:
A 습관을 기른다　　B 계획을 지연시킨다　　C 열심히 생각한다　　D 주동적으로 소통한다　　정답 C

해설 질문의 做重要决定前应该(중요한 결정을 하기 전에 해야 하는 것은)과 관련된 부분을 지문에서 찾아 주의 깊게 읽는다. 지문에서 要养成考虑清楚再做事的好习惯，特别是在做重要决定的时候(생각을 분명히 한 뒤에 일을 하는 좋은 습관을 길러야 하며, 특히 중요한 결정을 할 때는 더욱 그렇다)라고 하였으므로 C 认真考虑(열심히 생각한다)가 정답이다.

✓ 합격노하우 질문에 根据这段话(이 지문에 근거하여)가 있으면 뒷부분을 핵심어구로 하여 지문에서 관련된 내용을 재빨리 찾는다.

79 중

"9"是很受中国人欢迎的数字，因为它读起来很像"久"，意思是永远。人们往往不喜欢数字"4"，因为听上去很像"死"，容易让人想到伤心的事。

★ 根据这段话，中国人认为数字"9"表示：
A 顺利　　　　B 满意
C 伤心　　　　D 永远

受……欢迎 shòu……huānyíng ~의 환영을 받다
数字 shùzì 숫자　读起来 dúqǐlai 읽기에
像 xiàng 🖼 마치 (~인 것 같다)　永远 yǒngyuǎn 🖼 영원하다
往往 wǎngwǎng 🖼 흔히, 종종　听上去 tīngshàngqu 듣기에
死 sǐ 죽다　容易 róngyì 🖼 쉽다　让 ràng 🖼 ~하게 하다
伤心 shāngxīn 🖼 슬퍼하다, 상심하다
认为 rènwéi 🖼 ~라고 여기다, 생각하다　顺利 shùnlì 🖼 순조롭다
满意 mǎnyì 🖼 만족스럽다

"9"는 중국인에게 매우 환영받는 숫자이다. 왜냐하면 이것은 읽기에 "久(jiǔ)"와 매우 비슷한데, "久"의 의미가 영원함이기 때문이다. 사람들은 흔히 숫자 "4"를 싫어하는데, 왜냐하면 듣기에 "死(sǐ, 죽다)"와 매우 비슷해서, 쉽게 사람들로 하여금 슬픈 일을 생각하게 하기 때문이다.

★ 이 지문에 근거하여, 중국인들은 숫자 "9"가 무엇을 의미한다고 여기는가:
A 순조로움　　　　B 만족　　　　C 슬픔　　　　D 영원　　　　정답 D

해설 질문의 中国人认为数字"9"表示(중국인들은 숫자 "9"가 무엇을 의미한다고 여기는가)와 관련된 부분을 지문에서 찾아 주의 깊게 읽는다. 지문에서 "9"是很受中国人欢迎的数字，因为它读起来很像"久"，意思是永远.("9"는 중국인에게 매우 환영 받는 숫자이다. 왜냐하면 이것은 읽기에 "久(jiǔ)"와 매우 비슷한데, "久"의 의미가 영원함이기 때문이다.)이라고 하였으므로 D 永远(영원)이 정답이다.

✓ 합격노하우 질문에 따옴표(" ")로 인용된 표현이 있으면, 이 표현을 핵심어구로 하여 지문에서 관련된 내용을 재빨리 찾는다.

80-81

红色是中国人最熟悉的一种颜色,因此我们可以经常听到"中国红"的说法。⁸¹红色表示高兴和热闹。在中国,⁸⁰大喜的日子里结婚的人要穿红色的衣服。过春节的时候,红色也很流行,街上到处都可以看见红色。

红色 hóngsè 圓 빨간색 熟悉 shúxī 圄 익숙하다
颜色 yánsè 圓 색, 색깔 因此 yīncǐ 쩝 이런 이유로, 이 때문에
经常 jīngcháng 팀 자주 说法 shuōfa 圓 표현
表示 biǎoshì 圄 의미하다, 가리키다
热闹 rènao 圄 (분위기가) 떠들썩하다, 뜨겁다 大喜 dàxǐ 圓 결혼
结婚 jiéhūn 圄 결혼하다 要 yào 조롱 ~하려고 하다
穿 chuān 圄 (옷·신발·양말 등을) 입다, 신다
过 guò 圄 (명절, 생일 등을) 지내다 也 yě 팀 ~도
流行 liúxíng 圄 유행하다, 성행하다 街上 jiēshang 圓 거리, 노상
到处 dàochù 팀 여기저기에

빨간색은 중국 사람들에게 가장 익숙한 색깔인데, 이런 이유로 우리는 "중국홍(中国红)"이라는 표현을 자주 들을 수 있다. ⁸¹빨간색은 흥겹고 떠들썩함을 의미한다. 중국에서, ⁸⁰대희(大喜) 날에 결혼하는 사람은 빨간색의 옷을 입어야 한다. 춘절을 지낼 때에도 역시 빨간색이 유행하며, 거리 여기저기에서 모두 빨간색을 볼 수 있다.

---

80 상

★ "大喜"是什么意思?
A 结婚   B 搬家
C 过生日   D 生孩子

大喜 dàxǐ 圓 결혼 结婚 jiéhūn 圄 결혼하다
搬家 bānjiā 圄 이사하다 过 guò 圄 (명절, 생일 등을) 지내다
生日 shēngrì 圓 생일 生 shēng 圄 낳다 孩子 háizi 圓 아이

★ "대희(大喜)"는 무슨 의미인가?
A 결혼   B 이사   C 생일   D 출산   정답 A

해설 질문의 大喜와 관련된 부분을 지문에서 찾아 주의 깊게 읽는다. 지문의 大喜的日子里结婚的人要穿红色的衣服(대희(大喜) 날에 결혼하는 사람은 빨간색의 옷을 입어야 한다)라고 하였으므로 大喜(결혼)가 곧 결혼을 의미하는 것임을 알 수 있다. 따라서 A 结婚(결혼)이 정답이다. 질문의 핵심어구 大喜(결혼)가 지문에 그대로 언급되었다.

✓ 합격노하우 질문에 따옴표(" ")로 인용된 표현이 있으면, 이 표현을 핵심어구로 하여 지문에서 관련된 내용을 재빨리 찾는다.

---

81 중

★ 根据这段话, 红色表示什么?
A 紧张   B 难过
C 兴奋   D 失望

紧张 jǐnzhāng 圄 긴장해 있다 难过 nánguò 圄 괴롭다
兴奋 xīngfèn 圄 흥분하다 失望 shīwàng 圄 실망하다, 희망을 잃다

★ 이 지문에 근거하여, 빨간색은 무엇을 의미하는가?
A 긴장   B 괴로움   C 흥분   D 실망   정답 C

해설 질문의 红色表示(빨간색은 의미한다)와 관련된 부분을 지문에서 찾아 주의 깊게 읽는다. 지문에서 红色表示高兴和热闹(빨간색은 흥겹고 떠들썩함을 의미한다)라고 하였으므로 C 兴奋(흥분)이 정답이다.

✓ 합격노하우 질문에 根据这段话(이 지문에 근거하여)가 있으면 뒷부분을 핵심어구로 하여 지문에서 관련된 내용을 재빨리 찾는다.

82-83

大脑是人的身体中非常重要的一部分，人的大脑分为左脑和右脑，⁸²左脑主要负责语言、数字、时间等，右脑主要负责运动、音乐、图片、感情等。⁸³对于我们学习语言的人来说，左脑的充分使用比右脑更重要，因此⁸³要多锻炼左脑。

大脑 dànǎo 몡 대뇌　身体 shēntǐ 몡 신체, 몸
非常 fēicháng 閈 매우, 대단히　重要 zhòngyào 톈 중요하다
一部分 yíbùfen 몡 일부분　分为 fēnwéi (~으로) 나누다
左脑 zuǒnǎo 몡 좌뇌　右脑 yòunǎo 몡 우뇌
主要 zhǔyào 閈 주로　负责 fùzé 됑 책임지다
语言 yǔyán 몡 언어, 말　数字 shùzì 몡 숫자
运动 yùndòng 몡 운동　音乐 yīnyuè 몡 음악
图片 túpiàn 몡 그림, 사진　感情 gǎnqíng 몡 감정
对于……来说 duìyú……láishuō ~로 말하자면, ~의 입장에서 보면
充分 chōngfèn 톈 충분히　使用 shǐyòng 됑 사용하다
比 bǐ 케 ~보다　因此 yīncǐ 졈 이 때문에, 이로 인하여
锻炼 duànliàn 됑 단련하다

대뇌는 사람의 신체 중 매우 중요한 일부분인데, 사람의 대뇌는 좌뇌와 우뇌로 나눠지며, ⁸²좌뇌는 주로 언어, 숫자, 시간 등을 책임지고, 우뇌는 주로 운동, 음악, 그림, 감정 등을 책임진다. ⁸³우리처럼 언어를 학습하는 사람들로 말하자면, 좌뇌의 충분한 사용이 우뇌보다 더 중요하며, 이 때문에 ⁸³좌뇌를 많이 단련해야 한다.

82 상

★ 左脑主要负责什么?
A 音乐　　　　B 语言
C 感情　　　　D 图片

左脑 zuǒnǎo 몡 좌뇌　主要 zhǔyào 閈 주로
负责 fùzé 됑 책임지다　音乐 yīnyuè 몡 음악
语言 yǔyán 몡 언어, 말　感情 gǎnqíng 몡 감정
图片 túpiàn 몡 그림, 사진

★ 좌뇌는 주로 무엇을 책임지는가?
A 음악　　　B 언어　　　C 감정　　　D 그림　　　정답 B

해설 질문의 左脑主要负责(좌뇌는 주로 책임진다)와 관련된 부분을 지문에서 찾아 주의 깊게 읽는다. 지문에서 左脑主要负责语言、数字、时间等(좌뇌는 주로 언어, 숫자, 시간 등을 책임진다)이라고 했으므로 B 语言(언어)을 정답으로 선택한다.

✓ 합격노하우 질문이 '……什么?(무엇을 ~하는가?)'와 같은 의문문이면 앞부분을 핵심어구로 하여 지문에서 관련된 내용을 재빨리 찾는다.

83 상

★ 下面哪种方法对语言学习有帮助?
A 少用右脑　　　B 多做作业
C 锻炼左脑　　　D 增加学习内容

对……有帮助 duì yǒu bāngzhù ~에 도움이 되다
语言 yǔyán 몡 언어, 말　右脑 yòunǎo 몡 우뇌
作业 zuòyè 몡 과제, 숙제, 작업　锻炼 duànliàn 됑 단련하다
左脑 zuǒnǎo 몡 좌뇌　增加 zēngjiā 됑 늘리다

★ 다음 중 어떤 방법이 언어 학습에 도움 되는가?
A 우뇌를 적게 사용한다　B 과제를 많이 한다　C 좌뇌를 단련한다　D 학습량을 늘린다　정답 C

해설 질문의 对语言学习有帮助(언어 학습에 도움 되다)와 관련된 부분을 지문에서 찾아 주의 깊게 읽는다. 지문에서 对于我们学习语言的人来说，……要多锻炼左脑(우리처럼 언어를 학습하는 사람들로 말하자면, ……좌뇌를 많이 단련해야 한다)라고 하였으므로 C 锻炼左脑(좌뇌를 단련한다)가 정답이다.

✓ 합격노하우 질문에 '下面哪种方法(다음 중 어떤 방법이)'가 있으면 뒷부분을 핵심어구로 하여 지문에서 관련된 내용을 재빨리 찾는다

84-85

随着科学技术的进步，⁸⁵现在的手机可以上网、放音乐，能做的事儿变多了，使用的方法也变得复杂了。⁸⁴,⁸⁵很多老年人买了新手机以后不会用，其中一个原因就是说明书上的使用方法介绍得不清楚，让老人很难理解。⁸⁴不过，社会在发展，这个问题已经顺利解决了。⁸⁵现在很多老年大学都会请大学生做老师，专门教老年人使用手机。

随着 suízhe 께 ~에 따라 科学技术 kēxué jìshù 과학 기술
进步 jìnbù 몡 진보, 발전 手机 shǒujī 몡 휴대폰
上网 shàngwǎng 툉 인터넷을 하다, 인터넷을 연결하다
放 fàng 툉 틀다, 방영하다 事儿 shìr 몡 일, 사정
使用 shǐyòng 툉 사용하다, 쓰다 方法 fāngfǎ 몡 방법
复杂 fùzá 몡 복잡하다 老年人 lǎoniánrén 몡 노인
以后 yǐhòu 몡 이후 其中 qízhōng 뎨 그중에
原因 yuányīn 몡 원인, 이유
说明书 shuōmíngshū 몡 (물품) 설명서
介绍 jièshào 툉 설명하다, 소개하다
清楚 qīngchu 웽 알기 쉽다, 분명하다 让 ràng 툉 ~하게 하다
理解 lǐjiě 툉 이해하다 不过 búguò 웹 그러나
社会 shèhuì 몡 사회 发展 fāzhǎn 툉 발전하다
问题 wèntí 몡 문제 顺利 shùnlì 몡 순조롭다
解决 jiějué 툉 해결하다 请 qǐng 툉 초청하다
大学生 dàxuéshēng 몡 대학생
专门 zhuānmén 囲 전문적으로, 오로지 教 jiāo 툉 가르치다

과학 기술의 진보에 따라서, ⁸⁵지금의 휴대폰은 인터넷을 하고, 음악을 틀 수 있으며, 할 수 있는 일이 많아졌는데, 사용하는 방법 또한 복잡해졌다. ⁸⁴,⁸⁵많은 노인들은 새로운 휴대폰을 산 이후에 사용할 줄 모르는데, 그중에 한 가지 원인은 바로 설명서의 사용 방법을 알기 어렵게 설명해서 노인들이 이해하기 어렵게 했기 때문이다. ⁸⁴그러나, 사회는 발전하고 있으며, 이 문제는 이미 순조롭게 해결되었다. ⁸⁵지금 많은 노인 대학에서는 대학생을 선생님으로 초청하여, 전문적으로 노인들에게 휴대폰을 사용하는 것을 가르치고 있다.

84 ★ "这个问题"是指：
A 手机质量特别差　　B 上网速度非常慢
C 手机不能放音乐　　D 老人不会用手机

质量 zhìliàng 몡 (생산품이나 일의) 품질, 질
上网 shàngwǎng 툉 인터넷을 하다, 인터넷을 연결하다
慢 màn 웽 느리다 放 fàng 툉 틀다, 방영하다

★ "이 문제"가 가리키는 것은:
A 휴대폰의 품질이 매우 나쁘다　　B 인터넷을 연결하는 속도가 매우 느리다
C 휴대폰은 노래를 틀 수 없다　　D 노인들은 휴대폰을 사용할 줄 모른다　　정답 D

해설 질문의 这个问题(이 문제)를 지문에서 찾아 주의 깊게 읽는다. 지문에서 很多老年人买了新手机以后不会用，……不过，社会在发展，这个问题已经顺利解决了(많은 노인들은 새로운 휴대폰을 산 이후에 사용할 줄 모른다, ……그러나, 사회는 발전하고 있으며, 이 문제는 이미 순조롭게 해결되었다)라고 했으므로 D 老人不会用手机(노인들은 휴대폰을 사용할 줄 모른다)가 정답이다.

✅ 합격노하우 질문에 따옴표(" ")로 인용된 표현이 있으면, 이 표현을 핵심어구로 하여 지문에서 관련된 내용을 재빨리 찾는다.

85 ★ 这段话主要谈论的是：
A 社会的发展　　B 科技的进步
C 老年人与手机　　D 老年人与大学生

谈论 tánlùn 툉 논의하다, 담론하다 社会 shèhuì 몡 사회
发展 fāzhǎn 툉 발전하다 科技 kējì 몡 과학 기술
进步 jìnbù 몡 진보, 발전 老年人 lǎoniánrén 몡 노인
手机 shǒujī 몡 휴대폰 大学生 dàxuéshēng 몡 대학생

★ 이 지문이 주로 논의하는 것은:
A 사회의 발전　　B 과학 기술의 진보　　C 노인과 휴대폰　　D 노인과 대학생　　정답 C

해설 질문이 지문의 중심 소재를 물었다. 지문 초반에 现在的手机可以上网、放音乐，能做的事儿变多了(지금의 휴대폰은 인터넷을 하고, 음악을 틀 수 있으며, 할 수 있는 일이 많아졌다)라는 내용이 언급되었고, 지문 중반에 很多老年人买了新手机以后不会用(많은 노인들은 새로운 휴대폰을 산 이후에 사용할 줄 모른다)이라는 내용이 언급되었으며, 지문 후반에 现在很多老年大学都会请大学生做老师，专门教老年人使用手机.(지금 많은 노인 대학에서는 대학생을 선생님으로 초청하여 전문적으로 노인들에게 휴대폰을 사용하는 것을 가르치고 있다.)라는 내용이 언급되었다. 따라서 지문 전반에서 반복적으로 언급된 C 老年人与手机(노인과 휴대폰)가 정답이다.

✅ 합격노하우 질문이 중심 소재를 묻는 경우, 지문 전반에서 반복적으로 언급된 소재를 찾아 정답으로 선택한다.

三、书写 쓰기

86 상
就要　他的　好了　病

就 jiù 🖲 곧　要…了 yào…le ~하려고 하다
好 hǎo 🖲 (병이) 좋아지다　病 bìng 🖲 병

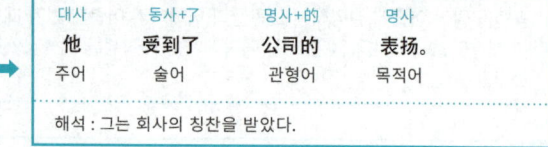

해설
술어 배치하기 제시된 어휘 중 유일하게 형용사를 포함하고 있는 好了(좋아지다)를 바로 술어 자리에 배치한다.
→ 好了 (좋아지다)
주어 배치하기 제시된 어휘 중 유일한 명사 病(병)을 바로 주어 자리에 배치한다.
→ 病好了 (병이 좋아지다)
문장 완성하기 남은 어휘 중 '대사+的' 형태인 他的(그의)를 주어 病(병) 앞에 관형어로 배치하고, '부사+조동사' 형태의 就要(곧 ~하려고 하다)를 술어 好了(좋아지다) 앞에 부사어로 배치하여 문장을 완성한다.
→ 他的病就要好了。(그의 병이 곧 좋아지려고 한다.)
✅ **합격노하우** 제시된 어휘 중 형용사/동사가 1개이면 바로 술어 자리에 배치하고, 명사가 1개이면 바로 주어 자리에 배치한다.

87 중
公司的　他　受到了　表扬

公司 gōngsī 🖲 회사　受到 shòudào 🖲 받다, 얻다
表扬 biǎoyáng 🖲 칭찬, 표창 🖲 칭찬하다, 표창하다

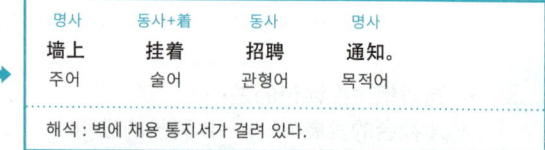

해설
술어 배치하기 제시된 어휘 중 受到了(받았다)가 '동사+了' 형태이므로 곧바로 술어 자리에 배치한다. 참고로 동태조사 了는 술어 뒤에서 동작의 완료를 나타내므로 동태조사 了가 붙은 동사는 바로 술어 자리에 배치한다.
→ 受到了 (받았다)
주어와 목적어 배치하기 대사 他(그)와 명사 表扬(칭찬) 중 술어 受到了(받았다)와 문맥상 목적어로 어울리는 表扬(칭찬)을 목적어 자리에 배치하고, 주어로 어울리는 他(그)를 주어 자리에 배치한다.
→ 他受到了表扬 (그는 칭찬을 받았다)
문장 완성하기 남은 어휘인 '명사+的' 형태의 公司的(회사의)를 목적어 表扬(칭찬) 앞에 관형어로 배치하여 문장을 완성한다.
→ 他受到了公司的表扬。(그는 회사의 칭찬을 받았다.)
✅ **합격노하우** 제시된 어휘 중 '동사/형용사+了' 형태의 어휘가 있으면 바로 술어 자리에 배치한다. 동태조사 了는 술어 뒤에서 쓰이기 때문이다.

88 중
墙上　通知　挂着　招聘

墙 qiáng 🖲 벽　通知 tōngzhī 🖲 통지서　挂 guà 🖲 걸다
招聘 zhāopìn 🖲 채용하다, 모집하다

명사	동사+着	동사	명사
墙上	挂着	招聘	通知。
주어	술어	관형어	목적어

해석 : 벽에 채용 통지서가 걸려 있다.

해설
술어와 주어 배치하기 제시된 어휘 중 존재함을 나타내는 '동사+着' 형태의 挂着(걸려 있다)와 장소를 나타내는 명사 墙上(벽에)이 있으므로 존재문을 완성해야 한다. 따라서 동사 挂着(걸려 있다)를 술어 자리에 배치하고 장소를 나타내는 명사 墙上(벽에)을 주어 자리에 배치한다.
→ 墙上挂着 ~ (벽에 ~가 걸려 있다)
목적어 배치하기 동사 招聘(채용하다)과 명사 通知(통지서)을 招聘通知(채용 통지서)로 연결한 후 목적어 자리에 배치하여 문장을 완성한다. 참고로, 招聘通知에서 동사 招聘은 通知의 관형어이며, 이와 같이 동사와 명사가 의미적으로 긴밀하여 한 단어처럼 쓰일 경우 동사가 的 없이 관형어로 사용될 수 있다.
→ 墙上挂着招聘通知。(벽에 채용 통지서가 걸려 있다.)
✅ **합격노하우** 제시된 어휘 중 장소를 나타내는 어휘와 존재함을 나타내는 '동사+着'가 있으면 '장소+동사+着'(~에서 ~하고 있다/~에 ~인 상태이다)의 형태로 주어와 술어를 동시에 배치하여 존재문을 완성한다.

89 중

抽烟　不　在餐厅　我从来

抽烟 chōuyān 图 담배를 피우다, 흡연하다
餐厅 cāntīng 图 식당　从来 cónglái 뷔 지금까지, 이제까지

→

대사+부사	부사	개사+명사	동사
我从来	不	在餐厅	抽烟。
주어	부사어		술어

해석 : 나는 지금까지 식당에서 담배를 피운 적이 없다.

해설
술어 배치하기 제시된 어휘 중 유일한 동사인 抽烟(담배를 피우다)을 술어 자리에 배치한다. 술어가 되는 동사 抽烟(담배를 피우다)이 있으므로 在餐厅에서 在는 '~에 있다'라는 뜻의 동사가 아니라 '~에서'라는 뜻의 개사로 사용된다는 것에 유의한다.
→ 抽烟 (담배를 피우다)

주어 배치하기 제시된 보기 중 유일하게 인칭대사를 포함하고 있는 我从来(나는 지금까지)를 주어 자리에 배치한다.
→ 我从来…抽烟 (나는 지금까지 … 담배를 피운다)

문장 완성하기 남은 어휘인 부사 不(~않다)와 '개사+명사' 형태의 在餐厅(식당에서)을 不在餐厅(식당에서 ~않다)의 순서로 연결한 후, 술어 抽烟(담배를 피우다) 앞에 부사어로 배치하여 문장을 완성한다. 참고로 부사어가 여러 개인 경우에는 '부사→개사(구)'의 순서로 배치한다.
→ 我从来不在餐厅抽烟。(나는 지금까지 식당에서 담배를 피운 적이 없다.)

✓ **합격노하우** 1. 제시된 어휘 중 동사와 在 둘 다 있으면 在는 개사로 사용된다는 것에 유의한다.
2. 부사와 개사구가 동시에 나오면 술어 앞 부사어 자리에 '부사+개사구' 순으로 배치한다.

90 상

女儿　把　送到国外　王医生　留学了

女儿 nǚ'ér 图 딸　把 bǎ 게 ~을　送 sòng 图 보내다
国外 guówài 图 외국　医生 yīshēng 图 의사
留学 liúxué 图 유학하다

→

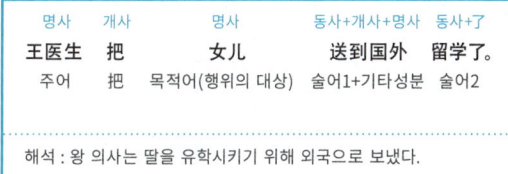

해석 : 왕 의사는 딸을 유학시키기 위해 외국으로 보냈다.

해설
把 ~ 술어+기타성분 배치하기 제시된 어휘 중 把가 있으므로 把자문을 완성해야 한다. '동사+개사+명사' 형태의 送到国外(외국으로 보내다)에서 到国外(외국으로)가 결과보어가 되므로 送到国外(외국으로 보내다)를 '술어+기타성분' 자리에 바로 배치하고, 把를 술어 앞에 배치한다.
→ 把 ~ 送到国外 (~을 외국으로 보내다)

주어와 목적어(행위의 대상) 배치하기 명사 王医生(왕 의사)과 女儿(딸) 중 술어 送到国外(외국으로 보내다)와 문맥상 목적어로 어울리는 女儿(딸)을 把 뒤 목적어(행위의 대상) 자리에, 주어로 어울리는 王医生(왕 의사)을 주어 자리에 배치한다.
→ 王医生把女儿送到国外 (왕 의사는 딸을 외국으로 보낸다)

문장 완성하기 '동사+了' 형태인 留学了(유학했다)는 문맥상 술어인 送(보내다)을 실행하는 목적이 되므로 送到国外(외국으로 보내다)의 뒤에 연결하여 送到国外留学了(유학을 위해 외국으로 보냈다)라는 연동문 형태로 문장을 완성한다.
→ 王医生把女儿送到国外留学了。(왕 의사는 딸을 유학시키기 위해 외국으로 보냈다.)

✓ **합격노하우** 제시된 어휘 중 개사 把(~을)와 '동사+개사(到/在/给)' 형태의 어휘가 있으면 '把 ~ 동사到'와 같이 '把 ~ 술어+기타성분'을 동시에 배치한다.

91 중

我们　让　为友谊　干杯

让 ràng 图 ~하게 하다,~하게 시키다　为 wèi 게 ~을 위하여
友谊 yǒuyì 图 우정　干杯 gānbēi 图 건배하다

→

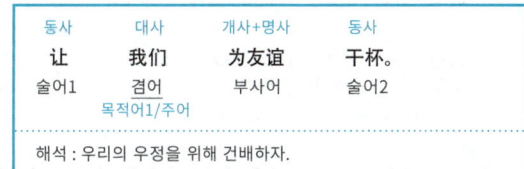

해석 : 우리의 우정을 위해 건배하자.

해설
술어1 배치하기 제시된 어휘 중 사역동사 让(~하게 하다)이 있으므로 겸어문을 완성해야 한다. 따라서 동사 让을 술어1 자리에 배치한다.
→ 让 (~하게 하다)

겸어와 술어2 배치하기 남은 동사 干杯(건배하다)를 술어2 자리에 배치하고, 술어1 让(~하게 하다)의 대상이 되면서 문맥상 술어2 干杯(건배하다)의 주어로 쓰일 수 있는 대사 我们(우리들)을 겸어로 배치한다.
→ 让我们干杯 (우리가 건배하게 하다)

문장 완성하기 남은 어휘인 '개사+명사' 형태의 为友谊(우정을 위해)를 술어2 干杯(건배하다) 앞에 부사어로 배치하여 문장을 완성한다.
→ 让我们为友谊干杯。(우리의 우정을 위해 건배하자.)

✓ **합격노하우** 제시된 어휘 중 让(~하게 하다)이 있고, 사람을 나타내는 명사나 대사가 1개뿐이라면 让 뒤 겸어 자리에 배치한다.

92 하

去不去   正考虑   妈妈   理发呢

正 zhèng 🄫 마침, 한창   考虑 kǎolǜ 🄓 생각하다, 고려하다
理发 lǐfà 🄓 이발하다, 머리를 깎다

명사	부사+동사	동사+부사+동사	동사+어기조사
妈妈	正考虑	去不去	理发呢。
주어	부사어+술어	술어1	술어2
		목적어(연동문)	

해석 : 엄마는 마침 이발하러 갈지 안 갈지 생각하고 있다.

해설
술어 배치하기 술어가 될 수 있는 동사가 考虑(생각하다), 去不去(갈지 안 갈지), 理发呢(이발하다 ~하고 있다) 세 개이므로 연동문을 고려하여 문장을 완성해야 한다. 理发(이발하다)는 去不去(갈지 안 갈지)라는 행위의 목적이 될 수 있으므로 去不去理发呢(이발하러 갈지 안 갈지 ~하고 있다)라는 연동문 형태로 연결한다. '부사+동사' 형태인 正考虑(마침~하는 것을 생각하고 있다)를 술어 자리에 배치하고, 연동문 형태의 去不去理发呢(이발하러 갈지 안 갈지 ~하고 있다)를 목적어 자리에 배치한다.
→ 正考虑去不去理发呢 (마침 이발하러 갈지 안 갈지 생각하고 있다)
주어 배치하기 제시된 어휘 중 유일한 명사인 妈妈(엄마)를 바로 주어 자리에 배치하여 문장을 완성한다.
→ 妈妈正考虑去不去理发呢。(엄마는 마침 이발하러 갈지 안 갈지 생각하고 있다.)

✅ **합격노하우** 제시된 어휘 중 술어가 될 수 있는 동사가 2개 이상이면 연동문을 고려하여 문장을 완성한다.

93 중

很严重了   这条   河   污染得   已经

严重 yánzhòng 🄩 심각하다, 위급하다
条 tiáo 🄨 강(가늘고 긴 것을 세는 단위)   河 hé 🄓 강
污染 wūrǎn 🄓 오염되다   已经 yǐjīng 🄫 이미

대사+양사	명사	부사	동사+得	부사+형용사+了
这条	河	已经	污染得	很严重了。
관형어	주어	부사어	술어+得	보어

해석 : 이 강은 이미 매우 심각하게 오염되었다.

해설
술어와 보어 배치하기 제시된 어휘 중 污染得에 정도보어를 이끄는 구조조사 得가 있으므로 '술어+得+보어' 형태의 문장을 완성해야 한다. 따라서 '동사+得' 형태인 污染得(~하게 오염되다)를 '술어+得' 자리에, '부사+형용사+了' 형태인 很严重了(매우 심각하다)를 보어 자리에 배치한다.
→ 污染得很严重了 (매우 심각하게 오염되었다)
주어 배치하기 제시된 어휘 중 유일한 명사인 河(강)를 바로 주어 자리에 배치한다.
→ 河污染得很严重了 (강은 매우 심각하게 오염되었다)
문장 완성하기 남은 어휘 중 '대사+양사' 형태의 这条는 양사 条와 함께 쓰이는 명사 河(강) 앞에 관형어로 배치하고, 부사 已经(이미)을 술어 污染得(~하게 오염되다) 앞에 부사어로 배치하여 문장을 완성한다.
→ 这条河已经污染得很严重了。(이 강은 이미 매우 심각하게 오염되었다.)

✅ **합격노하우** 제시된 어휘 중 '동사得/형용사得'와 '부사+형용사'가 있으면 '동사得/형용사得'를 술어 자리에, '부사+형용사'는 그 뒤 보어 자리에 동시에 배치한다.

94 중

比   我的   多了   他的工作   辛苦

比 bǐ 🄚 ~보다, ~에 비해   工作 gōngzuò 🄓 일, 작업
辛苦 xīnkǔ 🄩 고생스럽다, 고되다

대사+的+명사	개사	대사+的	형용사	형용사+了
他的工作	比	我的	辛苦	多了。
주어	부사어		술어	보어

해석 : 그의 일은 나의 일보다 훨씬 고생스럽다.

해설
比 ~ 술어 배치하기 제시된 어휘 중 比가 있으므로 比자문을 완성해야 한다. 술어 자리에 올 수 있는 형용사 辛苦(고생스럽다)를 술어 자리에 배치하고, 比를 술어 앞 쪽에 배치한다.
→ 比 ~ 辛苦 (~보다 고생스럽다)
주어와 비교 대상 배치하기 제시된 어휘 중 유일하게 명사를 포함하고 있는 他的工作(그의 일)를 주어 자리에 바로 배치하고, 문맥상 주어 他的工作(그의 일)의 비교 대상으로 자연스러운 我的(나의 것)를 比 뒤에 배치한다.
→ 他的工作比我的辛苦 (그의 일은 나의 일보다 고생스럽다)
문장 완성하기 주로 比자문의 술어 뒤에서 정도의 차이를 강조할 때 사용되는 多了(훨씬)를 술어인 辛苦(고생스럽다) 뒤에 결과보어로 배치하여 문장을 완성한다.
→ 他的工作比我的辛苦多了。(그의 일은 나의 일보다 훨씬 고생스럽다.)

✅ **합격노하우** 比자문을 완성하는 문제에서, 제시된 어휘 중 '…+명사'와 '…的' 형태의 어휘가 둘 다 있으면 '…的+명사'를 주어 자리에, '…的'를 비교 대상 자리에 배치한다.

95 상	被他　这么好的　一个机会　浪费了	→	대사+형용사+的 这么好的 관형어	수사+양사+명사 一个机会 주어	被+대사 被他 被+행위의 주체	동사+了 浪费了。 술어

这么 zhème 때 이렇게, 이러한　机会 jīhuì 몡 기회
浪费 làngfèi 동 낭비되다

해석 : 이렇게 좋은 하나의 기회가 그에 의해 낭비되었다.

해설
被 ~ 술어+기타성분 배치하기　제시된 어휘 중 被他가 있으므로 被자문을 완성해야 한다. 따라서, '동사+了' 형태인 浪费了(낭비했다)를 '술어+기타성분' 자리에 배치하고, '被+대사' 형태인 被他(그에 의해 ~되다)를 술어 앞 쪽에 배치한다.
→ 被他浪费了 (그에 의해 낭비되었다)
주어 배치하기　남은 어휘 중 '수사+양사+명사' 형태의 一个机会(하나의 기회)가 문맥상 술어 浪费了(낭비했다)의 주어가 되므로 一个机会(하나의 기회)를 주어 자리에 배치한다.
→ 一个机会被他浪费了 (하나의 기회가 그에 의해 낭비되었다)
문장 완성하기　남은 어휘인 '대사+형용사+的' 형태의 这么好的(이렇게 좋은)를 주어 一个机会(하나의 기회) 앞에 관형어로 배치하여 문장을 완성한다.
→ 这么好的一个机会被他浪费了。(이렇게 좋은 하나의 기회가 그에 의해 낭비되었다.)

✓ 합격노하우　被자문에서는 행위(술어)를 당하는 대상이 주어가 된다.

---

96 중

观众 guānzhòng 몡 관중

해설
제시어로 문장 떠올리기
[예시]
① 여기에 몇천 명의 관중이 앉아 있다.
② 오늘의 경기가 매우 훌륭해서, 관중이 매우 흥분했다.

떠올린 문장 쓰기
[모범 답안]
① 这里坐着几千名观众。
② 今天的比赛很精彩，观众非常激动。
어휘
这里 zhèlǐ 때 여기, 이곳　着 zhe 조 ~하고 있다　几 jǐ 수 몇
千 qiān 수 천, 1000　名 míng 양 명(사람을 세는 단위)　观众 guānzhòng 몡 관중
比赛 bǐsài 몡 시합　精彩 jīngcǎi 형 훌륭하다, 멋지다
非常 fēicháng 부 매우, 몹시　激动 jīdòng 형 흥분하다, 감동하다

✓ 합격노하우
1. 这里坐着…… 여기에 ~이 앉아 있다
2. 非常激动 매우 흥분하다

---

97 중

失望 shīwàng 동 실망하다

해설
제시어로 문장 떠올리기
[예시]
① 그는 보아하니 매우 실망했다.
② 시합에 져서, 그는 매우 실망했다.

떠올린 문장 쓰기
[모범 답안]
① 他看起来失望极了。
② 比赛输了，他非常失望。
어휘
看起来 kànqǐlai 동 보아하니 ~하다　失望 shīwàng 동 실망하다
…极了 …jíle 매우(형용사 뒤에 위치해 뜻을 매우 강조할 때 쓰임)
比赛 bǐsài 몡 시합, 경기　输 shū 동 지다, 패하다　非常 fēicháng 부 매우, 몹시

✓ 합격노하우
1. 看起来失望极了　보아하니 매우 실망했다
2. 比赛输了　시합에서 졌다

98 중

日记 rìjì 뗑 일기

해설

제시어로 문장 떠올리기
[예시]
① 그는 지금 일기를 쓰고 있다.
② 그는 매일 일기를 쓰는 좋은 습관이 있다.

떠올린 문장 쓰기
[모범 답안]
① 他正在写日记。
② 他有每天写日记的好习惯。

어휘
正在 zhèngzài 뷔 지금 ~하고 있다 写 xiě 등 쓰다 日记 rìjì 뗑 일기
每天 měitiān 뷔 매일 习惯 xíguàn 뗑 습관

합격노하우
1. 写日记 일기를 쓰다
2. 有每天……的习惯 매일 ~하는 습관이 있다

99 상

鼓励 gǔlì 등 격려하다

해설

제시어로 문장 떠올리기
[예시]
① 그는 아이에게 포기하지 말라고 격려한다.
② 아이가 시합에 져서 매우 상심해서, 그래서 선생님이 그를 격려해 주고 있다.

떠올린 문장 쓰기
[모범 답안]
① 他鼓励孩子不要放弃。
② 因为孩子输掉了比赛非常伤心, 所以老师在鼓励他。

어휘
鼓励 gǔlì 등 격려하다 不要 búyào 조동 ~하지 마라, ~해서는 안 된다
放弃 fàngqì 등 포기하다 输掉 shūdiào 지다 比赛 bǐsài 뗑 시합, 경기
伤心 shāngxīn 등 슬퍼하다, 상심하다

합격노하우
1. 鼓励孩子…… 아이에게 ~하라고 격려하다
2. 输掉了比赛 시합에서 졌다
3. 非常伤心 매우 상심하다

100 상

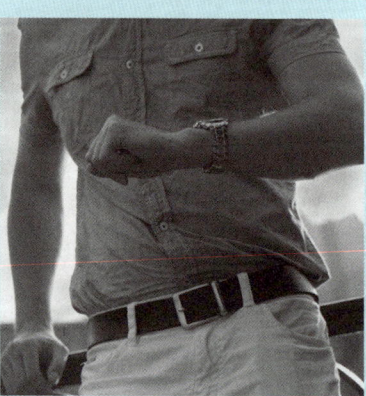

来不及 lái bu jí 등 늦다, 미처 ~하지 못하다

해설

제시어로 문장 떠올리기
[예시]
① 공연이 곧 시작한다. 우리는 아마 늦을 것이다.
② 그는 열쇠를 사무실에 놓고 왔는데, 지금 돌아가기엔 이미 늦었다.

떠올린 문장 쓰기
[모범 답안]
① 表演快要开始了, 我们恐怕来不及了。
② 他把钥匙放在办公室了, 现在回去已经来不及了。

어휘
表演 biǎoyǎn 뗑 공연 快要 kuàiyào 뷔 곧 (머지않아) ~하다
开始 kāishǐ 등 시작되다, 개시하다 恐怕 kǒngpà 뷔 아마 ~일 것이다
来不及 lái bu jí 늦다, 미처 ~하지 못하다 钥匙 yàoshi 뗑 열쇠
办公室 bàngōngshì 뗑 사무실 现在 xiànzài 뗑 지금
回去 huíqù 등 돌아가다 已经 yǐjīng 뷔 이미, 벌써

합격노하우
1. 恐怕来不及了 아마 늦을 것이다
2. 把钥匙放在办公室了 열쇠를 사무실에 놓고 왔다
3. 现在……已经来不及 지금 ~해도 이미 늦다

본 교재 동영상강의 · 무료 학습자료 제공
china.Hackers.com

시험에 나올 어휘를
효과적으로 공부하려면?

해커스중국어(china.Hackers.com)에서
<예문으로 마스터하는 HSK 4급 필수어휘 600> 무료 다운받기!

실전모의고사 제2회

听力 듣기 / 어휘·해석·해설

阅读 독해 / 어휘·해석·해설

书写 쓰기 / 어휘·해석·해설

一、听力 듣기

문제별 분할 mp3
바로듣기

1 중

★ 乘客们已经登机了。　　　(　)

乘客朋友们, 飞往北京的航班马上就要开始登机了, 请您带好行李和登机牌到登机口排队。

乘客 chéngkè 명 승객　已经 yǐjīng 부 이미
登机 dēngjī 통 비행기에 탑승하다
飞往 fēiwǎng 통 (비행기를 타고) ~로 가다　北京 Běijīng 고유 베이징, 북경
航班 hángbān 명 항공편, 운항편　马上 mǎshàng 부 곧, 즉시
开始 kāishǐ 통 시작하다　带 dài 통 챙기다, 휴대하다
行李 xínglǐ 명 여행 짐, 수화물　登机牌 dēngjīpái 명 탑승권
登机口 dēngjīkǒu 명 탑승 게이트　排队 páiduì 통 줄을 서다

★ 승객들은 이미 비행기에 탑승했다. (X)
승객 여러분, 베이징으로 가는 항공편이 곧 탑승을 시작하니, 여행 짐과 탑승권을 잘 챙겨서 탑승 게이트로 와서 줄을 서주시기 바랍니다.

정답 X

해설 제시된 문장에 已经……了(이미 ~했다)가 있으므로 已经登机了(이미 탑승했다)라는 사실이 발생했는지를 주의 깊게 들어야 한다. 그런데 음성에서는 飞往北京的航班马上就要开始登机了(베이징으로 가는 항공편은 곧 탑승을 시작합니다)라고 언급되었으므로 아직 탑승하지 않았음을 알 수 있다. 따라서 제시된 문장과 음성의 내용은 일치하지 않는다.

✅ **합격노하우** 제시된 문장에 '已经+동사+了'가 있으면, 음성에서도 '동사'의 동작이 이미 완료되었다고 언급되는지 주의 깊게 들어야 한다.

---

2 중

★ 说话人晚上有个约会。　　　(　)

今天我忙了一天, 实在是太累了, 晚上的约会要是能不去就好了。

晚上 wǎnshang 명 저녁　约会 yuēhuì 명 데이트　忙 máng 형 바쁘다
一天 yìtiān 명 하루 종일　实在 shízài 부 정말　累 lèi 형 피곤하다
要是 yàoshi 접 만약

★ 화자는 저녁에 데이트가 있다. (✓)
오늘 저는 하루 종일 바빴어요, 정말 너무 피곤해서, 저녁의 데이트는 만약 가지 않을 수 있다면 좋겠어요.

정답 ✓

해설 제시된 문장은 说话人晚上有个约会。(화자는 저녁에 데이트가 있다.)라는 내용이므로 음성을 들을 때 이 내용이 언급되는지를 주의 깊게 들어야 한다. 음성에서 晚上的约会要是能不去就好了(저녁의 데이트는 만약 가지 않을 수 있다면 좋겠어요)라고 언급되었으므로 화자가 저녁에 데이트가 있다는 것을 알 수 있다. 따라서 제시된 문장과 음성의 내용은 일치한다.

✅ **합격노하우** 제시된 문장에 晚上(저녁)과 같은 시간 표현이 있으면, '시간+사건'의 내용이 음성에서도 동일하게 언급되는지 주의 깊게 들어야 한다.

---

3 하

★ 他们打算去机场接人。　　　(　)

明天是礼拜天, 我打算和朋友去商场逛逛, 你想一起去吗?

打算 dǎsuàn 통 ~하려고 하다　机场 jīchǎng 명 공항
接 jiē 통 마중하다, 맞이하다　礼拜天 lǐbàitiān 명 일요일
商场 shāngchǎng 명 백화점　逛 guàng 통 돌아다니다

★ 그들은 공항에 사람을 마중 나가려고 한다. (X)
내일은 일요일이야, 나는 친구와 백화점에 가서 좀 돌아다니려고 해, 너 같이 가고 싶니?

정답 X

해설 제시된 문장의 打算去机场接人(공항에 사람을 마중 나가려고 한다)이 음성에서 동일하게 언급되는지를 주의 깊게 들어야 한다. 그런데 음성에서는 打算和朋友去商场逛逛(친구와 백화점에 가서 좀 돌아다니려고 해)라는 다른 내용이 언급되었다. 따라서 제시된 문장과 음성의 내용은 일치하지 않는다.

✅ **합격노하우** 제시된 문장에 '打算+동사(~하려고 한다)'가 있으면, 음성에서도 이 내용이 동일하게 언급되는지 주의 깊게 들어야 한다.

---

4 중

★ 不应该在早上锻炼身体。　　　(　)

把锻炼的时间安排在早上其实不是很合适, 因为早上的空气不够新鲜。

应该 yīnggāi 조동 ~해야 한다　早上 zǎoshang 명 아침
锻炼 duànliàn 통 단련하다, 운동하다　身体 shēntǐ 명 신체
安排 ānpái 통 안배하다　其实 qíshí 부 사실　合适 héshì 형 적합하다
空气 kōngqì 명 공기
不够 búgòu 통 (수량이나 정도가 요구에) 미치지 못하다, 모자라다
新鲜 xīnxiān 형 신선하다

★ 아침에 신체를 단련해서는 안 된다. (✓)
운동하는 시간을 아침에 안배하는 것은 사실 아주 적합한 것은 아닌데, 왜냐하면 아침의 공기는 신선하지 못하기 때문이다.

정답 ✓

해설 제시된 문장에 조동사 不应该(~해서는 안 된다)가 있으므로 不应该在早上锻炼身体.(아침에 신체를 단련해서는 안 된다.)라는 내용이 음성에서 언급되는지를 주의 깊게 들어야 한다. 음성에서 把锻炼的时间安排在早上其实不是很合适(운동하는 시간을 아침에 안배하는 것은 사실 아주 적합한 것은 아니다)라는 일치하는 내용이 언급되었다. 따라서 제시된 문장과 음성의 내용은 일치한다.

✓ 합격노하우 제시된 문장에 '不应该+동사(~해서는 안된다)'가 있으면, 음성에서도 이 '동사'의 동작이 해서는 안되는 것으로 언급되는지 주의 깊게 들어야 한다.

---

5 중

★ 我同事的汉语说得非常好。　（　　）

我同事的普通话说得又流利又标准, 如果不看脸, 完全不敢相信他是外国人。

同事 tóngshì 명 동료　汉语 Hànyǔ 고유 중국어　说 shuō 동 말하다
非常 fēicháng 부 매우　普通话 pǔtōnghuà 명 현대 중국 표준어
又 yòu 부 동시에, 또한　流利 liúlì 형 유창하다　标准 biāozhǔn 형 표준적이다
如果 rúguǒ 접 만약, 만일　脸 liǎn 명 얼굴　完全 wánquán 부 절대로
不敢 bùgǎn 동 감히 ~하지 못하다　相信 xiāngxìn 동 믿다

★ 내 동료는 중국어 말하기를 매우 잘한다. (✓)

내 동료의 표준어는 유창하기도 하고 표준적이기도 한데, 만약 얼굴을 보지 않는다면, 절대로 감히 그가 외국인이라는 것을 믿을 수 없다.

정답 ✓

해설 제시된 문장은 我同事的汉语说得非常好.(내 동료는 중국어 말하기를 매우 잘한다.)라는 내용이므로 음성에서 이 내용이 언급되는지를 주의 깊게 들어야 한다. 음성에서 我同事的普通话说得又流利又标准(내 동료의 표준어는 유창하기도 하고 표준적이기도 하다)라는 제시된 문장과 일치하는 내용이 언급되었다. 따라서 제시된 문장과 음성은 일치한다.

✓ 합격노하우 제시된 문장에 '非常好(매우 잘한다)'처럼 정도를 나타내는 표현이 있으면, 음성에서도 이 내용이 동일하게 언급되는지 주의 깊게 들어야 한다.

---

6 중

★ 昨天的演出只有京剧表演。　（　　）

昨天小李邀请我一起去看演出了。每个节目都很棒，尤其是京剧表演，实在是太精彩了。

演出 yǎnchū 명 공연　只有 zhǐyǒu 동 ~만 있다　京剧 jīngjù 명 경극
表演 biǎoyǎn 명 공연　邀请 yāoqǐng 동 초대하다　每个 měi ge ~마다
节目 jiémù 명 프로그램　棒 bàng 형 (수준이) 높다　尤其 yóuqí 부 특히
实在 shízài 부 정말　精彩 jīngcǎi 형 멋지다

★ 어제의 공연은 경극 공연만 있었다. (X)

어제 샤오리가 나를 초대해서 함께 공연을 보러 갔다. 프로그램마다 모두 수준이 높았으며, 특히 경극 공연이 그랬는데, 정말 너무 멋졌다.

정답 X

해설 제시된 문장은 昨天的演出只有京剧表演.(어제의 공연은 경극 공연만 있었다.)라는 내용이므로 음성을 들을 때 이 내용이 언급되는지를 주의 깊게 들어야 한다. 음성에서 昨天……。每个节目都很棒，尤其是京剧表演(어제……. 프로그램마다 모두 수준이 높았으며, 특히 경극 공연이 그랬다)라는 다른 내용이 언급되었다. 따라서 제시된 문장과 음성의 내용은 일치하지 않는다.

✓ 합격노하우 제시된 문장에 昨天(어제)과 같은 시간 표현이 있으면, '시간+사건'의 내용이 음성에서도 동일하게 언급되는지 주의 깊게 들어야 한다.

---

7 중

★ 说话人有过很多理想。　（　　）

小时候我想当作家，后来想当记者，现在我想成为一个中文老师。

理想 lǐxiǎng 명 꿈, 이상　小时候 xiǎoshíhou 명 어렸을 때
当 dāng 동 ~이 되다　作家 zuòjiā 명 작가　后来 hòulái 명 나중에
记者 jìzhě 명 기자　现在 xiànzài 명 지금　成为 chéngwéi 동 ~이 되다
中文 Zhōngwén 고유 중국어

★ 화자는 많은 꿈이 있었다. (✓)

어렸을 때 나는 작가가 되고 싶었고, 나중에는 기자가 되고 싶었으며, 지금 나는 중국어 선생님이 되고 싶다.

정답 ✓

해설 제시된 문장은 说话人有过很多理想.(화자는 많은 꿈이 있었다.)라는 내용이므로 음성에서 이 내용이 언급되는지를 주의 깊게 들어야 한다. 음성에서 想当作家(작가가 되고 싶었다), 想当记者(기자가 되고 싶었다), 想成为一个中文老师(중국어 선생님이 되고 싶다)이라는 제시된 문장과 일치하는 내용이 언급되었다. 따라서 제시된 문장과 음성은 일치한다.

✓ 합격노하우 제시된 문장이 '동작의 과거를 나타내는 것'에 대한 내용이면, 음성에서도 이 내용이 동일하게 언급되는지 주의 깊게 들어야 한다.

8 하
★ 大使馆在银行附近。　　　　　　(　)

你从这里出发，一直往前走，看到公园右转，就到大使馆了。

大使馆 dàshǐguǎn 명 대사관　银行 yínháng 명 은행　附近 fùjìn 명 근처
从 cóng 개 ~부터　出发 chūfā 동 출발하다　一直 yìzhí 부 곧장
往前走 wǎng qián zǒu 앞으로 가다　公园 gōngyuán 명 공원
右转 yòuzhuǎn 오른쪽으로 돌다

★ 대사관은 은행 근처에 있다. (X)

당신은 여기부터 출발해서, 앞으로 곧장 가다가, 공원이 보이고 오른쪽으로 돌면, 바로 대사관에 도착합니다.

정답 X

해설 제시된 문장에 장소 표현 大使馆(대사관), 银行(은행)이 있으므로, 음성을 들을 때 大使馆(대사관)과 银行(은행)에 관련된 내용을 주의 깊게 들어야 한다. 제시된 문장에서 大使馆在银行附近.(대사관은 은행 근처에 있다.)라고 했다. 그런데 음성에서는 看到公园右转, 就到大使馆了(공원이 보이고 오른쪽으로 돌면, 바로 대사관에 도착합니다)라는 다른 내용이 언급되었다. 따라서 제시된 문장과 음성의 내용은 일치하지 않는다.

✅ 합격노하우 제시된 문장이 어떤 건물이나 물건의 위치에 대한 내용이면, 음성에서도 그 위치가 동일하게 언급되는지 주의 깊게 들어야 한다.

9 상
★ 说话人打算请朋友去餐厅吃饭。　　(　)

明天下午我要请朋友吃饭，可是冰箱里什么都没有了，我们去超市买点儿菜吧?

打算 dǎsuàn 동 ~하려고 하다　请 qǐng 동 초청하다
餐厅 cāntīng 명 식당　可是 kěshì 접 그런데, 그러나
冰箱 bīngxiāng 명 냉장고　什么 shénme 대 아무것
买菜 mǎicài 찬거리를 사다　超市 chāoshì 명 슈퍼마켓

★ 화자는 친구를 초청하여 식당에 가서 밥을 먹으려고 한다. (X)

내일 오후에 나는 친구를 초청해서 밥을 먹을 거야, 그런데 냉장고 안에 아무것도 없던데, 우리 슈퍼마켓 가서 찬거리를 좀 사는 게 어때?

정답 X

해설 제시된 문장의 打算请朋友去餐厅吃饭(친구를 초청하여 식당에 가서 밥을 먹으려고 한다)이 음성에서도 동일하게 언급되는지를 주의 깊게 들어야 한다. 그런데 음성에서는 明天下午我要请朋友吃饭，可是冰箱里什么都没有了(내일 오후에 나는 친구를 초청해서 밥을 먹을 거야, 그런데 냉장고 안에 아무것도 없어)라는 다른 내용이 언급되었다. 따라서 제시된 문장과 음성의 내용은 일치하지 않는다.

✅ 합격노하우 제시된 문장에 '打算+동사(~하려고 한다)'가 있으면, 음성에서도 이 내용이 동일하게 언급되는지 주의 깊게 들어야 한다.

10 상
★ 说话人的父亲帮她送孩子。　　　　(　)

我得马上去公司，所以来不及送孩子去学校了，只好给我父亲打电话让他跑一趟。

父亲 fùqīn 명 아버지　帮 bāng 동 돕다　送 sòng 동 데려다주다
孩子 háizi 명 아이　得 děi 조동 ~해야 한다　马上 mǎshàng 부 바로
公司 gōngsī 명 회사　所以 suǒyǐ 접 그래서
来不及 lái bu jí 동 미처 ~하지 못하다　只好 zhǐhǎo 부 어쩔 수 없이
让 ràng 동 ~하게 하다　跑 pǎo 동 다니다, 가다
趟 tàng 양 번, 차례(왕래한 횟수를 세는 단위)

★ 화자의 아버지는 그녀를 도와 아이를 데려다준다. (✓)

내가 바로 회사에 가야 해서, 그래서 미처 아이를 학교에 데려다주지 못하게 되어, 어쩔 수 없이 아버지에게 전화를 걸어 그에게 한 번 다녀오게 했다.

정답 ✓

해설 제시된 문장은 说话人的父亲帮她送孩子.(화자의 아버지는 그녀를 도와 아이를 데려다준다.)라는 내용이므로 음성에서 이 내용이 언급되는지를 주의 깊게 들어야 한다. 음성에서 来不及送孩子去学校了, 只好给我父亲打电话让他跑一趟(미처 아이를 학교에 데려다주지 못하게 되어, 어쩔 수 없이 아버지에게 전화를 걸어 그에게 한 번 다녀오게 했다)이라는 제시된 문장과 일치하는 내용이 언급되었다. 따라서 제시된 문장과 음성은 일치한다.

✅ 합격노하우 제시된 문장에 'A+帮+B'와 같은 표현이 있으면, 음성에서도 이 내용이 동일하게 언급되는지 주의 깊게 들어야 한다.

11 하
A 洗澡　　　　　B 睡觉
C 打扫房间　　　D 出门旅行

男: 你明天就要去北京出差了，怎么还不收拾行李?
女: 不着急，这次我就去两天，行李不多，我先洗个澡再来收拾。
问: 女的马上可能做什么?

洗澡 xǐzǎo 동 목욕하다　睡觉 shuìjiào 동 잠을 자다
打扫 dǎsǎo 동 청소하다　出门 chūmén 동 집을 나서다, 외출하다
旅行 lǚxíng 동 여행하다　就要 jiùyào 부 곧　出差 chūchāi 동 출장가다
收拾 shōushi 동 챙기다, 꾸리다　行李 xíngli 명 짐
着急 zháojí 동 조급하다　就 jiù 부 오직　马上 mǎshàng 부 곧

A 목욕한다　　B 잠을 잔다　　C 방을 청소한다　　D 집을 나서서 여행을 간다

남: 너 내일 곧 베이징으로 출장 가잖아, 왜 아직도 짐을 챙기지 않았어?
여: 조급하지 않아, 이번에 오직 이틀만 가는 거라서, 짐이 많지 않거든, 나는 먼저 목욕하고 나서 챙길 거야.

질문: 여자는 곧 무엇을 하겠는가?　　정답 A

해설 제시된 보기 A 洗澡(목욕한다), B 睡觉(잠을 잔다), C 打扫房间(방을 청소한다), D 出门旅行(집을 나서서 여행을 간다)이 모두 동작과 관련된 표현이므로 대화를 들을 때 화자가 하고 있거나 하려는 행동이 무엇인지를 주의 깊게 듣는다. 대화에서 남자가 여자에게 왜 아직도 짐을 챙기지 않았냐고 묻자, 여자가 **行李不多, 我先洗个澡再来收拾**(짐이 많지 않거든, 나는 먼저 목욕하고 나서 짐을 챙길 거야)이라고 대답했다. 질문이 여자가 곧 무엇을 할지 물었으므로 A 洗澡(목욕한다)를 정답으로 선택한다.

합격노하우 1. 보기가 모두 동사 또는 동사구(동사+목적어)이면, 화자가 하고 있거나 하려는 행동을 묻는 질문이 나올 것을 예상한다.
2. 질문이 马上可能做什么?(곧 무엇을 할 것인가?)일 경우, 대화 후반에 언급된 동사가 정답이 될 가능성이 높다.

12 하

A 开车　　B 走路　　C 骑车　　D 坐地铁

女：你新租的房子离公司远吗?
男：不远，所以我打算以后骑自行车上下班，差不多20分钟就能到。

问：男的打算怎么去上班?

开车 kāichē [동] 차를 운전하다　走路 zǒulù [동] 걷다
骑车 qíchē 자전거를 타다　地铁 dìtiě [명] 지하철　新 xīn [부] 새로이
租 zū [동] 세 들어가다, 임차하다　房子 fángzi [명] 집, 방　离 lí [개] ~에서
远 yuǎn [형] 멀다　打算 dǎsuàn [동] ~하려고 하다, ~할 생각이다
以后 yǐhòu [명] 이후　骑 qí [동] (자전거나 동물 등에) 타다
自行车 zìxíngchē [명] 자전거　上下班 shàngxiàbān [동] 출퇴근하다
差不多 chàbuduō [부] 보통

A 차를 운전한다　　B 걷는다　　C 자전거를 탄다　　D 지하철을 탄다

여: 당신이 새로 세 들어간 집은 회사에서 먼가요?
남: 멀지 않아요, 그래서 저는 이후 자전거를 타고 출퇴근할 생각이에요, 보통 20분이면 도착해요.

질문: 남자는 어떻게 출근할 생각인가?　　정답 C

해설 제시된 보기 A 开车(차를 운전한다), B 走路(걷다), C 骑车(자전거를 탄다), D 坐地铁(지하철을 탄다)가 모두 동작과 관련된 표현이므로 대화를 들을 때 화자가 하고 있거나 하려는 행동이 무엇인지를 주의 깊게 듣는다. 대화에서 남자가 **我打算以后骑自行车上下班**(저는 이후 자전거를 타고 출퇴근할 생각이에요)이라고 했다. 질문이 남자가 회사에 어떻게 가는지 물었으므로 C 骑车(자전거를 탄다)를 정답으로 선택한다.

합격노하우 보기가 모두 동사 또는 동사구(동사+목적어)이면, 화자가 하고 있거나 하려는 행동을 묻는 질문이 나올 것을 예상한다.

13 하

A 需要运动　　B 来得太早
C 电梯坏了　　D 吃得太多

男：电梯出问题了，下午才能有人来修理，我们得自己走上去了。
女：刚吃完饭，运动运动也好。

问：他们为什么自己走上楼?

需要 xūyào [동] 필요하다　运动 yùndòng [명] 운동 [동] 운동하다
电梯 diàntī [명] 엘리베이터　坏 huài [동] 고장나다
出问题 chū wèntí 문제가 생기다　下午 xiàwǔ [명] 오후　才 cái [부] 비로소
修理 xiūlǐ [동] 수리하다　得 děi [조동] ~해야 한다　自己 zìjǐ [대] 스스로
刚 gāng [부] 방금, 막　上楼 shànglóu [동] 위층으로 올라가다

A 운동이 필요하다　　B 너무 일찍 왔다　　C 엘리베이터가 고장 났다　　D 너무 많이 먹었다

남: 엘리베이터에 문제가 생겼어요, 오후에 비로소 사람이 와서 수리할 수 있대요, 우리 스스로 걸어 올라가야 해요.
여: 방금 밥을 먹었으니, 운동 좀 하는 것도 좋죠.

질문: 그들은 왜 위층으로 스스로 걸어 올라가는가?　　정답 C

해설 제시된 보기가 다양한 형태의 문장이므로, 보기의 의미를 최대한 정확히 파악한 후 음성을 듣는 것이 중요하다. 대화에서 남자가 **电梯出问题了**(엘리베이터에 문제가 생겼어요)라고 말했다. 질문에서 그들이 왜 스스로 걸어 올라갔는지 물었으므로 C **电梯坏了**(엘리베이터가 고장 났다)를 정답으로 선택한다. 여자가 **刚吃完饭, 运动运动也好**(방금 밥을 먹었으니, 운동 좀 하는 것도 좋죠)라고한 말을 A 吃饭(운동이 필요하다)을 정답으로 선택하지 않도록 주의해야 한다.

합격노하우 제시된 보기가 다양한 형태의 문장인 경우에는 보기의 의미를 정확히 파악한 후 음성을 들어야 한다.

14 중

A 绿茶　　B 啤酒　　C 果汁　　D 牛奶

女: 我记得你以前讨厌喝绿茶, 怎么现在开始喝了呢?
男: 医生跟我说天天喝啤酒太不健康了, 所以现在改成喝绿茶了。
问: 男的以前不喜欢喝什么?

绿茶 lǜchá 阌 녹차　啤酒 píjiǔ 阌 맥주　果汁 guǒzhī 阌 과일 주스
牛奶 niúnǎi 阌 우유　记得 jìde 阌 기억하고 있다
以前 yǐqián 阌 이전, 예전　讨厌 tǎoyàn 阌 싫어하다　喝 hē 阌 마시다
开始 kāishǐ 阌 시작하다　天天 tiāntian 阌 매일
健康 jiànkāng 阌 건강하다　改成 gǎichéng 阌 ~으로 고치다

A 녹차　　　　　　　　B 맥주　　　　　　　　C 과일 주스　　　　　　D 우유

여: 나는 네가 이전에 녹차 마시는 것을 싫어했다는 것을 기억하고 있는데, 어떻게 지금은 마시기 시작했니?
남: 의사 선생님이 나에게 매일 맥주를 마시는 것이 너무 건강에 좋지 않다고 말해서, 그래서 지금 녹차를 마시는 것으로 고쳤어.
질문: 남자는 이전에 무엇을 마시는 것을 좋아하지 않았는가?

정답 A

해설 제시된 보기가 A 绿茶(녹차), B 啤酒(맥주), C 果汁(과일 주스), D 牛奶(우유)로 모두 음료이므로 대화를 들을 때 음료와 관련된 내용을 주의 깊게 듣는다. 대화에서 여자가 **记得你以前讨厌喝绿茶**(네가 이전에 녹차 마시는 것을 싫어했다는 것을 기억하고 있어)라고 말했고, 남자는 **医生跟我说天天喝啤酒太不健康了, 所以现在改成喝绿茶了.**(의사 선생님이 나에게 매일 맥주를 마시는 것이 너무 건강에 좋지 않다고 말해서, 그래서 지금 녹차를 마시는 것으로 고쳤어.)라고 말했다. 질문이 남자가 이전에 무엇을 마시는 것을 좋아하지 않았는지 물었으므로 A 绿茶(녹차)를 정답으로 선택한다.

✅ **합격노하우** 제시된 보기가 서로 다른 명사일 경우, 대화를 들을 때 각 명사들과 관련된 내용을 주의 깊게 들어야 한다.

15 중

A 超市　　B 书店　　C 公园　　D 图书馆

男: 不好意思, 您要的这本书已经被借走了, 您需要等一个礼拜才能借。
女: 好吧, 那我再找找别的书。
问: 他们最有可能在哪儿?

超市 chāoshì 阌 슈퍼마켓　书店 shūdiàn 阌 서점
公园 gōngyuán 阌 공원　图书馆 túshūguǎn 阌 도서관
不好意思 bùhǎoyìsi 죄송합니다　要 yào 阌 원하다, 필요하다
本 běn 阌 권(책을 세는 단위)　书 shū 阌 책　已经 yǐjīng 阌 이미
借 jiè 阌 빌리다　礼拜 lǐbài 阌 주(周)　才 cái 阌 비로소　找 zhǎo 阌 찾다
别的 biéde 阌 다른 것

A 슈퍼마켓　　　　　　B 서점　　　　　　　　C 공원　　　　　　　　D 도서관

남: 죄송합니다, 당신께서 원하시는 이 책은 이미 빌려 갔네요, 일주일 기다리셔야 비로소 빌리실 수 있습니다.
여: 네, 그럼 제가 다른 책을 찾아보도록 하겠습니다.
질문: 그들은 어디에 있을 가능성이 가장 큰가?

정답 D

해설 제시된 보기 A 超市(슈퍼마켓), B 书店(서점), C 公园(공원), D 图书馆(도서관) 모두 장소와 관련된 표현이므로 대화를 들을 때 화자 혹은 특정 인물이 있는 장소 혹은 가려고 하는 장소가 어디인지를 주의 깊게 들어야 한다. 대화에서 남자가 **您要的这本书已经被借走了**(당신께서 원하시는 이 책은 이미 빌려 갔네요)라고 말했다. 질문에서 화자가 어디에 있는지 물었으므로 D 图书馆(도서관)을 정답으로 선택한다. 대화에서 책을 '빌린다(借)'라고 했으므로, 화자는 B 书店(서점)이 아닌 D 图书馆(도서관)에 있다는 것에 유의한다.

✅ **합격노하우** 제시된 보기가 모두 장소 표현이면, 화자 혹은 특정인물이 있는 장소 혹은 가려고 하는 장소가 어디인지를 주의 깊게 들어야 한다.

16 하

A 认真工作　　　　B 照顾父母
C 出国留学　　　　D 努力学习

女: 后天我就要出发去日本留学了, 照顾爸妈的任务就交给你了。
男: 姐, 你就放心吧。
问: 女的希望男的做什么?

认真 rènzhēn 阌 착실하다　工作 gōngzuò 阌 일하다
照顾 zhàogù 阌 보살피다　出国 chūguó 阌 출국하다
留学 liúxué 阌 유학하다　努力 nǔlì 阌 열심히 하다　后天 hòutiān 阌 모레
就要 jiùyào 阌 곧　出发 chūfā 阌 출발하다　任务 rènwu 阌 임무
交 jiāo 阌 넘기다, 건네주다　放心 fàngxīn 阌 안심하다

A 착실히 일한다　　　　B 부모님을 보살핀다　　C 해외 유학 간다　　　D 열심히 공부한다

여: 내가 모레에 곧 출발해서 일본으로 유학하러 가는데, 아빠 엄마 보살피는 임무를 너에게 넘길게.
남: 누나, 안심해.
질문: 여자는 남자가 무엇을 하기를 희망하는가?

정답 B

해설 제시된 보기 A 认真工作(착실히 일한다), B 照顾父母(부모님을 보살핀다), C 出国留学(해외 유학 간다), D 努力学习(열심히 공부한다)가 모두 동작과 관련된 표현이므로 대화를 들을 때 화자가 하고 있거나 하려는 행동이 무엇인지를 주의 깊게 듣는다. 대화에서 여자가 **后天我就要出发去日本留学了, 照顾爸妈的任务就交给你了.**(내가 모레에 곧 출발해서 일본으로 유학하러 가는데, 아빠 엄마

보살피는 임무를 너에게 넘길게.)라고 말했다. 질문이 여자는 남자가 무엇을 하기를 희망하는지 물었으므로 B 照顾父母(부모님을 보살핀다)를 정답으로 선택한다.

✅ **합격노하우** 보기가 모두 동사 또는 동사구(동사+목적어)이면, 화자가 하고 있거나 하려는 행동을 묻는 질문이 나올 것을 예상한다.

17
하

A 有大熊猫   B 菜不好吃
C 环境不好   D 人很热情

熊猫 xióngmāo 판다 菜 cài 요리 环境 huánjìng 환경
热情 rèqíng 친절하다 下个月 xià ge yuè 다음 달
四川 Sìchuān 고유 쓰촨성, 사천성 旅游 lǚyóu 여행
觉得 juéde ~라고 생각하다 值得 zhídé ~할 만한 가치가 있다
印象 yìnxiàng 기억, 인상 可爱 kě'ài 귀엽다 挺 tǐng 아주, 매우
好玩儿 hǎowánr 재미있다 关于 guānyú 개 ~에 관해

男: 小李, 我下个月想去四川旅游, 你觉得值得去吗?
女: 我印象中那里有很多好吃的菜, 还有可爱的熊猫, 挺好玩儿的。
问: 关于四川, 我们可以知道什么?

A 큰 판다가 있다   B 요리가 맛없다   C 환경이 좋지 않다   D 사람이 친절하다

남: 샤오리, 나 다음 달에 쓰촨성으로 여행을 가려고 해, 너는 갈 만한 가치가 있다고 생각하니?
여: 내 기억에는 그곳에 맛있는 요리가 많고, 게다가 귀여운 판다도 있어, 아주 재미있어.
질문: 쓰촨성에 관해, 우리가 알 수 있는 것은 무엇인가?

정답 A

해설 제시된 보기가 다양한 형태의 문장이므로, 보기의 의미를 최대한 정확히 파악한 후 대화를 들어야 한다. 남자가 여자에게 다음 달에 쓰촨성으로 여행을 가려는데 갈 만한 가치가 있냐고 묻자, 여자는 我印象中那里有很多好吃的菜, 还有可爱的熊猫(내 기억에는 그곳에 맛있는 요리가 많고, 게다가 귀여운 판다도 있어)라고 대답했다. 질문에서 쓰촨성에 관해 알 수 있는 것을 물었으므로 A 有大熊猫(큰 판다가 있다)를 정답으로 선택한다.

✅ **합격노하우** 제시된 보기가 다양한 형태의 문장일 경우, 각 보기의 의미를 정확히 파악한 후 음성을 들어야 한다.

18
하

A 裤子   B 帽子   C 衬衫   D 袜子

裤子 kùzi 명 바지 帽子 màozi 명 모자 衬衫 chènshān 명 와이셔츠
袜子 wàzi 명 양말 好久 hǎojiǔ 형 (시간이)오래다
逛街 guàngjiē 동 쇼핑하다, 길거리를 돌아다니다
逛 guàng 동 돌아다니다, 둘러보다 顺便 shùnbiàn 부 겸사겸사
双 shuāng 양 켤레, 쌍(쌍이나 짝을 이룬 것을 세는 단위) 破 pò 동 찢어지다
下班 xiàbān 동 퇴근하다 公司 gōngsī 명 회사
接 jiē 동 마중 나가다, 맞이하다 打算 dǎsuàn 동 ~하려고 하다

女: 好久没逛街了, 晚上出去逛逛吧, 顺便给牛牛买几双袜子, 他的袜子都破了。
男: 好的, 我下了班去公司接你。
问: 他们打算买什么?

A 바지   B 모자   C 와이셔츠   D 양말

여: 오랫동안 쇼핑을 하지 않았어, 저녁에 나가서 좀 돌아다니자, 겸사겸사 뉴뉴에게 양말 몇 켤레 사주고, 그의 양말이 모두 찢어졌어.
남: 좋아, 내가 퇴근하고 회사로 너를 마중 나갈게.
질문: 그들은 무엇을 사려고 하는가?

정답 D

해설 제시된 보기가 A 裤子(바지), B 帽子(모자), C 衬衫(와이셔츠), D 袜子(양말)로 모두 특정 명사이므로 각 명사들과 관련된 내용이 어떻게 언급되는지 주의 깊게 듣는다. 여자가 顺便给牛牛买几双袜子(겸사겸사 뉴뉴에게 양말 몇 켤레 사준다)라고 말했다. 질문이 그들이 무엇을 사려고 하는지 물었으므로 D 袜子(양말)를 정답으로 선택한다.

✅ **합격노하우** 제시된 보기가 서로 다른 명사일 경우, 대화를 들을 때 각 명사들과 관련된 내용들이 어떻게 언급되는지 주의 깊게 들어야 한다.

19
중

A 写作业   B 做晚饭   C 拿雨伞   D 收衣服

写作业 xiě zuòyè 숙제를 하다 做 zuò 동 하다 晚饭 wǎnfàn 명 저녁밥
拿 ná 동 가지다 雨伞 yǔsǎn 명 우산 收 shōu 동 거두다
衣服 yīfu 명 옷 刚才 gāngcái 명 방금 太阳 tàiyáng 명 해, 태양
突然 tūrán 부 갑자기 又 yòu 부 동시에, 또한
刮风 guāfēng 바람이 불다 下雨 xiàyǔ 비가 내리다
得 děi 조동 ~해야 한다 趟 tàng 양 차례, 번(왕래한 횟수를 세는 단위)
刚 gāng 부 방금, 막 洗 xǐ 동 빨다 挂 guà 동 걸다 外面 wàimian 명 밖
着急 zháojí 조급해하다

男: 刚才还有太阳呢, 怎么突然就又刮风又下雨的?
女: 哎呀, 我得回家一趟, 我刚洗的衣服还挂在外面呢。
问: 女的着急回家是为了做什么?

A 숙제를 한다   B 저녁밥을 한다   C 우산을 가져온다   D 옷을 걷는다

남: 방금까지만 해도 여전히 해가 있었는데, 어떻게 갑자기 바람이 불기도 하고 비가 내리기도 하지?
여: 아이고, 나 집에 한 번 갔다 와야겠어, 내가 방금 빤 옷이 여전히 밖에 걸려 있거든.
질문: 여자가 급하게 집으로 돌아가는 것은 무엇을 하기 위해서인가?

정답 D

해설 제시된 보기 A 写作业(숙제를 한다), B 做晚饭(저녁밥을 한다), C 拿雨伞(우산을 가져온다), D 收衣服(옷을 걷는다)가 모두 동작과 관련된 표현이므로 대화를 들을 때 화자가 하고 있거나 하려는 행동이 무엇인지를 주의 깊게 듣는다. 대화에서 남자가 갑자기 비가 내린다고 하자, 여자가 我得回家一趟, 我刚洗的衣服还挂在外面呢(나 집에 한 번 갔다 와야겠어, 내가 방금 빤 옷이 여전히 밖에 걸려 있거든)라고 말했다. 질문이 여자는 무엇을 하려고 집으로 돌아가는지 물었으므로 D 收衣服(옷을 걷는다)를 정답으로 선택한다.

✅ 합격노하우 보기가 모두 동사 또는 동사구(동사+목적어)이면, 화자가 하고 있거나 하려는 행동을 묻는 질문이 나올 것을 예상한다.

---

20 하

A 包子   B 饺子   C 烤鸭   D 面条

女: 今天晚上我们吃什么呢?
男: 既然来了北京, 怎么能不去全聚德吃北京烤鸭呢?
问: 男的建议晚上吃什么?

包子 bāozi 몡 찐빵 饺子 jiǎozi 몡 만두 烤鸭 kǎoyā 몡 카오야, 오리구이
面条 miàntiáo 몡 국수 既然 jìrán 젭 ~인 이상
北京 Běijīng 고유 베이징, 북경
全聚德 Quánjùdé 고유 전취덕(중국의 베이징 카오야 음식점)
建议 jiànyì 동 제안하다, 건의하다

A 찐빵   B 만두   C 카오야   D 국수

여: 오늘 저녁에 우리 무엇을 먹을까?
남: 베이징에 온 이상, 어떻게 전취덕으로 베이징 카오야를 먹으러 가지 않을 수가 있겠어?
질문: 남자는 저녁에 무엇을 먹자고 제안하는가?   정답 C

해설 제시된 보기가 A 包子(찐빵), B 饺子(만두), C 烤鸭(카오야), D 面条(국수)로 모두 음식이므로, 대화를 들으며 음식에 관련된 내용이 어떻게 언급되는지 주의 깊게 듣는다. 여자가 남자에게 오늘 저녁에 무엇을 먹을지 물었고, 남자가 怎么能不去全聚德吃北京烤鸭呢?(어떻게 전취덕으로 베이징 카오야를 먹으러 가지 않을 수가 있겠어?)라고 대답했다. 질문에서 남자가 저녁에 무엇을 먹자고 제안하는지 물었으므로 C 烤鸭(카오야)를 정답으로 선택한다.

✅ 합격노하우 제시된 보기가 서로 다른 명사일 경우, 대화를 들을 때 각 명사들과 관련된 내용이 어떻게 언급되는지 주의 깊게 들어야 한다.

---

21 상

A 身体不舒服   B 心情不愉快
C 心里很感动   D 工作有麻烦

男: 你怎么哭了啊? 是遇到什么麻烦了吗?
女: 没有, 你误会了。刚才看了一场电影, 电影的内容让我觉得很感动。
问: 女的为什么哭?

舒服 shūfu (몸, 마음이) 편안하다 心情 xīnqíng 몡 마음
愉快 yúkuài 톙 기쁘다 心里 xīnli 몡 마음 感动 gǎndòng 동 감동하다
工作 gōngzuò 몡 업무, 일 麻烦 máfan 몡 골칫거리 哭 kū 동 울다
遇到 yùdào 동 맞닥뜨리다 误会 wùhuì 동 오해하다
刚才 gāngcái 몡 방금, 막 场 chǎng 양 편(영화 등을 세는 단위)
电影 diànyǐng 몡 영화 内容 nèiróng 몡 내용 让 ràng 동 ~하게 하다
觉得 juéde 동 ~라고 느끼다

A 몸이 편치 않다 B 마음이 기쁘지 않다 C 마음이 감동했다 D 업무에 골칫거리가 생겼다

남: 너 왜 울었니? 무슨 골칫거리라도 맞닥뜨린 거야?
여: 아니야, 네가 오해했어. 방금 영화 한 편을 봤는데, 영화의 내용이 나로 하여금 감동을 느끼게 했어.
질문: 여자는 왜 울었는가?   정답 C

해설 제시된 보기가 다양한 형태의 문장이므로, 보기의 의미를 최대한 정확히 파악한 후 대화를 듣는 것이 중요하다. 남자가 왜 우냐고 묻자, 여자가 刚才看了一场电影, 电影的内容让我觉得很感动。(방금 영화 한 편을 봤는데, 영화의 내용이 나로 하여금 감동을 느끼게 했어.)이라고 대답했다. 질문에서 여자가 왜 울었는지 물었으므로 C 心里很感动(마음이 감동했다)을 정답으로 선택한다.

✅ 합격노하우 제시된 보기가 다양한 형태의 문장일 경우, 각 보기의 의미를 정확히 파악한 후 음성을 들어야 한다.

---

22 중

A 周帅赢了   B 比赛很精彩
C 女的很紧张   D 男的很开心

女: 唉, 真可惜, 我以为这场比赛周帅能赢呢。
男: 是啊, 可能他太紧张了, 不过比赛还是很精彩的。
问: 从对话中, 我们可以知道什么?

赢 yíng 동 이기다 比赛 bǐsài 몡 경기 精彩 jīngcǎi 톙 멋지다
紧张 jǐnzhāng 톙 긴장하다 开心 kāixīn 톙 기쁘다
真可惜 zhēn kěxī 정말 아깝다 以为 yǐwéi 동 생각하다
场 chǎng 양 번(체육 활동 등을 세는 단위) 可能 kěnéng 튀 아마도
不过 búguò 젭 그런데

A 저우솨이가 이겼다   B 경기는 매우 멋졌다   C 여자는 매우 긴장했다   D 남자는 매우 신났다

여: 에이, 정말 아깝다, 나는 이번 경기에서 저우솨이가 이길 수 있을 거라고 생각했는데.
남: 맞아, 아마도 그가 매우 긴장을 했나 봐, 그런데 경기는 여전히 매우 멋졌어.
질문: 대화 중에서, 우리가 알 수 있는 것은 무엇인가?   정답 B

해설 제시된 보기가 다양한 형태의 문장이므로, 보기의 의미를 최대한 정확히 파악한 후 음성을 듣는 것이 중요하다. 대화에서 여자가 **真可惜，我以为这场比赛周帅能赢呢**(정말 아깝다, 나는 이번 경기에서 저우솨이가 이길 수 있을 거라고 생각했는데)라고 하였으므로, A **周帅赢了**(저우솨이가 이겼다)를 오답으로 제거해 둔다. 여자의 말에 남자는 **不过比赛还是很精彩的**(그런데 경기는 여전히 매우 멋졌어)라고 했다. 질문이 대화에서 알 수 있는 사실이 무엇인지 물었으므로 B **比赛很精彩**(경기가 매우 멋졌다)를 정답으로 선택한다.

✅ **합격노하우** 제시된 보기가 다양한 형태의 문장인 경우에는, 각 보기의 의미를 정확히 파악한 후 음성을 들어야 하며, 대화를 들을 때 대화의 내용과 다른 보기는 미리 오답으로 제거해둔다.

23 하

A 一盒饼干　　B 一双皮鞋
C 一台电脑　　D 一件衬衫

男：下周六就是父亲节了，我给爸爸买了一双皮鞋，你给他准备礼物了吗？
女：放心，早就准备好了，我送他一件衬衫。

问：女的会送什么礼物？

盒 hé [양] 박스, 곽(작은 상자를 세는 단위) 饼干 bǐnggān [명] 과자
双 shuāng [양] 켤레, 쌍(쌍이나 짝을 이룬 것을 세는 단위)
皮鞋 píxié [명] (가죽으로 된) 구두 台 tái [양] 대(기계, 설비 등을 세는 단위)
电脑 diànnǎo [명] 컴퓨터 件 jiàn [양] 개(하나하나로 셀 수 있는 물건을 세는 단위)
衬衫 chènshān [명] 와이셔츠 父亲节 fùqīnjié 아버지의 날 买 mǎi [동] 사다
准备 zhǔnbèi [동] 준비하다 礼物 lǐwù [명] 선물
放心 fàngxīn [동] 안심하다, 마음을 놓다 早就 zǎojiù [부] 일찌감치
送 sòng [동] 선물하다, 주다

A 과자 한 박스　　B 구두 한 켤레　　C 컴퓨터 한 대　　D 와이셔츠 한 벌

남: 다음 주 토요일은 아버지의 날이야, 나는 아버지에게 드릴 가죽 구두 한 켤레를 샀어, 너는 그에게 드릴 선물을 준비했니?
여: 걱정 마, 일찌감치 준비했지, 나는 그에게 와이셔츠 한 벌을 선물할 거야.

질문: 여자는 어떤 선물을 드릴 것인가?　　정답 D

해설 제시된 보기가 A **一盒饼干**(과자 한 박스), B **一双皮鞋**(구두 한 켤레), C **一台电脑**(컴퓨터 한 대), D **一件衬衫**(와이셔츠 한 벌)으로 모두 특정 명사이므로, 대화에서 각 명사들에 대해 어떻게 언급되는지 주의 깊게 듣는다. 남자가 **你给他准备礼物了吗？**(너는 그에게 드릴 선물을 준비했니?)라고 물었고, 여자가 **我送他一件衬衫**(나는 와이셔츠 한 벌을 선물할 거야)이라고 대답했다. 질문이 여자가 어떤 선물을 줄 것인지 물었으므로 D **一件衬衫**(와이셔츠 한 벌)을 정답으로 선택한다.

✅ **합격노하우** 제시된 보기가 서로 다른 명사일 경우, 대화를 들을 때 각 명사들과 관련된 내용들이 어떻게 언급되는지 주의 깊게 들어야 한다.

24 중

A 吃饭　B 购物　C 看电影　D 看病

女：我穿这条长裙好看还是这条短裙好看？
男：两条裙子颜色、样子都差不多，但是你个子高，我感觉长裙更适合你。

问：他们现在最可能在干什么？

购物 gòuwù [동] 쇼핑하다 电影 diànyǐng [명] 영화
看病 kànbìng [동] 진찰을 받다 穿 chuān [동] 입다
条 tiáo [양] 개, 가닥(가늘고 긴 물건을 세는 단위) 长裙 chángqún [명] 긴 치마
好看 hǎokàn [형] 예쁘다, 보기 좋다 还是 háishi [접] 아니면
短裙 duǎnqún [명] 짧은 치마 裙子 qúnzi [명] 치마 颜色 yánsè [명] 색깔
样子 yàngzi [명] 모양 差不多 chàbuduō [형] 비슷하다 个子 gèzi [명] 키
感觉 gǎnjué [동] 생각하다, 느끼다 更 gèng [부] 더, 더욱
适合 shìhé [동] 어울리다

A 밥을 먹는다　　B 쇼핑한다　　C 영화를 본다　　D 진찰을 받는다

여: 내가 이 긴 치마를 입는 게 예쁠까 아니면 이 짧은 치마를 입는 게 예쁠까?
남: 두 치마가 색깔, 모양은 모두 비슷한데, 그런데 네가 키가 크니까, 나는 긴 치마가 너에게 더 어울린다고 생각해.

질문: 그들은 지금 무엇을 하고 있을 가능성이 큰가?　　정답 B

해설 제시된 보기 A **吃饭**(밥을 먹는다), B **购物**(쇼핑한다), C **看电影**(영화를 본다), D **看病**(진찰을 받는다)이 모두 동작과 관련된 표현이므로 대화를 들을 때 화자가 하고 있거나 하려는 행동이 무엇인지를 주의 깊게 듣는다. 대화에서 여자가 남자에게 **我穿这条长裙好看还是这条短裙好看？**(내가 이 긴 치마를 입는 게 예쁠까 아니면 이 짧은 치마를 입는 게 예쁠까?)이라고 물었고, 남자는 **我感觉长裙更适合你**(나는 긴 치마가 너에게 더 어울린다고 생각해)라고 대답했다. 질문에서 그들이 무엇을 하고 있는지 물었으므로 B **购物**(쇼핑한다)를 정답으로 선택한다.

✅ **합격노하우** 보기가 모두 동사 또는 동사구(동사+목적어)이면, 화자가 하고 있거나 하려는 행동을 묻는 질문이 나올 것을 예상한다.

25 중

A 打电话　B 发短信　C 发传真　D 发邮件

男：您能告诉我李经理的手机号码吗？我找他有急事。
女：当然可以。不过他现在正在开会，你最好发短信联系他。

问：男的该怎么联系李经理？

打电话 dǎ diànhuà 전화를 걸다 发 fā [동] 보내다
短信 duǎnxìn [명] 문자 메시지 传真 chuánzhēn [명] 팩스
邮件 yóujiàn [명] 우편물 告诉 gàosu [동] 알리다 经理 jīnglǐ [명] 사장
手机 shǒujī [명] 휴대폰 号码 hàomǎ [명] 번호 急事 jíshì [명] 급한 일
正在 zhèngzài [부] 지금 ~하고 있다 开会 kāihuì [동] 회의를 하다
最好 zuìhǎo [부] ~하는 게 제일 좋다 联系 liánxì [동] 연락하다

| A 전화를 건다 | B 문자 메시지를 보낸다 | C 팩스를 보낸다 | D 우편물을 보낸다 |

남: 저에게 리 사장님 휴대폰 번호를 알려 주실 수 있나요? 제가 급한 일이 있어서 그를 찾고 있어요.
여: 물론 가능합니다. 그런데 그가 지금 회의를 하고 있어서, 문자 메시지를 보내 그에게 연락하는 것이 제일 좋을 거예요.
질문: 남자는 리 사장님에게 어떻게 연락해야 하는가?

정답 B

해설 제시된 보기 A 打电话(전화를 건다), B 发短信(문자 메시지를 보낸다), C 发传真(팩스를 보낸다), D 发邮件(우편물을 보낸다)이 모두 동작과 관련된 표현이므로 대화를 들을 때 화자가 하고 있거나 하려는 행동이 무엇인지를 주의 깊게 듣는다. 대화에서 남자가 您能告诉我李经理的手机号码吗?(저에게 리 사장님 휴대폰 번호를 알려 주실 수 있나요?)라고 물었고, 여자는 你最好发短信联系他(문자 메시지를 보내 그에게 연락하는 것이 제일 좋을 거예요)라고 대답했다. 질문에서 남자는 리 사장님에게 어떻게 연락해야 하는지 물었으므로 B 发短信(문자 메시지를 보낸다)을 정답으로 선택한다.

✅ 합격노하우 보기가 모두 동사 또는 동사구(동사+목적어)이면, 화자가 하고 있거나 하려는 행동을 묻는 질문이 나올 것을 예상한다.

---

26 중

| A 生意不好 | B 要关门了 |
| C 正在打折 | D 地方很小 |

女: 快放暑假了, 楼下的超市有活动, 东西很便宜。
男: 哦, 你买了些什么?
女: 我买了一箱矿泉水, 两条毛巾, 只用了30块。
男: 那我等会儿也去超市看看。
问: 关于楼下的超市, 我们可以知道什么?

生意 shēngyi 图 장사 关门 guānmén 문을 닫다
正在 zhèngzài 图 지금 ~하고 있다 打折 dǎzhé 图 할인을 하다, 가격을 깎다
地方 dìfang 图 장소 放暑假 fàng shǔjià 여름 방학을 하다
楼下 lóuxià 图 아래층 超市 chāoshì 图 슈퍼마켓
活动 huódòng 图 행사 东西 dōngxi 图 물건
便宜 piányi 图 (값이) 저렴하다
箱 xiāng 图 상자(상자에 담은 물품을 세는 단위)
矿泉水 kuàngquánshuǐ 图 생수 毛巾 máojīn 图 수건
只 zhǐ 图 겨우 用 yòng 图 쓰다 等会儿 děnghuìr 图 좀 기다리다

| A 장사가 안된다 | B 곧 문을 닫는다 | C 지금 할인을 하고 있다 | D 장소가 매우 작다 |

여: 곧 여름 방학이네, 아래층의 슈퍼마켓이 행사를 하는데, 물건이 매우 저렴해.
남: 오, 너는 어떤 것들을 샀어?
여: 나는 생수 한 상자랑, 수건 두 장을 샀는데, 겨우 30위안밖에 쓰지 않았어.
남: 그럼 나도 좀 기다렸다가 슈퍼마켓 가서 좀 봐야겠다.
질문: 아래층의 슈퍼마켓에 관해, 우리가 알 수 있는 것은 무엇인가?

정답 C

해설 제시된 보기가 다양한 형태의 문장이므로, 보기의 의미를 최대한 정확히 파악한 후 음성을 듣는 것이 중요하다. 대화에서 여자가 楼下的超市有活动, 东西很便宜(아래층의 슈퍼마켓이 행사를 하는데, 물건이 매우 저렴해)라고 한 내용을 듣고 C 正在打折(지금 할인을 하고 있다)를 정답의 후보로 체크해 둔다. 질문이 아래층의 슈퍼마켓에 관해 알 수 있는 것을 물었으므로 C 正在打折(지금 할인을 하고 있다)를 정답으로 선택한다.

✅ 합격노하우 제시된 보기가 다양한 형태의 문장일 경우, 각 보기의 의미를 정확히 파악한 후 음성을 들어야 한다.

---

27 하

| A 吃饭 B 打球 C 换衣服 D 回学校 |

男: 冬天马上就到了, 天气越来越冷了。
女: 是啊, 树上的叶子差不多都掉光了。
男: 你多穿点衣服, 不要再生病了。
女: 知道了, 正好打羽毛球出了点儿汗, 我中午回家换一件厚点儿的。
问: 女的中午打算干什么?

打球 dǎqiú 图 구기 운동을 하다 换 huàn 图 바꾸다 回 huí 图 되돌아가다
学校 xuéxiào 图 학교 马上 mǎshàng 图 곧 天气 tiānqì 图 날씨
越来越 yuèláiyuè 图 더욱더 冷 lěng 图 춥다 树 shù 图 나무
叶子 yèzi 图 잎사귀 掉 diào 图 떨어지다
光 guāng 图 하나도 남아있지 않다 穿 chuān 图 입다
不要 búyào 图 ~해서는 안 된다 生病 shēngbìng 图 병이 나다
正好 zhènghǎo 图 마침 羽毛球 yǔmáoqiú 图 배드민턴 汗 hàn 图 땀
厚 hòu 图 두껍다

| A 밥을 먹는다 | B 구기 운동을 한다 | C 옷을 바꿔 입는다 | D 학교로 돌아간다 |

남: 겨울이 곧 오겠네, 날씨가 더욱더 추워졌어.
여: 맞아, 나무 위의 잎사귀가 거의 다 떨어져서 하나도 남아있지 않아.
남: 너 옷 좀 더 입어, 다시 병이 나서는 안 돼.
여: 알겠어, 마침 배드민턴을 쳐서 땀이 조금 났으니, 내가 점심에 집에 돌아가서 좀 더 두꺼운 옷으로 바꿔 입을게.
질문: 여자는 점심에 무엇을 하려고 하는가?

정답 C

해설 제시된 보기 A 吃饭(밥을 먹는다), B 打球(구기 운동을 한다), C 换衣服(옷을 바꿔 입는다), D 回学校(학교로 돌아간다)가 모두 동작과 관련된 표현이므로 대화를 들을 때 화자가 하고 있거나 하려는 행동이 무엇인지를 주의 깊게 듣는다. 대화 마지막에서 여자가 正好打羽毛球出了点儿汗, 我中午回家换一件厚点儿的(마침 배드민턴을 쳐서 땀이 조금 났으니, 내가 점심에 집에 돌아가서 좀 더 두꺼운 옷으로 바꿔 입을게)라고 한 내용을 듣고 B 打球(구기 운동을 한다)와 C 换衣服(옷을 바꿔 입는다)를 정답의 후보로 체크해 둔다. 질문이 여자가 점심에 무엇을 할 것인지 물었으므로 C 换衣服(옷을 바꿔 입는다)를 정답으로 선택한다.

✓ **합격노하우** 보기가 모두 동사 또는 동사구(동사+목적어)이면, 화자가 하고 있거나 하려는 행동을 묻는 질문이 나올 것을 예상한다.

28
중

A 成绩不太好   B 还是个孩子
C 考上硕士了   D 小时候就很高

女: 王阿姨的儿子考上北京大学的硕士了! 你还记得他吗?
男: 还有点儿印象, 他小时候胖胖的, 个子不太高。是吗?
女: 对, 就是他, 时间过得可真快, 现在都长成个大小伙子了。
男: 谁说不是呢?

问: 关于王阿姨的儿子, 我们可以知道什么?

成绩 chéngjì 몡 성적   考上 kǎoshàng 통 시험에 합격하다
硕士 shuòshì 몡 석사   小时候 xiǎoshíhou 몡 어렸을 때
阿姨 āyí 몡 아주머니   记得 jìde 통 기억하고 있다
印象 yìnxiàng 몡 기억, 인상   胖 pàng 혱 뚱뚱하다   个子 gèzi 몡 키
过 guò 통 지나다   真 zhēn 円 정말   快 kuài 혱 빠르다
长成 zhǎngchéng 통 자라다   小伙子 xiǎohuǒzi 몡 청년
谁说不是呢 shéi shuō bú shì ne 누가 아니래

A 성적이 그다지 좋지 않다   B 여전히 아이이다   C 석사에 합격했다   D 어렸을 때부터 이미 매우 컸다

여: 왕 아주머니 아들이 베이징 대학 석사에 합격했대! 너 아직 그를 기억하고 있어?
남: 아직 조금 기억이 있어, 그가 어렸을 때는 좀 뚱뚱하고, 키가 크지 않았는데. 맞지?
여: 맞아, 바로 그야. 시간이 정말 빨리 지나가는구나, 지금은 다 자라서 청년이 되었어.
남: 누가 아니래?

질문: 왕 아주머니 아들에 관해, 우리가 알 수 있는 것은 무엇인가?

정답 **C**

해설 제시된 보기가 다양한 형태의 문장이므로, 보기의 의미를 최대한 정확히 파악한 후 음성을 듣는 것이 중요하다. 대화 초반에 王阿姨的儿子考上北京大学的硕士了!(왕 아주머니 아들이 베이징 대학 석사에 합격했대!)를 듣고 C 考上硕士了(석사에 합격했다)를 정답의 후보로 체크해 둔다. 대화 중반에 他小时候胖胖的, 个子不太高(그가 어렸을 때는 좀 뚱뚱하고, 키가 크지 않았어)를 듣고 D 小时候就很高(어렸을 때부터 이미 매우 컸다)를 오답으로 제거해 둔다. 대화 마지막에 现在都长成个大小伙子了(지금은 다 자라서 청년이 되었어)을 듣고 B 还是个孩子(여전히 아이이다)를 오답으로 제거해 둔다. 질문이 왕 아주머니의 아들에 대해 알 수 있는 것을 물었으므로 C 考上硕士了(석사에 합격했다)를 정답으로 선택한다.

✓ **합격노하우** 제시된 보기가 다양한 형태의 문장인 경우에는, 각 보기의 의미를 정확히 파악한 후 음성을 들어야 하며, 대화를 들을 때 대화의 내용과 다른 보기는 미리 오답으로 제거해둔다.

29
중

A 想找人聊天   B 邻居在弹琴
C 身体不舒服   D 工作不顺利

男: 你怎么这么困, 昨晚没睡好吗?
女: 是啊, 楼上的邻居晚上12点还在弹钢琴, 声音特别大。
男: 你怎么不去提醒一下呢?
女: 昨天太晚了, 今天下班后我打算去找他谈谈这件事。

问: 女的为什么晚上没睡好?

聊天 liáotiān 통 이야기를 나누다   邻居 línjū 몡 이웃 사람
弹琴 tánqín 통 피아노를 치다   舒服 shūfu 혱 (몸, 마음이) 편안하다
顺利 shùnlì 혱 순조롭다   困 kùn 혱 피곤하다   睡 shuì 통 (잠을) 자다
楼上 lóushàng 몡 위층   弹钢琴 tán gāngqín 피아노를 치다
声音 shēngyīn 몡 소리   特别 tèbié 円 아주   提醒 tíxǐng 통 조심시키다
下班 xiàbān 통 퇴근하다   谈 tán 통 이야기하다

A 이야기할 사람을 찾고 싶어한다   B 이웃 사람이 피아노를 치고 있다
C 몸이 편치 않다   D 일이 순조롭지 않다

남: 너 왜 이렇게 피곤해, 어제 저녁에 잠을 잘 못 잤니?
여: 맞아, 위층의 이웃 사람이 저녁 12시에 여전히 피아노를 치고, 소리가 아주 컸어.
남: 너는 왜 조심 좀 시키러 가지 않았니?
여: 어제 너무 늦어서, 오늘 퇴근 후에 그를 찾아가서 이 일을 이야기해 보려고 해.

질문: 여자는 왜 저녁에 잠을 잘 못 잤는가?

정답 **B**

해설 제시된 보기가 다양한 형태의 문장이므로, 보기의 의미를 최대한 정확히 파악한 후 음성을 듣는 것이 중요하다. 여자가 楼上的邻居晚上12点还在弹钢琴(위층의 이웃 사람이 저녁 12시에 여전히 피아노를 친다)를 듣고 B 邻居在弹琴(이웃 사람이 피아노를 치고 있다)를 정답의 후보로 체크해 둔다. 질문이 여자가 왜 잠을 잘 못 잤는지 물었으므로 B 邻居在弹琴(이웃 사람이 피아노를 치고 있다)를 정답으로 선택한다.

✓ **합격노하우** 제시된 보기가 다양한 형태의 문장인 경우 각 보기의 의미를 정확히 파악한 후 음성을 들어야 한다.

30
하

A 很贵　　B 很甜　　C 特别大　　D 很新鲜

女: 老板, 请问西瓜多少钱一斤?
男: 很便宜的, 一块钱一斤。
女: 确实不算贵, 但是甜不甜呢?
男: 可甜了, 您现在就可以尝尝, 不甜不要钱。
问: 男的认为他卖的西瓜怎么样?

贵 guì (형) 비싸다　甜 tián (형) 달다　特别 tèbié (부) 아주, 특별히
新鲜 xīnxiān (형) 신선하다　老板 lǎobǎn (명) (상점)사장
西瓜 xīguā (명) 수박　斤 jīn (양) 근(500g)　便宜 piányi (형) (값이) 싸다
确实 quèshí (부) 확실히　不算 búsuàn (부) ~한 편은 아니다
尝 cháng (동) 맛보다

A 매우 비싸다　　　　B 매우 달다　　　　C 아주 크다　　　　D 매우 신선하다

여: 사장님, 실례지만 수박이 한 근에 얼마인가요?
남: 아주 싸요, 한 근에 1위안입니다.
여: 확실히 비싼 편은 아니네요, 그런데 달아요?
남: 매우 달아요, 지금 맛 보셔도 돼요, 달지 않으면 돈을 받지 않습니다.
질문: 남자는 그가 파는 수박이 어떻다고 생각하는가?

정답 B

해설 각 보기에서 A의 贵(비싸다), B의 甜(달다), C의 大(크다), D의 新鲜(신선하다)가 모두 핵심어구로 체크해두고 관련되어 언급되는 내용을 주의 깊게 듣는다. 대화에서 여자가 请问西瓜多少钱一斤?(실례지만 수박이 한 근에 얼마인가요?)라고 묻자, 남자가 很便宜的, 一块钱一斤。(아주 싸요, 한 근에 1위안입니다.)라고 한 내용을 듣고, 이와 내용이 다른 A 很贵(매우 비싸다)를 오답으로 제거해 둔다. 이어서 여자가 但是甜不甜呢?(그런데 달아요?)라고 묻자, 남자가 可甜了(매우 달아요)라고 한 내용을 듣고 B 很甜(매우 달다)를 정답의 후보로 체크해 둔다. 질문이 남자는 그가 파는 수박이 어떻다고 생각하는지 물었으므로 B 很甜(매우 달다)를 정답으로 선택한다.

합격노하우 제시된 보기가 모두 사물의 상태와 관련된 형용사일 경우, 대화를 들을 때 사물의 상태와 관련된 내용을 주의 깊게 들어야 한다.

31
하

A 坐地铁　　　　B 坐出租车
C 骑自行车　　　D 自己开车

男: 明天咱们八点钟出发去火车站行吗?
女: 让我想想。要是路上堵车的话, 八点恐怕会来不及。
男: 没关系, 我们可以坐地铁去。地铁特别准时, 肯定不会迟到。
女: 那好, 就这么定了。
问: 明天他们打算怎么去火车站?

地铁 dìtiě (명) 지하철　出租车 chūzūchē (명) 택시
骑 qí (동) (자전거나 동물 등에) 타다　自行车 zìxíngchē (명) 자전거
自己 zìjǐ (대) 스스로, 자기　开车 kāichē (동) 운전하다　咱们 zánmen (대) 우리
出发 chūfā (동) 출발하다　火车站 huǒchēzhàn (명) 기차역
要是 yàoshi (접) 만약　路上 lùshang (명) 도중, 길 가는 중
堵车 dǔchē (동) 교통이 꽉 막히다　恐怕 kǒngpà (부) 아마 ~일 것이다
来不及 lái bu jí 늦다　特别 tèbié (부) 아주, 특별히
准时 zhǔnshí (부) 제때에, 정시에　肯定 kěndìng (부) 틀림없이
迟到 chídào (동) 늦다, 지각하다　定 dìng (동) 정하다

A 지하철을 탄다　　B 택시를 탄다　　C 자전거를 탄다　　D 스스로 운전한다

남: 내일 우리 8시에 기차역으로 출발해도 되나요?
여: 생각 좀 해 볼게요. 만약 도중에 교통이 꽉 막힌다면, 8시는 아마 늦을 거예요.
남: 괜찮아요, 우리는 지하철을 타면 돼요. 지하철은 아주 제때에 도착해서, 틀림없이 늦지 않을 거예요.
여: 그럼 좋아요, 이렇게 정하죠.
질문: 내일 그들은 어떻게 기차역을 가려고 하는가?

정답 A

해설 각 보기에서 A의 地铁(지하철), B의 出租车(택시), C의 自行车(자전거), D의 自己开车(스스로 운전한다)를 핵심어구로 체크해두고 관련되어 언급되는 내용을 주의 깊게 듣는다. 대화에서 남자가 我们可以坐地铁去。地铁特别准时, 肯定不会迟到。(우리는 지하철을 타면 돼요. 지하철은 아주 제때에 도착해서, 틀림없이 늦지 않을 거예요.)라고 말했다. 질문이 그들이 기차역에 어떻게 가려고 하는지 물었으므로 A 坐地铁(지하철을 탄다)를 정답으로 선택한다.

합격노하우 보기가 모두 교통수단과 관련된 표현이면, 화자 혹은 특정인물이 어떤 교통수단을 이용하려 하는지 주의 깊게 들어야 한다.

32
하

A 一本书　　　　B 一张照片
C 一台电脑　　　D 一台照相机

书 shū 圐 책　照片 zhàopiàn 圐 사진　电脑 diànnǎo 圐 컴퓨터
照相机 zhàoxiàngjī 圐 사진기　刚 gāng 囝 방금, 막
叫 jiào 圐 (~라고) 불리다　帮助 bāngzhù 圐 돕다　借 jiè 圐 빌리다
研究 yánjiū 圐 연구하다　拍 pāi 圐 (사진을) 찍다
清楚 qīngchu 圐 뚜렷하다　好看 hǎokàn 圐 예쁘다, 아름답다

女: 我刚买了一台新的照相机，但是不太会用。
男: 我家里有本书叫《跟我学照相》，不知道对你有没有帮助。
女: 能借给我看看吗? 我想研究一下怎样才能拍出又清楚又好看的照片。
男: 当然可以。
问: 女的要跟男的借什么?

A 책 한 권　　　B 사진 한 장　　　C 컴퓨터 한 대　　　D 카메라 한 대

여: 내가 방금 새로운 카메라 한 대를 샀는데, 그런데 잘 사용하지 못 하겠어.
남: 우리 집에『나를 따라 카메라를 배워요』라는 책이 있는데, 너에게 도움이 될지 안 될지 모르겠다.
여: 내가 좀 보게 빌려줄 수 있어? 나는 어떻게 해야 비로소 뚜렷하기도 하고 예쁘기도 한 사진을 찍을 수 있는지 연구 좀 하고 싶어.
남: 물론 가능하지.
질문: 여자는 남자에게 무엇을 빌리려고 하는가?
정답 A

해설 각 보기에서 A의 书(책), B의 照片(사진), C의 电脑(컴퓨터), D의 照相机(카메라)를 핵심어구로 체크해두고 관련되어 언급되는 내용을 주의 깊게 듣는다. 대화에서 여자가 我刚买了一台新的照相机(내가 방금 새로운 카메라 한 대를 샀어)라고 한 내용을 듣고 D 一台照相机(카메라 한 대)를 정답의 후보로 체크해 둔다. 이어서 남자가 我家里有本书叫《跟我学照相》(우리 집에『나를 따라 카메라를 배워요』라는 책이 있어)라고 말하자, 여자가 能借给我看看吗?(내가 좀 보게 빌려줄 수 있어?)라고 한 내용을 듣고 A 一本书(책 한 권)을 정답의 후보로 체크해 둔다. 질문이 여자가 남자에게 무엇을 빌리려고 하는지 물었으므로 A 一本书(책 한 권)을 정답으로 선택한다.

✔ **합격노하우** 제시된 보기가 서로 다른 명사일 경우, 대화를 들을 때 각 명사들과 관련된 내용들이 어떻게 언급되는지 주의 깊게 들어야 한다.

33
중

A 价格很便宜　　　B 周围环境好
C 交通不方便　　　D 质量不太好

价格 jiàgé 圐 가격　便宜 piányi 圐 (값이) 저렴하다
周围 zhōuwéi 圐 주변　环境 huánjìng 圐 환경　交通 jiāotōng 圐 교통
方便 fāngbiàn 圐 편리하다　质量 zhìliàng 圐 질　房子 fángzi 圐 집
不错 búcuò 圐 좋다
…极了 …jíle 매우(형용사 뒤에 위치해 뜻을 매우 강조할 때 쓰임)
节约 jiéyuē 圐 절약하다　上班 shàngbān 圐 출근하다
时间 shíjiān 圐 시간　贵 guì 圐 비싸다　还是 háishi 囝 ~하는 편이 더 좋다
其他 qítā 圐 다른(것)　正确 zhèngquè 圐 정확하다, 올바르다

男: 这儿的房子真不错, 周围的环境好极了!
女: 是啊, 交通也很方便, 能节约不少上班时间。
男: 但是太贵了, 要三百多万呢。
女: 那我们还是再看看其他的房子吧。
问: 关于这儿的房子, 下列哪一项正确?

A 가격이 매우 싸다　　B 주변 환경이 좋다　　C 교통이 편리하지 않다　　D 질이 그다지 좋지 않다

남: 이 집 정말 좋네, 주변 환경이 너무 좋다!
여: 맞아, 교통도 매우 편리하고, 적지 않은 출근 시간을 절약할 수 있겠어.
남: 그런데 너무 비싸, 삼백만이 넘게 필요하잖아.
여: 그럼 우리 다시 다른 집을 좀 보는 게 좋겠어.
질문: 이 집에 관해, 아래 옳은 것은 무엇인가?
정답 B

해설 각 보기에서 A의 价格(가격), B의 环境(환경), C의 交通(교통), D의 质量(질)을 핵심어구로 체크해두고 관련되어 언급되는 내용을 주의 깊게 듣는다. 대화에서 남자가 这儿的房子真不错, 周围的环境好极了!(이 집 정말 좋네, 주변 환경이 너무 좋다!)라고 한 내용을 듣고 B 周围环境好(주변 환경이 좋다)를 정답의 후보로 체크해 둔다. 이어서 여자가 是啊, 交通也很方便(맞아, 교통도 매우 편리해)라고 한 내용을 듣고 내용이 다른 C 交通不方便(교통이 편리하지 않다)를 오답으로 제거해 둔다. 이어서 남자가 但是太贵了(그런데 너무 비싸)라고 한 내용을 듣고 내용이 다른 A 价格很便宜(가격이 매우 싸다)를 오답으로 제거해 둔다. 질문이 이 집에 관해 옳은 것을 물었으므로 B 周围环境好(주변 환경이 좋다)를 정답으로 선택한다.

✔ **합격노하우** 제시된 보기가 다양한 형태의 문장인 경우에는, 각 보기의 의미를 정확히 파악한 후 음성을 들어야 하며, 대화를 들을 때 대화의 내용과 다른 보기는 미리 오답으로 제거해둔다.

34 상

A 门坏了 B 钥匙丢了
C 男的要回家 D 女的很生气

坏 huài⑤ 고장나다 钥匙 yàoshi⑤ 열쇠 丢 diū⑤ 잃어버리다
生气 shēngqì⑤ 화내다 大概 dàgài⑤ 대략, 대개 正 zhèng⑤ 한창
聊天 liáotiān⑤ 이야기를 나누다 打算 dǎsuàn⑤ ~하려고 하다
已经 yǐjīng⑤ 벌써 忘 wàng⑤ 잊다 带 dài⑤ 가지다, (몸에) 지니다
开门 kāimén⑤ 문을 열다 不了 bùliǎo⑤ ~할 수가 없다
稍微 shāowēi⑤ 조금 马上 mǎshàng⑤ 곧
打车 dǎchē⑤ 택시를 타다

女: 喂, 你现在到哪儿了? 大概几点钟能到家?
男: 我正和朋友聊天呢, 打算吃完晚饭再回去。你已经回家了吗?
女: 我忘了带钥匙, 开不了门。
男: 那你稍微等一会儿吧, 我马上就打车回去。

问: 根据对话, 下列哪一项正确?

A 문이 고장 났다 B 열쇠를 잃어버렸다
C 남자는 집에 돌아가려고 한다 D 여자는 매우 화가 났다

여: 여보세요, 너 지금 어디야? 대략 몇 시에 집에 올 수 있어?
남: 나 한창 친구랑 이야기 하고 있는데, 저녁 밥 다 먹은 후에 돌아가려고 해. 너 벌써 집으로 돌아갔니?
여: 내가 열쇠를 가져오는 것을 잊어버려서, 문을 열 수가 없어.
남: 그럼 조금만 기다려 봐, 내가 곧 택시 타고 돌아갈게.

질문: 대화에 근거하여, 다음 중 옳은 것은 무엇인가?

정답 C

해설 제시된 보기가 다양한 형태의 문장이므로, 보기의 의미를 최대한 정확히 파악한 후 음성을 듣는 것이 중요하다. 대화에서 여자가 大概几点钟能到家?(대략 몇 시에 집에 올 수 있어?)라고 말했고, 이어서 我忘了带钥匙, 开不了门.(내가 열쇠를 가져오는 것을 잊어버려서, 문을 열 수가 없어.)라고 말했다. 이에 대해 남자가 那你稍微等一会儿吧, 我马上就打车回去.(그럼 조금만 기다려 봐, 내가 곧 택시 타고 돌아갈게.)라고 대답했다. 질문이 대화에 근거하여 옳은 것을 물었으므로 C 男的要回家(남자는 집에 돌아가려고 한다)를 정답으로 선택한다.

✅ 합격노하우 제시된 보기가 다양한 형태의 문장인 경우, 각 보기의 의미를 정확히 파악한 후 음성을 들어야 한다.

35 중

A 努力工作 B 认真学习
C 注意身体 D 改变习惯

努力 nǔlì⑤ 열심히 하다 工作 gōngzuò⑤ 일하다
认真 rènzhēn⑤ 착실하다 注意 zhùyì⑤ 조심하다 身体 shēntǐ⑤ 몸
改变 gǎibiàn⑤ 바꾸다, 고치다 习惯 xíguàn⑤ 습관, 버릇
头疼 tóuténg⑤ 머리가 아프다 吃药 chīyào⑤ 약을 먹다
难受 nánshòu⑤ (몸이) 불편하다 最近 zuìjìn⑤ 최근
实在 shízài⑤ 정말 辛苦 xīnkǔ⑤ 고생스럽다 一定 yídìng⑤ 꼭
注意 zhùyì⑤ 조심하다, 주의하다 关心 guānxīn⑤ 관심을 갖다
经理 jīnglǐ⑤ 사장 请假 qǐngjià⑤ 휴가를 신청하다
放松 fàngsōng⑤ 스트레스를 풀다 建议 jiànyì⑤ 제안하다

男: 你的头还疼吗?
女: 好多了, 昨天晚上吃了药, 现在不那么难受了。
男: 唉, 你最近工作实在太辛苦了, 以后一定要多注意身体。
女: 谢谢关心! 我打算明天就跟经理请假, 好好放松一下。

问: 男的建议女的怎么做?

A 열심히 일한다 B 착실히 공부한다 C 몸 조심한다 D 습관을 바꾼다

남: 당신 머리는 여전히 아프세요?
여: 많이 좋아졌어요, 어제 저녁에 약을 먹어서, 지금은 그렇게 불편하지는 않아요.
남: 저런, 당신 최근 업무가 정말 너무 고생스러웠어요, 이후에 꼭 몸 조심하세요.
여: 관심 가져주셔서 감사합니다! 저는 내일 사장님께 휴가를 신청하려고 해요, 스트레스를 좀 풀려구요.

질문: 남자는 여자가 어떻게 하길 제안하는가?

정답 C

해설 제시된 보기 A 努力工作(열심히 일한다), B 认真学习(착실히 공부한다), C 注意身体(몸 조심한다), D 改变习惯(습관을 바꾼다)가 모두 동작과 관련된 표현이므로 대화를 들을 때 화자가 하고 있거나 하려는 행동이 무엇인지를 주의 깊게 듣는다. 대화에서 남자가 你最近工作实在太辛苦了, 以后一定要多注意身体(당신 최근 업무가 정말 너무 고생스러웠어요, 이후에 꼭 몸 조심하세요)라고 말했다. 질문에서 남자가 여자에게 어떻게 할 제안하는지 물었으므로 C 注意身体(몸 조심한다)를 정답으로 선택한다.

✅ 합격노하우 보기가 모두 동사 또는 동사구(동사+목적어)이면, 화자가 하고 있거나 하려는 행동을 묻는 질문이 나올 것을 예상한다.

36-37

36 중
A 不容易买到　　B 价格非常贵
C 能带来好心情　D 不一定会舒服

容易 róngyì 쉽다　价格 jiàgé 가격　贵 guì 비싸다
带来 dàilái 가져오다　心情 xīnqíng 기분
不一定 bùyídìng 반드시 ~한 것은 아니다　舒服 shūfu 편안하다

A 사는 것이 쉽지 않다　B 가격이 매우 비싸다　C 좋은 기분을 가져올 수 있다　D 반드시 편한 것은 아니다

37 하
A 长得很好　　B 很有能力
C 适合自己　　D 收入很高

长 zhǎng 생기다　能力 nénglì 능력　适合 shìhé 어울리다
自己 zìjǐ 자신　收入 shōurù 소득, 수입

A 잘생겼다　B 능력이 있다　C 자신에게 어울린다　D 소득이 많다

漂亮的鞋子人人都喜欢。有的人觉得鞋子只要漂亮就行，然而好看的鞋子穿着却不一定合适。³⁶不合适的鞋子会让人不舒服，甚至会想把它扔掉。这就跟我们找丈夫和妻子一样，长得怎么样是其次的，³⁷适合自己的才是最好的。

漂亮 piàoliang 예쁘다　鞋子 xiézi 신발
人人 rénrén 사람마다　觉得 juéde ~라고 생각하다
只要 zhǐyào ~하기만 하면　然而 rán'ér 그러나
穿 chuān 신다, 입다　却 què 오히려
不一定 bùyídìng 반드시 ~한 것은 아니다　合适 héshì 맞다, 알맞다
舒服 shūfu 편안하다　甚至 shènzhì 심지어
扔掉 rēngdiào 버리다　丈夫 zhàngfu 남편　妻子 qīzi 아내
一样 yíyàng 같다　其次 qícì 부차적인 것

36. 问：关于漂亮的鞋子，哪项是正确的？

37. 问：找丈夫或妻子时，哪一点最重要？

예쁜 신발은 사람마다 모두 좋아한다. 어떤 사람은 신발이 예쁘기만 하면 된다고 생각하는데, 그러나 예쁜 신발은 신었을 때 오히려 반드시 맞는 것은 아니다. ³⁶맞지 않는 신발은 사람을 불편하게 하고, 심지어는 그것을 버리고 싶다고 생각할 수 있다. 이것은 우리가 남편과 아내를 찾는 것과 같은데, 어떻게 생겼는지는 부차적인 것이며, ³⁷자신에게 잘 맞는 것이 비로소 가장 좋은 것이다.

36. 질문: 예쁜 신발에 관해, 옳은 것은 무엇인가?　　정답 D
37. 질문: 남편 혹은 부인을 찾을 때, 어떤 점이 가장 중요한가?　정답 C

해설 보기 읽기
36번의 보기에서 买到(사다), 价格(가격), 能(~할 수 있다), 不一定(반드시 ~한 것은 아니다)을 읽고 상품과 관련된 논설문이 나올 것임을 예상할 수 있다. 논설문에서는 단문의 중심내용을 묻는 질문이 자주 출제되므로, 음성 단문의 첫 문장과 마지막 문장 또한 주의 깊게 들어야 한다.

단문 듣기
단문 중반의 不合适的鞋子会让人不舒服(맞지 않는 신발은 사람을 불편하게 한다)를 듣고 D 不一定会舒服(반드시 편한 것은 아니다)를 정답의 후보로 체크해 둔다. 适合自己的才是最好的(자신에게 잘 맞는 것이 비로소 가장 좋은 것이다)라고 언급했으므로 C 适合自己(자신에게 어울린다)를 정답의 후보로 체크해 둔다.

질문 듣고 정답 선택하기
36. 질문이 예쁜 신발에 관해 맞는 것이 무엇인지 물었으므로 D 不一定会舒服(반드시 편한 것은 아니다)를 정답으로 선택한다.
37. 질문이 남편과 아내를 찾을 때 무엇이 중요한지 물었으므로 C 适合自己(자신에게 어울린다)를 정답으로 선택한다.

✓ 합격노하우 37번처럼 보기가 사람의 특징에 대한 내용이면, 특정 인물과 관련된 이야기가 나올 것임을 예상하고 단문을 듣는다.

38-39

38 中
A 学会做菜　　B 认识朋友
C 学会定计划　D 了解不同文化

学会 xuéhuì 동 ~하는 것을 배우다　做菜 zuòcài 동 요리를 하다
认识 rènshi 동 알다　定 dìng 동 정하다　计划 jìhuà 명 계획
了解 liǎojiě 동 이해하다　不同 bùtóng 형 다르다　文化 wénhuà 명 문화

A 요리를 배운다　　　B 친구를 사귄다　　　C 계획을 정하는 것을 배운다　D 다른 문화를 이해한다

39 중
A 交通方式　　B 住哪个宾馆
C 带什么吃的　D 去哪些景点

交通 jiāotōng 명 교통　方式 fāngshì 명 방식　住 zhù 동 묵다, 숙박하다
宾馆 bīnguǎn 명 호텔　带 dài 동 챙기다, (몸에) 지니다
景点 jǐngdiǎn 명 명소

A 교통 방식　　　B 어느 호텔에서 묵을지　　C 어떤 음식을 챙기는지　　D 어느 명소를 갈 것인지

很多人都喜欢旅游。因为旅游不仅可以让人们看到许多美丽的景色，还³⁸可以让人们了解到不同地方的文化特点。³⁹在去一个地方旅游之前，我们要做好准备，比如住哪个宾馆，去哪些景点玩，选择什么交通方式，吃哪些有名的菜等等。这些都需要提前计划好。

38. 问：根据这段话，旅游有什么好处？

39. 问：根据这段话，旅游之前不需要考虑什么问题？

旅游 lǚyóu 동 여행　不仅…还 bùjǐn…hái ~뿐만 아니라
许多 xǔduō 형 매우 많다　美丽 měilì 형 아름답다
景色 jǐngsè 명 풍경　了解 liǎojiě 동 이해하다　不同 bùtóng 형 다르다
地方 dìfang 명 곳, 장소　文化 wénhuà 명 문화　特点 tèdiǎn 명 특징
准备 zhǔnbèi 동 준비　比如 bǐrú 동 ~가 예다, 예를 들면 ~이다
宾馆 bīnguǎn 명 호텔　景点 jǐngdiǎn 명 명소　玩 wán 동 놀다
选择 xuǎnzé 동 선택하다　交通 jiāotōng 명 교통　方式 fāngshì 명 방식
有名 yǒumíng 형 유명하다　提前 tíqián 동 앞당기다
计划 jìhuà 동 계획하다　好处 hǎochù 명 장점　考虑 kǎolǜ 동 고려하다

많은 사람들은 모두 여행을 좋아한다. 왜냐하면 여행은 사람들이 매우 많은 아름다운 풍경을 보게 할 수 있을 뿐만 아니라, 또한 ³⁸사람들이 다른 곳의 문화 특징을 이해할 수 있게 한다. ³⁹하나의 장소를 여행 가기 전에, 우리는 준비를 잘 해야 하는데, 어느 호텔에서 묵을 것인지, 어느 명소에 가서 놀 것인지, 어떤 교통 방식을 선택할 것인지, 어떤 유명한 요리들을 먹을 것인지 등이 그 예다. 이것들은 모두 미리 잘 계획하는 것이 필요하다.

38. 질문: 대화에 근거하여, 여행은 어떤 장점이 있는가?　　　　　　　　　　　　　　　　　　　　　　　정답 D
39. 질문: 대화에 근거하여, 여행 이전에 어떤 질문은 고려할 필요가 없는가?　　　　　　　　　　　　　정답 C

해설 보기 읽기
39번의 보기에서 宾馆(호텔)과 景点(명소)를 읽고 여행 관련 단문이 나올 것임을 예상할 수 있다.

단문 듣기
단문 초반에서 可以让人们了解到不同地方的文化特点(사람들이 다른 곳의 문화 특징을 이해할 수 있게 한다)라고 한 내용을 듣고 38번 보기의 D 了解不同文化(다른 문화를 이해한다)를 체크해둔다. 단문 중반에 在去一个地方旅游之前，我们要做好准备，比如住哪个宾馆，去哪些景点玩，选择什么交通方式，吃哪些有名的菜等等。(하나의 장소를 여행가기 전에, 우리는 준비를 잘 해야 하는데, 어느 호텔에서 묵을 것인지, 어느 명소에 가서 놀 것인지, 어떤 교통 방식을 선택할 것인지, 어떤 유명한 요리들을 먹을 것인지 등이 그 예다.)를 듣고 B 住哪个宾馆(어느 호텔에서 묵을지), D 去哪些景点(어느 명소를 갈 것인지), A 交通方式(교통 방식)을 체크해둔다.

질문 듣고 정답 선택하기
38. 질문이 여행의 좋은 점이 무엇인지 물었으므로 D 了解不同文化(다른 문화를 이해한다)를 정답으로 선택한다.
39. 질문이 여행가기 전에 준비해야 할 것이 아닌 것을 물었으므로, 유일하게 언급되지 않은 C 带什么吃的(어떤 음식을 챙기는지)를 정답으로 선택한다.

✅ 합격노하우　두 문제의 보기가 모두 특정 주제와 관련된 경우 단문에서 언급된 보기가 정답일 가능성이 크다.

40-41

40 하
A 网上聊天　　　B 网上购物
C 怎样选择密码　　D 怎样用银行卡

网上 wǎngshàng 📖 온라인, 인터넷　聊天 liáotiān 📖 채팅
购物 gòuwù 📖 쇼핑　怎样 zěnyàng 📖 어떻게
选择 xuǎnzé 📖 고르다, 선택하다　密码 mìmǎ 📖 비밀번호
银行卡 yínhángkǎ 📖 은행 카드

A 온라인 채팅
B 온라인 쇼핑
C 어떻게 비밀번호를 골라야 하는지
D 어떻게 은행 카드를 사용하는지

41 상
A 数字非常多的　　B 别人猜不到的
C 跟别人不一样的　D 简单而容易记的

数字 shùzì 📖 숫자　非常 fēicháng 📖 매우, 대단히
别人 biérén 📖 다른 사람　猜 cāi 📖 추측하다　简单 jiǎndān 📖 간단하다
容易 róngyì 📖 ~하기 쉽다

A 숫자가 매우 많은 것
B 다른 사람이 추측할 수 없는 것
C 다른 사람과 같지 않은 것
D 간단하고 쉽게 기억할 수 있는 것

无论是使用银行卡，还是在网上聊天、购物，为了保证自己的信息安全，我们常常需要密码。⁴⁰那么，应该选择什么样的数字作密码呢？选择密码的时候我们需要注意：密码不能太短，并且要经常换。有的人喜欢用自己的生日或电话号码来做密码，⁴¹这样虽然不容易忘记，但是很容易被熟悉的人猜出，不够安全。

无论 wúlùn 📖 ~에 관계없이　使用 shǐyòng 📖 사용하다
银行卡 yínhángkǎ 📖 은행 카드　网上 wǎngshàng 📖 온라인, 인터넷
聊天 liáotiān 📖 채팅　购物 gòuwù 📖 쇼핑
保证 bǎozhèng 📖 보증하다　信息 xìnxī 📖 정보
安全 ānquán 📖 안전하다　常常 chángcháng 📖 항상, 늘
需要 xūyào 📖 필요하다　密码 mìmǎ 📖 비밀번호
应该 yīnggāi 📖 ~해야 한다　选择 xuǎnzé 📖 고르다, 선택하다
数字 shùzì 📖 숫자　作 zuò 📖 ~로 삼다　注意 zhùyì 📖 주의하다
短 duǎn 📖 짧다　并且 bìngqiě 📖 게다가　经常 jīngcháng 📖 자주, 종종
换 huàn 📖 바꾸다　虽然……但是 suīrán……dànshì 비록 ~하지만
容易 róngyì 📖 ~하기 쉽다　忘记 wàngjì 📖 잊어버리다
熟悉 shúxī 📖 잘 알다　猜 cāi 📖 추측하다
不够 búgòu 📖 충분하지 않다, 미치지 못하다

40. 问：这段话主要谈的是什么？

41. 问：根据这段话，什么样的密码比较好？

은행 카드를 사용하는지, 아니면 온라인 채팅, 온라인 쇼핑을 하는지에 관계없이, 자신의 정보 안전을 보증하기 위해서, 우리는 항상 비밀번호가 필요하다. ⁴⁰그렇다면, 어떠한 숫자를 비밀번호로 골라야 하는가? 비밀번호를 고를 때 우리는 주의해야 한다. 비밀번호는 너무 짧으면 안되고, 게다가 자주 바꿔야 한다. 어떤 사람은 자신의 생일 혹은 휴대폰 번호를 비밀번호로 사용하는 것을 좋아하는데, ⁴¹이렇게 하면 비록 쉽게 잊어버리지는 않지만, 하지만 잘 아는 사람에게 쉽게 추측 낭할 수 있어서, 충분히 안전하지 않다.

40. 질문: 이 단문이 주로 말하고 있는 것은 무엇인가?　　　　　정답 C
41. 질문: 이 단문에 근거하여, 어떤 비밀번호가 비교적 좋은가?　정답 B

해설　보기 읽기

40번의 **网上**(온라인)과 **怎样**(어떻게)를 읽고 인터넷과 관련된 논설문이 나올 것임을 예상할 수 있다. 논설문에서는 단문의 중심내용을 묻는 질문이 자주 출제되므로, 음성 단문의 첫 문장과 마지막 문장 또한 주의 깊게 들어야 한다.

단문 듣기

단문 초반에서 **无论是使用银行卡，还是在网上聊天、购物，为了保证自己的信息安全，我们常常需要密码。**(은행 카드를 사용하는지, 아니면 온라인 채팅, 온라인 쇼핑을 하는지에 관계없이, 자신의 정보 안전을 보증하기 위해서, 우리는 항상 비밀번호가 필요하다.)라고 말하며 40번의 보기 네 개가 모두 언급되었다. 이어서, **那么，应该选择什么样的数字作密码呢？**(그렇다면, 어떤 숫자를 비밀번호로 골라야 하는가?)라고 하였으므로, C **怎样选择密码**(어떻게 비밀번호를 골라야 하는지)를 정답의 후보로 체크해 둔다. 단문 마지막에 **这样虽然不容易忘记，但是很容易被熟悉的人猜出，不够安全**(이렇게 하면 비록 쉽게 잊어버리지는 않지만, 하지만 잘 아는 사람에게 쉽게 추측 당할 수 있어서, 충분히 안전하지 않다)라고 하였으므로 41번의 보기 B **别人猜不到的**(다른 사람이 추측할 수 없는 것)을 정답의 후보로 체크해 둔다.

질문 듣고 정답 선택하기

40. 질문이 단문의 중심 내용을 물었으므로 C **怎样选择密码**(어떻게 비밀번호를 골라야 하는지)를 정답으로 선택한다.
41. 질문이 어떠한 비밀번호가 좋은지 물었으므로 B **别人猜不到的**(다른 사람이 추측할 수 없는 것)을 정답으로 선택한다.

✅ **합격노하우** 제시된 보기에 **怎样**(어떻게)이 있으면 단문의 중심내용을 묻는 질문이 나올 것임을 미리 예상하고 단문의 내용을 주의 깊게 들어야 한다.

42-43

42 하

A 吃饭前 B 吃饭后 C 睡觉前 D 起床后

吃饭 chīfàn[동] 밥을 먹다 睡觉 shuìjiào[동] 잠을 자다
起床 qǐchuáng[동] (잠자리에서) 일어나다

A 밥 먹기 전 B 밥 먹은 후 C 잠자기 전 D 일어난 후

43 중

A 睡不好 B 肚子疼
C 心情不好 D 对皮肤不好

肚子 dùzi[명] 배, 복부 疼 téng[형] 아프다 心情 xīnqíng[명] 기분
皮肤 pífū[명] 피부

A 잠을 잘 못 잔다 B 배가 아프다 C 마음이 좋지 않다 D 피부에 안 좋다

大部分中国人有喝茶的习惯，但很多人不知道喝茶的时间其实是有学问的。一般来说，[42]喝茶的时间最好是在饭后，因为饭前喝茶对身体不太好。另外，[43]晚上喝茶的时候要少放茶叶，否则会影响睡觉的质量。因此，如果你晚上经常睡不好，还是少喝或不要喝茶了。

42. 问：喝茶的时间最好是在什么时候？

43. 问：晚上喝茶可能会有什么不好的影响？

大部分 dàbùfen[명] 대부분 喝 hē[동] 마시다 茶 chá[명] 차
习惯 xíguàn[명] 습관 时间 shíjiān[명] 시간 其实 qíshí[부] 사실
学问 xuéwen[명] 학문 一般来说 yìbān láishuō 일반적으로 말하면
最好 zuìhǎo[부] ~하는 게 제일 좋다 饭后 fànhòu[명] 식후
饭前 fànqián[명] 식전 另外 lìngwài[접] 이 밖에 放 fàng[동] (집어) 넣다
茶叶 cháyè[명] 찻잎 否则 fǒuzé[접] 그렇지 않으면
影响 yǐngxiǎng[동] 영향을 준다 睡觉 shuìjiào[동] 잠을 자다
质量 zhìliàng[명] 질, 품질 因此 yīncǐ[접] 이 때문에 如果 rúguǒ[접] 만약
经常 jīngcháng[부] 종종

대부분 중국인은 차를 마시는 습관이 있는데, 그러나 많은 사람들이 차를 마시는 시간에 사실은 학문이 있다는 것을 모른다. 일반적으로 말하면, [42]차를 마시는 시간은 식사 후가 가장 좋은데, 왜냐하면 식사 전에 차를 마시는 것은 몸에 그다지 좋지 않기 때문이다. 이 밖에, [43]저녁에 차를 마실 때 찻잎을 조금만 넣어야 하는데, 그렇지 않으면 수면의 질에 영향을 줄 수 있다. 이 때문에, 만약 당신이 저녁에 종종 잠을 잘 못 잔다면, 차를 조금만 마시거나 혹은 마시지 않는 편이 더 낫다.

42. 질문: 차를 마시는 시간은 언제가 가장 좋은가? 정답 B
43. 질문: 저녁에 차를 마시는 것은 아마도 어떤 나쁜 영향이 있는가? 정답 A

해설 **보기 읽기**

42번과 43번의 보기에서 前(전), 后(후), 不好(좋지 않다)가 반복하고 있기에, 이와 관련된 내용을 주의 깊게 듣는다.

단문 듣기

단문의 초반에서 **喝茶的时间最好是在饭后，因为饭前喝茶对身体不太好**(차를 마시는 시간은 식사 후가 가장 좋은데, 왜냐하면 식사 전에 차를 마시는 것은 몸에 그다지 좋지 않기 때문이다)라고 한 내용을 듣고 42번 보기의 **B 吃饭后**(밥 먹은 후)를 정답의 후보로 체크해 둔다. 단문 마지막에서 **晚上喝茶的时候要少放茶叶，否则会影响睡觉的质量**(저녁에 차를 마실 때 찻잎을 조금만 넣어야 하는데, 그렇지 않으면 수면의 질에 영향을 줄 수 있다)라고 한 내용을 듣고 43번 보기의 **A 睡不好**(잠을 잘 못 잔다)를 정답의 후보로 체크해 둔다.

질문 듣고 정답 선택하기

42. 질문이 차를 마시는 시간은 언제가 가장 좋은지 물었으므로 **B 吃饭后**(밥 먹은 후)를 정답으로 선택한다.
43. 질문이 저녁에 차를 마시는 것이 어떤 안 좋은 영향이 있는지 물었으므로, 단문에서 언급된 **A 睡不好**(잠을 잘 못 잔다)를 정답으로 선택한다. 보기 **A 睡不好**가 단문에서 **会影响睡觉的质量**(수면의 질에 영향을 줄 수 있다)로 바꿔 표현되었다는 것에 유의한다.

합격노하우 보기 중 前(전), 后(후), 不好(좋지 않다)와 같이 하나의 문제에 같은 어구가 반복적으로 될 경우, 단문 음성을 들을 때 관련되어 언급되는 내용을 주의 깊게 들어야 한다.

44-45

44 중
A 休息一会儿　　B 马上去散步
C 多喝点茶水　　D 多吃点水果

休息 xiūxi 图 쉬다, 휴식하다　马上 mǎshàng 图 바로, 곧
散步 sànbù 图 산책하다　茶水 cháshuǐ 图 차

A 잠깐 쉰다　　B 바로 산책을 간다　　C 차를 많이 마신다　　D 과일을 많이 먹는다

45 중
A 是最好的运动　　B 应该走一百步
C 速度越快越好　　D 有些人不适合

运动 yùndòng 图 운동　走 zǒu 图 걷다　速度 sùdù 图 속도
越…越… yuè…yuè… ~할수록 ~하다　适合 shìhé 图 적합하다

A 가장 좋은 운동이다　　　　　　　B 백 걸음을 걸어야 한다
C 속도가 빠를수록 좋다　　　　　　D 어떤 사람에게는 적합하지 않다

中国人常说 "饭后百步走, 活到九十九", 饭后散步受到了很多人的欢迎。它虽然听上去很简单, 但也有一些值得注意的地方。首先, ⁴⁴饭后散步不是让我们一放下筷子就出发, 而是应该稍微休息一会儿再去。另外, ⁴⁵饭后散步并不适合所有人, 比如对有胃病的人就不适合。

44. 问: 刚吃完饭后我们应该做什么?

45. 问: 关于饭后散步, 可以知道什么?

饭后 fànhòu 图 식후　步 bù 图 걸음　走 zǒu 图 걷다
活 huó 图 살다, 생존하다　散步 sànbù 图 산책하다
受到 shòudào 图 받다　欢迎 huānyíng 图 환영하다
虽然 suīrán 圖 비록 ~이지만　简单 jiǎndān 圈 간단하다
值得 zhídé 图 ~할 만하다　注意 zhùyì 图 주의하다
地方 dìfang 图 점, 부분　首先 shǒuxiān 图 먼저
放下 fàngxia 图 내려놓다　筷子 kuàizi 图 젓가락
就 jiù 图 ~하자마자(바로)　出发 chūfā 图 출발하다
应该 yīnggāi 区图 ~해야 한다　稍微 shāowēi 图 조금
休息 xiūxi 图 쉬다, 휴식하다　另外 lìngwài 圖 이 밖에
适合 shìhé 图 적합하다　所有 suǒyǒu 圈 모든
比如 bǐrú 图 예를 들면 ~이다, ~가 예다　胃病 wèibìng 圈 위장병

중국인은 "밥을 먹은 후에 백 걸음을 걸으면, 99세까지 산다"라는 말을 종종 하는데, 밥을 먹은 후 산책하는 것은 매우 많은 사람들의 환영을 받았다. 이것은 비록 매우 간단한 것처럼 들리지만, 하지만 주의할 만한 점도 있다. 먼저, 식후 산책은 우리가 젓가락을 내려 놓자마자 출발하는 것이 아니라, ⁴⁴조금 쉬었다가 가야 한다. 이 밖에, ⁴⁵식후 산책은 결코 모든 사람에게 적합하지는 않은데, 예를 들어 위장병이 있는 사람에게는 적합하지 않다.

44. 질문: 방금 식사를 한 후 우리는 마땅히 무엇을 해야 하는가?　　정답 A
45. 질문: 식사 후 산책에 관해, 알 수 있는 것은 무엇인가?　　정답 D

해설 **보기 읽기**
44번과 45번의 각 보기의 내용을 통해 특정 운동과 동작 관련 단문이 나올 것임을 예상할 수 있다.

단문 듣기
단문 중반의 饭后散步不是让我们一放下筷子就出发, 而是应该稍微休息一会儿再去(식후 산책은 우리가 젓가락을 내려 놓자마자 출발하는 것이 아니라, 조금 쉰 후에 가야 한다)라고 한 내용을 듣고 44번 보기의 A 休息一会儿(잠깐 쉰다)를 정답의 후보로 체크해 둔다. 단문의 마지막에서 饭后散步并不适合所有人(식후 산책은 결코 모든 사람에게 적합하지는 않다)라고 한 내용을 듣고 45번 보기의 D 有些人不适合(어떤 사람에게는 적합하지 않다)를 정답의 후보로 체크해 둔다.

질문 듣고 정답 선택하기
44. 질문이 식사 후에 어떻게 해야 하는지 물었으므로 A 休息一会儿(잠깐 쉰다)를 정답으로 선택한다.
45. 질문이 식사 후 산책에 대해 알 수 있는 것을 물었으므로 D 有些人不适合(어떤 사람에게는 적합하지 않다)를 정답으로 선택한다.

합격노하우 두 문제의 보기가 모두 특정 주제와 관련된 경우 단문에서 언급된 보기가 정답일 가능성이 크다.

二、阅读 독해

46-50

A 脾气	B 既然	C 积极
D̶ 坚持	E 举办	F 后悔

脾气 píqi 몡 성격 既然 jìrán 젭 ~한 이상, ~된 바에야
积极 jījí 톙 적극적이다 坚持 jiānchí 동 꾸준히 하다
举办 jǔbàn 동 개최하다 后悔 hòuhuǐ 동 후회하다

| A 성격 | B ~한 이상 | C 적극적이다 | D̶ 꾸준히 하다 | E 개최하다 | F 후회하다 |

* D 坚持(꾸준히 하다)은 예시 어휘이므로, 이를 제외한 나머지 5개의 보기 중에서 정답을 고른다.

46 중
做任何事情之前都要考虑清楚，不要事后再(F 后悔)。

做 zuò 동 하다 任何 rènhé 때 어떠한 事情 shìqing 몡 일
之前 zhīqián ~이전, ~의 앞 考虑 kǎolǜ 동 생각하다
清楚 qīngchu 톙 분명하다 不要 búyào ~해서는 안 된다
事后 shìhòu 몡 일이 벌어진 후 再 zài 튀 ~하고 나서
后悔 hòuhuǐ 동 후회하다

어떠한 일을 하기 전에는 분명하게 생각해야 하며, 일이 벌어지고 나서 (F 후회)해서는 안 된다. 정답 F

해설 빈칸이 부사 再(~하고 나서) 뒤에 있으므로 동사 E 举办(개최하다)과 F 后悔(후회하다)가 정답의 후보이다. 지문에서 做任何事情之前都要考虑清楚(어떠한 일을 하기 전에는 분명하게 생각해야 한다)라고 하였으므로, 不要事后再( )(일이 벌어지고 나서 __ 해서는 안 된다)의 빈칸에 쓸 때 문맥상 자연스러운 동사 F 后悔(후회하다)가 정답이다.

✓ 합격노하우 빈칸이 부사 뒤에 있으면 술어가 될 수 있는 동사나 형용사를 정답의 후보로 찾는다.

47 하
(B 既然)你已经想好了，我尊重你的决定，有什么需要我做的就告诉我。

既然 jìrán 젭 ~한 이상, ~된 바에야 已经 yǐjīng 튀 이미, 벌써
想好 xiǎnghǎo 충분히 생각하다, 잘 생각하다
尊重 zūnzhòng 동 존중하다 决定 juédìng 몡 결정
需要 xūyào 조동 ~해야 한다 做 zuò 동 하다
告诉 gàosu 동 알리다, 말하다

네가 이미 충분히 생각한(B 한 이상), 나는 너의 결정을 존중해, 내가 해야 할 일이 있으면 바로 나에게 알려줘. 정답 B

해설 빈칸이 문장 맨 앞에 있으므로, ( )你已经想好了，我尊重你的决定(__ 네가 이미 충분히 생각했다, 나는 너의 결정을 존중한다)과 문맥상 어울리는 접속사 B 既然(~한 이상)이 정답이다.

✓ 합격노하우 빈칸이 완전한 문장의 맨 앞에 있으면 접속사나 부사를 정답의 후보로 찾는다.

48 하
上大学的时候应该(C 积极)地参加活动，多积累经验。

上 shàng 동 (학교, 회사 등을) 다니다 大学 dàxué 몡 대학
时候 shíhou 몡 때, 무렵 应该 yīnggāi 조동 ~해야 한다
积极 jījí 톙 적극적이다 地 de 조 ~하게
参加 cānjiā 동 참여하다 活动 huódòng 몡 활동
积累 jīlěi 동 쌓이다 经验 jīngyàn 몡 경험

대학교에 다닐 때 마땅히 (C 적극적)으로 활동에 참여해서, 경험을 많이 쌓아야 한다. 정답 C

해설 빈칸이 구조조사 地 앞에 있고, 地 뒤에 술어 参加(참여하다)가 있으므로, 地 앞에 쓰여 부사어 역할을 하는 형용사 C 积极(적극적이다)가 정답이다.

✓ 합격노하우 빈칸이 구조조사 地 앞에 있으면, 地 앞에 쓰여 부사어 역할을 하는 형용사를 정답의 후보로 찾는다.

49 하
他的(A 脾气)很好，所以大家都愿意和他交朋友。

脾气 píqi 몡 성격 大家 dàjiā 때 모두 愿意 yuànyì 희망하다
和 hé 깨 ~와 交朋友 jiāopéngyou 친구를 사귀다

그의 (A 성격)이 매우 좋아서, 그래서 모두가 그와 친구로 사귀기를 희망한다. 정답 A

해설 빈칸이 관형어 他的(그의)와 술어 很好(매우 좋다) 사이에 있으므로, 주어가 될 수 있는 명사 A 脾气(성격)가 정답이다.

✓ 합격노하우 빈칸이 구조조사 的 뒤에 있으면, 주어나 목적어가 될 수 있는 명사를 정답의 후보로 찾는다.

50 중

学校要在这个月15号（E 举办）毕业晚会，要求所有人都参加。

学校 xuéxiào 몡 학교　要 yào 조동 ~할 것이다
举办 jǔbàn 동 개최하다, 열다
毕业晚会 bìyè wǎnhuì 졸업 파티　要求 yāoqiú 동 요구하다
所有 suǒyǒu 모든, 전부의　参加 cānjiā 동 참석하다

학교에서 이번 달 15일에 졸업 파티를 (E 개최하는데), 모든 사람이 참석하는 것을 요구한다.　　정답 E

해설　学校要在这个月15号（　）毕业晚会(학교에서 이번 달 15일에 졸업 파티를 __)에 술어가 없고, 빈칸이 부사어로 쓰인 개사구 在这个月15号(이번 달 15일에) 뒤에 있으므로, 毕业晚会(졸업 파티)를 목적어로 취하며 술어가 될 수 있는 동사 E 举办(개최하다)이 정답이다.

✔합격노하우　빈칸이 부사어 뒤에 있으면 술어가 될 수 있는 동사나 형용사를 정답의 후보로 찾는다.

51-55

| A 印象 | B 提前 | C 温度 |
| D 连 | E 商量 | F 马虎 |

印象 yìnxiàng 몡 이미지　提前 tíqián 동 앞당기다
温度 wēndù 몡 온도　连 lián 개 ~조차도
商量 shāngliang 동 상의하다　马虎 mǎhu 형 대충하다

A 이미지　　B 앞당기다　　C̶ ̶온̶도̶　　D ~조차도　　E 상의하다　　F 대충하다

＊ C 温度(온도)는 예시 어휘이므로, 이를 제외한 나머지 5개의 보기 중에서 정답을 고른다.

51 하

A: 跟你说过多少次了，工作的时候一定要认真去做，不能（F 马虎）。
B: 对不起，我下次一定注意。

工作 gōngzuò 동 일하다　一定 yídìng 부 반드시
认真 rènzhēn 형 착실하다　不能 bùnéng 조동 ~해서는 안 된다
马虎 mǎhu 형 대충하다　下次 xiàcì 몡 다음 번
注意 zhùyì 동 주의하다

A: 너에게 여러 번 말했는데, 일할 때에는 반드시 착실하게 해야 돼, (F 대충) 해서는 안돼.
B: 죄송합니다, 제가 다음 번에는 반드시 주의하겠습니다.　　정답 F

해설　빈칸이 조동사 不能(~하면 안 된다)뒤에 있으므로, 술어로 쓰일 수 있는 동사 B 提前(앞당기다)과 E 商量(상의하다), 형용사 F 马虎(대충하다)가 정답의 후보이다. 빈칸 앞 절에서 工作的时候一定要认真去做(일할 때에는 반드시 착실하게 해야 돼)라고 하였으므로, 문맥상 자연스러운 형용사 F 马虎(대충하다)가 정답이다.

✔합격노하우　빈칸이 조동사 뒤에 있으면, 술어로 쓰일 수 있는 동사나 형용사를 정답의 후보로 찾는다.

52 하

A: 小雨的公司最近特别忙，我看她（D 连）吃饭的时间都没有了。
B: 是啊，孩子太辛苦了，我明天做点儿鸡汤给她送过去。

公司 gōngsī 몡 회사　最近 zuìjìn 몡 요즘, 최근
特别 tèbié 부 매우, 특히　忙 máng 형 바쁘다
看 kàn 동 ~라고 보다, ~라고 생각하다
连…都… lián…dōu… ~조차도 ~하다　吃饭 chīfàn 동 밥을 먹다
时间 shíjiān 몡 시간　孩子 háizi 몡 아이
辛苦 xīnkǔ 형 고생스럽다　做 zuò 동 만들다
鸡汤 jītāng 몡 닭고기 수프　给 gěi 개 ~에게　送 sòng 동 보내다

A: 샤오위의 회사는 요즘 매우 바빠, 내가 보기에 그녀는 밥 먹는 시간 (D 조차도) 없어.
B: 맞아, 아이가 너무 고생스러워, 내가 내일 닭고기 수프를 좀 만들어서 그녀에게 보내야겠어.　　정답 D

해설　（　）吃饭的时间都没有了(__ 밥 먹는 시간도 없다)에서 부사 都가 쓰였고, 빈칸 앞 절에서 小雨的公司最近特别忙(샤오위의 회사는 요즘 매우 바빠)이라고 하였으므로, 부사 都와 함께 连……都……(~조차도 ~하다)라는 짝꿍 연결어를 만들어 시간이 없음을 강조할 수 있는 개사 D 连(~조차도)이 정답이다.

✔합격노하우　보기에 连(~조차도)이 있고 빈칸이 있는 문장에 都가 있으면, 连……都……(~조차도 ~하다)의 연결어로 정답을 선택한다.

53 중

A: 你们俩计划什么时候结婚？
B: 大概在六月，不过在哪一天还没（E 商量）好。

俩 liǎ 주 두 사람　计划 jìhuà 동 ~할 계획이다
结婚 jiéhūn 동 결혼하다　大概 dàgài 부 아마도
不过 búguò 접 그런데, 그러나　还没 háiméi 부 아직 ~하지 않았다
商量 shāngliang 동 상의하다

A: 너네 두 사람 언제 결혼할 계획이니?
B: 아마도 6월에, 그런데 어느 날에 할지는 아직 (E 상의하지) 못했어.　　정답 E

해설 빈칸이 부사 没(~하지 않았다) 뒤에 있으므로, 술어로 쓰일 수 있는 동사 B 提前(앞당기다), E 商量(상의하다)가 정답의 후보이다. 지문에서 大概在六月, 不过在哪一天还没( )好。(아마도 6월에, 그런데 어느 날에 할지는 아직 __ 못했어.)라고 하였으므로, 문맥상 어울리는 동사 E 商量(상의하다)이 정답이다.

✅ 합격노하우 빈칸이 부사 뒤에 있으면, 술어로 쓰일 수 있는 동사나 형용사를 정답의 후보로 찾는다.

54 중
A: 小马, 麻烦你通知大家, 会议(B 提前)到上午九点钟举行。
B: 好的, 我马上就去。

麻烦 máfan 동 번거롭게 하다, 귀찮게 하다
通知 tōngzhī 동 통지하다 大家 dàjiā 대 모두
会议 huìyì 명 회의 提前 tíqián 동 앞당기다 到 dào 개 ~로
举行 jǔxíng 동 열다, 거행하다 马上 mǎshàng 부 곧, 바로
就 jiù 부 곧, 즉시

A: 샤오마, 번거롭겠지만 네가 모두에게 통지해 줘, 회의가 오전 9시로 (B 앞당겨서) 열릴 거야.
B: 네, 제가 곧 가겠습니다.

정답 B

해설 빈칸 주변의 会议( )到上午九点钟举行(회의가 __ 오전 9시로 열릴 거야)라는 문맥에 어울리는 동사 B 提前(앞당기다)이 정답이다.

✅ 합격노하우 빈칸 다음이 '到+시간'의 형태일 경우, 동사를 정답의 후보로 찾는다.

55 하
A: 一年级新来的那个老师怎么样?
B: 很有耐心, 我们对她的(A 印象)都很好。

年级 niánjí 명 학년 老师 lǎoshī 명 선생님
怎么样 zěnmeyàng 대 어떻다, 어떠하다 耐心 nàixīn 명 인내심
对 duì 개 ~에 대한 印象 yìnxiàng 명 이미지

A: 1학년에 새로 온 그 선생님은 어때?
B: 아주 인내심 있어, 우리의 그녀에 대한 (A 이미지)는 모두 매우 좋아.

정답 A

해설 빈칸 뒤에 술어로 쓰인 형용사 好(좋다)가 있고, 빈칸 앞에 관형어 我们对她的(우리의 그녀에 대한)가 있으므로, 주어로 쓰일 수 있는 명사 A 印象(이미지)이 정답이다.

✅ 합격노하우 빈칸이 구조조사 的 뒤에 있으면, 주어나 목적어가 될 수 있는 명사를 정답의 후보로 찾는다.

56 중
A 下午要去银行取一点儿钱出来
B 我的现金昨天用完了
C 顺便再买一些新鲜的水果

下午 xiàwǔ 명 오후 银行 yínháng 명 은행 取 qǔ 동 찾다
一点儿 yìdiǎnr 수 조금 钱 qián 명 돈 现金 xiànjīn 명 현금
用 yòng 동 쓰다, 사용하다 完 wán 동 다 소모하다
顺便 shùnbiàn 부 겸사겸사 一些 yìxiē 수 조금
新鲜 xīnxiān 형 신선하다 水果 shuǐguǒ 명 과일

A 오후에 은행에 가서 돈을 조금 찾을 것이다
B 내 현금을 어제 다 써 버렸다
C 겸사겸사 신선한 과일을 조금 산다

정답 BAC

해설 **첫 순서 보기 고르기**
C는 부사 顺便(겸사겸사)으로 시작되어 앞에서 다른 동작이 먼저 언급되어야 하므로 문장의 맨 앞에 올 수 없다. 따라서 A와 B가 첫 순서의 후보이다.

남은 보기 순서 배열하기
A 下午要去银行取一点儿钱出来(오후에 은행에 가서 돈을 조금 찾을 것이다)가 문맥상 B 我的现金昨天用完了(내 현금을 어제 다 써버렸다) 이후에 발생한 일이므로 A를 B 다음으로 배열한다. (B → A)
문맥상 C의 顺便再买……水果(겸사겸사 과일을 산다)보다 먼저 할 수 있는 동작이 A의 去银行取一点儿钱出来(은행에 가서 돈을 조금 찾는다)이므로, C를 A 다음 맨 마지막으로 배열한다. (B → A → C)

완성된 문장
B 我的现金昨天用完了, A 下午要去银行取一点儿钱出来, C 顺便再买一些新鲜的水果。
B 내 현금을 어제 다 써 버려서, A 오후에 은행에 가서 돈을 조금 찾을 것이고, C 겸사겸사 신선한 과일을 조금 산다.

✅ 합격노하우 부사 顺便(겸사겸사)으로 시작하는 보기가 있으면, 顺便 다음의 동사와 문맥상 어울리는 동작을 언급한 보기 뒤에 배열한다.

57 중

A 今天要在宿舍好好准备一下
B 因为我邀请朋友来吃饭
C 抱歉, 我不能和你去踢足球

宿舍 sùshè 몡 기숙사 好好 hǎohǎo 凫 잘, 최대한
准备 zhǔnbèi 동 준비하다
一下 yíxià 동사 뒤에 쓰여 '좀 ~하다'의 뜻을 나타냄
因为 yīnwèi 젭 ~때문에 邀请 yāoqǐng 동 초대하다
吃饭 chīfàn 동 밥을 먹다 抱歉 bàoqiàn 동 미안해하다
不能 bùnéng 조동 ~할 수 없다 和 hé 깨 ~와
踢足球 tī zúqiú 축구를 하다

A 오늘 기숙사에서 준비 좀 잘해야 해
B 내가 친구에게 밥을 먹으러 오라고 초대했기 때문에
C 미안해, 나는 너와 축구를 하러 갈 수 없어

정답 CBA

해설 첫 순서 보기 고르기
A 今天要在宿舍好好准备一下(오늘 기숙사에서 준비 좀 잘해야 해)에는 주어가 없으므로 문장의 맨 앞에 올 수 없다. 따라서 B와 C가 첫 순서의 후보이다.

남은 보기 순서 배열하기
B가 이유를 나타내는 접속사 因为(~ 때문에)로 시작하고, A 今天要在宿舍好好准备一下(오늘 기숙사에서 준비 좀 잘해야 해)가 B 因为我邀请朋友来吃饭(내가 친구에게 밥을 먹으러 오라고 초대했기 때문에)의 결과이므로, B → A의 순서로 배열한다. (B → A)
C에서 我不能和你去踢足球(나는 너와 축구를 하러 갈 수 없어)라고 말했고, B → A는 축구를 할 수 없는 이유가 되므로 C를 B → A 앞에 배열한다. (C → B → A)

완성된 문장
C 抱歉, 我不能和你去踢足球, B 因为我邀请朋友来吃饭, A 今天要在宿舍好好准备一下。
C 미안해, 나는 너와 축구를 하러 갈 수 없어, B 내가 친구에게 밥을 먹으러 오라고 초대했기 때문에, A 오늘 기숙사에서 준비 좀 잘해야 해.

✓ **합격노하우** 이유를 나타내는 접속사 因为(~때문에)가 쓰인 보기는 문맥상 결과를 설명하는 보기의 앞에 배열한다.

58 중

A 它可以使我们感到轻松
B 但是我们千万不要把太多的时间花在游戏上
C 现在很多人喜欢上网玩游戏

可以 kěyǐ 조동 ~할 수 있다 使 shǐ 동 ~하게 하다
感到 gǎndào 동 느끼다 轻松 qīngsōng 톙 홀가분하다, 가뿐하다
但是 dànshì 젭 그러나 千万 qiānwàn 凫 절대로
不要 búyào 조동 ~해서는 안 된다 时间 shíjiān 몡 시간
花 huā 동 쓰다, 소모하다 游戏 yóuxì 몡 게임
喜欢 xǐhuan 동 좋아하다 上网 shàngwǎng 동 인터넷을 하다
玩 wán 동 놀다

A 이것은 우리들이 홀가분하다고 느끼게 해줄 수 있다
B 그러나 우리는 절대로 너무 많은 시간을 게임에 쓰면 안 된다
C 현재 매우 많은 사람이 인터넷으로 게임하는 것을 좋아한다

정답 CAB

해설 첫 순서 보기 고르기
A는 지시대사 它(이것)로, B는 접속사 但是(그러나)로 시작하기 때문에 문장의 맨 앞에 올 수 없다. 따라서 C 现在很多人喜欢上网玩游戏(현재 매우 많은 사람이 인터넷으로 게임하는 것을 좋아한다)를 문장의 첫 순서로 고른다. (C →)

남은 보기 순서 배열하기
A의 대사 它(이것)가 가리키는 대상이 C의 上网玩游戏(인터넷으로 게임하는 것)이므로 A를 C 다음으로 배열한다. (C → A)
B 但是我们千万不要把太多的时间花在游戏上(그러나 우리는 절대로 너무 많은 시간을 게임에 쓰면 안 된다)에서 접속사 但是(그러나)을 써서 C와 A에서 인터넷 게임에 대해 긍정적으로 말하는 것과 반대로 주의해야 할 점을 말하고 있으므로, B를 C → A 다음 맨 마지막에 배열한다. (C → A → B)

완성된 문장
C 现在很多人喜欢上网玩游戏, A 它可以使我们感到轻松, B 但是我们千万不要把太多的时间花在游戏上。
C 현재 매우 많은 사람이 인터넷으로 게임하는 것을 좋아하고, A 이것은 우리들이 홀가분하다고 느끼게 해줄 수 있지만, B 그러나 우리는 절대로 너무 많은 시간을 게임에 쓰면 안 된다.

✓ **합격노하우** 它와 같은 지시대사나 但是(그러나)과 같은 접속사로 시작하는 보기는 문장의 맨 앞에 올 수 없다.

59 중

A 每个人都想获得幸福的爱情
B 不过爱情不是生活的全部
C 生活中还有其他美好的东西等着我们去发现

每个人 měi ge rén 사람마다 获得 huòdé [동] 얻다
幸福 xìngfú [형] 행복하다 爱情 àiqíng [명] 사랑
不过 búguò [접] 그러나 生活 shēnghuó [명] 생활
全部 quánbù [명] 전부 还 hái [부] 또, 더 其他 qítā [대] 다른
美好 měihǎo [형] 아름답다 东西 dōngxi [명] 것, 물건
等 děng [동] 기다리다 发现 fāxiàn [동] 발견하다

A 사람마다 모두 행복한 사랑을 얻으려고 한다
B 그러나 사랑은 생활의 전부가 아니다
C 생활 속에는 우리가 가서 발견하길 기다리고 있는 다른 아름다운 것들이 또 있다

정답 ABC

해설 **첫 순서 보기 고르기**

B는 접속사 不过(그러나)로 시작하고, C는 부사 还(또)가 쓰였으므로, B와 C는 문장의 맨 앞에 올 수 없다. 따라서 A 每个人都想获得幸福的爱情(사람마다 모두 행복한 사랑을 얻으려고 한다)을 문장의 첫 순서로 고른다. (A →)

남은 보기 순서 배열하기

B 不过爱情不是生活的全部(그러나 사랑은 생활의 전부가 아니다)에서 접속사 不过(그러나)를 써서 A 每个人都想获得幸福的爱情(사람마다 모두 행복한 사랑을 얻으려고 한다)과 반대되는 내용을 말하고 있으므로, B를 A 다음으로 배열한다. (A → B)
문맥상 C의 还有其他美好的东西(다른 아름다운 것들이 또 있다)에서 B의 내용을 보충하고 있으므로 C를 B 다음으로 배열한다. (A → B → C)

완성된 문장

A 每个人都想获得幸福的爱情, B 不过爱情不是生活的全部, C 生活中还有其他美好的东西等着我们去发现。
A 사람마다 모두 행복한 사랑을 얻으려고 한다, B 그러나 사랑은 생활의 전부가 아니며, C 생활 속에는 우리가 가서 발견하길 기다리고 있는 다른 아름다운 것들이 또 있다.

✅ **합격노하우** 还(또)는 앞서 언급된 내용에 추가 설명을 붙일 때 쓰이므로, 还가 쓰인 보기는 문장의 맨 앞에 올 수 없다.

60 상

A 由于缺少锻炼，就慢慢胖了起来
B 可是工作不到三年
C 我上学时经常跑步，所以怎么吃也不胖

由于 yóuyú [접] ~때문에 缺少 quēshǎo [동] 부족하다
锻炼 duànliàn [명] 운동, 단련 慢慢 mànman [형] 차츰
胖 pàng [형] 뚱뚱하다
起来 qǐlai [동] 형용사 뒤에 쓰여 어떤 동작이 시작되어 계속됨을 나타냄
可是 kěshì [접] 그러나 工作 gōngzuò [동] 일하다
不到 búdào [동] (일정한 수량에) 미치지 못하다, 차지 않다
上学 shàngxué [동] 학교에 다니다 经常 jīngcháng [부] 자주, 종종
跑步 pǎobù [동] 달리다 所以 suǒyǐ [접] 그래서
怎么 zěnme [대] 어떻게

A 운동이 부족하기 때문에, 차츰 뚱뚱해지고 있다
B 그러나 일한 지 3년에 미치지 못하다
C 내가 학교 다닐 때에는 자주 달려서, 그래서 어떻게 먹어도 뚱뚱하지 않았다

정답 CBA

해설 **첫 순서 보기 고르기**

A 由于缺少锻炼，就慢慢胖了起来(운동이 부족하기 때문에, 차츰 뚱뚱해지고 있다)에는 주어가 없고, B는 접속사 可是(그러나)로 시작되었으므로, A와 B는 문장의 맨 앞에 올 수 없다. 따라서 C 我上学时经常跑步，所以怎么吃也不胖(내가 학교 다닐 때에는 자주 달려서, 그래서 어떻게 먹어도 뚱뚱하지 않았다)을 문장의 첫 순서로 고른다. (C →)

남은 보기 순서 배열하기

A 由于缺少锻炼，就慢慢胖了起来(운동이 부족하기 때문에, 차츰 뚱뚱해지고 있다)의 주어가 되는 것은 C의 我(나)이므로, A를 C 뒤에 배열한다. (C → A)
B의 전환을 나타내는 접속사 可是(그러나)이 C의 不胖(뚱뚱하지 않았다)과 A의 慢慢胖了起来(차츰 뚱뚱해지고 있다)를 연결해주므로 B를 C와 A 사이에 배열한다. (C → B → A)

완성된 문장

C 我上学时经常跑步，所以怎么吃也不胖, B 可是工作不到三年, A 由于缺少锻炼，就慢慢胖了起来。
C 내가 학교 다닐 때에는 자주 달려서, 그래서 어떻게 먹어도 뚱뚱하지 않았다, B 그러나 일한 지 3년에 미치지 못하는데, A 운동이 부족하기 때문에, 차츰 뚱뚱해지고 있다.

✅ **합격노하우** 주어가 없거나 可是(그러나)과 같은 접속사로 시작하는 보기는 문장의 맨 앞에 올 수 없다.

61
중

A 现在又开始发烧, 头也疼得厉害
B 早上起床时我觉得身体不舒服
C 恐怕是感冒了

又 yòu 🖥 또　开始 kāishǐ 🖥 시작하다　发烧 fāshāo 🖥 열이 나다
头疼 tóuténg 🖥 머리가 아프다　厉害 lìhai 🖥 심각하다
早上 zǎoshang 🖥 아침　起床 qǐchuáng 🖥 (잠자리에서) 일어나다
觉得 juéde 🖥 ~라고 느끼다　身体 shēntǐ 🖥 몸, 신체
舒服 shūfu 🖥 편안하다　恐怕 kǒngpà 🖥 아마 ~일 것이다
感冒 gǎnmào 🖥 감기에 걸리다

A 지금 또 열이 나기 시작했고, 머리도 심각하게 아프다
B 아침에 일어났을 때 나는 몸이 편치 않다고 느꼈다
C 아마 감기에 걸린 것일 것이다

정답 BAC

해설　**첫 순서 보기 고르기**
　　A에는 부사 又(또)가 있어 문장 맨 앞에 올 수 없고, C 恐怕是感冒了(아마 감기에 걸린 것일 것이다)에는 주어가 없으므로 문장 맨 앞에 올 수 없다. 따라서 B를 문장의 첫 순서로 고른다. (B →)

　　남은 보기 순서 배열하기
　　A의 现在又······(지금 또 ······)가 B의 早上起床时······(아침에 일어났을 때 ······)보다 나중에 일어난 일이므로, 시간 순서에 따라 B 다음으로 A를 배열한다. (B → A)
　　C 恐怕是感冒了(아마도 감기에 걸린 것일 것이다)가 문맥상 B의 身体不舒服(몸이 편치 않다)와 A의 发烧(열이 나다), 头也疼得厉害(머리도 심각하게 아프다)에 대한 최종 결론에 해당하므로, C를 B → A 다음 맨 마지막에 배열한다. (B → A → C)

　　완성된 문장
　　B 早上起床时我觉得身体不舒服, A 现在又开始发烧, 头也疼得厉害, C 恐怕是感冒了。
　　B 아침에 일어났을 때 나는 몸이 편치 않다고 느꼈다, A 지금 또 열이 나기 시작했고, 머리도 심각하게 아프다, C 아마 감기에 걸린 것일 것이다.

　　✅ **합격노하우** 부사 又(또)를 사용한 보기는 문장의 맨 앞에 올 수 없다.

62
상

A 无论明天下雨还是不下雨
B 运动会都会按时举行
C 学校给我们发的通知上写着

无论 wúlùn 🖥 ~에 관계없이　下雨 xiàyǔ 🖥 비가 내리다
还是 háishi 🖥 ~든　运动会 yùndònghuì 🖥 운동회
按时 ànshí 🖥 제때에　举行 jǔxíng 🖥 열다, 거행하다
发 fā 🖥 발송하다　通知 tōngzhī 🖥 통지서, 통지
写着 xiězhe 쓰여 있다

A 내일 비가 내리든 안 내리든 관계없이
B 운동회는 모두 제때에 열릴 것이다
C 학교가 우리에게 발송한 통지서에 쓰여 있다

정답 CAB

해설　**첫 순서 보기 고르기**
　　B에서 부사 都(모두)가 쓰였으므로, 문장의 맨 앞에 올 수 없다. 따라서 A와 C가 첫 순서의 후보이다.

　　남은 보기 순서 배열하기
　　A의 접속사 无论(~에 관계없이)과 B의 부사 都(모두)는 无论······, 都······(~에 관계없이, 모두 ~하다)라는 짝꿍 연결어로 사용되므로, A → B의 순서로 연결하여 배열한다. (A → B)
　　A → B의 无论明天下雨还是不下雨, 运动会都会按时举行(내일 비가 내리든 안 내리든 관계없이, 운동회는 모두 제때에 열릴 것이다)는 C의 通知上写着(통지서에 쓰여 있다)에서 말한 통지서에 쓰여있는 구체적 내용이므로, A → B 앞에 C를 배열한다. (C → A → B)

　　완성된 문장
　　C 学校给我们发的通知上写着, A 无论明天下雨还是不下雨, B 运动会都会按时举行。
　　C 학교가 우리에게 발송한 통지서에 쓰여 있다, A 내일 비가 내리든 안 내리든 관계없이, B 운동회는 모두 제때에 열릴 것이다.

　　✅ **합격노하우** 두 개의 보기에 각각 '无论······(~에 관계없이)', '都······(모두 ~)'라는 짝꿍 연결어가 있으면 '无论······' → '都······'의 순서로 배열한다.

63
중

A 而失败让我们认识到自己的缺点
B 我们要感谢所有的成功和失败
C 因为成功让我们获得自信

而 ér㉘ 그리고　失败 shībài㉘ 실패　让 ràng㉙ ~하게 하다
认识 rènshi㉙ 알다　自己 zìjǐ㉘ 자신　缺点 quēdiǎn㉘ 단점
感谢 gǎnxiè㉙ 감사하다　所有 suǒyǒu㉘ 모든
成功 chénggōng㉘ 성공　因为 yīnwèi㉗ 왜냐하면
获得 huòdé㉙ 얻다　自信 zìxìn㉘ 자신감

A 그리고 실패는 우리에게 자신의 단점을 알게 해 준다
B 우리는 모든 성공과 실패에 감사해야 한다
C 왜냐하면 성공은 우리에게 자신감을 얻게 해 준다

정답 BCA

해설　첫 순서 보기 고르기
A는 접속사 而(그리고)로 시작하므로 문장의 맨 앞에 올 수 없다. 따라서 B, C가 첫 순서의 후보이다.

남은 보기 순서 배열하기
A의 而(그리고)은 앞의 내용과 이어지는 내용을 언급할 때 쓰이므로, A 而失败让我们认识到自己的缺点(그리고 실패는 우리에게 자신의 단점을 알게 해준다)의 앞에 쓰여 문맥상 자연스러운 것은 C의 成功让我们获得自信(성공은 우리에게 자신감을 얻게 해준다)이다. 따라서 A를 C 뒤에 배열한다. (C → A)
B 我们要感谢所有的成功和失败(우리는 모든 성공과 실패에 감사해야 한다)가 成功(성공)과 失败(실패) 두 가지를 모두 언급하고 있고, A와 C는 각각 失败(실패)와 成功(성공) 한 가지씩에 대해서만 언급하고 있다. 따라서 B가 A, C에 대한 포괄적 내용이므로, B를 C → A 앞에 배열한다. (B → C → A)

완성된 문장
B 我们要感谢所有的成功和失败, C 因为成功让我们获得自信, A 而失败让我们认识到自己的缺点。
B 우리는 모든 성공과 실패에 감사해야 한다, C 왜냐하면 성공은 우리에게 자신감을 얻게 해주고, A 그리고 실패는 우리에게 자신의 단점을 알게 해준다.

✅ **합격노하우** 접속사 而(그리고)은 앞선 내용과 이어지는 내용을 언급할 때 쓰이므로, 而이 쓰인 보기는 문장의 맨 앞에 올 수 없다.

64
하

A 他不仅耐心地回答了我的问题
B 方教授非常愿意和年轻人交流
C 还热情地给我的文章提出了许多建议

不仅 bùjǐn㉗ ~뿐만 아니라　耐心 nàixīn㉘ 참을성이 있다
回答 huídá㉙ 대답하다　问题 wèntí㉘ 질문
教授 jiàoshòu㉘ 교수　非常 fēicháng㉚ 매우
愿意 yuànyì㉙ 희망하다　年轻人 niánqīngrén㉘ 젊은 사람
交流 jiāoliú㉙ 소통하다, 교류하다　还 hái㉚ 게다가
热情 rèqíng㉘ 친절하다　文章 wénzhāng㉘ 문장
提出 tíchū㉙ 제기하다, 제의하다　许多 xǔduō㉘ 매우 많다
建议 jiànyì㉘ 제안

A 그는 나의 질문에 참을성 있게 대답해줄 뿐만 아니라
B 팡 교수는 젊은 사람과 소통하기를 매우 희망한다
C 게다가 친절하게 나의 문장에 매우 많은 제안을 제기한다

정답 BAC

해설　첫 순서 보기 고르기
A에는 인칭대사 他(그)가 쓰였으므로 문장의 맨 앞에 올 수 없고, C에는 주어가 없고 부사 还(게다가)가 쓰였으므로 문장의 맨 앞에 올 수 없다. 따라서 B 方教授非常愿意和年轻人交流(팡 교수는 젊은 사람과 소통하기를 매우 희망한다)를 첫 순서로 고른다. (B →)

남은 보기 순서 배열하기
A의 인칭대사 他(그)가 가리키는 대상이 B의 方教授(팡 교수)이므로, A를 B 다음으로 배열한다. (B → A)
C의 부사 还(게다가)와 A의 접속사 不仅(~뿐만 아니라)은 不仅……还……(~뿐만 아니라, 게다가~)라는 짝꿍 연결어로 사용되므로 A → C의 순서로 연결하여 첫 순서인 B 뒤에 배열한다. (B → A → C)

완성된 문장
B 方教授非常愿意和年轻人交流, A 他不仅耐心地回答了我的问题, C 还热情地给我的文章提出了许多建议。
B 팡 교수는 젊은 사람과 소통하기를 매우 희망한다, A 그는 나의 질문에 참을성 있게 대답해줄 뿐만 아니라, C 게다가 친절하게 나의 문장에 매우 많은 제안을 제기한다.

✅ **합격노하우** 두 개의 보기에 각각 '不仅……(~일 뿐만 아니라)', '还……(게다가 ~)'라는 짝꿍 연결어가 있으면 '不仅……' → '还……'의 순서로 배열한다.

65
상

A 意思是在比赛中输赢不是最关键的
B 增进友谊才是主要目的
C 中国人常说："友谊第一、比赛第二。"

意思 yìsi 뜻, 의미　比赛 bǐsài 경기　输赢 shūyíng 승패
关键 guānjiàn 가장 중요한　增进 zēngjìn 증진하다
友谊 yǒuyì 우정, 우호　才 cái 비로소　主要 zhǔyào 주된
目的 mùdì 목적　常 cháng 항상　第一 dìyī 첫째, 제1
第二 dì'èr 둘째, 제2

A 뜻은 경기 중 승패가 가장 중요한 것이 아니다
B 우정을 증진하는 것이 비로소 주된 목적이다
C 중국인은 "우정이 첫째고, 경기가 둘째다" 라고 항상 말한다

정답 CAB

해설 첫 순서 보기 고르기
A에서는 앞서 언급된 내용의 의미를 구체적으로 설명하는 意思是……(뜻은 ~이다)이 쓰였고, B에서는 앞서 언급된 내용의 결론을 설명하는 ……才是……(~이 비로소 ~이다)이 쓰였으므로, A와 B는 문장의 맨 앞에 올 수 없다. 따라서 C 中国人常说: "友谊第一、比赛第二。"(중국인은 "우정이 첫째고, 경기가 둘째다" 라고 항상 말한다)을 문장의 첫 순서로 고른다. (C →)

남은 보기 순서 배열하기
A의 意思是……(뜻은 ~이다)이 설명하고자 하는 내용이 C의 "友谊第一、比赛第二。"("우정이 첫째고, 경기가 둘째다")이므로, A를 C 뒤에 배열한다. (C → A)
B의 ……才是……(~이 비로소 ~이다)과 A의 ……不是……(~이 ~가 아니다)은 不是……才是……(~이 ~가 아니라, ~이 비로소 ~이다)이라는 짝꿍 연결어로 사용되므로, A → B의 순서로 연결하여 첫 순서인 C 뒤에 배열한다. (C → A → B)

완성된 문장
C 中国人常说: "友谊第一、比赛第二。", A 意思是在比赛中输赢不是最关键的, B 增进友谊才是主要目的。
C 중국인은 "우정이 첫째고, 경기가 둘째다" 라고 항상 말한다, A 뜻은 경기 중 승패가 가장 중요한 것이 아니고, B 우정을 증진하는 것이 비로소 주된 목적이다.

✅ **합격노하우** 두 개의 보기에 각각 '…不是…(~이 ~가 아니다)', '才是…(~이 비로소 ~이다)'이라는 짝꿍 연결어가 있으면 '…不是…' → '…才是…'의 순서로 배열한다.

66
중

日记可以让我们留住很多有趣的东西，比如说今天吃了好吃的菜，遇到了友好的人，这些都可以写到日记里，以后再看的时候都是美好的回忆。

★ 这段话告诉我们要?
A 多运动　　　　　B 写日记
C 好好吃饭　　　　D 认识朋友

日记 rìjì 일기　可以 kěyǐ ~할 수 있다
让 ràng ~하게 하다　留住 liúzhù 남겨 두다, 머무르게 하다
有趣 yǒuqù 흥미가 있다　东西 dōngxi 것, 물건
比如说 bǐrú shuō 예컨대　菜 cài 요리　遇到 yùdào 만나다
友好 yǒuhǎo 우호적이다　这些 zhèxiē 이런 것들
以后 yǐhòu 다음　再 zài 다시　时候 shíhou 때, 무렵
美好 měihǎo 아름답다　回忆 huíyì 추억
运动 yùndòng 운동하다　好好 hǎohǎo 잘
认识 rènshi 알다

일기는 우리가 매우 많은 흥미로운 것을 남겨둘 수 있게 하는데, 예컨대 오늘 맛있는 요리를 먹은 것, 우호적인 사람을 만난 것, 이런 것들을 모두 일기에 쓸 수 있고, 다음에 다시 보았을 때는 모두 아름다운 추억이다.

★ 이 지문은 우리에게 무엇을 해야한다고 말하는가?
A 운동을 많이 한다　　B 일기를 쓴다　　C 밥을 잘 먹는다　　D 친구를 사귄다

정답 B

해설 질문이 지문의 중심 내용을 물었다. 지문의 첫 부분에서 日记可以让我们留住很多有趣的东西(일기는 우리가 매우 많은 흥미로운 것을 남겨둘 수 있게 한다)라고 하였고, 이어서 今天吃了好吃的菜, 遇到了友好的人, 这些都可以写到日记里, 以后再看的时候都是美好的回忆(오늘 맛있는 요리를 먹은 것, 우호적인 사람을 만난 것, 이런 것들을 모두 일기에 쓸 수 있고, 다음에 다시 보았을 때는 모두 아름다운 추억이다)라며 일기 쓰기의 좋은 점을 말하고 있다. 따라서 지문 전반에서 반복적으로 언급된 중심 소재 B 写日记(일기를 쓴다)가 정답이다.

✅ **합격노하우** 질문이 중심소재를 묻는 경우, 지문 전반에서 반복적으로 언급된 소재를 찾아 정답으로 선택한다.

67
중

当我们进入一个新环境的时候，如果感到不适应，就应该积极地改变自己，主动适应新环境，而不是等着环境来适应我们。

★ 进入新环境时我们应该：

A 改变环境　　B 学会适应
C 冷静下来　　D 有自信心

当 dāng[개] ~일 때 进入 jìnrù[동] 들어가다
新 xīn[형] 새롭다 环境 huánjìng[명] 환경
时候 shíhou[명] 때, 무렵 如果 rúguǒ[접] 만약
感到 gǎndào[동] 느끼다 适应 shìyìng[동] 적응하다
应该 yīnggāi[조동] ~해야 한다 积极 jījí[형] 적극적이다
改变 gǎibiàn[동] 바꾸다 自己 zìjǐ[대] 자신, 자기
主动 zhǔdòng[형] 주동적인 学会 xuéhuì[동] 배워서 터득하다
冷静 lěngjìng[형] 침착하다 自信心 zìxìnxīn[명] 자신감

우리가 새로운 환경에 들어갈 때, 만약 적응이 안 된다고 느끼면, 적극적으로 자신을 바꾸고, 주동적으로 새로운 환경에 적응해야 하며, 환경이 우리에게 적응해 주길 기다리고 있어서는 안 된다.

★ 새로운 환경에 들어갈 때 우리가 해야 하는 것은:

A 환경을 바꾼다　　B 적응하는 법을 배워서 터득한다
C 침착하게 있는다　　D 자신감을 가진다

정답 B

해설 질문의 进入新环境时(새로운 환경에 들어갈 때)과 관련된 부분을 지문에서 찾아 주의 깊게 읽는다. 지문의 첫 부분에서 当我们进入一个新环境的时候，……应该积极地改变自己，主动适应新环境(우리가 새로운 환경에 들어갈 때, …… 적극적으로 자신을 바꾸고, 주동적으로 새로운 환경에 적응해야 한다)이라고 하였으므로 B 学会适应(적응하는 법을 배워서 터득한다)이 정답이다.

합격노하우 질문에 '……我们应该(우리가 해야 하는 것은)'가 있으면 앞부분을 핵심어구로 하여 지문에서 관련된 내용을 재빨리 찾는다.

68
중

结婚让人有幸福的感觉，但也有很多的烦恼，这是很正常的。遇到问题，夫妻双方不应该随随便便地放弃婚姻，而应该共同努力解决。在这个过程中，夫妻感情也会越来越好。

★ 对于结婚后的烦恼，夫妻两个人应该：

A 告诉父母　　B 永远忘记
C 互相批评　　D 一起解决

结婚 jiéhūn[명] 결혼 让 ràng[동] ~하게 하다
幸福 xìngfú[형] 행복하다 感觉 gǎnjué[명] 느낌
但 dàn[접] 그러나 烦恼 fánnǎo[명] 걱정[형] 걱정하다
正常 zhèngcháng[형] 정상적인 遇到 yùdào[동] 맞닥뜨리다
问题 wèntí[명] 문제 夫妻 fūqī[명] 부부
双方 shuāngfāng[명] 쌍방 应该 yīnggāi[조동] ~해야 한다
随随便便 suísuibiànbiàn[형] 제멋대로하다
放弃 fàngqì[동] 포기하다 婚姻 hūnyīn[명] 혼인 而 ér[접] 그리고
共同 gòngtóng[부] 함께 努力 nǔlì[형] 열심이다
解决 jiějué[동] 해결하다 过程 guòchéng[명] 과정
感情 gǎnqíng[명] 감정 越来越 yuèláiyuè[부] 더욱더
告诉 gàosu[동] 말하다 永远 yǒngyuǎn[부] 영원히
忘记 wàngjì[동] 잊어버리다 互相 hùxiāng[부] 서로
批评 pīpíng[동] 비판하다

결혼은 사람이 행복한 느낌을 가지게 하지만, 그러나 매우 많은 걱정도 있는데, 이것은 매우 정상적인 것이다. 문제를 맞닥뜨리면, 부부 쌍방이 제 멋대로 혼인을 포기해서는 안 되고, 함께 열심히 해결해야 한다. 이 과정 중에서, 부부의 감정도 더욱더 좋아질 것이다.

★ 결혼 후의 걱정에 대해, 부부 두 사람은 마땅히:

A 부모님에게 말한다　　B 영원히 잊는다　　C 서로 비판한다　　D 함께 해결한다

정답 D

해설 질문의 结婚后的烦恼(결혼 후의 걱정)와 夫妻两个人应该(부부 두 사람은 마땅히)에 관련된 부분을 지문에서 찾아 주의 깊게 읽는다. 지문에서 夫妻双方不应该……，而应该共同努力解决(부부 쌍방이 ~해서는 안 되고, 함께 열심히 해결해야 한다)라고 하였으므로 D 一起解决(함께 해결한다)가 정답이다.

합격노하우 질문이 对于(~에 대해)로 시작하면 对于 뒷부분을 핵심어구로 하여 지문에서 관련된 내용을 재빨리 찾는다.

69
중

人们常说"时间就是金钱"，其实时间比金钱更重要，钱没有了可以再赚，时间没了就回不来了。浪费时间就是浪费生命，我们要尽可能地在一定的时间里做更多有用的事情。

★ "时间就是金钱"的意思是：

A 不该浪费钱　　B 赚钱不容易
C 时间很重要　　D 要努力工作

常 cháng[부] 항상 时间 shíjiān[명] 시간 金钱 jīnqián[명] 돈
其实 qíshí[부] 사실 比 bǐ[개] ~보다 更 gèng[부] 더욱
重要 zhòngyào[형] 중요하다 赚 zhuàn[동] (돈을) 벌다
回不来 huí bu lái 돌아올 수 없다 浪费 làngfèi[동] 낭비하다
生命 shēngmìng[명] 생명 尽可能 jǐnkěnéng[부] 될 수 있는 한
一定 yídìng[형] 일정하다 做 zuò[동] 하다
有用 yǒuyòng[형] 유용하다 事情 shìqing[명] 일, 사건
意思 yìsi[명] 의미 不该 bùgāi[부] ~해서는 안 된다
容易 róngyì[형] 쉽다 努力 nǔlì[형] 열심이다

사람들은 "시간은 돈이다"라고 항상 말하지만, 사실 시간은 돈보다 더욱 중요한데, 돈이 없으면 다시 벌 수 있지만, 시간은 없어지면 다시 돌아오지 않는다. 시간을 낭비하는 것은 생명을 낭비하는 것이고, 우리는 될 수 있는 한 일정한 시간 내에 더 많은 유용한 일을 해야 한다.

★ "시간은 돈이다"의 의미는:
A 돈을 낭비하면 안 된다   B 돈을 버는 것은 쉽지 않다   C 시간은 매우 중요하다   D 열심히 일해야 한다   정답 C

해설 질문의 "时间就是金钱"("시간은 돈이다")과 관련된 부분을 지문에서 찾아 주의 깊게 읽는다. 지문에서 人们常说 "时间就是金钱", 其实时间比金钱更重要, ……, 时间没了就回不来了。浪费时间就是浪费生命(사람들은 "시간은 돈이다"라고 항상 말하지만, 사실 시간은 돈보다 더욱 중요하다, ……, 시간은 없어지면 다시 돌아오지 않는다. 시간을 낭비하는 것은 생명을 낭비하는 것이다)라고 하였으므로, 이를 통해 알 수 있는 C 时间很重要(시간은 매우 중요하다)가 정답이다.

✓ 합격노하우 질문에 따옴표(" ")로 인용된 표현이 있으면, 이 표현을 핵심어구로 하여 지문에서 관련된 내용을 재빨리 찾는다.

70 하

长江是中国人的"母亲河", 但是这些年来随着经济的发展, 长江的水污染问题变得特别严重。我们应该重视这个问题, 因为保护自然环境是我们每个人的责任。

★ 长江的水污染问题:
A 不太严重   B 应该重视
C 影响经济   D 很难解决

长江 Chángjiāng 고유 장강, 양쯔강
母亲河 mǔqīnhé 명 어머니와 같은 강, 민족의 젖줄
但是 dànshì 접 그러나 这些年 zhèxiē nián 요 몇 해
随着 suízhe ~에 따라 经济 jīngjì 명 경제
发展 fāzhǎn 통 발전 水污染 shuǐ wūrǎn 명 수질 오염
问题 wèntí 명 문제 变 biàn 통 변하다 特别 tèbié 부 아주
严重 yánzhòng 형 심각하다 应该 yīnggāi 조동 ~해야 한다
重视 zhòngshì 통 중시하다 因为 yīnwèi 접 왜냐하면
保护 bǎohù 통 보호하다 自然 zìrán 명 자연
环境 huánjìng 명 환경 责任 zérèn 명 책임
不太 bútài 그다지 ~지 않다 影响 yǐngxiǎng 통 영향을 주다
解决 jiějué 통 해결하다

장강은 중국인의 "어머니와 같은 강"인데, 그러나 요 몇년 간 경제의 발전에 따라, 장강의 수질 오염 문제가 아주 심각하게 변했다. 우리는 마땅히 이 문제를 중시해야 하는데, 왜냐하면 자연 환경을 보호하는 것은 우리 모두의 책임이기 때문이다.

★ 장강의 수질 오염 문제는:
A 그다지 심각하지 않다   B 중시해야 한다   C 경제에 영향을 준다   D 해결하기 어렵다   정답 B

해설 질문의 长江的水污染问题(장강의 수질 오염 문제는)와 관련된 부분을 지문에서 찾아 주의 깊게 읽는다. 지문에서 长江的水污染问题变得特别严重。我们应该重视这个问题(장강의 수질 오염 문제가 아주 심각하게 변했다. 우리는 마땅히 이 문제를 중시해야 한다)라고 하였으므로 B 应该重视(중시해야 한다)가 정답이다.

✓ 합격노하우 질문이 명사만으로 되어 있을 경우, 지문에서 명사를 재빨리 찾는다.

71 하

儿子, 你过来帮妈妈一个忙好吗? 我现在要去办公室送一份材料, 请你帮我把厨房里的盘子洗干净。

★ 说话人希望儿子帮她:
A 送材料   B 洗衣服
C 洗盘子   D 做晚饭

过来 guòlai 통 오다 帮忙 bāngmáng 통 도와주다
办公室 bàngōngshì 명 사무실 送 sòng 통 보내다
份 fèn 양 부, 권(문건, 신문 등을 세는 단위) 材料 cáiliào 명 자료
帮 bāng 통 돕다 厨房 chúfáng 명 주방 盘子 pánzi 명 쟁반
洗 xǐ 통 씻다 干净 gānjìng 형 깨끗하다
希望 xīwàng 통 희망하다 衣服 yīfu 명 옷
做 zuò 통 하다, 만들다 晚饭 wǎnfàn 명 저녁밥

아들아, 너 이리 와서 엄마를 좀 도와줄 수 있겠니? 내가 지금 사무실에 가서 자료 하나를 보내야 하는데, 네가 나를 도와 주방 안의 쟁반을 깨끗하게 씻어주렴.

★ 화자는 아들이 그녀를 도와 무엇을 해 주길 바라는가:
A 자료를 보낸다   B 옷을 세탁한다   C 쟁반을 씻는다   D 저녁밥을 한다   정답 C

해설 질문의 希望儿子帮她(아들이 그녀를 도와 ~을 하기를 바란다)와 관련된 내용을 지문에서 찾아 주의 깊게 읽는다. 지문에서 儿子, ……, 请你帮我把厨房里的盘子洗干净(아들아, ……, 네가 나를 도와 주방 안의 쟁반을 깨끗하게 씻어주렴)이라고 하였으므로 C 洗盘子(쟁반을 씻는다)가 정답이다.

✓ 합격노하우 질문에 说话人(화자)과 她가 포함된 경우 지문에서는 我와 관련된 내용으로 재빨리 찾아야 한다.

72 중

有些汉字也许我们不会读，但可以根据字的形状猜出它的意思。比如"瘟疫"两个字都有"疒"，我们学过的"病"字也有"疒"，说明这个词很可能和某种病有关系。

★ 根据这段话，我们可以知道带"疒"的汉字：
A 很难解释　　　　B 数量不多
C 读音都差不多　　D 意思和病有关

汉字 Hànzì 고유 한자	也许 yěxǔ 부 어쩌면	读 dú 동 읽다
可以 kěyǐ 조동 ~할 수 있다	根据 gēnjù 개 ~에 근거하여
字 zì 명 글자	形状 xíngzhuàng 명 형상	猜 cāi 동 추측하다
意思 yìsi 명 의미, 뜻	比如 bǐrú 예를 들면 ~이다, ~가 예다
瘟疫 wēnyì 명 급성 전염병	病 bìng 명 병
说明 shuōmíng 동 설명하다	词 cí 명 단어
可能 kěnéng 아마도	和 hé 개 ~와
某种 mǒu zhǒng 대 어떤 종류의
关系 guānxi 명 관계	带 dài 동 붙어 있다, 연관되다
解释 jiěshì 동 분석하다	数量 shùliàng 명 수량
读音 dúyīn 명 독음	差不多 chàbuduō 형 비슷하다
意思 yìsi 명 의미, 뜻	有关 yǒuguān 관계가 있다

어떤 한자는 어쩌면 우리가 읽을 수 없는데, 그러나 글자의 형상에 근거해서 그것의 의미를 추측해낼 수는 있다. 예를 들어 "瘟疫(온역)" 두 글자는 모두 "疒(역)"이 있는데, 우리가 배웠던 "病(병)" 글자도 "疒(역)"이 있다는 것은, 이 단어가 아마도 어떤 종류의 병과 관계가 있다는 것을 설명한다.

★ 이 지문에 근거하여, "疒(역)"이 붙어있는 한자에 대해 우리가 알 수 있는 것은:
A 매우 분석하기 어렵다　B 수량이 많지 않다　C 독음이 모두 비슷하다　D 의미가 병과 관계가 있다

정답 D

해설 질문의 "疒"와 관련된 부분을 지문에서 찾아 주의 깊게 읽는다. 지문에서 比如"瘟疫"两个字都有"疒"，我们学过的"病"字也有"疒"，说明这个词很可能和某种病有关系。(예를 들어 瘟疫(온역) 두 글자는 모두 "疒(역)"이 있는데, 우리가 배웠던 "病(병)" 글자도 "疒(역)"이 있다는 것은, 이 단어가 아마도 어떤 종류의 병과 관계가 있다는 것을 설명한다.)라고 하였으므로 D 意思和病有关(의미가 병과 관계가 있다)이 정답이다.

✓ **합격노하우** 질문에 따옴표(" ")로 인용된 표현이 있으면, 이 표현을 핵심어구로 하여 지문에서 관련된 내용을 재빨리 찾는다.

73 하

听说他获得了国际电影大奖，他的影迷们都向他表示祝贺。他对记者说，自己能拿到这个奖，离不开大家的支持和鼓励，他会继续努力，拍出更好的电影。

★ 根据这段话，我们可以知道他的职业是：
A 作家　　　　B 演员
C 医生　　　　D 警察

听说 tīngshuō 동 들은 바로는 ~라고 한다
获得 huòdé 동 획득하다	国际 guójì 명 국제
电影 diànyǐng 명 영화	大奖 dàjiǎng 명 대상
影迷 yǐngmí 명 영화 팬	向 xiàng 개 ~에게
表示 biǎoshì 동 표시하다	祝贺 zhùhè 동 축하하다
对 duì 개 ~에게	记者 jìzhě 명 기자	自己 zìjǐ 대 자신, 자기
拿到 nádào 동 받다	奖 jiǎng 명 상
离不开 lí bu kāi 없어서는 안 된다	大家 dàjiā 대 모두
支持 zhīchí 동 지지하다	鼓励 gǔlì 동 격려하다
继续 jìxù 동 계속하다	努力 nǔlì 동 열심히 하다	拍 pāi 동 찍다
职业 zhíyè 명 직업	作家 zuòjiā 명 작가	演员 yǎnyuán 명 배우
医生 yīshēng 명 의사	警察 jǐngchá 명 경찰

들은 바로는 그가 국제 영화 대상을 획득해서, 그의 영화 팬들은 모두 그에게 축하를 표시했다고 한다. 그가 기자에게 말하길, 자신이 이 상을 받을 수 있었던 것은 모두의 지지와 격려가 없었으면 안 되었고, 그는 계속 열심히 해서, 더 좋은 영화를 찍겠다고 했다.

★ 이 지문에 근거하여, 우리가 알 수 있는 그의 직업은:
A 작가　　　　B 배우　　　　C 의사　　　　D 경찰

정답 B

해설 질문의 他的职业(그의 직업)와 관련된 부분을 지문에서 찾아 주의 깊게 읽는다. 지문의 처음에 他获得了国际电影大奖(그가 국제 영화 대상을 획득했다)이라고 하였고, 마지막에 他会继续努力，拍出更好的电影(그는 계속 열심히 해서, 더 좋은 영화를 찍겠다고 했다)이라고 하였으므로, 이를 통해 알 수 있는 B 演员(배우)이 정답이다.

✓ **합격노하우** 질문에 根据这段话，我们可以知道(이 지문에 근거하여, 우리가 알 수 있는 것은)가 있으면 뒷부분을 핵심어구로 하여 지문에서 관련된 내용을 재빨리 찾는다.

74
중

你刚来北京没几天,对这里的情况也不太了解。如果你周末想出去玩儿,就打电话告诉我。我可是个"老北京",对这儿的每个地方都很熟悉。

★ 说话人是什么意思?
　A 他年纪很大　　　B 他熟悉北京
　C 他周末有空　　　D 他喜欢旅游

刚 gāng 〘부〙 막, 방금　北京 Běijīng 〘고유〙 베이징, 북경
情况 qíngkuàng 〘명〙 상황　不太 bútài 〘부〙 그다지 ~지 않다
了解 liǎojiě 〘동〙 이해하다　如果 rúguǒ 〘접〙 만약, 만일
周末 zhōumò 〘명〙 주말　出去 chūqu 〘동〙 나가다
玩儿 wánr 〘동〙 놀다　打电话 dǎ diànhuà 전화를 걸다
告诉 gàosu 〘동〙 알리다, 말하다
可 kě 〘부〙 평서문에 쓰여 강조를 나타냄　对 duì 〘개〙 ~에 대해
地方 dìfang 〘명〙 장소　熟悉 shúxī 〘동〙 익숙하다
年纪 niánjì 〘명〙 나이　有空 yǒukòng 시간이 있다
旅游 lǚyóu 〘동〙 여행하다

당신이 베이징에 막 온 지 얼마 안 되어서, 여기의 상황에 대해 그다지 이해가 안 될 거예요. 만약 당신이 주말에 나가서 놀고 싶으면, 저에게 전화를 걸어서 알려 주세요. 저는 "라오베이징"이라서, 이곳의 모든 장소에 대해 익숙합니다.

★ 화자의 말은 무슨 의미인가?
A 그는 나이가 많다　　B 그는 베이징이 익숙하다　　C 그는 주말에 시간이 있다　　D 그는 여행하는 것을 좋아한다　　정답 B

해설 질문에 특별한 핵심어구가 없으므로 각 보기의 年纪很大(나이가 많다), 熟悉北京(베이징이 익숙하다), 周末有空(주말에 시간이 있다), 喜欢旅游(여행하는 것을 좋아한다)를 핵심어구로 체크해 둔다. 지문에서 我可是个"老北京", 对这儿的每个地方都很熟悉.(저는 "라오베이징"이라서, 이곳의 모든 장소에 대해 익숙합니다.)라고 하였으므로 B 他熟悉北京(그는 베이징이 익숙하다)이 정답이다.

합격노하우 질문이 说话人是什么意思?(화자의 말은 무슨 뜻인가?)이면 보기를 핵심어구로 하여 지문에서 관련된 내용을 재빨리 찾는다.

75
하

6月1日到2日北京将举行国际经济会议,在这段时间里,其他城市的车辆暂时不允许进入北京。请您提前安排好自己的出行计划,如果因此给您带来了不便,请您原谅!

★ 最近其他城市的车辆不能进入北京是因为:
　A 举行会议　　　B 天气不好
　C 堵车严重　　　D 人口太多

北京 Běijīng 〘고유〙 베이징, 북경　将 jiāng 〘부〙 ~하게 될 것이다
举行 jǔxíng 〘동〙 열다, 거행하다　国际 guójì 〘명〙 국제
经济 jīngjì 〘명〙 경제　会议 huìyì 〘명〙 회의　段 duàn 〘명〙 기간
其他 qítā 〘대〙 다른　城市 chéngshì 〘명〙 도시
车辆 chēliàng 〘명〙 차량　暂时 zànshí 〘명〙 일시, 잠시
允许 yǔnxǔ 〘동〙 허용하다, 허가하다　进入 jìnrù 〘동〙 들어가다
提前 tíqián 〘동〙 앞당기다　安排 ānpái 〘동〙 안배하다
自己 zìjǐ 〘대〙 자신, 자기　出行 chūxíng 〘동〙 외지로 가다, 외출하다
计划 jìhuà 〘명〙 계획　如果 rúguǒ 〘접〙 만약　因此 yīncǐ 〘접〙 이 때문에
带来 dàilái 〘동〙 가져오다　不便 búbiàn 〘형〙 불편하다
原谅 yuánliàng 〘동〙 양해하다　其他 qítā 〘대〙 기타
天气 tiānqì 〘명〙 날씨　堵车 dǔchē 〘동〙 차가 막히다
严重 yánzhòng 〘형〙 매우 심하다, 심각하다　人口 rénkǒu 〘명〙 인구

6월 1일에서 2일까지 베이징에서 국제 경제 회의가 열릴 것이며, 이 기간에는, 다른 도시의 차량은 일시적으로 베이징에 들어오는 것이 허용되지 않습니다. 외지로 가시는 계획은 앞당겨 잘 안배해 주시고, 이 때문에 당신에게 불편함을 가져왔다면, 양해 부탁 드립니다!

★ 최근 다른 도시의 차량이 베이징에 진입할 수 없는 이유는:
A 회의를 연다　　B 날씨가 좋지 않다　　C 교통 체증이 너무 심하다　　D 인구가 너무 많다　　정답 A

해설 질문의 最近其他城市的车辆不能进入北京(최근 다른 도시의 차량이 베이징에 진입할 수 없다)와 관련된 부분을 지문에서 찾아 그 이유를 파악한다. 지문에서 6月1日到2日北京将举行国际经济会议, ……, 其他城市的车辆暂时不允许进入北京(6월 1일에서 2일까지 베이징에서 국제 경제 회의가 열릴 것이며, ……, 다른 도시의 차량은 일시적으로 베이징에 들어오는 것이 허용되지 않습니다)이라고 하였으므로 A 举行会议(회의를 연다)가 정답이다.

합격노하우 질문의 끝에 是因为(~ 때문이다)가 있으면 앞부분을 핵심어구로 하여 지문에서 관련된 이유를 재빨리 찾는다.

76 许先生今年已经80多岁了,但是他还在坚持工作,把中国的很多小说翻译成了法语。他说,这样做是为了完成自己的理想,让更多的外国人了解中国文化。

★ 许先生坚持翻译工作是为了:
A 多赚点儿钱   B 成为翻译家
C 提高法语水平   D 介绍中国文化

还 hái [부] 여전히　坚持 jiānchí [동] 계속 ~하다, 꾸준히 하다
工作 gōngzuò [동] 일하다 [명] 일　小说 xiǎoshuō [명] 소설
翻译 fānyì [동] 번역하다　成 chéng [동] ~으로 변하다
法语 Fǎyǔ [고유] 프랑스어　这样 zhèyàng [대] 이렇게
为了 wèile [개] ~을 하기 위하여　完成 wánchéng [동] 완성하다
自己 zìjǐ [대] 자신, 자기　理想 lǐxiǎng [명] 이상
让 ràng [동] ~하게 하다　更 gèng [부] 더, 더욱
了解 liǎojiě [동] 이해하다　文化 wénhuà [명] 문화
赚 zhuàn [동] (돈을) 벌다　成为 chéngwéi [동] ~이 되다
提高 tígāo [동] 높이다, 향상시키다　水平 shuǐpíng [명] 수준
介绍 jièshào [동] 소개하다

쉬 선생은 올해 벌써 80세가 넘었는데, 그러나 그는 여전히 계속 일하고 있으며, 중국의 매우 많은 소설을 프랑스어로 번역했다. 그가 말하길, 이렇게 하는 것은 자신의 이상을 완성하고, 더 많은 외국인이 중국 문화를 이해하게 하기 위함이라고 한다.

★ 쉬 선생이 번역 일을 계속하는 것은 무엇을 위해서인가?
A 돈을 더 많이 번다   B 번역가가 된다   C 프랑스어 수준을 높인다   D 중국 문화를 소개한다

정답 D

해설 질문의 许先生坚持翻译工作(쉬 선생이 번역하는 일을 계속하는 것은)와 관련된 부분을 지문에서 찾아 주의 깊게 읽는다. 지문에서 他还在坚持工作, ……, 这样做是为了完成自己的理想,让更多的外国人了解中国文化(그는 여전히 계속 일하고 있으며, ……, 이렇게 하는 것은 자신의 이상을 완성하고, 더 많은 외국인이 중국 문화를 이해하게 하기 위함이다)라고 했으므로, 이를 통해 알 수 있는 D 介绍中国文化(중국 문화를 소개한다)가 정답이다.

✓ 합격노하우 지문의 让更多的外国人了解中国文化(더 많은 외국인이 중국 문화를 이해하게 한다)가 보기 D 介绍中国文化(중국 문화를 소개한다)로 바꾸어 표현된 것을 확인한다.

77 酸梅汤是中国北方常见的饮料,它的味道就跟它的名字一样,又酸又甜。要是在温度特别高的夏天喝上一杯,会让你感觉非常凉快。

★ 从这段话中我们可以知道,酸梅汤:
A 又酸又甜   B 是蔬菜汤
C 温度特别高   D 南方人不喜欢

酸梅汤 suānméitāng 쏸메이탕(매실 음료)
北方 běifāng [명] 북방 지역, 북쪽　常见 chángjiàn [동] 흔한
饮料 yǐnliào [명] 음료　味道 wèidao [명] 맛　跟 gēn [개] ~와
一样 yíyàng [형] 같다　又 yòu [부] 또한, 동시에
酸 suān [형] (맛이) 시다　甜 tián [형] (맛이) 달다
要是 yàoshi [접] 만약　温度 wēndù [명] 온도　特别 tèbié [부] 아주
夏天 xiàtiān [명] 여름　杯 bēi [양] 잔, 컵　让 ràng [동] ~하게 하다
感觉 gǎnjué [동] ~라고 느끼다　凉快 liángkuai [형] 시원하다
蔬菜 shūcài [명] 채소　汤 tāng [명] 탕, 국
南方 nánfāng [명] 남방 지역, 남쪽

쏸메이탕은 중국 북방 지역에서 흔한 음료이며, 이것의 맛은 이것의 이름과 같이, 시기도 하며 달기도 하다. 만약 온도가 아주 높은 여름에 한 잔을 마신다면, 당신이 아주 시원하다고 느끼게 할 수 있다.

★ 이 지문에서 우리가 쏸메이탕에 대해 알 수 있는 것은:
A 시고 달다   B 채소탕이다
C 온도가 아주 높다   D 남방 지역 사람들은 좋아하지 않는다

정답 A

해설 질문의 酸梅汤(쏸메이탕)과 관련된 부분을 지문에서 찾아 주의 깊게 읽는다. 지문에서 酸梅汤是中国北方常见的饮料,它的味道就跟它的名字一样,又酸又甜.(쏸메이탕은 중국 북방 지역에서 흔한 음료이며, 이것의 맛은 이것의 이름과 같이, 시기도 하며 달기도 하다.)이라고 하였으므로 A 又酸又甜(시고 달다)이 정답이다.

✓ 합격노하우 질문에 从这段话中我们可以知道(이 지문에서 우리가 알 수 있는 것은)가 있으면 뒷부분을 핵심어구로 하여 지문에서 관련된 내용을 재빨리 찾는다.

78 중

我校现在需要招聘一名汉语老师，要求：年龄35岁以下，中文专业毕业，至少有一年的汉语教学经验。欢迎符合条件者前来应聘。

★ 应聘这个工作的人需要：
A 超过35岁　　　　B 会一门外语
C 有留学经历　　　D 有教学经验

단어	병음	뜻
我校 wǒ xiào	명	우리 학교
招聘 zhāopìn	동	채용하다
年龄 niánlíng	명	나이
中文 Zhōngwén	고유	중국어
毕业 bìyè	동	졸업하다
教学 jiàoxué	명	수업
符合 fúhé	동	부합하다
前来 qiánlái	동	오다, 다가오다
工作 gōngzuò	명	일, 직업
门 mén	양	가지, 과목(과학, 과목, 기술 등을 세는 단위)
外语 wàiyǔ	명	외국어
经历 jīnglì	명	경험, 경력
需要 xūyào	조동	~해야 한다
要求 yāoqiú	동	요구하다
以下 yǐxià	명	이하
专业 zhuānyè	명	전공
至少 zhìshǎo	부	적어도
经验 jīngyàn	명	경험
条件 tiáojiàn	명	조건
应聘 yìngpìn	동	지원하다
超过 chāoguò	동	넘다, 초과하다
留学 liúxué	동	유학

우리 학교는 지금 중국어 선생님을 한 명 채용해야 하는데, 나이는 35세 이하이고, 중국어 전공을 졸업하고, 적어도 1년의 중국어 수업 경험이 있는 것을 요구합니다. 조건에 부합하시는 분이 오셔서 지원해 주시는 것을 환영합니다.

★ 이 일에 지원하는 사람에게 요구되는 것:
A 35세를 넘는다　　B 한 가지 외국어를 할 줄 안다　　C 유학 경험이 있다　　D 수업 경험이 있다　　정답 D

해설 질문의 应聘这个工作的人需要(이 일에 지원하는 사람에게 요구되는 것은)와 관련된 부분을 지문에서 찾아 주의 깊게 읽는다. 지문에서 要求：年龄35岁以下，中文专业毕业，至少有一年的汉语教学经验(나이는 35세 이하이고, 중국어 전공을 졸업하고, 적어도 1년의 중국어 수업 경험이 있는 것을 요구합니다)이라고 하였으므로 D 有教学经验(수업 경험이 있다)이 정답이다.

✓ **합격노하우** 질문이 전부 핵심어구인 경우에 질문과 관련된 부분을 지문에서 재빨리 찾는다.

79 중

女儿们的聊天内容总是和衣服有关，父亲实在受不了了，说："你们从早到晚都在聊衣服。就不能谈点儿其他的吗？"女儿说："好吧，我们现在就开始谈帽子吧。"

★ 爸爸希望女儿们：
A 聊聊别的内容　　B 晚上早点睡觉
C 少买点儿衣服　　D 在家安静一些

단어	병음	뜻
聊天 liáotiān	동	이야기하다
总是 zǒngshì	부	늘
实在 shízài	부	정말
从早到晚 cóng zǎo dào wǎn		온종일, 아침부터 저녁까지
聊 liáo	동	이야기하다
其他 qítā	대	다른, 기타의
帽子 màozi	명	모자
别的 biéde	대	다른
一些 yìxiē	양	좀, 약간, 조금
内容 nèiróng	명	내용
有关 yǒuguān	동	관련이 있다
受不了 shòu bu liǎo		견딜 수 없다
谈 tán	동	말하다, 이야기 하다
开始 kāishǐ	동	시작하다
希望 xīwàng	동	희망하다
少 shǎo	형	조금
安静 ānjìng	형	조용하다

딸들의 이야기하는 내용은 늘 옷과 관련이 있는데, 아버지는 정말 견딜 수 없어서 말했다. "너희는 온종일 옷 이야기를 하고 있구나. 다른 것 좀 이야기할 수 없겠니?" 딸이 말했다. "좋아요, 우린 지금부터 모자에 대해 이야기하기 시작할게요."

★ 아버지가 딸들에게 희망하는 것:
A 다른 내용을 이야기한다　　B 저녁에 일찍 잔다　　C 옷을 조금만 산다　　D 집에서 좀 조용히 한다　　정답 A

해설 질문의 爸爸希望女儿们(아버지가 딸들에게 희망하는 것은)과 관련된 부분을 지문에서 찾아 주의 깊게 읽는다. 지문에서 父亲……说："你们从早到晚都在聊衣服。就不能谈点儿其他的吗？"(아버지는 …… 말했다. "너희는 온종일 옷 이야기를 하고 있구나. 다른 것 좀 이야기할 수 없겠니?")라고 하였으므로 A 聊聊别的内容(다른 내용을 이야기한다)이 정답이다.

✓ **합격노하우** 질문이 전부 핵심어구인 경우에 질문과 관련된 부분을 지문에서 재빨리 찾는다.

80-81

教育学家常说: "兴趣是最好的老师"。⁸⁰在我小时候, 我父母很注意发展我的兴趣爱好, 比如弹钢琴、踢足球、画画儿等。并且⁸¹他们很尊重我自己的选择, 支持和鼓励我做自己感兴趣的事。⁸⁰我很感谢他们, 因为这样做确实对孩子的性格发展和成长都很有好处, 不但会让他们感觉到轻松和愉快, 也会让他们以后的生活变得更加丰富多彩。

교육학 jiàoyùxué 圀 교육학
家 jiā 圀 어떤 사회 활동이나 어떤 지식·기예에 정통하고 지명도가 있는 사람
常 cháng 囝 항상 **兴趣** xìngqù 圀 흥미
小时候 xiǎoshíhou 圀 어렸을 때, 어린 시절 **注意** zhùyì 圄 주의하다
发展 fāzhǎn 圄 발전시키다 **爱好** àihào 圀 취미
弹钢琴 tán gāngqín 피아노를 치다 **踢足球** tī zúqiú 축구를 하다
画画儿 huàhuàr 圄 그림을 그리다 **并且** bìngqiě 圙 게다가, 또한
尊重 zūnzhòng 圄 존중하다 **自己** zìjǐ 때 스스로, 자신
选择 xuǎnzé 圄 선택하다 **支持** zhīchí 圄 지지하다
鼓励 gǔlì 圄 격려하다 **感兴趣** gǎn xìngqù 흥미가 있다, 관심이 있다
感谢 gǎnxiè 圄 감사하다 **因为** yīnwèi 圙 왜냐하면
这样 zhèyàng 때 이러하다 **确实** quèshí 囝 확실히, 틀림없이
对 duì 개 ~에 대해 **孩子** háizi 圀 아이 **性格** xìnggé 圀 성격
成长 chéngzhǎng 圄 성장 **好处** hǎochù 圀 좋은 점
不但 búdàn 圙 ~뿐만 아니라 **让** ràng 圄 ~하게 하다
感觉 gǎnjué 圄 느끼다 **轻松** qīngsōng 圙 홀가분하다, 가뿐하다
愉快 yúkuài 圙 유쾌하다, 기쁘다 **以后** yǐhòu 圀 이후
生活 shēnghuó 圀 생활 **变** biàn 圄 변하다
更加 gèngjiā 囝 더욱, 한층 더
丰富多彩 fēngfù duōcǎi 圙 풍부하고 다채롭다

교육학자는 항상 "흥미는 가장 좋은 선생님이다"라고 말한다. ⁸⁰내가 어렸을 때, 우리 부모님은 나의 흥미와 취미를 발전시키는 것에 매우 주의를 기울였는데, 피아노 치기, 축구 하기, 그림 그리기 등이 그 예다. 게다가 ⁸¹그들은 내 스스로의 선택을 매우 존중해 주셨고, 내가 스스로 흥미 있어 하는 일을 하는 것을 지지하고 격려해 주셨다. ⁸⁰나는 그들에게 매우 감사하다, 왜냐하면 이렇게 하는 것은 확실히 아이의 성격 발전과 성장에 좋은 점이 아주 많은데, 아이들이 홀가분하고 유쾌하다고 느끼게 할 수 있을뿐만 아니라, 이후의 생활도 더욱 풍부하고 다채롭게 변하게 할 수 있기 때문이다.

80 하

★ 这段话认为孩子小时候应该:
A 常常运动　　B 好好学习
C 多认识朋友　D 发展兴趣爱好

小时候 xiǎoshíhou 圀 어렸을 때 **应该** yīnggāi 조동 ~해야 한다
常常 chángcháng 囝 자주 **运动** yùndòng 圄 운동하다
好好 hǎohǎo 囝 잘 **认识** rènshi 圄 알다
发展 fāzhǎn 圄 발전시키다 **兴趣爱好** xìngqù àihào 흥미와 취미

★ 이 지문에서 아이가 어렸을 때 어떻게 해야 한다고 여기는가:
A 자주 운동한다　　B 잘 공부한다　　C 친구를 많이 알아둔다　　D 흥미와 취미를 발전시킨다　　정답 D

해설 질문의 孩子小时候应该(아이가 어렸을 때 어떻게 해야 하는가)와 관련된 부분을 지문에서 찾아 주의 깊게 읽는다. 지문에서 在我小时候, 我父母很注意发展我的兴趣爱好, ……。我很感谢他们, 因为这样做确实对孩子的性格发展和成长都很有好处(내가 어렸을 때, 우리 부모님은 나의 흥미와 취미를 발전시키는 것에 매우 주의를 기울였는데, ……. 나는 그들에게 매우 감사하다, 왜냐하면 이렇게 하는 것은 확실히 아이의 성격 발전과 성장에 좋은 점이 아주 많다)라고 하였으므로, 이를 통해 알 수 있는 D 发展兴趣爱好(흥미와 취미를 발전시킨다)가 정답이다.

✓ **합격노하우** 질문에 这段话认为(이 지문에서 ~라고 여긴다)이 있으면 뒷부분을 핵심어구로 하여 지문에서 관련된 내용을 재빨리 찾는다.

81 중

★ 家长培养孩子兴趣时最好:
A 尊重孩子的选择　　B 了解孩子的性格
C 重视老师的看法　　D 学习别人的经验

家长 jiāzhǎng 圀 학부모 **培养** péiyǎng 圄 기르다, 배양하다
兴趣 xìngqù 圀 흥미 **最好** zuìhǎo 囝 ~하는 게 제일 좋다
尊重 zūnzhòng 圄 존중하다 **选择** xuǎnzé 圄 선택하다
了解 liǎojiě 圄 이해하다 **性格** xìnggé 圀 성격
重视 zhòngshì 圄 중시하다 **看法** kànfǎ 圀 견해
学习 xuéxí 圄 학습하다 **别人** biérén 때 다른 사람
经验 jīngyàn 圀 경험

★ 학부모가 아이의 흥미를 길러줄 때 어떻게 하는 것이 가장 좋은가:
A 아이의 선택을 존중한다　　B 아이의 성격을 이해한다　　C 선생님의 견해를 중시한다　　D 다른 사람의 경험을 학습한다　　정답 A

해설 질문의 家长培养孩子兴趣(학부모가 아이의 흥미를 길러준다)와 관련된 부분을 지문에서 찾아 주의 깊게 읽는다. 지문에서 他们很尊重我自己的选择, 支持和鼓励我做自己感兴趣的事(그들은 내 스스로의 선택을 매우 존중해주셨고, 내가 스스로 흥미 있어 하는 일을 하는 것을 지지하고 격려해주셨다)라고 하였으므로, 이를 통해 알 수 있는 A 尊重孩子的选择(아이의 선택을 존중한다)가 정답이다.

✓ **합격노하우** 질문의 끝에 最好(~하는 것이 가장 좋다)가 있으면 앞부분을 핵심어구로 하여 지문에서 관련된 내용을 재빨리 찾는다.

82-83

生活就好像爬山，每个人都很努力地往上爬，⁸²但是很少有人能爬到最高处，看到最美丽的景色。⁸²原因只有一个，那就是，大部分人一遇到困难就放弃了。所以无论是在学习、工作还是生活中，⁸³我们都要不断努力，即使困难再大，也要坚持到底。

生活 shēnghuó 명 생활 好像 hǎoxiàng 동 비슷하다
爬山 páshān 동 등산하다 努力 nǔlì 형 열심이다 동 노력하다
往 wǎng 개 ~를 향해 爬 pá 동 오르다, 기어오르다
但是 dànshì 접 그러나 高处 gāochù 명 높은 곳
美丽 měilì 형 아름답다 景色 jǐngsè 명 풍경 原因 yuányīn 명 원인
只有 zhǐyǒu 동 ~밖에 없다 大部分 dàbùfen 명 대부분
一……就…… yí…… jiù…… 부 ~하기만 하면 ~하다
遇到 yùdào 동 맞닥뜨리다 困难 kùnnan 명 어려움
放弃 fàngqì 동 포기하다 无论 wúlùn 접 ~에 관계없이
不断 búduàn 부 끊임없이 即使 jíshǐ 접 설령 ~하더라도
坚持 jiānchí 동 꾸준히 하다, 견지하다 到底 dàodǐ 동 끝까지 ~하다

생활은 등산하는 것과 비슷한데, 모든 사람들은 매우 열심히 위를 향해 올라가지만, ⁸²하지만 가장 높은 곳에 올라 가장 아름다운 풍경을 볼 수 있는 사람은 아주 적다. ⁸²원인은 하나밖에 없는데, 그것은 바로, 대부분의 사람은 어려움을 맞닥뜨리기만 하면 바로 포기하기 때문이다. 그래서 공부든, 일이든, 생활 속에서든 관계없이, ⁸³우리는 모두 끊임없이 노력하고, 설령 어려움이 크더라도 끝까지 꾸준히 해야 한다.

82 상

★ 人们爬不到高处是因为:
A 不够聪明   B 不能坚持
C 没有能力   D 改变了方向

爬 pá 동 오르다, 기어오르다 高处 gāochù 명 높은 곳
因为 yīnwèi 접 ~때문에 不够 búgòu 부 그다지, 그리
聪明 cōngming 형 똑똑하다
坚持 jiānchí 동 꾸준히 하다, 견지하다 能力 nénglì 명 능력
改变 gǎibiàn 동 바꾸다 方向 fāngxiàng 명 방향

★ 사람들이 높은 곳에 오르지 못하는 이유는:
A 그다지 똑똑하지 않다   B 꾸준히 할 수 없다   C 능력이 없다   D 방향을 바꿨다   정답 B

해설 질문의 人们爬不到高处是因为(사람들이 높은 곳에 오르지 못하는 이유는)와 관련된 부분을 지문에서 찾아 주의 깊게 읽는다. 지문에서 但是很少有人能爬到最高处, ……。原因只有一个, 那就是, 大部分人一遇到困难就放弃了.(하지만 가장 높은 곳에 오를 수 있는 사람은 아주 적다, ……。원인은 하나밖에 없는데, 그것은 바로, 대부분의 사람은 어려움을 맞닥뜨리기만 하면 바로 포기하기 때문이다.)라고 하였으므로, 이를 통해 알 수 있는 B 不能坚持(꾸준히 할 수 없다)이 정답이다.

✓ 합격노하우 지문의 遇到困难就放弃了(어려움을 맞닥뜨리기만 하면 바로 포기한다)가 보기 B 不能坚持(꾸준히 할 수 없다)로 바꾸어 표현된 것을 확인한다.

83 상

★ 这段话建议人们:
A 经常爬山   B 增加经验
C 坚持到底   D 努力工作

经常 jīngcháng 부 자주, 종종 爬山 páshān 동 등산하다
增加 zēngjiā 동 늘리다 经验 jīngyàn 명 경험
坚持 jiānchí 동 꾸준히 하다, 견지하다 到底 dàodǐ 동 끝까지 ~하다
努力 nǔlì 형 열심히 하다 工作 gōngzuò 동 일하다

★ 이 지문이 사람들에게 제안하는 것은:
A 자주 등산한다   B 경험을 늘린다   C 끝까지 꾸준히 한다   D 열심히 일한다   정답 C

해설 질문의 建议人们(사람들에게 제안하는 것은)과 관련된 부분을 지문에서 찾아 주의 깊게 읽는다. 지문의 마지막에서 我们都要不断努力, 即使困难再大, 也要坚持到底(우리는 모두 끊임없이 노력하고, 설령 어려움이 크더라도 끝까지 꾸준히 해야 한다)라고 하였으므로 C 坚持到底(끝까지 꾸준히 한다)가 정답이다.

✓ 합격노하우 질문에 这段话(이 지문이)가 있으면 뒷부분을 핵심어구로 하여 지문에서 관련된 내용을 재빨리 찾는다.

84-85

⁸⁴在生活中，怎么与朋友建立友好的关系，距离是关键。有的人把朋友当成自己的家人，什么都谈。然而朋友到底不是父母，也不是家人，他们也有自己的生活。⁸⁵如果你与朋友走得太近，虽然你自己的感觉挺好，但⁸⁵有的朋友很可能会觉得你打扰了他。所以和朋友在一起，最好有一定的距离，这样才会让你们都觉得舒服。

生活 shēnghuó 명 생활　怎么 zěnme 떼 어떻게
建立 jiànlì 통 형성하다　友好 yǒuhǎo 형 우호적인
关系 guānxì 명 관계　距离 jùlí 명 거리　关键 guānjiàn 명 관건
当成 dàngchéng 통 ~으로 여기다　自己 zìjǐ 때 자신, 자기
家人 jiārén 명 가족　谈 tán 통 이야기하다
然而 rán'ér 접 그러나, 그렇지만　到底 dàodǐ 튄 아무래도
如果 rúguǒ 접 만약　走 zǒu 통 (친척과 친구 사이에) 교제하다
近 jìn 형 가깝다, 친하다　感觉 gǎnjué 명 느낌
可能 kěnéng 튄 아마도　觉得 juéde 통 ~라고 생각하다
打扰 dǎrǎo 통 방해하다　所以 suǒyǐ 접 그래서
最好 zuìhǎo 튄 ~하는 게 제일 좋다　一定 yídìng 형 일정하다
这样 zhèyàng 떼 이러하다　舒服 shūfu 형 (마음·몸이) 편안하다

⁸⁴생활 속에서, 어떻게 친구와 우호적인 관계를 형성할지는, 거리가 관건이다. 어떤 사람은 친구를 자신의 가족으로 여기고, 모든 것을 이야기한다. 그러나 친구는 아무래도 부모가 아니고, 가족도 아니며 그들도 스스로의 생활이 있다. ⁸⁵만약 당신이 친구와 너무 가깝게 교제하면, 비록 당신 스스로의 느낌은 아주 좋겠지만, 하지만 ⁸⁵어떤 친구는 아마도 당신이 그를 방해한다고 생각할 수도 있다. 그래서 친구와 함께 있으면, 일정한 거리가 있는 것이 가장 좋고, 이렇게 해야 비로소 당신이 모두 편하다고 생각할 것이다.

84 중

★ 朋友关系中要注意的是：
A 感觉　　　B 责任
C 友谊　　　D 距离

关系 guānxì 명 관계　注意 zhùyì 통 주의하다
感觉 gǎnjué 명 느낌, 감각　责任 zérèn 명 책임
友谊 yǒuyì 명 우정　距离 jùlí 명 거리

★ 친구 관계에서 주의해야 할 것은：
A 느낌　　B 책임　　C 우정　　D 거리　　정답 D

해설 질문의 朋友关系中要注意的(친구 관계에서 주의해야 할 것)과 관련된 부분을 지문에서 찾아 주의 깊게 읽는다. 지문 처음 부분에서 在生活中, 怎么与朋友建立友好的关系, 距离是关键.(생활 속에서, 어떻게 친구와 우호적인 관계를 형성할지는, 거리가 관건이다.)이라고 하였으므로 D 距离(거리)가 정답이다.

✓ 합격노하우 질문의 끝에 是(~이다)이 있으면 앞부분을 핵심어구로 하여 지문에서 관련된 내용을 재빨리 찾는다.

85 중

★ 要是与朋友走得太近，朋友会觉得：
A 不友好　　B 压力大
C 被打扰　　D 很失望

要是 yàoshi 접 만약　走 zǒu 통 (친척과 친구 사이에) 교제하다
觉得 juéde 통 ~라고 생각하다　友好 yǒuhǎo 형 우호적이다
压力 yālì 명 스트레스　打扰 dǎrǎo 통 방해하다
失望 shīwàng 통 실망하다

★ 만약 친구와 너무 가깝게 교제하면, 친구가 어떻게 생각할 수 있는가：
A 우호적이지 않다　B 스트레스가 크다　C 방해를 받는다　D 매우 실망한다　　정답 C

해설 질문의 要是与朋友走得太近, 朋友会觉得(만약 친구와 너무 가깝게 교제하면, 친구가 어떻게 생각할 수 있는가)와 관련된 부분을 지문에서 찾아 주의 깊게 읽는다. 지문에서 如果你与朋友走得太近, ……, 有的朋友很可能会觉得你打扰了他(만약 당신과 친구가 너무 가깝게 교제하면, ……, 어떤 친구는 아마도 당신이 그를 방해한다고 생각할 수도 있다)라고 하였으므로 C 被打扰(방해를 받는다)가 정답이다.

✓ 합격노하우 질문이 전부 핵심어구인 경우에 질문과 관련된 부분을 지문에서 재빨리 찾는다.

三、书写 쓰기

86 하
让我　明天的　紧张　考试

让 ràng 통 ~하게 하다, ~하게 시키다
紧张 jǐnzhāng 형 불안하다　考试 kǎoshì 명 시험

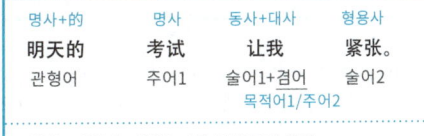

명사+的	명사	동사+대사	형용사
明天的	考试	让我	紧张。
관형어	주어1	술어1+겸어	술어2
		목적어1/주어2	

해석 : 내일의 시험은 나를 불안하게 한다.

해설
술어1과 술어2 배치하기 제시된 어휘 중 사역동사 让(~를 ~하게 하다)이 있으므로 겸어문을 완성해야 한다. 따라서 让이 있는 让我(나를 ~하게 하다)를 술어1 자리에 배치하고, 형용사 紧张(불안하다)을 술어2 자리에 배치한다. 참고로, 让我에서 我(나)는 술어1 让의 목적어이자 술어2 紧张의 주어가 되는 겸어이다.
→ 让我紧张 (나를 불안하게 한다)
문장 완성하기 명사 考试(시험)을 술어1 让 앞 주어1 자리에 배치하고, 남은 어휘인 '명사+的' 형태의 明天的(내일의)를 주어1 考试(시험) 앞에 관형어로 배치하여 문장을 완성한다.
→ 明天的考试让我紧张。(내일의 시험은 나를 불안하게 한다.)

✓ **합격노하우** 제시된 어휘 중 让과 동사 또는 형용사가 1개 있으면 让을 술어1 자리에, 동사 또는 형용사를 술어2 자리에 배치한다.

87 중
对健康　有很大　长时间坐着　影响

对 duì 개 ~에 대해　健康 jiànkāng 명 건강
长时间 cháng shíjiān 명 장시간　坐 zuò 동 앉다
着 zhe 조 ~하고 있다　影响 yǐngxiǎng 명 영향

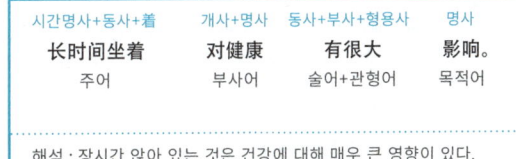

시간명사+동사+着	개사+명사	동사+부사+형용사	명사
长时间坐着	对健康	有很大	影响。
주어	부사어	술어+관형어	목적어

해석 : 장시간 앉아 있는 것은 건강에 대해 매우 큰 영향이 있다.

해설
술어 배치하기 제시된 어휘 중 有很大가 있으므로 有자문을 완성해야 한다. '동사+부사+형용사' 형태인 有很大(매우 큰 ~이/가 있다)를 술어 자리에 배치한다.
→ 有很大 (매우 큰 ~이/가 있다)
주어와 목적어 배치하기 '명사+동사+着' 형태인 长时间坐着(장시간 앉아 있는 것)와 명사 影响(영향) 중, 술어인 有很大(매우 큰 ~이/가 있다)와 문맥상 목적어로 어울리는 影响(영향)을 목적어 자리에 배치하고, 주어로 어울리는 长时间坐着(장시간 앉아 있는 것)를 주어 자리에 배치한다. 참고로 长时间坐着(장시간 앉아 있는 것)는 부사어 역할을 하는 시간명사 长时间(장시간)과 술어 역할을 하는 동사 坐着(앉아 있다)가 연결된 동사구이고, 동사구는 주어 또는 목적어 자리에 배치할 수 있다.
→ 长时间坐着有很大影响 (장시간 앉아 있는 것은 매우 큰 영향이 있다)
문장 완성하기 남은 어휘인 '개사+명사' 형태의 对健康(건강에 대해)을 술어 有很大(매우 큰 ~이/가 있다) 앞에 부사어로 배치하여 문장을 완성한다.
→ 长时间坐着对健康有很大影响。(장시간 앉아 있는 것은 건강에 대해 매우 큰 영향이 있다.)

✓ **합격노하우** 동사(구), 형용사(구)도 주어나 목적어 자리에 올 수 있다.

88 중
要　多积累　年轻人　经验

要 yào 조동 ~해야 한다　积累 jīlěi 동 쌓다, 쌓이다
年轻人 niánqīngrén 명 젊은 사람　经验 jīngyàn 명 경험

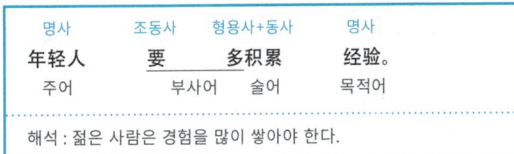

명사	조동사	형용사+동사	명사
年轻人	要	多积累	经验。
주어	부사어	술어	목적어

해석 : 젊은 사람은 경험을 많이 쌓아야 한다.

해설
술어 배치하기 제시된 어휘 중 유일한 동사 积累(쌓다)를 포함한 '형용사+동사' 형태인 多积累(많이 쌓다)를 술어 자리에 배치한다.
→ 多积累 (많이 쌓다)
주어와 목적어 배치하기 명사 年轻人(젊은 사람)과 经验(경험) 중 술어 多积累(많이 쌓다)와 문맥상 목적어로 어울리는 经验(경험)을 목적어 자리에, 주어로 어울리는 年轻人(젊은 사람)을 주어 자리에 배치한다.
→ 年轻人多积累经验 (젊은 사람은 경험을 많이 쌓는다)
문장 완성하기 남은 어휘인 조동사 要(~해야 한다)를 술어 多积累(많이 쌓다) 앞에 부사어로 배치하여 문장을 완성한다.
→ 年轻人要多积累经验。(젊은 사람은 경험을 많이 쌓아야 한다.)

✓ **합격노하우** 1음절 형용사 多(많다)는 동사 앞에서 부사어로 쓰일 수 있다.

89 중

写　按照　请你　这张表格

写 xiě 쓰다, 작성하다　按照 ànzhào 께 ~에 따라
表格 biǎogé 몡 양식

请+대사	개사	대사+양사+명사	동사
请你	按照	这张表格	写。
请+주어		부사어	술어

해석 : 당신이 이 양식에 따라 써주세요.

해설
주어와 술어 배치하기 제시된 어휘 중 문장 맨 앞에서 '~해주세요'라는 청유의 의미를 나타내는 동사 请이 있으므로, '请+대사' 형태의 请你(당신이 ~해주세요)를 문장 맨 앞 주어 자리에 바로 배치하고, 동사 写(쓰다)를 술어 자리에 배치한다.
→ 请你 ~ 写(당신이 써주세요)
문장 완성하기 남은 어휘 중 개사 按照(~에 따라)와 '대사+양사+명사' 형태의 这张表格(이 양식)를 '按照这张表格(이 양식에 따라)'라는 개사구로 연결하여 술어 写(쓰다) 앞에 부사어로 배치하여 문장을 완성한다.
→ 请你按照这张表格写。(당신이 이 양식에 따라 써주세요.)

✓ **합격노하우** 청유의 의미를 나타내는 동사 请(~해 주세요)은 문장 맨 앞에 배치한다.

90 중

雨　得　刚才的　真突然　下

刚才 gāngcái 몡 방금　真 zhēn 뮈 정말
突然 tūrán 쥉 갑작스럽다

명사+的	명사	동사	得	부사+형용사
刚才的	雨	下	得	真突然。
관형어	주어	술어	得	보어

해석 : 방금의 비는 정말 갑작스럽게 내렸다.

해설
술어와 보어 배치하기 제시된 어휘에 정도보어를 이끄는 구조조사 得가 있으므로, '술어+得+보어' 형태의 문장을 완성해야 한다. 따라서, 동사 下(내리다)를 술어 자리에 배치하고, 정도보어가 될 수 있는 '부사+형용사' 형태의 真突然(정말 갑작스럽다)을 得 뒤의 보어 자리에 배치한다.
→ 下得真突然 (정말 갑작스럽게 내린다)
주어 배치하기 제시된 어휘 중 유일한 명사인 雨(비)를 주어 자리에 배치한다.
→ 雨下得真突然 (비는 정말 갑작스럽게 내린다)
문장 완성하기 남은 어휘인 '명사+的' 형태의 刚才的(방금의)를 주어 雨(비) 앞에 관형어로 배치하여 문장을 완성한다.
→ 刚才的雨下得真突然。(방금의 비는 정말 갑작스럽게 내렸다.)

✓ **합격노하우** 제시된 어휘 중 구조조사 得, 동사, '부사+형용사' 형태의 어휘가 있으면 '동사+得+부사+형용사'의 순서로 정도보어를 배치한다.

91 중

时间　越长越好　睡觉　吗

时间 shíjiān 몡 시간　越…越… yuè…yuè… 뮈 ~할수록 ~하다
长 cháng 쥉 길다　睡觉 shuìjiào 동 잠을 자다

동사	명사	越+형용사+越+형용사	조사
睡觉	时间	越长越好	吗?
관형어	주어	술어	吗

해석 : 잠자는 시간은 길수록 좋은가?

해설
술어 배치하기 제시된 어휘 중 '越+형용사+越+형용사(~할수록 ~하다)' 형태의 越长越好(길수록 좋다)를 술어 자리에 배치한다.
→ 越长越好 (길수록 좋다)
주어 목적어 배치하기 제시된 어휘 중 유일한 명사인 时间(시간)을 주어 자리에 배치한다.
→ 时间越长越好 (시간은 길수록 좋다)
문장 완성하기 남은 어휘 중 동사 睡觉(잠자다)를 주어 时间(시간)앞에 관형어로 배치하고, 의문조사 吗를 문장 끝에 배치하고 물음표를 붙여 문장을 완성한다.
→ 睡觉时间越长越好吗? (잠자는 시간은 길수록 좋은가?)

✓ **합격노하우** 睡觉时间(잠자는 시간)과 같이 동사도 관형어로 쓰일 수 있으며, 동사 관형어와 주어 사이에 的를 쓸 수도 있고 생략할 수도 있음을 알아둔다.

92 상

塑料袋　都　不提供　这家超市　连

塑料袋 sùliàodài 명 비닐봉지　提供 tígōng 동 제공하다
家 jiā 양 집, 점포 등을 세는 단위　超市 chāoshì 명 슈퍼마켓
连 lián 개 ~조차도

대사+양사+명사	개사	명사	부사	부사+동사
这家超市	连	塑料袋	都	不提供。
관형어+주어		부사어		술어

해석 : 이 슈퍼마켓은 비닐봉지조차도 제공하지 않는다.

해설
술어 배치하기 제시된 어휘 중 유일하게 동사를 포함하고 있는 '부사+동사' 형태의 不提供(제공하지 않는다)을 곧바로 술어 자리에 배치한다.
→ 不提供 (제공하지 않는다)
주어 배치하기 '대사+양사+명사' 형태의 这家超市(이 슈퍼마켓)이 술어 不提供(제공하지 않는다)과 문맥상 주어로 어울리므로 这家超市(이 슈퍼마켓)을 주어 자리에 배치한다.
→ 这家超市 不提供 (이 슈퍼마켓은 제공하지 않는다)
문장 완성하기 남은 어휘 중 개사 连(~조차도)과 부사 都(~조차도)가 있으므로 连……都(~조차도)라는 짝꿍 연결어를 완성해야 한다. 따라서, 짝꿍 연결어 连……都(~조차도)와 명사 塑料袋(비닐봉지)를 连塑料袋都(비닐봉지조차도)로 연결한 후, 술어 不提供(제공하지 않는다) 앞에 부사어로 배치하여 문장을 완성한다.
→ 这家超市连塑料袋都不提供。(이 슈퍼마켓은 비닐봉지조차도 제공하지 않는다.)

✅ **합격노하우** 어휘 중 개사 连(~조차도)와 부사 都(모두)가 있으면 '连……都……(~조차도)' 형태로 배치한다.

93 중

你毕业　去哪儿　以后　工作

毕业 bìyè 동 졸업하다　哪儿 nǎr 데 어디
以后 yǐhòu 명 이후　工作 gōngzuò 동 일하다

대사+동사	시간명사	동사+대사	동사
你毕业	以后	去哪儿	工作?
주어	부사어	술어1+목적어	술어2

해석 : 당신은 졸업한 이후에 일하러 어디에 가십니까?

해설
술어1과 술어2 배치하기 제시된 어휘 중 去哪儿의 去(가다)와 工作(일하다) 두 개가 동사이므로 연동문 완성을 고려해야 한다. 去哪儿(어디에 가다)을 술어1 자리에, '가다'라는 행위의 목적이 되는 工作(일하다)를 술어2 자리에 배치한다. 또한, 哪儿(어디)은 의문대사이므로 문장의 끝에 물음표를 붙인다.
→ 去哪儿工作? (일하러 어디에 가십니까?)
주어와 부사어 배치하기 '대사+동사' 형태인 你毕业(당신은 졸업하다)의 你(당신)가 去哪儿工作(일하러 어디에 가십니까?)와 문맥상 주어로 어울리므로 你毕业(당신은 졸업하다)를 주어 자리에 배치한다. 또한, 제시된 어휘에 동사와 함께 쓰여 부사어가 될 수 있는 시간명사 以后(이후)가 있으므로, 주어 你毕业(당신은 졸업하다)의 동사 毕业(졸업하다) 뒤에 붙여 你毕业以后(당신은 졸업한 이후)로 연결한 후, 去哪儿工作(일하러 어디에 가십니까?) 앞에 배치하여 문장을 완성한다.
→ 你毕业以后去哪儿工作? (당신은 졸업한 이후에 일하러 어디에 가십니까?)

✅ **합격노하우** 시간명사 以后(이후)는 동사 뒤에 쓰여, '동사+以后'(~한 이후)라는 부사어로 쓰일 수 있음을 알아둔다.

94 중

引起　感冒　会　头疼　很可能

引起 yǐnqǐ 동 일으키다, 야기하다　感冒 gǎnmào 명 감기
头疼 tóuténg 명 두통　可能 kěnéng 부 아마도

명사	부사+부사	조동사	동사	명사
感冒	很可能	会	引起	头疼。
주어	부사어		술어	목적어

해석 : 감기는 아마도 두통을 일으킬 것이다.

해설
술어 배치하기 제시된 어휘 중 感冒(감기에 걸리다), 头疼(머리가 아프다), 引起(일으키다)가 모두 동사의 의미가 있지만, 感冒(감기)와 头疼(두통)은 명사의 의미도 있으므로 동사의 의미만 있는 引起(일으키다)를 술어 자리에 배치한다.
→ 引起 (일으키다)
주어 목적어 배치하기 명사 感冒(감기)와 头疼(두통) 중 술어 引起(일으키다)와 문맥상 목적어로 어울리는 명사 头疼(두통)을 목적어 자리에, 주어로 어울리는 感冒(감기)를 주어 자리에 배치한다.
→ 感冒引起头疼 (감기는 두통을 일으키다)
문장 완성하기 남은 어휘인 '부사+부사' 형태의 很可能(아마도)과 조동사 会(~할 것이다)를 很可能会(아마도 ~할 것이다)의 순서로 연결한 후, 술어 引起(일으키다) 앞에 부사어로 배치하여 문장을 완성한다. 참고로 부사어가 여러 개인 경우에는 '부사→조동사'의 순서로 배치한다.
→ 感冒很可能会引起头疼。(감기는 아마도 두통을 일으킬 것이다.)

✅ **합격노하우** 제시된 어휘 중 부사와 조동사가 있으면 '부사+조동사'의 순서로 부사어를 배치한다.

95	弟弟　手机　忘　把　在洗手间了
중	弟弟 dìdi 몡 남동생　手机 shǒujī 몡 휴대폰 忘 wàng 통 잊다　洗手间 xǐshǒujiān 몡 화장실

→

명사	把	명사	동사	개사+명사+了
弟弟	把	手机	忘	在洗手间了。
주어		목적어(행위의 대상)	술어	결과보어+了 기타성분

해석 : 남동생은 휴대폰을 화장실에 잊고 두고 왔다.

해설

把 ~ 술어+기타성분 배치하기 제시된 어휘 중 把가 있으므로 把자문을 완성해야 한다. 따라서, 동사 忘(잊다)과 '개사+명사+了' 형태의 在洗手间了(화장실에)를 '술어+기타성분' 자리에, 把를 술어 앞쪽에 배치한다. 참고로 在洗手间了(화장실에)는 '결과보어+了' 형태의 기타성분이다.
→ 把 ~ 忘在洗手间了 (~을 화장실에 잊고 두고 왔다)

주어와 목적어(행위의 대상) 배치하기 명사 弟弟(남동생)와 手机(휴대폰) 중 술어 忘(잊다)과 문맥상 목적어로 어울리는 手机(휴대폰)를 把 뒤 목적어(행위의 대상) 자리에, 주어로 어울리는 弟弟(남동생)를 주어 자리에 배치하여 문장을 완성한다.
→ 弟弟把手机忘在洗手间了。(남동생은 휴대폰을 화장실에 잊고 두고 왔다.)

✅ **합격노하우** 제시된 어휘 중 개사 把, 동사, 개사구 '在……'가 있으면 '把……+동사+在……'와 같이 '把 ~ 술어+기타성분'을 동시에 배치한다.

96	
중	 景色 jǐngsè 몡 풍경	**해설** 제시어로 문장 떠올리기 [예시] ① 이곳의 풍경은 정말 아름답다! ② 아름다운 풍경은 사람을 매우 감동시킨다. 떠올린 문장 쓰기 [모범 답안] ① 这里的景色真美啊! ② 美丽的景色很让人感动。 　어휘 　这里 zhèlǐ 떼 이곳　景色 jǐngsè 몡 풍경　真 zhēn 틘 정말　美 měi 톈 아름답다 　美丽 měilì 톈 아름답다　让 ràng 통 ~을 ~시키다, ~을 ~하게 하다 　感动 gǎndòng 통 감동하다 ✅ **합격노하우** 1. 景色真美 풍경이 정말 아름답다 2. ……让人感动 ~은 사람을 감동시킨다

97	
중	 放松 fàngsōng 통 긴장을 풀다	**해설** 제시어로 문장 떠올리기 [예시] ① 업무 스트레스가 너무 커서, 그녀는 긴장을 좀 풀어야 한다. ② 그녀는 안경을 내려놓고 눈의 긴장을 좀 풀어야 한다. 떠올린 문장 쓰기 [모범 답안] ① 工作压力太大了, 她需要放松一下。 ② 她需要放下眼镜放松一下眼睛。 　어휘 　工作 gōngzuò 몡 업무　压力 yālì 몡 스트레스　需要 xūyào 조동 ~해야 한다 　放松 fàngsōng 통 긴장을 풀다　眼镜 yǎnjìng 몡 안경　眼睛 yǎnjing 몡 눈 ✅ **합격노하우** 1. 需要放松 긴장을 풀어야 한다 2. 放下眼镜 안경을 내려놓다

98 중

合适 héshì 혱 알맞다, 어울리다

해설

제시어로 문장 떠올리기
[예시]
① 이 옷의 크기는 나에게 딱 알맞다.
② 이 옷은 그녀가 입으니 정말 어울린다.

떠올린 문장 쓰기
[모범 답안]
① 这件衣服的大小对我正合适。
② 这件衣服她穿很合适。
  어휘
  件 jiàn 양 개(하나하나로 셀 수 있는 물건을 세는 단위) 衣服 yīfu 명 옷
  大小 dàxiǎo 명 크기 对 duì 깨 ~에게 正 zhèng 부 딱, 마침
  合适 héshì 혱 알맞다, 어울리다 穿 chuān 동 입다

✅ 합격노하우
1. ……对我正合适 ~은 나에게 딱 알맞다
2. 这件衣服她穿很…… 이 옷은 그녀가 입으니 정말 ~하다

99 중

醒 xǐng 동 잠에서 깨다

해설

제시어로 문장 떠올리기
[예시]
① 그녀는 오늘 아침 7시에 이미 잠에서 깨어났다.
② 그녀는 매일 잠에서 깨자마자 즉시 문을 연다.

떠올린 문장 쓰기
[모범 답안]
① 她今天早上七点就醒了。
② 她每天一醒就去开门。
  어휘
  就 jiù 부 이미, 즉시 醒 xǐng 동 잠에서 깨다 开门 kāimén 동 문을 열다

✅ 합격노하우
一醒就…… 잠에서 깨자마자 즉시 ~하다

100 중

热闹 rènao 혱 시끌벅적하다

해설

제시어로 문장 떠올리기
[예시]
① 이 거리는 매일 시끌벅적하다.
② 이 거리에는 사람이 아주 많아서, 특히 시끌벅적하다.

떠올린 문장 쓰기
[모범 답안]
① 这条街每天都很热闹。
② 这条街上人很多,特别热闹。
  어휘
  条 tiáo 양 갈래, 줄기(가늘고 긴 것을 세는 단위) 街 jiē 명 거리
  热闹 rènao 혱 시끌벅적하다 特别 tèbié 부 특히, 유달리

✅ 합격노하우
1. 每天都…… 매일 ~하다
2. 特别热闹 특히 시끌벅적하다

고사장 소음까지 대비하고
듣기 점수 올리려면?

해커스중국어(china.Hackers.com)에서
고사장 소음 버전 MP3 무료 다운받기!

실전모의고사
제3회

听力 듣기 / 어휘·해석·해설

阅读 독해 / 어휘·해석·해설

书写 쓰기 / 어휘·해석·해설

一、听力 듣기

문제별 분할 mp3
바로듣기

1 중

★ 航班没有准时起飞。 (　　)

飞往美国的航班由于天气原因推迟了，我们不得不在机场等着。

航班 hángbān 명 (비행기나 배의) 항공편, 운항편
准时 zhǔnshí 부 제때에, 정시에　起飞 qǐfēi 동 (비행기·로켓 등이) 이륙하다
飞往 fēiwǎng 동 (비행기로) ~로 향하다　美国 Měiguó 고유 미국
由于 yóuyú 개 ~때문에　天气 tiānqì 명 날씨　原因 yuányīn 명 원인
推迟 tuīchí 동 지연되다, 지연시키다　不得不 bùdébù 부 어쩔 수 없이
机场 jīchǎng 명 공항　等 děng 동 기다리다

★ 항공편이 제때에 이륙하지 않았다. (✓)
미국으로 향하는 항공편이 날씨의 원인 때문에 지연되었고, 우리들은 어쩔 수 없이 공항에서 기다리고 있다.

정답 ✓

해설 제시된 문장의 航班没有准时起飞。(항공편이 제때에 이륙하지 않았다.)라는 내용이 음성에서 언급되는지를 주의 깊게 들어야 한다. 음성에서 航班由于天气原因推迟了(항공편이 날씨의 원인 때문에 지연되었고)라는 일치하는 내용이 언급되었다. 따라서 제시된 문장과 음성의 내용은 일치한다. 제시된 문장의 没有准时起飞(제때에 이륙하지 않았다)가 음성에서 推迟了(지연되었다)로 바꿔 표현된 것에 유의한다.

✓ **합격노하우** 제시된 문장에 '没有+동사(~하지 않았다)'가 있으면, 음성에서도 '동사'의 동작을 안 했다고 하는지 주의 깊게 들어야 한다.

2 하

★ 说话人还没有开始表演。 (　　)

马上就要到我表演了，我现在感觉很紧张，但是也有点儿激动。

开始 kāishǐ 동 시작되다, 개시하다　表演 biǎoyǎn 명 공연 동 공연하다
马上 mǎshàng 부 곧, 금방　就 jiù 부 곧, 즉시
要 yào 조동 ~할 것이다, ~하려 하고 있다　到 dào 동 (시간, 기간, 날짜가) 되다
感觉 gǎnjué 동 느끼다, 여기다　紧张 jǐnzhāng 형 긴장해 있다
但是 dànshì 접 그러나　有点儿 yǒudiǎnr 부 조금, 약간
激动 jīdòng 형 흥분하다, 감격하다

★ 화자는 아직 공연을 시작하지 않았다. (✓)
곧 제가 공연할 시간이 되는데, 저는 지금 매우 긴장해 있음을 느끼지만, 그러나 조금 흥분되기도 해요.

정답 ✓

해설 제시된 문장에 부정부사 没有(~하지 않았다)가 있으므로, 还没有开始表演(아직 공연을 시작하지 않았다)이라는 내용이 음성에서 언급되는지를 주의 깊게 들어야 한다. 음성에서 马上就要到我表演了(곧 제가 공연할 시간이 된다)라는 일치하는 내용이 언급되었다. 따라서 제시된 문장과 음성의 내용은 일치한다.

✓ **합격노하우** 제시된 문장에 '还没有+동사(아직 ~하지 않았다)'가 있으면, 음성에서도 '동사'의 동작이 발생하지 않았다고 하는지 주의 깊게 들어야 한다.

3 중

★ 说话人要帮小李买车票。 (　　)

小李，下周一我要去一趟北京，请帮我上网看一下是否还有票，最好是有座位的票。

帮 bāng 동 돕다, 거들다　车票 chēpiào 명 차표　下 xià 명 다음
周一 zhōuyī 명 월요일　趟 tàng 양 번, 차례(왕래한 횟수를 세는 단위)
北京 Běijīng 고유 베이징, 북경
上网 shàngwǎng 동 인터넷을 하다, 인터넷을 연결하다
是否 shìfǒu 부 ~인지 아닌지　票 piào 명 표, 티켓
最好 zuìhǎo 부 가장 좋은 것은, 가장 바람직한 것은　座位 zuòwèi 명 좌석

★ 화자는 샤오리를 도와 차표를 사주려고 한다. (X)
샤오리, 다음주 월요일에 난 베이징에 한번 다녀올 거야, 날 좀 도와서 인터넷으로 아직 표가 있는지 없는지 봐줘, 좌석이 있는 표라면 가장 좋고.

정답 X

해설 제시된 문장은 说话人要帮小李买车票。(화자는 샤오리를 도와 차표를 사주려고 한다.)라는 내용이므로 음성에서 이 내용이 언급되는지를 주의 깊게 들어야 한다. 그런데 음성에서는 '화자는 샤오리를 도와 차표를 사주려고 한다'고 한 것이 아니라 화자가 샤오리에게 请帮我上网看一下是否还有票(날 좀 도와서 인터넷으로 아직 표가 있는지 없는지 봐줘)라고 제시된 문장과 다른 내용이 언급되었다. 따라서 제시된 문장과 음성의 내용은 일치하지 않는다.

✓ **합격노하우** 제시된 문장에 '要/不要+동사(~할 것이다/~해서는 안 된다)'가 있으면, 음성에서 '동사'의 동작을 할 것이라고 하는지의 여부를 주의 깊게 들어야 한다.

4 (하)

★ 说话人把帽子放在床上了。（ ）

我把你的帽子洗干净放在沙发旁边了，你出门的时候别忘了戴啊，今天天气挺冷的。

帽子 màozi 圏 모자　放 fàng 图 놓아두다　床 chuáng 圏 침대
洗 xǐ 图 빨다, 씻다　干净 gānjìng 圏 깨끗하다　沙发 shāfā 圏 소파
旁边 pángbiān 圏 옆　出门 chūmén 图 외출하다, 집을 나서다
别 bié 图 ~하지 마라　忘 wàng 图 잊다, 잊어버리다
戴 dài 图 (머리·얼굴·팔 등에) 쓰다, 착용하다　天气 tiānqì 圏 날씨
挺 tǐng 图 아주 ~하다　冷 lěng 圏 (날씨가) 춥다

★ 화자는 모자를 침대 위에 놓아두었다. (X)

내가 너의 모자를 깨끗이 빨아서 소파 옆에 놓아두었어, 외출할 때 쓰는 거 잊지 마, 오늘 날씨가 아주 추워.

정답 X

해설 제시된 문장에 장소를 나타내는 표현 在床上(침대 위에)이 있으므로 把帽子放在床上了(모자를 침대 위에 놓아두었다)와 관련된 내용을 주의 깊게 들어야 한다. 음성에서 我把你的帽子洗干净放在沙发旁边了(내가 너의 모자를 깨끗이 빨아서 소파 옆에 놓아두었어)라는 제시된 문장과 다른 내용이 언급되었다. 따라서 제시된 문장과 음성의 내용은 일치하지 않는다.

✅ **합격노하우** 제시된 문장에 사물의 위치를 나타내는 표현이 있으면, 음성에서도 이 위치가 동일하게 언급되는지 주의 깊게 들어야 한다.

5 (중)

★ 保护环境是大家共同的责任。（ ）

你怎么可以在公园里乱扔垃圾呢？我们每个人都应该保护环境！

保护 bǎohù 图 보호하다　环境 huánjìng 圏 환경
大家 dàjiā 떼 모두, 다들　共同 gòngtóng 圏 공동의　责任 zérèn 圏 책임
怎么 zěnme 떼 어떻게, 어째서　可以 kěyǐ 區통 ~할 수 있다
公园 gōngyuán 圏 공원　乱 luàn 图 함부로, 제멋대로
扔 rēng 图 버리다, 내버리다　垃圾 lājī 圏 쓰레기, 오물
每个 měi ge ~마다　应该 yīnggāi 區통 ~해야 한다

★ 환경을 보호하는 것은 모두의 공동적 책임이다. (✓)

너 어떻게 공원 안에서 쓰레기를 함부로 버릴 수 있니? 우리들 한 사람 한 사람 모두 환경을 보호해야 해!

정답 ✓

해설 제시된 문장이 保护环境是大家共同的责任。(환경을 보호하는 것은 모두의 공동적 책임이다.)이라는 다소 상식적으로 당연한 사실의 내용이므로 일치일 가능성을 염두에 두고 음성을 듣는다. 음성에서 我们每个人都应该保护环境!(우리들 한 사람 한 사람 모두 환경을 보호해야 해!)이 언급되었다. 따라서 제시된 문장과 음성의 내용은 일치한다.

✅ **합격노하우** 제시된 문장이 상식적으로 당연한 사실일 경우에는 일치일 가능성을 염두에 두고 음성을 듣는다.

6 (하)

★ 说话人的爸爸每个月打两次乒乓球。（ ）

我爸爸喜欢打乒乓球，每周都要打两三次，对他来说这是最好的放松方法。

爸爸 bàba 圏 아버지　每个 měi ge ~마다　打 dǎ 图 (운동, 놀이를) 하다
乒乓球 pīngpāngqiú 圏 탁구　喜欢 xǐhuan 图 좋아하다, 애호하다
每周 měi zhōu 매주, 주마다　对…来说 duì…láishuō ~에게 있어서
最好 zuìhǎo 图 가장 좋다
放松 fàngsōng 图 스트레스를 풀다, 정신적 긴장을 풀다
方法 fāngfǎ 圏 방법

★ 화자의 아버지는 매달 두 번 탁구를 하신다. (X)

나의 아버지는 탁구를 하는 것을 좋아하시는데, 매주 두세 번 하셔야 하며, 그에게 있어서 이것은 가장 좋은 스트레스를 푸는 방법이다.

정답 X

해설 제시된 문장은 说话人的爸爸每个月打两次乒乓球。(화자의 아버지는 매달 두 번 탁구를 하신다.)라는 내용이므로 음성에서 이 내용이 언급되는지 주의 깊게 들어야 한다. 그런데 음성에서는 每周都要打两三次(매주 두세 번 하셔야 한다)라는 제시된 문장과 다른 내용이 언급되었다. 따라서 제시된 문장과 음성의 내용은 일치하지 않는다.

✅ **합격노하우** 제시된 문장에 每个月(매달)과 같은 시간 표현이 있으면, '시간+사건'의 내용이 음성에서도 동일하게 언급되는지 주의 깊게 들어야 한다.

7 (하)

★ 火车就要出发了。（ ）

旅客朋友们请注意，前方到站南京站，请需要下车的旅客提前做好准备。

火车 huǒchē 圏 기차　就要 jiùyào 图 곧　出发 chūfā 图 출발하다
旅客 lǚkè 圏 여행객　注意 zhùyì 图 주의하다
前方 qiánfāng 圏 앞, 앞부분
到站 dàozhàn 图 (기차·차 등이) 역에(정거장에) 도착하다
南京站 Nánjīngzhàn 고유 난징 역(중국 난징 시에 위치한 역)
需要 xūyào 區통 ~할 필요가 있다　下车 xiàchē (차에서) 내리다, 하차하다
提前 tíqián 图 미리, 앞당겨　做好 zuòhǎo 잘 해두다
准备 zhǔnbèi 圏 준비

★ 기차가 곧 출발하려 한다. (X)

여행객 여러분 주의해주시기 바랍니다, 앞으로 도착하는 역은 난징 역입니다, 내리셔야 하는 여행객 분께서는 미리 준비를 잘 해두시기 바랍니다.

정답 X

해설 제시된 문장은 火车就要出发了.(기차가 곧 출발하려 한다.)라는 내용이므로 음성에서 이 내용이 언급되는지를 주의 깊게 들어야 한다. 그런데 음성에서는 前方到站南京站(앞으로 도착하는 역은 난징 역입니다)이라는 제시된 문장과 반대되는 내용이 언급되었다. 따라서 제시된 문장과 음성의 내용은 일치하지 않는다.

✅ 합격노하우 제시된 문장에 '就要+동사+了(곧 ~할 것이다)'가 있으면, 음성에서도 '동사'의 동작이나 상태가 곧 발생할 것으로 언급하는지의 여부를 주의 깊게 들어야 한다.

8 중

★ 说话人打算派小张去上海出差。( )

小张，下个星期上海那边有个重要的会议。我想了想，还是觉得你去最合适。

打算 dǎsuàn 통 ~하려고 하다, ~할 계획이다 派 pài 통 보내다, 파견하다
上海 Shànghǎi 고유 상하이, 상해 出差 chūchāi 통 출장 가다
下 xià 명 다음 星期 xīngqī 명 주, 요일 重要 zhòngyào 형 중요하다
会议 huìyì 명 회의 还是 háishi 부 역시나, 여전히
觉得 juéde 통 ~라고 생각하다 合适 héshì 형 적합하다, 알맞다

★ 화자는 샤오장을 상하이로 출장 보내려고 한다. (✓)

샤오장, 다음주 상하이 그쪽에 중요한 회의가 있어요. 내가 생각해봤는데, 역시나 당신이 가는 것이 가장 적합하다고 생각해요.

정답 ✓

해설 제시된 문장에서 打算派小张去上海出差(샤오장을 상하이로 출장 보내려고 한다)가 음성에서 이 내용이 음성에서 언급되는지를 주의 깊게 들어야 한다. 음성에서 小张，下个星期上海那边有个重要的会议. …… 还是觉得你去最合适(샤오장, 다음주 상하이 그쪽에 중요한 회의가 있어요. …… 역시나 당신이 가는 것이 가장 적합하다고 생각해요)이라는 일치하는 내용이 언급되었다. 따라서 제시된 문장과 음성의 내용은 일치한다.

✅ 합격노하우 제시된 문장에 '打算+동사(~하려고 한다)'가 있으면, 음성에서도 이 내용이 동일하게 언급되는지 주의 깊게 들어야 한다.

9 중

★ 文文毕业后想继续读研究生。( )

文文，刚毕业的大学生很难找到好工作的。你就听爸爸的话，读个研究生吧！

毕业 bìyè 통 졸업하다 继续 jìxù 통 계속하다
读研究生 dú yánjiūshēng 대학원 공부를 하다 刚 gāng 부 막, 방금
大学生 dàxuéshēng 명 대학생 工作 gōngzuò 명 일자리, 직업
听 tīng 통 (의견 권고 등을) 듣다, 받아들이다 话 huà 명 말

★ 원원은 졸업 후에도 계속해서 대학원 공부를 하고 싶어 한다. (X)

원원, 막 졸업한 대학생은 좋은 일자리를 찾기가 아주 어려워. 그냥 아빠 말을 듣고, 대학원 공부를 해라!

정답 X

해설 제시된 문장은 文文毕业后想继续读研究生.(원원은 졸업 후에도 계속해서 대학원 공부를 하고 싶어 한다.)이라는 내용이므로 음성에서 이 내용이 언급되는지를 주의 깊게 들어야 한다. 그런데 음성에서는 你就听爸爸的话，读个研究生吧!(그냥 아빠 말을 듣고, 대학원 공부를 해라!)라는, 아빠(爸爸)가 원원에게 대학원 공부를 할 것을 권유하는 내용만 언급되었다. 음성에서 제시된 문장이 언급되지 않았으므로, 제시된 문장과 음성의 내용은 일치하지 않는다.

✅ 합격노하우 제시된 문장에 后(후)'와 같은 시간을 나타내는 표현이 있으면, '시간+사건'의 내용이 음성에서도 동일하게 언급되는지 주의 깊게 들어야 한다.

10 중

★ 公园门口不能停车。( )

我们好像不能停在这儿吧？你看，这里写了"公园入口处禁止停车"。

公园 gōngyuán 명 공원 门口 ménkǒu 명 입구
不能 bùnéng 조동 ~할 수가 없다
停车 tíngchē 통 차량을 주차하다 好像 hǎoxiàng 부 ~인 것 같다
停 tíng 통 (차를) 세우다, 정지하다 入口处 rùkǒuchù 명 입구
禁止 jìnzhǐ 통 금지하다

★ 공원 입구에 주차할 수 없다. (✓)

우리 여기에 주차하면 안 될 것 같은데? 봐봐, 여기에 "공원 입구에 주차를 금지합니다"라고 쓰여있어.

정답 ✓

해설 제시된 문장에 불가능을 나타내는 不能(~할 수 없다)이 있으므로, 不能停车(주차할 수 없다)라는 내용이 음성에서 언급되는지를 주의 깊게 들어야 한다. 음성에서 公园入口处禁止停车(공원 입구에 주차를 금지합니다)라는 일치하는 내용이 언급되었다. 따라서 제시된 문장과 음성의 내용은 일치한다.

✅ 합격노하우 제시된 문장에 '能/不能+동사(~할 수 있다/~할 수 없다)'가 있으면, 음성에서 '동사'의 동작이나 상태가 가능하다고 하는지의 여부를 주의 깊게 들어야 한다.

11 하

A 修电脑 B 见客人 C 去上班 D 去学习

男：你提着电脑去哪儿？怎么这么着急？
女：我下午要和一位重要的客人见面，快来不及了。
问：女的要去干什么？

修 xiū 통 수리하다 电脑 diànnǎo 명 컴퓨터 见 jiàn 통 만나다, 마주치다
客人 kèrén 명 손님 上班 shàngbān 통 출근하다
学习 xuéxí 통 공부하다 提 tí 통 (손잡이나 끈이 있는 물건을) 들다
着急 zháojí 통 조급해하다 下午 xiàwǔ 명 오후 和 hé 개 ~와
重要 zhòngyào 형 중요하다 见面 jiànmiàn 통 만나다, 대면하다
快 kuài 부 곧 来不及 lái bu jí 통 제시간에 맞출 수 없다

A 컴퓨터를 수리한다　　B 손님을 만난다　　C 출근하러 간다　　D 공부하러 간다

남: 너 컴퓨터를 들고 어디가? 왜 이렇게 급해?
여: 내가 오후에 한 중요한 손님과 만나야 하는데, 곧 제시간에 맞출 수 없게 돼.
질문: 여자는 무엇을 하러 가는가?

정답 B

해설 제시된 보기 A 修电脑(컴퓨터를 수리한다), B 见客人(손님을 만난다), C 去上班(출근하러 간다), D 去学习(공부하러 간다)가 모두 동작과 관련된 표현이므로 대화를 들을 때 화자가 하고 있거나 하려는 행동이 무엇인지를 주의 깊게 듣는다. 남자가 여자에게 你提着电脑去哪儿?(너 컴퓨터를 들고 어디가?)이라고 묻자, 여자가 我下午和一位重要的客人见面(내가 오후에 한 중요한 손님과 만나야 해)이라고 답했다. 질문에서 여자가 무엇을 하러 가는지 물었으므로 B 见客人(손님을 만난다)을 정답으로 선택한다.

✓ **합격노하우** 보기가 모두 동사 또는 동사구(동사+목적어)이면, 화자가 하고 있거나 하려는 행동을 묻는 질문이 나올 것을 예상한다.

---

12 A 在医院　B 在公园　C 生病了　D 心情差

女: 哥, 你看起来不太舒服, 怎么了?
男: 我只是心情不大好, 打算出去散散步。
问: 关于男的, 我们能知道什么?

医院 yīyuàn 몡 병원　公园 gōngyuán 몡 공원
生病 shēngbìng 통 병이 나다　心情 xīnqíng 몡 기분, 심정
差 chà 혱 나쁘다　看起来 kànqǐlai 보아하니 ~인 것 같다
舒服 shūfu 혱 (마음·몸이) 편안하다　怎么了 zěnme le 무슨 일이야
只是 zhǐshì 팀 단지　不大 búdà 팀 그리 (~하지 않다)
打算 dǎsuàn 통 ~할 생각이다, ~할 계획이다　出去 chūqu 통 나가다
散步 sànbù 통 산책하다, 산보하다　关于 guānyú 깨 ~에 관하여

A 병원에 있다　　B 공원에 있다　　C 병이 났다　　D 기분이 나쁘다

여: 오빠, 보아하니 편치 않은 것 같아, 무슨 일이야?
남: 단지 기분이 그리 좋지 않아, 나가서 산책을 좀 할 생각이야.
질문: 남자에 관하여, 우리가 알 수 있는 것은 무엇인가?

정답 D

해설 제시된 보기가 다양한 형태의 문장이므로 보기의 의미를 최대한 정확히 파악한 후 음성을 듣는 것이 중요하다. 대화에서 여자가 남자에게 무슨 일이냐고 물었고 남자는 我只是心情不大好, 打算出去散散步。(단지 기분이 그리 좋지 않아, 나가서 산책을 좀 할 생각이야.)라고 답했다. 질문에서 남자에 대해 알 수 있는 것을 물었으므로 D 心情差(기분이 나쁘다)를 정답으로 선택한다. 보기 D의 心情差(기분이 나쁘다)가 대화에서 心情不大好(기분이 그리 좋지 않아)로 바뀌 표현된 것에 유의한다.

✓ **합격노하우** 제시된 보기가 다양한 형태의 문장일 경우, 각 보기의 의미를 정확히 파악한 후 음성을 들어야 한다.

---

13 A 很着急　B 很抱歉　C 很紧张　D 很兴奋

男: 真是不好意思, 刚才和你跳舞时总是跳错。
女: 没关系, 你按照我教你的方法练习, 多跳几遍就熟悉了。
问: 男的是什么态度?

着急 zháojí 통 조급해하다, 초조해하다　抱歉 bàoqiàn 통 미안해하다
紧张 jǐnzhāng 혱 (정신적으로) 긴장해 있다　兴奋 xīngfèn 혱 흥분해 있다
真是 zhēnshi 팀 정말　不好意思 bùhǎoyìsi 죄송합니다, 미안합니다
刚才 gāngcái 몡 방금, 막　和 hé 깨 ~와　跳舞 tiàowǔ 통 춤을 추다
总是 zǒngshì 팀 계속, 줄곧　错 cuò 통 틀리다, 맞지 않다
按照 ànzhào 깨 ~에 따라, ~에 의해　教 jiāo 통 가르치다
方法 fāngfǎ 몡 방법　练习 liànxí 통 연습하다
遍 biàn 얭 번, 회 (한 동작의 처음부터 끝까지의 전 과정을 가리킴)
熟悉 shúxī 통 익숙하다, 잘 알다　态度 tàidu 몡 태도

A 매우 조급해하다　　B 매우 미안해한다　　C 매우 긴장해 있다　　D 매우 흥분해 있다

남: 정말 죄송합니다, 방금 당신이랑 춤을 출 때 계속 틀리게 췄어요.
여: 괜찮아요, 당신이 내가 가르친 방법에 따라 연습하고, 몇 번 더 춰보면 곧 익숙해질 거예요.
질문: 남자의 태도는 어떠한가?

정답 B

해설 제시된 보기가 서로 같은 형태이므로 각 보기에서 A의 着急(조급해하다), B의 抱歉(미안해하다), C의 紧张(긴장해 있다), D의 兴奋(흥분해 있다)를 핵심어구로 체크해 둔다. 대화에서 남자가 真是不好意思(정말 죄송합니다)라고 말하는 내용을 듣고 이와 같은 내용의 B 很抱歉(매우 미안해한다)을 정답의 후보로 체크해 둔다. 질문에서 남자의 태도가 어떤지 물었으므로 정답 후보로 체크해두었던 B 很抱歉(매우 미안해한다)을 정답으로 선택한다.

✓ **합격노하우** 보기가 모두 사람의 상태를 나타내는 형용사일 경우에는, 대화를 들을 때 사람의 상태를 나타내는 내용을 주의 깊게 들어야 한다.

14 상

| A 交通 | B 看病 | C 工作 | D 生活 |

女: 你去北京工作有两个月了吧, 现在适应首都的生活了吗?
男: 差不多适应了, 不过堵车的问题还是让我很头疼。
问: 男的不适应什么?

交通 jiāotōng 몡 교통　看病 kànbìng 몡 병원 진료 동 (의사에게) 진료를 받다
工作 gōngzuò 몡 일, 직업 동 일하다　生活 shēnghuó 몡 생활
北京 Běijīng 고유 베이징, 북경　适应 shìyìng 동 적응하다
首都 shǒudū 몡 수도　差不多 chàbuduō 閈 대체로
不过 búguò 쩝 하지만, 그러나　堵车 dǔchē 동 차가 막히다, 교통이 체증되다
问题 wèntí 몡 문제　还是 háishi 閈 여전히　让 ràng 동 ~하게 하다
头疼 tóuténg 동 머리가 아프다

| A 교통 | B 병원 진료 | C 일 | D 생활 |

여: 당신이 베이징에 가서 일 한지 두 달 되었지요, 지금은 수도의 생활에 적응했나요?
남: 대체로 적응했어요, 하지만 차가 막히는 문제는 여전히 저를 머리 아프게 해요.
질문: 남자가 적응하지 못한 것은 무엇인가?

정답 A

해설 제시된 보기가 A 交通(교통), B 看病(병원 진료), C 工作(일), D 生活(생활)로 모두 명사이므로 각 명사들과 관련된 내용이 어떻게 언급되는지 주의 깊게 듣는다. 대화에서 남자가 不过堵车的问题还是让我很头疼(하지만 차가 막히는 문제는 여전히 저를 머리 아프게 해요)라고 했으므로 A 交通(교통)을 정답의 후보로 체크해 둔다. 질문이 남자가 적응하지 못한 것이 무엇인지 물었으므로 A 交通(교통)을 정답으로 선택한다.

✔ **합격노하우** 제시된 보기가 서로 다른 명사일 경우, 대화를 들을 때 각 명사들과 관련된 내용을 주의 깊게 들어야 한다.

15 하

| A 一位作家 | B 一位歌手 |
| C 一位护士 | D 一位演员 |

男: 小李, 你听说过汤唯这个女演员吗?
女: 当然! 她不仅长得漂亮, 而且表演水平也非常高。
问: 他们在谈论什么人?

作家 zuòjiā 몡 작가　歌手 gēshǒu 몡 가수　护士 hùshi 몡 간호사
演员 yǎnyuán 몡 배우　听说过 tīngshuōguo 들어본 적이 있다
汤唯 Tāng Wéi 고유 탕웨이 (중국 여배우)
当然 dāngrán 동 당연하다, 물론이다　不仅 bùjǐn 쩝 ~뿐만 아니라
长 zhǎng 동 생기다　漂亮 piàoliang 톈 예쁘다　而且 érqiě 쩝 게다가
表演 biǎoyǎn 몡 연기, 공연　水平 shuǐpíng 몡 수준, 실력
非常 fēicháng 閈 매우, 대단히　谈论 tánlùn 동 이야기하다, 담론하다

| A 작가 | B 가수 | C 간호사 | D 배우 |

남: 샤오리, 너 이 탕웨이라는 여배우를 들어본 적 있어?
여: 당연하지! 그녀는 예쁘게 생겼을 뿐만 아니라, 게다가 연기 수준도 매우 높아.
질문: 그들은 어떤 사람을 얘기하고 있는가?

정답 D

해설 제시된 보기에서 A 作家(작가), B 歌手(가수), C 护士(간호사), D 演员(배우)이 모두 직업 관련 표현이므로, 직업과 관련된 내용이 어떻게 언급되는지 주의 깊게 듣는다. 대화에서 남자가 你听说过汤唯这个女演员吗?(너 이 탕웨이라는 여배우를 들어본 적 있어?)라고 묻자, 여자가 当然!(당연하지!)라고 대답했다. 질문이 그들은 어떤 사람을 얘기하고 있는지 물었으므로 D 一位演员(배우)을 정답으로 선택한다.

✔ **합격노하우** 제시된 보기가 서로 다른 명사일 경우, 대화를 들을 때 각 명사들과 관련된 내용을 주의 깊게 들어야 한다.

16 중

| A 还没吃早饭 | B 时间太晚了 |
| C 不想吃东西 | D 也打算减肥 |

女: 我要减肥, 不吃午饭了, 你想吃什么? 我给你做。
男: 我9点才吃了早饭, 现在完全不饿, 什么都不想吃。
问: 男的是什么意思?

还 hái 閈 아직, 여전히　早饭 zǎofàn 몡 아침밥　时间 shíjiān 몡 시간
晚 wǎn 톈 늦다　想 xiǎng 조동 ~하고 싶다
吃东西 chī dōngxi 음식을 먹다　打算 dǎsuàn 동 ~할 계획이다
减肥 jiǎnféi 동 다이어트하다　午饭 wǔfàn 몡 점심밥
做 zuò 동 만들다, 제작하다　才 cái 閈 ~서야(비로소)
完全 wánquán 閈 전혀, 완전히　饿 è 톈 배고프다
什么 shénme 데 아무 것　都 dōu 閈 모두, 다

| A 아직 아침밥을 먹지 않았다 | B 시간이 너무 늦었다 | C 음식을 먹고 싶지 않다 | D 남자도 다이어트할 계획이다 |

여: 나 다이어트할 거라, 점심밥은 먹지 않을거야, 너는 뭐 먹고 싶어? 내가 만들어 줄게.
남: 나 9시가 다 되어서야 아침밥을 먹었어, 지금은 전혀 배가 고프지 않아, 아무것도 먹고 싶지 않아.
질문: 남자의 말은 무슨 뜻인가?

정답 C

해설 제시된 보기가 다양한 형태의 문장이므로, 보기의 의미를 최대한 정확히 파악한 후 음성을 듣는 것이 중요하다. 대화에서 여자가 남자에게 무엇이 먹고 싶은지 묻자, 남자가 我9点才吃了早饭, 现在完全不饿, 什么都不想吃。(나 9시가 다 되어서야 아침밥을 먹었어, 지금은 전혀 배가 고프지 않아, 아무것도 먹고 싶지 않아.)이라고 답했다. 질문이 남자의 말이 무슨 뜻인지 물었으므로 C 不想吃东西

(음식을 먹고 싶지 않다)를 정답으로 선택한다.

✓ **합격노하우** 제시된 보기가 다양한 형태의 문장일 경우, 각 보기의 의미를 정확히 파악한 후 음성을 들어야 한다.

17 하

A 吃午饭   B 学游泳   C 学唱歌   D 去教室

男: 今天礼拜天, 你还出门?
女: 我去游泳馆。昨天刚报名参加了一个游泳班, 今天第一天上课。
问: 女的想要干什么?

午饭 wǔfàn 명 점심밥	游泳 yóuyǒng 통 수영하다
唱歌 chànggē 통 노래 부르기	노래 부르다	教室 jiàoshì 명 교실
礼拜天 lǐbàitiān 명 일요일	出门 chūmén 통 외출하다
游泳馆 yóuyǒngguǎn 명 수영장	报名 bàomíng 통 신청하다
参加 cānjiā 통 가입하다, 들어가다	班 bān 명 반, 그룹
上课 shàngkè 통 수업하다

A 점심밥을 먹는다   B 수영을 배운다   C 노래를 배운다   D 교실에 간다

남: 오늘은 일요일인데, 너 또 외출하니?
여: 나 수영장에 가. 어제 신청해서 수영반에 가입했어, 오늘은 수업 첫날이야.
질문: 여자가 무엇을 하려고 하는가?

정답 B

해설 제시된 보기 A 吃午饭(점심밥을 먹는다), B 学游泳(수영을 배운다), C 学唱歌(노래를 배운다), D 去教室(교실에 간다)이 모두 동작과 관련된 표현이므로 대화를 들을 때 화자가 하고 있거나 하려는 행동이 무엇인지를 주의 깊게 듣는다. 대화에서 남자가 일요일인데 외출할 것인지 묻자, 여자가 我去游泳馆。昨天刚报名参加了一个游泳班, 今天第一天上课。(나 수영장에 가. 어제 신청해서 수영반에 가입했어, 오늘은 수업 첫날이야.)라고 대답했다. 질문에서 여자가 무엇을 하려고 하는지 물었으므로 B 学游泳(수영을 배운다)을 정답으로 선택한다.

✓ **합격노하우** 제시된 보기가 모두 동사 또는 동사구(동사+목적어)이면, 화자가 하고 있거나 하려는 행동을 묻는 질문이 나올 것을 예상한다.

18 하

A 在中国西北   B 冬天特别冷
C 男的没去过   D 女的很了解

女: 哈尔滨在中国的东北, 那儿的冬天特别冷。
男: 对, 我去年冬天去过那儿, 比这儿冷多了, 我穿了三件厚衣服都不够。
问: 关于哈尔滨, 我们可以知道什么?

| 西北 xīběi 명 북서쪽 | 冬天 dōngtiān 명 겨울 |
| 特别 tèbié 부 특별히, 유달리 | 冷 lěng 형 춥다 |
| 了解 liǎojiě 통 잘 알다, 이해하다 |
哈尔滨 Hā'ěrbīn 고유 하얼빈(중국 도시 이름)	东北 dōngběi 명 동북쪽
那儿 nàr 대 그곳	去年 qùnián 명 작년	比 bǐ 개 ~보다, ~에 비해
这儿 zhèr 대 여기, 이 곳	穿 chuān 통 (옷·신발 등을) 입다
厚 hòu 형 두껍다, 두텁다	衣服 yīfu 명 옷	都 dōu 부 ~조차도
不够 búgòu 형 모자라다, 불충분하다

A 중국 북서쪽에 있다   B 겨울이 특별히 춥다   C 남자는 가보지 않았다   D 여자는 잘 안다

여: 하얼빈은 중국의 동북쪽에 있어, 그곳의 겨울은 특별히 추워.
남: 맞아, 나는 작년 겨울에 그곳에 갔었는데, 여기보다 훨씬 추웠어, 내가 두꺼운 옷을 심지어 세 벌이나 입었는데도 모자랐어.
질문: 하얼빈에 관해 우리가 알 수 있는 것은?

정답 B

해설 제시된 보기가 다양한 형태의 문장이므로, 보기의 의미를 최대한 정확히 파악한 후 음성을 듣는 것이 중요하다. 먼저 여자가 哈尔滨在中国的东北(하얼빈은 중국의 동북쪽에 있어)라고 했으므로 A 在中国西北(중국 북서쪽에 있다)를 오답으로 제거해 둔다. 여자가 那儿的冬天特别冷(그곳의 겨울은 특별히 추워)이라고 했으므로 B 冬天特别冷(겨울이 특별히 춥다)을 정답의 후보로 체크해 둔다. 대화의 마지막에서 남자가 我去年冬天去过那儿(작년 겨울에 그곳에 갔었는데)고 했으므로 C 男的没去过(남자는 가보지 않았다)를 오답으로 제거해 둔다. 질문이 하얼빈에 관해 알 수 있는 것을 물었으므로 B 冬天特别冷(겨울이 특별히 춥다)을 정답으로 선택한다.

✓ **합격노하우** 제시된 보기가 다양한 형태의 문장인 경우에는, 각 보기의 의미를 정확히 파악한 후 음성을 들어야 하며, 대화를 들을 때 대화의 내용과 다른 보기는 미리 오답으로 제거해둔다.

19 상

A 医院   B 饭店   C 邮局   D 商店

男: 您好, 我们这儿禁止带狗进来, 这不安全, 而且会影响客人吃饭。
女: 既然是这样, 那我去其他地方吧, 真对不起。
问: 这段话可能发生在什么地方?

医院 yīyuàn 명 병원	饭店 fàndiàn 명 식당	邮局 yóujú 명 우체국
商店 shāngdiàn 명 상점	这儿 zhèr 대 이 곳, 여기
禁止 jìnzhǐ 통 금지하다, 불허하다	带 dài 통 데리다, 이끌다
狗 gǒu 명 개	进来 jìnlai 통 들어오다	安全 ānquán 형 안전하다
而且 érqiě 접 게다가	影响 yǐngxiǎng 통 영향을 주다	客人 kèrén 명 손님
既然 jìrán 접 ~된 이상, ~된 바에야	其他 qítā 대 다른, 기타의
地方 dìfang 명 곳, 장소	发生 fāshēng 통 일어나다, 발생하다

A 병원   B 식당   C 우체국   D 상점

남: 안녕하세요, 우리는 이곳에서는 개를 데리고 들어오는 것을 금지합니다, 이는 안전하지 않고, 게다가 손님이 밥을 먹는 데에도 영향을 줄 수 있습니다.
여: 이렇게 된 이상, 저는 다른 곳에 갈게요, 정말 죄송합니다.
질문: 이 대화는 어느 장소에서 이루어졌을 가능성이 큰가?

정답 B

해설 제시된 보기 A 医院(병원), B 饭店(식당), C 邮局(우체국), D 商店(상점)이 모두 장소 관련 표현이므로, 장소와 관련된 내용에 주의하며 대화를 듣는다. 남자가 会影响客人吃饭(손님이 밥을 먹는 데에도 영향을 줄 수 있습니다)이라고 말했다. 따라서 대화를 하는 장소가 식당임을 알 수 있다. 질문이 이 대화가 어디서 이루어졌는지 물었으므로 B 饭店(식당)을 정답으로 선택한다.

✅ **합격노하우** 보기가 모두 장소 표현이면, 화자 혹은 특정인물이 있는 장소 혹은 가려고 하는 장소가 어디인지를 주의 깊게 들어야 한다.

20 중

A 很喜欢做菜　　B 去了新公司
C 工作非常忙　　D 拿到了奖金

女: 好香啊, 你在厨房做什么呢?
男: 今天发了奖金, 我专门去买了几个好菜, 晚上我们好好吃一顿。
问: 关于男的, 可以知道什么?

喜欢 xǐhuan 통 좋아하다	做菜 zuòcài 요리를 하다	新 xīn 형 새롭다
公司 gōngsī 명 회사	工作 gōngzuò 명 일, 작업
非常 fēicháng 분 매우, 대단히	忙 máng 형 바쁘다	拿 ná 통 받다
奖金 jiǎngjīn 명 보너스	香 xiāng 형 향기롭다	厨房 chúfáng 명 주방
做 zuò 통 만들다, 제작하다	什么 shénme 떼 무엇	发 fā 통 내주다
专门 zhuānmén 분 특별히, 오로지	好菜 hǎocài 명 좋은 반찬, 고급 요리
晚上 wǎnshang 명 저녁, 밤	顿 dùn 양 끼(식사 등을 세는 단위)

A 요리를 하는 것을 좋아한다　B 새로운 회사에 갔다　C 일이 매우 바쁘다　D 보너스를 받았다

여: 엄청 향기롭다, 당신 주방에서 뭘 만들어요?
남: 오늘 보너스를 줘서, 내가 특별히 가서 좋은 반찬거리들을 샀어, 저녁에 우리 한 끼 제대로 먹어보자.
질문: 남자에 관해 알 수 있는 것은?

정답 D

해설 제시된 보기가 다양한 형태의 문장이므로, 보기의 의미를 최대한 정확히 파악한 후 대화를 듣는 것이 중요하다. 대화에서 여자가 남자에게 주방에서 무엇을 만드는지 묻자, 남자가 今天发了奖金, 我专门去买了几个好菜, 晚上我们好好吃一顿。(오늘 보너스를 줘서, 내가 특별히 가서 좋은 반찬거리들을 샀어, 저녁에 우리 한 끼 제대로 먹어보자.)이라고 답했다. 질문이 남자에 관해 알 수 있는 것을 물었으므로 D 拿到了奖金(보너스를 받았다)을 정답으로 선택한다.

✅ **합격노하우** 제시된 보기가 다양한 형태의 문장일 경우, 각 보기의 의미를 정확히 파악한 후 음성을 들어야 한다.

21 중

A 同事　　B 夫妻　　C 朋友　　D 同学

男: 都快七点了, 你怎么还不回家?
女: 会议明天就要举行了, 我想把材料整理好再走。你先走吧, 明天见!
问: 说话人可能是什么关系?

同事 tóngshì 명 직장 동료	夫妻 fūqī 명 부부	朋友 péngyou 명 친구
同学 tóngxué 명 동창, 학우	都 dōu 분 벌써, 이미	快 kuài 분 곧
怎么 zěnme 떼 어째서, 왜	还 hái 분 아직도
回家 huíjiā 통 집으로 돌아가다, 귀가하다	会议 huìyì 명 회의
举行 jǔxíng 통 (회의를) 진행하다, 거행하다	材料 cáiliào 명 자료, 데이터
整理 zhěnglǐ 통 정리하다	再 zài 분 ~하고 나서, ~한 뒤에
走 zǒu 통 가다, 떠나다	关系 guānxì 명 관계

A 직장 동료　　B 부부　　C 친구　　D 동창

남: 벌써 곧 일곱 시인데, 당신은 어째서 아직도 집으로 돌아가지 않아요?
여: 회의가 내일 진행될 거예요, 저는 자료들을 다 정리하고 나서 가고 싶어요. 당신 먼저 가세요, 내일 봐요!
질문: 대화자는 어떤 관계일 가능성이 큰가?

정답 A

해설 제시된 보기 A 同事(직장 동료), B 夫妻(부부), C 朋友(친구), D 同学(동창)가 모두 인물 관계를 나타내는 표현이므로 대화를 들을 때 두 화자 혹은 특정인물과의 관계를 나타낼 수 있는 대화 내용을 주의 깊게 들어야 한다. 대화에서 남자가 여자에게 왜 아직도 집에 돌아가지 않았는지 묻자, 여자는 会议明天就要举行了, 我想把材料整理好再走。(회의가 내일 진행될 거예요, 저는 자료들을 다 정리하고 나서 가고 싶어요.)라고 답했다. 따라서 남자와 여자는 회사에서 대화를 나누고 있음을 알 수 있다. 질문이 대화자가 어떤 관계인지 물었으므로 A 同事(직장 동료)을 정답으로 선택한다.

✅ **합격노하우** 보기가 모두 인물관계 표현이면, 두 화자 혹은 특정인물과의 관계를 나타내는 표현을 주의 깊게 들어야 한다.

22 상

A 座位更多　　B 花钱更少
C 不会堵车　　D 环境更好

女: 今天早上路上堵得太厉害了, 否则我也不会迟到。
男: 我觉得你以后还是坐地铁吧, 车票价钱差不多, 还不会堵车。
问: 男的觉得坐地铁怎么样?

座位 zuòwèi 명 좌석, 자리	花钱 huāqián 통 소비하다
堵车 dǔchē 통 차가 막히다	环境 huánjìng 명 환경
路上 lùshang 명 길 위, 길 가는 중	堵 dǔ 통 막다
厉害 lìhai 형 심각하다, 굉장하다	否则 fǒuzé 접 만약 그렇지 않으면
不会 búhuì ~일 리 없다	迟到 chídào 통 지각하다
觉得 juéde ~라고 생각하다	以后 yǐhòu 명 다음, 이후
还是 háishi ~하는 편이 (더) 좋다	地铁 dìtiě 명 지하철
车票 chēpiào 명 차표	价钱 jiàqian 명 가격, 값
差不多 chàbuduō 형 비슷하다

| A 좌석이 더 많다 | B 소비가 더 적다 | C 차가 막힐 리 없다 | D 환경이 더 좋다 |

여: 오늘 아침 길이 너무 심각하게 막혔어요, 만약 그렇지 않았다면 저도 지각할 리 없었을 거예요.
남: 저는 당신이 다음에 지하철을 타는 편이 좋을 거라고 생각해요, 차표 가격은 비슷하고, 게다가 차가 막힐 리도 없어요.
질문: 남자는 지하철을 타는 것이 어떻다고 생각하는가?

정답 C

해설 제시된 보기가 다양한 형태의 문장이므로, 보기의 의미를 최대한 정확히 파악한 후 음성을 듣는 것이 중요하다. 여자가 남자에게 아침에 너무 심각하게 막힌다고 말하자, 남자가 我觉得你以后还是坐地铁吧，车票价钱差不多，还不会堵车。(저는 당신이 다음에 지하철을 타는 편이 좋을 거라고 생각해요, 차표 가격은 비슷하고, 게다가 차가 막힐 리도 없어요.)라고 답했다. 남자의 말과 일치하는 C 不会堵车(차가 막힐 리 없다)를 정답의 후보로 체크하고, 남자의 말과 다른 B 花钱更少(소비가 더 적다)를 오답으로 제거해 둔다. 질문이 남자는 지하철을 타는 것을 어떻게 생각하는지 물었으므로 C 不会堵车(차가 막힐 리 없다)를 정답으로 선택한다.

✓ **합격노하우** 제시된 보기가 다양한 형태의 문장인 경우에는, 각 보기의 의미를 정확히 파악한 후 음성을 들어야 하며, 대화를 들을 때 대화의 내용과 다른 보기는 미리 오답으로 제거해둔다.

23
하

| A 旅馆 | B 银行 | C 食堂 | D 图书馆 |

男: 你好，我的信用卡丢了，想重新办一张。
女: 请问您带护照了吗？麻烦您先填一下这张表格。
问: 说话人可能在什么地方？

旅馆 lǚguǎn 몡 여관　银行 yínháng 몡 은행　食堂 shítáng 몡 식당
图书馆 túshūguǎn 몡 도서관　信用卡 xìnyòngkǎ 몡 신용카드
丢 diū 동 분실되다, 분실하다　重新 chóngxīn 튄 새로, 다시
办 bàn 동 마련하다　带 dài 동 가지다, (몸에) 지니다　护照 hùzhào 몡 여권
麻烦 máfan 동 번거롭게 하다, 귀찮게 하다　填 tián 동 기입하다, 써 넣다
张 zhāng 양 장(종이나 가죽 등을 세는 단위)
表格 biǎogé 몡 양식, 도표, 서식　地方 dìfang 몡 장소

| A 여관 | B 은행 | C 식당 | D 도서관 |

남: 안녕하세요, 제 신용카드가 분실됐어요, 새로 한 장 마련하고 싶어요.
여: 혹시 여권을 가지고 있나요? 번거로우시겠지만 먼저 이 양식을 좀 기입해주세요.
질문: 대화자는 어떤 장소에 있을 가능성이 큰가?

정답 B

해설 제시된 보기 A 旅馆(여관), B 银行(은행), C 食堂(식당), D 图书馆(도서관)이 모두 장소 관련 표현이므로, 대화를 들으며 장소와 관련된 내용을 주의 깊게 듣는다. 남자가 我的信用卡丢了，想重新办一张(제 신용카드가 분실됐어요, 새로 한 장 마련하고 싶어요)이라고 말했으므로, 대화를 하는 장소가 은행임을 알 수 있다. 질문이 대화자가 어떤 장소에 있는지 물었으므로 B 银行(은행)을 정답으로 선택한다.

✓ **합격노하우** 보기가 모두 장소 표현이면, 화자 혹은 특정인물이 있는 장소 혹은 가려고 하는 장소가 어디인지를 주의 깊게 들어야 한다.

24
중

| A 回家 | B 工作 | C 旅行 | D 锻炼 |

女: 快放暑假了，你有什么计划吗？
男: 我想去香港看看，听说那儿有很多好玩儿的和好吃的。
问: 男的暑假打算做什么？

回家 huíjiā 동 집으로 돌아가다　工作 gōngzuò 동 일하다
旅行 lǚxíng 동 여행하다　锻炼 duànliàn 동 운동하다, 단련하다
快 kuài 튄 곧, 머지않아　放 fàng 동 (학교나 직장이) 쉬다, 놀다
暑假 shǔjià 몡 여름 휴가, 여름 방학　计划 jìhuà 몡 계획
香港 Xiānggǎng 고유 홍콩　听说 tīngshuō 동 듣(하)~라 한다
那儿 nàr 때 그 곳　好玩儿 hǎowánr 형 재미있다, 놀기가 좋다
好吃 hǎochī 형 맛있다　打算 dǎsuàn 동 ~하려고 하다

| A 집으로 돌아간다 | B 일을 한다 | C 여행한다 | D 운동한다 |

여: 곧 여름 휴가라 쉬는데, 너는 어떤 계획이 있어?
남: 나는 홍콩에 가서 둘러보고 싶어, 듣자니 그곳에 재미있는 것들과 맛있는 것들이 많이 있대.
질문: 남자는 여름 휴가에 무엇을 하려고 하는가?

정답 C

해설 제시된 보기 A 回家(집으로 돌아간다), B 工作(일을 한다), C 旅行(여행한다), D 锻炼(운동한다)이 모두 동작과 관련된 표현이므로 대화를 들을 때 화자가 하고 있거나 하려는 행동이 무엇인지를 주의 깊게 듣는다. 여자가 남자에게 여름 휴가 때 어떤 계획이 있는지 묻자, 남자는 我想去香港看看，听说那儿有很多好玩儿的和好吃的。(나는 홍콩에 가서 둘러보고 싶어, 듣자니 그곳에 재미있는 것들과 맛있는 것들이 많이 있대.)라고 답했다. 질문이 남자는 여름휴가에 무엇을 하려고 하는지 물었으므로 C 旅行(여행한다)을 정답으로 선택한다.

✓ **합격노하우** 보기가 모두 동사 또는 동사구(동사+목적어)이면, 화자가 하고 있거나 하려는 행동을 묻는 질문이 나올 것을 예상한다.

25	A 没有钱 B 没有时间 C 没有力气 D 没有兴趣	钱 qián 몡 돈 时间 shíjiān 몡 시간 力气 lìqi 몡 힘 兴趣 xìngqù 몡 흥미 星期六 xīngqīliù 몡 토요일 咱们 zánmen 떼 우리(들) 爬 pá 통 오르다, 기어오르다 长城 Chángchéng 고유 '만리장성'의 줄임말 抱歉 bàoqiàn 통 죄송합니다, 미안하다 病 bìng 몡 병 还 hái 뛘 아직도 完全 wánquán 뛘 완전히 好 hǎo 휑 (병이) 좋아지다, 완쾌되다 最近 zuìjìn 몡 요즘음, 최근 没 méi 뛘 없다 拒绝 jùjué 통 거절하다
	男: 星期六有时间吗? 咱们一起去爬长城吧。 女: 真抱歉, 我的病还没完全好, 最近都没什么力气。 问: 女的为什么拒绝?	

A 돈이 없다   B 시간이 없다   C 힘이 없다   D 흥미가 없다

남: 토요일에 시간이 있어요? 우리 같이 만리장성을 오르러 가요.
여: 정말 죄송해요, 제 병이 아직 완전히 좋아지지 않아서, 요즘음 힘이 없어요.
질문: 여자는 왜 거절했는가?

정답 C

해설 제시된 보기가 서로 같은 형태이므로, 각 보기에서 A의 钱(돈), B의 时间(시간), C의 力气(힘), D의 兴趣(흥미)를 핵심어구로 체크해 둔다. 대화에서 남자가 여자에게 같이 만리장성을 오르러 가자고 제안하였는데, 여자가 我的病还没完全好, 最近都没什么力气(제 병이 아직 완전히 좋아지지 않아서, 요즘음 힘이 없어요)라며 거절했다. 여자가 거절하며 언급한 C 没有力气(힘이 없다)를 정답의 후보로 체크해 둔다. 질문이 여자가 왜 거절했는지 물었으므로 C 没有力气(힘이 없다)를 정답으로 선택한다.

✓**합격노하우** 보기가 동일한 형태의 문장일 경우에는, 각 보기의 내용을 명확하게 구별해주는 표현을 핵심어구로 체크하여 어느 것이 음성에서 언급되는지 확인한다.

26	A 电影 B 照片 C 杂志 D 画儿	电影 diànyǐng 몡 영화 照片 zhàopiàn 몡 사진 杂志 zázhì 몡 잡지 画儿 huàr 몡 그림 找 zhǎo 통 찾다 旧 jiù 휑 옛날의, 과거의 照片 zhàopiàn 몡 사진 长江 Chángjiāng 고유 창쟝, 장강(중국의 강 이름) 拍 pāi 통 (사진을) 찍다, 촬영하다 记得 jìde 통 기억하고 있다 当时 dāngshí 몡 그 때, 당시 江边 jiāngbiān 몡 강변 景色 jǐngsè 몡 풍경, 경치 尤其 yóuqí 뛘 특히, 더욱이 那天 nàtiān 몡 그 날 云 yún 몡 구름 印象 yìnxiàng 몡 인상 深 shēn 휑 깊다
	女: 快来看, 我找到了一张旧照片。 男: 这不是我们在长江拍的吗? 女: 对啊, 还记得当时江边的景色吗? 真美! 男: 嗯, 尤其是那天的云, 给我的印象最深。 问: 女的在给男的看什么?	

A 영화   B 사진   C 잡지   D 그림

여: 빨리 와서 봐, 내가 옛날 사진을 한 장 찾았어.
남: 이거 우리가 창쟝 강변에서 찍은 거 아니야?
여: 맞아, 아직도 그 때 강변의 풍경을 기억하고 있어? 정말 아름다웠어!
남: 응, 특히 그 날의 구름은, 나에게 가장 깊은 인상을 남겨줬어.
질문: 여자는 남자에게 무엇을 보여주고 있는가?

정답 B

해설 제시된 보기 A 电影(영화), B 照片(사진), C 杂志(잡지), D 画儿(그림)이 서로 다른 명사이기 때문에, 대화를 들으며 각 명사들에 대해 어떻게 언급되는지 주의 깊게 듣는다. 대화에서 여자가 我找到了一张旧照片(내가 옛날 사진을 한 장 찾았어)이라고 한 내용을 듣고 B 照片(사진) 옆에 체크해 둔다. 이어지는 대화에서 보기 A, C, D는 언급되지 않았다. 질문이 여자가 남자에게 보여주고 있는 것이 무엇인지 물었으므로 B 照片(사진)을 정답으로 선택한다.

✓**합격노하우** 제시된 보기가 서로 다른 명사일 경우, 대화를 들을 때 각 명사들과 관련된 내용들이 어떻게 언급되는지 주의 깊게 들어야 한다.

27	A 打电话 B 送礼物 C 卖裙子 D 交朋友	打电话 dǎ diànhuà 전화를 걸다 送礼物 sòng lǐwù 선물을 주다 卖 mài 통 팔다 裙子 qúnzi 몡 치마 交朋友 jiāopéngyou 친구를 사귀다 条 tiáo 몡 (생활용품, 도구와 관련된 것을 세는 단위) 别 bié 뛘 ~하지 마라 看 kàn 통 ~라고 생각하다 样子 yàngzi 몡 모양 简单 jiǎndān 휑 평범하다, 간단하다 穿 chuān 통 (옷·신발 등을) 입다 漂亮 piàoliang 휑 예쁘다 确实 quèshí 뛘 확실히, 틀림없이 不错 búcuò 휑 좋다 深蓝色 shēnlánsè 짙은 남색 颜色 yánsè 몡 색깔 安静 ānjìng 휑 차분하다, 평온하다 感觉 gǎnjué 몡 느낌 觉得 juéde 통 ~라고 생각하다 非常 fēicháng 뛘 아주, 대단히 适合 shìhé 통 어울리다, 적합하다 不过 búguò 졥 하지만, 그러나 价格 jiàgé 몡 가격 便宜 piányi 휑 (값을) 싸게 해주다
	男: 这条裙子别看样子简单, 但是穿起来很漂亮。 女: 嗯, 确实不错, 深蓝色我很喜欢。 男: 这种颜色给人一种安静的感觉, 我觉得非常适合您。 女: 不过我觉得价格有点儿高, 可以便宜一点儿吗? 问: 男的在干什么?	

| A 전화를 건다 | B 선물을 준다 | C 치마를 판다 | D 친구를 사귄다 |

남: 이 치마의 모양이 평범하다고 생각하지 마세요, 입어보시면 예뻐요.
여: 응, 확실히 좋네요, 짙은 남색을 제가 좋아해요.
남: 이런 색깔은 사람들에게 차분한 느낌을 줘요, 제 생각에는 당신에게 아주 잘 어울려요.
여: 하지만 저는 가격이 좀 높다고 생각해요, 좀 싸게 해줄 수 있어요?
질문: 남자는 무엇을 하고 있는가?   정답 C

해설 제시된 보기 A 打电话(전화를 건다), B 送礼物(선물을 준다), C 卖裙子(치마를 판다), D 交朋友(친구를 사귄다)가 모두 동작과 관련된 표현이므로 대화를 들을 때 화자가 하고 있거나 하려는 행동이 무엇인지 주의 깊게 듣는다. 대화에서 남자가 这条裙子别看样子简单, 但是穿起来很漂亮。(이 치마의 모양이 평범하다고 생각하지 마세요, 입어보시면 예뻐요.)이라고 말하며 치마를 언급했고, 대화 마지막에 여자가 不过我觉得价格有点儿高, 可以便宜一点儿吗?(하지만 저는 가격이 좀 높다고 생각해요, 좀 싸게 해줄 수 있어요?)라고 한 내용을 듣고 C 卖裙子(치마를 판다)를 정답의 후보로 체크해 둔다. 질문이 남자가 무엇을 하고 있는지 물었으므로 C 卖裙子(치마를 판다)를 정답으로 선택한다.

✅ **합격노하우** 보기가 모두 동사 또는 동사구(동사+목적어)이면, 화자가 하고 있거나 하려는 행동을 묻는 질문이 나올 것을 예상한다.

28 중

A 公园   B 机场   C 火车站   D 电影院

女: 你好, 我要买三张《人间事》的电影票, 晚上七点半的那场。
男: 好的, 请选一下座位。
女: 我看看, 嗯, 我要中间的, 就这三个吧。
男: 好的, 您选的是第七排, 9号、10号和11号, 一共九十六块。
问: 他们最可能在哪儿?

公园 gōngyuán ® 공원 机场 jīchǎng ® 공항
火车站 huǒchēzhàn ® 기차역 电影院 diànyǐngyuàn ® 영화관
电影 diànyǐng ® 영화 票 piào ® 표, 티켓 晚上 wǎnshang ® 저녁, 밤
场 chǎng ® 회, 번, 차례(문예 오락·체육 활동 등을 세는 단위)
选 xuǎn ® 고르다 座位 zuòwèi ® 좌석 中间 zhōngjiān ® 중간
排 pái ® (배열한) 열, 줄 一共 yígòng ® 모두, 전부

| A 공원 | B 공항 | C 기차역 | D 영화관 |

여: 안녕하세요, 저는 영화 『인간사』의 표를 세 장 살게요, 저녁 일곱 시 반의 그걸로요.
남: 좋습니다, 좌석을 골라주세요.
여: 한번 볼게요, 음, 저는 중간의 것을 원해요, 이거 세 개로 하죠.
남: 좋습니다, 고르신 것은 7열의 9번, 10번 그리고 11번이고, 모두 해서 96위안입니다.
질문: 그들은 어디에 있을 가능성이 가장 큰가?   정답 D

해설 제시된 A 公园(공원), B 机场(공항), C 火车站(기차역), D 电影院(영화관)이 모두 장소 관련 표현이므로, 장소와 관련된 내용에 주의하며 대화를 듣는다. 대화에서 여자가 我要买三张《人间事》的电影票(저는 영화 『인간사』의 표를 세 장 살게요)라고 했다. 질문이 그들이 어디에 있을 가능성이 큰지 물었으므로 D 电影院(영화관)을 정답으로 선택한다.

✅ **합격노하우** 보기가 모두 장소 표현이면, 화자 혹은 특정인물이 있는 장소 혹은 가려고 하는 장소가 어디인지를 주의 깊게 들어야 한다.

29 중

A 朋友发烧了   B 排队时间长
C 看病的人不多   D 看病过程顺利

男: 昨天的那场普通话大赛特别精彩, 你怎么没去啊?
女: 我朋友感冒了, 我陪她去医院看病了。
男: 原来是这样啊, 过程顺利吗?
女: 到医院看病的人实在太多了, 我们排队等了两个小时才看完病。
问: 根据这段对话, 我们可以知道什么?

朋友 péngyou ® 친구 发烧 fāshāo ® 열이 나다
排队 páiduì ® 줄을 서다 时间 shíjiān ® 시간
看病 kànbìng ® (의사에게) 진료를 받다, (의사가) 진료하다
过程 guòchéng ® 과정 顺利 shùnlì ® 순조롭다
场 chǎng ® 회, 번, 차례(문예 오락·체육 활동 등을 세는 단위)
普通话 pǔtōnghuà ® 표준어, 현대 중국 표준어
大赛 dàsài ® 대회, 큰 경기 特别 tèbié ® 매우, 특별히
精彩 jīngcǎi ® 훌륭하다, 근사하다 感冒 gǎnmào ® 감기에 걸리다
陪 péi ® 곁에서 도와주다, 동반하다 医院 yīyuàn ® 병원
原来 yuánlái ® 알고 보니 实在 shízài ® 정말, 참으로
等 děng ® 기다리다

A 친구가 열이 난다   B 줄을 서는 시간이 길다
C 진료를 받는 사람이 많지 않다   D 진료 받는 과정이 순조로웠다

남: 어제의 그 표준어 대회는 매우 훌륭했어, 너는 어째서 가지 않았어?
여: 내 친구가 감기에 걸려서, 진료를 받도록 그녀를 데리고 병원에 갔어.
남: 알고 보니 그런 거였구나, 과정은 순조로웠어?
여: 병원에 도착해 보니 진료를 받는 사람이 정말 너무 많았어, 우리는 줄 서서 두 시간을 기다리고 나서야 겨우 진료를 받았어.
질문: 이 대화에 근거하여 우리가 알 수 있는 것은 무엇인가?   정답 B

해설 제시된 보기가 다양한 형태의 문장이므로, 보기의 의미를 최대한 정확히 파악한 후 음성을 들어야 한다. 대화에서 남자가 여자에게 표준어 대회에 왜 가지 않았는지 물었다. 여자가 我朋友感冒了(내 친구가 감기에 걸렸어요)라고 한 내용을 듣고, A 朋友发烧了(친구가 열이 난다)를 오답으로 제거해 둔다. 여자가 마지막에 到医院看病的人实在太多了, 我们排队等了两个小时才看完病.(병원에 도착해 보니 진료를 받는 사람이 정말 너무 많았어, 우리는 줄 서서 두 시간을 기다리고 나서야 겨우 진료를 받았어.)이라고 한 내용을 듣고 B 排队时间长(줄은 서는 시간이 길다)을 정답의 후보로 체크해 둔다. 질문이 대화에 근거하여 알 수 있는 것을 물었으므로 B 排队时间长(줄을 서는 시간이 길다)을 정답으로 선택한다.

🔵 **합격노하우** 제시된 보기가 다양한 형태의 문장인 경우에는, 각 보기의 의미를 정확히 파악한 후 음성을 들어야 하며, 대화를 들을 때 대화의 내용과 다른 보기는 미리 오답으로 제거해둔다.

30 하

A 商店　　B 公园　　C 卫生间　D 加油站

男: 我带孩子去趟卫生间, 你们先去吧。
女: 行, 那我们就在中心公园的入口处等你。
男: 等一下, 我忘记卫生间怎么走了。
女: 从这儿往前走, 到路口再右转, 就在加油站的旁边。
问: 男的马上要去哪儿?

商店 shāngdiàn 몡 상점　公园 gōngyuán 몡 공원
卫生间 wèishēngjiān 몡 화장실　加油站 jiāyóuzhàn 몡 주유소
带 dài 图 데리다, 통솔하다　孩子 háizi 몡 아이
趟 tàng 앵 번, 차례 (왕래한 횟수를 세는 데 쓰임)
中心 zhōngxīn 몡 중심, 센터　入口处 rùkǒuchù 몡 입구
等 děng 图 기다리다　忘记 wàngjì 图 잊어버리다　从 cóng 깨 ~부터
往 wǎng 깨 ~쪽으로, ~를 향해　路口 lùkǒu 몡 길목, 갈림길
再 zài 囝 ~하고 나서, ~한 뒤에　右转 yòuzhuǎn 图 오른쪽으로 돌다
旁边 pángbiān 몡 옆

A 상점　　　　　B 공원　　　　　C 화장실　　　　D 주유소
남: 저는 아이 데리고 화장실에 한번 갔다 올게요, 당신들 먼저 가세요.
여: 그래요, 그럼 우리 중심공원의 입구에서 당신을 기다릴게요.
남: 잠깐만요, 제가 화장실에 어떻게 가는지 잊어버렸어요.
여: 여기부터 앞쪽으로 가요, 길목에 도착하고 나서 오른쪽으로 돌아요, 바로 주유소의 옆에 있어요.
질문: 남자는 곧 어디로 가려고 하는가?

정답 C

해설 제시된 보기 A 商店(상점), B 公园(공원), C 卫生间(화장실), D 加油站(주유소)이 모두 장소 관련 표현이므로, 장소와 관련된 내용에 주의하며 대화를 듣는다. 대화에서 남자가 等一下, 我忘记卫生间怎么走了.(잠깐만요, 제가 화장실에 어떻게 가는지 잊어버렸어요.)라고 한 내용을 듣고 C 卫生间(화장실)을 정답의 후보로 체크해 둔다. 여자가 就在加油站的旁边(바로 주유소의 옆에 있어요)라고 한 내용을 듣고 D 加油站(주유소)을 정답의 후보로 체크해 둔다. 질문이 남자는 곧 어디로 가려고 하는지 물었으므로, C 卫生间(화장실)을 정답으로 선택한다.

🔵 **합격노하우** 보기가 모두 장소 표현이면, 화자 혹은 특정인물이 있는 장소 혹은 가려고 하는 장소가 어디인지를 주의 깊게 들어야 한다.

31 상

A 学校会议　　　B 报纸新闻
C 电视节目　　　D 广播节目

男: 张教授, 对这位观众提出的问题您有什么看法?
女: 教育确实要适应社会的变化, 但这需要一段时间。
男: 谢谢您参加今天的节目, 帮大家解决了不少问题。
女: 谢谢电视台的邀请, 让我们有机会对教育问题进行讨论。
问: 在哪儿可能听到上面这段对话?

学校 xuéxiào 몡 학교　会议 huìyì 몡 회의　报纸 bàozhǐ 몡 신문
新闻 xīnwén 몡 뉴스　电视 diànshì 몡 TV, 텔레비전
节目 jiémù 몡 프로그램　广播 guǎngbō 몡 라디오
教授 jiàoshòu 몡 교수　观众 guānzhòng 몡 시청자, 관중
提出 tíchū 图 제기하다　问题 wèntí 몡 질문　看法 kànfǎ 몡 견해
教育 jiàoyù 몡 교육　确实 quèshí 囝 확실히　适应 shìyìng 图 적응하다
社会 shèhuì 몡 사회　变化 biànhuà 몡 변화
需要 xūyào 图 필요하다, 요구되다
段 duàn 앵 얼마간, (한)동안(시간이나 공간의 일정한 거리를 나타냄)
时间 shíjiān 몡 시간　参加 cānjiā 图 참석하다, 참가하다
帮 bāng 图 돕다, 거들다　大家 dàjiā 圃 모두　解决 jiějué 图 해결하다
不少 bùshǎo 몡 적지 않다, 많다　电视台 diànshìtái 몡 TV 방송국
邀请 yāoqǐng 图 초청, 초청하다　让 ràng 图 ~하게 하다
机会 jīhuì 몡 기회　进行 jìnxíng 图 진행하다　讨论 tǎolùn 图 토론하다

A 학교 회의　　　B 신문 뉴스　　　C TV 프로그램　　D 라디오 프로그램
남: 장 교수님, 이 시청자가 제기한 질문에 대해 어떤 견해가 있으십니까?
여: 교육은 확실히 사회의 변화에 적응해야 합니다, 하지만 이것은 얼마간의 시간이 필요합니다.
남: 오늘의 프로그램에 참석해주셔서 감사합니다, 모두를 도와 적지 않은 문제를 해결해주셨습니다.
여: TV 방송국의 초청에 감사드립니다, 덕분에 우리가 교육문제에 대해 토론을 진행할 수 있는 기회를 가지게 되었습니다.
질문: 어디에서 위의 대화를 들을 수 있는가?

정답 C

해설 제시된 보기에서 A 学校会议(학교 회의), B 报纸新闻(신문 뉴스), C 电视节目(TV 프로그램), D 广播节目(라디오 프로그램)가 서로 다른 명사이기 때문에, 대화를 들으며 각 명사들에 대해 어떻게 언급되는지 주의 깊게 듣는다. 남자가 谢谢您参加今天的节目(오늘의 프로그램에 참석해주셔서 감사합니다)라며 节目(프로그램)를 언급했으므로, C 电视节目(TV 프로그램)와 D 广播节目(라디오 프

로그램) 옆에 체크해 둔다. 이어서 여자가 谢谢电视台的邀请(TV 방송국의 초청에 감사드립니다)라고 했으므로, C 电视节目(TV 프로그램)를 정답의 후보로 체크해 둔다. 질문이 위의 대화를 어디에서 들을 수 있는지 물었으므로 C 电视节目(TV 프로그램)를 정답으로 선택한다.

✓ **합격노하우** 제시된 보기가 서로 다른 명사일 경우, 대화를 들을 때 각 명사들과 관련된 내용들이 어떻게 언급되는지 주의 깊게 들어야 한다.

---

32 중

A 司机   B 警察   C 服务员   D 修理工

女: 师傅, 真是谢谢你了。
男: 您客气了, 这本来就是我的工作嘛。
女: 我自己弄了三个小时也没好, 您半小时就修好了。
男: 哈哈, 修理电脑我有经验。下次再出什么问题可以直接打电话给我。
问: 男的可能是做什么的?

司机 sījī 몡 운전사, 운전기사   警察 jǐngchá 몡 경찰
服务员 fúwùyuán 몡 종업원   修理工 xiūlǐgōng 몡 수리공
师傅 shīfu 몡 기사님, 선생님(기능·기예를 가진 사람에 대한 존칭)
真是 zhēnshi 몡 정말, 실로   客气 kèqi 톙 친절하다, 예의바르다
本来 běnlái 囝 본래, 원래   工作 gōngzuò 몡 일, 업무
弄 nòng 동 만지다, 다루다   修理 xiūlǐ 동 수리하다
电脑 diànnǎo 몡 컴퓨터   经验 jīngyàn 몡 경험
出 chū 동 발생하다, (생겨)나다   问题 wèntí 몡 문제   直接 zhíjiē 톙 직접
打电话 dǎ diànhuà 전화를 걸다

A 운전사   B 경찰   C 종업원   D 수리공

여: 기사님, 정말 감사해요.
남: 친절하시네요, 이게 본래 저의 일인걸요.
여: 저 혼자서는 세 시간 동안 만져도 안됐는데, 기사님은 30분 만에 바로 수리하셨네요.
남: 하하, 컴퓨터 수리에는 제가 경험이 있어요. 다음에 또 어떤 문제가 발생하면 직접 저에게 전화를 걸어주시면 돼요.
질문: 남자는 무엇을 하는 사람인가?

정답 D

해설 제시된 보기 A 司机(운전사), B 警察(경찰), C 服务员(종업원), D 修理工(수리공)이 모두 직업과 관련된 표현이므로, 대화를 들을 때, 직업과 관련된 내용을 주의 깊게 듣는다. 대화에서 여자가 남자를 师傅(기사님)라고 불렀는데, 师傅는 A 司机(운전사)와 D 修理工(수리공)을 부를 수 있는 호칭이므로 보기 A 司机(운전사)와 D 修理工(수리공) 옆에 체크해 둔다. 이어서 여자가 您半小时就修好了(기사님은 30분 만에 바로 수리하셨네요)라고 하자, 남자가 修理电脑我有经验(컴퓨터 수리에는 제가 경험이 있어요)라고 하였으므로 D 修理工(수리공)을 정답의 후보로 체크해 둔다. 질문이 남자의 직업을 물었으므로 D 修理工(수리공)을 정답으로 선택한다.

✓ **합격노하우** 보기가 모두 직업을 나타내는 표현이면, 화자 혹은 특정인물의 직업과 관련된 표현을 주의 깊게 들어야 한다.

---

33 상

A 5号晚上   B 6号中午
C 7号晚上   D 8号中午

男: 喂, 您好, 北京饭店, 请问有什么需要吗?
女: 你好, 5月7号中午还有座位吗?
男: 7号吗? 我看看, 不好意思, 中午已经客满了, 不过晚上的还有。
女: 那麻烦你帮我留一张晚上的桌子吧, 七到八个人。
问: 女的什么时候去北京饭店吃饭?

号 hào 몡 일(날짜를 가리킴)   晚上 wǎnshang 몡 저녁, 밤
中午 zhōngwǔ 몡 점심   喂 wéi 떼 (전화상에서) 여보세요
饭店 fàndiàn 몡 식당   需要 xūyào 몡 필요한 것, 수요
座位 zuòwèi 몡 자리, 좌석   不好意思 bùhǎoyìsi 죄송합니다
已经 yǐjīng 囝 이미, 벌써   客满 kèmǎn 동 만원이다
不过 búguò 젭 하지만, 그러나   麻烦 máfan 동 번거롭게 하다, 성가시게 하다
留 liú 동 남기다   桌子 zhuōzi 몡 테이블, 탁자, 식탁

A 5일 저녁   B 6일 점심   C 7일 저녁   D 8일 점심

남: 여보세요, 안녕하세요, 베이징 식당입니다, 어떤 필요한 것이 있으신가요?
여: 안녕하세요, 5월7일 점심에 자리가 아직 있나요?
남: 7일이요? 한번 볼게요, 죄송합니다, 점심에는 이미 만원입니다, 하지만 저녁에는 아직 있어요.
여: 그럼 번거로우시겠지만 저녁에 테이블 하나를 남겨주세요, 일곱에서 여덟 명 입니다.
질문: 여자는 언제 베이징 식당에 가서 밥을 먹는가?

정답 C

해설 제시된 보기 A 5号晚上(5일 저녁), B 6号中午(6일 점심), C 7号晚上(7일 저녁), D 8号中午(8일 점심)가 모두 특정 시간을 나타내고 있으므로 대화를 들을 때, 특정 시간에 대해 언급되는지 주의 깊게 듣는다. 대화에서 여자가 '5월7일 점심에 자리가 아직 있나요?(5月7号中午还有座位吗?)'라고 7일(7号)을 언급하였고, 남자가 7号吗? 我看看, 不好意思, 中午已经客满了, 不过晚上的还有。(7일이요? 한번 볼게요, 죄송합니다, 점심에는 이미 만원입니다, 하지만 저녁에는 아직 있어요.)라고 하자, 여자가 那麻烦你帮我留一张晚上的桌子吧(그럼 번거로우시겠지만 저녁에 테이블 하나를 남겨주세요)라고 하였다. 질문이 여자가 언제 베이징 식당에 가서 밥을 먹는지 물었으므로 C 7号晚上(7일 저녁)을 정답으로 선택한다.

✓ **합격노하우** 보기가 모두 특정 시간을 나타내는 시간 표현이면, 대화를 들을 때 특정 사건이 언제 발생하는지 주의 깊게 들어야 한다.

34
중

A 坐地铁 B 坐出租车
C 坐公共汽车 D 坐朋友的车

女: 谢谢你邀请我参加这个聚会, 今晚玩得可真开心!
男: 高兴就好! 不过现在太晚了, 我还是送你回去吧。
女: 不用了, 在门口坐出租车很方便。
男: 那好吧, 你路上小心, 到家给我发个消息。
问: 女的打算怎么回去?

地铁 dìtiě 圏 지하철 出租车 chūzūchē 圏 택시
公共汽车 gōnggòngqìchē 圏 버스 邀请 yāoqǐng 圏 초대하다, 초청하다
参加 cānjiā 圏 참석하다, 참가하다 聚会 jùhuì 圏 모임
今晚 jīnwǎn 圏 오늘 밤 玩 wán 圏 놀다 开心 kāixīn 圏 즐겁다, 기쁘다
高兴 gāoxìng 圏 즐겁다, 기쁘다 不过 búguò 圏 하지만, 그러나
晚 wǎn 圏 늦다 还是 háishi 圏 ~하는 편이 (더) 좋다
送 sòng 圏 데려다 주다 门口 ménkǒu 圏 입구
方便 fāngbiàn 圏 편하다, 편리하다 路上 lùshang 圏 길 가는 중, 도중
小心 xiǎoxīn 圏 조심하다 发 fā 圏 보내다 消息 xiāoxi 圏 메시지
打算 dǎsuàn 圏 ~하려고 하다

A 지하철을 탄다 B 택시를 탄다 C 버스를 탄다 D 친구의 차를 탄다

여: 저를 이 모임에 참석하도록 초대해주셔서 감사합니다, 오늘 밤 정말 즐겁게 놀았어요!
남: 즐거웠다면 됐어요! 하지만 지금은 너무 늦어서, 제가 당신을 데려다 주는 편이 좋겠어요.
여: 그럴 필요 없어요, 입구에서 택시를 타기가 편해요.
남: 그럼 그래요, 가는 길에 조심하시고, 집에 도착하면 저에게 메시지 하나 보내주세요.
질문: 여자는 어떻게 돌아가려고 하는가?

정답 B

해설 제시된 보기 A 坐地铁(지하철을 탄다), B 坐出租车(택시를 탄다), C 坐公共汽车(버스를 탄다), D 坐朋友的车(친구의 차를 탄다)가 모두 교통수단과 관련된 표현이므로, 대화에서 화자가 어떤 교통수단을 이용하려고 하는지 주의 깊게 듣는다. 대화에서 여자가 在门口坐出租车很方便(입구에서 택시를 타기가 편해요)이라고 한 내용을 듣고 B 坐出租车(택시를 탄다)를 정답의 후보로 체크해 둔다. 질문이 여자가 어떻게 돌아가는지 물었으므로 B 坐出租车(택시를 탄다)를 정답으로 선택한다.

✔ 합격노하우 보기가 모두 교통수단을 나타내는 표현이면, 화자 혹은 특정인물이 어떤 교통수단을 이용하려 하는지 주의 깊게 들어야 한다.

35
중

A 8号踢得好 B 比分是0:0
C 中国队赢了 D 踢了95分钟

男: 小王, 昨天晚上的足球比赛你看了吗?
女: 我看了, 中国队赢了, 真让人激动啊!
男: 可不是嘛, 前85分钟一直是0:0, 最后5分钟终于有了进球的机会。
女: 10号的技术真不错, 踢得太棒了!
问: 关于这场足球比赛, 可以知道什么?

踢 tī 圏 차다 比分 bǐfēn 圏 (경기에서의) 점수, 득점
赢 yíng 圏 이기다, 승리하다 足球比赛 zúqiúbǐsài 圏 축구경기
激动 jīdòng 圏 흥분하다, 감격하다
可不是嘛 kě búshì ma 그러게 말이야, 물론이고 말고
一直 yìzhí 圏 계속, 줄곧 最后 zuìhòu 圏 마지막, 최후
终于 zhōngyú 圏 마침내, 끝내 进球 jìnqiú 圏 골을 넣다, 골(goal)
机会 jīhuì 圏 기회 技术 jìshù 圏 기술 不错 búcuò 圏 좋다, 괜찮다
棒 bàng 圏 (수준이) 높다, (성적이) 좋다

A 8번 선수가 잘 찼다 B 점수는 0:0이다 C 중국팀이 이겼다 D 95분 동안 찼다

남: 샤오왕, 어제 밤의 축구경기 봤어?
여: 나 봤어, 중국팀이 이겼고, 정말 흥분됐어!
남: 그러게 말이야, 앞에 85분은 계속 0:0이었고, 마지막 5분에 마침내 골 기회가 생겼지.
여: 10번 선수의 기술이 정말 좋았어, 정말 잘 차더라!
질문: 이 축구경기에 관해 알 수 있는 것은?

정답 C

해설 제시된 보기가 다양한 형태의 문장이므로 보기의 의미를 정확히 파악한 후 음성을 듣는 것이 중요하다. 대화에서 여자가 中国队赢了, 真让人激动啊!(중국팀이 이겼고, 정말 흥분됐어!)라고 한 내용을 듣고 C 中国队赢了(중국팀이 이겼다)를 정답의 후보로 체크해둔다. 이어서 남자가 前85分钟一直是0:0, 最后5分钟终于有了进球的机会(앞에 85분은 계속 0:0이었고, 마지막 5분에 마침내 골 기회가 생겼다)라고 한 내용을 듣고 내용이 다른 B 比分是0:0(점수는 0:0이다)과 D 踢了95分钟(95분 동안 찼다)을 오답으로 제거해 둔다. 마지막에 여자가 10号的技术真不错(10번 선수의 기술이 정말 좋았어)라고 한 내용을 듣고 내용이 다른 A 8号踢得好(8번 선수가 잘 찼다)를 오답으로 제거해 둔다. 질문이 축구경기에 관해 알 수 있는 것을 물었으므로 C 中国队赢了(중국팀이 이겼다)를 정답으로 선택한다.

✔ 합격노하우 제시된 보기가 다양한 형태의 문장인 경우에는, 각 보기의 의미를 정확히 파악한 후 음성을 들어야 하며, 대화를 들을 때 대화의 내용과 다른 보기는 미리 오답으로 제거해둔다.

36-37

36 하	A 穿衣 B 艺术 C 吃饭 D 买车	穿衣 chuānyī 동 옷을 입다 艺术 yìshù 명 예술
	A 옷을 입는다 B 예술 C 밥을 먹는다 D 차를 산다	

37 하	A 经常买新衣服 B 吃得好穿得好 C 生活内容丰富 D 收入大大提高	经常 jīngcháng 부 자주, 종종 生活 shēnghuó 명 생활 内容 nèiróng 명 내용 丰富 fēngfù 형 풍부하다 收入 shōurù 명 수입 大大 dàdà 부 크게, 대량으로 提高 tígāo 동 향상시키다, 제고하다
	A 새 옷을 자주 산다 B 잘 먹고 잘 입는다 C 생활 내용이 풍부하다 D 수입이 크게 향상된다	

随着社会和经济的发展，人们的收入增加了，生活水平也在提高。³⁶现在越来越多的人不是把钱大部分花在吃饭、买衣服上，而是把钱更多地花在阅读、旅行、艺术等方面。³⁷吃得好、穿得好对他们来说不再是重点，高质量生活的关键是生活内容上的丰富多彩。

36. 问：更多的人愿意把钱花在哪个方面？

37. 问：通过短文，可以知道高质量的生活是什么？

随着 suízhe 개 ~에 따라   社会 shèhuì 명 사회   经济 jīngjì 명 경제
发展 fāzhǎn 명 발전   收入 shōurù 명 수입   增加 zēngjiā 동 증가하다
生活水平 shēnghuó shuǐpíng 명 생활 수준
提高 tígāo 동 향상시키다, 제고하다   越来越 yuèláiyuè 부 점점, 더욱더
不是…而是… búshì…érshì… ~가 아니라 ~이다
大部分 dàbùfen 명 대부분   花 huā 동 (돈을) 쓰다
阅读 yuèdú 동 독서하다 (책이나 신문을) 보다
旅行 lǚxíng 명 여행 동 여행하다   艺术 yìshù 명 예술
方面 fāngmiàn 명 방면, 분야   对…来说 duì…láishuō ~에게 있어서
不再 búzài 부 더는 ~(이) 아니다   重点 zhòngdiǎn 명 중점
高质量 gāo zhìliàng 고퀄리티의, 높은 수준의   生活 shēnghuó 명 생활
关键 guānjiàn 명 관건, 키포인트   内容 nèiróng 명 내용
丰富多彩 fēngfùduōcǎi 형 풍부하고 다채롭다
愿意 yuànyì 동 ~하기를 바라다

사회와 경제의 발전에 따라, 사람들의 수입이 증가했고, 생활 수준 또한 향상되고 있다. ³⁶현재 점점 많은 사람들이 돈을 대부분 밥 먹는 것과, 옷을 사는 것에 쓰는 것이 아니라, 독서, 여행, 예술 등 방면에 더 많이 쓰고 있다. ³⁷그들에게 있어서 잘 먹고, 잘 입는 것은 더는 중점이 아니며, 고퀄리티 생활의 관건은 생활 내용상에서의 풍부함과 다채로움이다.

36. 질문: 더 많은 사람들이 돈을 어느 방면에 쓰기를 바라는가?   정답 B
37. 질문: 지문을 통해 알 수 있는 고퀄리티의 생활은 무엇인가?   정답 C

해설 보기 읽기

36번과 37번의 보기에서 穿衣(옷을 입는다), 艺术(예술), 吃饭(밥을 먹는다), 买车(차를 산다), 买衣服(옷을 산다), 生活内容(생활 내용), 收入(수입)을 보고 일상 생활과 관련된 주제의 단문이 나올 것을 예측할 수 있다.

단문 듣기

단문에서 现在越来越多的人不是把钱大部分花在吃饭、买衣服上，而是把钱更多地花在阅读、旅行、艺术等方面。(현재 점점 많은 사람들이 돈을 대부분 밥 먹는 것과, 옷을 사는 것에 쓰는 것이 아니라, 독서, 여행, 예술 등 방면에 더 많이 쓰고 있다.)이라고 했으므로, 여기에서 언급된 36번 보기 A 穿衣(옷을 입는다), B 艺术(예술), C 吃饭(밥을 먹는다) 옆에 체크해 둔다.

이어서 吃得好、穿得好对他们来说不再是重点，高质量生活的关键是生活内容上的丰富多彩。(그들에게 잘 먹고, 잘 입는 것은 더는 중점이 아니며, 고퀄리티 생활의 관건은 생활 내용상에서의 풍부함과 다채로움이다.)라고 했으므로, 37번 보기 B 吃得好穿得好(잘 먹고 잘 입는다)와 C 生活内容丰富(생활 내용이 풍부하다) 옆에 체크해 둔다.

질문 듣고 정답 선택하기

36. 질문이 더 많은 사람들이 돈을 어느 방면에 쓰고 싶어하는지 물었으므로 B 艺术(예술)를 정답으로 선택한다.
37. 지문을 통해 알 수 있는 고퀄리티의 생활이 무엇인지 물었으므로 C 生活内容丰富(생활 내용이 풍부하다)를 정답으로 선택한다.

✓ **합격노하우** 36번과 37번처럼 보기가 사람의 행동에 대한 내용이면, 일상 생활과 관련된 이야기가 나올 것을 예상하여 단문의 세부 내용을 주의 깊게 들어야 한다.

38-39

38 하

A 32°C	B 33°C	C 34°C	D 35°C
A 32°C	B 33°C	C 34°C	D 35°C

度 dù[양] °C, 도(온도의 단위)

39 하

A 东部	B 西部	C 南部	D 北部
A 동부	B 서부	C 남부	D 북부

东部 dōngbù[명] 동부 西部 xībù[명] 서부 南部 nánbù[명] 남부
北部 běibù[명] 북부

观众朋友们早上好，欢迎来到今天的《天气早知道》。[38]今天我省温度会继续升高，最低25°C，最高33°C，[39]东部城市下午会有小雨，其他地方天气晴好。下面让我们一起来看详细情况。

38. 问：今天我省的最高气温是多少？

39. 问：我省什么地方会有小雨？

观众 guānzhòng[명] 시청자, 관중 欢迎 huānyíng[동] 환영하다
天气 tiānqì[명] 날씨 省 shěng[명] 성 (중국의 지방 행정 단위)
温度 wēndù[명] 온도 继续 jìxù[동] 계속하다
升高 shēnggāo[동] (위로) 오르다 最低 zuìdī[명] 최저
最高 zuìgāo[명] 최고 城市 chéngshì[명] 도시 下午 xiàwǔ[명] 오후
其他 qítā[명] 기타 地方 dìfang[명] 지역, 장소
晴好 qínghǎo[형] 날이 쾌청하고 좋다 下面 xiàmian[명] 다음
详细 xiángxì[형] 자세하다, 상세하다 情况 qíngkuàng[명] 상황, 정황
气温 qìwēn[명] 기온

시청자 여러분 좋은 아침입니다, 오늘의『날씨 빨리 알기』에 오신 것을 환영합니다. [38]오늘 우리 성의 온도는 계속 오르겠습니다, 최저 25°C, 최고 33°C이며, [39]동부 도시에는 오후에 작은 비가 올 가능성이 있습니다, 다른 지역의 날씨는 쾌청하고 좋습니다. 다음은 우리가 함께 자세한 상황을 살펴보겠습니다.

38. 질문: 오늘 우리 성의 최고 기온은 얼마인가? 정답 B
39. 질문: 우리 성의 어느 지역에 작은 비가 올 가능성이 있는가? 정답 A

해설 보기 읽기

38번과 39번의 보기에서 32°C, 33°C, 34°C, 35°C, 东部(동부), 西部(서부), 南部(남부), 北部(북부)와 같은 기온과 지역을 나타내는 보기를 읽고, 각 지역의 온도와 관련된 주제의 단문이 나올 것을 예측할 수 있다.

단문 듣기

단문 중반에서 今天我省温度会继续升高，最低25°C，最高33°C(오늘 우리 성의 온도는 계속 오르겠습니다, 최저 25°C, 최고 33°C입니다)를 듣고 38번의 B 33°C를 정답의 후보로 체크해 둔다. 이어서 东部城市下午会有小雨(동부 도시에는 오후에 작은 비가 올 가능성이 있습니다)를 듣고 39번의 A 东部(동부)를 정답의 후보로 체크해 둔다.

질문 듣고 정답 선택하기

38. 질문이 우리 성의 최고 기온을 물었으므로 B 33°C를 정답으로 선택한다.
39. 질문이 우리 성의 어느 지역에 비가 올 가능성이 있는지 물었으므로 A 东部(동부)를 정답으로 선택한다.

✅ **합격노하우** 제시된 보기들이 숫자 표현, 장소명사와 같이 간단한 보기일 경우, 단문에 그대로 언급될 가능성이 높으므로 이와 관련된 내용을 주의 깊게 듣는다.

40-41

40
| A 爱好 | B 天气 | C 学习 | D 收入 |

爱好 àihào 몡 취미 天气 tiānqì 몡 날씨 学习 xuéxí 몡 공부 收入 shōurù 몡 수입

| A 취미 | B 날씨 | C 공부 | D 수입 |

41
| A 文化 | B 历史 | C 经济 | D 科学 |

文化 wénhuà 몡 문화 历史 lìshǐ 몡 역사 经济 jīngjì 몡 경제 科学 kēxué 몡 과학

| A 문화 | B 역사 | C 경제 | D 과학 |

在跟不熟悉的人，特别是不熟悉的外国朋友聊天的时候，⁴⁰我们可以聊天气、爱好、运动、工作、学习，但是有一些问题是不应该问的，比如：收入、年龄、生活经历、有没有男女朋友、是不是结婚了，这些往往是别人自己的事儿，问这些问题会让人觉得你很不礼貌。

40. 问：跟不熟悉的人聊天时，不应该聊什么？
41. 问：这段话可能出现在关于什么内容的书上？

熟悉 shúxī 통 잘 알다, 익숙하다 特别 tèbié 튀 특히
聊天 liáotiān 통 이야기하다, 잡담하다 天气 tiānqì 몡 날씨
爱好 àihào 몡 취미 运动 yùndòng 몡 운동 통 운동하다
工作 gōngzuò 몡 일, 직업 学习 xuéxí 몡 공부 但是 dànshì 접 그러나
问题 wèntí 몡 질문, 문제 应该 yīnggāi 조동 ~해야 한다
问 wèn 통 묻다, 질문하다 收入 shōurù 몡 수입 年龄 niánlíng 몡 나이
生活 shēnghuó 몡 생활 经历 jīnglì 몡 경험
男朋友 nánpéngyou 몡 남자친구 女朋友 nǚpéngyou 몡 여자친구
结婚 jiéhūn 통 결혼하다 往往 wǎngwǎng 튀 흔히, 종종
觉得 juéde 통 ~라고 생각하다 不礼貌 bùlǐmào 무례하다
出现 chūxiàn 통 출현하다, 나오다, 나타나다 关于 guānyú 개 ~에 관한
内容 nèiróng 몡 내용

잘 알지 못하는 사람과, 특히 잘 알지 못하는 외국인 친구와 이야기 할 때에, ⁴⁰우리는 날씨, 취미, 운동, 일, 공부 등을 얘기할 수 있는데, 그러나 물어봐서는 안 되는 질문들이 몇몇 있다. 수입, 나이, 생활 경험, 남자친구 여자친구가 있는지, 결혼은 했는지 등이 그 예다. 이러한 것들은 흔히 다른 사람 자신만의 일이며, 이러한 질문을 물어본다면 상대방이 당신이 예의가 없다고 생각하게 할 수 있다.

40. 질문: 잘 알지 못하는 사람과 얘기할 때, 무엇을 얘기해서는 안 되는가? — 정답 D
41. 질문: 이 단문은 어떤 내용에 관한 책에 나올 가능성이 있는가? — 정답 A

해설 보기 읽기

40번의 爱好(취미), 天气(날씨), 学习(공부), 收入(수입)와 41번의 文化(문화), 历史(역사), 经济(경제), 科学(과학)이 모두 특정 명사이므로 단문을 들으며 각 명사에 대해 어떻게 언급되는지 주의 깊게 들어야 한다.

단문 듣기

단문의 我们可以聊天气、爱好、运动、工作、学习，但是有一些问题是不应该问的，比如：收入、年龄、生活经历、有没有男女朋友、是不是结婚了(우리는 날씨, 취미, 운동, 일, 공부 등을 얘기할 수 있는데, 그러나 물어봐서는 안 되는 질문들이 몇몇 있다. 수입, 나이, 생활 경험, 남자친구 여자친구가 있는지, 결혼은 했는지 등이 그 예다)에서, 40번 보기 A, B, C, D가 모두 언급되었다. 여기에서, A, B, C는 '얘기해도 되는(可以聊)' 것들이고, D는 '물어보면 안 되는 것(不应该问的)'이기 때문에, D를 정답의 후보로 체크해 둔다.

질문 듣고 정답 선택하기

40. 질문이 잘 알지 못하는 사람과 얘기할 때, 얘기하지 말아야 할 것을 물었으므로, D 收入(수입)를 정답으로 선택한다.
41. 질문이 이 단문이 어떤 분야의 책에 나올 수 있는가를 물었으므로, 단문의 중심 소재를 파악해야 한다. 단문에서 잘 알지 못하는 사람과 얘기할때의 주의할 점을 주로 말하고 있으므로 A 文化(문화)를 정답으로 선택한다.

✓**합격노하우** 제시된 보기들이 모두 간단한 특정 명사일 경우, 단문에서 각 명사와 관련된 내용들이 어떻게 언급되는지 주의 깊게 듣는다.

42-43

42 중
- A 大人也喜欢
- B 第一家在美国
- C 是亚洲第6个
- D 开始于1951年

大人 dàrén (명) 성인, 어른　美国 Měiguó (고유) 미국
亚洲 Yàzhōu (고유) 아시아, 아시아주　开始 kāishǐ (동) 시작되다, 시작하다

A 성인도 좋아한다　B 첫 번째 지점은 미국에 있다　C 아시아 여섯 번째이다　D 1951년에 시작되었다

43 중
- A 提高影响力
- B 引起孩子兴趣
- C 减少城市污染
- D 加快经济发展

提高 tígāo (동) 향상시키다, 제고하다　影响力 yǐngxiǎnglì (명) 영향력
引起 yǐnqǐ (동) 불러 일으키다, (주의를) 끌다　孩子 háizi (명) 아이
兴趣 xìngqù (명) 흥미, 취미　减少 jiǎnshǎo (동) 줄이다, 감소하다
城市 chéngshì (명) 도시　污染 wūrǎn (명) 오염
加快 jiākuài (동) 가속화하다, 빠르게 하다
经济发展 jīngjìfāzhǎn (명) 경제발전

A 영향력을 향상시킨다　B 아이의 흥미를 불러일으킨다　C 도시 오염을 줄인다　D 경제 발전을 가속화한다

---

⁴²世界第一家迪士尼乐园建于1955年的美国，它是所有孩子都喜欢的地方，是一个对孩子来说，进去玩了就不想出来的地方。61年后，在上海也有了迪士尼乐园，它是世界第6个、亚洲第3个迪士尼乐园。⁴³这个乐园的出现大大加快了上海旅游经济的发展。

42. 问：关于迪士尼乐园，下面哪个正确?

43. 问：根据这段话，上海迪士尼乐园有什么重要作用?

世界 shìjiè (명) 세계　迪士尼乐园 Díshìnílèyuán (고유) 디즈니랜드
建于 jiànyú ~에 지어지다, ~에 건립되다　美国 Měiguó (고유) 미국
所有 suǒyǒu (명) 모든, 전부의　孩子 háizi (명) 아이
喜欢 xǐhuan (동) 좋아하다　地方 dìfang (명) 장소
对…来说 duì…láishuō ~에게 있어서는　进去 jìnqù (동) 들어가다
出来 chūlai (동) 나오다　上海 Shànghǎi (고유) 상하이, 상해
亚洲 Yàzhōu (고유) 아시아, 아시아주　乐园 lèyuán (명) 놀이동산
出现 chūxiàn (동) 출현하다, 나타나다　大大 dàdà (부) 크게, 대폭으로
加快 jiākuài (동) 가속화하다, 빠르게 하다
旅游经济 lǚyóujīngjì (명) 관광경제　发展 fāzhǎn (명) 발전
重要 zhòngyào (형) 중요하다　作用 zuòyòng (명) 영향, 작용

⁴²세계 첫 번째 디즈니랜드는 1955년의 미국에 지어졌고, 이는 모든 아이가 좋아하는 장소이며, 아이에게 있어서는, 한번 들어가서 놀면 나오고 싶지 않은 장소이다. 61년후, 상하이에도 디즈니랜드가 생겼고, 이는 세계에서 여섯 번째, 아시아에서 세 번째 디즈니랜드이다. ⁴³이 놀이동산의 출현은 상하이 관광경제의 발전을 크게 가속화했다.

42. 질문: 다음 중 디즈니랜드에 관한 내용으로 옳은 것은?　　정답 B
43. 질문: 이 단문에 근거하여, 상하이 디즈니랜드는 어떤 중요한 영향을 가지고 있는가?　　정답 D

해설 보기 읽기
42번의 보기에서 第一家(첫 번째 지점), 开始于(~에 시작되었다)를 읽고, 특정 기업과 관련된 이야기가 나올 것임을 예상할 수 있다.

단문 듣기
단문 첫 문장에 世界第一家迪士尼乐园建于1955年的美国(세계 첫 번째 디즈니랜드는 1955년의 미국에 지어졌다)를 듣고 42번의 B 第一家在美国(첫 번째 지점은 미국에 있다)를 정답의 후보로 체크해 둔다. 이어서 단문의 마지막에서 这个乐园的出现大大加快了上海旅游经济的发展(이 놀이동산의 출현은 상하이 관광경제의 발전을 크게 가속화했다)을 듣고 43번의 D 加快经济发展(경제 발전을 가속화한다)을 정답의 후보로 체크해 둔다.

질문 듣고 정답 선택하기
42. 질문이 디즈니랜드에 관해 내용으로 옳은 것이 무엇인지 물었으므로 B 第一家在美国(첫 번째 지점은 미국에 있다)를 정답으로 선택한다.
43. 질문이 상하이 디즈니랜드가 끼치는 영향을 물었으므로 D 加快经济发展(경제 발전을 가속화한다)을 정답으로 선택한다.

✓ 합격노하우 두 문제의 보기가 서로 다른 형태의 문장일 경우 단문 음성을 듣기 전에 각 보기의 의미를 최대한 파악할 수 있어야 한다.

44-45

44 중
A 小的更好吃　　B 大的吃不完
C 让爸爸高兴　　D 让哥哥吃大的

更 gèng 튀 더, 더욱　让 ràng 동 ~하게 하다
高兴 gāoxìng 형 기쁘다, 즐겁다

A 작은 것이 더 맛있다　　B 큰 것은 다 먹지 못한다　　C 아빠를 기쁘게 한다　　D 형이 큰 것을 먹게 한다

45 하
A 保护家人　　B 关心别人
C 照顾自己　　D 懂得选择

保护 bǎohù 동 보호하다　家人 jiārén 명 가족　关心 guānxīn 동 관심을 갖다
别人 biérén 명 다른 사람　照顾 zhàogù 동 보살피다
自己 zìjǐ 명 자기, 자신　懂得 dǒngde 동 (뜻·방법 등을) 알다, 이해하다
选择 xuǎnzé 동 선택하다, 고르다

A 가족을 보호한다　　B 다른 사람에게 관심을 갖는다
C 자기 자신을 보살핀다　　D 선택할 줄 안다

孔融有五个哥哥。一天, 一家人在一起吃梨, 大家让年龄最小的孔融先拿。孔融没有选最好最大的, 而是拿了一个最小的。他的父亲觉得很奇怪, 就问他原因。孔融回答说: "⁴⁴我年龄小, 应该吃小的, 大的留给哥哥吃。" ⁴⁵父亲听了之后很高兴, 孔融这么小就知道不能只想着自己, 也要关心别人的道理, 于是鼓励大家向他学习。

哥哥 gēge 명 형　一天 yìtiān 명 어느 하루, 언젠가　家人 jiārén 명 가족
梨 lí 명 배　大家 dàjiā 명 모두, 다들　让 ràng 동 ~하게 하다
年龄 niánlíng 명 나이　拿 ná 동 (손으로) 가지다, 쥐다　选 xuǎn 동 고르다
父亲 fùqīn 명 아버지　觉得 juéde 동 ~라고 여기다, ~라고 느끼다
奇怪 qíguài 형 이상하다　原因 yuányīn 명 이유, 원인
回答 huídá 동 대답하다　应该 yīnggāi 조동 ~해야 한다　留 liú 동 남기다
之后 zhīhòu 명 ~뒤, ~후　高兴 gāoxìng 형 기쁘다, 즐겁다
想着 xiǎngzhe 생각하고 있다, 염두에 두다　自己 zìjǐ 명 자기, 자신
关心 guānxīn 동 관심을 갖다　别人 biérén 명 다른 사람
道理 dàolǐ 명 이치, 도리　于是 yúshì 젭 그래서
鼓励 gǔlì 동 격려하다, 고무하다　向 xiàng 개 ~에게
学习 xuéxí 동 본받다, 공부하다

44. 问: 孔融为什么拿了最小的水果?

45. 问: 爸爸鼓励哥哥们向孔融学习什么?

쿵룽에게는 다섯 명의 형이 있다. 어느 하루는, 가족들이 같이 배를 먹고 있는데, 모두들 나이가 가장 적은 쿵룽이 먼저 가져가게 했다. 쿵룽은 가장 좋고 가장 큰 것을 고르지 않았고, 가장 작은 것을 집었다. 그의 아버지가 이상하다고 느끼고, 그에게 이유를 물어봤다. 쿵룽이 대답했다. "⁴⁴제가 나이가 적으니, 작은 것을 먹어야 해요, 큰 것은 형 먹으라고 남겨뒀어요." ⁴⁵아버지는 듣고 난 뒤 매우 기뻐했는데, 쿵룽이 이렇게 어린데도 자기만 생각하면 안 되고, 다른 사람에게도 관심 가져야 한다는 이치를 알고 있었기 때문이며, 그래서 모두에게 그를 본받으라고 격려했다.

44. 질문: 쿵룽은 왜 가장 작은 과일을 가져갔는가?　　정답 D
45. 질문: 아버지가 형들에게 쿵룽의 어떤 점을 본받으라고 격려했는가?　　정답 B

해설 보기 읽기
44번의 보기에서 吃(먹다)이 반복적으로 사용된 것을 보고 먹는 행동 또는 먹는 것과 관련된 이야기가 나올 것임을 미리 예상할 수 있다.

단문 듣기
단문 중반의 我年龄小, 应该吃小的, 大的留给哥哥吃(제가 나이가 적으니, 작은 것을 먹어야 해요, 큰 것은 형 먹으라고 남겨뒀어요)를 듣고 44번의 D 让哥哥吃大的(형이 큰 것을 먹게 한다)를 정답의 후보로 체크해 둔다. 이어서 단문에서 父亲听了之后很高兴, 孔融这么小就知道不能只想着自己, 也要关心别人的道理(아버지는 듣고 난 뒤 매우 기뻐했는데, 쿵룽이 이렇게 어린데도 자기만 생각하면 안 되고, 다른 사람에게도 관심 가져야 한다는 이치를 알고 있었기 때문이다)를 듣고 45번의 B 关心别人(다른 사람에게 관심을 갖는다)을 정답의 후보로 체크해 둔다.

질문 듣고 정답 선택하기
44. 질문이 쿵룽(孔融)이 왜 가장 작은 과일을 가져갔는지 물었으므로, 단문의 내용에 따라 D 让哥哥吃大的(형이 큰 것을 먹게 한다)를 정답으로 선택한다.
45. 질문이 아버지가 형들에게 쿵룽의 어떤 점을 본받으라고 했는지 물었으므로, B 关心别人(다른 사람에게 관심을 갖는다)을 정답으로 선택한다.

✓ **합격노하우** 44번 보기에 동사 吃(먹다)이 반복되어 사용된 것과 같이, 각 보기에 반복적으로 사용된 어휘가 있으면 그와 관련된 내용이 나올 것임을 미리 예상하여 관련된 내용을 정확히 파악한다.

二、阅读 독해

46-50

A 原谅	B 理解	C 力气	原谅 yuánliàng 图 용서하다 理解 lǐjiě 图 이해하다
D̶ 坚持	E 幸福	F 咱们	力气 lìqi 圐 힘, 역량 坚持 jiānchí 图 꾸준히 하다
			幸福 xìngfú 圐 행복 咱们 zánmen 떼 우리

| A 용서하다 | B 이해하다 | C 힘 | D̶ 꾸준히 하다 | E 행복 | F 우리 |

* D 坚持(꾸준히 하다)은 예시 어휘이므로, 이를 제외한 나머지 5개의 보기 중에서 정답을 고른다.

---

46 중

人与人之间只有**互相**(B 理解)和尊重才能获得真正的友谊。

与 yǔ 깨 ~과(와) 之间 zhījiān 圐 (~의) 사이
只有…才… zhǐyǒu…cái ~해야만 ~이다
互相 hùxiāng 凰 서로, 상호 理解 lǐjiě 图 이해하다
尊重 zūnzhòng 图 존중하다 获得 huòdé 图 얻다, 획득하다
真正 zhēnzhèng 圐 진정한, 참된 友谊 yǒuyì 圐 우정, 우의

사람과 사람 사이에 서로(B 이해하고) 존중해야만이 진정한 우정을 얻을 수 있다.   정답 B

해설 빈칸이 부사 互相(서로) 뒤에 있고, 互相( )和尊重(서로 _하고 존중하다)이라는 문맥에 어울리는 동사 B 理解(이해하다)가 정답이다.

✓ **합격노하우** 빈칸이 부사 뒤에 있으면 동사나 형용사를 정답의 후보로 찾는다.

---

47 하

(E 幸福)是什么? 每个人的想法都不一样, 这个问题没有标准答案。

幸福 xìngfú 圐 행복 什么 shénme 떼 무엇
想法 xiǎngfǎ 圐 생각, 견해 不一样 bùyíyàng 圐 같지 않다
问题 wèntí 圐 문제 标准 biāozhǔn 圐 표준의
答案 dá'àn 圐 답안, 답

(E 행복)은 무엇인가? 모든 사람들의 생각은 모두 다르며, 이 문제는 표준 답안이 없다.   정답 E

해설 빈칸이 술어 是(~이다) 앞에 있으므로 주어가 될 수 있는 명사 C 力气(힘), E 幸福(행복), F 咱们(우리)이 정답의 후보이다. ( )是什么?…这个问题没有标准答案(__은 무엇인가? ~ 이 문제는 표준 답안이 없다)이라는 문맥에 어울리는 E 幸福(행복)가 정답이다.

✓ **합격노하우** 빈칸이 술어 是(~이다) 앞에 있으면 명사를 정답의 후보로 찾는다.

---

48 중

她虽然是个女生, 但是(C 力气)可**不小**, 这箱子肯定搬得动。

虽然 suīrán 쪱 비록 ~이지만 但是 dànshì 쪱 하지만
力气 lìqi 圐 힘 可 kě 凰 (강조를 나타냄) 箱子 xiāngzi 圐 상자
肯定 kěndìng 凰 분명히, 확실히 搬得动 bān de dòng 옮길 수 있다

그녀는 비록 여자이지만, 하지만 (C 힘)이 결코 작지 않다, 이 상자는 분명히 옮길 수 있다.   정답 C

해설 빈칸 뒤에 형용사 술어 不小(작지 않다)가 있으므로, 주어가 될 수 있으면서 这箱子肯定搬得动(이 상자는 분명히 옮길 수 있다)이라는 문맥에 어울리는 명사 C 力气(힘)가 정답이다.

✓ **합격노하우** 빈칸 뒤에 술어가 되는 형용사 또는 동사가 있다면 주어가 되는 명사를 정답으로 선택한다.

---

49 중

这件事是我做错了, 你能(A 原谅)我吗?

件 jiàn 鐚 건, 개(하나하나 셀 수 있는 것을 세는 단위)
事 shì 圐 일, 사건 做错 zuòcuò 잘못하다
原谅 yuánliàng 图 용서하다

이 일은 내가 잘못했어, 네가 나를 (A용서해) 줄 수 있니?   정답 A

해설 빈칸이 조동사 能(할 수 있다) 뒤에 있으므로, 술어가 될 수 있으면서 这件事我做错了(이 일은 내가 잘못했다)라는 문맥에 어울리는 동사 A 原谅(용서하다)이 정답이다.

✓ **합격노하우** 빈칸이 조동사 能(~할 수 있다) 뒤에 있으면 동사를 정답의 후보로 찾는다.

50
今天终于不用再加班了，得好好放松一下，(F 咱们)晚上一起去看电影？

终于 zhōngyú 🖫 마침내, 끝내　不用 búyòng 🖫 ~할 필요가 없다
加班 jiābān 🖫 야근하다, 초과 근무를 하다　得 děi 🖫 ~해야 한다
放松 fàngsōng 🖫 스트레스를 풀다, 정신적 긴장을 풀다
咱们 zánmen 🖫 우리　晚上 wǎnshang 🖫 저녁, 밤
一起 yìqǐ 🖫 같이　电影 diànyǐng 🖫 영화

오늘은 마침내 더 야근할 필요가 없어졌어, 스트레스를 좀 풀어야겠어, (F 우리) 저녁에 같이 영화 보러 갈까?

정답 F

해설 (　)晚上一起去看电影?(　저녁에 같이 영화 보러 갈까?)에 주어가 필요하므로, 去看电影(영화를 보러 가다)의 주어가 될 수 있으면서 문맥에 어울리는 대사 F 咱们(우리)이 정답이다.

✓ **합격노하우** 빈칸이 문장 중간의 콤마(,) 다음에 시작되는 절 앞에 있고, 빈칸 뒤에 술어가 있으면 주어가 되는 명사를 정답으로 선택한다.

51-55

| A 盘子 | B 现金 | ~~C 温度~~ |
| D 正好 | E 到底 | F 解释 |

盘子 pánzi 🖫 접시, 쟁반　现金 xiànjīn 🖫 현금
温度 wēndù 🖫 온도　正好 zhènghǎo 🖫 딱 맞다, 꼭 맞다
到底 dàodǐ 🖫 도대체　解释 jiěshì 🖫 설명하다, 해명하다

A 접시　　B 현금　　~~C 온도~~　　D 딱 맞다　　E 도대체　　F 설명하다

*C 温度(온도)는 예시 어휘이므로, 이를 제외한 나머지 5개의 보기 중에서 정답을 고른다.

51
A: 你昨天晚上(E 到底)去哪儿了？我们一直在找你。
B: 我在同事家多喝了几杯，开不了车，就住下了。

昨天 zuótiān 🖫 어제　晚上 wǎnshang 🖫 저녁, 밤
到底 dàodǐ 🖫 도대체　一直 yìzhí 🖫 계속, 줄곧　找 zhǎo 🖫 찾다
同事 tóngshì 🖫 (회사의) 동료　杯 bēi 🖫 잔
开车 kāichē 🖫 운전하다, 차를 몰다　不了 bù liǎo 🖫 ~할 수가 없다
住 zhù 🖫 숙박하다, 묵다

A: 당신 어제 저녁에 (E 도대체) 어디 갔었어요? 우리가 계속 당신을 찾고 있었어요.
B: 제가 동료의 집에서 몇 잔 더 마셨더니, 운전을 할 수가 없어서, 거기서 잤어요.

정답 E

해설 빈칸 앞에 昨天晚上(어제 저녁에)이라는 부사어가 있고, 빈칸 뒤에 술어 去(가다)가 있으므로, 부사어와 술어 사이에 쓰일 수 있는 부사 E 到底(도대체)가 정답이다.

✓ **합격노하우** 빈칸이 부사어와 술어 사이에 있으면 부사를 정답으로 선택한다.

52
A: 服务员，这个(A 盘子)不太干净，麻烦给我换一个。
B: 真是抱歉，我给您拿个干净的，请稍等。

服务员 fúwùyuán 🖫 종업원　盘子 pánzi 🖫 접시, 쟁반
不太 bútài 🖫 그다지 ~지 않다　干净 gānjìng 🖫 깨끗하다
麻烦 máfan 🖫 번거롭게 하다, 성가시게 하다
换 huàn 🖫 바꾸다, 교환하다　真是 zhēnshi 🖫 정말, 실로
抱歉 bàoqiàn 🖫 죄송합니다
拿 ná 🖫 (재물이나 방법 등을) 내놓다, 제공하다
稍等 shāoděng 🖫 잠깐 기다리다

A: 종업원님, 이 (A 접시)가 그다지 깨끗하지 않네요, 번거로우시겠지만 바꿔주세요.
B: 정말 죄송합니다, 제가 깨끗한 것으로 내놓을게요, 잠깐 기다려주세요.

정답 A

해설 빈칸 앞의 '지시대사+양사' 형태인 这个 다음에 쓸 수 있으면서, 빈칸 다음의 술어 不太干净(그다지 깨끗하지 않다)과 문맥상 어울리는 명사 A 盘子(접시)가 정답이다.

✓ **합격노하우** 빈칸 앞이 '지시대사+양사' 형태이면 양사와 함께 쓸 수 있는 명사를 정답으로 선택한다.

53
A: 大家还有什么问题吗？
B: 方老师，"甚至"这个词我不太懂，请您再(F 解释)一下。

大家 dàjiā 🖫 모두, 다들　什么 shénme 🖫 어떤, 무엇
问题 wèntí 🖫 문제　老师 lǎoshī 🖫 선생님
甚至 shènzhì 🖫 심지어　词 cí 🖫 단어
不太 bútài 🖫 그다지 ~지 않다　懂 dǒng 🖫 이해하다, 알다
再 zài 🖫 다시　解释 jiěshì 🖫 설명하다, 해명하다

A: 모두들 어떤 문제가 더 있나요?
B: 팡 선생님, 제가 "심지어" 이 단어를 잘 이해하지 못하겠어요, 다시 (F 설명) 좀 해주세요.

정답 F

해설 빈칸이 '주어+부사어' 형태인 您再(당신이 다시) 뒤에 있으므로 술어로 쓰일 수 있는 동사 F 解释(설명하다)이 정답이다.

✓ **합격노하우** 빈칸이 '주어+부사어' 뒤에 있으면 술어가 될 수 있는 동사나 형용사를 정답으로 선택한다.

54
하

A: 您好，我可以用银行卡付款吗？
B: 抱歉，我们这里只能收(B 现金)。

可以 kěyǐ [조] ~할 수 있다　用 yòng [개] ~으로
银行卡 yínhángkǎ [명] 은행카드　付款 fùkuǎn [동] 돈을 지불하다
抱歉 bàoqiàn [동] 죄송합니다　这里 zhèli [대] 이곳, 여기
只能 zhǐnéng [동] ~할 수밖에 없다　收 shōu [동] 받다
现金 xiànjīn [명] 현금

A: 안녕하세요, 제가 은행카드로 돈을 지불할 수 있나요?
B: 죄송합니다, 이곳은 (B 현금)만 받을 수 있습니다.

정답 B

해설 빈칸이 '조동사+동사' 형태의 只能收(~만 받을 수 있다) 뒤에 있으므로, 목적어로 쓰일 수 있는 명사 A 盘子(쟁반)와 B 现金(현금)이 정답의 후보이다. 我可以用银行卡付款吗?(제가 은행카드로 돈을 지불할 수 있나요?)라는 말과 문맥상 어울리는 명사 B 现金(현금)이 정답이다.

✓ **합격노하우** 빈칸이 '조동사+동사' 뒤에 있으면 목적어가 되는 명사를 정답으로 선택한다.

55
중

A: 这个帽子我戴上去感觉怎么样？
B: 挺好的，颜色不错，大小也(D 正好)。

帽子 màozi [명] 모자　戴 dài [동] (머리·얼굴·팔 등에) 쓰다, 착용하다
感觉 gǎnjué [명] 느낌 [동] 느끼다
怎么样 zěnmeyàng [대] 어떻다, 어떠하다
挺好 tǐnghǎo [형] 아주 좋다, 괜찮다　颜色 yánsè [명] 색깔, 색
不错 búcuò [형] 좋다, 괜찮다　大小 dàxiǎo [명] 크기
正好 zhènghǎo [형] 딱 맞다, 꼭 맞다

A: 이 모자 내가 쓰니까 느낌이 어때?
B: 아주 좋아, 색깔이 좋고, 크기도 (D 딱 맞아).

정답 D

해설 빈칸 앞에 부사 也(~도)가 있고, 빈칸 뒤에 목적어가 없으므로, 목적어 없이 술어가 될 수 있는 형용사 D 正好(딱 맞다)가 정답이다.

✓ **합격노하우** 빈칸 앞에 부사가 있고, 빈칸 뒤에 목적어가 없으면 목적어 없이 술어가 될 수 있는 형용사나 동사를 정답의 후보로 찾는다.

56
중

A 也打算参加一下
B 听说李明下个月准备举办高中同学聚会
C 我很长时间没见到老同学了

打算 dǎsuàn [동] ~할 생각이다　参加 cānjiā [동] 참석하다, 참가하다
听说 tīngshuō [동] 듣자니 ~라 한다
准备 zhǔnbèi [동] ~할 계획이다, ~하려고 하다
举办 jǔbàn [동] 열다, 개최하다　高中 gāozhōng [명] 고등학교
同学 tóngxué [명] 동창, 학우　聚会 jùhuì [명] 모임, 파티
很长时间 hěn cháng shíjiān [명] 오랫동안
见到 jiàndào [동] 만나다　老同学 lǎotóngxué [명] 옛 동창

A ~도 참석해 볼 생각이다
B 듣자니 리밍이 다음 달에 고등학교 동창 모임을 열 계획이라고 한다
C 나는 오랫동안 옛 동창들을 만나지 못했다

정답 BCA

해설 첫 순서 보기 고르기
A는 부사 也(~도)로 시작되었고 주어가 없으므로 문장의 맨 앞에 올 수 없다. 따라서 B, C가 첫 순서의 후보이다.

남은 보기 순서 배열하기
C 我很长时间没见到老同学了(나는 오랫동안 옛 동창들을 만나지 못했다)에서 我(나)가 A 也打算参加一下(~도 참석해 볼 생각이다)의 주어가 되므로, A를 C 다음으로 배열한다. (C → A)
B 听说李明下个月准备举办高中同学聚会(듣자니 리밍이 다음 달에 고등학교 동창 모임을 열 계획이라고 한다)에서 听说(듣자니 ~라 한다)가 쓰였으므로, B에서 고등학교 동창 모임이 있다는 사실을 처음 알게 되었음을 알 수 있다. B를 C → A 앞 문장의 첫 순서로 배열한다. (B → C → A)

완성된 문장
B 听说李明下个月准备举办高中同学聚会, C 我很长时间没见到老同学了, A 也打算参加一下。
B 듣자니 리밍이 다음 달에 고등학교 동창 모임을 열 계획이라고 한다, C 나는 오랫동안 옛 동창들을 만나지 못해서, A 나도 참석해 볼 생각이다.

✓ **합격노하우** 也(~도)와 같이 부사로 시작하고, 주어가 없는 보기는 문장의 맨 앞에 올 수 없다.

57 상

A 他希望学完离开中国时能变得和成龙一样厉害
B 于是他来到中国学习武术
C 马龙从小就喜欢看中国的功夫片

希望 xīwàng 동 희망하다 完 wán 동 다하다, 마치다
离开 líkāi 동 떠나다 变 biàn 동 변하다
成龙 Chéng Lóng 고유 성룡 (중국 영화 배우) 一样 yíyàng 형 같다
厉害 lìhai 형 대단하다 于是 yúshì 접 그래서
学习 xuéxí 동 배우다, 학습하다 武术 wǔshù 명 무술
从小 cóngxiǎo 부 어릴 때부터 喜欢 xǐhuan 동 좋아하다
功夫片 gōngfupiàn 명 무술 영화

A 그는 다 배우고 중국을 떠날 때 성룡같이 대단하게 변할 수 있길 희망한다
B 그래서 그는 무술을 배우러 중국에 왔다
C 마롱은 어릴 때부터 중국의 무술 영화를 보는 것을 좋아했다

정답 CBA

해설 첫 순서 보기 고르기
A에는 인칭대사 他(그)가 쓰였고, B에는 접속사 于是(그래서)이 쓰였으므로 문장의 맨 앞에 올 수 없다. 따라서 C 马龙从小就喜欢看中国的功夫片(마롱은 어릴 때부터 중국의 무술 영화를 보는 것을 좋아했다)를 첫 순서로 고른다. (C →)

남은 보기 순서 배열하기
B가 결과를 나타내는 접속사 于是(그래서)로 시작되었으므로 앞에 원인을 설명해주는 내용이 와야 한다. 첫 순서인 C 马龙从小就喜欢看中国的功夫片(마롱은 어릴 때부터 중국의 무술 영화를 보는 것을 좋아했다)가 B의 원인이므로, B를 C 다음으로 배열한다. (C → B)
A에서 언급한 学完离开中国时(다 배우고 중국을 떠날 때)은 훗날의 일이므로, 시간 순서에 따라 A를 문장 맨 마지막에 배열한다. (C → B → A)

완성된 문장
C 马龙从小就喜欢看中国的功夫片, B 于是他来到中国学习武术, A 他希望学完离开中国时能变得和成龙一样厉害。
C 마롱은 어릴 때부터 중국의 무술 영화를 보는 것을 좋아했다, B 그래서 그는 무술을 배우러 중국에 왔으며, A 그는 다 배우고 중국을 떠날 때 성룡같이 대단하게 변할 수 있길 희망한다.

✅ **합격노하우** 특정 사람 이름이 있는 보기 → 인칭대사 他(그)/她(그녀)가 있는 보기의 순서로 배열한다.

58 중

A 让越来越多的人选择住在郊区
B 尽管城里热闹方便
C 但是拥挤的交通和严重的污染

让 ràng 동 ~하게 하다 越来越 yuèláiyuè 부 갈수록
选择 xuǎnzé 동 선택하다 住 zhù 동 살다
郊区 jiāoqū 명 도시 외곽 지역, 교외 지역
尽管 jǐnguǎn 접 비록 ~라 하더라도 城里 chénglǐ 명 도시, 시내
热闹 rènao 형 활기차다, 시끌벅적하다
方便 fāngbiàn 형 편리하다 但是 dànshì 접 하지만
拥挤 yōngjǐ 형 혼잡하다 交通 jiāotōng 명 교통
严重 yánzhòng 형 심각하다 污染 wūrǎn 명 오염

A 갈수록 많은 사람이 도시 외곽 지역에 사는 것을 선택하게 한다
B 비록 도시가 활기차고 편리하다고 하더라도
C 하지만 혼잡한 교통과 심각한 오염은

정답 BCA

해설 첫 순서 보기 고르기
A 让越来越多的人选择住在郊区(갈수록 많은 사람이 도시 외곽 지역에 사는 것을 선택하게 한다)에는 주어가 없고 C는 접속사 但是(하지만)로 시작하고 있으므로, 문장의 맨 앞에 올 수 없다. 따라서 B 尽管城里热闹方便(비록 도시가 활기차고 편리하다고 하더라도)을 첫 순서로 고른다. (B →)

남은 보기 순서 배열하기
B의 尽管(비록 ~라 하더라도)과 C의 但是(하지만 ~)은 尽管……, 但是……(비록 ~라 하더라도, 하지만 ~)이라는 짝꿍 연결어로 사용되므로 B → C 순서로 배열한다. (B → C)
A 让越来越多的人选择住在郊区(갈수록 많은 사람이 도시 외곽 지역에 사는 것을 선택하게 한다)의 주어가 되는 것은 C의 拥挤的交通和严重的污染(혼잡한 교통과 심각한 오염)이므로, A를 C 뒤에 배열한다. (B → C → A)

완성된 문장
B 尽管城里热闹方便, C 但是拥挤的交通和严重的污染 A 让越来越多的人选择住在郊区。
B 비록 도시가 활기차고 편리하다고 하더라도, C 하지만 혼잡한 교통과 심각한 오염은 A 갈수록 많은 사람이 도시 외곽 지역에 사는 것을 선택하게 한다.

✅ **합격노하우** 두 개의 보기에 각각 '尽管……(비록 ~이지만)', '但是……(하지만 ~)'이라는 짝꿍 연결어가 있으면 '尽管……' → '但是……'의 순서로 배열한다.

59
상

A 我们都不去保护她
B 地球就像我们的母亲, 我们是她的子女
C 还会有谁去保护她

都 dōu 閈 ~조차도 保护 bǎohù 동 보호하다 地球 dìqiú 명 지구
像 xiàng 동 ~와 같다 母亲 mǔqīn 명 어머니 子女 zǐnǚ 명 자녀
还 hái 閈 또 会 huì 조동 ~할 가능성이 있다 谁 shéi 대 누구

A 우리조차도 그녀를 보호하지 않는다면
B 지구는 우리의 어머니와 같으며, 우리는 그녀의 자녀이다
C 그녀를 보호할 사람이 또 누가 있겠는가

정답 BAC

해설 첫 순서 보기 고르기

A에는 부사 都(~조차도)가 C에는 부사 还(또)가 쓰였으므로 A와 C 모두 문장의 맨 앞에 올 수 없다. 따라서 B 地球就像我们的母亲, 我们是她的子女(지구는 우리의 어머니와 같으며, 우리는 그녀의 자녀이다)를 첫 순서로 고른다. (B →)

남은 보기 순서 배열하기

A의 ……都不……(~조차도 ~않는다면)와 C의 还会有谁……(~할 사람이 또 누가 있겠는가)는 ……都不……, 还会有谁……(~조차도 ~않는다면, ~할 사람이 또 누가 있겠는가)라는 짝꿍 연결어로 사용되므로, A → C의 순서로 연결하여 첫 순서인 B 뒤에 배열한다. (B → A → C)

완성된 문장

B 地球就像我们的母亲, 我们是她的子女, A 我们都不去保护她, C 还会有谁去保护她。
B 지구는 우리의 어머니와 같으며, 우리는 그녀의 자녀이다, A 우리조차도 그녀를 보호하지 않는다면, C 그녀를 보호할 사람이 또 누가 있겠는가.

✅ **합격노하우** 두 개의 보기에 각각 '……都不……(~조차도 ~않는다면)', '还会有谁……(~할 사람이 또 누가 있겠는가)'라는 짝꿍 연결어가 있으면 '……都不……' → '还会有谁……'의 순서로 배열한다.

60
중

A 中国不仅面积很大, 世界第三
B 还是现在世界上历史最长的国家
C 差不多有五千年左右的历史

不仅 bùjǐn 접 ~뿐만 아니라 面积 miànjī 명 면적
世界 shìjiè 명 세계, 세상 还 hái 閈 ~도, ~까지도
历史 lìshǐ 명 역사 国家 guójiā 명 국가
差不多 chàbuduō 閈 거의, 대체로 左右 zuǒyòu 명 가량, 안팎, 쯤

A 중국은 세계에서 세 번째로 면적이 클 뿐만 아니라
B 현재 세계에서 역사가 가장 긴 국가이기도 하다
C 거의 5000년 가량의 역사를 가지고 있다

정답 ABC

해설 첫 순서 보기 고르기

B는 还是(~이기도 하다)로 시작되었고, C 差不多有五千年左右的历史(거의 5000년 가량의 역사를 가지고 있다)에는 주어가 없으므로 문장의 맨 앞에 올 수 없다. 따라서 A 中国不仅面积很大, 世界第三(중국은 세계에서 세 번째로 면적이 클 뿐만 아니라)을 첫 순서로 고른다. (A →)

남은 보기 순서 배열하기

B의 还是(~이기도 하다)과 A의 접속사 不仅(~뿐만 아니라)은 不仅……还是……(~뿐만 아니라 ~이기도 하다)라는 짝꿍 연결어로 사용되므로 A → B의 순서로 연결하여 배열한다. (A → B)
문맥상 C 差不多有五千年左右的历史(거의 5000년 가량의 역사를 가지고 있다)의 주어가 될 수 있는 것은 A의 中国(중국)이다. 따라서 C를 A 다음으로 배열해야 하는데, A와 B가 不仅…还是…(~뿐만 아니라 ~이기도 하다)이라는 짝꿍 연결어로 연결되어 있으므로, C를 A → B 다음 맨 마지막에 배열한다. (A → B → C)

완성된 문장

A 中国不仅面积很大, 世界第三, B 还是现在世界上历史最长的国家, C 差不多有五千年左右的历史。
A 중국은 세계에서 세 번째로 면적이 클뿐만 아니라, B 현재 세계에서 역사가 가장 긴 국가이기도 하며, C 거의 5000년 가량의 역사를 가지고 있다.

✅ **합격노하우** 두 개의 보기에 각각 '不仅……(~뿐만 아니라)', '还是……(~이기도 하다)'라는 짝꿍 연결어가 있으면 '不仅……' → '还是……'의 순서로 배열한다.

61
중

A 另一个是面试时要对自己有信心
B 一个是要认真做好准备
C 找工作面试时, 有两点很重要

另 lìng 때 다른, 그 밖의　面试 miànshì 통 면접을 보다
要 yào 조통 ~해야 한다　对 duì 깨 ~에 대해
自己 zìjǐ 때 스스로, 자신　信心 xìnxīn 명 자신감
认真 rènzhēn 형 착실하게, 열심히　做好 zuòhǎo 통 잘 해두다
准备 zhǔnbèi 명 준비
找工作 zhǎo gōngzuò 직장을 찾다, 구직하다
重要 zhòngyào 형 중요하다

A 다른 하나는 면접을 볼 때 스스로에 대해 자신감이 있어야 한다는 것이다
B 하나는 착실히 준비를 잘 해두어야 한다는 것이고
C 직장을 찾고 면접을 볼 때, 매우 중요한 두 가지가 있다

정답 CBA

해설 첫 순서 보기 고르기
　　A의 另一个是(다른 하나는)과 B의 一个是(하나는)은 앞서 언급된 내용에 대하여 구체적으로 설명할 때 사용되므로, A와 B는 모두 문장의 맨 앞에 올 수 없다. 따라서, C 找工作面试时, 有两点很重要(직장을 찾고 면접을 볼 때, 매우 중요한 두 가지가 있다)를 첫 순서로 고른다. (C →)

　　남은 보기 순서 배열하기
　　A의 另一个是(다른 하나는)과 B의 一个是(하나는)은 一个是…, 另一个是…(하나는 ~이고, 다른 하나는 ~이다)이라는 짝꿍 연결어로 사용되고, C의 有两点很重要(매우 중요한 두 가지가 있다)에 대하여 구체적으로 설명하고 있으므로, B → A의 순서로 연결하여 첫 순서인 C 뒤에 배열한다. (C → B → A)

　　완성된 문장
　　C 找工作面试时, 有两点很重要, B 一个是要认真做好准备, A 另一个是面试时要对自己有信心。
　　C 직장을 찾고 면접을 볼 때, 매우 중요한 두 가지가 있는데, B 하나는 착실히 준비를 잘 해두어야 한다는 것이고, A 다른 하나는 면접을 볼 때 스스로에 대해 자신감이 있어야 한다는 것이다.

　　✓**합격노하우** 두 개의 보기에 각각 '一个是……(하나는 ~이다)', '另一个是……(다른 하나는 ~이다)'라는 짝꿍 연결어가 있으면 '一个是……' → '另一个是……'의 순서로 배열한다.

62
중

A 短时间内不容易解决
B 由于这个问题太复杂了
C 你得再多给我们一个星期的时间

短时间 duǎn shíjiān 명 단시간, 짧은 시간
不容易 bùróngyì 형 쉽지 않다　解决 jiějué 통 해결하다
由于 yóuyú 깨 ~때문에　问题 wèntí 명 문제
复杂 fùzá 형 복잡하다　得 děi 조통 ~해야 한다　再 zài 뷔 다시
给 gěi 통 주다　一个星期 yí ge xīngqī 일주일
时间 shíjiān 명 시간

A 단시간 안에는 해결하기 쉽지 않다
B 이 문제가 너무 복잡하기 때문에
C 당신은 우리에게 다시 일주일의 시간을 더 주어야 한다

정답 BAC

해설 첫 순서 보기 고르기
　　A 短时间内不容易解决(단시간 안에는 해결하기 쉽지 않다)는 주어가 없으므로 문장의 맨 앞에 올 수 없다. 따라서, B와 C가 첫 순서의 후보이다.

　　남은 보기 순서 배열하기
　　B에 이유를 나타내는 접속사 由于(~때문에)로 시작하므로, 결과를 설명해주는 문장을 뒤에 배열할 수 있다. A 短时间内不容易解决(단시간 안에는 해결하기 쉽지 않다)가 B 由于这个问题太复杂了(이 문제가 너무 복잡하기 때문에)의 결과이므로, B → A의 순서로 배열한다. (B → A)
　　C 你得再多给我们一个星期的时间(당신은 우리에게 다시 일주일의 시간을 더 주어야 한다)이 B → A, 즉, 이 문제가 복잡해서 단시간 안에 해결하기 쉽지 않다라는 것에 대한 최종 결론이므로, C를 B → A 뒤에 배열한다. (B → A → C)

　　완성된 문장
　　B 由于这个问题太复杂了, A 短时间内不容易解决, C 你得再多给我们一个星期的时间。
　　B 이 문제가 너무 복잡하기 때문에, A 단시간 안에는 해결하기 쉽지 않으니, C 당신은 우리에게 다시 일주일의 시간을 더 주어야 한다.

　　✓**합격노하우** 이유를 나타내는 접속사 由于(~때문에)가 쓰인 보기 뒤에는 문맥상 결과를 설명해주는 보기를 배열한다.

63 중

A 也不要还没去试一下就放弃
B 妈妈经常鼓励我
C 即使在努力之后得到失败的结果

也 yě 튀 그래도　不要 búyào 튀 ~해서는 안 된다, ~하지 마라
还 hái 튀 아직　试一下 shì yíxià 시도해보다
放弃 fàngqì 툉 포기하다　经常 jīngcháng 튀 자주, 종종
鼓励 gǔlì 툉 격려하다, (용기를) 북돋우다
即使 jíshǐ 젭 설령 ~하더라도　努力 nǔlì 툉 노력하다
之后 zhīhòu 몡 ~다음, ~후　得到 dédào 툉 얻다, 거두다
失败 shībài 툉 실패하다　结果 jiéguǒ 몡 결과

A 그래도 아직 시도해보지도 않고 바로 포기해서는 안 된다
B 어머니가 자주 나를 격려해주신다
C 설령 노력한 다음 실패한 결과를 얻는다 하더라도

정답 BCA

해설 첫 순서 보기 고르기
A는 부사 也(그래도)로 시작하고, C 即使在努力之后得到失败的结果(설령 노력한 다음 실패한 결과를 얻는다 하더라도)에는 주어가 없으므로 문장의 맨 앞에 올 수 없다. 따라서 B 妈妈经常鼓励我(어머니가 자주 나를 격려해주신다)를 문장의 첫 순서로 고른다. (B→)

남은 보기 순서 배열하기
A의 也(그래도)와 C의 即使(설령 ~하더라도)은 即使……, 也……(설령 ~하더라도, 그래도 ~)라는 짝꿍 연결어로 사용되므로 C→A의 순서로 연결하여 첫 순서인 B 뒤에 배열한다. (B→C→A)

완성된 문장
B 妈妈经常鼓励我, C 即使在努力之后得到失败的结果, A 也不要还没去试一下就放弃。
B 어머니가 자주 나를 격려해주신다, C 설령 노력한 다음 실패한 결과를 얻는다 하더라도, A 그래도 아직 시도해보지도 않고 바로 포기해서는 안 된다.

✓ **합격노하우** 두 개의 보기에 각각 '即使……(설령 ~하더라도)', '也……(그래도 ~)'라는 짝꿍 연결어가 있으면 '即使……' → '也……'의 순서로 배열한다.

64 중

A 而好的工作机会越来越少
B 因此研究生找工作的压力非常大
C 研究生越来越多

而 ér 젭 그리고　工作机会 gōngzuò jīhuì 일할 기회
越来越 yuèláiyuè 갈수록　因此 yīncǐ 젭 이 때문에, 이로 인하여
研究生 yánjiūshēng 몡 대학원생　找 zhǎo 툉 찾다
工作 gōngzuò 몡 직장　压力 yālì 몡 스트레스, 압력
非常 fēicháng 튀 매우

A 그리고 좋은 일할 기회는 갈수록 적어진다
B 이 때문에 대학원생이 직장을 찾는 스트레스가 매우 크다
C 대학원생은 갈수록 많아진다

정답 CAB

해설 첫 순서 보기 고르기
A는 접속사 而(그리고)로, B는 접속사 因此(이 때문에)로 시작되었으므로 문장의 맨 앞에 올 수 없다. 따라서, C 研究生越来越多(대학원생은 갈수록 많아진다)를 문장의 첫 순서로 고른다. (C→)

남은 보기 순서 배열하기
A에서 쓰인 접속사 而(그리고)은 앞의 내용과 이어지는 내용을 언급할 때 쓰이므로, A 而好的工作机会越来越少(그리고 좋은 일할 기회는 갈수록 적어진다) 앞에 쓰여 문맥상 자연스러운 것은 C 研究生越来越多(대학원생은 갈수록 많아진다)이다. 따라서 A를 C 뒤에 배열한다. (C→A)
B 因此研究生找工作的压力非常大(이 때문에 대학원생이 직장을 찾는 스트레스가 매우 크다)에서 접속사 因此(이 때문에)가 가리키는 원인이 C→A 전체, 즉, 대학원생이 갈수록 많아지고, 좋은 일할 기회가 갈수록 적어진다라는 내용이므로, B를 C→A 뒤 맨 마지막에 배열한다. (C→A→B)

완성된 문장
C 研究生越来越多, A 而好的工作机会越来越少, B 因此研究生找工作的压力非常大。
C 대학원생은 갈수록 많아지고, A 그리고 좋은 일할 기회는 갈수록 적어져, B 이 때문에 대학원생이 직장을 찾는 스트레스가 매우 크다.

✓ **합격노하우** 而(그리고), 因此(이 때문에)와 같은 접속사로 시작되는 보기는 문장의 맨 앞에 올 수 없다.

65 상

A 很多误会聊着聊着就没有了
B 聊天其实是一个解决问题的好办法
C 和朋友一起租房子往往会出现一些问题

误会 wùhuì 명 오해　聊 liáo 동 이야기하다　着 zhe 조 ~하면서
聊天 liáotiān 동 이야기를 나누다, 잡담하다
其实 qíshí 부 사실　解决 jiějué 동 해결하다
问题 wèntí 명 (해결해야 할) 문제　办法 bànfǎ 명 방법, 수단
租 zū 동 빌리다　房子 fángzi 명 집, 건물
往往 wǎngwǎng 부 흔히, 자주
出现 chūxiàn 동 나타나다, 출현하다　一些 yìxiē 양 조금

A 많은 오해가 이야기를 하다 보면 사라진다
B 이야기를 나누는 것은 사실 문제를 해결하는 좋은 방법이다
C 친구와 같이 집을 빌려서 살면 흔히 문제가 조금 나타날 수 있다

정답 CBA

해설 문맥 파악으로 순서 배열하기
제시된 세 개의 보기에 접속사, 연결어, 지시대사 등이 없고, 모두 주어와 술어를 갖춘 완전한 문장이므로, 문맥을 파악하여 논리적으로 순서를 배열해야 하는 문제이다. C의 会出现一些问题(문제가 조금 나타날 수 있다)에서 문제 발생을 언급하였고, B의 是一个解决问题的好办法(문제를 해결하는 좋은 방법이다)에서 문제 해결 방법을 제시했으며, A의 很多误会……没有了(많은 오해가……사라진다)에서 B에서 언급한 방법에 대한 세부 설명을 하였다. 따라서 C → B → A의 순서로 배열해야 한다. (C → B → A)

완성된 문장
C 和朋友一起租房子往往会出现一些问题, B 聊天其实是一个解决问题的好办法, A 很多误会聊着聊着就没有了。
C 친구와 같이 집을 빌려서 살면 흔히 문제가 조금 나타날 수 있는데, B 이야기를 나누는 것은 사실 문제를 해결하는 좋은 방법이며, A 많은 오해가 이야기를 하다 보면 사라진다.

✅ **합격노하우** 제시된 세 개의 보기에 접속사, 연결어, 지시대사 등이 없고, 모두 주어와 술어를 갖춘 완전한 문장일 경우에는, 세 보기의 문맥을 파악하여 논리적으로 순서를 배열한다.

66 중

中国人喜欢用"世上无难事，只怕有心人"来鼓励别人，意思是世界上没有什么做不好的难事，只要你想做并且坚持去努力，就一定会成功。

★ "世上无难事，只怕有心人"的意思是，做事的时候最需要：
A 聪明　　　　　　　B 坚持
C 帮助　　　　　　　D 鼓励

喜欢 xǐhuan 동 좋아하다
世上无难事，只怕有心人 shìshàngwúnánshì, zhǐpàyǒuxīnrén 성 이 세상에 어려운 일은 없다, 오직 뜻 있는 사람만이 두렵다(하려는 마음이 있으면 그 어떤 곤란도 극복할 수 있음을 이르는 말)
鼓励 gǔlì 동 격려하다　别人 biérén 명 다른 사람
意思 yìsi 명 뜻, 의미　世界 shìjiè 명 세상, 세계
做好 zuòhǎo 동 일을 해내다, 성취하다
只要 zhǐyào 접 ~하기만 하면
想 xiǎng 조동 ~하려고 하다, ~하고 싶다　并且 bìngqiě 접 또한
坚持 jiānchí 동 꾸준히 하다, 견지하다　努力 nǔlì 동 노력하다
一定 yídìng 부 반드시, 꼭　成功 chénggōng 동 성공하다
需要 xūyào 동 필요하다, 요구되다　聪明 cōngming 형 똑똑하다
帮助 bāngzhù 동 돕다

중국사람들은 "이 세상에 어려운 일은 없다, 오직 뜻 있는 사람만이 두렵다"를 사용해서 다른 사람을 격려하길 좋아하는데, 뜻은 세상에 해낼 수 없는 어떤 어려운 일도 없고, 당신이 하려고 하고 또한 꾸준히 노력하기만 하면, 반드시 성공할 수 있다는 것이다.

★ "이 세상에 어려운 일은 없다, 오직 뜻 있는 사람만이 두렵다"는 일을 할 때 무엇이 가장 필요하다는 뜻인가:
A 똑똑하다　　　　B 꾸준히 하다　　　　C 돕다　　　　D 격려하다

정답 B

해설 질문의 "世上无难事，只怕有心人"(이 세상에 어려운 일은 없다, 오직 뜻 있는 사람만이 두렵다)과 관련된 부분을 지문에서 찾아 주의 깊게 읽는다. 지문에서 "世上无难事，只怕有心人" …… 意思是世界上没有什么做不好的难事，只要你想做并且坚持去努力，就一定会成功("이 세상에 어려운 일은 없다, 오직 뜻 있는 사람만이 두렵다" …… 뜻은 세상에 해낼 수 없는 어떤 어려운 일도 없고, 당신이 하려고 하고 또한 꾸준히 노력하기만 하면, 반드시 성공할 수 있다는 것이다)라고 하였으므로, 이를 통해 알 수 있는 B 坚持(꾸준히 하다)가 정답이다.

✅ **합격노하우** 질문에 따옴표(" ")로 인용된 표현이 있으면, 이 표현을 핵심어구로 하여 지문에서 관련된 내용을 재빨리 찾는다.

67
중

乘客朋友们, 等地铁时请您自觉站在黄线外, 并且按照顺序排队, 地铁门打开后请先下后上。

★ 在等候和乘坐地铁时:
A 不需要排队　　　　B 要先上后下
C 不能看手机　　　　D 要站在黄线外

乘客 chéngkè 몡 승객	等 děng 동 기다리다
地铁 dìtiě 몡 지하철	自觉 zìjué 동 자발적인동 자각하다
站 zhàn 동 서다	黄线 huángxiàn 몡 노란 선
并且 bìngqiě 접 또한, 게다가	按照 ànzhào 개 ~에 따라, ~에 의해
顺序 shùnxù 몡 순서	排队 páiduì 동 줄을 서다
打开 dǎkāi 동 열다	先 xiān 부 먼저 下 xià 동 내리다
后 hòu 몡 (시간적인 개념의) 뒤, 후	上 shàng 동 타다, 오르다
等候 děnghòu 동 기다리다	乘坐 chéngzuò 동 타다
需要 xūyào 동 필요하다, 요구되다	
不能 bùnéng 조동 ~해서는 안 된다	手机 shǒujī 몡 휴대폰

승객 여러분, 지하철을 기다릴 때는 자발적으로 노란 선 밖에 서주시기 바라며, 또한 순서에 따라 줄을 서주시고, 지하철 문이 열린 다음 먼저 내리고 나서 타주시기 바랍니다.

★ 지하철을 기다릴 때와 탈 때:
A 줄 설 필요 없다
B 먼저 타고 그 다음 내려야 한다
C 휴대폰을 봐서는 안 된다
D 노란 선 밖에 서야 한다　　　　정답 D

해설 질문의 在等候和乘坐地铁时(지하철을 기다릴 때와 탈 때)과 관련된 부분을 지문에서 찾아 주의 깊게 읽는다. 지문에서 等地铁时请您自觉站在黄线外(지하철을 기다릴 때는 자발적으로 노란 선 밖에 서주시기 바랍니다)라고 하였으므로, 보기 D 要站在黄线外(노란 선 밖에 서야 한다)가 정답이다. 참고로, 지문 마지막의 请先下后上(먼저 내리고 나서 타주시기 바랍니다)과 보기 B 要先上后下(먼저 타고 그 다음 내려야 한다)는 上(타다)과 下(내리다)가 서로 뒤바뀌어 있으므로 오답이다.

✓ **합격노하우** 질문이 전부 핵심어구인 경우에 질문과 관련된 부분을 지문에서 재빨리 찾는다.

68
상

我出生在大理, 一个美丽的城市。在这里没有冬天, 任何时候都可以看到绿树红花, 让人感觉自己好像每天都生活在一张美丽的画儿中。

★ 根据这段话, 我们知道大理:
A 交通方便　　　　B 冬天不冷
C 生活轻松　　　　D 景色很美

出生 chūshēng 동 태어나다	
大理 Dàlǐ 고유 따리(중국 운남성에 위치한 따리시)	
美丽 měilì 형 아름답다	城市 chéngshì 몡 도시
冬天 dōngtiān 몡 겨울	任何 rènhé 대 어떠한
时候 shíhou 몡 때	可以 kěyǐ 조동 ~할 수 있다
看到 kàndào 동 보다, 눈에 띄다	绿树 lǜshù 몡 푸른 나무, 녹수
红花 hónghuā 몡 붉은 꽃	让 ràng 동 ~하게 하다
感觉 gǎnjué 동 느끼다	自己 zìjǐ 대 자신, 자기
好像 hǎoxiàng 부 마치 ~과 같다	
生活 shēnghuó 동 살다 몡 생활	画儿 huàr 몡 그림
交通 jiāotōng 몡 교통	方便 fāngbiàn 형 편리하다
轻松 qīngsōng 형 부담이 없다	景色 jǐngsè 몡 풍경, 경치

저는 따리라는 아름다운 도시에서 태어났습니다. 여기에는 겨울이 없습니다. 어떠한 때에도 모두 푸른 나무와 붉은 꽃을 볼 수 있으며, 사람으로 하여금 자신이 마치 매일 한 장의 아름다운 그림 속에서 살고 있는 것과 같이 느끼게 합니다.

★ 이 지문에 근거하여, 우리가 따리에 대해 아는 것은:
A 교통이 편리하다　　B 겨울이 춥지 않다　　C 생활에 부담이 없다　　D 풍경이 매우 아름답다　　정답 D

해설 질문의 大理(따리)와 각 보기의 交通方便(교통이 편리하다), 冬天不冷(겨울이 춥지 않다), 生活轻松(생활에 부담이 없다), 景色很美(풍경이 매우 아름답다)를 핵심어구로 체크해 둔다. 지문에서 任何时候都可以看到绿树红花, 让人感觉自己好像每天都生活在一张美丽的画儿中(어떠한 때에도 모두 푸른 나무와 붉은 꽃을 볼 수 있으며, 사람으로 하여금 자신이 마치 매일 한 장의 아름다운 그림 속에서 살고 있는 것과 같이 느끼게 합니다)이라고 하였으므로, 이를 통해 알 수 있는 D 景色很美(풍경이 매우 아름답다)가 정답이다.

✓ **합격노하우** 질문에 根据这段话, 我们知道(지문에 근거하여, 우리가 아는 것은)가 있으면 뒷부분을 핵심어구로 하여 지문에서 관련된 내용을 재빨리 찾는다.

69

我的同屋王冬是一个幽默的男生，他喜欢给朋友们讲笑话。只要有他在的地方就会有笑声，他乐观积极的态度总是能够影响周围的人。

★ 王冬的性格怎么样？
　A 安静　　　　B 幽默
　C 自信　　　　D 害羞

同屋 tóngwū 명 룸메이트　幽默 yōumò 형 유머러스하다
男生 nánshēng 명 남자　喜欢 xǐhuan 동 좋아하다
讲笑话 jiǎng xiàohua 농담하다
只要…就… zhǐyào…jiù… ~하기만 하면 ~이다
地方 dìfang 명 곳, 장소　笑声 xiàoshēng 명 웃음소리
乐观 lèguān 형 낙관적이다, 희망차다
积极 jījí 형 적극적이다, 의욕적이다　态度 tàidu 명 태도
总是 zǒngshì 부 언제나, 늘　能够 nénggòu 조동 ~할 수 있다
影响 yǐngxiǎng 동 영향을 주다　周围 zhōuwéi 명 주위, 주변
性格 xìnggé 명 성격　安静 ānjìng 형 조용하다
自信 zìxìn 형 자신만만하다, 자신감 있다
害羞 hàixiū 형 수줍어하다, 부끄러워하다

나의 룸메이트 왕동은 유머러스한 남자이며, 그는 친구들에게 농담하기를 좋아한다. 그가 있는 곳이기만 하면 웃음소리가 있으며, 그의 낙관적이고 적극적인 태도는 언제나 주위 사람들에게 영향을 줄 수 있다.

★ 왕동의 성격은 어떤가？
　A 조용하다　　B 유머러스하다　　C 자신만만하다　　D 수줍어한다　　정답 B

해설 질문의 王冬的性格(왕동의 성격)와 관련된 부분을 지문에서 찾아 주의 깊게 읽는다. 지문에서 王冬是一个幽默的男生(왕동은 유머러스한 남자이다)이라고 하였으므로 B 幽默(유머러스하다)가 정답이다.

✅ 합격노하우 질문이 '……怎么样?(~은 어떤가?)'와 같은 의문문이면 앞부분을 핵심어구로 하여 지문에서 관련된 내용을 재빨리 찾는다.

70

公司附近的面包店这周有特别活动，店里50%的面包打八折。如果在网上付款还会获得一个活动密码，顾客可以用密码到店里换小礼物。

★ 活动密码可以用来：
　A 换礼物　　　B 买面包
　C 打八折　　　D 网上付款

公司 gōngsī 명 회사　附近 fùjìn 명 가까운, 인접한
面包店 miànbāodiàn 명 제과점, 빵 가게
这周 zhèzhōu 이번 주　特别 tèbié 형 특별하다
活动 huódòng 명 이벤트, 행사, 활동　面包 miànbāo 명 빵
八折 bāzhé 20% 할인　如果 rúguǒ 접 만약, 만일
网上 wǎngshàng 명 온라인, 인터넷
付款 fùkuǎn 동 돈을 지불하다　获得 huòdé 동 얻다, 획득하다
密码 mìmǎ 명 코드, 패스워드　顾客 gùkè 명 고객, 손님
可以 kěyǐ 조동 ~할 수 있다　用 yòng 개 ~로
换 huàn 동 교환하다, 바꾸다　礼物 lǐwù 명 선물

회사와 가까운 제과점에서 이번 주에 특별한 이벤트가 있는데, 가게 안 50%의 빵을 20% 할인한다. 또한 만약 온라인으로 돈을 지불하면 이벤트 코드를 얻을 수 있는데, 고객이 이 코드를 가게에서 작은 선물로 교환할 수 있다.

★ 이벤트 코드로 할 수 있는 것은:
　A 선물로 교환한다　　B 빵을 산다　　C 20% 할인한다　　D 온라인에서 지불한다　　정답 A

해설 질문의 活动密码(이벤트 코드)와 관련된 부분을 지문에서 찾아 주의 깊게 읽는다. 지문에서 如果在网上付款还会获得一个活动密码，顾客可以用密码到店里换小礼物.(또한 만약 온라인으로 돈을 지불하면 이벤트 코드를 얻을 수 있는데, 고객이 이 코드를 가게에서 작은 선물로 교환할 수 있다.)라고 하였으므로 A 换礼物(선물로 교환한다)가 정답이다.

✅ 합격노하우 질문에 '……可以(~ 할 수 있는 것은)'가 있으면 앞부분을 핵심어구로 하여 지문에서 관련된 내용을 재빨리 찾는다.

71

"地球一小时"是一个为了保护环境举办的全世界活动，参加的人需要关上电器一小时。这个活动每年举办一次，时间是3月最后一个星期六的晚上8:30到9:30。

★ "地球一小时"活动是为了：
　A 保护环境　　B 节约时间
　C 保护动物　　D 拒绝电器

地球一小时 Dìqiú yīxiǎoshí 고유 지구의 시간, 어스 아워(Earth Hour, 환경 보호를 위해 1시간 동안 전기사용을 하지 않는 행사)
为了 wèile 개 ~을 하기 위하여　保护 bǎohù 동 보호하다
环境 huánjìng 명 환경　举办 jǔbàn 동 열다, 개최하다
全世界 quánshìjiè 전 세계　活动 huódòng 명 행사, 활동
参加 cānjiā 동 참가하다, 참석하다　需要 xūyào 조동 ~해야 한다
关上 guānshàng 동 끄다, 닫다　电器 diànqì 명 전기 기기
时间 shíjiān 명 시간　星期六 xīngqīliù 명 토요일
晚上 wǎnshang 명 저녁, 밤　节约 jiéyuē 동 절약하다
动物 dòngwù 명 동물　拒绝 jùjué 동 거부하다, 거절하다

"지구의 시간"은 환경을 보호하기 위해 여는 전 세계적 행사인데, 참가하는 사람은 1시간 동안 전기 기기를 꺼야 한다. 이 행사는 매년 한번 열리고, 시간은 3월 마지막 토요일의 저녁 8:30 부터 9:30까지이다.

★ "지구의 시간" 행사는 무엇을 위한 것인가?
　A 환경을 보호한다　　B 시간을 절약한다　　C 동물을 보호한다　　D 전기 기기를 거부한다　　정답 A

해설 질문의 "地球一小时"活动是为了("지구의 시간" 행사는 무엇을 위한 것인가)와 관련된 내용을 지문에서 찾아 주의 깊게 읽는다. 지문에서 "地球一小时"是一个为了保护环境举办的全世界活动("지구의 시간"은 환경을 보호하기 위해 여는 전 세계적 행사이다)이라고 하였으므로 A 保护环境(환경을 보호한다)이 정답이다.

✅ **합격노하우** 질문에 따옴표(" ")로 인용된 표현이 있으면, 이 표현을 핵심어구로 하여 지문에서 관련된 내용을 재빨리 찾는다.

72 중

中国人吃饭，一般是很多人在一起点了菜后边吃边聊，所以大多数中国饭店会有十多人使用的大桌子。然而，西方人很少围着大桌子一起吃。他们更愿意安静地各吃各的。

★ 中国人吃饭时：
A 不爱聊天   B 各吃各的
C 非常热闹   D 不用小桌

一般 yìbān 團 보통이다, 일반적이다
点菜 diǎncài 요리를 주문하다
边…边… biān…biān… ~하면서 ~하다   聊 liáo 圐 이야기하다
所以 suǒyǐ 웹 그래서, 그러므로
大多数 dàduōshù 대다수의, 대부분의   饭店 fàndiàn 웹 식당
使用 shǐyòng 圐 사용하다   桌子 zhuōzi 웹 테이블, 탁자, 식탁
然而 rán'ér 웹 그러나, 그렇지만   西方人 xīfāngrén 서양인
很少 hěn shǎo 아주 적다   围 wéi 圐 둘러싸다   更 gèng 囝 더욱, 더
愿意 yuànyì ~하기를 바라다, 희망하다   安静 ānjìng 團 조용하다
各吃各的 gè chī gè de 각자가 각자의 것을 먹다   爱 ài 圐 좋아하다
聊天 liáotiān 圐 이야기 하다   非常 fēicháng 囝 매우
热闹 rènao 團 시끌벅적하다, 활기차다   用 yòng 圐 쓰다
小桌 xiǎozhuō 圐 작은 테이블

중국인이 밥을 먹을 때, 보통은 많은 사람이 한데 모여 요리를 주문한 후 먹으면서 이야기하는데, 그래서 대다수의 중국 식당에는 열 명 남짓이 사용하는 큰 테이블이 있곤 하다. 그러나, 서양인은 큰 테이블을 둘러싸고 같이 먹는 경우가 아주 적다. 그들은 조용히 각자가 각자의 것을 먹기를 더욱 바란다.

★ 중국인은 밥을 먹을 때：
A 이야기하기를 좋아하지 않는다   B 각자가 각자의 것을 먹는다
C 매우 시끌벅적하다   D 작은 테이블을 쓰지 않는다

정답 C

해설 질문의 中国人吃饭时(중국인은 밥을 먹을 때)와 관련된 내용을 지문에서 찾아 주의 깊게 읽는다. 지문에서 中国人吃饭，一般是很多人在一起点了菜后边吃边聊，所以大多数中国饭店会有十多人使用的大桌子.(중국인이 밥을 먹을 때, 보통은 많은 사람이 한데 모여 요리를 주문한 후 먹으면서 이야기하는데, 그래서 대다수의 중국 식당에는 열 명 남짓이 사용하는 큰 테이블이 있곤 하다.)라고 하였으므로, 이를 통해 알 수 있는 C 非常热闹(매우 시끌벅적하다)가 정답이다.

✅ **합격노하우** 질문이 전부 핵심어구인 경우 질문과 관련된 부분을 지문에서 재빨리 찾는다.

73 상

虽然大部分人能坚持早晚刷牙，但还是有小部分人不重视牙齿的健康。例如，经常喝饮料、刷牙不认真等等。偶尔一次没关系，如果经常这样，会严重影响牙齿健康。

★ 根据这段话，我们可以知道大部分人：
A 经常喝饮料   B 刷牙不认真
C 缺少健康知识   D 注意保护牙齿

虽然 suīrán 쥅 비록 ~하지만   大部分 dàbùfen 대부분
坚持 jiānchí 圐 꾸준히 하다   早晚 zǎowǎn 아침과 저녁
刷牙 shuāyá 양치질하다, 이를 닦다   还是 háishi 囝 여전히
小部分 xiǎobùfen 일부, 작은 부분
重视 zhòngshì 圐 중요시하다, 중시하다   牙齿 yáchǐ 圐 치아
健康 jiànkāng 圐 건강   例如 lìrú 예를 들어, 예를 들면
经常 jīngcháng 囝 자주, 종종   喝 hē 圐 마시다
饮料 yǐnliào 圐 음료   认真 rènzhēn 圐 열심히 하다, 착실하다
偶尔 ǒu'ěr 囝 가끔, 때때로   没关系 méiguānxi 괜찮다, 문제 없다
如果 rúguǒ 쥅 만약, 만일   这样 zhèyàng 圐 이러하다
严重 yánzhòng 圐 심각하게, 심각하다, 엄중하다
影响 yǐngxiǎng 圐 영향을 주다 (끼치다)
缺少 quēshǎo 圐 부족하다, 모자라다   知识 zhīshi 圐 지식
注意 zhùyì 圐 주의하다   保护 bǎohù 圐 보호하다

비록 대부분의 사람이 꾸준히 아침저녁으로 양치질하지만, 하지만 여전히 일부 사람들은 치아의 건강을 중요시하지 않는다. 예를 들어, 자주 음료를 마시거나, 양치질을 열심히 하지 않는 것 등이 있다. 가끔 한 번은 괜찮지만, 만약 자주 이렇다면, 치아 건강에 심각하게 영향을 줄 수 있다.

★ 이 지문에 근거하여 대부분의 사람에 대해 알 수 있는 것은:
A 음료를 자주 마신다   B 양치질을 열심히 하지 않는다
C 건강지식이 부족하다   D 치아를 보호하는 것에 주의한다

정답 D

해설 질문의 大部分人(대부분의 사람)과 관련된 부분을 지문에서 찾아 주의 깊게 읽는다. 지문 맨 처음에서 大部分人能坚持早晚刷牙(대부분의 사람이 꾸준히 아침저녁으로 양치질한다)라고 언급했고 뒤에 大部分人(대부분의 사람)에 대한 다른 언급은 없으므로, 大部分人能坚持早晚刷牙(대부분의 사람이 꾸준히 아침저녁으로 양치질한다)를 통해 알 수 있는 D 注意保护牙齿(치아를 보호하는 것에 주의한다)이 정답이다.

✅ 합격노하우 질문에 根据这段话, 我们可以知道(지문에 근거하여, 우리가 알 수 있는 것은)가 있으면 뒷부분을 핵심어구로 하여 지문에서 관련된 내용을 재빨리 찾는다.

74 상

一个人的美分为两种：一种是外在美，另一种是内在美。但现在很多人只重视外在美，认为长得好看最重要。他们不知道，外在的美会随着时间而发生改变，内在美才是永远的。

★ 这段话告诉我们要：
A 了解自己　　　B 重视内在
C 关心别人　　　D 注意打扮

美 měi 형 아름다움　分为 fēnwéi 통 ~으로 나누어지다
种 zhǒng 명 가지, 종류(사람이나 사물의 종류를 세는 단위)
外在 wàizài 형 외적인, 외재적인　内在 nèizài 형 내적인, 내재적인
只 zhǐ 부 단지, 오직　重视 zhòngshì 통 중시하다, 중요시하다
认为 rènwéi 통 여기다　长 zhǎng 통 생기다
重要 zhòngyào 형 중요하다　随着 suízhe 개 ~에 따라
时间 shíjiān 명 시간　发生 fāshēng 통 생기다, 발생하다
改变 gǎibiàn 통 변화　才 cái 부 이야말로
永远 yǒngyuǎn 형 영원한　了解 liǎojiě 통 이해하다
自己 zìjǐ 명 자신, 스스로　关心 guānxīn 통 관심을 갖다
别人 biérén 명 다른 사람　注意 zhùyì 통 주의하다
打扮 dǎban 통 꾸미다, 화장하다

한 사람의 아름다움은 두 가지로 나뉜다. 한가지는 외적인 아름다움이고, 다른 한가지는 내적인 아름다움이다. 하지만 지금의 많은 사람들은 단지 외적인 아름다움만 중시하며, 잘생긴 것이 가장 중요하다고 여긴다. 그들은 모른다, 외적인 아름다움은 시간에 따라 변화가 생길 수 있고, 내적인 아름다움이야말로 영원한 것이라는 것을.

★ 이 지문은 우리에게 어떻게 해야 한다고 말해주는가:
A 자신을 이해한다　　B 내적인 것을 중시한다　　C 다른 사람에게 관심을 가진다　　D 꾸미는 것에 주의한다　　정답 B

해설 질문의 告诉我们要(우리에게 ~해야 한다고 말해준다)와 관련된 부분을 지문에서 찾아 주의 깊게 읽는다. 지문의 마지막에서 外在的美会随着时间而发生改变, 内在美才是永远的(외적인 아름다움은 시간에 따라 변화가 생길 수 있고, 내적인 아름다움이야말로 영원한 것이다)라고 하였으므로, 이를 통해 알 수 있는 B 重视内在(내적인 것을 중시한다)가 정답이다.

✅ 합격노하우 지문의 内在美才是永远的(내적인 아름다움이야말로 영원한 것이다)가 보기 B 重视内在(내적인 것을 중시한다)로 바꾸어 표현된 것을 확인한다.

75 상

现在，很多人都喜欢在休息时间打打游戏，放松一下。但是对于学生来说，他们最重要的任务是学习知识。如果长时间地打游戏，对学习没有好处。

★ 作者认为长时间打游戏：
A 可以放松　　　B 浪费时间
C 影响学习　　　D 非常流行

喜欢 xǐhuan 통 좋아하다　休息时间 xiūxi shíjiān 휴식시간
打游戏 dǎ yóuxì 게임을 하다
放松 fàngsōng 통 스트레스를 풀다, 정신적 긴장을 풀다
但是 dànshì 접 하지만, 그러나
对于…来说 duìyú…láishuō ~에 대해 말하자면
重要 zhòngyào 형 중요하다　任务 rènwu 명 임무
学习 xuéxí 통 학습하다, 공부하다　知识 zhīshi 명 지식
如果 rúguǒ 접 만약, 만약에　长时间 cháng shíjiān 명 오랜 시간
对 duì 개 ~에 대해　好处 hǎochù 명 이로운 점, 도움
浪费 làngfèi 통 낭비하다　影响 yǐngxiǎng 통 영향을 주다
流行 liúxíng 통 유행하다

현재, 많은 사람들이 휴식시간에 게임을 하며 스트레스를 푸는 것을 좋아한다. 하지만 학생에 대해서 말하자면, 그들에게 가장 중요한 임무는 지식을 학습하는 것이다. 만약 오랜 시간 동안 게임을 한다면, 학습에 대해 이로운 점이 없다.

★ 글쓴이가 생각하기에 오랜 시간 게임 하는 것은:
A 스트레스를 풀 수 있다　　B 시간을 낭비한다　　C 학습에 영향을 준다　　D 매우 유행한다　　정답 C

해설 질문의 长时间打游戏(오랜 시간 게임 하는 것)와 관련된 부분을 지문에서 찾아 주의 깊게 읽는다. 지문에서 如果长时间地打游戏, 对学习没有好处.(만약 오랜 시간 동안 게임을 한다면, 학습에 이로운 점이 없다.)라고 하였으므로 C 影响学习(학습에 영향을 준다)가 정답이다.

✅ 합격노하우 지문의 对学习没有好处(학습에 대해 이로운 점이 없다)가 보기 C 影响学习(학습에 영향을 준다)로 바꾸어 표현된 것을 확인한다.

76
中

工作时，如果遇到了问题，除了要及时交流，还要学会接受别人好的建议。这样不仅可以减少错误的发生，而且能提高工作效率，让工作做得更好。

★ 作者认为工作时怎样才能减少错误的产生？
A 多花时间　　　B 及时交流
C 提高效率　　　D 不能骄傲

工作 gōngzuò 동 일하다 명 업무, 일　如果 rúguǒ 접 만약, 만약에
遇到 yùdào 동 맞닥뜨리다　问题 wèntí 명 문제
除了 chúle 전 ~외에~도　及时 jíshí 부 즉시, 곧바로
交流 jiāoliú 동 소통하다, 교류하다
学会 xuéhuì 동 배워서 할 수 있게 되다
接受 jiēshòu 동 받아들이다　别人 biérén 대 다른 사람
建议 jiànyì 명 제안, 건의　这样 zhèyàng 대 이러하다
不仅 bùjǐn 접 ~뿐만 아니라　减少 jiǎnshǎo 동 줄이다, 감소시키다
错误 cuòwù 명 실수, 착오
发生 fāshēng 동 발생하다, 생기다　而且 érqiě 접 게다가
提高 tígāo 동 향상시키다　效率 xiàolǜ 명 효율
让 ràng 동 ~하게 하다　怎样 zěnyàng 대 어떻게
产生 chǎnshēng 동 생기다, 발생하다　花 huā 동 쓰다
时间 shíjiān 명 시간　及时 jíshí 부 즉시, 곧바로
不能 bùnéng 조동 ~해서는 안 된다
骄傲 jiāo'ào 동 오만하다, 거만하다

일할 때, 만약 문제를 맞닥뜨리면, 즉시 소통하는 것 외에, 다른 사람의 좋은 제안을 받아들이는 법도 배워야 한다. 이렇게 하면 실수의 발생을 줄일 수 있을 뿐 아니라, 게다가 업무 효율을 향상시킬 수 있으며, 일을 더 잘할 수 있게 한다.

★ 글쓴이가 생각하기에 일할 때 어떻게 해야 비로소 실수가 생기는 것을 줄일 수 있는가?
A 시간을 많이 쓴다　　B 즉시 소통한다　　C 효율을 향상시킨다　　D 오만해서는 안 된다　　정답 B

해설 질문의 工作时怎样才能减少错误的产生(일할 때에 어떻게 해야 비로소 실수가 생기는 것을 줄일 수 있는가)과 관련된 부분을 지문에서 찾아 주의 깊게 읽는다. 지문에서 工作时, ……, 除了要及时交流, 还要学会接受别人好的建议。这样不仅可以减少错误的发生(일할 때, ……, 즉시 소통하는 것 외에, 다른 사람의 좋은 제안을 받아들이는 법도 배워야 한다. 이렇게 하면 실수의 발생을 줄일 수 있을 뿐 아니라)이라고 하였으므로, 그대로 언급된 B 及时交流(즉시 소통한다)가 정답이다.

합격노하우 질문에 作者认为(글쓴이가 생각하기에)가 있으면 뒷부분을 핵심어구로 하여 지문에서 관련된 내용을 재빨리 찾는다.

77
中

喂，张先生您好！我是旅行社的导游小李。您这次的西安旅行是由我来负责的。我现在已经在火车站外面等您了，我穿着黄色上衣，戴着白色的帽子。

★ 关于小李，可以知道：
A 在车站工作　　　B 是一位导游
C 穿着白色上衣　　D 在火车站里

喂 wéi 감 (전화상에서) 여보세요　旅行社 lǚxíngshè 명 여행사
导游 dǎoyóu 명 가이드, 관광 안내원
西安 Xī'ān 고유 (도시이름) 시안, 서안　旅行 lǚxíng 명 여행
由 yóu 전 ~가　负责 fùzé 동 책임지다　已经 yǐjīng 부 이미, 벌써
火车站 huǒchēzhàn 명 기차역　外面 wàimian 명 밖, 바깥
穿 chuān 동 (옷·신발 등을) 입다　着 zhe 조 ~하고 있다
黄色 huángsè 명 노란색　上衣 shàngyī 명 상의
戴 dài 동 (머리·얼굴 등에) 쓰다, 착용하다　白色 báisè 명 흰색
帽子 màozi 명 모자　车站 chēzhàn 명 역, 터미널
工作 gōngzuò 동 일하다

여보세요, 장 선생님 안녕하세요! 저는 여행사의 가이드 샤오리입니다. 선생님의 이번 시안 여행은 제가 책임집니다. 저는 지금 이미 기차역 밖에서 선생님을 기다리고 있고요, 노란색 상의를 입고 있고, 흰색 모자를 쓰고 있습니다.

★ 샤오리에 관해, 알 수 있는 것은:
A 역에서 일한다　　B 가이드이다　　C 흰색 상의를 입고 있다　　D 기차역 안에 있다　　정답 B

해설 질문의 小李(샤오리)와 각 보기의 在车站工作(역에서 일한다), 是一位导游(가이드이다), 穿着白色上衣(흰색 상의를 입고 있다), 在火车站里(기차역 안에 있다)를 핵심어구로 체크해 둔다. 지문에서 我是旅行社的导游小李。(저는 여행사의 가이드 샤오리입니다.)라고 하였으므로, 그대로 언급된 B 是一位导游(가이드이다)가 정답이다.

합격노하우 질문이 关于……, 可以知道(~에 관해, 알 수 있는 것은)와 같은 형태이면 关于와 可以知道 사이의 어휘를 핵심어구로 하여 지문에서 관련된 내용을 재빨리 찾는다.

78
중

心情和天气有很大的关系。阳光很好的时候，人们往往也会开心。相反，坏天气也会对心情产生不好的影响。阴天或者下雨天，人们更容易想起难过的事情。

★ 下雨时, 人们容易：
A 伤心　　　　　B 激动
C 紧张　　　　　D 生气

心情 xīnqíng 몡 기분　天气 tiānqì 몡 날씨
关系 guānxi 몡 (사물 사이의) 관계　阳光 yángguāng 몡 햇빛
时候 shíhou 몡 때, 무렵　往往 wǎngwǎng 뤼 흔히
开心 kāixīn 몡 기쁘다　相反 xiāngfǎn 동 반대로
坏 huài 형 나쁘다　产生 chǎnshēng 동 생기다
影响 yǐngxiǎng 몡 영향 동 영향을 주다
阴天 yīntiān 몡 흐린 날씨　或者 huòzhě 접 혹은, 또는
下雨 xiàyǔ 동 비가 내리다　更 gèng 뤼 더욱
容易 róngyì 형 ~하기 쉽다　想起 xiǎngqǐ 동 떠올리다
难过 nánguò 형 슬프다, 고통스럽다　事情 shìqing 몡 일, 사건
伤心 shāngxīn 동 슬퍼하다, 상심하다　激动 jīdòng 동 흥분하다
紧张 jǐnzhāng 형 긴장하다　生气 shēngqì 동 화내다, 성나다

기분과 날씨는 큰 관계가 있다. 햇빛이 좋을 때, 사람들도 흔히 기뻐할 것이다. 반대로, 나쁜 날씨 또한 기분에 안 좋은 영향을 줄 것이다. 흐린 날씨 혹은 비 내리는 날에, 사람들은 슬픈 일을 떠올리기 더욱 쉽다.

★ 비가 내릴 때, 사람들은 쉽게:
A 슬퍼한다　　B 흥분한다　　C 긴장한다　　D 화낸다　　정답 A

해설 질문의 下雨时,人们容易(비가 내릴 때, 사람들은 쉽게)와 관련된 부분을 지문에서 찾아 주의 깊게 읽는다. 지문에서 阴天或者下雨天, 人们更容易想起难过的事情.(흐린 날씨 혹은 비 내리는 날에, 사람들은 슬픈 일을 떠올리기 더욱 쉽다.)이라고 했으므로, 이를 통해 알 수 있는 A 伤心(슬퍼한다)이 정답이다.

✓합격노하우 지문의 想起难过的事情(슬픈 일을 떠올리다)이 보기 A 伤心(슬퍼한다)으로 바꾸어 표현된 것을 확인한다.

79
하

照片可以帮助人们积累回忆。美丽的景色、可爱的动物、特别的朋友，都是常见的拍照内容。而现在越来越多的人喜欢"自拍"，自己给自己拍照，这说明大家越来越重视自己了。

★ 根据这段话, "自拍"说的是拍照人在拍：
A 老师　　　　　B 家人
C 自己　　　　　D 朋友

照片 zhàopiàn 몡 사진　可以 kěyǐ 조동 ~할 수 있다
帮助 bāngzhù 동 돕다　积累 jīlěi 동 쌓다, 쌓이다
回忆 huíyì 동 추억, 회상　美丽 měilì 형 아름답다
景色 jǐngsè 몡 풍경, 경치　可爱 kě'ài 형 귀엽다
动物 dòngwù 몡 동물　特别 tèbié 형 특별하다
朋友 péngyou 몡 친구　常见 chángjiàn 동 흔히 보는, 흔한
拍照 pāizhào 동 촬영하다, 사진 찍다　内容 nèiróng 몡 내용
越来越 yuèláiyuè 뤼 갈수록　喜欢 xǐhuan 동 좋아하다
自拍 zìpāi 몡 셀프 카메라　自己 zìjǐ 대 자기, 자신
说明 shuōmíng 동 설명하다　大家 dàjiā 대 모두
重视 zhòngshì 동 중시하다, 중시하다
拍 pāi 동 찍다

사진은 사람들이 추억을 쌓는 것을 도울 수 있다. 아름다운 풍경, 귀여운 동물, 특별한 친구, 이것들은 모두 흔히 보이는 촬영 내용들이다. 또한 현재 갈수록 많은 사람들이 스스로 자신을 찍는 "셀프 카메라"를 좋아하는데, 이는 모두가 갈수록 자기 자신을 중요시한다는 것을 설명해준다.

★ 이 지문에 근거했을 때, "셀프 카메라"는 촬영하는 사람이 무엇을 찍고 있음을 말하는가:
A 선생님　　B 가족　　C 자기 자신　　D 친구　　정답 C

해설 질문의 "自拍"说的是拍照人在拍("셀프 카메라"는 촬영하는 사람이 무엇을 찍고 있음을 말하는가)와 관련된 내용을 지문에서 찾아 주의 깊게 읽는다. 지문에서 现在越来越多的人喜欢"自拍", 自己给自己拍照(현재 갈수록 많은 사람들이 스스로 자신을 찍는 "셀프 카메라"를 좋아한다)라고 하였으므로 C 自己(자기 자신)가 정답이다.

✓합격노하우 질문에 따옴표(" ")로 인용된 표현이 있으면, 이 표현을 핵심어구로 하여 지문에서 관련된 내용을 재빨리 찾는다.

80-81

在自然里，到处都可以见到绿色。草、叶子、没有成熟的水果都是绿色的。81因此，绿色就有了希望、健康、干净的意思。80现在，人们习惯把没有受到污染的食品叫做"绿色食品"。积极向上的、有利于保护环境的生活方式也被叫做"绿色生活"。

自然 zìrán 图 자연 到处 dàochù 图 곳곳, 도처
可以 kěyǐ 조图 ~할 수 있다 见到 jiàndào 图 보다, 보이다
绿色 lǜsè 图 녹색 草 cǎo 图 풀 叶子 yèzi 图 잎, 잎사귀
成熟 chéngshú 图 (식물의 열매 등이) 익다, 여물다
水果 shuǐguǒ 图 과일 因此 yīncǐ 图 이 때문에, 이로 인하여
希望 xīwàng 图 희망 健康 jiànkāng 图 건강(하다)
干净 gānjìng 图 깨끗하다 意思 yìsi 图 의미, 뜻
习惯 xíguàn 图 익숙해지다 受到 shòudào 图 ~을 받다, ~을 입다
污染 wūrǎn 图 오염 食品 shípǐn 图 식품
叫做 jiàozuò 图 ~라고 부르다, ~라고 불리다
积极 jījí 图 적극적이다, 긍정적이다
向上 xiàngshàng 图 진보하다, 발전하다
有利于 yǒulìyú ~에 유익하다, ~에 유리하다 保护 bǎohù 图 보호하다
环境 huánjìng 图 환경 生活 shēnghuó 图 생활
方式 fāngshì 图 방식

자연 속에서, 곳곳에서 모두 녹색을 볼 수 있다. 풀, 잎, 익지 않은 과일 모두 녹색이다. 81이 때문에, 녹색에는 희망, 건강, 깨끗함의 의미가 생겼다. 80현재, 사람들은 오염을 받지 않은 식품을 "녹색식품"이라고 부르는 것에 익숙해졌다. 적극적으로 진보하고, 환경을 보호하는 것에 유익한 생활 방식 또한 "녹색생활"이라 불린다.

80 상

★ 什么样的食品是"绿色食品"？
A 绿颜色的 B 好吃的
C 便宜的   D 无污染的

什么样 shénmeyàng 데 어떠한, 어떤 모양 食品 shípǐn 图 식품
绿色 lǜsè 图 녹색 便宜 piányi 图 (값이) 싸다
无 wú 图 ~하지 않다 污染 wūrǎn 图 오염되다

★ 어떠한 식품이 "녹색식품"인가?
A 색깔이 녹색인 것 B 맛있는 것 C 값이 싼 것 D 오염되지 않은 것 정답 D

해설 질문의 "绿色食品"("녹색식품")과 관련된 내용을 지문에서 찾아 주의 깊게 읽는다. 지문에서 **现在, 人们习惯把没有受到污染的食品叫做"绿色食品"。**(현재, 사람들은 오염을 받지 않은 식품을 "녹색식품"이라고 부르는 것에 익숙해졌다.)이라고 하였으므로, 이를 통해 알 수 있는 D 无污染的(오염되지 않은 것)가 정답이다.

✅ **합격노하우** 1. 질문에 따옴표(" ")로 인용된 표현이 있으면, 이 표현을 핵심어구로 하여 지문에서 관련된 내용을 재빨리 찾는다.
2. 지문의 没有受到污染的(오염을 받지 않은 것)가 보기 D 无污染的(오염되지 않은 것)로 바뀌어 표현된 것을 확인한다.

81 중

★ 根据这段话，绿色不能表示哪种意义？
A 快乐 B 健康
C 干净 D 希望

绿色 lǜsè 图 녹색 表示 biǎoshì 图 가리키다, 의미하다
意义 yìyì 图 의미, 의의 快乐 kuàilè 图 즐겁다
健康 jiànkāng 图 건강 干净 gānjìng 图 깨끗하다
希望 xīwàng 图 희망

★ 이 지문에 근거하여, 녹색이 어떤 의미를 가리킬 수 없는가?
A 즐거움 B 건강 C 깨끗함 D 희망 정답 A

해설 질문의 绿色不能表示哪种意义?(녹색이 어떤 의미를 가리킬 수 없는가?)와 관련된 부분을 지문에서 찾아 주의 깊게 읽는다. 지문에서 **因此, 绿色就有了希望、健康、干净的意思**(이 때문에, 녹색에는 희망, 건강, 깨끗함의 의미가 생겼다)라고 하였으므로, 여기에서 언급되지 않은 A 快乐(즐거움)가 정답이다.

✅ **합격노하우** 질문에 根据这段话(이 지문에 근거하여)가 있으면 뒷부분을 핵심어구로 하여 지문에서 관련된 내용을 재빨리 찾는다.

82-83

82现在人们的生活压力都比较大，不过，大家也都想出了很多减少压力的办法。有些人一感觉到压力大就开始吃甜食，比如糖、巧克力、蛋糕什么的。吃甜食确实对赶走坏心情有一定的帮助，但是吃多了容易变胖，对健康没有好处。其实，83运动、旅行、听音乐，甚至是收拾房间，这些都是很好的选择。

生活 shēnghuó 명 생활	压力 yālì 명 스트레스, 부담
比较 bǐjiào 무 비교적, 상대적으로	不过 búguò 접 하지만, 그러나
大家 dàjiā 대 모두	想出 xiǎngchū 생각해내다
减少 jiǎnshǎo 동 줄이다, 감소시키다	办法 bànfǎ 명 방법
有些 yǒuxiē 대 일부	一…就… yī…jiù… ~하자마자 ~하다
感觉 gǎnjué ~라고 느끼다	开始 kāishǐ 동 시작하다
甜食 tiánshí 명 단 음식	比如 bǐrú ~가 예다, 예를 들면 ~이다
糖 táng 명 사탕	巧克力 qiǎokèlì 명 초콜릿
蛋糕 dàngāo 명 케이크	确实 quèshí 부 확실히	对 duì 개 ~에 대해
赶走 gǎnzǒu 쫓아 내다, 몰아 내다
坏心情 huài xīnqíng 나쁜 기분	一定 yídìng 부 어느 정도의, 상당한
帮助 bāngzhù 도움	容易 róngyì ~하기 쉽다
变胖 biànpàng 동 뚱뚱해지다	健康 jiànkāng 명 건강
好处 hǎochù 이로운 점	其实 qíshí 부 사실
运动 yùndòng 명 운동	旅行 lǚxíng 명 여행
听音乐 tīng yīnyuè 음악을 듣다	甚至 shènzhì 심지어
收拾 shōushi 동 정리하다	这些 zhèxiē 대 이런 것들
选择 xuǎnzé 명 선택

82현재 사람들의 생활 스트레스는 모두 비교적 큰데, 하지만, 모두 스트레스를 줄이는 많은 방법을 생각해냈다. 어떤 사람들은 스트레스가 크다고 느끼자 마자 단 음식을 먹기 시작하는데, 사탕, 초콜릿, 케이크 등이 그 예다. 단 음식을 먹는 것은 확실히 나쁜 기분을 쫓아내는 것에 대해 어느 정도의 도움이 되지만, 하지만 많이 먹으면 뚱뚱해지기 쉬우며, 건강에 이로운 점이 없다. 사실, 83운동, 여행, 음악 듣기, 심지어 방 정리하기 같은 것들은 모두 매우 좋은 선택이다.

82 중

★ 这段话主要谈的是什么？
A 饮食的习惯　　B 减压的方法
C 爱好的选择　　D 甜食的种类

饮食 yǐnshí 음식	习惯 xíguàn 습관
减压 jiǎnyā 스트레스를 줄이다, 감압하다	方法 fāngfǎ 방법
爱好 àihào 취미	选择 xuǎnzé 선택
甜食 tiánshí 단 음식	种类 zhǒnglèi 종류

★ 이 지문이 주로 말하는 것은 무엇인가?
A 음식 습관　　B 스트레스를 줄이는 방법　　C 취미의 선택　　D 단 음식의 종류　　정답 B

해설 질문에서 지문의 중심 소재를 물었다. 지문의 첫 부분에서 现在人们的生活压力都比较大，不过，大家也都想出了很多减少压力的办法.(현재 사람들의 생활 스트레스는 모두 비교적 큰데, 하지만, 모두 스트레스를 줄이는 많은 방법을 생각해냈다.)라고 말했고, 이어지는 내용에서 계속 减压的方法(스트레스를 줄이는 방법)에 대해 이야기 하고 있다. 따라서 지문 전반에서 반복적으로 언급된 중심 소재 B 减压的方法(스트레스를 줄이는 방법)가 정답이다.

✓ 합격노하우 질문이 중심 소재를 묻는 경우, 지문 선반에시 반복적으로 언급된 소재를 찾아 정답으로 선택한다.

83 중

★ 作者认为减少压力的好方法是：
A 吃甜的东西　　B 努力地工作
C 跟朋友聊天　　D 去收拾房间

| 减少 jiǎnshǎo 동 줄이다, 감소시키다 | 压力 yālì 명 스트레스, 부담 |
| 方法 fāngfǎ 명 방법 | 甜 tián 달다 | 努力 nǔlì 열심히 하다 |
| 聊天 liáotiān 이야기를 나누다, 잡담하다 |
| 收拾 shōushi 정리하다 |

★ 글쓴이가 생각하는 스트레스를 줄이는 좋은 방법은:
A 단 것을 먹는다　　B 열심히 일한다　　C 친구와 얘기한다　　D 방을 정리한다　　정답 D

해설 질문의 减少压力的好方(스트레스를 줄이는 좋은 방법)와 관련된 부분을 지문에서 찾아 주의 깊게 읽는다. 지문에서 运动、旅行、听音乐，甚至是收拾房间，这些都是很好的选择(운동, 여행, 음악 듣기, 심지어 방 정리하기 같은 것들은 모두 매우 좋은 선택이다)라고 하였으므로, 그대로 언급된 D 去收拾房间(방을 정리한다)이 정답이다.

✓ 합격노하우 질문에 作者认为(글쓴이가 생각하기에)가 있으면 뒷부분을 핵심어구로 하여 지문에서 관련된 내용을 재빨리 찾는다.

84-85

一些教育家认为,⁸⁴,⁸⁵儿童需要符合他们年龄特点和兴趣爱好的阅读材料,尤其是内容,一定要丰富多样。所以⁸⁵专家建议,要让儿童多接触来自各个方面的阅读材料,如报纸、杂志,甚至是街道上的广告。通过阅读这些文字,儿童的阅读理解能力会提高很多。

一些 yìxiē 몇, 약간 教育家 jiàoyùjiā 교육가
认为 rènwéi 생각하다, 여기다 儿童 értóng 어린이, 아동
需要 xūyào 필요하다 符合 fúhé 부합하다, 맞다
年龄 niánlíng 연령, 나이 特点 tèdiǎn 특징
兴趣爱好 xìngqù'àihào 취미 阅读 yuèdú 읽다
材料 cáiliào 자료, 재료 尤其 yóuqí 특히, 더욱이
内容 nèiróng 내용 一定 yídìng 반드시, 꼭
丰富 fēngfù 풍부하다 多样 duōyàng 다양하다
专家 zhuānjiā 전문가 建议 jiànyì 제안하다, 건의하다
让 ràng ~하게 하다 接触 jiēchù 접촉하다
来自 láizì ~에서 오다 各 gè 여러, 각
如 rú 예를 들면, 예를 들다 报纸 bàozhǐ 신문
杂志 zázhì 잡지 甚至 shènzhì 심지어
街道 jiēdào 거리, 길거리 广告 guǎnggào 광고
通过 tōngguò ~을 통해 这些 zhèxiē 이러한
文字 wénzì 문자 理解 lǐjiě 이해하다 能力 nénglì 능력
提高 tígāo 향상시키다

몇몇 교육가가 생각하길, ⁸⁴,⁸⁵어린이는 그들의 연령특징과 취미에 부합하는 읽을 자료가 필요한데, 특히 내용은, 반드시 풍부하고 다양해야 한다. 그래서 ⁸⁵전문가들은, 어린이가 여러 방면에서 나오는 읽을 자료를 많이 접촉하게 해야 한다고 제안한다. 예를 들면 신문, 잡지, 심지어는 거리의 광고 등이 있다. 이러한 문자들을 읽음을 통해, 어린이의 읽고 이해하는 능력이 많이 향상될 수 있다.

84 상

★ 儿童的阅读材料要:
A 内容丰富   B 价格便宜
C 词语简单   D 语法容易

儿童 értóng 어린이, 아동 阅读 yuèdú 읽다
材料 cáiliào 자료, 재료 内容 nèiróng 내용
丰富 fēngfù 풍부하다 价格 jiàgé 가격
便宜 piányi (값이) 싸다 词语 cíyǔ 단어
简单 jiǎndān 단순하다 语法 yǔfǎ 어법
容易 róngyì 쉽다

★ 어린이의 읽을 자료는 마땅히:
A 내용이 풍부하다   B 가격이 싸다   C 단어가 단순하다   D 어법이 쉽다   정답 A

해설 질문의 儿童的阅读材料要(어린이의 읽을 자료는 마땅히)와 관련된 부분을 지문에서 찾아 주의 깊게 읽는다. 지문에서 儿童需要符合他们年龄特点和兴趣爱好的阅读材料,尤其是内容,一定要丰富多样(어린이는 그들의 연령특징과 취미에 부합하는 읽을 자료가 필요한데, 특히 내용은, 반드시 풍부하고 다양해야 한다)이라고 하였으므로 A 内容丰富(내용이 풍부하다)가 정답이다.

✓ 합격노하우 질문이 전부 핵심어구인 경우에 질문과 관련된 부분을 지문에서 재빨리 찾는다.

85 상

★ 这段话主要讲了儿童阅读的:
A 好处   B 材料
C 速度   D 困难

主要 zhǔyào 주로 讲 jiǎng 말하다
儿童 értóng 어린이, 아동 阅读 yuèdú 읽다
好处 hǎochù 좋은 점 材料 cáiliào 자료
速度 sùdù 속도 困难 kùnnan 어려움

★ 이 지문이 주로 어린이 읽기의 어떤 것을 말하고 있는가:
A 좋은 점   B 자료   C 속도   D 어려움   정답 B

해설 질문에서 지문의 중심 소재를 물었다. 지문에서 儿童需要符合他们年龄特点和兴趣爱好的阅读材料(어린이는 그들의 연령특징과 취미에 부합하는 읽을 자료가 필요하다)라고 하였고, 이어서 专家建议,要让儿童多接触来自各个方面的阅读材料(전문가들은, 어린이가 여러 방면에서 나오는 읽을 자료를 많이 접촉하게 해야 한다고 제안한다)라고 하였으므로, 지문 전반에서 반복적으로 언급된 중심 소재 B 材料(자료)가 정답이다.

✓ 합격노하우 질문이 중심 소재를 묻는 경우, 지문 전반에서 반복적으로 언급된 소재를 찾아 정답으로 선택한다.

三、书写 쓰기

86 중

没什么　计划书　区别　这两本

没 méi 동 ~이/가 없다　什么 shénme 떼 아무, 무슨
计划书 jìhuàshū 명 계획서, 제안서
区别 qūbié 명 차이 동 구별하다
本 běn 양 권 (책을 세는 단위)

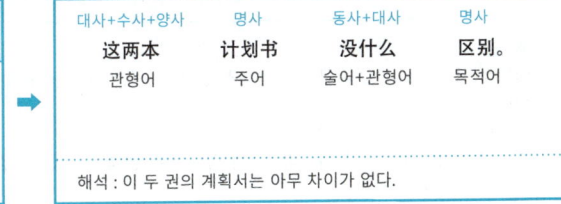

해설
술어 배치하기 '동사+대사' 형태인 没什么(아무 ~가 없다)는 다음에 명사를 목적어로 취할 수 있기 때문에 没什么를 술어 자리에 배치한다.
→ **没什么** (아무 ~가 없다)

주어와 목적어 배치하기 명사인 计划书(계획서)와 区别(차이) 중 술어인 没(~이/가 없다)와 문맥상 목적어로 어울리는 区别(차이)를 목적어 자리에 배치하고, 주어로 어울리는 计划书(계획서)를 주어 자리에 배치한다.
→ **计划书没什么区别** (계획서는 아무 차이가 없다)

문장 완성하기 남은 어휘인 '대사+수사+양사' 형태의 这两本(이 두 권)은 양사 本(권)과 함께 쓰이는 명사 计划书(계획서) 앞에 관형어로 배치하여 문장을 완성한다.
→ **这两本计划书没什么区别。** (이 두 권의 계획서는 아무 차이가 없다.)

✅ 합격노하우 제시된 어휘가 '……양사' 형태의 어휘일 경우 양사와 함께 쓰이는 명사 앞에 관형어로 배치한다.

87 중

公司的规定　不符合　提前下班

公司 gōngsī 명 회사　规定 guīdìng 명 규정
符合 fúhé 동 맞다, 부합하다　提前 tíqián 동 앞당기다
下班 xiàbān 동 퇴근하다

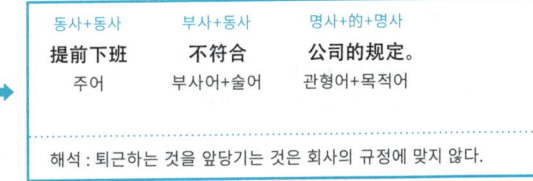

해설
술어 배치하기 제시된 어휘 중 不符合(맞지 않다)가 '부사+동사' 형태이므로 곧바로 술어 자리에 배치한다. 참고로 부사는 술어 앞에서 부사어로 쓰이므로 '부사+동사' 형태는 바로 술어 자리에 배치할 수 있다.
→ **不符合** (맞지 않다)

주어와 목적어 배치하기 '동사+동사' 형태인 提前下班(퇴근하는 것을 앞당기다)과 '명사+的+명사' 형태인 公司的规定(회사의 규정) 중, 술어인 不符合(맞지 않다)와 문맥상 목적어로 어울리는 公司的规定(회사의 규정)을 목적어 자리에 배치하고, 주어로 어울리는 提前下班(퇴근하는 것을 앞당기는 것)을 주어 자리에 배치하여 문장을 완성한다. 참고로 提前下班은 술어 提前(앞당기다)과 목적어 下班(퇴근하는 것)으로 연결된 술목구이고, 술목구는 주어 또는 목적어 자리에 배치할 수 있다.
→ **提前下班不符合公司的规定。** (퇴근하는 것을 앞당기는 것은 회사의 규정에 맞지 않다.)

✅ 합격노하우 동사, 술목구, 주술구는 모두 주어 또는 목적어 자리에 올 수 있다.

88 상

睡觉　她总是　听着歌　喜欢

睡觉 shuìjiào 동 (잠을) 자다　总是 zǒngshì 부 줄곧, 늘
听歌 tīnggē 노래를 듣다　着 zhe 조 ~하고 있다
喜欢 xǐhuan 좋아하다

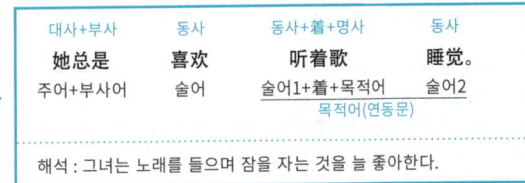

해설
술어 배치하기 술어가 될 수 있는 동사가 喜欢(좋아하다), 听着歌(노래를 듣고 있다), 睡觉(잠을 자다) 세 개이므로 연동문을 고려하여 문장을 완성해야 한다. 이 중 동사 喜欢(좋아하다)이 동사, 술목구, 주술구를 목적어로 취하므로 술어 자리에 배치한다.
→ **喜欢** (~하는 것을 좋아하다)

주어 목적어 배치하기 남은 어휘 중, 听着歌에서 동작의 진행을 나타내는 조사 着는 2개의 동사를 연결하여 '~하며 ~하다'라는 뜻의 연동문을 만들므로, 문맥상 어울리는 听着歌와 睡觉를 听着歌睡觉(노래를 들으며 잠을 잔다)라는 연동문 형태로 연결하여 술어 喜欢(~하는 것을 좋아하다) 뒤에 연동문 형태의 목적어로 배치한다. 마지막 남은 어휘인 '대사+부사' 형태의 她总是(그녀는 늘)을 주어 자리에 배치하여 문장을 완성한다.
→ **她总是喜欢听着歌睡觉。** (그녀는 노래를 들으며 잠을 자는 것을 늘 좋아한다.)

✅ 합격노하우 喜欢(~하는 것을 좋아하다)처럼 동사/주술구/술목구를 목적어로 취하는 동사가 다른 동사와 함께 제시되면 우선적으로 술어 자리에 배치한다.

89 我　的　特别　适合他　眼镜
중

特别 tèbié 부 특히, 유달리　适合 shìhé 동 어울리다, 적합하다
眼镜 yǎnjìng 명 안경

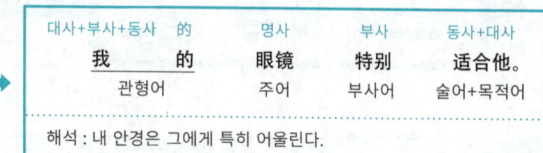

해설
술어 배치하기 제시된 어휘 중 유일하게 동사를 포함하고 있는 '동사+대사' 형태의 适合他(그에게 어울린다)를 곧바로 술어 자리에 배치한다.
→ 适合他 (그에게 어울린다)
주어와 목적어 배치하기 대사 我(나)와 명사 眼镜(안경) 중, 술어 适合他(그에게 어울린다)와 문맥상 주어로 어울리는 명사 眼镜(안경)을 주어 자리에 배치한다.
→ 眼镜适合他 (안경은 그에게 어울린다)
문장 완성하기 부사 特别(특히)를 부사어로 술어 适合(어울린다) 앞에 부사어로 배치하고, 남은 어휘 我(나)와 구조조사 的를 我的(나의)로 연결하여 주어 眼镜(안경) 앞에 관형어로 배치하여 문장을 완성한다.
→ 我的眼镜特别适合他。(내 안경은 그에게 특히 어울린다.)
✅ **합격노하우** 제시된 어휘 중 的가 하나 있을 경우, 주어, 술어, 목적어, 부사어 등을 배치한 후 마지막에 남은 어휘 뒤에 연결하여 관형어로 배치한다.

90 千万别　骗了　你　坏人　被
상

千万 qiānwàn 부 절대로, 제발　别 bié 부 ~하지 마라
骗 piàn 동 사기치다, 속이다　坏人 huàirén 명 나쁜 사람

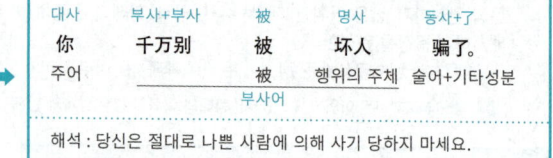

해설
被 ~ 술어+기타성분 배치하기 제시된 어휘 중 被가 있으므로, 被자문을 완성해야 한다. '동사+了' 형태인 骗了(사기 쳤다)를 '술어+기타성분' 자리에, 被를 술어 앞쪽에 배치한다.
→ 被 ~ 骗了 (~에 의해 사기 당했다)
주어와 행위의 주체 배치하기 명사 坏人(나쁜 사람)과 대사 你(당신) 중, 문맥상 술어 骗了(사기 쳤다)의 주체가 되는 坏人(나쁜 사람)을 被 뒤 행위의 주체 자리에 배치하고, 대사 你(당신)를 주어 자리에 배치한다.
→ 你被坏人骗了 (당신은 나쁜 사람에 의해 사기 당했다)
문장 완성하기 남은 어휘인 '부사+부사' 형태의 千万别(절대로 ~하지 마라)와 개사구 被坏人(나쁜 사람에 의해)을 千万别被坏人(절대로 나쁜 사람에 의해 ~하지 마라)이라는 부사어로 연결하여 문장을 완성한다. 참고로, 부사어가 여러 개인 경우에는 '부사→개사(구)'의 순서로 배치한다.
→ 你千万别被坏人骗了。(당신은 절대로 나쁜 사람에 의해 사기 당하지 마세요.)
✅ **합격노하우** 被자문을 완성하는 문제에서, 제시된 어휘 중 부사가 있을 경우 '부사+被+행위의 주체' 순서로 배치한다.

91 我们　把比赛　不得不　推迟了一周
상

比赛 bǐsài 명 경기　不得不 bùdébù 부 어쩔 수 없이
推迟 tuīchí 동 연기하다, 지연시키다　一周 yìzhōu 명 일주일

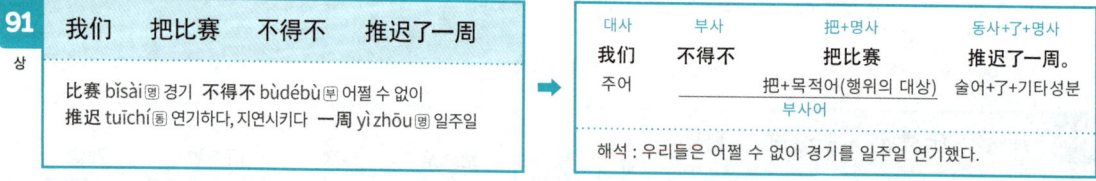

해설
把 ~ 술어+기타성분 배치하기 제시된 어휘 중 把比赛가 있으므로 把자문을 완성해야 한다. 따라서, '동사+了+명사' 형태인 推迟了一周(일주일 연기했다)를 '술어+기타성분' 자리에, 把比赛(경기를)를 술어 앞에 배치한다. 참고로 推迟了一周에서 一周는 기타성분으로 쓰인 수량보어이다.
→ 把比赛推迟了一周 (경기를 일주일 연기했다)
주어와 목적어(행위의 대상) 배치하기 남은 어휘 중 유일한 대사인 我们(우리들)을 주어 자리에 배치한다.
→ 我们把比赛推迟了一周 (우리는 경기를 일주일 연기했다)
문장 완성하기 남은 어휘인 부사 不得不(어쩔 수 없이)와 개사구 把比赛(경기를)를 不得不把比赛(어쩔 수 없이 경기를)라는 부사어로 연결하여 문장을 완성한다. 참고로, 부사어가 여러 개인 경우에는 '부사→개사(구)'의 순서로 배치한다.
→ 我们不得不把比赛推迟了一周。(우리는 어쩔 수 없이 경기를 일주일 연기했다.)
✅ **합격노하우** 把자문을 완성하는 문제에서, 제시된 어휘 중 부사가 있을 경우 '부사+把+목적어(행위의 대상)' 순서로 배치한다.

92 중

超过　小李的工资　早就　八千了

超过 chāoguò 圄 넘다, 초과하다　工资 gōngzī 圄 임금, 월급　早就 zǎojiù 凰 진작에, 일찍이

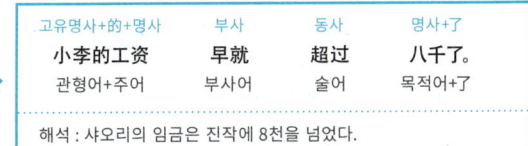

해설
술어 배치하기 제시된 어휘 중 유일한 동사인 超过(넘다)를 술어 자리에 배치한다.
→ 超过 (넘다)
주어 목적어 배치하기 '명사+了' 형태인 八千了(8천)에 어기조사 了가 쓰였고, 술어 超过(넘다)와 문맥상 목적어로 어울리므로, 八千了(8천)를 목적어 자리에 배치한다. 남은 어휘 중 유일하게 명사를 포함하고 있는 '고유명사+的+명사' 형태의 小李的工资(샤오리의 임금)를 주어 자리에 배치한다.
→ 小李的工资 超过 八千了 (샤오리의 임금은 8천을 넘었다)
문장 완성하기 남은 어휘인 부사 早就(진작에)를 술어 超过(넘다) 앞에 부사어로 배치하여 문장을 완성한다.
→ 小李的工资早就超过八千了。 (샤오리의 임금은 진작에 8천을 넘었다.)
✓ **합격노하우** 제시된 어휘 중 '명사+了' 형태의 어휘가 있으면 바로 목적어 자리에 배치한다. 어기조사 了는 문장 맨 끝, 즉 목적어의 뒤에서 쓰이기 때문이다.

93 상

这篇文章　得　很详细　介绍

篇 piān 圀 편 (문장·종이 등을 세는 단위)
文章 wénzhāng 圄 글, 문장　详细 xiángxì 圐 상세하다
介绍 jièshào 圄 설명하다, 소개하다

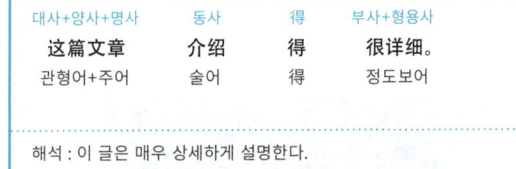

해설
술어와 보어 배치하기 제시된 어휘 중 정도보어를 이끄는 구조조사 得가 있으므로, '술어+得+보어' 형태의 문장을 완성해야 한다. 따라서, 동사 介绍(소개하다)를 술어 자리에 배치하고, 정도보어가 될 수 있는 '부사+형용사' 형태의 很详细(매우 상세하다)를 得 뒤의 보어 자리에 배치한다.
→ 介绍得很详细 (매우 상세하게 설명한다)
주어 배치하기 남은 어휘인 '대사+양사+명사' 형태의 这篇文章(이 글)을 주어 자리에 배치하여 문장을 완성한다.
→ 这篇文章介绍得很详细。 (이 글은 매우 상세하게 설명한다.)
✓ **합격노하우** 제시된 어휘 중 구조조사 得, 동사, '부사+형용사' 형태의 어휘가 있으면 '동사+得+부사+형용사'의 순서로 정도보어를 배치한다.

94 중

在网站上　还没　报名　你怎么

网站 wǎngzhàn 圄 웹사이트　还 hái 凰 아직
报名 bàomíng 圄 등록하나, 신청하다
怎么 zěnme 凿 어째서, 왜

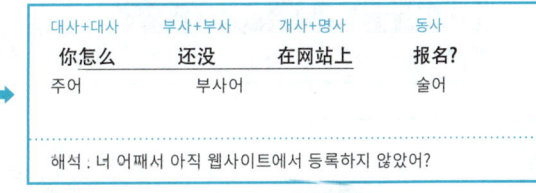

해설
술어 배치하기 제시된 어휘 중 유일한 동사 报名(등록하다)을 술어 자리에 배치한다.
→ 报名 (등록하다)
주어 목적어 배치하기 제시된 어휘 중 유일하게 인칭대사를 포함하고 있는 你怎么(너 어째서)를 주어 자리에 배치한다. 문장에 의문대사 怎么가 있으므로 문장 끝에 물음표를 붙인다.
→ 你怎么报名? (너 어째서 등록해?)
문장 완성하기 남은 어휘인 '부사+부사' 형태의 还没(아직 ~하지 않았다)와 '개사+명사' 형태인 在网站上(웹사이트에서)을 还没在网站上 (아직 웹사이트에서 ~하지 않았다)으로 연결한 후, 술어 报名(등록하다) 앞에 부사어로 배치하여 문장을 완성한다. 참고로 부사어가 여러 개인 경우에는 '부사→개사(구)'의 순서로 배치한다.
→ 你怎么还没在网站上报名? (너 어째서 아직 웹사이트에서 등록하지 않았어?)
✓ **합격노하우** 제시된 어휘 중 부사와 개사(구)가 있으면 '부사+개사(구)'의 순서로 배치한다.

95
중

提醒　注意　警察　大家　安全

提醒 tíxǐng 통 주의를 환기시키다　注意 zhùyì 통 주의하다
警察 jǐngchá 명 경찰　大家 dàjiā 대 모두
安全 ānquán 명 안전

→

명사	동사	대사	동사	명사
警察	提醒	大家	注意	安全。
주어1	술어1	겸어	술어2	목적어2
		목적어1/주어2		

해석 : 경찰이 모두에게 안전을 주의하라고 환기시킨다.

해설
술어1 배치하기 제시된 어휘 중 두 개의 동사 提醒(환기시키다)과 注意(주의하다)가 술어로 쓰일 수 있고, 명사 警察(경찰), 安全(안전)과 대사 大家(모두)가 모두 주어나 목적어로 쓰일 수 있는데, 동사 提醒이 '(~에게 ~하라고) 환기시키다'라는 뜻이므로 겸어문을 완성해야 한다. 따라서, 동사 提醒(환기시키다)을 술어1 자리에 배치한다.
→ 提醒(환기시키다)

겸어와 술어2 배치하기 남은 동사 注意(주의하다)를 술어2 자리에 배치하고, 명사 警察(경찰), 安全(안전), 대사 大家(모두) 중 술어1 提醒(환기시키다)의 대상이 되면서 문맥상 술어2 注意(주의하다)의 주어로 쓰일 수 있는 大家(모두)를 겸어로 배치한다.
→ 提醒大家注意 (모두에게 주의하라고 환기시키다)

문장 완성하기 명사 警察(경찰)와 安全(안전) 중, 술어1 提醒(환기시키다)과 문맥상 주어로 어울리는 警察(경찰)를 주어1 자리에, 술어2 注意(주의하다)와 문맥상 목적어로 어울리는 安全(안전)을 목적어2 자리에 배치하여 문장을 완성한다.
→ 警察提醒大家注意安全。 (경찰은 모두에게 안전을 주의하라고 환기시킨다.)

✓ 합격노하우 동사 提醒은 '(~에게 ~하라고) 환기시키다'라는 뜻으로, 겸어문에서 술어1로 사용된다.

96
하

稍微 shāowēi 튀 조금, 약간

해설
제시어로 문장 떠올리기
[예시]
① 언니는 여동생보다 키가 조금 더 크다(작다).
② 사실 그녀들은 조금 차이가 있다.

떠올린 문장 쓰기
[모범 답안]
① 姐姐比妹妹稍微高(矮)一点儿。
② 其实她们稍微有些区别。

어휘
稍微 shāowēi 튀 조금, 약간　高 gāo 형 (사람의 키가) 크다
矮 ǎi 형 (사람의 키가) 작다　其实 qíshí 튀 사실　有些 yǒuxiē 튀 조금 있다
区别 qūbié 명 차이, 구별

✓ 합격노하우
1. A比B稍微……一点儿　A는 B보다 조금 더 ~하다
2. ……稍微有些区别　~은 조금 차이가 있다

97
하

脾气 píqi 명 성질, 성격

해설
제시어로 문장 떠올리기
[예시]
① 그는 전화로 친구에게 성질을 부리고 있다.
② 그는 지금 매우 격분했다, 그래서 계속 성질을 부리고 있다.

떠올린 문장 쓰기
[모범 답안]
① 他正在电话里对朋友发脾气。
② 他现在非常兴奋，所以一直在发脾气。

어휘
正在 zhèngzài 튀 지금 ~하고 있다　电话 diànhuà 명 전화　对 duì 개 ~에게
发脾气 fā píqi 성질부리다　现在 xiànzài 명 지금
兴奋 xīngfèn 형 격분하다, 흥분하다　所以 suǒyǐ 접 그래서
一直 yìzhí 튀 계속, 줄곧

✓ 합격노하우
1. 对……发脾气　~에게 성질부리다
2. 一直在……　계속 ~하고 있다

98 상

乘坐 chéngzuò 동 (비행기, 자동차, 배 등을) 타다

해설
제시어로 문장 떠올리기
[예시]
① 그녀는 비행기를 타고 베이징에 간다.
② 그녀가 탄 비행기는 착륙을 준비하고 있다.

떠올린 문장 쓰기
[모범 답안]
① 她乘坐飞机去北京。
② 她乘坐的飞机准备降落。

어휘
乘坐 chéngzuò 동 (비행기, 자동차, 배 등을) 타다 飞机 fēijī 명 비행기
北京 Běijīng 고유 베이징, 북경 准备 zhǔnbèi 동 준비하다
降落 jiàngluò 동 착륙하다

✓ 합격노하우
1. 乘坐飞机 비행기를 타다
2. 准备降落 착륙을 준비하다

99 중

严重 yánzhòng 형 심각하다, 엄중하다

해설
제시어로 문장 떠올리기
[예시]
① 그녀는 매우 심각하게 병이 났다.
② 그녀의 기침이 더욱더 심해진다, 감기가 매우 심하다.

떠올린 문장 쓰기
[모범 답안]
① 她病得很严重。
② 她的咳嗽越来越厉害, 感冒很严重。

어휘
病 bìng 동 병이 나다 严重 yánzhòng 형 심각하다, 엄중하다
咳嗽 késou 동 기침 越来越 yuèláiyuè 더욱더 厉害 lìhai 형 심하다
感冒 gǎnmào 명 감기

✓ 합격노하우
1. 病得很严重 매우 심각하게 병이 나다
2. 咳嗽越来越厉害 기침이 더욱더 심해지다

100 상

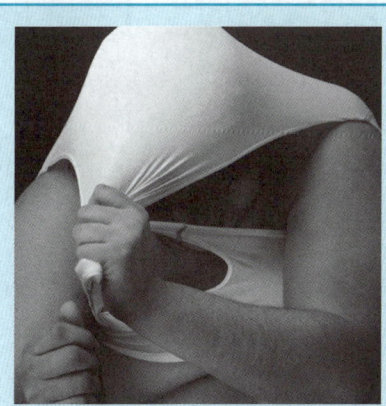

脱 tuō 동 벗다

해설
제시어로 문장 떠올리기
[예시]
① 그는 지금 옷을 벗고 있다.
② 이 옷은 매우 벗기 어렵다.

떠올린 문장 쓰기
[모범 답안]
① 他正在脱衣服。
② 这件衣服很难脱。

어휘
正在 zhèngzài 부 지금 ~하고 있다 脱 tuō 동 벗다 衣服 yīfu 명 옷
件 jiàn 양 개(하나하나로 셀 수 있는 물건을 세는 단위) 难 nán 형 어렵다

✓ 합격노하우
1. 脱衣服 옷을 벗다
2. 很难脱 매우 벗기 어렵다

시험에 나올 어휘를
효과적으로 공부하려면?

해커스중국어(china.Hackers.com)에서
<예문으로 마스터하는 HSK 4급 필수어휘 600> 무료 다운받기!

실전모의고사 제4회

听力 듣기 / 어휘·해석·해설

阅读 독해 / 어휘·해석·해설

书写 쓰기 / 어휘·해석·해설

一、听力 듣기

문제별 분할 mp3
바로듣기

1 중

★ 北京南站已经到了。　　　　（　）

乘客朋友们，北京南站就要到了。由于本站下车的乘客较多，请您提前做好准备！

北京 Běijīng [고유] 베이징, 북경　站 zhàn [명] 역　已经 yǐjīng [부] 이미
到 dào [동] 도착하다　乘客 chéngkè [명] 승객　就要 jiùyào [부] 곧
由于 yóuyú [개] ~때문에　本 běn [대] 이번의, 현재의
下车 xiàchē [동] 차에서 내리다　较 jiào [부] 비교적　提前 tíqián [동] 앞당기다
做好 zuòhǎo [동] 잘 해두다　准备 zhǔnbèi [명] 준비

★ 베이징 남 역에 이미 도착했다. （ X ）

승객 여러분, 베이징 남 역에 곧 도착합니다. 이번 역에서 내리시는 승객분들이 비교적 많기 때문에, 미리 준비를 잘 해주세요!

정답 X

해설　제시된 문장은 北京南站已经到了.(베이징 남 역에 이미 도착했다.)라는 내용이므로 음성에서 이 내용이 언급되는지를 주의 깊게 들어야 한다. 그런데 음성에서는 北京南站就要到了(베이징 남 역에 곧 도착합니다)라는 제시된 문장과 다른 내용이 언급되었다. 따라서 제시된 문장과 음성의 내용은 일치하지 않는다.

✅ 합격노하우　제시된 문장에 '已经+동사+了(이미 ~했다)'가 있으면, 음성에서도 '동사'의 동작이 이미 완료되었다고 언급되는지 주의 깊게 들어야 한다.

2 하

★ 邮局六点下班。　　　　（　）

我本来打算六点去寄信，可是没想到邮局五点半就下班了。

邮局 yóujú [명] 우체국　下班 xiàbān [동] 근무 시간이 끝나다
本来 běnlái [부] 원래　打算 dǎsuàn [조동] ~하려고 하다
寄信 jìxìn [동] (우편으로) 편지를 부치다　可是 kěshì [접] 그러나, 하지만
没想到 méixiǎngdào [동] 생각지 못하다

★ 우체국은 6시에 근무 시간이 끝난다. （ X ）

나는 원래 6시에 편지를 부치러 가려고 했는데, 그런데 생각지 못하게 우체국이 다섯 시 반에 근무 시간이 끝나버렸다.

정답 X

해설　제시된 문장에서 구체적인 시간을 나타내는 六点(6시)이 있으므로 시간과 관련된 내용을 주의 깊게 듣는다. 그런데 음성에서는 没想到邮局五点半就下班了(생각지 못하게 우체국이 다섯 시 반에 근무 시간이 끝나버렸다)라는 제시된 문장과 다른 내용이 언급되었다. 따라서 제시된 문장과 음성은 일치하지 않는다.

✅ 합격노하우　제시된 문장에 六点(여섯 시)과 같은 시간 표현이 있으면, '시간+사건'의 내용이 음성에서도 동일하게 언급되는지 주의 깊게 들어야 한다.

3 중

★ 今天下午不举行活动了。　　　　（　）

小王刚收到通知，因为下雨，今天下午的活动换到下星期了。

下午 xiàwǔ [명] 오후　举行 jǔxíng [동] 열다, 거행하다
活动 huódòng [명] 행사　刚 gāng [부] 방금, 막　收到 shōudào [동] 받다
通知 tōngzhī [명] 통지　因为 yīnwèi [접] ~때문에　换 huàn [동] 바꾸다
下星期 xiàxīngqī [명] 다음주

★ 오늘 오후에 행사를 열지 않게 되었다. （ ✓ ）

샤오왕이 방금 통지를 받았는데, 비가 오기 때문에, 오늘 오후의 행사는 다음 주로 바뀌었다.

정답 ✓

해설　제시된 문장은 今天下午不举行活动了.(오늘 오후에 행사를 열지 않게 되었다.)라는 내용이므로 음성에서 이 내용이 언급되는지를 주의 깊게 들어야 한다. 음성에서 今天下午的活动换到下星期了(오늘 오후의 행사는 다음 주로 바뀌었다)라는 제시된 문장과 일치하는 내용이 언급되었다. 따라서 제시된 문장과 음성의 내용은 일치한다.

✅ 합격노하우　제시된 문장에 今天下午(오늘 오후)와 같은 시간 표현이 있으면, '시간+사건'의 내용이 음성에서도 동일하게 언급되는지 주의 깊게 들어야 한다.

4 하

★ 小张每天都写日记。　　　　（　）

小张每天晚上睡觉之前都要写日记，这个习惯已经坚持了十多年了。

每天 měitiān [명] 매일　写 xiě [동] 쓰다　日记 rìjì [명] 일기
晚上 wǎnshang [명] 저녁　睡觉 shuìjiào [동] (잠을) 자다
之前 zhīqián [명] ~이전　习惯 xíguàn [명] 습관　已经 yǐjīng [부] 벌써
坚持 jiānchí [동] 유지하다

★ 샤오장은 매일 일기를 쓴다. （ ✓ ）

샤오장은 매일 저녁 잠을 자기 전에 일기를 쓰는데, 이 습관은 벌써 10년째 유지해오고 있다.

정답 ✓

해설　제시된 문장은 小张每天都写日记.(샤오장은 매일 일기를 쓴다.)라는 내용이므로 음성에서 이 내용이 언급되는지를 주의 깊게 들어야 한다. 음성에서 小张每天晚上睡觉之前都要写日记(샤오장은 매일 저녁 잠을 자기 전에 일기를 쓴다)라는 제시된 문장과 일치하는 내용이 언급되었다. 따라서 제시된 문장과 음성의 내용은 일치한다.

✅ 합격노하우　제시된 문장에 每天都(매일)와 같은 시간 표현이 있으면, '시간+사건'의 내용이 음성에서도 동일하게 언급되는지 주의 깊게 들어야 한다.

5 중

★ 说话人不喜欢喝咖啡。 ( )

最近我总是睡不好觉，医生说我得少喝咖啡了，这对我来说实在是个坏消息。

喜欢 xǐhuan 图 좋아하다　喝 hē 图 마시다　咖啡 kāfēi 圆 커피
最近 zuìjìn 圆 최근　总是 zǒngshì 囝 늘　睡觉 shuìjiào 圆(잠을) 자다
医生 yīshēng 圆 의사　得 děi 조롱 ~해야 한다　少 shǎo 囝 조금
对…来说 duì…láishuō ~에게 있어서　实在 shízài 囝 정말
坏 huài 圈 나쁘다　消息 xiāoxi 圆 소식

★ 화자는 커피 마시는 것을 좋아하지 않는다. (X)

최근 나는 늘 잠을 잘 못 자는데, 의사 선생님이 말하길 내가 커피를 조금 마셔야 한다고 했고, 이것은 나에게 있어서 정말 나쁜 소식이다.

정답 X

해설 제시된 문장에 부정부사 不(~하지 않다)가 있으므로 不喜欢喝咖啡(커피 마시는 것을 좋아하지 않는다)라는 내용이 음성에서 언급되는지를 주의 깊게 들어야 한다. 그런데 음성에서는 医生说我得少喝咖啡了, 这对我来说实在是个坏消息(의사 선생님이 말하길 내가 커피를 조금 마셔야 한다고 했고, 이것은 나에게 있어서 정말 나쁜 소식이다)라고 하였으므로, 화자는 커피 마시는 것을 좋아한다는 것을 알 수 있다. 따라서 제시된 문장과 음성의 내용은 일치하지 않는다.

✅ 합격노하우 제시된 문장에 '不+동사(~하지 않다)'가 있으면, 이러한 내용이 음성에서도 동일하게 언급되는지 주의 깊게 들어야 한다.

6 중

★ 外面的风很大。 ( )

外面刮大风了，温度比较低，你出门的时候穿厚点儿。

外面 wàimian 圆 바깥　风 fēng 圆 바람
大 dà 圈(강도·힘 등이) 세다, 크다　刮风 guāfēng 圄 바람이 불다
温度 wēndù 圆 온도　比较 bǐjiào 囝 비교적　低 dī 圈 낮다
出门 chūmén 圄 외출하다　穿 chuān 圄 입다　厚 hòu 圈 두껍다

★ 바깥바람이 매우 세다. (✓)

바깥에 강한 바람이 불고, 온도가 비교적 낮아, 너 외출할 때 좀 두껍게 입어.

정답 ✓

해설 제시된 문장은 外面的风很大.(바깥바람이 매우 세다.)라는 내용이므로 음성에서 이 내용이 언급되는지를 주의 깊게 들어야 한다. 음성에서 外面刮大风了(바깥에 강한 바람이 분다)라는 제시된 문장과 일치하는 내용이 언급되었다. 따라서 제시된 문장과 음성의 내용은 일치한다.

✅ 합격노하우 제시된 문장에 很大(매우 좋다)처럼 정도를 나타내는 표현이 있으면, 음성에서도 이 내용이 동일하게 언급되는지 주의 깊게 들어야 한다.

7 하

★ 夏天去东北旅游的人很多。 ( )

东北的夏天温度不高，早晚都比较凉快，很适合去旅行。

夏天 xiàtiān 圆 여름　东北 dōngběi 圆 (중국의) 동북 지방
旅游 lǚyóu 圄 여행하다　温度 wēndù 圆 온도　早晚 zǎowǎn 圆 아침 저녁
都 dōu 囝 모두　比较 bǐjiào 囝 비교적　凉快 liángkuai 圈 시원하다
适合 shìhé 圄 적합하다　旅行 lǚxíng 圄 여행하다

★ 여름에 동북 지방으로 여행 가는 사람이 매우 많다. (X)

동북 지방의 여름은 온도가 높지 않고, 아침 저녁 모두 비교적 시원해서, 여행 가기 매우 적합하다.

정답 X

해설 제시된 문장은 夏天去东北旅游的人很多.(여름에 동북 지방으로 여행 가는 사람이 매우 많다.)라는 내용이므로 음성에서 이 내용이 언급되는지를 주의 깊게 들어야 한다. 그런데 음성에서는 东北的夏天温度不高, 早晚都比较凉快, 很适合去旅行.(동북 지방의 여름은 온도가 높지 않고, 아침 저녁 모두 비교적 시원해서, 여행 가기 매우 적합하다.)이라는 제시된 문장의 내용과 무관한 내용이 언급되었다. 따라서 제시된 문장과 음성의 내용은 일치하지 않는다.

✅ 합격노하우 제시된 문장에 很多(매우 많다)처럼 정도를 나타내는 표현이 있으면, 음성에서도 이 내용이 동일하게 언급되는지 주의 깊게 들어야 한다.

8 중

★ 说话人还没有时间打扫房间。 ( )

我的房间有点儿乱，因为是昨天刚搬进来的，还来得及收拾。

还 hái 囝 아직　时间 shíjiān 圆 시간　打扫 dǎsǎo 圄 깨끗이 정리하다
房间 fángjiān 圆 방　有点儿 yǒudiǎnr 囝 조금　乱 luàn 圈 어지럽다
因为 yīnwèi 젭 왜냐하면, ~때문에　刚 gāng 囝 막　搬 bān 圄 이사하다
还 hái 囝 아직　来得及 lái de jí ~할 겨를이 있다
收拾 shōushi 圄 정리하다

★ 화자는 아직 방을 깨끗이 정리할 시간이 없다. (✓)

나의 방은 조금 어지러운데, 왜냐하면 어제 막 이사해 들어와서, 아직 정리할 겨를이 없었다.

정답 ✓

해설 제시된 문장에서 부정부사 没有(~하지 않다)가 있으므로, 还没有时间打扫房间(아직 방을 깨끗이 정리할 시간이 없다)이라는 내용이 음성에서 언급되는지를 주의 깊게 들어야 한다. 음성에서 还没来得及收拾(아직 정리할 겨를이 없었다)이라는 일치하는 내용이 언급되었다. 따라서 제시된 문장과 음성의 내용은 일치한다.

✅ 합격노하우 제시된 문장에 '还没+동사(아직 ~하지 않았다)'가 있으면, 음성에서도 '동사'의 동작을 아직 안했다고 언급되는지 주의 깊게 들어야 한다.

9 상

★ 这次的任务很难完成。 (   )

告诉大家一个好消息，这次我们的任务提前完成了，公司很满意，给我们每人发了2000块钱的奖金。

任务 rènwu[명] 임무 难 nán[형] 어렵다 完成 wánchéng[동] 완수하다
告诉 gàosu[동] 알리다 大家 dàjiā[대] 모두 消息 xiāoxi[명] 소식
提前 tíqián[동] 앞당기다 公司 gōngsī[명] 회사 满意 mǎnyì[형] 흡족하다
每人 měirén[명] 매 사람, 각자 发 fā[동] 내주다 奖金 jiǎngjīn[명] 보너스

★ 이번 임무는 완수하기 매우 어렵다. (X)

모두에게 좋은 소식 하나 알려드릴게요, 이번 우리의 임무가 앞당겨 완수되어서, 회사에서 매우 흡족하여, 우리들 각자에게 2000위안의 보너스를 내주었어요.

정답 X

해설 제시된 문장은 任务很难完成(임무는 완수하기 매우 어렵다)이라는 내용이므로 음성에서 이 내용이 언급되는지를 주의 깊게 들어야 한다. 그런데 음성에서는 这次我们的任务提前完成了(이번 우리의 임무가 앞당겨 완수되었다)라는 제시된 문장과 다른 내용이 언급되었다. 따라서 제시된 문장과 음성의 내용은 일치하지 않는다.

✅ **합격노하우** 제시된 문장에 很难(매우 어렵다)처럼 정도를 나타내는 표현이 있으면, 음성에서도 이 내용이 동일하게 언급되는지 주의 깊게 들어야 한다.

10 중

★ 说话人对李明的印象很好。 (   )

参加活动的人中，虽然从能力上说李明不是最好的，但态度却是最认真的，所以我对他的印象很深。

对 duì[개] ~에 대해 印象 yìnxiàng[명] 인상 参加 cānjiā[동] 참여하다
活动 huódòng[명] 행사 虽然 suīrán[접] 비록 ~이지만 从 cóng[개] ~으로
能力 nénglì[명] 능력 但 dàn[접] 하지만 态度 tàidu[명] 태도
却 què[부] 오히려 认真 rènzhēn[형] 착실하다 所以 suǒyǐ[접] 그래서
深 shēn[형] 깊다

★ 화자는 리밍에 대한 인상이 아주 좋다. (✓)

행사에 참여한 사람 중, 비록 능력으로 말하자면 리밍이 가장 좋은 것은 아니지만, 그러나 태도는 오히려 가장 착실해서, 그래서 나는 그에 대한 인상이 아주 깊다.

정답 ✓

해설 제시된 문장은 说话人对李明的印象很好。(화자는 리밍에 대한 인상이 아주 좋다.)라는 내용이므로 음성에서 이 내용이 언급되는지를 주의 깊게 들어야 한다. 음성에서 但态度却是最认真的，所以我对他的印象很深(그러나 태도는 오히려 가장 착실해서, 그래서 나는 그에 대한 인상이 아주 깊다)이라는 제시된 문장과 일치하는 내용이 언급되었다. 따라서 제시된 문장과 음성의 내용은 일치한다.

✅ **합격노하우** 제시된 문장에 很好(매우 좋다)처럼 정도를 나타내는 표현이 있으면, 음성에서도 이 내용이 동일하게 언급되는지 주의 깊게 들어야 한다.

11 하

A 应聘成功了　　B 不想当记者
C 条件不太好　　D 正在等结果

男：那家新闻网站正在招聘记者，你的各方面条件都很符合，可以去试一试。
女：我已经去应聘过了，这两天正在等结果呢。

问：关于女的，我们可以知道什么？

应聘 yìngpìn[동] 지원하다 成功 chénggōng[동] 성공하다
当 dāng[동] ~가 되다 记者 jìzhě[명] 기자 条件 tiáojiàn[명] 조건
正在 zhèngzài[부] 한창 ~하고 있다 等 děng[동] 기다리다
结果 jiéguǒ[명] 결과 新闻 xīnwén[명] 뉴스 网站 wǎngzhàn[명] 웹사이트
招聘 zhāopìn[동] 채용하다 各 gè[대] 각, 여러 方面 fāngmiàn[명] 방면
都 dōu[부] 모두, 다 符合 fúhé[동] 부합하다 可以 kěyǐ[조동] ~해도 된다
试 shì[동] 시험 삼아 해보다 已经 yǐjīng[부] 벌써

A 지원을 성공했다　B 기자가 되고 싶지 않다　C 조건이 그다지 좋지 않다　D 한창 결과를 기다리고 있다

남: 그 뉴스 웹사이트 지금 기자 채용하던데, 너의 여러 방면의 조건이 모두 부합해서, 한번 가서 시도해봐도 돼.
여: 나 벌써 지원했어, 요 며칠 한창 결과를 기다리고 있어.

질문: 여자에 관해, 우리가 알 수 있는 것은 무엇인가?

정답 D

해설 제시된 보기가 다양한 형태의 문장이므로, 보기의 의미를 최대한 정확히 파악한 후 음성을 듣는 것이 중요하다. 남자가 你的各方面条件都很符合(너의 여러 방면의 조건이 모두 부합한다)라고 한 내용을 듣고 이와 내용이 다른 C 条件不太好(조건이 그다지 좋지 않다)를 오답으로 제거해 둔다. 여자가 这两天正在等结果呢(요 며칠 한창 결과를 기다리고 있다)라고 했으므로 D 正在等结果(한창 결과를 기다리고 있다)를 정답의 후보로 체크해 둔다. 질문이 여자에 관해 알 수 있는 것이 무엇인지 물었으므로 D 正在等结果(한창 결과를 기다리고 있다)를 정답으로 선택한다.

✅ **합격노하우** 제시된 보기가 다양한 형태의 문장인 경우에는, 각 보기의 의미를 정확히 파악한 후 음성을 들어야 하며, 대화를 들을 때 대화의 내용과 다른 보기는 미리 오답으로 제거해둔다.

12 중

A 平时要练习　　B 做菜很容易
C 决定很重要　　D 做事要努力

女: 放暑假后我决定跟妈妈学做菜。
男: 好啊，不过光说不练可不行。既然你决定做一件事，就要努力做好。
问: 男的是什么意思？

平时 píngshí 평소　练习 liànxí 연습하다
做菜 zuòcài 요리를 하다　容易 róngyì 쉽다
决定 juédìng 결정하다　重要 zhòngyào 중요하다
做事 zuòshì 일을 하다　努力 nǔlì 열심히 하다
放暑假 fàng shǔjià 여름 방학을 하다　跟 gēn ~에게　学 xué 배우다
不过 búguò 하지만, 그러나　光 guāng 단지　说 shuō 말하다
练 liàn 연습하다, 훈련하다　不行 bùxíng 안 된다
既然 jìrán ~인 이상　做 zuò 하다, 종사하다　事 shì 일
做好 zuòhǎo 잘 하다

A 평소에 연습을 해야 한다　　　　　　　　B 요리하는 것은 매우 쉽다
C 결정은 매우 중요하다　　　　　　　　　D 일을 할 때는 열심히 해야 한다
여: 여름 방학을 한 이후에 나는 엄마에게 요리하는 것을 배우기로 결정했어.
남: 좋아, 하지만 단지 말만 하고 연습하지 않으면 안 되지. 네가 일을 하기로 결정한 이상, 열심히 잘 해야 돼.
질문: 남자의 말은 어떤 뜻인가?

정답 D

해설　제시된 보기가 다양한 형태의 문장이므로, 보기의 의미를 최대한 정확히 파악한 후 음성을 듣는 것이 중요하다. 대화에서 여자가 我决定跟妈妈学做菜(나는 엄마에게 요리하는 것을 배우기로 결정했어)라고 했으므로, 여기에서 언급된 B 做菜很容易(요리하는 것은 매우 쉽다)와 C 决定很重要(결정은 매우 중요하다) 옆에 체크해 둔다. 남자가 既然你决定做一件事, 就要努力做好。(네가 일을 하기로 결정한 이상, 열심히 잘 해야 돼.)라고 했으므로 D 做事要努力(일을 할 때는 열심히 해야 한다)를 정답의 후보로 체크해 둔다. 질문이 남자의 말이 어떤 뜻인지 물었으므로 D 做事要努力(일을 할 때는 열심히 해야 한다)를 정답으로 선택한다.

✅ 합격노하우　제시된 보기가 다양한 형태의 문장인 경우에는, 각 보기의 의미를 정확히 파악한 후 음성을 들어야 하며, 대화를 들을 때 대화의 내용과 다른 보기는 미리 오답으로 제거해둔다.

13 하

A 打羽毛球　　B 参加聚会
C 去理发店　　D 和女的约会

男: 明天下午你能陪我去理发吗？我想把头发弄短一点儿，会凉快一些。
女: 明天我有个聚会，可能很晚才能回家。
问: 男的明天想干什么？

羽毛球 yǔmáoqiú 배드민턴　参加 cānjiā 참석하다
聚会 jùhuì 모임　理发店 lǐfàdiàn 미용실
约会 yuēhuì 만날 약속을 하다　下午 xiàwǔ 오후
陪 péi 함께 가다　理发 lǐfà 머리를 자르다, 이발하다
头发 tóufa 머리카락　弄 nòng 하다　短 duǎn 짧다
凉快 liángkuai 시원하다　可能 kěnéng 아마도　才 cái 비로소

A 배드민턴을 친다　　B 모임에 참석한다　　C 미용실에 간다　　D 여자와 만날 약속을 한다
남: 내일 오후에 내가 머리 자르러 가는데 함께 가줄 수 있니? 나 머리를 좀 짧게 하고 싶어, 좀 더 시원해질 거야.
여: 내일 나 모임이 있어, 아마도 아주 늦어서야 비로소 집에 돌아올 수 있을 거야.
질문: 남자는 내일 무엇을 하고 싶은가?

정답 C

해설　제시된 보기 A 打羽毛球(배드민턴을 친다), B 参加聚会(모임에 참석한다), C 去理发店(미용실에 간다), D 和女的约会(여자와 만날 약속을 한다)가 모두 동작과 관련된 표현이므로 대화를 들을 때 화자가 하고 있거나 하려는 행동이 무엇인지를 주의 깊게 듣는다. 대화에서 남자가 明天下午你能陪我去理发吗？我想把头发弄短一点儿(내일 오후에 내가 머리 자르러 가는데 함께 가줄 수 있니? 나 머리를 좀 짧게 하고 싶어)이라고 묻자, 여자가 내일 모임이 있다며 거절했다. 질문이 남자가 내일 무엇을 할 것인지 물었으므로 C 去理发店(미용실에 간다)을 정답으로 선택한다.

✅ 합격노하우　보기가 모두 동작과 관련된 표현이면, 화자가 하고 있거나 하려는 행동이 무엇인지를 주의 깊게 들어야 한다.

14 중

A 卖出去　　B 空半年
C 借给朋友　　D 租给别人

女: 我要去美国工作半年，可是这里的房间空着我觉得挺浪费的。
男: 那你把房间租出去吧，这样还能赚一点钱。
问: 男的建议女的把房间怎么样？

卖 mài 팔다　空 kōng 텅 비다　半年 bànnián 반년
借 jiè 빌려주다　租 zū 세를 내다　别人 biérén 다른 사람, 남
美国 Měiguó 미국　工作 gōngzuò 일하다
可是 kěshì 하지만, 그러나　房间 fángjiān 방
觉得 juéde ~라고 생각하다　挺 tǐng 아주 ~하다
浪费 làngfèi 낭비하다　这样 zhèyàng 이러하다
赚 zhuàn (돈을) 벌다　建议 jiànyì 제안하다, 건의하다

A 판다　　B 반년간 비워둔다　　C 친구에게 빌려준다　　D 다른 사람에게 세를 내준다
여: 나는 미국에 가서 반년간 일할 거야, 하지만 이곳의 방이 텅 비어있는 게 나는 아주 낭비하는 것이라고 생각해.
남: 그럼 네가 방을 세를 내봐, 이렇게 하면 돈도 좀 벌 수 있잖아.
질문: 남자는 여자가 방을 어떻게 하길 제안하는가?

정답 D

해설 제시된 보기 A 卖出去(판다), B 空半年(반년간 비워둔다), C 借给朋友(친구에서 빌려준다), D 租给别人(다른 사람에게 세를 내준다)이 모두 동작과 관련된 표현이므로, 대화를 들을 때 화자가 하고 있거나 하려는 행동이 무엇인지를 주의 깊게 듣는다. 대화에서 여자가 남자에게 미국에 가 있는 동안 방을 비워두는게 낭비인 것 같다고 하자, 남자가 那你把房间租出去吧, 这样还能赚一点钱。(그럼 네가 방을 세를 내봐, 이렇게 하면 돈도 좀 벌 수 있잖아.)라고 했다. 질문이 남자가 여자에게 방을 어떻게 하기를 제안하는지 물었으므로 D 租给别人(다른 사람에게 세를 내준다)을 정답으로 선택한다.

✓ 합격노하우 보기가 모두 동사 또는 동사구(동사+목적어)이면, 화자가 하고 있거나 하려는 행동을 묻는 질문이 나올 것을 예상한다.

15
하

A 弹钢琴 B 看电视 C 打电话 D 听音乐

男: 我实在受不了刘阳这个人了, 他常常在我睡觉的时候弹钢琴。
女: 你和他商量商量, 让他换个时间弹。
问: 刘阳常在男的睡觉时做什么?

弹钢琴 tán gāngqín 피아노를 치다 电视 diànshì 텔레비전, TV
打电话 dǎ diànhuà 전화를 걸다 听 tīng 듣다 音乐 yīnyuè 음악
实在 shízài 정말 受不了 shòu bu liǎo 견딜 수 없다
常常 chángcháng 항상 睡觉 shuìjiào (잠을) 자다
时候 shíhou 때 商量 shāngliang 상의하다 让 ràng ~하게 하다
换 huàn 바꾸다 时间 shíjiān 시간

A 피아노를 친다   B 텔레비전을 본다   C 전화를 건다   D 음악을 듣는다

남: 나는 정말 리우양 이 사람을 견딜 수 없어, 그는 항상 내가 잠잘 때 피아노를 쳐.
여: 네가 그와 잘 상의해봐, 그에게 피아노 치는 시간을 바꾸게 해.
질문: 리우양은 항상 남자가 잠잘 때 무엇을 하는가?

정답 A

해설 제시된 보기 A 弹钢琴(피아노를 친다), B 看电视(텔레비전을 본다), C 打电话(전화를 건다), D 听音乐(음악을 듣는다)가 모두 동작과 관련된 표현이므로 대화를 들을 때 화자가 하고 있거나 하려는 행동이 무엇인지를 주의 깊게 듣는다. 대화에서 남자가 他常常在我睡觉的时候弹钢琴(그는 항상 내가 잠잘 때 피아노를 쳐)이라고 말했다. 질문이 리우양이 남자가 잠잘 때 무엇을 하는지 물었으므로 A 弹钢琴(피아노를 친다)을 정답으로 선택한다.

✓ 합격노하우 보기가 모두 동사 또는 동사구(동사+목적어)이면, 화자가 하고 있거나 하려는 행동을 묻는 질문이 나올 것을 예상한다.

16
하

A 在公司工作   B 收入很不错
C 正在读博士   D 很讨厌学习

女: 听说你工作的那家公司, 无论工作环境还是收入都很不错啊。
男: 那都是以前的事儿了, 现在我在学校读博士呢。
问: 通过对话, 可以知道男的现在怎么样?

公司 gōngsī 회사 工作 gōngzuò 일하다
收入 shōurù 소득, 수입 不错 búcuò 좋다
正在 zhèngzài 지금 ~하고 있다 读博士 dú bóshì 박사 과정을 공부하다
讨厌 tǎoyàn 싫어하다 学习 xuéxí 공부
听说 tīngshuō 듣자니 ~이라 한다 无论 wúlùn ~이든지, ~을 막론하고
环境 huánjìng 환경 还是 háishi ~든, ~뿐만 아니라
以前 yǐqián 이전, 예전 事儿 shìr 일 现在 xiànzài 지금
学校 xuéxiào 학교 对话 duìhuà 대화

A 회사에서 일한다   B 수입이 좋다
C 지금 박사 과정을 공부하고 있다   D 공부하는 것을 싫어한다

여: 듣자니 네가 일하는 그 회사, 일하는 환경이든지 수입이든지 모두 좋다고 하더라.
남: 그건 모두 이전의 일이야, 지금 나는 학교에서 박사 과정을 공부하고 있어.
질문: 대화를 통해, 남자가 지금 어떤지 알 수 있는 것은 무엇인가?

정답 C

해설 제시된 보기가 다양한 형태의 문장이므로, 보기의 의미를 최대한 정확히 파악한 후 음성을 듣는 것이 중요하다. 대화에서 여자가 听说你工作的那家公司, 无论工作环境还是收入都很不错啊。(듣자니 네가 일하는 그 회사, 일하는 환경이든지 수입이든지 모두 좋다고 하더라.)라고 했으므로, 언급된 A 在公司工作(회사에서 일한다)와 B 收入很不错(수입이 좋다) 옆에 체크해 둔다. 남자가 现在我在学校读博士呢(지금 나는 학교에서 박사 과정을 공부하고 있어)라고 하였으므로, 그대로 언급된 C 正在读博士(지금 박사 과정을 공부하고 있다)을 정답의 후보로 체크해 둔다. 질문이 대화를 통해 남자가 지금 어떤지 알 수 있는지 물었으므로 C 正在读博士(지금 박사 과정을 공부하고 있다)을 정답으로 선택한다.

✓ 합격노하우 제시된 보기가 다양한 형태의 문장인 경우에는, 각 보기의 의미를 정확히 파악한 후 음성을 들어야 한다.

17

A 还没有结束 B 观众特别多
C 踢得很精彩 D 我们队赢了

男: 刚才那场足球赛我们输得真可惜。
女: 是啊，山东队的水平还是比我们高一点儿，不过踢得很精彩啊。
问: 关于足球比赛，可以知道什么?

还 hái 🗣 아직 结束 jiéshù 🗣 끝나다 观众 guānzhòng 🗣 관중
特别 tèbié 🗣 아주 踢 tī 🗣 차다 精彩 jīngcǎi 🗣 멋지다 队 duì 🗣 팀
赢 yíng 🗣 이기다 刚才 gāngcái 🗣 방금, 막
场 chǎng 🗣 번, 차례(체육 활동·오락 등을 세는 단위)
足球赛 zúqiúsài 🗣 축구경기 输 shū 🗣 지다, 패하다
可惜 kěxī 🗣 아깝다, 아쉽다 山东 Shāndōng 🗣 (중국 지명) 산둥성
水平 shuǐpíng 🗣 수준 还是 háishi 🗣 여전히 比 bǐ 🗣 ~에 비해
不过 búguò 🗣 하지만, 그러나

A 아직 끝나지 않았다 B 관중이 아주 많았다 C 아주 멋지게 찼다 D 우리 팀이 이겼다

남: 방금 그 축구 경기 우리가 정말 아깝게 졌어.
여: 맞아, 산둥팀의 수준이 여전히 우리보다 좀 높아, 하지만 아주 멋지게 잘 찼어.
질문: 축구 경기에 관해, 알 수 있는 것은 무엇인가?

정답 C

해설 제시된 보기가 다양한 형태의 문장이므로, 보기의 의미를 최대한 정확히 파악한 후 음성을 듣는 것이 중요하다. 대화에서 먼저 남자가 刚才那场足球赛我们输得真可惜。(방금 그 축구 경기 우리가 정말 아깝게 졌어.)라고 하였으므로, A 还没有结束(아직 끝나지 않았다)와 D 我们队赢了(우리 팀이 이겼다)를 오답으로 제거해 둔다. 여자가 不过踢得很精彩啊(하지만 아주 멋지게 잘 찼어)라고 했으므로, C 踢得很精彩(아주 멋지게 찼다)를 정답의 후보로 체크해 둔다. 질문이 축구 경기에 관해 알 수 있는 것을 물었으므로 C 踢得很精彩(아주 멋지게 찼다)를 정답으로 선택한다.

✓ 합격노하우 제시된 보기가 다양한 형태의 문장인 경우에는, 각 보기의 의미를 정확히 파악한 후 음성을 들어야 하며, 대화를 들을 때 대화의 내용과 다른 보기는 미리 오답으로 제거해둔다.

18

A 天气很冷 B 空调坏了
C 王师傅病了 D 电话占线了

女: 今天天气这么热，办公室怎么不开空调呢?
男: 空调出问题了。我马上给修理空调的王师傅打电话，让他下午来看一下。
问: 根据对话，我们可以知道什么?

天气 tiānqì 🗣 날씨 冷 lěng 🗣 춥다 空调 kōngtiáo 🗣 에어컨
坏 huài 🗣 고장나다 师傅 shīfu 🗣 기사님 病 bìng 🗣 병나다, 앓다
电话 diànhuà 🗣 전화 占线 zhànxiàn 🗣 통화 중이다
热 rè 🗣 덥다, 뜨겁다 办公室 bàngōngshì 🗣 사무실
怎么 zěnme 🗣 왜, 어째서 开 kāi 🗣 틀다, 켜다
出 chū 🗣 (생겨)나다, 발생하다 问题 wèntí 🗣 문제
马上 mǎshàng 🗣 곧 修理 xiūlǐ 🗣 수리하다
打电话 dǎ diànhuà 🗣 전화를 걸다 让 ràng 🗣 ~하게 하다

A 날씨가 매우 춥다 B 에어컨이 고장났다 C 왕 기사님은 병이 났다 D 전화가 통화 중이다

여: 오늘 날씨가 이렇게 더운데, 사무실은 왜 에어컨을 틀지 않는 거야?
남: 에어컨에 문제가 생겼어. 내가 곧 에어컨을 수리하는 왕 기사님께 전화를 드려서, 그에게 오후에 와서 좀 보게 할게.
질문: 대화에 근거하여, 우리가 알 수 있는 것은 무엇인가?

정답 B

해설 제시된 보기가 다양한 형태의 문장이므로, 보기의 의미를 최대 정확히 파악한 후 음성을 듣는 것이 중요하다. 먼저, 여자가 今天天气这么热(오늘 날씨가 이렇게 덥다)라고 했으므로, A 天气很冷(날씨가 매우 춥다)을 오답으로 제거해 둔다. 남자가 空调出问题了。(에어컨에 문제가 생겼어.)라고 했으므로 B 空调坏了(에어컨이 고장났다)를 정답의 후보로 체크해 둔다. 질문이 대화에 근거하여 알 수 있는 것을 물었으므로 B 空调坏了(에어컨이 고장났다)를 정답으로 선택한다.

✓ 합격노하우 제시된 보기가 다양한 형태의 문장인 경우에는, 각 보기의 의미를 정확히 파악한 후 음성을 들어야 하며, 대화를 들을 때 대화의 내용과 다른 보기는 미리 오답으로 제거해둔다.

19

A 她工作努力 B 她要过生日
C 她想换手机 D 她要毕业了

男: 妹妹要大学毕业了，我想送她个手机表示祝贺。
女: 小华一定会很开心的，她昨天还说想换一部新的呢。
问: 男的为什么要送妹妹手机?

工作 gōngzuò 🗣 일하다 努力 nǔlì 🗣 열심히 하다
过 guò 🗣 (시점을) 지내다, 보내다 生日 shēngrì 🗣 생일
换 huàn 🗣 바꾸다 手机 shǒujī 🗣 휴대폰 毕业 bìyè 🗣 졸업하다
大学 dàxué 🗣 대학, 대학교 送 sòng 🗣 선물하다
表示 biǎoshì 🗣 표시하다 祝贺 zhùhè 🗣 축하 一定 yídìng 🗣 반드시
开心 kāixīn 🗣 기쁘다 部 bù 🗣 대(휴대폰, 기계 등을 세는 단위)

A 그녀가 열심히 일한다 B 그녀가 곧 생일을 지낸다
C 그녀가 휴대폰을 바꾸고 싶어한다 D 그녀가 졸업하려고 한다

남: 여동생이 대학을 졸업하려고 해서, 나는 그녀에게 휴대폰을 선물해서 축하를 표시하고 싶어.
여: 샤오화가 반드시 기뻐할 거야, 그녀가 어제도 새로 한 대 바꾸고 싶다고 말하더라.
질문: 남자는 왜 여동생에게 휴대폰을 선물하려고 하는가?

정답 D

해설 제시된 보기가 같은 형태의 문장이므로 각 보기에서 A의 **工作努力**(열심히 일한다), B의 **要过生日**(곧 생일을 지낸다), C의 **想换手机**(휴대폰을 바꾸고 싶어한다), D의 **要毕业了**(졸업하려고 한다)를 핵심어구로 체크해 둔다. 대화에서 남자가 **妹妹要大学毕业了, 我想送她个手机表示祝贺.**(여동생이 대학을 졸업하려고 해서, 나는 그녀에게 휴대폰을 선물해서 축하를 표시하고 싶어.)라고 말했다. 질문이 남자가 왜 여동생에게 휴대폰을 선물하려고 하는지 물었으므로 D **她要毕业了**(그녀가 졸업하려고 한다)를 정답으로 선택한다.

✅ **합격노하우** 보기가 동일한 형태의 문장일 경우에는, 각 보기의 내용을 명확하게 구별해주는 표현을 핵심어구로 체크하여 음성에서 언급되는 것이 무엇인지 주의 깊게 들어야 한다.

---

20 중

A 收入不够高　　B 工作机会少
C 竞争压力大　　D 气候不适应

女: 你那时候为什么没有选择留在南方工作?
男: 虽然南方的工作机会很多, 收入也不低, 但是我不太适应那里的气候。
问: 男的为什么不在南方工作?

收入 shōurù 图 수입　不够 búgòu 图 그다지
工作 gōngzuò 图 근무, 일하다　机会 jīhuì 图 기회
竞争 jìngzhēng 图 경쟁하다　压力 yālì 图 스트레스　气候 qìhòu 图 기후
适应 shìyìng 图 적응하다　时候 shíhou 图 때, 무렵
为什么 wèishénme 왜, 무엇 때문에　选择 xuǎnzé 图 선택하다
留 liú 图 머무르다　南方 nánfāng 图 남방 지역, 남쪽
虽然 suīrán 图 비록 ~이지만　低 dī 图 낮다　但是 dànshì 图 하지만

A 수입이 그다지 높지 않다　　B 근무 기회가 적다　　　C 경쟁하는 스트레스가 크다　　D 기후에 적응이 안 된다
여: 너 그때 왜 남방 지역에 머물러서 일하는 것을 선택하지 않았니?
남: 비록 남방 지역의 근무 기회가 매우 많고, 수입도 낮지 않았지만, 하지만 나는 그곳의 기후에 그다지 적응이 안 됐어.
질문: 남자는 왜 남방 지역에서 일하지 않는가?

정답 D

해설 제시된 보기가 다양한 형태의 문장이므로, 보기의 의미를 최대한 정확히 파악한 후 음성을 듣는 것이 중요하다. 대화에서 남자가 **虽然南方的工作机会很多, 收入也不低, 但是我不太适应那里的气候.**(비록 남방 지역의 근무 기회가 매우 많고, 수입도 낮지 않았지만, 하지만 나는 그곳의 기후에 그다지 적응이 안 됐어.)라고 말했다. 질문이 남자는 왜 남방 지역에서 일하지 않는지 물었으므로 D **气候不适应**(기후에 적응이 안 된다)를 정답으로 선택한다.

✅ **합격노하우** 제시된 보기가 다양한 형태의 문장인 경우에는, 각 보기의 의미를 정확히 파악한 후 음성을 들어야 한다.

---

21 중

A 留学　B 护照　C 成绩单　D 信用卡

男: 你好! 请问申请奖学金需要准备什么材料?
女: 很简单。先在申请表格中填好你的信息, 然后再到学校打印成绩单。
问: 男的需要准备什么材料?

留学 liúxué 图 유학　护照 hùzhào 图 여권
成绩单 chéngjìdān 图 성적표　信用卡 xìnyòngkǎ 图 신용 카드
申请 shēnqǐng 图 신청하다　奖学金 jiǎngxuéjīn 图 장학금
需要 xūyào 区 ~해야 한다　准备 zhǔnbèi 图 준비하다
材料 cáiliào 图 자료　简单 jiǎndān 图 간단하다　先 xiān 图 먼저
表格 biǎogé 图 양식　填 tián 图 기입하다　信息 xìnxī 图 정보
然后 ránhòu 图 그런 후에　到 dào 图 ~로 가다　打印 dǎyìn 图 인쇄하다

A 유학　　　　　　B 여권　　　　　　　C 성적표　　　　　　　D 신용 카드
남: 안녕하세요! 말씀 좀 묻겠습니다 장학금 신청하려면 어떤 자료를 준비해야 하나요?
여: 매우 간단합니다. 먼저 신청 양식에 당신의 정보를 기입해주시고, 그런 후에 학교로 가서 성적표를 인쇄하시면 됩니다.
질문: 남자는 어떤 자료를 준비해야 하는가?

정답 C

해설 제시된 보기가 서로 다른 명사이므로, 대화에서 각 명사에 대해 음성에서 어떻게 언급되는지 주의 깊게 듣는다. 대화에서 남자가 장학금을 신청하려면 어떤 자료를 준비해야 하는지 묻자, 여자가 **先在申请表格中填好你的信息, 然后再到学校打印成绩单.**(먼저 신청 양식에 당신의 정보를 기입해주시고, 그런 후에 다시 학교로 가서 성적표를 인쇄하시면 됩니다.)이라고 답했다. 질문이 남자가 어떤 자료를 준비해야 하는지 물었으므로 C **成绩单**(성적표)을 정답으로 선택한다.

✅ **합격노하우** 제시된 보기가 서로 다른 명사일 경우, 대화를 들을 때 각 명사들과 관련된 내용들이 어떻게 언급되는지 주의 깊게 들어야 한다.

---

22 중

A 学校　B 银行　C 超市　D 公司

女: 你不是去超市的吗? 怎么这么快回来了?
男: 我没现金了, 所以先去取钱, 可是忘了密码, 没钱还怎么购物啊?
问: 男的刚才去哪儿了?

学校 xuéxiào 图 학교　银行 yínháng 图 은행
超市 chāoshì 图 슈퍼마켓　公司 gōngsī 图 회사
怎么 zěnme 어째서, 왜　这么 zhème 이렇게　快 kuài 图 빨리
回来 huílai 돌아오다　没 méi 없다　现金 xiànjīn 图 현금
所以 suǒyǐ 图 그래서　先 xiān 图 먼저　取钱 qǔqián 돈을 찾다
可是 kěshì 图 그런데, 그러나　忘 wàng 图 잊다　密码 mìmǎ 图 비밀번호
购物 gòuwù 图 물건을 사다　刚才 gāngcái 图 방금

| A 학교 | B 은행 | C 슈퍼마켓 | D 회사 |

여: 너 슈퍼마켓 간 거 아니었니? 어째서 이렇게 빨리 돌아왔니?
남: 나 현금이 없어서, 그래서 먼저 돈을 찾으러 갔는데, 그런데 비밀번호를 잊어버려서, 돈이 없는데 어떻게 물건을 사겠어?
질문: 남자는 방금 어디를 갔는가?

정답 B

해설 제시된 보기 A 学校(학교), B 银行(은행), C 超市(슈퍼마켓), D 公司(회사)가 모두 장소를 나타내는 명사이므로 대화에서 화자가 가려고 하는 장소, 또는 장소 관련 표현을 주의 깊게 듣는다. 대화에서 여자가 남자에게 슈퍼마켓에 간 게 아니냐고 묻자, 남자가 我没现金了, 所以先去取钱(나 현금이 없어서, 그래서 먼저 돈을 찾으러 갔어)이라고 말했다. 질문이 남자가 방금 어디에 갔는지 물었으므로 B 银行(은행)을 정답으로 선택한다.

✔ **합격노하우** 제시된 보기가 장소 표현이면, 화자 혹은 특정인물이 있는 장소 혹은 가려고 하는 장소가 어디인지를 주의 깊게 들어야 한다.

23
중

| A 广告太少了 | B 非常吸引人 |
| C 歌曲很好听 | D 变得无聊了 |

男: 我觉得现在的广播内容越来越无聊了, 让我感觉很失望。
女: 是啊, 我都听了半个小时了, 就放了两首歌儿, 其它的全都是广告。
问: 女的觉得现在的广播怎么样?

广告 guǎnggào 명 광고 非常 fēicháng 부 아주
吸引 xīyǐn 동 매료시키다 歌曲 gēqǔ 명 노래
好听 hǎotīng 형 (소리가) 듣기 좋다 变 biàn 동 변하다
无聊 wúliáo 형 지루하다 觉得 juéde 동 ~라고 생각하다
广播 guǎngbō 명 라디오 방송 内容 nèiróng 명 내용
越来越 yuèláiyuè 부 점점, 더욱더 让 ràng 동 ~하게 하다
感觉 gǎnjué 동 느끼다 失望 shīwàng 형 실망하다 就 jiù 부 겨우, 단지
放 fàng 동 틀다 首 shǒu 양 노래, 시 등을 세는 단위 其它 qítā 대 그 외에
全都 quándōu 부 전부

| A 광고가 너무 적다 | B 사람을 아주 매료시킨다 | C 노래가 듣기 좋다 | D 지루하게 변했다 |

남: 내 생각에 지금의 라디오 방송 내용이 점점 지루해지는 것 같아, 나로 하여금 매우 실망함을 느끼게 해.
여: 맞아, 나는 이미 30분 동안 들었는데, 노래는 겨우 2곡 틀어주고, 그 외에는 전부 광고였어.
질문: 여자는 지금의 라디오 방송이 어떠하다고 생각하는가?

정답 D

해설 제시된 보기가 다양한 형태의 문장이므로, 보기의 의미를 최대한 정확히 파악한 후 음성을 듣는 것이 중요하다. 남자가 먼저 我觉得现在的广播内容越来越无聊了(내 생각에 지금의 라디오 방송 내용이 점점 지루해지는 것 같아)라고 말했고, 여자가 是啊(맞아)라고 대답하며 남자의 의견에 동의했다. 질문이 여자가 지금의 라디오 방송이 어떻다고 생각하는지 물었으므로 D 变得无聊了(지루하게 변했다)를 정답으로 선택한다.

✔ **합격노하우** 제시된 보기가 다양한 형태의 문장인 경우에는, 각 보기의 의미를 정확히 파악한 후 음성을 들어야 한다.

24
중

| A 质量不好 | B 买的人多 |
| C 价格便宜 | D 颜色漂亮 |

女: 咱们家的冰箱用了好多年了。我打算明天到商场看看, 换个新的。
男: 直接上网买吧。质量一样, 但价格比商场里便宜得多。
问: 网上的冰箱怎么样?

质量 zhìliàng 명 품질 价格 jiàgé 명 가격
便宜 piányi 형 (값이) 저렴하다 颜色 yánsè 명 색깔
漂亮 piàoliang 형 예쁘다 咱们 zánmen 대 우리
冰箱 bīngxiāng 명 냉장고 用 yòng 동 사용하다, 쓰다
打算 dǎsuàn 조동 ~하려고 하다 到 dào 동 ~로 가다
商场 shāngchǎng 명 백화점 换 huàn 동 바꾸다 直接 zhíjiē 부 직접
上网 shàngwǎng 동 인터넷을 하다 买 mǎi 동 사다 一样 yíyàng 형 같다
但 dàn 접 하지만 比 bǐ 개 ~보다 网上 wǎngshàng 명 인터넷, 온라인

| A 품질이 좋지 않다 | B 사는 사람이 많다 | C 가격이 저렴하다 | D 색깔이 예쁘다 |

여: 우리 집의 냉장고를 사용한 지 여러 해가 되었어. 나는 내일 백화점으로 가서 좀 보려고 해, 새로운 것으로 바꾸려고.
남: 직접 인터넷으로 사봐. 품질은 같은데, 하지만 가격은 백화점보다 훨씬 저렴해.
질문: 인터넷 상의 냉장고는 어떠한가?

정답 C

해설 제시된 보기에 质量(품질), 价格(가격), 买的人多(사는 사람이 많다) 라는 표현이 있으므로, 어떤 물건을 사고파는 대화가 나올 것을 예상할 수 있다. 여자가 남자에게 냉장고를 바꿔야 한다고 하자, 남자가 이어서 直接上网买吧。质量一样, 但价格比商场里便宜得多。(직접 인터넷으로 사봐. 품질은 같은데, 하지만 가격은 백화점보다 훨씬 저렴해.)라고 말했다. 질문이 인터넷 상의 냉장고가 어떠한지 물었으므로 C 价格便宜(가격이 저렴하다)를 정답으로 선택한다.

✔ **합격노하우** 제시된 보기가 모두 특정 주제와 관련된 경우, 대화에서 언급된 보기가 정답일 가능성이 높다.

25 중

A 多练习 B 多放糖 C 少放盐 D 学做菜

男: 这是我刚学会做的西红柿鸡蛋汤，你尝尝看。
女: 很不错啊，只是味道稍微有点咸，下次记得少放点盐。
问: 女的让男的做什么？

多 duō 많다	练习 liànxí 연습하다 放 fàng 넣다
糖 táng 설탕 少 shǎo 조금 盐 yán 소금 学 xué 배우다
做菜 zuòcài 요리를 하다 刚 gāng 방금, 막
学会 xuéhuì 배워서 할 수 있다 做 zuò 만들다
西红柿 xīhóngshì 토마토 鸡蛋 jīdàn 계란 汤 tāng 탕, 국
尝 cháng 맛보다 不错 búcuò 좋다 只是 zhǐshì 다만
味道 wèidao 맛 稍微 shāowēi 조금 有点 yǒudiǎn 조금
咸 xián 짜다 下次 xiàcì 다음번 记得 jìde 기억하다

A 많이 연습한다 B 설탕을 많이 넣는다 C 소금을 조금 넣는다 D 요리하는 것을 배운다

남: 이것은 내가 방금 만드는 것을 배운 토마토 계란탕이야, 네가 맛 좀 봐봐.
여: 아주 좋네, 다만 맛이 조금 짠데, 다음번에 소금을 조금만 넣는 것 기억해.
질문: 여자는 남자에게 무엇을 하라고 하는가?

정답 C

해설 제시된 보기에 放糖(설탕을 넣다), 放盐(소금을 넣다), 做菜(요리하다)가 쓰였으므로, 요리에 관한 대화가 나올 것을 예상할 수 있다. 대화에서 남자가 먼저 여자에게 자신이 방금 만드는 것을 배운 토마토 계란탕을 맛보라고 권유한다. 이어서 여자가 음식맛을 본 후 只是味道稍微有点咸，下次记得少放点盐(다만 맛이 조금 짠데, 다음번에 소금을 조금만 넣는 것 기억해)이라고 대답했다. 질문이 여자가 남자에게 무엇을 하게 하였는지 물었으므로 C 少放盐(소금을 조금 넣는다)을 정답으로 선택한다.

✓ 합격노하우 보기가 모두 동사 또는 동사구(동사+목적어)이면, 화자가 하고 있거나 하려는 행동을 묻는 질문이 나올 것을 예상한다.

26 하

A 星期一 B 星期五 C 星期六 D 星期天

男: 我买了一个照相机，以后拍照片就方便了。
女: 好啊，我们约个时间出去拍照吧。
男: 那你周六有空吗？
女: 周六我要加班，还是周日去吧。
问: 他们可能什么时候出去拍照？

星期一 xīngqīyī 월요일 星期五 xīngqīwǔ 금요일
星期六 xīngqīliù 토요일 星期天 xīngqītiān 일요일
照相机 zhàoxiàngjī 사진기 以后 yǐhòu 이후, 차후
拍 pāi (사진을) 찍다 照片 zhàopiàn 사진
方便 fāngbiàn 편리하다 约 yuē 약속하다 时间 shíjiān 시간
出去 chūqu 나가다 拍照 pāizhào 사진 찍다
周六 zhōuliù 토요일 有空 yǒukòng 시간이 있다
加班 jiābān 초과 근무를 하다 还是 háishi ~하는 편이 더 좋다
周日 zhōurì 일요일 可能 kěnéng 아마도

A 월요일 B 금요일 C 토요일 D 일요일

남: 나 카메라 하나 샀어, 이후 사진을 찍는 것이 편할 거야.
여: 좋아, 우리 시간을 약속하고 나가서 사진을 찍자.
남: 그럼 너 토요일에 시간 있어?
여: 토요일에 나는 초과 근무를 해야 해, 일요일에 가는 편이 더 좋겠어.
질문: 그들은 아마도 언제 사진을 찍으러 나갈 것인가?

정답 D

해설 제시된 보기가 모두 요일을 나타내는 시간명사이기 때문에, 특정 요일에 대한 내용을 주의 깊게 듣는다. 대화에서 남자가 那你周六有空吗?(그럼 너 토요일에 시간 있어?)라고 한 내용을 듣고 C 星期六(토요일) 옆에 체크해 둔다. 대화의 마지막에 여자가 周六我要加班，还是周日去吧.(토요일에 나는 초과 근무를 해야 해, 일요일에 가는 편이 더 좋겠어.)라고 한 내용을 듣고 D 周日(일요일) 옆에 체크해 둔다. 질문이 그들이 언제 사진을 찍으러 나갈 것인지 물었으므로 D 星期天(일요일)을 정답으로 선택한다.

✓ 합격노하우 보기가 모두 특정 시간을 나타내는 시간 표현이면, 대화를 들을 때 특정 사건이 언제 발생하는지 주의 깊게 들어야 한다.

27 중

A 环境不好 B 离公司远
C 房租很贵 D 交通不便

女: 听说你要搬家了? 新家在哪儿?
男: 在郊区。
女: 你原来租的房子不是挺好的吗? 周围环境不错，离公司也很近。
男: 好是好，就是房租太贵了。郊区虽然有点儿远，但是房租便宜，交通也比较方便。
问: 男的觉得原来租的房子怎么样?

环境 huánjìng 환경 离 lí ~에서 公司 gōngsī 회사
远 yuǎn 멀다 房租 fángzū 집세 贵 guì 비싸다
交通 jiāotōng 교통 不便 búbiàn 불편하다
听说 tīngshuō 듣자니 ~이라 한다 搬家 bānjiā 이사하다
郊区 jiāoqū (도시의) 변두리 原来 yuánlái 원래 租 zū 임차하다
挺 tǐng 아주 ~하다 周围 zhōuwéi 주변 不错 búcuò 좋다
近 jìn 가깝다 虽然 suīrán 비록 ~이지만 但是 dànshì 하지만
便宜 piányi (값이) 싸다 比较 bǐjiào 비교적
方便 fāngbiàn 편리하다

| A 환경이 좋지 않다 | B 회사에서 멀다 | C 집세가 비싸다 | D 교통이 불편하다 |

여: 듣자 하니 너가 이사 하려고 한다던데? 새로운 집은 어디에 있어?
남: 변두리에 있어.
여: 너가 원래 임차했던 집이 아주 좋지 않았어? 주변 환경이 좋고, 회사에서도 매우 가까웠잖아.
남: 좋긴 좋은데, 집세가 너무 비싸. 변두리는 비록 조금 멀지만, 하지만 집세가 싸고, 교통도 비교적 편리해.
질문: 남자는 원래 임차했던 집이 어떻다고 생각하는가?   정답 C

해설 제시된 보기가 다양한 형태의 문장이므로, 보기의 의미를 최대한 정확히 파악한 후 음성을 듣는 것이 중요하다. 대화에서 여자가 你原来租的房子不是挺好的吗? 周围环境不错, 离公司也很近。(너 원래 임차했던 집 아주 좋지 않았어? 주변 환경이 좋고, 회사에서도 매우 가까웠잖아.)라는 내용을 듣고, A 环境不好(환경이 좋지 않다)와 B 离公司远(회사에서 멀다)을 오답으로 제거해 둔다. 이어서 남자가 好是好, 就是房租太贵了。(좋긴 좋은데, 집세가 너무 비싸.)라고 대답했으므로 C 房租很贵(집세가 비싸다)를 정답의 후보로 체크해 둔다. 질문이 남자가 원래 임차했던 집을 어떻게 생각하는지 물었으므로 C 房租很贵(집세가 비싸다)를 정답으로 선택한다.

✅**합격노하우** 제시된 보기가 다양한 형태의 문장인 경우에는, 각 보기의 의미를 정확히 파악한 후 음성을 들어야 하며, 대화를 들을 때 대화의 내용과 다른 보기는 미리 오답으로 제거해둔다.

28 중
| A 骑自行车去 | B 坐出租车去 |
| C 自己走路去 | D 坐导游的车去 |

女: 导游说明天要带我们去参观北京大学。
男: 好的。那我们大概要几点出发呢?
女: 她说七点出发, 但是我觉得太早了。
男: 我也觉得太早了, 我知道北大的地址, 那咱们自己打车去吧。
问: 他们准备怎么去北京大学?

骑 qí (동) (자전거나 동물 등에) 타다 自行车 zìxíngchē (명) 자전거
坐 zuò (동) 타다 出租车 chūzūchē (명) 택시 自己 zìjǐ (대) 스스로
走路 zǒulù (동) 걷다 导游 dǎoyóu (명) 가이드 带 dài (동) 데리다
参观 cānguān (동) 견학하다, 참관하다
北京大学 Běijīng Dàxué (고유) 베이징 대학교 大概 dàgài (부) 대략, 대개
出发 chūfā (동) 출발하다 觉得 juéde (동) ~라고 생각하다 早 zǎo (형) 이르다
北大 Běi Dà (고유) 北京大学(베이징 대학교)의 약칭 地址 dìzhǐ (명) 주소
咱们 zánmen (대) 우리 打车 dǎchē (동) 택시를 타다
准备 zhǔnbèi (동) ~하려고 하다 怎么 zěnme (대) 어떻게

| A 자전거를 타고 간다 | B 택시를 타고 간다 | C 스스로 걸어서 간다 | D 가이드의 차를 타고 간다 |

여: 가이드가 말하길 내일 우리를 데리고 베이징 대학교를 견학하러 갈 거래.
남: 좋아. 그럼 우리 대략 몇 시에 출발해야 하지?
여: 그녀가 7시에 출발한다고 말했어, 그런데 내 생각에는 너무 이른 것 같아.
남: 나도 너무 이르다고 생각해, 내가 베이징 대학교의 주소를 알아, 그럼 우리 스스로 택시를 타고 가자.
질문: 그들은 어떻게 베이징 대학교를 가려고 하는가?   정답 B

해설 제시된 보기에서 A의 自行车(자전거), B의 出租车(택시), C의 走路(걷다), D의 导游的车(가이드의 차)를 핵심어구로 체크해두고 관련되어 언급되는 내용을 주의 깊게 듣는다. 대화의 마지막에 남자가 我知道北大的地址, 那咱们自己打车去吧(내가 베이징 대학교의 주소를 알아, 그럼 우리 스스로 택시를 타고 가자)라고 한 내용을 듣고 B 坐出租车去(택시를 타고 간다)를 정답의 후보로 체크해 둔다. 질문이 그들이 어떻게 베이징 대학교에 가는지 물었으므로 B 坐出租车去(택시를 타고 간다)를 정답으로 선택한다.

✅**합격노하우** 보기가 모두 교통수단과 관련된 표현이면, 화자 혹은 특정인물이 어떤 교통수단을 이용하려 하는지 주의 깊게 들어야 한다.

29 중
| A 介绍工作 | B 提高能力 |
| C 找一个律师 | D 翻译一本书 |

男: 我有个律师朋友, 想请你帮忙翻译一本法律方面的书, 你看行吗?
女: 可是我觉得我能力还不够。
男: 没关系的, 可以慢慢来, 你很有耐心, 一定会做得很好。
女: 那好吧, 我试一试。
问: 男的想让女的做什么?

介绍 jièshào (동) 소개하다 工作 gōngzuò (명) 일자리, 일
提高 tígāo (동) 향상시키다 能力 nénglì (명) 능력 找 zhǎo (동) 찾다
律师 lǜshī (명) 변호사 翻译 fānyì (동) 번역하다 请 qǐng (동) 부탁하다
帮忙 bāngmáng (동) 도와주다 法律 fǎlǜ (명) 법률
方面 fāngmiàn (명) 분야 可是 kěshì (접) 하지만, 그러나
觉得 juéde (동) ~라고 생각하다 还 hái (부) 아직 不够 búgòu (형) 부족하다
可以 kěyǐ (조동) ~해도 된다 慢慢 mànmān (부) 천천히
耐心 nàixīn (명) 인내심 一定 yídìng (부) 반드시 试 shì (동) 시험 삼아 해보다

| A 일자리를 소개한다 | B 능력을 향상시킨다 | C 변호사 한 명을 찾는다 | D 책 한 권을 번역한다 |

남: 내게 변호사 친구가 있는데, 법률 분야의 책 한 권을 번역하는 것으로 네게 도움을 청하고 싶어, 네가 보기에 괜찮니?
여: 하지만 나는 내 능력이 아직 부족하다고 생각해.
남: 괜찮아, 천천히 해도 돼, 너는 아주 인내심이 있잖아, 반드시 잘 해낼 거야.
여: 그럼 좋아, 한 번 해볼게.
질문: 남자는 여자에게 무엇을 하게 하려는가?   정답 D

해설 제시된 보기가 다양한 형태의 문장이므로, 각 보기의 의미를 최대한 정확히 파악한 후 음성을 듣는 것이 중요하다. 대화에서 남자가 我有个律师朋友，想请你帮忙翻译一本法律方面的书(내게 변호사 친구가 있는데, 법률 분야의 책 한 권을 번역하는 것으로 네게 도움을 청하고 싶어해)라고 했다. 질문이 남자는 여자에게 무엇을 하게 하려는지 물었으므로 D 翻译一本书(책 한 권을 번역한다)를 정답으로 선택한다.

✓ 합격노하우 제시된 보기가 다양한 형태의 문장인 경우에는, 각 보기의 의미를 정확히 파악한 후 음성을 들어야 한다.

30 중

A 教育   B 数学   C 法律   D 经济

女: 祝贺你啊! 听说你考上了南京大学的硕士，真为你感到骄傲。
男: 谢谢你，我也要感谢你平时对我的帮助啊。
女: 那你硕士读什么专业呢?
男: 还是读我原来学的教育专业。
问: 男的硕士学什么专业?

教育 jiàoyù 몡 교육　数学 shùxué 몡 수학　法律 fǎlǜ 몡 법률
经济 jīngjì 몡 경제　祝贺 zhùhè 图 축하하다
听说 tīngshuō 图 듣자니 ~이라 한다　考上 kǎoshàng 图 시험에 합격하다
南京大学 Nánjīng Dàxué 고유 난징 대학교　硕士 shuòshì 몡 석사
为 wèi 께 ~때문에, ~덕택에　感到 gǎndào 图 느끼다
骄傲 jiāo'ào 图 자부심을 느끼다　感谢 gǎnxiè 图 감사하다
平时 píngshí 몡 평소　对 duì 께 ~에 대해　帮助 bāngzhù 몡 도움
读 dú 图 공부하다　专业 zhuānyè 몡 전공
还是 háishi 팀 여전히, 변함없이　原来 yuánlái 몡 원래

A 교육   B 수학   C 법률   D 경제

여: 축하해! 듣자 하니 네가 난징 대학교 석사에 합격했다던데, 정말 너 때문에 자부심을 느껴.
남: 고마워, 나도 너의 평소 나에 대한 도움에 감사해.
여: 그럼 너는 석사에서 어떤 전공을 공부하는 거야?
남: 여전히 내가 원래 공부했던 교육 전공을 공부해.
질문: 남자는 석사에서 어떤 전공을 공부하는가?

정답 A

해설 제시된 보기가 서로 다른 명사 어휘이므로, 대화를 들으며 각 보기에 대해 어떻게 언급되는지 주의 깊게 듣는다. 대화에서 남자가 还是读我原来学的教育专业。(여전히 내가 원래 공부했던 교육 전공을 공부해.)라고 한 내용을 듣고 A 教育(교육) 옆에 체크해 둔다. 질문이 남자가 석사에서 어떤 전공을 공부하는지 물었으므로 A 教育(교육)을 정답으로 선택한다.

✓ 합격노하우 제시된 보기가 서로 다른 명사일 경우에는, 대화를 들을 때 각 명사들과 관련된 내용들이 어떻게 언급되는지 주의 깊게 들어야 한다.

31 상

A 北京下雪了   B 会议推迟了
C 飞机没座位了   D 女的换航班了

男: 不好意思，由于下雨，今天所有的航班都无法起飞了。
女: 能帮我换成明天早上的吗? 我明天下午要到北京开会。
男: 好的，马上帮您换成明天的，保证您能按时去开会。
女: 谢谢!
问: 根据对话，我们可以知道什么?

下雪 xiàxuě 图 눈이 내리다　会议 huìyì 몡 회의
推迟 tuīchí 图 뒤로 미루다　飞机 fēijī 몡 비행기　座位 zuòwèi 몡 좌석
换 huàn 图 바꾸다　航班 hángbān 몡 항공편　由于 yóuyú 께 ~때문에
所有 suǒyǒu 몡 모든　无法 wúfǎ 图 할 수 없다　起飞 qǐfēi 图 이륙하다
换成 huànchéng 图 ~으로 바꾸다　早上 zǎoshang 몡 아침
到 dào 图 도착하다　开会 kāihuì 图 회의를 하다　马上 mǎshàng 팀 바로
保证 bǎozhèng 图 보증하다　按时 ànshí 팀 제때에

A 베이징에 눈이 내린다   B 회의가 뒤로 미뤄졌다   C 비행기에 좌석이 없다   D 여자는 항공편을 바꿨다

남: 죄송합니다, 비가 내리기 때문에, 오늘 모든 항공편이 모두 이륙할 수 없습니다.
여: 내일 아침 것으로 바꿔주실 수 있나요? 제가 내일 오후 베이징에 도착해서 회의를 해야 해요.
남: 알겠습니다, 바로 내일 것으로 바꿔드릴게요, 당신이 제때에 회의에 가실 수 있다는 것을 보증합니다.
여: 감사합니다!
질문: 대화에 근거하여, 우리가 알 수 있는 것은 무엇인가?

정답 D

해설 제시된 보기가 다양한 형태의 문장이므로, 보기의 의미를 최대한 정확히 파악한 후 음성을 듣는 것이 중요하다. 대화에서 여자가 能帮我换成明天早上的吗? 我明天下午要到北京开会。(내일 아침 것으로 바꿔주실 수 있나요? 제가 내일 오후 베이징에 도착해서 회의를 해야 해요.)라고 묻자, 남자가 내일 것으로 바로 바꿔준다고 대답했다. 질문이 대화를 통해 알 수 있는 것을 물었으므로 D 女的换航班了(여자는 항공편을 바꿨다)를 정답으로 선택한다.

✓ 합격노하우 제시된 보기가 다양한 형태의 문장인 경우에는, 각 보기의 의미를 정확히 파악한 후 음성을 들어야 한다.

32

A 孩子发烧了　　B 买不到机票
C 路上堵车了　　D 自己生病了

女: 老王，公司安排我下午出差，但我去不了了，经理我联系不上，等他回来你跟他说一下吧。
男: 怎么了? 家里有急事?
女: 是的，孩子发烧送医院了，我得马上到医院去看看。
男: 好的，放心吧!我告诉经理。
问: 女的为什么不能出差了?

孩子 háizi 몡 아이　发烧 fāshāo 통 열이 나다
买不到 mǎi bu dào 통 살 수 없다　机票 jīpiào 몡 비행기표
路上 lùshang 몡 길 위, 길 가는 중　堵车 dǔchē 통 차가 막히다
自己 zìjǐ 때 자신, 자기　生病 shēngbìng 통 병이 나다
公司 gōngsī 몡 회사　安排 ānpái 통 안배하다
出差 chūchāi 통 출장 가다
去不了 qù bu liǎo (조건이 안 맞아) 갈 수 없다　经理 jīnglǐ 몡 사장
联系 liánxì 통 연락하다　不上 búshàng (어떤 원인으로 인해) ~하지 못하다
急事 jíshì 몡 급한 일　送 sòng 통 보내다　医院 yīyuàn 몡 병원
得 děi 조동 ~해야 한다　马上 mǎshàng 분 바로　到 dào 개 ~로
放心 fàngxīn 통 안심하다　告诉 gàosu 통 말하다

A 아이가 열이 난다　　B 비행기 표를 살 수 없다　　C 길에 차가 막혔다　　D 자신이 병이 났다
여: 라오왕, 회사에서 내가 오후에 출장 가는 것으로 안배해놓았는데, 그런데 나는 갈 수 없게 되었고, 내가 사장님과 연락하지 못했는데, 그가 돌아오길 기다렸다가 네가 그에게 말 좀 해줘.
남: 무슨 일이야? 집에 급한 일이 생겼어?
여: 맞아, 아이가 열이 나서 병원에 보냈어, 내가 바로 병원으로 가서 좀 봐야 해.
남: 알겠어, 안심해! 내가 사장님께 말할게.
질문: 여자는 왜 출장을 갈 수 없게 되었는가?

정답 A

해설 제시된 보기가 다양한 형태의 문장이므로, 보기의 의미를 최대한 정확히 파악한 후 음성을 듣는 것이 중요하다. 대화에서 여자가 孩子发烧送医院了，我得马上到医院去看看(아이가 열이 나서 병원에 보냈어, 내가 바로 병원으로 가서 좀 봐야 해)이라고 한 내용을 듣고 A 孩子发烧了(아이가 열이 난다)를 정답의 후보로 체크해 둔다. 질문이 여자가 왜 출장을 갈 수 없는지 물었으므로 A 孩子发烧了(아이가 열이 난다)를 정답으로 선택한다.

✅ **합격노하우** 제시된 보기가 다양한 형태의 문장인 경우에는, 각 보기의 의미를 정확히 파악한 후 음성을 들어야 한다.

33

A 不太负责　　B 性格很好
C 做事很粗心　　D 适合这份工作

男: 这件事让小王负责吧，你看怎么样?
女: 我觉得可以，他很优秀，做事也很认真。
男: 好，那我这就去通知他。
女: 现在已经下班了，还是等明天上班了告诉他吧。
问: 女的觉得小王怎么样?

负责 fùzé 통 책임감이 강하다　性格 xìnggé 몡 성격
做事 zuòshì 통 일을 하다　粗心 cūxīn 통 세심하지 못하다
适合 shìhé 통 적합하다　份 fèn 양 어울려서 그룹을 이루는 물건을 세는 단위
工作 gōngzuò 몡 일, 업무　件 jiàn 양 건, 개(일, 사건, 개체 등을 세는 단위)
事 shì 몡 일　让 ràng 통 ~하게 하다　觉得 juéde 통 ~라고 느끼다
可以 kěyǐ 통 괜찮다　优秀 yōuxiù 통 우수하다
认真 rènzhēn 통 착실하다　通知 tōngzhī 통 통지하다
已经 yǐjīng 분 이미　下班 xiàbān 통 퇴근하다
还是 háishi 분 ~하는 편이 더 좋다　上班 shàngbān 통 출근하다
告诉 gàosu 통 알리다

A 그다지 책임감이 강하지 않다　　B 성격이 매우 좋다
C 일하는 것이 세심하지 못하다　　D 이 일에 적합하다
남: 이 일은 샤오왕이 책임지게 하죠, 당신이 보기에는 어떤가요?
여: 저는 괜찮다고 생각해요, 그는 매우 우수하고, 일하는 것도 매우 착실해요.
남: 좋아요, 그럼 제가 바로 가서 그에게 통지할게요.
여: 지금 이미 퇴근했어요, 내일 출근하길 기다렸다가 그에게 알리는 편이 더 좋겠어요.
질문: 여자는 샤오왕이 어떻다고 생각하는가?

정답 D

해설 제시된 보기가 다양한 형태의 문장이므로, 보기의 의미를 최대한 정확히 파악한 후 음성을 듣는 것이 중요하다. 대화의 처음에 남자가 这件事让小王负责吧，你看怎么样?(이 일은 샤오왕이 책임지게 하죠, 당신이 보기에는 어떤가요?)이라고 묻자, 여자가 我觉得可以，他很优秀，做事也很认真(저는 괜찮다고 생각해요, 그는 매우 우수하고, 일하는 것도 매우 착실해요)라고 대답했다. 질문이 여자는 샤오왕이 어떻다고 생각하는지 물었으므로, 여자의 대답을 통해 알 수 있는 D 适合这份工作(이 일에 적합하다)를 정답으로 선택한다.

✅ **합격노하우** 제시된 보기가 다양한 형태의 문장인 경우에는, 각 보기의 의미를 정확히 파악한 후 음성을 들어야 한다.

34 중

A 少吃东西　　　　B 多做运动
C 只吃水果　　　　D 吃减肥药

女: 你知不知道哪种减肥药效果比较好?
男: 怎么突然问这个? 难道你想减肥吗?
女: 是啊, 我最近胖了3公斤了。
男: 减肥我不反对, 但是最好不要吃药, 还是积极参加体育锻炼吧。

问: 男的认为应该怎么样减肥?

少 shǎo 图 조금	运动 yùndòng 图 운동	只 zhǐ 图 오직, 단지
水果 shuǐguǒ 图 과일	减肥药 jiǎnféiyào 图 살 빼는 약
效果 xiàoguǒ 图 효과	比较 bǐjiào 图 비교적	怎么 zěnme 때 왜, 어째서
突然 tūrán 图 갑자기	问 wèn 图 묻다
难道 nándào 图 설마 ~는 아니겠지요?	减肥 jiǎnféi 图 살을 빼다
最近 zuìjìn 图 최근	胖 pàng 图 살찌다	公斤 gōngjīn 图 킬로그램(kg)
反对 fǎnduì 图 반대하다	但是 dànshì 图 하지만
最好 zuìhǎo 图 가장 바람직한 것은	吃药 chīyào 图 약을 먹다
还是 háishi 图 ~하는 편이 더 좋다	积极 jījí 图 적극적이다
参加 cānjiā 图 참여하다	体育 tǐyù 图 체육	锻炼 duànliàn 图 단련하다
认为 rènwéi 图 생각하다	应该 yīnggāi 조동 ~해야 한다
怎么样 zěnmeyàng 때 어떻다, 어떠하다

A 음식을 조금 먹는다　　B 운동을 많이 한다　　C 오직 과일만 먹는다　　D 살 빼는 약을 먹는다

여: 너 어떤 종류의 살 빼는 약이 효과가 비교적 좋은지 아니?
남: 왜 갑자기 이걸 물어봐? 설마 너 살을 빼려고 하는 건 아니겠지?
여: 맞아, 나 최근에 3 킬로그램 쪘어.
남: 나는 다이어트는 반대하지 않지만, 하지만 가장 바람직한 것은 약을 안 먹는 거야, 체육 단련하는 것에 적극적으로 참여하는 편이 더 좋겠어.

질문: 남자는 어떻게 다이어트를 해야 한다고 생각하는가?

정답 B

해설 제시된 보기에 少吃(조금 먹는다), 运动(운동), 只吃(오직 ~만 먹는다), 减肥(살을 빼다)라는 표현이 있으므로, 살을 빼는 것과 관련된 대화가 나올 것을 예상할 수 있다. 대화의 마지막에서 남자가 但是最好不要吃药, 还是积极参加体育锻炼吧(하지만 가장 바람직한 것은 약을 안 먹는 거야, 적극적으로 체육 단련에 참여해보는 편이 더 좋겠어)라고 했다. 질문이 남자는 다이어트를 어떻게 해야 한다고 생각하는지 물었으므로 B 多做运动(운동을 많이 한다)를 정답으로 선택한다.

✅ **합격노하우** 제시된 보기가 모두 특정 주제와 관련된 경우, 대화에서 언급된 보기가 정답일 가능성이 높다.

35 상

A 比较穷　　　　B 不干净
C 变了很多　　　D 比城市好

女: 这是我第一次来到这儿的农村, 我原来以为会很穷, 很脏。
男: 二十年前它是那样的, 后来经过大家的努力, 这里发生了很大的改变。
女: 现在真是太漂亮了, 跟城市一样好。
男: 是啊, 我感到特别骄傲。

问: 这儿的农村现在怎么样?

比较 bǐjiào 图 비교적	穷 qióng 图 가난하다	干净 gānjìng 图 깨끗하다
变 biàn 图 변하다	比 bǐ 刑 ~보다	城市 chéngshì 图 도시
第一次 dìyīcì 图 맨 처음	农村 nóngcūn 图 농촌	原来 yuánlái 图 원래
以为 yǐwéi 图 생각하다	脏 zāng 图 더럽다
那样 nàyàng 때 그러하다, 저러하다	后来 hòulái 图 그 후
经过 jīngguò 图 거치다	大家 dàjiā 때 모두	努力 nǔlì 图 노력
发生 fāshēng 图 생기다	改变 gǎibiàn 图 변화	真是 zhēnshi 图 정말
漂亮 piàoliang 图 예쁘다	跟 gēn 께 ~와	一样 yíyàng 图 같다
感到 gǎndào 图 느끼다	特别 tèbié 图 매우, 특별히
骄傲 jiāo'ào 图 자랑스럽다

A 비교적 가난하다　　B 깨끗하지 않다　　C 매우 많이 변했다　　D 도시보다 좋다

여: 이번은 내가 맨 처음 농촌에 온 거야, 나는 원래 가난하고, 더러울 것이라고 생각했어.
남: 20년 전에는 그랬지, 그 후 모두의 노력을 거쳐, 이 곳에 큰 변화가 생겼어.
여: 지금은 정말 너무 예쁘네, 도시와 같이 좋아.
남: 맞아, 나는 매우 자랑스럽다고 느껴.

질문: 이곳의 농촌은 지금 어떤가?

정답 C

해설 제시된 보기가 다양한 형태이므로, 보기의 의미를 최대한 정확히 파악한 후 음성을 듣는 것이 중요하다. 대화의 처음에서 여자가 这是我第一次来到这儿的农村, 我原来以为会很穷, 很脏(이번은 내가 맨 처음 농촌에 온거야, 나는 원래 아주 가난하고, 아주 더러울 것이라고 생각했어)이라고 한 내용을 듣고 A의 穷(가난하다)과 B의 不干净(깨끗하지 않다)을 체크해 둔다. 이어서 남자가 二十年前它是那样的, 后来经过大家的努力, 这里发生了很大的改变(20년 전에는 그랬지, 그 후 모두의 노력을 거쳐, 이 곳에 아주 큰 변화가 생겼어)이라고 한 내용을 듣고 C 变了很多(매우 많이 변했다)를 정답의 후보로 체크해 둔다. 질문이 이곳의 농촌은 지금 어떠한지 물었으므로 남자가 말한 C 变了很多(매우 많이 변했다)를 정답으로 선택한다.

✅ **합격노하우** 제시된 보기가 다양한 형태의 문장인 경우에는, 각 보기의 의미를 정확히 파악한 후 음성을 들어야 한다.

36-37

36 중
A 紧张地 B 努力地 C 愉快地 D 热情地

紧张 jǐnzhāng 불안하다 努力 nǔlì 열심히 하다
愉快 yúkuài 유쾌하다, 즐겁다 热情 rèqíng 열정적이다

A 불안하게   B 열심히   C 유쾌하게   D 열정적으로

37 중
A 健康状况   B 个人心情
C 考试结果   D 生活态度

健康 jiànkāng 건강 状况 zhuàngkuàng 상황
个人 gèrén 개인 心情 xīnqíng 감정 考试 kǎoshì 시험
结果 jiéguǒ 결과 生活 shēnghuó 생활 态度 tàidu 태도

A 건강 상황   B 개인 감정   C 시험 결과   D 생활 태도

有句话叫"笑一笑, 十年少", 意思是说: ³⁶我们应该用一种积极向上的态度来面对生活。开心愉快, 一天的时间会过去; 伤心难过, 一天的时间也会过去, 那为什么不笑着过好每一天呢?

句 jù 마디(언어나 시문을 세는 단위) 话 huà 말 笑 xiào 웃다
少 shǎo 젊다 意思 yìsi 뜻 应该 yīnggāi 조~해야 한다
用 yòng 게 ~으로 积极 jījí 적극적이다 向上 xiàngshàng 발전하다
态度 tàidu 태도 面对 miànduì 마주 대하다
生活 shēnghuó 생활 开心 kāixīn 기쁘다
愉快 yúkuài 유쾌하다, 즐겁다 一天 yìtiān 하루
过去 guòqù 지나가다 伤心 shāngxīn 슬퍼하다
难过 nánguò 괴롭다 怎么样 zěnmeyàng 어떻다, 어떠하다

36. 问: 我们要怎么样去过每一天?

37. 问: 这段话主要谈的是什么?

"좀 웃으면, 10년이 젊어진다"는 말이 있는데, 뜻은 ³⁶우리는 적극적으로 발전하는 태도로 생활을 대해야 한다. 즐겁고 유쾌해도, 하루의 시간은 지나갈 것이고, 슬퍼하고 괴로워도, 하루의 시간은 또 지나갈 것인데, 그럼 왜 웃으며 하루하루를 보내지 않을 것인가?

36. 질문: 우리는 어떻게 하루하루를 보내야 하는가? 정답 C
37. 질문: 이 단문이 주로 말하고 있는 것은 무엇인가? 정답 D

해설 **보기 읽기**
37번의 보기에서 健康状况(건강 상황), 个人心情(개인 감정), 考试结果(시험 결과), 生活态度(생활 태도)를 읽고, 일상 생활과 관련된 단문이 나올 것임을 예상할 수 있다.

단문 듣기
단문 초반에서 우리가 어떤 태도로 삶을 살아가야 하는지에 대한 내용을 말하고 있다. 단문에서 我们应该用一种积极向上的态度来面对生活(우리는 적극적이고 발전하는 태도로 생활을 대해야 한다)를 듣고 36번 보기의 C 愉快地(유쾌하게)를 정답의 후보로 체크해 둔다.

질문 듣고 정답 선택하기
36. 질문이 어떻게 하루하루를 보내야 하는지 물었으므로 C 愉快地(유쾌하게)를 정답으로 선택한다.
37. 질문이 이 단문의 주요 내용을 물었으므로, 단문 전반에서 반복적으로 언급된 중심 소재 D 生活态度(생활 태도)를 정답으로 선택한다.

✓ 합격노하우 36번처럼 보기가 동일한 형태의 문장일 경우에는, 각 보기의 내용을 명확하게 구별해주는 표현을 핵심어구로 체크하여 어느 것이 음성에서 언급되는지 확인한다.

38-39

38 중
A 玩游戏　B 唱京剧　C 爬长城　D 看表演

玩 wán 图 놀다　游戏 yóuxì 图 게임　唱 chàng 图 노래하다
京剧 jīngjù 图 경극　爬 pá 图 오르다　长城 Chángchéng 교유 만리장성
表演 biǎoyǎn 图 공연

A 게임을 한다　　B 경극을 노래한다　　C 만리장성을 오른다　　D 공연을 본다

39 중
A 朋友生气了　　B 考试没通过
C 买不到电影票　D 礼拜天要加班

生气 shēngqì 图 화내다　考试 kǎoshì 图 시험
通过 tōngguò 图 통과하다　买不到 mǎi bu dào 살 수 없다
票 piào 图 표, 티켓　礼拜天 lǐbàitiān 图 일요일
加班 jiābān 图 초과 근무를 하다

A 친구가 화가 났다　　　　　　　　B 시험을 통과하지 못했다
C 영화 표를 살 수 없었다　　　　　D 일요일에 초과 근무를 해야 한다

最近我遇到一件烦恼的事，本来我和好朋友张亮约好，³⁸礼拜天和他一起去爬长城。可到了那天我把这件事忘得干干净净了，³⁸然后和同事去看京剧表演，手机也关掉了。³⁹让张亮等了半天，又联系不上我，³⁹特别生气。我想向他道歉，可是怎么说他才会原谅我呢？

最近 zuìjìn 图 최근　遇到 yùdào 图 맞닥뜨리다
烦恼 fánnǎo 图 걱정스럽다　本来 běnlái 图 원래
约好 yuēhǎo 图 약속하다　礼拜天 lǐbàitiān 图 일요일　爬 pá 图 오르다
长城 Chángchéng 교유 만리장성　忘 wàng 图 잊다
干干净净 gānganjìngjìng 图 말끔하다, 하나도 남지 않다
然后 ránhòu 图 그런 후에　同事 tóngshì 图 동료　京剧 jīngjù 图 경극
表演 biǎoyǎn 图 공연　手机 shǒujī 图 휴대폰
关掉 guāndiào 图 꺼버리다　让 ràng 图 ~하게 하다
半天 bàntiān 图 한나절, 한참　联系 liánxì 图 연락하다
不上 búshàng (어떤 원인으로 인해) ~하지 못하다　特别 tèbié 图 아주
生气 shēngqì 图 화내다　向 xiàng 게 ~에게　道歉 dàoqiàn 图 사과하다
原谅 yuánliàng 图 용서하다

38. 问: 她本来要和张亮一起干什么？

39. 问: 她遇到了什么烦恼的事情？

최근 나는 걱정스러운 일을 맞닥뜨렸는데, 원래 나와 좋은 친구인 장량과 약속하여, ³⁸일요일에 그와 함께 만리장성을 오르기로 했다. 그러나 그 날이 되어서 나는 이 일을 말끔하게 잊어버렸고, ³⁸그런 후에 동료와 경극 공연을 보러 갔고, 휴대폰도 꺼버렸다. ³⁹장량을 한나절 기다리게 했고, 또 나와 연락도 할 수 없어서, ³⁹매우 화가 났다. 나는 그에게 사과하고 싶은데, 하지만 어떻게 말을 해야 그가 비로소 나를 용서해 줄까?

38. 질문: 그녀는 원래 장량과 함께 무엇을 하려고 했는가?　　　　　　정답 C
39. 질문: 그녀는 어떤 걱정스러운 일을 맞닥뜨렸는가?　　　　　　　　정답 A

해설 보기 읽기
38번의 보기에서 玩游戏(게임을 한다), 唱京剧(경극을 노래한다), 爬长城(만리장성을 오른다), 看表演(공연을 본다)을 읽고, 일상생활과 관련된 이야기가 나올 것임을 예상할 수 있다.

단문 듣기
단문 초반에 礼拜天和他一起去爬长城(일요일에 그와 함께 만리장성을 오르기로 했다)을 듣고 38번의 C 爬长城(만리장성을 오른다)을 정답의 후보로 체크해 둔다. 이어서 然后和同事去看京剧表演(그런 후에 동료와 경극 공연을 보러 갔다)을 듣고 38번의 D 看表演(공연을 본다)을 정답의 후보로 체크해 둔다. 단문의 마지막에서 让张亮等了半天, ……, 特别生气(장량을 한나절 기다리게 했고, ……, 매우 화가 났다)라고 했으므로 39번의 A 朋友生气了(친구가 화가 났다)를 정답의 후보로 체크해 둔다.

질문 듣고 정답 선택하기
38. 질문이 화자가 원래 장량과 함께 하려고 했던 것이 무엇인지 물었으므로 C 爬长城(만리장성을 오른다)을 정답으로 선택한다.
39. 질문이 화자가 맞닥뜨린 걱정스러운 일이 무엇인지 물었으므로 A 朋友生气了(친구가 화가 났다)를 정답으로 선택한다.

✅ **합격노하우** 38번처럼 보기의 내용이 사람의 동작과 관련된 내용이면, 단문을 들을 때 인물이 하고 있거나 하려는 동작과 관련된 내용을 주의 깊게 듣는다.

40-41

40 상
A 应该早做准备　　B 会遇到很多困难
C 要注意天气变化　D 努力后总能成功

应该 yīnggāi 조동 ~해야 한다　早 zǎo 부 일찍이　准备 zhǔnbèi 동 준비
遇到 yùdào 동 맞닥뜨리다　困难 kùnnan 명 어려움
注意 zhùyì 동 주의하다　天气 tiānqì 명 날씨　变化 biànhuà 명 변화
努力 nǔlì 동 열심히 하다　总 zǒng 부 결국, 언제나
成功 chénggōng 동 성공하다

A 일찍이 준비해야 한다　　　　　　　　B 매우 많은 어려움을 맞닥뜨릴 수 있다
C 날씨 변화에 주의해야 한다　　　　　　D 열심히 하면 결국 성공한다

41 중
A 随便放弃　　B 降低标准
C 积极地解决　D 找人拿主意

随便 suíbiàn 부 마음대로　放弃 fàngqì 동 포기하다
降低 jiàngdī 동 낮추다　标准 biāozhǔn 명 기준　积极 jījí 형 적극적이다
解决 jiějué 동 해결하다　拿 ná 동 가지다　主意 zhǔyi 명 의견

A 마음대로 포기한다　　B 기준을 낮춘다　　C 적극적으로 해결한다　　D 사람에게 의견을 구한다

---

⁴⁰有句话叫"阳光总在风雨后"，意思是说：我们每个人在成长过程中都会遇到很多困难，但是我们一定要对自己有信心，千万不能随便放弃。⁴⁰/⁴¹只要我们一直努力，积极地去找解决问题的方法，我们就能获得最后的成功。

40. 问："阳光总在风雨后"这句话是什么意思？

41. 问：遇到困难时，我们应该怎么做？

句 jù 마디(언어나 시문을 세는 단위)　话 huà 말
阳光 yángguāng 햇빛　总 zǒng 결국, 언제나
风雨 fēngyǔ 비바람　后 hòu (시간상으로) 후의, 뒤의　意思 yìsi 뜻
成长 chéngzhǎng 성장하다　过程 guòchéng 과정
遇到 yùdào 맞닥뜨리다　困难 kùnnan 어려움
但是 dànshì 그러나　一定 yídìng 반드시　自己 zìjǐ 스스로, 자신
信心 xìnxīn 믿음　千万 qiānwàn 절대로　随便 suíbiàn 마음대로
放弃 fàngqì 포기하다　只要 zhǐyào ~하기만 하면
一直 yìzhí 계속　努力 nǔlì 열심히 하다　积极 jījí 적극적이다
解决 jiějué 해결하다　问题 wèntí 문제　方法 fāngfǎ 방법
获得 huòdé 획득하다　最后 zuìhòu 최후의
成功 chénggōng 성공하다

⁴⁰"태양은 언제나 비바람 후에 나온다" 라는 말이 있는데, 뜻은 우리는 사람마다 성장하는 과정 중에 모두 매우 많은 어려움을 맞닥뜨리는데, 그러나 우리는 반드시 스스로에 대한 믿음을 가지고, 절대로 마음대로 포기해서는 안 된다는 것이다. ⁴⁰/⁴¹우리가 계속 노력하고, 적극적으로 가서 문제를 해결할 방법을 찾기만 하면, 우리는 최후의 성공을 획득할 수 있다.

40. 질문: "태양은 언제나 비바람 후에 나온다" 이 말은 무슨 뜻인가?　　　　정답 D
41. 질문: 어려움에 맞닥뜨렸을 때, 우리는 마땅히 어떻게 해야 하는가?　　정답 C

해설 보기 읽기
40번의 应该(~해야한다)와 要(~해야한다)를 읽고 논설문이 나올 것임을 미리 예상할 수 있고, 논설문에서는 단문의 중심 내용을 묻는 질문이 자주 출제되므로 음성 단문의 첫 문장과 마지막 문장을 주의 깊게 들어야 한다.

단문 듣기
단문의 첫 문장에서 有句话叫"阳光总在风雨后"，意思是说("태양은 언제나 비바람 후에 나온다" 라는 말이 있는데, 뜻은)이라며 숙어를 인용했다. 숙어를 인용한 경우, 그 뜻을 묻는 문제가 자주 출제되므로, 해당 내용을 주의 깊게 들어야 한다. 단문의 마지막 부분에서 只要我们一直努力，积极地去找解决问题的方法，我们就能获得最后的成功(우리가 계속 노력하고, 적극적으로 가서 문제를 해결할 방법을 찾는다면, 우리는 최후의 성공을 획득할 수 있다)을 듣고 40번의 D 努力后总能成功(열심히 하면 결국 성공한다)와 41번의 C 积极地解决(적극적으로 해결한다) 옆에 체크해 둔다.

질문 듣고 정답 선택하기
40. 질문에서 단문에서 인용된 "阳光总在风雨后"("태양은 언제나 비바람 후에 나온다")의 뜻을 물어봤으므로, 단문 내용을 통해 알 수 있는 D 努力后总能成功(열심히 하면 결국 성공한다)를 정답으로 선택한다.
41. 단문의 중심 내용을 물었으므로 C 积极地解决(적극적으로 해결한다)를 정답으로 선택한다.

✓ **합격노하우** 40번과 같이 应该(마땅히 ~해야 한다) 혹은 要(~해야 한다)와 같은 화자의 주관적인 표현이 보기에 사용되면 논설문이 나올 것을 예상하여 단문을 들을 때 중심내용을 파악해야 한다.

42-43

42 중

A 脾气不好　　B 不爱说话
C 做事没计划　　D 专业不合适

脾气 píqi[명] 성격 爱 ài[동] (어떤 일을 취미로서) 좋아하다
说话 shuōhuà[동] 말하다 做事 zuòshì[동] 일을 하다 没 méi[동] 없다
计划 jìhuà[명] 계획 专业 zhuānyè[명] 전공 合适 héshì[형] 적합하다

A 성격이 좋지 않다　　B 말하는 것을 좋아하지 않는다
C 일하는 것에 계획이 없다　　D 전공이 적합하지 않다

43 중

A 不够自信　　B 常常受表扬
C 工作做不完　　D 越来越聪明

不够 búgòu[동] 부족하다 自信 zìxìn[형] 자신감 있다[명] 자신감
常常 chángcháng[부] 자주, 항상 受 shòu[동] 받다
表扬 biǎoyáng[동] 칭찬하다 工作 gōngzuò[명] 일
完 wán[동] 다 하다, 완수하다 越来越 yuèláiyuè[부] 갈수록
聪明 cōngming[형] 똑똑하다

A 자신감이 부족하다　　B 자주 칭찬을 받는다　　C 업무를 다 하지 못한다　　D 갈수록 똑똑해진다

[42]女儿刚开始工作的时候十分不顺利，因为做事情没有计划，常常不能按时完成工作任务。不过周围的同事都很友好，帮助她熟悉工作，积累经验。[43]现在她进步得非常快，公司的经理经常表扬她。

42. 问：女儿一开始工作为什么不顺利？

43. 问：女儿现在怎么样？

刚 gāng[부] 막 开始 kāishǐ[동] 시작하다 工作 gōngzuò[명] 일
十分 shífēn[부] 아주 顺利 shùnlì[형] 순조롭다 事情 shìqing[명] 일
没 méi[동] 없다 计划 jìhuà[명] 계획 常常 chángcháng[부] 자주, 항상
按时 ànshí[부] 제때에 完成 wánchéng[동] 끝내다 任务 rènwu[명] 임무
不过 búguò[접] 그러나 周围 zhōuwéi[명] 주변 同事 tóngshì[명] 동료
友好 yǒuhǎo[형] 우호적이다 帮助 bāngzhù[동] 돕다
熟悉 shúxī[동] 충분히 알다 积累 jīlěi[동] 쌓이다 经验 jīngyàn[명] 경험
进步 jìnbù[동] 성장하다, 진보하다 非常 fēicháng[부] 매우
快 kuài[형] 빠르다 公司 gōngsī[명] 회사 经理 jīnglǐ[명] 매니저, 사장
经常 jīngcháng[부] 항상 表扬 biǎoyáng[동] 칭찬하다

[42]딸이 막 일을 시작했을 때 아주 순조롭지 못했는데, 일을 할 때 계획이 없어서, 자주 제때에 임무를 끝내지 못했다. 그러나 주변의 동료들이 모두 아주 우호적이어서, 그녀가 업무를 충분히 알고, 경험이 쌓이게 도와주었다. [43]지금은 그녀가 매우 빠르게 성장해서, 회사 매니저가 항상 그녀를 칭찬한다.

42. 질문: 딸이 막 일을 시작하면서 왜 순조롭지 않았는가? 정답 C
43. 질문: 딸은 지금 어떠한가? 정답 B

해설 **보기 읽기**

42번과 43번의 脾气(성격), 自信(자신감 있다), 受表扬(칭찬을 받는다), 聪明(똑똑하다)을 읽고 특정 사람에 대한 질문이 나올 것을 예상할 수 있다.

단문 듣기

단문의 첫 부분의 女儿刚开始工作的时候十分不顺利，因为做事情没有计划，常常不能按时完成工作任务。(딸이 막 일을 시작했을 때 아주 순조롭지 못했는데, 일을 할 때 계획이 없어서, 자주 제때에 임무를 끝내지 못했다.)를 듣고, 42번의 C 做事没计划(일을 할 때 계획이 없다) 옆에 체크해 둔다. 그리고 단문의 마지막에 现在她进步得非常快，公司的经理经常表扬她。(지금은 그녀가 매우 빠르게 성장해서, 회사 매니저가 항상 그녀를 칭찬한다.)라며 43번의 B 常常受表扬(자주 칭찬을 받는다) 옆에 체크해 둔다.

질문 듣고 정답 선택하기

42. 질문에서 딸이 막 일을 시작했을 때 왜 순조롭지 않았는지 물었으므로 C 做事没计划(일하는 것에 계획이 없다)를 정답으로 선택한다.
43. 질문에서 딸이 지금은 어떤지 물었으므로 B 常常受表扬(자주 칭찬을 받는다)을 정답으로 선택한다.

합격노하우 42번과 43번처럼 보기의 내용이 사람의 상태나 상황을 나타내는 내용이면, 특정 인물과 관련된 이야기가 나올 것임을 미리 예상하여 단문을 들을 때 단문의 세부내용을 파악한다.

44-45

44 중
- A 竞争的增加
- B 人们不保护
- C 环境的改变
- D 海洋的污染

竞争 jìngzhēng 몡 경쟁 增加 zēngjiā 툉 증가하다
保护 bǎohù 툉 보호하다 环境 huánjìng 몡 환경 改变 gǎibiàn 툉 변화
海洋 hǎiyáng 몡 바다 污染 wūrǎn 툉 오염

- A 경쟁의 증가
- B 사람들이 보호하지 않는다
- C 환경의 변화
- D 바다의 오염

45 중
- A 工作的规定
- B 科学的发展
- C 实际的调查
- D 自然保护区

规定 guīdìng 몡 규정, 규칙 科学 kēxué 몡 과학 发展 fāzhǎn 몡 발전
实际 shíjì 휑 실제적이다, 실제에 부합되다, 현실적이다
调查 diàochá 툉 조사하다
自然保护区 zìrán bǎohùqū 몡 자연 보호 구역

- A 업무의 규정
- B 과학의 발전
- C 실제적인 조사
- D 자연 보호 구역

东北虎是现在比较少见的一种动物，主要生活在亚洲的东北部。⁴⁴由于自然环境发生了变化，东北虎的数量一直在减少。动物是我们的好朋友，保护每一种动物是我们的责任。一方面，国家应该用法律规定来保护这些动物；另一方面，⁴⁵我们可以通过自然保护区来保护它们。

44. 问：东北虎的数量为什么减少？
45. 问：根据这段话，我们可以通过什么来保护东北虎？

东北 dōngběi 몡 동북, 동북 지방 虎 hǔ 몡 호랑이 比较 bǐjiào 튄 비교적
少见 shǎojiàn 휑 희귀하다 动物 dòngwù 몡 동물
主要 zhǔyào 튄 주로 生活 shēnghuó 툉 서식하다, 살다
亚洲 Yàzhōu 고유 아시아 由于 yóuyú 젭 ~때문에 自然 zìrán 몡 자연
环境 huánjìng 몡 환경 发生 fāshēng 툉 생기다 变化 biànhuà 몡 변화
数量 shùliàng 몡 수량 一直 yìzhí 튄 계속 减少 jiǎnshǎo 툉 감소하다
保护 bǎohù 툉 보호하다 责任 zérèn 몡 책임
一方面 yìfāngmiàn 젭 한편으로는 国家 guójiā 몡 국가
应该 yīnggāi 조통 ~해야 한다 用 yòng 깨 ~으로 法律 fǎlǜ 몡 법률
规定 guīdìng 몡 규정, 규칙 另 lìng 떼 다른, 그 밖의
可以 kěyǐ 조통 ~할 수 있다 通过 tōngguò 깨 ~을 통해
自然保护区 zìrán bǎohùqū 몡 자연 보호 구역

동북 호랑이는 현재 비교적 희귀한 동물인데, 주로 아시아의 동북부에 서식한다. ⁴⁴자연환경에 변화가 생겼기 때문에, 동북 호랑이의 수가 계속 감소하고 있다. 동물은 우리의 좋은 친구이며, 모든 동물을 보호하는 것은 우리의 책임이다. 한편으로는, 국가는 마땅히 법률과 규정으로 이러한 동물을 보호해야 하고, 또 한편으로는, ⁴⁵우리는 자연 보호 구역을 통해 그들을 보호할 수 있다.

44. 질문: 동북 호랑이의 수는 왜 감소하는가? 정답 C
45. 질문: 단문에 근거하여, 우리는 어떻게 동북 호랑이를 보호할 수 있는가? 정답 D

해설 보기 읽기
44번의 보기에서 保护(보호하다), 环境(환경), 海洋(바다), 污染(오염되다)을 읽고 자연 보호와 관련된 질문이 나올 것임을 예상할 수 있다.

단문 듣기
단문에서 由于自然环境发生了变化, 东北虎的数量一直在减少.(자연환경에 변화가 생겼기 때문에, 동북 호랑이의 수가 계속 감소하고 있다.)라고 말하며, 동북 호랑이의 숫자가 감소한 이유를 말했고, 여기서 44번의 보기 C 环境的改变(환경의 변화) 옆에 체크해 둔다. 단문의 마지막에서 我们可以通过自然保护区来保护它们(우리는 자연 보호 구역을 통해 그들을 보호할 수 있다)를 듣고, 45번의 보기 D 自然保护区(자연 보호 구역) 옆에 체크해 둔다.

질문 듣고 정답 선택하기
44. 질문에서 동북 호랑이의 수가 감소한 이유를 물었으므로 C 环境的改变(환경의 변화)를 정답으로 선택한다.
45. 질문에서 단문을 통해 알 수 있는 동북 호랑이를 보호하는 방법을 물었으므로 D 自然保护区(자연 보호 구역)를 정답으로 선택한다.

✓ 합격노하우 두 문제의 보기가 서로 다른 형태의 문장일 경우 단문 음성을 듣기 전에 각 보기의 의미를 최대한 파악할 수 있어야 한다.

二、阅读 독해

46-50

A 严重	B 接受	C 研究	严重 yánzhòng 웹 심각하다 接受 jiēshòu 웹 받아들이다
D 坚持	E 适应	F 冷静	研究 yánjiū 웹 연구하다 坚持 jiānchí 웹 꾸준히 하다
			适应 shìyìng 웹 적응하다 冷静 lěngjìng 웹 침착하다

| A 심각하다 | B 받아들이다 | C 연구하다 | ~~D 꾸준히 하다~~ | E 적응하다 | F 침착하다 |

* D 坚持(꾸준히 하다)은 예시 어휘이므로, 이를 제외한 나머지 5개의 보기 중에서 정답을 고른다.

46 중

我是北方人，所以刚到南方来的时候，不太(E 适应)这里的气候。

北方 běifāng 웹 북방 지역, 북쪽   所以 suǒyǐ 웹 그래서
刚 gāng 뤵 막   南方 nánfāng 웹 남방 지역, 남쪽
时候 shíhou 웹 때, 무렵   不太 bútài 그다지 ~지 않다
适应 shìyìng 웹 적응하다   气候 qìhòu 웹 기후

나는 북방 지역 사람이라서, 그래서 막 남방 지역에 왔을 때, 이곳의 기후에 그다지 (E 적응하지) 못했다.

정답 E

해설 빈칸이 부사 不太(그다지 ~하지 않다) 뒤에 있으므로, 동사 B 接受(받아들이다), C 研究(연구하다), E 适应(적응하다)이 정답의 후보이다. 刚到南方来的时候，不太( )这里的气候(막 남방 지역에 도착했을 때, 이곳의 기후에 그다지 __ 못했다)라는 문맥에 어울리는 동사 E 适应(적응하다)이 정답이다.

✓ **합격노하우** 빈칸이 부사 뒤에 있으면 동사나 형용사를 정답의 후보로 찾는다.

47 하

如果我们年轻时不锻炼身体，老了就很可能产生(A 严重)的健康问题。

如果 rúguǒ 웹 만약   年轻 niánqīng 웹 젊다
锻炼 duànliàn 웹 단련하다   身体 shēntǐ 웹 신체
可能 kěnéng 뤵 아마도   产生 chǎnshēng 웹 발생하다
严重 yánzhòng 웹 심각하다   健康 jiànkāng 웹 건강
问题 wèntí 웹 문제

만약 우리가 젊을 때 신체를 단련하지 않으면, 늙어서 아마도 (A 심각한) 건강 문제가 발생할 것이다.

정답 A

해설 ( )的健康问题(__한 건강 문제)에서 的 앞에서 관형어로 쓰이면서 문맥상 어울리는 형용사 A 严重(심각하다)이 정답이다.

✓ **합격노하우** 빈칸 뒤에 的가 있으면 的 다음의 명사(구)와 문맥상 어울리는 어휘를 정답으로 선택한다.

48 중

小王在工作中总是能(F 冷静)地解决问题，所以大家都觉得她很优秀。

工作 gōngzuò 웹 일하다   总是 zǒngshì 뤵 늘
冷静 lěngjìng 웹 침착하다   解决 jiějué 웹 해결하다
问题 wèntí 웹 질문   所以 suǒyǐ 웹 그래서   大家 dàjiā 떼 모두
觉得 juéde 웹 ~라고 생각하다   优秀 yōuxiù 웹 우수하다

샤오왕은 일을 하면서 늘 (F 침착)하게 문제를 해결할 수 있어서, 그래서 모두들 그녀는 매우 우수하다고 생각한다.

정답 F

해설 빈칸 뒤에 형용사를 부사어로 만들어 주는 구조조사 地가 있으므로 ( )地解决问题(__하게 문제를 해결하다)라는 문맥에 어울리는 형용사 F 冷静(침착하다)이 정답이다.

✓ **합격노하우** 빈칸 뒤에 地가 있으면 地 다음의 술어와 문맥상 어울리는 형용사나 동사를 정답으로 선택한다.

49 중

你说得对，是我太着急了，我(B 接受)你的批评。

说 shuō 웹 말하다   对 duì 웹 맞다   着急 zháojí 웹 조급해하다
接受 jiēshòu 웹 받아들이다   批评 pīpíng 웹 지적, 비판

너가 맞게 말했어, 내가 너무 조급했어, 내가 너의 지적을 (B 받아들일게).

정답 B

해설 我( )你的批评(내가 너의 지적을 __)에 술어가 없으므로, 술어로 쓰여 목적어 批评(지적)과 문맥상 어울리는 동사 B 接受(받아들이다)가 정답이다.

✓ **합격노하우** 빈칸이 있는 문장에 술어가 없으면 술어가 되는 동사나 형용사를 정답으로 선택한다.

50
하

王教授是专门(C 研究)中国历史的，知识相当丰富。

教授 jiàoshòu 뎡 교수　专门 zhuānmén 뷔 전문적으로
研究 yánjiū 동 연구하다　历史 lìshǐ 뎡 역사　知识 zhīshi 뎡 지식
相当 xiāngdāng 뷔 상당히　丰富 fēngfù 뎡 풍부하다

왕 교수는 전문적으로 중국 역사를 (C 연구하는데) 지식이 상당히 풍부하다.

정답 C

해설　빈칸 앞에 부사 专门(전문적으로)이 있고, 빈칸 뒤에 中国历史(중국 역사)라는 명사가 있으므로, 술어로 쓰이면서 中国历史(중국 역사)을 목적어로 취하여 문맥상 자연스러운 동사 C 研究(연구하다)가 정답이다.

✓ 합격노하우　빈칸 앞에 부사, 빈칸 뒤에 명사가 있을 경우, 명사를 목적어로 취하여 문맥상 자연스러운 동사를 정답으로 선택한다.

51-55

| A 暂时 | B 秒 | C 温度 |
| D 酸 | E 顺序 | F 偶尔 |

暂时 zànshí 뷔 잠시　秒 miǎo 양 (시간 단위) 초　温度 wēndù 뎡 온도
酸 suān 형 시다　顺序 shùnxù 뎡 순서　偶尔 ǒu'ěr 뷔 때때로

A 잠시　　B 초　　C̶ ̶온̶도̶　　D 시다　　E 순서　　F 때때로

* C 温度(온도)는 예시 어휘이므로, 이를 제외한 나머지 5개의 보기 중에서 정답을 고른다.

51
하

A: 你今天体育课的100米跑步跑得怎么样?
B: 速度有点儿慢，得再提高两(B 秒)才能通过100米的考试。

体育课 tǐyùkè 체육 수업　米 mǐ 양 미터　跑步 pǎobù 뎡 달리기
跑 pǎo 동 달리다　怎么样 zěnmeyàng 대 어떻다, 어떠하다
速度 sùdù 뎡 속도　有点儿 yǒudiǎnr 뷔 조금　慢 màn 형 느리다
得 děi 조동 ~해야 한다　提高 tígāo 동 향상시키다
秒 miǎo 양 (시간 단위) 초
通过 tōngguò 동 (시험 관문 등을) 통과하다　考试 kǎoshì 뎡 시험

A: 너 오늘 체육수업의 100미터 달리기에서 어떻게 달렸어?
B: 속도가 좀 느렸어, 2 (B 초)를 더 향상시켜야 비로소 100미터 시험을 통과할 수 있어.

정답 B

해설　빈칸 앞에 수사 两(2)이 있으므로 보기 중 유일한 양사인 B 秒(초)가 정답이다. 참고로, 양사 秒(초)는 시간단위를 나타내는 양사이다.

✓ 합격노하우　빈칸 앞에 수사가 있으면 양사를 정답으로 선택한다.

52
하

A: 妈妈，你买的葡萄怎么这么(D 酸)啊?
B: 不好吃吗? 哎呀，我买的时候应该尝一尝的。

买 mǎi 동 사다　葡萄 pútáo 뎡 포도　怎么 zěnme 대 어째서
这么 zhème 대 이렇게　酸 suān 형 (맛이) 시다
好吃 hǎochī 형 맛있다　时候 shíhou 뎡 때, 무렵
应该 yīnggāi 조동 ~해야 한다　尝 cháng 동 맛보다

A: 엄마, 사오신 포도가 어째서 이렇게 (D 셔요)?
B: 맛이 없어? 아이고, 내가 살 때 맛 좀 봤어야 했는데.

정답 D

해설　빈칸 앞에 '주어+부사어' 형태인 葡萄怎么这么(포도가 이째시 이렇게 ~)가 있고, 분장에 목적어가 없으므로, 목적어 없이 술어가 되면서 葡萄(포도)와 문맥상 어울리는 형용사 D 酸(시다)이 정답이다.

✓ 합격노하우　빈칸 앞에 '주어+부사어'가 있고, 빈칸 뒤에 목적어가 없으면 목적어 없이 술어가 될 수 있는 형용사나 동사를 정답의 후보로 찾는다.

53
중

A: 放暑假的时候我想回国一趟，可我怕把房间的钥匙弄丢了。
B: 我觉得可以(A 暂时)放在小张那里，他不回国。

放暑假 fàng shǔjià 여름 방학을 하다　时候 shíhou 뎡 때
回国 huíguó 동 귀국하다　趟 tàng 양 번(왕래한 횟수를 세는 단위)
可 kě 접 그러나　怕 pà 동 걱정이 되다　房间 fángjiān 뎡 방
钥匙 yàoshi 뎡 열쇠　弄丢 nòngdiū 동 잃어버리다
觉得 juéde 동 ~라고 생각하다　可以 kěyǐ 조동 ~해도 된다
暂时 zànshí 뷔 잠시　放 fàng 동 두다, 놓다

A: 여름 방학을 할 때 나는 한 번 귀국하려고 해. 그런데 내가 방 열쇠를 잃어버릴까 봐 걱정돼.
B: 나는 (A 잠시) 샤오장의 집에 두어도 된다고 생각해, 그는 귀국하지 않거든.

정답 A

해설　빈칸이 조동사 可以(~해도 된다)와 동사 放(~에 두다) 사이에 있으므로, 부사어가 될 수 있는 시간명사 A 暂时(잠시)와 부사 F 偶尔(때때로)이 정답의 후보이다. 我想回国一趟, 可我怕把房间的钥匙弄丢了(나는 한 번 귀국하려고 해, 그런데 내가 열쇠를 잃어버릴까 봐 걱정돼)와 我觉得可以(　)放在小张那里(나는 ＿ 샤오장의 집에 두어도 된다고 생각해)를 문맥적으로 연결해주는 명사 A 暂时(잠시)이 정답이다.

✓ 합격노하우　빈칸이 조동사와 동사 사이에 있으면 부사어가 될 수 있는 어휘를 정답으로 선택한다.

54
하

A: 我最喜欢的演员怎么还没有出场啊?
B: 你看一下演出的介绍, 上面有 节目的 (E 顺序).

喜欢 xǐhuan 图 좋아하다　演员 yǎnyuán 図 배우
怎么 zěnme 图 왜, 어째서　还 hái 图 아직
出场 chūchǎng 图 배우가 무대에 오르다, 나타나다
演出 yǎnchū 図 공연　介绍 jièshào 図 소개
上面 shàngmian 図 위　节目 jiémù 図 프로그램
顺序 shùnxù 図 순서

A: 내가 가장 좋아하는 배우가 왜 아직 무대에 오르지 않지?
B: 네가 공연의 소개를 좀 봐봐, 위에 프로그램의 (E 순서) 가 있어.

정답 E

해설 빈칸 앞에 '명사+的'형태의 관형어 节目的(프로그램의)가 있으므로, 관형어 뒤에 쓰이면서 节目(프로그램)와 문맥상 어울리는 명사 E 顺序(순서)가 정답이다.

✅ **합격노하우** 빈칸 앞에 的가 있으면 앞 관형어와 문맥상 어울리는 명사를 정답으로 선택한다.

55
상

A: 你平时除了打网球, 还有别的爱好吗?
B: (F 偶尔) 也会打打篮球, 不过没有网球打得好。

平时 píngshí 図 평소　除了 chúle 图 ~을 제외하고
打 dǎ 图 (운동, 놀이를) 하다　网球 wǎngqiú 図 테니스
别的 biéde 図 다른 것　爱好 àihào 図 취미
偶尔 ǒu'ěr 图 때때로　篮球 lánqiú 図 농구
不过 búguò 图 그런데

A: 당신은 평소에 테니스 하는 것을 제외하고, 또 다른 취미가 있나요?
B: (F 때때로) 농구도 좀 해요, 그런데 테니스만큼 잘하지는 못 해요.

정답 F

해설 빈칸이 '술어+목적어' 형태의 打打篮球(농구를 좀 하다) 앞에 있으므로, 빈칸에는 주어나 부사어가 쓰여야 한다. 平时除了打网球, 还有别的爱好吗?(평소에 테니스 하는 것을 제외하고, 또 다른 취미가 있나요?)와 (　) 也会打打篮球(　 농구도 좀 해요)를 문맥적으로 연결해주면서 부사어로 쓰일 수 있는 부사 F 偶尔(때때로)이 정답이다.

✅ **합격노하우** 빈칸이 '술어+목적어' 앞에 있으면 주어나 부사어가 될 수 있는 어휘를 정답으로 선택한다.

56
상

A 没有人能永远都不经历失败
B 有的人在失败后放弃了努力
C 区别是有的人能从失败中获得经验

能 néng 图 ~할 수 있다　永远 yǒngyuǎn 图 영원히
经历 jīnglì 图 경험하다　失败 shībài 图 실패하다 図 실패
有的 yǒude 어떤 사람, 어떤 것　放弃 fàngqì 图 포기하다
努力 nǔlì 图 노력하다　区别 qūbié 図 차이　从 cóng 冽 ~부터
获得 huòdé 图 얻다　经验 jīngyàn 図 경험

A 실패하는 것을 영원히 전혀 경험하지 않을 수 있는 사람은 없다
B 어떤 사람은 실패 후에 노력하는 것을 포기한다
C 차이는 어떤 사람은 실패로부터 경험을 얻을 수 있다는 것이다

정답 ACB

해설 첫 순서 보기 고르기
A는 没有人(사람은 없다)을 써서 모든 사람에 대해 언급했고, B와 C에서는 有的人(어떤 사람)을 써서 일부의 사람들에 대해 말하고 있다. 따라서, 모든 사람에 대해 언급한 A를 문장의 첫 순서로 고른다. (A→)

남은 보기 순서 배열하기
B와 C는 문장 구조상 B의 有的人……(어떤 사람은 ~)이 C의 区别是有的人……(차이는 어떤 사람은 ~라는 것이다)에 연결되는 내용이므로 C → B로 연결하여 A 다음에 배열한다. (A → C → B)

완성된 문장
A 没有人能永远都不经历失败, C 区别是有的人能从失败中获得经验, B 有的人在失败后放弃了努力。
A 실패하는 것을 영원히 전혀 경험하지 않을 수 있는 사람은 없다, C 차이는 어떤 사람은 실패로부터 경험을 얻을 수 있다는 것이고, B 어떤 사람은 실패 후에 노력하는 것을 포기한다.

✅ **합격노하우** 没有人(사람은 없다)과 같이 전체를 나타내는 표현과 有的人(어떤 사람)과 같이 일부를 나타내는 표현이 있으면 전체를 나타내는 표현 → 일부를 나타내는 표현의 순서로 배열한다.

57
중

A 而应该多和朋友交流交流
B 不要总是放在心里
C 如果我们在生活中遇到了烦恼

而 ér 🈂 그리고　应该 yīnggāi 🈂 ~해야 한다
交流 jiāoliú 🈂 소통하다　不要 búyào 🈂 ~해서는 안 된다
总是 zǒngshì 🈂 늘　放 fàng 🈂 두다, 놓다　心里 xīnli 🈂 마음 속
如果 rúguǒ 🈂 만약　生活 shēnghuó 🈂 생활
遇到 yùdào 🈂 맞닥뜨리다　烦恼 fánnǎo 🈂 걱정

A 그리고 친구와 소통을 많이 해야 한다
B 늘 마음속에 두어서는 안 된다
C 만약 우리가 생활하면서 걱정을 맞닥뜨린다면

정답 CBA

해설 첫 순서 보기 고르기
A는 접속사 而(그리고)로 시작하므로 문장의 맨 앞에 올 수 없고, B 不要总是放在心里(늘 마음속에 두어서는 안 된다)에는 술어 放(두다)의 대상이 드러나지 않으므로 문장의 맨 앞에 올 수 없다. 따라서 C 如果我们在生活中遇到了烦恼(만약 우리가 생활하면서 걱정을 맞닥뜨린다면)를 문장의 첫 순서로 고른다. (C →　)

남은 보기 순서 배열하기
B의 不要(~해서는 안 된다)와 A의 而应该(그리고 ~해야 한다)는 不要……, 而应该……(~해서는 안 되고, 그리고 ~해야 한다)라는 짝꿍 연결어로 사용되므로, B → A의 순서로 연결하여 첫 순서인 C 뒤에 배열한다. (C → B → A)

완성된 문장
C 如果我们在生活中遇到了烦恼, B 不要总是放在心里, A 而应该多和朋友交流交流。
C 만약 우리가 생활하면서 걱정을 맞닥뜨린다면, B 늘 마음속에 두어서는 안 된다, A 그리고 친구와 소통을 많이 해야 한다.

✓ **합격노하우** 두 개의 보기에 각각 '不要……(~해서는 안 된다)', '而应该……(그리고 ~해야 한다)'라는 짝꿍 연결어가 있으면 '不要……' → '而应该……'의 순서로 배열한다.

58
하

A 丽丽十分感动
B 昨天有个男的送了丽丽巧克力和花
C 然而她还是拒绝了做他的女朋友

十分 shífēn 🈂 매우, 아주　感动 gǎndòng 🈂 감동하다
送 sòng 🈂 선물하다　巧克力 qiǎokèlì 🈂 초콜릿　花 huā 🈂 꽃
然而 rán'ér 🈂 그러나　还是 háishi 🈂 여전히
拒绝 jùjué 🈂 거절하다, 거부하다
做 zuò 🈂 (어떤 관계가) 되다, (어떤 관계를) 맺다
女朋友 nǚpéngyou 🈂 여자친구

A 리리는 매우 감동한다
B 어제 어떤 남자가 리리에게 초콜릿과 꽃을 선물했다
C 그러나 그녀는 여전히 그의 여자친구가 되는 것을 거절했다

정답 BAC

해설 첫 순서 보기 고르기
C는 접속사 然而(그러나)로 시작하기 때문에 문장의 맨 앞에 올 수 없다. 따라서 A, B가 첫 순서의 후보이다.

남은 보기 순서 배열하기
A 丽丽十分感动(리리는 매우 감동한다)은 B 昨天有个男的送了丽丽巧克力和花(어제 어떤 남자가 리리에게 초콜릿과 꽃을 선물했다)에 대한 결과이므로, A를 B 뒤에 배열한다. (B → A)
C의 접속사 然而(그러나)이 A의 感动(감동하다)과 C의 拒绝了做他的女朋友(그의 여자친구가 되는 것을 거절했다)를 자연스럽게 연결해주므로 C를 A 뒤에 배열한다. (B → A → C)

완성된 문장
B 昨天有个男的送了丽丽巧克力和花, A 丽丽十分感动, C 然而她还是拒绝了做他的女朋友。
B 어제 어떤 남자가 리리에게 초콜릿과 꽃을 선물했다, A 리리는 매우 감동했다, C 그러나 그녀는 여전히 그의 여자친구가 되는 것을 거절했다.

✓ **합격노하우** 전환을 나타내는 접속사 然而(그러나)이 쓰인 보기는 문맥상 반대되는 내용의 보기 뒤에 배열한다.

59 상

A 昨天晚上我写工作总结睡得太晚了
B 没办法参加这次国际会议了
C 早上没赶上去上海的航班

晚上 wǎnshang 몡 저녁　写 xiě 동 작성하다, 쓰다
工作 gōngzuò 몡 업무, 일　总结 zǒngjié 몡 총결산
睡 shuì 동 (잠을) 자다　晚 wǎn 혱 늦다　办法 bànfǎ 몡 방법
参加 cānjiā 동 참석하다　国际 guójì 몡 국제　会议 huìyì 몡 회의
早上 zǎoshang 몡 아침　赶上 gǎnshàng 동 시간에 대다
上海 Shànghǎi 고유 상하이, 상해　航班 hángbān 몡 항공편

A 어제 저녁에 나는 업무 총결산을 작성하느라 너무 늦게 잤다
B 이번 국제회의에 참가할 방법이 없다
C 아침에 상하이로 가는 항공편의 시간에 대지 못했다

정답 ACB

해설 첫 순서 보기 고르기

B 没办法参加这次国际会议了(이번 국제회의에 참가할 방법이 없다)와 C 早上没赶上去上海的航班(아침에 상하이로 가는 항공편의 시간에 대지 못했다)에 주어가 없으므로, 문장의 맨 앞에 올 수 없다. 따라서 A를 문장의 첫 순서로 고른다. (A →)

남은 보기 순서 배열하기

C의 早上(아침)이 A의 昨天晚上(어제 저녁)보다 나중이므로 C를 A 뒤에 배열한다. (A → C)
B 没办法参加这次国际会议了(이번 국제회의에 참가할 방법이 없다)가 A → C로 연결한 내용의 결과이므로 B를 C 다음 맨 마지막에 배열한다. (A → C → B)

완성된 문장

A 昨天晚上我写工作总结睡得太晚了, C 早上没赶上去上海的航班, B 没办法参加这次国际会议了。
A 어제 저녁에 나는 업무 총결산을 작성하느라 너무 늦게 잤다, C 아침에 상하이로 가는 항공편의 시간에 대지 못해서, B 이번 국제회의에 참가할 방법이 없다.

✅ **합격노하우** 昨天晚上(어제 저녁), 早上(아침)과 같이 시간의 경과를 나타내는 표현이 있으면, 먼저 발생한 시점 → 나중에 발생한 시점 순으로 보기를 배열한다.

60 중

A 我觉得偶尔吃一次应该也没关系
B 但是烤鸭实在是太香了
C 最近我正在努力减肥

觉得 juéde 동 ~라고 생각하다　偶尔 ǒu'ěr 튀 때때로
次 cì 양 번　应该 yīnggāi 조동 반드시 ~할 것이다
没关系 méi guānxi 문제 없다, 괜찮다　但是 dànshì 젭 그러나
烤鸭 kǎoyā 몡 오리구이　实在 shízài 튀 정말
香 xiāng 혱 맛있다, 향기롭다　最近 zuìjìn 몡 최근
正在 zhèngzài 튀 한창 ~하고 있다　努力 nǔlì 동 열심히 하다
减肥 jiǎnféi 동 살을 빼다

A 나는 때때로 한 번은 먹어도 반드시 문제가 없을 것이라고 생각한다
B 그러나 오리구이는 정말 너무 맛있다
C 최근 나는 한창 열심히 살을 빼고 있다

정답 CBA

해설 첫 순서 보기 고르기

A 我觉得偶尔吃一次应该也没关系(나는 때때로 한 번은 먹어도 반드시 문제가 없을 것이라고 생각한다)는 술어 吃(먹다)의 대상을 알 수 없으므로 문장 맨 앞에 올 수 없고, B는 접속사 但是(그러나)로 시작하므로 문장의 맨 앞에 올 수 없다. 따라서 C를 문장의 첫 순서로 고른다. (C →)

남은 보기 순서 배열하기

A의 偶尔吃一次(때때로 한 번 먹다)의 대상이 B의 烤鸭(오리구이)이므로, A를 B 뒤로 연결한 후 첫 순서인 C 뒤에 배열한다. (C → B → A)

완성된 문장

C 最近我正在努力减肥, B 但是烤鸭实在是太香了, A 我觉得偶尔吃一次应该也没关系。
C 최근 나는 한창 열심히 살을 빼고 있다, B 그러나 오리구이는 정말 너무 맛있어서, A 나는 때때로 한 번은 먹어도 반드시 문제가 없을 것이라고 생각한다.

✅ **합격노하우** 술어의 대상을 알 수 없는 보기 또는 但是(그러나)과 같은 접속사로 시작하는 보기는 문장의 맨 앞에 올 수 없다.

61 중

A 一般来说要在60公里和120公里之间
B 对开车的速度是有要求的
C 在高速公路上开车的时候

一般来说 yìbān láishuō 일반적으로　公里 gōnglǐ 킬로미터(km)
之间 zhījiān 사이　对 duì ~에 대해
开车 kāichē 운전하다　速度 sùdù 속도
要求 yāoqiú 요구　高速公路 gāosùgōnglù 고속도로
时候 shíhou 때, 무렵

A 일반적으로 60킬로미터와 120킬로미터 사이여야 한다
B 운전하는 속도에 대해 요구가 있다
C 고속도로에서 운전을 할 때

정답 CBA

해설 첫 순서 보기 고르기
A 一般来说要在60公里和120公里之间(일반적으로 60킬로미터와 120킬로미터 사이여야 한다)에 주어가 없으므로 문장의 맨 앞에 올 수 없다. 따라서 B,C가 첫 순서의 후보이다.

남은 보기 순서 배열하기
문맥상 B의 开车的速度(운전하는 속도)가 A의 要在60公里和120公里之间(60킬로미터와 120킬로미터 사이여야 한다)의 주어이므로, B를 A 앞에 배열한다. (B → A)
C 在高速公路上开车的时候(고속도로에서 운전을 할 때)는 在……时候(~할 때)라는 개사구로 문장 맨 앞에서 부사어로 쓰이므로, C를 문장 맨 앞으로 배열한다. (C → B → A)

완성된 문장
C 在高速公路上开车的时候, B 对开车的速度是有要求的, A 一般来说要在60公里和120公里之间。
C 고속도로에서 운전을 할 때, B 운전하는 속도에 대해 요구가 있다, A 일반적으로 60킬로미터와 120킬로미터 사이여야 한다.

✅ **합격노하우** 주어가 없는 보기는 문장의 맨 앞에 올 수 없다.

62 중

A 我觉得你对他可能有一些误会
B 然后再决定是否邀请他
C 所以能不能先听我解释一下

觉得 juéde ~라고 생각하다　对 duì ~에 대해
可能 kěnéng 아마도　一些 yìxiē 약간　误会 wùhuì 오해
然后 ránhòu 그런 후에　再 zài 다시
决定 juédìng 결정하다　是否 shìfǒu ~인지 아닌지
邀请 yāoqǐng 초대하다　所以 suǒyǐ 그래서
先 xiān 먼저　听 tīng 듣다　解释 jiěshì 설명하다

A 나는 당신이 그에 대해 아마도 약간 오해가 있을 거라고 생각합니다
B 그런 후에 그를 초대할지 말지 다시 결정합시다
C 그래서 먼저 내가 설명하는 것을 좀 들어줄 수 있나요

정답 ACB

해설 첫 순서 보기 고르기
B는 접속사 然后(그런 후에)로, C는 접속사 所以(그래서)로 시작하므로, 문장의 맨 앞에 쓸 수 없다. 따라서 A를 문장의 첫 순서로 고른다. (A →)

남은 보기 순서 배열하기
B의 然后(그런 후에)와 C의 先(먼저)은 先……然后……(먼저 ~하고, 그런 후에 ~하다)라는 짝꿍 연결어로 사용되므로 C → B의 순서로 연결하여 첫 순서인 A 뒤에 배열한다. (A → C → B)

완성된 문장
A 我觉得你对他可能有一些误会, C 所以能不能先听我解释一下, B 然后再决定是否邀请他。
A 나는 당신이 그에 대해 아마도 약간 오해가 있을 거라고 생각합니다, C 그래서 먼저 내가 설명하는 것을 좀 들어줄 수 있나요, B 그런 후에 그를 초대할지 말지 다시 결정합시다.

✅ **합격노하우** 두 개의 보기에 각각 '先……(먼저 ~)', '然后……(그런 후에 ~)'라는 짝꿍 연결어가 있으면 '先……' → '然后……'의 순서로 배열한다.

63 하

A 最近常常加班, 工作很辛苦
B 昨天晚上我八点就上床睡觉了
C 可是一直在做梦, 睡得不好

最近 zuìjìn 최근　常常 chángcháng 항상
加班 jiābān 야근하다　工作 gōngzuò 업무
辛苦 xīnkǔ 고되다　上床 shàngchuáng 침대에 오르다
睡觉 shuìjiào (잠을) 자다　可是 kěshì 그러나
一直 yìzhí 계속　做梦 zuòmèng 꿈을 꾸다

A 최근 항상 야근을 해서, 업무가 매우 고되다
B 어제 저녁에 나는 8시에 바로 침대에 올라 잠을 잤다
C 그러나 계속 꿈을 꾸어서, 잠을 잘 못 잤다

정답 ABC

해설 첫 순서 보기 고르기
C는 전환을 나타내는 접속사 可是(그러나)로 시작되었으므로 문장의 맨 앞에 올 수 없다. 따라서 A, B가 첫 순서의 후보이다.

남은 보기 순서 배열하기
B에서 八点就上床睡觉了(8시에 바로 침대에 올라 잠을 잤다)라고 하였고, C에서 可是一直在做梦, 睡得不好(그러나 계속 꿈을 꾸어서, 잠을 잘 못 잤다)라고 했으므로, 문맥상 B와 C가 연속적으로 발생한 것임을 알 수 있다. 따라서 B → C의 순서로 배열한다. (B → C)
A 最近常常加班, 工作很辛苦(최근 항상 야근을 해서, 업무가 매우 고되다)는 'B → C'에서 '잠을 잘 못 잤다'라고 말한 것의 배경이므로, A를 'B → C' 앞 문장의 맨 처음에 배열한다. (A → B → C)

완성된 문장
A 最近常常加班, 工作很辛苦, B 昨天晚上我八点就上床睡觉了, C 可是一直在做梦, 睡得不好。
A 최근 항상 야근을 해서, 업무가 매우 고되다, B 어제 저녁에 나는 8시에 바로 침대에 올라 잠을 잤다, C 그러나 계속 꿈을 꾸어서, 잠을 잘 못 잤다.

✓ **합격노하우** 접속사 可是(그러나)은 앞선 내용과 반대되는 내용을 언급할 때 쓰이므로, 可是이 쓰인 보기는 문장의 맨 앞에 올 수 없다.

64 중
A 这让观众感到很吃惊
B 尽管这位演员的年龄看起来只有十多岁
C 可没想到她的表演水平特别高

让 ràng 동 ~하게 하다　观众 guānzhòng 명 관중
感到 gǎndào 동 (~라고) 느끼다　吃惊 chījīng 동 놀라다
尽管 jǐnguǎn 접 ~에도 불구하고　演员 yǎnyuán 명 배우
年龄 niánlíng 명 나이　看起来 kànqǐlai 보기에~하다
只有 zhǐyǒu 부 ~밖에 없다　可 kě 접 그러나
没想到 méixiǎngdào 생각지 못하다, 뜻밖에도
表演 biǎoyǎn 명 연기　水平 shuǐpíng 명 수준
特别 tèbié 부 매우, 아주　高 gāo 형 높다

A 이것은 관중으로 하여금 매우 놀랍다고 느끼게 하였다
B 비록 이 배우의 나이가 보기에는 열 몇 살 밖에 안 되는 것 같지만
C 그러나 생각지 못하게 그녀의 연기 수준이 매우 높다

정답 BCA

해설 첫 순서 보기 고르기
A는 지시대사 这(이것)로 시작하고, C는 접속사 可(그러나)로 시작하기 때문에 문장의 맨 앞에 올 수 없다. 따라서 B를 문장의 첫 순서로 고른다. (B →)

남은 보기 순서 배열하기
A 这让观众感到很吃惊(이것은 관중으로 하여금 매우 놀랍다고 느끼게 하였다)의 지시대사 这(이것)가 가리키는 것은 C의 她的演员水平特别高(그녀의 연기 수준이 매우 높다)라는 사실이므로, A를 C 뒤에 연결하여 첫 순서인 B 뒤에 배열한다. (B → C → A)

완성된 문장
B 尽管这位演员的年龄看起来只有十多岁, C 可没想到她的表演水平特别高, A 这让观众感到很吃惊。
B 비록 이 배우의 나이가 보기에는 열 몇 살 밖에 안 되는 것 같지만, C 그러나 생각지 못하게 그녀의 연기 수준이 매우 높았고, A 이것은 관중으로 하여금 매우 놀랍다고 느끼게 하였다.

✓ **합격노하우** 这(이)와 같은 지시대사 또는 可(그러나)와 같은 접속사로 시작하는 보기는 문장의 맨 앞에 올 수 없다.

65 중
A 打游戏打到了天亮
B 结果今天白天上班时困得不行
C 李明昨天晚上没睡觉

打 dǎ 동 (놀이·운동을) 하다　游戏 yóuxì 명 게임
天亮 tiānliàng 동 날이 밝다　结果 jiéguǒ 접 결과적으로
白天 báitiān 명 낮　上班 shàngbān 동 출근하다　时 shí 명 때
困 kùn 형 피곤하다
不行 bùxíng 부 (정도가) 견딜 수 없다, 매우 심하다
睡觉 shuìjiào 동 (잠을) 자다

A 게임을 날이 밝을 때까지 했다
B 결과적으로 오늘 낮에 출근했을 때 견딜 수 없을 정도로 피곤했다
C 리밍은 어제 밤에 잠을 자지 않았다

정답 CAB

해설 첫 순서 보기 고르기
B는 접속사 结果(결과적으로)가 쓰였으므로 문장의 맨 앞에 올 수 없고, A 打游戏打到了天亮(게임을 날이 밝을 때까지 했다)에는 주어가 없으므로 문장의 맨 앞에 올 수 없다. 따라서 C를 문장의 첫 순서로 고른다. (C →)

남은 보기 순서 배열하기
A 打游戏打到了天亮(게임을 날이 밝을 때까지 했다)의 주어가 C의 李明(리밍)이므로, A를 C 다음으로 배열한다. (C → A)
B 结果今天白天上班时困得不行(결과적으로 오늘 낮에 출근했을 때 견딜 수 없을 정도로 피곤했다)는 C → A 즉, 밤에 잠을 자지 않고 게임을 한 것에 대한 결과이므로, B를 'C → A' 뒤에 배열한다. (C → A → B)

완성된 문장
C 李明昨天晚上没睡觉, A 打游戏打到了天亮, B 结果今天白天上班时困得不行。
C 리밍은 어제 밤에 잠을 자지 않았다, A 게임을 날이 밝을 때까지 해서, B 결과적으로 오늘 낮에 출근했을 때 견딜 수 없을 정도로 피곤했다.

✓ **합격노하우** 结果(결과적으로)와 같은 접속사로 시작하거나 주어가 없는 보기는 문장의 맨 앞에 올 수 없다.

66 중

许多年轻人放假后总是在家里睡觉或者玩电脑, 这对他们的健康没有好处。年轻人应该活泼一些, 多出去看看外面的景色, 呼吸呼吸新鲜空气。

★ 年轻人放假的时候应该:
A 多玩电脑　　　B 锻炼身体
C 多出门走走　　D 在家里睡觉

许多 xǔduō 圏 매우 많다　年轻人 niánqīngrén 圏 젊은 사람
放假 fàngjià 圏 방학하다　总是 zǒngshì 凰 늘
睡觉 shuìjiào 圏 (잠을) 자다　或者 huòzhě 凰 혹은, 또는
玩 wán 圏 (어떤 활동을) 하다　电脑 diànnǎo 圏 컴퓨터
对 duì 凯 ~에 대해　健康 jiànkāng 圏 건강
好处 hǎochù 圏 좋은 점　应该 yīnggāi 丞 ~해야 한다
活泼 huópō 圏 활발하다　一些 yìxiē 조 조금, 약간
出去 chūqu 圏 나가다　外面 wàimian 圏 바깥
景色 jǐngsè 圏 풍경　呼吸 hūxī 圏 호흡하다
新鲜 xīnxiān 圏 신선하다　空气 kōngqì 圏 공기
时候 shíhou 圏 때, 무렵　锻炼 duànliàn 圏 단련하다, 운동하다
身体 shēntǐ 圏 신체　出门 chūmén 圏 집을 나서다, 외출하다
走 zǒu 圏 걷다

매우 많은 젊은 사람은 방학한 후에 늘 집에서 자거나 혹은 컴퓨터를 하는데, 이것은 그들의 건강에 좋은 점이 없다. 젊은 사람은 좀 활발해야 하고, 많이 나가서 바깥의 풍경을 좀 봐야 하며, 신선한 공기를 좀 호흡해야 한다.

★ 젊은 사람은 방학했을 때 어떻게 해야 하는가:
A 컴퓨터를 많이 한다　　　　　　　　B 신체를 단련한다
C 집 밖으로 많이 나가서 걸어 다닌다　D 집에서 잠을 잔다

정답 C

해설 질문의 年轻人放假的时候应该(젊은 사람은 방학했을 때 어떻게 해야 하는가)와 관련된 부분을 지문에서 찾아 주의 깊게 읽는다. 지문에서 年轻人放假后……年轻人应该活泼一些, 多出去看看外面的景色, 呼吸呼吸新鲜空气。(젊은 사람은 방학한 후에 …… 젊은 사람은 좀 활발해야 하고, 많이 나가서 바깥의 풍경을 좀 봐야 하며, 신선한 공기를 좀 호흡해야 한다.)라고 하였으므로, 이를 통해 알 수 있는 C 多出门走走(집 밖으로 많이 나가서 걸어 다닌다)가 정답이다.

✓ **합격노하우** 질문이 전부 핵심어구인 경우에 질문과 관련된 부분을 지문에서 재빨리 찾는다.

67 중

我不是反对你和他在一起, 只是结婚是人生大事, 你应该考虑清楚。要知道, 性格好比长得帅更重要。性格合适的两个人, 结婚后才能幸福。你们应该互相再多了解了解。

★ 这段话主要谈的是:
A 性格的养成　　B 结婚的目的
C 考虑问题的方法　D 选择爱人的标准

反对 fǎnduì 圏 반대하다　和 hé 凯 ~와　一起 yìqǐ 凰 함께
只是 zhǐshì 凰 단지　结婚 jiéhūn 圏 결혼
人生大事 rénshēng dàshì 圏 인륜대사
应该 yīnggāi 丞 ~해야 한다　考虑 kǎolǜ 圏 생각하다
清楚 qīngchu 圏 분명하다　性格 xìnggé 圏 성격
长 zhǎng 圏 생기다　帅 shuài 圏 잘생기다　更 gèng 凰 더욱
重要 zhòngyào 圏 중요하다　合适 héshì 圏 알맞다
才 cái 凰 비로소　幸福 xìngfú 圏 행복하다　互相 hùxiāng 凰 서로
再 zài 凰 더　了解 liǎojiě 圏 이해하다
养成 yǎngchéng 圏 양성하다, 키우다　目的 mùdì 圏 목적
问题 wèntí 圏 문제　方法 fāngfǎ 圏 방법
选择 xuǎnzé 圏 고르다　爱人 àiren 圏 결혼 상대, 애인
标准 biāozhǔn 圏 기준

나는 네가 그와 함께 있는 것을 반대하는 것이 아니라, 단지 결혼은 인륜대사이니, 네가 분명하게 생각해야 한다는 거야. 성격이 좋은 것이 잘생긴 것보다 더욱 중요하다는 것을 알아야 해. 성격이 맞는 두 사람이, 결혼 후에도 비로소 행복할 수 있어. 너희는 서로 더 많이 이해해야 해.

★ 이 지문에서 주로 말하는 것은:
A 성격의 양성　　B 결혼의 목적　　C 문제를 생각하는 방법　　D 결혼 상대를 고르는 기준

정답 D

해설 질문에서 지문의 중심 소재를 물었다. 지문에서 要知道, 性格好比长得帅更重要。性格合适的两个人, 结婚后才能幸福。(성격이 좋은 것이 잘생긴 것보다 더욱 중요하다는 것을 알아야 해. 성격이 맞는 두 사람이, 결혼 후에도 비로소 행복할 수 있어.)라고 하였으므로, 이를 통해 알 수 있는 D 选择爱人的标准(결혼 상대를 고르는 기준)이 정답이다.

✓ **합격노하우** 질문이 중심 소재를 물었고, 지문에서 要知道(~라는 것을 알아야 한다)와 같이 주장을 나타내는 표현이 사용되었으면, 이어지는 내용을 주의 깊게 읽어 지문의 주제를 파악한다.

68

平时我们在外面吃饭时，可能会遇到在餐厅抽烟的人。这时候我们可以礼貌地和他们商量一下，让他们到餐厅外面抽烟，一般他们不会拒绝这样的要求。

★ 餐厅里如果有人抽烟，我们可以：
A 批评他们　　　　B 离开餐厅
C 和他们商量　　　D 问他们的看法

平时 píngshí 몡 평소　外面 wàimian 몡 밖　时 shí 몡 때
可能 kěnéng 閉 어쩌면　遇到 yùdào 통 마주치다
餐厅 cāntīng 몡 식당　抽烟 chōuyān 통 담배를 피우다
时候 shíhou 몡 때, 무렵　可以 kěyǐ 조동 ~할 수 있다
礼貌 lǐmào 몡 예의바르다　和 hé 젠 ~와
商量 shāngliang 통 상의하다　一般 yìbān 몡 보통이다
拒绝 jùjué 통 거절하다　这样 zhèyàng 데 이러하다
要求 yāoqiú 몡 요구　如果 rúguǒ 젭 만약
批评 pīpíng 통 비판하다　离开 líkāi 통 떠나다
问 wèn 통 묻다, 질문하다　看法 kànfǎ 몡 견해

평소 우리가 밖에서 밥을 먹을 때, 어쩌면 식당에서 담배를 피우는 사람과 마주칠 수 있다. 이 때 우리는 예의 바르게 그들과 상의를 좀 해서, 그들에게 식당 밖에서 담배를 피우라고 할 수 있는데, 보통 그들은 이러한 요구를 거절하지 않을 것이다.

★ 식당 안에서 만약 어떤 사람이 담배를 피운다면, 우리가 할 수 있는 것은:
　A 그들을 비판한다　　B 식당을 떠난다　　C 그들과 상의한다　　D 그들의 견해를 물어본다　　정답 C

해설 질문의 餐厅里如果有人抽烟, 我们可以(식당 안에서 만약 어떤 사람이 담배를 피운다면, 우리가 할 수 있는 것은)와 관련된 부분을 지문에서 찾아 주의 깊게 읽는다. 지문에서 平时我们在外面吃饭时, 可能会遇到在餐厅抽烟的人。这时候我们可以礼貌地和他们商量一下(평소 우리가 밖에서 밥을 먹을 때, 어쩌면 식당에서 담배를 피우는 사람과 마주칠 수 있다. 이 때 우리는 예의 바르게 그들과 상의를 좀 할 수 있다)라고 하였으므로 C 和他们商量(그들과 상의한다)이 정답.

✅ **합격노하우** 질문에 '……我们可以(우리가 할 수 있는 것은)'가 있으면 앞부분을 핵심어구로 하여 지문에서 관련된 내용을 재빨리 찾는다.

69

无论是在学习还是工作当中，压力是每个人都会有的。感到有压力时，我们应该学会放松，例如去喜欢的商店购物，看一场有意思的电影，和好朋友一起聊天等。

★ 有压力的时候我们应该：
A 继续学习　　　　B 学会放松
C 多吃东西　　　　D 花很多钱

无论 wúlùn 젭 ~에 관계 없이　学习 xuéxí 통 공부하다
还是 háishi 젭 또는　工作 gōngzuò 통 일하다
压力 yālì 몡 스트레스　都 dōu 閉 모두, 다
感到 gǎndào 통 느끼다　时 shí 몡 때
应该 yīnggāi 조동 ~해야 한다　学会 xuéhuì 통 습득하다
放松 fàngsōng 통 정신적 긴장을 풀다　例如 lìrú 통 예를 들면
喜欢 xǐhuan 통 좋아하다　商店 shāngdiàn 몡 상점
购物 gòuwù 통 물건을 사다
场 chǎng 양 편, 회, 번, 차례 (문예 오락·체육 활동 등을 세는 단위)
有意思 yǒuyìsi 재미있다　电影 diànyǐng 몡 영화
和 hé 젠 ~와　一起 yìqǐ 閉 함께　聊天 liáotiān 통 잡담하다
时候 shíhou 몡 때, 무렵　继续 jìxù 통 계속하다
花 huā 통 쓰다, 소비하다

공부하는 것 또는 일을 하는 것에 관계없이, 스트레스는 모든 사람들이 가지고 있는 것이다. 스트레스가 있다고 느꼈을 때, 우리는 정신적 긴장을 푸는 법을 습득해야 하는데, 예를 들면 좋아하는 상점으로 물건을 사러 가는 것, 재미있는 영화 한 편을 보는 것, 좋은 친구와 함께 잡담을 하는 것 등이 있다.

★ 스트레스가 있을 때 우리는 마땅히:
　A 계속해서 공부한다　　　　　　　　B 정신적 긴장을 푸는 법을 습득한다
　C 음식을 많이 먹는다　　　　　　　　D 매우 많은 돈을 쓴다　　정답 B

해설 질문의 有压力的时候……应该(스트레스가 있을 때 …… 마땅히)와 관련된 부분을 지문에서 찾아 주의 깊게 읽는다. 지문에서 感到有压力时, 我们应该学会放松(스트레스가 있다고 느꼈을 때, 우리는 정신적 긴장을 푸는 법을 습득해야 한다)이라고 하였으므로 B 学会放松(정신적 긴장을 푸는 법을 습득한다)이 정답이다.

✅ **합격노하우** 질문에 '……我们应该(우리는 마땅히)'가 있으면 앞부분을 핵심어구로 하여 지문에서 관련된 내용을 재빨리 찾는다.

70 (중)

有的人很喜欢开玩笑，以为自己很幽默。但有的时候这些玩笑会让别人受不了，甚至感到伤心。开玩笑时，我们应该先想一想这个玩笑合适不合适。

★ 开玩笑之前要想一想，这个玩笑是否：
A 有趣
B 积极
C 正确
D 合适

단어
有的 yǒude 때 어떤 사람, 어떤 것　喜欢 xǐhuan 통 좋아하다
开玩笑 kāiwánxiào 농담하다　以为 yǐwéi 통 생각하다
自己 zìjǐ 때 자신, 스스로　幽默 yōumò 형 유머러스하다
但 dàn 접 그러나　时候 shíhou 명 때　这些 zhèxiē 때 이런 것들
玩笑 wánxiào 명 농담　让 ràng 통 ~하게 하다
别人 biérén 때 다른 사람　受不了 shòu bu liǎo 견딜 수 없다
甚至 shènzhì 접 심지어　伤心 shāngxīn 통 상심하다, 슬퍼하다
应该 yīnggāi 조동 ~해야 한다　先 xiān 부 먼저
合适 héshì 형 적합하다
之前 zhīqián 명 ~이전　是否 shìfǒu 부 ~인지 아닌지
有趣 yǒuqù 형 재미있다　积极 jījí 형 긍정적이다, 진취적이다
正确 zhèngquè 형 정확하다

해석 어떤 사람은 농담하는 것을 좋아하는데, 자신이 매우 유머러스하다고 생각한다. 그러나 어떤 때에는 이런 농담들이 다른 사람을 견딜 수 없게 하고, 심지어 상심을 느끼게 한다. 농담할 때, 우리는 먼저 이 농담이 적합한지, 적합하지 않은지 생각을 좀 해봐야 한다.

★ 농담을 하기 전에 이 농담이 어떠한지 생각해봐야 하는가?
A 재미있다　　B 긍정적이다　　C 정확하다　　D 적합하다　　정답 D

해설 질문의 开玩笑之前要想一想，这个玩笑是否(농담을 하기 전에 이 농담이 어떠한지 생각해봐야 하는가)와 관련된 부분을 지문에서 찾아 주의 깊게 읽는다. 지문의 마지막에서 开玩笑时，我们应该先想一想这个玩笑合适不合适.(농담할 때, 우리는 먼저 이 농담이 적합한지 적합하지 않은지 생각을 좀 해봐야 한다.)이라고 하였으므로 D 合适(적합하다)이 정답이다.

✓ **합격노하우** 질문이 전부 핵심어구인 경우에 질문과 관련된 부분을 지문에서 재빨리 찾는다.

71 (중)

无论是自己民族的文化，还是其他国家和民族的文化，都是世界文明的重要组成部分。因此我们都要尊重并保护，否则会影响各国各民族之间的交流。

★ 对于外国文化，我们的态度应该是：
A 尊重
B 拒绝
C 羡慕
D 感谢

단어
无论 wúlùn 접 ~에 관계 없이　自己 zìjǐ 때 자기, 자신
民族 mínzú 명 민족　文化 wénhuà 명 문화
还是 háishi 접 또는　其他 qítā 때 다른　国家 guójiā 명 국가
世界 shìjiè 명 세계　文明 wénmíng 명 문명
重要 zhòngyào 형 중요하다　组成 zǔchéng 통 구성하다
部分 bùfen 명 부분　因此 yīncǐ 접 이 때문에
尊重 zūnzhòng 통 존중하다　并 bìng 접 그리고
保护 bǎohù 통 보호하다　否则 fǒuzé 접 만약 그렇지 않으면
影响 yǐngxiǎng 통 영향을 주다　各 gè 때 각, 여러
之间 zhījiān 명 사이　交流 jiāoliú 통 교류하다
对于 duìyú 개 ~에 대해, ~에 대하여　外国 wàiguó 명 외국
态度 tàidu 명 태도, 행동거지　应该 yīnggāi 조동 ~해야 한다
拒绝 jùjué 통 거절하다, 거부하다　羡慕 xiànmù 통 부러워하다
感谢 gǎnxiè 통 감사하다

해석 자기 민족의 문화든, 또는 다른 국가와 민족의 문화든 관계 없이, 모두 세계 문명의 중요한 구성 부분이다. 이 때문에 우리는 모두 존중하고 보호해야 하는데, 만약 그렇지 않으면 각 나라 각 민족 사이의 교류에 영향을 주게 된다.

★ 외국 문화에 대해, 우리의 태도는 마땅히:
A 존중한다　　B 거절한다　　C 부러워한다　　D 감사한다　　정답 A

해설 질문의 对于外国文化，我们的态度应该(외국 문화에 대해, 우리의 태도는 마땅히)와 관련된 부분을 지문에서 찾아 주의 깊게 읽는다. 지문에서 无论是自己民族的文化，还是其他国家和民族的文化，都是世界文明的重要组成部分。因此我们都要尊重并保护(자기 민족의 문화든, 또는 다른 국가와 민족의 문화든 관계 없이, 모두 세계 문명의 중요한 구성 부분이다. 이 때문에 우리는 모두 존중하고 보호해야 한다)라고 하였으므로, 그대로 언급된 A 尊重(존중한다)이 정답이다.

✓ **합격노하우** 질문의 끝에 是(~이다)이 있으면 앞부분을 핵심어구로 하여 지문에서 관련된 내용을 재빨리 찾는다.

72 중

判断一个人是否成熟，要以他的实际年龄为基础，但是这不是最重要的，关键还要看他是否有丰富的生活经验。

★ 判断一个人是否成熟，关键要看他的：
A 年龄　　　　　B 经验
C 性别　　　　　D 能力

判断 pànduàn 图 판단하다　是否 shìfǒu 图 ~인지 아닌지
成熟 chéngshú 图 성숙하다　以…为… yǐ…wéi… ~을 ~으로 삼다
实际 shíjì 图 실제　年龄 niánlíng 图 나이
基础 jīchǔ 图 토대, 기초　但是 dànshì 圙 하지만
重要 zhòngyào 图 중요하다　关键 guānjiàn 图 관건
丰富 fēngfù 图 풍부하다　生活 shēnghuó 图 생활
经验 jīngyàn 图 경험　性别 xìngbié 图 성별
能力 nénglì 图 능력

한 사람이 성숙한지 아닌지 판단할 때, 그의 실제 나이를 토대로 삼아야 한다, 하지만 이것은 가장 중요한 것이 아니며, 관건은 그가 풍부한 생활 경험이 있는지 없는지를 봐야 한다.

★ 한 사람이 성숙한지 아닌지 판단할 때, 가장 중요하게 봐야 하는 것은 그의:
A 나이　　　　B 경험　　　　C 성별　　　　D 능력　　　　정답 B

해설 질문의 判断一个人是否成熟，关键要看(한 사람이 성숙한지 아닌지 판단할 때, 가장 중요하게 봐야 하는 것은)과 관련된 부분을 지문에서 찾아 주의 깊게 읽는다. 지문에서 判断一个人是否成熟,……, 关键还要看他是否有丰富的生活经验(한 사람이 성숙한지 아닌지 판단할 때,……, 관건은 그가 풍부한 생활 경험이 있는지 없는지를 봐야 한다)라고 하였으므로 B 经验(경험)이 정답이다.

합격노하우 질문이 전부 핵심어구인 경우에 질문과 관련된 부분을 지문에서 재빨리 찾는다.

73 상

很多大学生刚毕业的时候不清楚自己适合什么职业，应聘的时候要考虑很久。其实，只有真正参与到具体的工作中，才能弄清楚自己的优点和缺点。

★ 这段话主要谈的是：
A 赚钱的方法　　　B 职业的选择
C 发现优缺点　　　D 养成好习惯

大学生 dàxuéshēng 图 대학생　刚 gāng 图 막
毕业 bìyè 图 졸업하다　清楚 qīngchu 图 알다, 이해하다
自己 zìjǐ 図 자신　适合 shìhé 图 적합하다　职业 zhíyè 图 직업
应聘 yìngpìn 图 지원하다　考虑 kǎolǜ 图 생각하다
久 jiǔ 图 오래다, 시간이 길다　其实 qíshí 图 사실
只有 zhǐyǒu 圙 ~해야만 ~이다　真正 zhēnzhèng 图 정말로
参与 cānyù 图 참여하다　具体 jùtǐ 图 구체적이다
才 cái 图 비로소　弄 nòng 图 하다, 행하다　优点 yōudiǎn 图 장점
缺点 quēdiǎn 图 단점, 결점　赚钱 zhuànqián 图 돈을 벌다
方法 fāngfǎ 图 방법　选择 xuǎnzé 图 선택
发现 fāxiàn 图 발견하다　优缺点 yōuquēdiǎn 图 장점과 단점
养成 yǎngchéng 图 기르다　习惯 xíguàn 图 습관

많은 대학생이 막 졸업했을 때 자신이 어떤 직업에 적합한지 잘 몰라서, 지원할 때 오랫동안 생각해봐야 한다. 사실, 정말로 구체적인 업무에 참여해야만, 비로소 자신의 장점과 단점을 분명히 알 수 있다.

★ 이 지문이 주로 말하는 것은:
A 돈을 버는 방법　　B 직업의 선택　　C 장단점을 발견하는 것　　D 좋은 습관을 기르는 것　　정답 B

해설 질문에서 지문의 중심 소재를 물었다. 지문의 마지막에서 其实，只有真正参与到具体的工作中，才能弄清楚自己的优点和缺点。(사실, 정말로 구체적인 업무에 참여해야만, 비로소 자신의 장점과 단점을 분명히 알 수 있다.)라고 하였으므로 B 职业的选择(직업의 선택)가 정답이다.

합격노하우 질문이 중심 소재를 물었고, 지문에서 其实(사실)과 같이 결론을 나타내는 표현이 사용되었으면, 이어지는 내용을 주의 깊게 읽어 지문의 주제를 파악한다.

74 하

拒绝别人是一门艺术。在不得不拒绝别人时，一定要注意说话的态度。否则会给别人留下不好的印象，甚至伤害别人。

★ 拒绝别人时，我们要：
A 表示感谢　　　　B 说明原因
C 理解艺术　　　　D 注意态度

拒绝 jùjué 图 거절하다　别人 biérén 데 다른 사람
门 mén 図 기술, 예술, 과목 등을 세는 단위　艺术 yìshù 图 기술, 예술
不得不 bùdébù 어쩔 수 없이　时 shí 图 때
一定 yídìng 图 반드시　注意 zhùyì 图 조심하다
说话 shuōhuà 图 말하다　态度 tàidu 图 태도
否则 fǒuzé 圙 만약 그렇지 않으면　给 gěi 图 ~에게
留下 liúxià 图 남기다　印象 yìnxiàng 图 인상
甚至 shènzhì 圙 심지어　伤害 shānghài 图 상처를 입히다
表示 biǎoshì 图 나타내다, 의미하다　感谢 gǎnxiè 图 감사
说明 shuōmíng 图 설명하다　原因 yuányīn 图 원인, 이유
理解 lǐjiě 图 이해하다

다른 사람을 거절하는 것은 하나의 기술이다. 어쩔 수 없이 다른 사람을 거절할 때, 반드시 말하는 태도를 조심해야 한다. 만약 그렇지 않으면 다른 사람에게 좋지 않은 인상을 남길 수 있고, 심지어 다른 사람을 상처 입힐 수도 있다.

★ 다른 사람을 거절할 때, 우리는 마땅히:
A 감사를 나타낸다 B 원인을 설명한다 C 기술을 이해한다 D 태도를 조심한다 정답 D

해설 질문의 拒绝别人时, 我们要(다른 사람을 거절할 때, 우리는 마땅히)와 관련된 부분을 지문에서 찾아 주의 깊게 읽는다. 지문에서 在不得不拒绝别人时, 一定要注意说话的态度。(어쩔 수 없이 다른 사람을 거절할 때, 반드시 말하는 태도를 조심해야 한다.)라고 했으므로 D 注意态度(태도를 조심한다)가 정답이다.

✓ **합격노하우** 질문에 '……我们要(우리는 마땅히)'가 있으면 앞부분을 핵심어구로 하여 지문에서 관련된 내용을 재빨리 찾는다.

---

75 中

在中国, 酒深受大家喜爱, 有 "无酒不成席" 的说法。尤其是过年过节, 请客吃饭的时候, 喝酒是亲戚朋友之间不可缺少的重要活动。

★ 在中国, 酒:
A 做法简单　　B 很受欢迎
C 味道一般　　D 不能久放

深受 shēnshòu 깊이 받다　大家 dàjiā 뗑 모두
喜爱 xǐ'ài 图 사랑하다
无酒不成席 wújiǔ bùchéngxí 어떤 자리든 술이 빠질 수 없다
说法 shuōfǎ 뗑 표현　尤其 yóuqí 凰 특히
过年 guònián 图 설을 쇠다　过节 guòjié 뗑 명절을 쇠다
请客 qǐngkè 图 접대하다, 초대하다　时候 shíhou 뗑 때, 무렵
亲戚 qīnqi 뗑 친척　之间 zhījiān 뗑 사이
不可缺少 bùkěquēshǎo 없어서는 안 된다
重要 zhòngyào 뗑 중요하다　活动 huódòng 뗑 행사
做法 zuòfǎ 뗑 (물건을 만드는) 방법　简单 jiǎndān 뗑 간단하다
受欢迎 shòu huānyíng 환영을 받다　味道 wèidao 뗑 맛
一般 yìbān 뗑 보통이다, 일반적이다　久 jiǔ 뗑 오래다, 시간이 길다
放 fàng 图 방치하다, 제쳐놓다

중국에서, 술은 모두의 사랑을 깊이 받아서, "어떤 자리든 술이 빠질 수 없다" 라는 표현이 있다. 특히 설이나 명절을 쇠면서, 식사를 접대할 때, 술을 마시는 것은 친척과 친구 사이에 없어서는 안 되는 중요한 행사이다.

★ 중국에서, 술은:
A 만드는 방법이 간단하다　B 매우 환영 받는다　C 맛이 보통이다　D 오래 방치하면 안 된다　정답 B

해설 질문의 在中国, 酒(중국에서, 술은)와 관련된 부분을 지문에서 찾아 주의 깊게 읽는다. 지문의 처음에서 在中国, 酒深受大家喜爱(중국에서, 술은 모두의 사랑을 깊이 받는다)라고 하였으므로 B 很受欢迎(매우 환영 받는다)이 정답이다.

✓ **합격노하우** 지문의 深受大家喜爱(모두의 사랑을 깊이 받는다)가 보기 B 很受欢迎(매우 환영 받는다)으로 바꾸어 표현된 것을 확인한다.

---

76 상

通过阅读这本书, 我们可以学到很多关于少数民族的知识。作者说, 他写这本书的目的就是想让更多的人了解少数民族的文化和生活习惯, 让不同民族之间的关系变得更好。

★ 这本书可以让我们:
A 学习语法　　B 关系变好
C 了解少数民族　　D 参加文化交流

通过 tōngguò 꿴 ~를 통해　阅读 yuèdú 图 읽다
可以 kěyǐ 조통 ~할 수 있다　学到 xuédào 图 습득하다
关于 guānyú 꿴 ~에 관한　少数民族 shǎoshùmínzú 소수민족
知识 zhīshi 뗑 지식　作者 zuòzhě 뗑 저자　目的 mùdì 뗑 목적
让 ràng 图 ~하게 하다　更 gèng 凰 더, 더욱
了解 liǎojiě 图 이해하다　文化 wénhuà 뗑 문화
生活 shēnghuó 뗑 생활　习惯 xíguàn 뗑 습관
不同 bùtóng 뗑 다르다　之间 zhījiān 뗑 사이
关系 guānxi 뗑 관계　变 biàn 图 변하다
语法 yǔfǎ 뗑 어법　参加 cānjiā 图 참여하다, 참가하다
交流 jiāoliú 뗑 교류

이 책을 읽는 것을 통해, 우리는 소수 민족에 관한 지식을 많이 습득할 수 있다. 저자가 말하길, 그가 이 책을 쓴 목적은 더 많은 사람이 소수 민족의 문화와 생활습관을 이해하고, 다른 민족 사이의 관계를 더욱 좋게 변하도록 하는 것이다.

★ 이 책은 우리가 무엇을 하게 할 수 있는가:
A 어법을 공부한다　B 관계가 좋게 변한다　C 소수 민족을 이해한다　D 문화 교류에 참여한다　정답 C

해설 질문의 这本书可以让我们(이 책은 우리가 무엇을 하게 할 수 있는가)과 관련된 부분을 지문에서 찾아 주의 깊게 읽는다. 지문에서 通过阅读这本书, 我们可以学到很多关于少数民族的知识。(이 책을 읽는 것을 통해, 우리는 소수 민족에 관한 지식을 많이 습득할 수 있다.)이라고 하였으므로, 이를 통해 알 수 있는 C 了解少数民族(소수 민족을 이해한다)가 정답이다.

✓ **합격노하우** 지문의 通过阅读这本书, 我们可以……(이 책을 읽는 것을 통해, 우리는 …… 할 수 있다)가 질문의 这本书可以让我们(이 책은 우리가 무엇을 하게 할 수 있는가)으로 바꾸어 표현된 것을 확인한다.

77 중

研究发现，如果父母在教育孩子的时候能够以鼓励为主，少批评，那么孩子的自信心就会大大增强。

★ 教育孩子时要：
A 多鼓励　　　　B 常原谅
C 有方法　　　　D 有信心

研究 yánjiū	图 연구하다	发现 fāxiàn	图 발견하다
如果 rúguǒ	웹 만약	教育 jiàoyù	图 교육하다
孩子 háizi	图 아이	能够 nénggòu	图 ~할 수 있다
以…为… yǐ…wéi…	~을 ~으로 삼다	鼓励 gǔlì	图 격려하다
少 shǎo	图 조금	批评 pīpíng	图 지적하다, 비판하다 图 지적, 비판
自信心 zìxìnxīn	图 자신감	大大 dàdà	图 대단히
增强 zēngqiáng	图 높이다	原谅 yuánliàng	图 용서하다
方法 fāngfǎ	图 방법	信心 xìnxīn	图 자신감

연구에서 발견하길, 만약 부모가 아이를 교육할 때 격려하는 것을 위주로 하고, 적게 지적할 수 있다면, 그러면 아이의 자신감이 대단히 높아진다고 한다.

★ 아이를 교육할 때 마땅히:
A 많이 격려한다　　B 자주 용서한다　　C 방법이 있어야 한다　　D 자신감이 있어야 한다　　정답 A

해설 질문의 教育孩子时要(아이를 교육할 때 마땅히)와 관련된 부분을 지문에서 찾아 주의 깊게 읽는다. 지문에서 如果父母在教育孩子的时候能够以鼓励为主，少批评，那么孩子的自信心就会大大增强(만약 부모가 아이를 교육할 때 격려하는 것을 위주로 하고, 적게 지적할 수 있다면, 그러면 아이의 자신감이 대단히 높아진다고 한다)이라고 하였으므로, 이를 통해 알 수 있는 A 多鼓励(많이 격려한다)가 정답이다.

✓ 합격노하우 지문의 以鼓励为主(격려하는 것을 위주로 한다)가 보기 A 多鼓励(많이 격려한다)로 바뀌어 표현된 것을 확인한다.

78 중

"旧书网"是一个专门买卖旧书的网站。在这里，你可以用很便宜的价格买到你想要的书。同时，你也可以把自己的旧书放在这里卖。这个网站的出现减少了资源的浪费。

★ 上"旧书网"：
A 能讨论新书　　B 很浪费时间
C 可以买卖旧书　　D 可以免费阅读

旧书 jiùshū	图 헌 책	专门 zhuānmén	图 전문적으로
买卖 mǎimài	图 사고 팔다	网站 wǎngzhàn	图 웹사이트
可以 kěyǐ	图 ~할 수 있다	用 yòng	图 ~으로
便宜 piányi	图 싸다	价格 jiàgé	图 가격 买 mǎi 图 사다
同时 tóngshí	图 동시에	卖 mài	图 팔다
出现 chūxiàn	图 출현하다	减少 jiǎnshǎo	图 줄이다
资源 zīyuán	图 자원	浪费 làngfèi	图 낭비하다
讨论 tǎolùn	图 토론하다	新书 xīnshū	图 새 책
免费 miǎnfèi	图 무료로 하다	阅读 yuèdú	图 읽다

"헌 책 넷"은 전문적으로 헌 책을 사고 파는 사이트이다. 이곳에서, 당신은 싼 가격으로 당신이 원하던 책을 살 수 있다. 동시에, 당신은 또한 자신의 헌 책을 이곳에 놓고 팔 수 있다. 이 사이트의 출현은 자원의 낭비를 줄였다.

★ "헌 책 넷"에 접속하면:
A 새 책을 토론할 수 있다　　B 시간을 낭비한다　　C 헌 책을 사고 팔 수 있다　　D 무료로 읽을 수 있다　　정답 C

해설 질문의 "旧书网"("헌 책 넷")과 관련된 부분을 지문에서 찾아 주의 깊게 읽는다. 지문에서 "旧书网"……。在这里，你可以用很便宜的价格买到你想要的书。同时，你也可以把自己的旧书放在这里卖。("헌 책 넷"……。이곳에서, 당신은 싼 가격으로 당신이 원하던 책을 살 수 있다. 동시에, 당신은 또한 자신의 헌 책을 이곳에 놓고 팔 수 있다.)라고 하였으므로 C 可以买卖旧书(헌 책을 사고 팔 수 있다)가 정답이다.

✓ 합격노하우 질문에 따옴표(" ")로 인용된 표현이 있으면, 이 표현을 핵심어구로 하여 지문에서 관련된 내용을 재빨리 찾는다.

79 하

明天就要考试了，大家回去后请准备好铅笔、橡皮和准考证。今天晚上要放松心情，好好休息。明天考试时不要紧张！

★ 参加考试前要：
A 认真复习　　B 做好准备
C 仔细检查　　D 重新报名

就要 jiùyào	图 곧	考试 kǎoshì	图 시험을 치다 图 시험
大家 dàjiā	图 모두	准备 zhǔnbèi	图 준비하다 图 준비
铅笔 qiānbǐ	图 연필	橡皮 xiàngpí	图 지우개
准考证 zhǔnkǎozhèng	图 수험표		
放松 fàngsōng	图 정신적 긴장을 풀다	心情 xīnqíng	图 마음
好好 hǎohao	图 충분히, 잘	休息 xiūxi	图 휴식하다
不要 búyào	~하지 마라	紧张 jǐnzhāng	图 긴장하다
参加 cānjiā	图 참가하다	认真 rènzhēn	图 착실하다
复习 fùxí	图 복습하다	仔细 zǐxì	图 세심하다
检查 jiǎnchá	图 검사하다	重新 chóngxīn	图 다시
报名 bàomíng	图 신청하다		

내일 곧 시험을 칩니다, 모두 돌아간 후 연필, 지우개와 수험표를 잘 준비하세요. 오늘 저녁에 마음의 긴장을 풀고, 충분히 쉬세요. 내일 시험 치를 때 긴장하지 마세요!

★ 시험에 참가하기 전에 해야하는 것은:
A 착실히 복습한다　　　B 준비를 잘 해둔다　　　C 세심하게 검사한다　　　D 다시 신청한다　　　정답 B

해설 질문의 参加考试前要(시험에 참가하기 전에 해야하는 것은)와 관련된 부분을 지문에서 찾아 주의 깊게 읽는다. 지문에서 **明天就要考试了, ……请准备好铅笔、橡皮和准考证**(내일 곧 시험을 칩니다;…… 연필, 지우개와 수험표를 잘 준비하세요)이라고 하였으므로, 이를 통해 알 수 있는 B 做好准备(준비를 잘 해둔다)가 정답이다.

✅ **합격노하우** 질문이 전부 핵심어구인 경우에 질문과 관련된 부분을 지문에서 재빨리 찾는다.

80-81

一个年轻人问富人怎么才能赚更多的钱，富人没有直接回答他，而是拿出3个大小不同的苹果说："我们来比比谁吃的苹果多。"年轻人想都没想就拿了最大的一个，⁸⁰而富人拿了最小的一个。富人很快就吃完了，又拿起第3个苹果吃起来，吃完后说："还是我吃得多吧。"⁸¹年轻人突然明白了，如果只看眼前的好处，那一定会输掉更多。

年轻人 niánqīngrén 명 젊은이　问 wèn 동 묻다　富人 fùrén 명 부자
怎么 zěnme 대 어떻게　才 cái 부 비로소　赚 zhuàn 동 (돈을) 벌다
更 gèng 부 더, 더욱　直接 zhíjiē 형 직접적인　回答 huídá 동 대답하다
拿出 náchū 동 꺼내다　大小 dàxiǎo 명 크기　不同 bùtóng 형 다르다
苹果 píngguǒ 명 사과　比 bǐ 동 비교하다　谁 shéi 대 누구
拿 ná 동 잡다, 쥐다　又 yòu 부 또, 다시
起来 qǐlai 동 동사 뒤에 쓰여 어떤 동작이 시작됨을 나타냄
还是 háishi 부 역시, 여전히　突然 tūrán 부 갑자기
明白 míngbai 동 이해하다　如果 rúguǒ 접 만약　只 zhǐ 부 오직
眼前 yǎnqián 명 눈앞　好处 hǎochù 명 좋은 점
一定 yídìng 부 반드시　输掉 shūdiào 동 잃어버리다, 지다

한 젊은이가 부자에게 어떻게 해야 비로소 더 많은 돈을 벌 수 있는지 물었고, 부자는 그에게 직접적인 대답 없이, 크기가 다른 사과 3개를 꺼내면서 말했다. "우리 누가 사과를 더 많이 먹나 비교해보자." 젊은이는 생각도 하지 않고 가장 큰 하나를 집었고, ⁸⁰부자는 가장 작은 하나를 집었다. 부자는 빠르게 다 먹었고, 또 세 번째 사과를 집어 들고 먹기 시작해서, 다 먹은 후에 말했다. "역시 제가 더 많이 먹었네요." ⁸¹젊은이는 갑자기 이해하게 되었다, 만약 오직 눈앞의 좋은 점만 보게 된다면, 그러면 반드시 더 많은 것을 잃어버린다는 사실을.

80

★ 富人选小个苹果的原因是:
A 他已经饱了　　　B 他很懂礼貌
C 他不喜欢苹果　　D 他能吃得更多

富人 fùrén 명 부자　选 xuǎn 동 고르다, 선택하다
苹果 píngguǒ 명 사과　原因 yuányīn 명 원인
已经 yǐjing 부 이미　饱 bǎo 형 배부르다
懂礼貌 dǒng lǐmào 예절이 밝다　更 gèng 부 더, 더욱

★ 부자가 작은 사과를 고른 원인은:
A 그는 이미 배가 부르다　　B 그는 예절이 밝다　　C 그는 사과를 좋아하지 않는다　　D 그는 더 많이 먹을 수 있다　　정답 D

해설 질문의 富人选小个苹果的原因(부자가 작은 사과를 고른 원인)과 관련된 부분을 지문에서 찾아 주의 깊게 읽는다. 지문에서 **而富人拿了最小的一个。富人很快就吃完了，又拿起第3个苹果吃起来，吃完后说："还是我吃得多吧。"**(부자는 가장 작은 하나를 집었다. 부자는 빠르게 다 먹었고, 또 세 번째 사과를 집어 들고 먹기 시작해서, 다 먹은 후에 말했다. "역시 내가 더 많이 먹었네요.")라고 하였으므로, 이를 통해 알 수 있는 D 他能吃得更多(그는 더 많이 먹을 수 있다)가 정답이다.

✅ **합격노하우** 질문의 끝에 是(~이다)이 있으면 앞부분을 핵심어구로 하여 지문에서 관련된 내용을 재빨리 찾는다.

81

★ 这个故事想告诉我们:
A 赚钱不容易　　　B 态度很重要
C 别只看到眼前　　D 不要羡慕富人

故事 gùshi 명 이야기　告诉 gàosu 동 말하다, 알리다
赚钱 zhuànqián 동 돈을 벌다　容易 róngyì 형 쉽다
态度 tàidu 명 태도　重要 zhòngyào 형 중요하다
别 bié 부 ~하지 마라　眼前 yǎnqián 명 눈앞
不要 búyào 조동 ~해서는 안 된다　羡慕 xiànmù 동 부러워하다
富人 fùrén 명 부자

★ 이 이야기가 우리에게 말하고자 하는 것은:
A 돈을 버는 것은 쉽지 않다　　　　　　B 태도가 매우 중요하다
C 눈 앞에 있는 것만 봐서는 안 된다　　D 부자를 부러워해서는 안 된다　　정답 C

해설 질문의 想告诉我们(우리에게 말하고자 하는 것은)와 관련된 부분을 지문에서 찾아 주의 깊게 읽는다. 지문의 마지막에서 年轻人突然明白了, 如果只看眼前的好处, 那一定会输掉更多.(젊은이는 갑자기 이해하게 되었다, 만약 오직 눈앞의 좋은 점만 보게 된다면, 그러면 반드시 더 많은 것을 잃어버린다는 사실을.)라고 하였으므로 C 别只看到眼前(눈 앞에 있는 것만 봐서는 안 된다)이 정답이다.

✓ 합격노하우 질문에 这个故事(이 이야기가)이 있으면 뒷부분을 핵심어구로 하여 지문에서 관련된 내용을 재빨리 찾는다.

82-83

中国人常说, ⁸²"能力越大, 责任越大"。这句话的意思就是, 如果一个人可以做别人做不到的事情, 就能得到更多的机会, 完成更多的任务。同时, ⁸²他身上的责任也会更大。其实, ⁸³对有能力的人来说, 如果不怕辛苦, 就能得到锻炼, 比别人获得的经验要多得多。

能力 nénglì 몡 능력 越…越… yuè…yuè~할수록 ~하다
责任 zérèn 몡 책임 意思 yìsi 뜻, 의미 如果 rúguǒ 만약
可以 kěyǐ 조동 ~할 수 있다 别人 biérén 뗑 다른 사람
做不到 zuò bu dào 할 수 없다 事情 shìqing 뗑 일
得到 dédào 통 얻다, (기회를 빌어~)할 수 있다 更 gèng 뛰 더, 더욱
机会 jīhuì 뗑 기회 完成 wánchéng 통 완수하다
任务 rènwu 뗑 임무 同时 tóngshí 뗑 동시에
身上 shēnshang 뗑 몸(에) 其实 qíshí 뛰 사실
对…来说 duì…láishuō ~의 입장에서 보면 怕 pà 두려워하다
辛苦 xīnkǔ 뗑 고되다 锻炼 duànliàn 통 단련하다 比 bǐ 께 ~보다
获得 huòdé 통 얻다, 획득하다 经验 jīngyàn 뗑 경험

중국인은 ⁸²"능력이 클수록, 책임도 크다"라고 항상 말한다. 이 말의 뜻은 바로, 만약 한 사람이 다른 사람이 못하는 일을 할 수 있다면, 더 많은 기회를 얻을 수 있고, 더 많은 임무를 완수할 수 있다. 동시에, ⁸²그의 책임 또한 더 커질 것이다. 사실, ⁸³능력이 있는 사람의 입장에서 보면, 만약 고된 것을 두려워하지 않는다면, 단련을 할 수 있고, 다른 사람보다 얻는 경험이 훨씬 많을 것이다.

82 상

★ 有能力的人：
A 要积极帮助别人   B 会受到更多批评
C 能提高工作水平   D 会有更大的责任

能力 nénglì 뗑 능력 积极 jījí 적극적이다
帮助 bāngzhù 통 돕다 别人 biérén 뗑 다른 사람
受到 shòudào 통 ~을 받다 批评 pīpíng 몡 지적, 비판
提高 tígāo 통 향상시키다 水平 shuǐpíng 뗑 수준
责任 zérèn 뗑 책임

★ 능력 있는 사람은:
A 적극적으로 다른 사람을 도와야 한다   B 더 많은 지적을 받는다
C 업무 수준을 향상시킬 수 있다   D 더 큰 책임이 있을 것이다   정답 D

해설 질문의 有能力的人(능력 있는 사람은)과 관련된 부분을 지문에서 찾아 주의 깊게 읽는다. 지문 초반에서 "能力越大, 责任越大"("능력이 클수록, 책임도 크다")라고 하였고, 지문 중반에서 他身上的责任也会更大(그의 책임 또한 더 커질 것이다)라고 하였으므로, 이를 통해 알 수 있는 D 会有更大的责任(더 큰 책임이 있을 것이다)이 정답이다.

✓ 합격노하우 질문이 전부 핵심어구인 경우에 질문과 관련된 부분을 지문에서 재빨리 찾는다.

83 중

★ 不怕辛苦就可以：
A 锻炼身体   B 获得经验
C 赚很多钱   D 受到重视

怕 pà 통 두려워하다 辛苦 xīnkǔ 뗑 고되다
锻炼 duànliàn 통 단련하다 身体 shēntǐ 뗑 신체
获得 huòdé 통 얻다, 획득하다 经验 jīngyàn 뗑 경험
赚钱 zhuànqián 통 돈을 벌다 受到 shòudào 통 ~을 받다
重视 zhòngshì 통 중시하다

★ 고된 것을 두려워하지 않으면 가능한 것은:
A 신체를 단련한다   B 경험을 얻는다   C 돈을 많이 번다   D 중시를 받는다   정답 B

해설 질문의 不怕辛苦(고된 것을 두려워하지 않는다)와 관련된 부분을 지문에서 찾아 주의 깊게 읽는다. 지문의 마지막에서 对有能力的人来说, 如果不怕辛苦, 就能得到锻炼, 比别人获得的经验要多得多(능력이 있는 사람의 입장에서 보면, 만약 고된 것을 두려워하지 않는다면, 단련을 할 수 있고, 다른 사람보다 얻는 경험이 훨씬 많을 것이다)라고 하였으므로, 이를 통해 알 수 있는 B 获得经验(경험을 얻는다)이 정답이다.

✓ 합격노하우 질문에 '……就可以(가능한 것은)'가 있으면 앞부분을 핵심어구로 하여 지문에서 관련된 내용을 재빨리 찾는다.

84-85

⁸⁴许多人总是羡慕别人的幸福,却不知道其实幸福就在自己手中。不要以为幸福就是有很多钱,很多车,其实幸福往往是免费的,比如亲情、爱情、友谊,比如别人的帮助、支持、鼓励……都让我们感到愉快。除了这些,如果每一天的生活都既丰富又有趣,难道不就是一种幸福吗? ⁸⁵让我们更积极地生活,努力把每一天都活得更精彩,更幸福吧!

许多 xǔduō 매우 많다	总是 zǒngshì 항상
羡慕 xiànmù 부러워하다	别人 biéren 다른 사람
幸福 xìngfú 행복, 행복하다	却 què 오히려
其实 qíshí 사실	自己 zìjǐ 자신, 스스로
手中 shǒuzhōng 손 안	不要 búyào ~해서는 안 된다
以为 yǐwéi 생각하다	往往 wǎngwǎng 흔히
免费 miǎnfèi 무료로 하다	比如 bǐrú 예를 들면 ~이다, ~가 예다
亲情 qīnqíng 혈육간의 정	爱情 àiqíng 애정
友谊 yǒuyì 우정	帮助 bāngzhù 도움
支持 zhīchí 지지	鼓励 gǔlì 격려
让 ràng ~하게 하다	感到 gǎndào 느끼다
愉快 yúkuài 유쾌하다	除了 chúle ~외에
这些 zhèxiē 이런 것들	如果 rúguǒ 만약
生活 shēnghuó 생활, 생활하다
既…又…jì…yòu… ~하고 ~하다	丰富 fēngfù 풍부하다
有趣 yǒuqù 재미있다	难道 nándào 설마 ~란 말인가?
积极 jījí 적극적이다	努力 nǔlì 노력하다	活 huó 살다
精彩 jīngcǎi 멋지다

⁸⁴매우 많은 사람은 항상 다른 사람의 행복을 부러워하면서, 오히려 사실 행복이 자신의 손 안에 있는 것은 모른다. 행복을 돈이 많거나, 차가 많은 것으로 생각하면 안 된다, 사실 행복은 흔히 무료일 것인데, 예를 들어 혈육간의 정, 애정, 우정이나, 다른 사람의 도움, 지지, 격려가 그 예다. 모두 우리로 하여금 즐거움을 느끼게 한다. 이런 것들을 제외하고, 만약 매일의 생활이 풍부하고 재미있기만 하면, 설마 행복이 아니란 말인가? ⁸⁵우리는 더 적극적으로 생활하여, 하루하루를 더 멋지고, 더 행복하게 살도록 노력하자!

84 중

★ 根据上文, 幸福是:
A 很难获得的   B 需要保护的
C 没有标准的   D 在自己手中的

幸福 xìngfú 행복	难 nán 어렵다
获得 huòdé 얻다, 획득하다	需要 xūyào ~해야 한다
保护 bǎohù 보호하다	标准 biāozhǔn 기준
自己 zìjǐ 자신, 스스로	手中 shǒuzhōng 손 안

★ 위 글에 근거하여, 행복은:
A 얻기 힘든 것이다   B 보호해야 하는 것이다   C 기준이 없는 것이다   D 자신의 손에 있는 것이다   정답 D

해설 질문의 幸福(행복)와 관련된 부분을 찾아 주의 깊게 읽는다. 지문의 처음에서 许多人总是羡慕别人的幸福, 却不知道其实幸福就在自己手中。(매우 많은 사람은 항상 다른 사람의 행복을 부러워하면서, 오히려 사실 행복이 자신의 손 안에 있는 것은 모른다.)이라고 하였으므로, 그대로 언급된 D 在自己手中的(자신의 손에 있는 것이다)가 정답이다.

✓ **합격노하우** 질문에 根据上文(위 글에 근거하여)가 있으면 뒷부분을 핵심어구로 하여 지문에서 관련된 내용을 재빨리 찾는다.

85 중

★ 怎么做才能获得更多的幸福?
A 努力地赚钱   B 积极地生活
C 交不同的朋友   D 积累丰富的知识

才 cái 비로소	获得 huòdé 얻다, 획득하다
幸福 xìngfú 행복	努力 nǔlì 열심이다
赚钱 zhuànqián 돈을 벌다	积极 jījí 적극적이다
生活 shēnghuó 생활하다
交朋友 jiāopéngyou 친구를 사귀다	不同 bùtóng 다르다
积累 jīlěi 쌓다, 쌓이다	丰富 fēngfù 풍부하다, 많다
知识 zhīshi 지식

★ 어떻게 해야 비로소 더 많은 행복을 얻을 수 있는가?
A 열심히 돈을 번다   B 적극적으로 생활한다   C 다른 친구를 사귄다   D 풍부한 지식을 쌓는다   정답 B

해설 질문의 获得更多的幸福(더 많은 행복을 얻는다)와 관련된 부분을 지문에서 찾아 주의 깊게 읽는다. 지문의 마지막에서 让我们更积极地生活, 努力把每一天都活得更精彩, 更幸福吧!(우리는 더 적극적으로 생활하여, 하루하루를 더 멋지고, 더 행복하게 살도록 노력하자!)라고 하였으므로 B 积极地生活(적극적으로 생활한다)가 정답이다.

✓ **합격노하우** 질문이 '怎么做才能……?(어떻게 해야 비로소 ~할 수 있는가?)'와 같은 의문문이면 뒷부분을 핵심어구로 하여 지문에서 관련된 내용을 재빨리 찾는다.

三、书写 쓰기

86 公司的 招聘会由 这次 负责 他

公司 gōngsī 📖 회사 招聘会 zhāopìnhuì 📖 채용박람회
由 yóu 📖 ~가 次 cì 📖 번, 차례 负责 fùzé 📖 책임지다

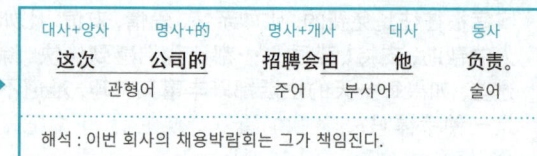

해설
술어 배치하기 제시된 어휘 중 유일한 동사인 负责(책임지다)를 술어 자리에 배치한다.
→ 负责(책임지다)
주어 배치하기 제시된 어휘 중 '명사+개사' 형태인 招聘会由(채용박람회는 ~가)를 주어 자리에 배치한다.
→ 招聘会由 ~ 负责(채용박람회는 ~가 책임진다)
문장 완성하기 招聘会由(채용박람회는 ~가)의 由는 행위의 주체를 나타내는 개사이므로, 술어 负责(책임지다)의 주체가 되는 대사 他(그)를 由 뒤에 배치한다. 남은 어휘 '대사+양사' 형태인 这次(이번)와 '명사+的' 형태의 公司的(회사의)를 这次公司的(이번 회사의)로 연결한 후 주어 招聘会(채용박람회) 앞에 관형어로 배치하여 문장을 완성한다. 참고로 관형어가 여러 개인 경우에는 '…양사→…的'의 순서로 배치한다.
→ 这次公司的招聘会由他负责。(이번 회사의 채용박람회는 그가 책임진다.)

✅ **합격노하우** 제시된 어휘 중 '명사/대사+개사' 형태의 어휘가 있으면 바로 주어 자리에 배치한다. 개사구는 주어와 술어 사이에서 부사어로 쓰이기 때문이다.

87 压力 公共自行车 增加了 城市管理的

压力 yālì 📖 부담 公共 gōnggòng 📖 공공의
自行车 zìxíngchē 📖 자전거 增加 zēngjiā 📖 증가하다
城市管理 chéngshì guǎnlǐ 📖 도시 관리

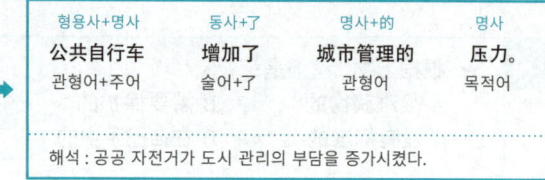

해설
술어 배치하기 제시된 어휘 중 '동사+了' 형태의 增加了(증가시켰다)를 술어 자리에 바로 배치한다.
→ 增加了(증가시켰다)
주어와 목적어 배치하기 명사 压力(부담)와 '형용사+명사' 형태인 公共自行车(공공 자전거) 중 술어인 增加了(증가시켰다)와 문맥상 목적어로 어울리는 명사 压力를 목적어 자리에 배치하고, 주어로 어울리는 公共自行车를 주어 자리에 배치한다.
→ 公共自行车增加了压力 (공공 자전거가 부담을 증가시켰다)
문장 완성하기 남은 어휘 城市管理的(도시관리의)를 목적어 压力 앞에 관형어로 배치하여 문장을 완성한다.
→ 公共自行车增加了城市管理的压力。(공공 자전거가 도시 관리의 부담을 증가시켰다.)

✅ **합격노하우** 제시된 어휘 중 '동사+了' 형태가 있으면 바로 술어 자리에 배치한다. 동태조사 了는 술어 뒤에서 동작의 완료를 나타내기 때문이다.

88 只好 经理 再检查一遍 发展计划

只好 zhǐhǎo 📖 ~할 수 밖에 없다 经理 jīnglǐ 📖 매니저
再 zài 📖 다시 检查 jiǎnchá 📖 검토하다
遍 biàn 📖 번, 차례(한 동작의 시작부터 끝까지 전체를 세는 단위)
发展 fāzhǎn 📖 발전 计划 jìhuà 📖 계획

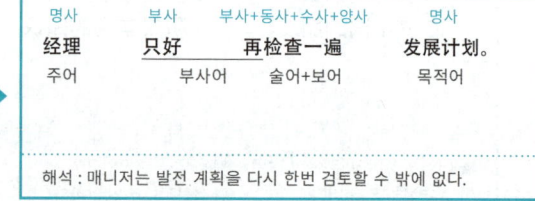

해설
술어 배치하기 제시된 어휘 중 유일하게 동사가 있는 '부사+동사+수사+양사' 형태의 再检查一遍(다시 한번 검토하다)을 술어 자리에 배치한다.
→ 再检查一遍 (다시 한번 검토하다)
주어 목적어 배치하기 명사인 经理(매니저)와 发展计划(발전 계획) 중 술어인 再检查一遍(다시 한번 검토하다)과 문맥상 목적어로 어울리는 发展计划(발전 계획)를 목적어 자리에 배치하고, 주어로 어울리는 经理(매니저)를 주어 자리에 배치한다.
→ 经理再检查一遍发展计划 (매니저는 발전 계획을 다시 한번 검토한다)
문장 완성하기 남은 어휘 부사 只好(~할 수 밖에 없다)를 술어 再检查一遍(다시 한번 검토하다) 앞에 부사어로 배치하여 문장을 완성한다.
→ 经理只好再检查一遍发展计划。(매니저는 발전 계획을 다시 한번 검토할 수 밖에 없다.)

✅ **합격노하우** 제시된 어휘 중 동사가 1개 있으면 바로 술어 자리에 배치한다.

| 89 중 | 小狗　弄　沙发　脏了　被 |

小狗 xiǎogǒu 圀 강아지　弄 nòng 图 하다, 다루다
沙发 shāfā 圀 소파　脏 zāng 圀 더럽다

명사	被	명사	동사	형용사+了
沙发	被	小狗	弄	脏了。
주어	被	행위의 주체	술어	보어 + 了

해석 : 소파는 강아지에 의해 더럽혀졌다.

해설
被 ~ 술어+기타성분 배치하기　제시된 어휘 중 被가 있으므로, 被자문을 완성해야 한다. 따라서 동사 弄(하다)을 술어 자리에 배치하고, '형용사+了' 형태인 脏了(더러워졌다)를 술어 弄(하다) 뒤에 기타성분으로 배치한다. 참고로 脏了(더러워졌다)는 결과보어이다.
→ 被 ~ 弄脏了 (~에 의해 더럽혀졌다)
주어와 행위의 주체 배치하기　명사인 小狗(강아지)와 沙发(소파) 중 술어 弄脏了(더럽혔다)의 주체가 되는 小狗(강아지)를 被 다음에 배치하고, 沙发(소파)를 주어 자리에 배치하여 문장을 완성한다.
→ 沙发被小狗弄脏了。(소파는 강아지에 의해 더럽혀졌다.)
✓ 합격노하우　제시된 어휘 중 被, 동사, '형용사+了' 형태의 어휘가 있으면 '被……동사+형용사+了'와 같이 '被 ~ 술어+기타성분'을 동시에 배치한다.

| 90 중 | 祝贺　一个警察　正式成为　你 |

祝贺 zhùhè 图 축하하다　警察 jǐngchá 圀 경찰관
正式 zhèngshì 圀 정식의　成为 chéngwéi 图 ~이 되다

동사	대사	부사+동사	수사+양사+명사
祝贺	你	正式成为	一个警察。
술어	주어	부사어+술어	목적어
		목적어	

해석 : 당신이 정식으로 경찰이 된 것을 축하합니다.

해설
술어 배치하기　제시된 어휘 중 동사인 祝贺(~을 축하한다)가 있으므로 문장 맨 앞에 오는 술어로 배치한다. 참고로 동사 祝贺(~을 축하한다)는 문장의 맨 앞에 쓰여 주술구 또는 술목구를 목적어로 취한다.
→ 祝贺 (~을 축하한다)
주어 목적어 배치하기　술어가 祝贺(~을 축하한다)이므로 주술구 또는 술목구 형태의 목적어를 완성한다. '부사+동사' 형태인 正式成为(정식으로 ~가 된다)를 술어 자리에 배치하고, 대사인 你(당신)와 '수사+양사+명사' 형태인 一个警察(한 경찰) 중 술어 成为(~이 된다)와 문맥상 목적어로 어울리는 一个警察(한 경찰)를 목적어 자리에, 주어로 어울리는 你(당신)를 주어 자리에 배치하여 문장을 완성한다.
→ 祝贺你正式成为一个警察。(당신이 정식으로 경찰이 된 것을 축하합니다.)
✓ 합격노하우　제시된 어휘 중 祝贺(축하하다)가 있으면 문장 맨 앞에 배치한다.

| 91 상 | 就出国　一毕业　小李　读博士了 |

出国 chūguó 图 외국에 가다　毕业 bìyè 图 졸업하다
读博士 dú bóshì 图 박사 과정을 밟다

명사	一+동사	就+동사	동사+명사+了
小李	一毕业	就出国	读博士了。
주어	술어1		술어2+목적어+了

해석 : 샤오리는 졸업하자마자 바로 출국하여 박사 과정을 밟았다.

해설
술어1과 술어2 배치하기　제시된 어휘 중 一毕业의 毕业(졸업하다), 就出国의 出国(출국하다), 读博士了의 读(공부하다) 세 개가 동사이므로 연동문 완성을 고려해야 한다. '一……'와 '就……'는 '一……就……(~하자마자 바로 ~하다)' 형태의 짝꿍 연결어로 사용되므로, '一+동사' 형태의 一毕业(졸업하자마자)와 '就+동사' 형태의 就出国(바로 출국하다)를 一毕业就出国(졸업하자마자 바로 출국한다) 형태로 우선 연결한다. 一毕业就出国가 读博士了(박사 과정을 밟았다)의 목적이 되므로, 一毕业就出国를 술어1 자리에, 读博士了를 술어2 자리에 배치한다.
→ 一毕业就出国读博士了 (졸업하자마자 바로 출국하여 박사 과정을 밟았다)
주어 배치하기　남은 명사 小李(샤오리)를 주어 자리에 배치하여 문장을 완성한다.
→ 小李一毕业就出国读博士了。(샤오리는 졸업하자마자 바로 출국하여 박사 과정을 밟았다.)
✓ 합격노하우　제시된 어휘 중 一(~하자마자)와 就(바로 ~하다)가 있으면 '一……就……(~하자마자 바로 ~하다)' 형태로 바로 연결한다.

92
하

是　秋天　一个　去看红叶　好主意

秋天 qiūtiān 몡 가을　红叶 hóngyè 몡 단풍잎
主意 zhǔyi 몡 생각

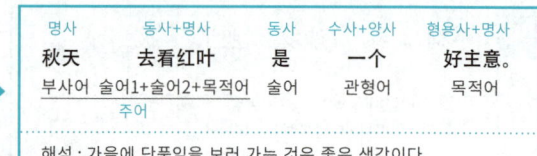

해석 : 가을에 단풍잎을 보러 가는 것은 좋은 생각이다.

해설
술어 배치하기 제시된 어휘 중 是이 있으므로, 是자문을 완성하는 문제이다. 동사 是(~이다)을 술어 자리에 배치한다.
→ 是 (~이다)

주어와 목적어 배치하기 명사인 秋天(가을), '동사+명사' 형태인 去看红叶(단풍잎을 보러 가다)와 '형용사+명사' 형태인 好主意(좋은 생각) 중 술어 是(~이다)과 문맥상 목적어로 어울리는 '형용사+명사' 형태인 好主意(좋은 생각)를 목적어 자리에 배치한다. '동사+명사' 형태인 去看红叶(단풍잎을 보러 가다)가 술어 是(~이다)과 문맥상 주어로 어울리므로 주어 자리에 배치한다.
→ 去看红叶是好主意 (단풍잎을 보러 가는 것은 좋은 생각이다)

문장 완성하기 남은 어휘 秋天(가을)은 시간명사이므로 문장 맨 앞에 부사어로 배치하고, '수사+양사' 형태의 一个(한 개)를 양사 个와 함께 쓰이는 好主意(좋은 생각) 앞에 관형어로 배치하여 문장을 완성한다.
→ 秋天去看红叶是一个好主意。(가을에 단풍잎을 보러 가는 것은 좋은 생각이다.)

✅ **합격노하우** 제시된 어휘 중 是(~이다)이 있으면 바로 술어 자리에 배치한다.

93
중

把　我不小心　错了　学校地址　填

不小心 bùxiǎoxīn 실수로　错 cuò 통 틀리다
学校 xuéxiào 몡 학교　地址 dìzhǐ 몡 주소
填 tián 통 기입하다

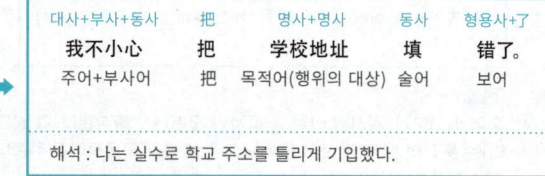

해석 : 나는 실수로 학교 주소를 틀리게 기입했다.

해설
把 ~ 술어+기타성분 배치하기 제시된 어휘 중 把가 있으므로, 把자문을 완성해야 한다. 동사 填(기입하다)과 '형용사+了' 형태인 错了(틀렸다)를 填错了(틀리게 기입했다)로 연결하여 '술어+기타성분' 자리에 배치하고, 把를 술어 앞에 배치한다. 참고로 填错了(틀리게 기입했다)에서 错了(틀렸다)는 결과보어로 쓰인 기타성분이다.
→ 把 ~ 填错了(~을 틀리게 기입했다)

주어와 목적어(행위의 대상) 배치하기 명사인 学校地址(학교 주소)과 '대사+부사+동사' 형태인 我不小心(나는 실수로) 중 문맥상 填错了(틀리게 기입했다)의 목적어가 되는 学校地址(학교 주소)을 把 다음 목적어(행위의 대상) 자리에 배치하고, 我不小心(나는 실수로)을 '주어+부사어' 자리에 배치하여 문장을 완성한다.
→ 我不小心把学校地址填错了。(나는 실수로 학교 주소를 틀리게 기입했다.)

✅ **합격노하우** 제시된 어휘 중 把, 동사, '형용사+了' 형태의 어휘가 있으면 '把……동사+형용사+了'와 같이 '把 ~ 술어+기타성분'을 동시에 배치한다.

94
상

生活着　海洋里　动物和植物　各种各样的

生活 shēnghuó 통 살다, 서식하다　海洋 hǎiyáng 몡 바다
动物 dòngwù 몡 동물　植物 zhíwù 몡 식물
各种各样 gè zhǒng gè yàng 여러 종류

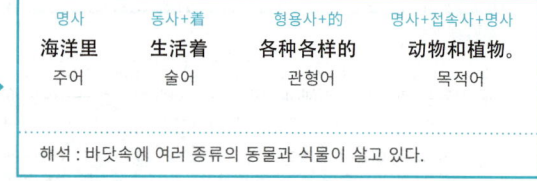

해석 : 바닷속에 여러 종류의 동물과 식물이 살고 있다.

해설
주어+술어 배치하기 제시된 어휘 중 존재함을 나타내는 동사 生活着(살고 있다)와 장소를 나타내는 海洋里(바닷속에)가 있으므로 존현문을 완성하는 문제이다. 따라서 海洋里(바닷속에)를 주어 자리에, 生活着(살고 있다)를 술어 자리에 배치한다.
→ 海洋里生活着 (바닷속에 살고 있다)

목적어 배치하기 '명사+접속사+명사' 형태인 动物和植物(동물과 식물)를 목적어 자리에 배치한다.
→ 海洋里生活着动物和植物 (바닷속에 동물과 식물이 살고 있다)

문장 완성하기 '형용사+的' 형태의 各种各样的(여러 종류의)를 목적어 动物和植物(동물과 식물) 앞에 관형어로 배치하여 문장을 완성한다.
→ 海洋里生活着各种各样的动物和植物。(바닷속에 여러 종류의 동물과 식물이 살고 있다.)

✅ **합격노하우** 제시된 어휘 중 장소를 나타내는 어휘와 존재함을 나타내는 '동사+着'가 있으면 '장소+동사+着(~에서 ~하고 있다/~에 ~인 상태이다)'의 형태로 주어와 술어를 동시에 배치하여 존현문을 완성한다.

95 상

| 使人 | 这个消息 | 很激动 | 心情 |

대사+양사+명사	동사+명사	명사	부사+동사
这个消息	使人	心情	很激动。
관형어+주어	술어1+겸어	주어	부사어+술어
	목적어1/주어2		술어2(주술구)

消息 xiāoxi 명 소식, 정보
激动 jīdòng 형 벅차오르다, 감격하다 心情 xīnqíng 명 마음

해석 : 이 소식은 사람으로 하여금 마음이 벅차오르게 한다.

해설
술어1과 겸어 배치하기 제시된 어휘 중 사역동사 使(~로 하여금 ~하게 하다)이 있으므로 겸어문을 완성해야 한다. 따라서, '동사+대사' 형태의 使人(사람으로 하여금 ~하게 하다)을 술어1+겸어 자리에 배치한다.
→ 使人 (사람으로 하여금 ~하게 하다)

술어2 배치하기 명사 心情(마음)과 '부사+동사' 형태의 很激动(벅차오르다)를 心情很激动(마음이 벅차오르다)이라는 주술구로 연결하여 술어2 자리에 배치한다. 참고로 주술구는 술어로 쓰일 수 있다.
→ 使人心情很激动 (사람으로 하여금 마음이 벅차오르게 한다)

문장 완성하기 남은 어휘 这个消息(이 소식)를 술어1 使(~로 하여금 ~하게 하다) 앞 주어 자리에 배치하여 문장을 완성한다.
→ 这个消息使人心情很激动。(이 소식은 사람으로 하여금 마음이 벅차오르게 한다.)

✓ **합격노하우** 제시된 어휘 중 使(~로 하여금 ~하게 하다)과 동사 또는 형용사가 1개 있으면 使을 술어1 자리에, 동사 또는 형용사를 술어2 자리에 배치한다.

96 하

长城 Chángchéng 고유 만리장성

해설
제시어로 문장 떠올리기
[예시]
① 나는 마침내 만리장성에 왔다.
② 만리장성은 정말로 매우 길다.

떠올린 문장 쓰기
[모범 답안]
① 我终于来到了长城。
② 长城真的长极了。

어휘
终于 zhōngyú 부 마침내 长城 Chángchéng 고유 만리장성
真的 zhēnde 부 정말로 长 cháng 형 길다
极了 jíle 매우(형용사 뒤에 위치해 뜻을 매우 강조할 때 쓰임)

✓ **합격노하우**
1. 终于来到了…… 마침내 ~에 왔다
2. ……极了 매우 ~하다

97 하

页 yè 명 쪽, 페이지

해설
제시어로 문장 떠올리기
[예시]
① 이 책은 모두 500여 쪽이다.
② 이 소설에는 500여 쪽이 있다.

떠올린 문장 쓰기
[모범 답안]
① 这本书一共500多页。
② 这篇小说有500多页。

어휘
本 běn 책을 세는 단위 一共 yígòng 부 모두 页 yè 양 쪽, 페이지
篇 piān 양 편, 장(문장, 종이 등을 세는 단위)

✓ **합격노하우**
1. 一共……页 모두 ~쪽이다
2. 这篇……有……页 이 ~에는 ~쪽이 있다

98 중

表演 biǎoyǎn 동 공연하다

해설

제시어로 문장 떠올리기
[예시]
① 그녀들은 공연을 매우 잘한다.
② 보기에 그녀들은 매우 기쁘게 공연을 하는 것 같다.

떠올린 문장 쓰기
[모범 답안]
① 她们表演得好极了。
② 看起来她们表演得非常开心。

어휘
表演 biǎoyǎn 동 공연하다
极了 jíle 매우(형용사 뒤에 위치해 뜻을 매우 강조할 때 쓰임)
看起来 kànqǐlai 보기에 ~하다 开心 kāixīn 형 기쁘다

합격노하우
1. ……得好极了 ~을 매우 잘한다
2. 表演得非常开心 매우 기쁘게 공연하다

99 중

害羞 hàixiū 형 부끄러워하다, 수줍어하다

해설

제시어로 문장 떠올리기
[예시]
① 이 아이는 매우 부끄러워한다.
② 아이는 모자를 쓰고 있으면서 부끄러움을 느낀다.

떠올린 문장 쓰기
[모범 답안]
① 这个孩子很害羞。
② 孩子戴着帽子觉得很害羞。

어휘
孩子 háizi 명 아이 害羞 hàixiū 형 부끄러워하다, 수줍어하다
戴 dài 동 (머리, 얼굴, 가슴, 팔, 손 등에) 쓰다, 착용하다 帽子 màozi 명 모자
觉得 juéde 동 ~라고 느끼다

합격노하우
1. 戴着帽子 모자를 쓰고 있다
2. 觉得很害羞 부끄러움을 느끼다

100 상

翻译 fānyì 명 통역

해설

제시어로 문장 떠올리기
[예시]
① 그녀는 친구에게 통역을 해주고 있다.
② 그녀는 영어로 소통할 수 있어서, 통역이 필요하지 않다.

떠올린 문장 쓰기
[모범 답안]
① 她在给朋友做翻译。
② 她能用英文交流, 不需要翻译。

어휘
给 gěi 개 ~에게 做 zuò 동 하다 翻译 fānyì 명 통역 用 yòng 개 ~으로
英文 Yīngwén 고유 영어, 영문 交流 jiāoliú 동 소통하다, 교류하다
需要 xūyào 동 필요하다

합격노하우
1. 给……做翻译 ~에게 통역을 해주다
2. 用英文交流 영어로 소통하다

본 교재 동영상강의 · 무료 학습자료 제공
china.Hackers.com

**고사장 소음까지 대비하고
듣기 점수 올리려면?**

해커스중국어(china.Hackers.com)에서
고사장 소음 버전 MP3 무료 다운받기!

실전모의고사
제5회

听力 듣기 / 어휘·해석·해설

阅读 독해 / 어휘·해석·해설

书写 쓰기 / 어휘·해석·해설

一、听力 듣기

문제별 분할 mp3
바로듣기

1
하

★ 说话人偶尔会忘记关灯。　　（　）

朋友经常提醒我离开房间的时候要关灯，可是我偶尔还是会忘记。

偶尔 ǒu'ěr ㈜ 간혹, 때때로　忘记 wàngjì 图 잊어버리다
关灯 guāndēng 전등을 끄다　经常 jīngcháng ㈜ 자주, 종종
提醒 tíxǐng 图 상기시키다, 주의를 환기시키다　离开 líkāi 图 떠나다
房间 fángjiān 圀 방　时候 shíhou 圀 때, 무렵

★ 화자는 간혹 전등을 끄는 것을 잊어버린다. (✓)

친구가 나에게 방을 떠날 때에 전등을 꺼야 한다고 자주 상기시켜 주는데, 하지만 나는 여전히 간혹 잊어버리곤 한다.

정답 ✓

해설 제시된 문장 偶尔会忘记关灯(간혹 전등을 끄는 것을 잊어버린다)이라는 내용이 음성에서 언급되는지 주의 깊게 들어야 한다. 음성에서 可是我偶尔还是会忘记(하지만 나는 여전히 간혹 잊어버리곤 한다)라는 내용이 언급되었다. 따라서 제시된 문장과 음성의 내용은 일치한다.

✅ **합격노하우** 제시된 문장에 '偶尔会+동사(간혹 ~한다)'가 있으면, 음성에서도 '동사'의 동작이 간혹 하는 것으로 언급되는지 주의 깊게 들어야 한다.

2
중

★ 大家很支持这次的活动。　　（　）

这次的活动进行得很顺利，几乎没遇到什么困难，感谢大家的理解和支持。

大家 dàjiā 때 모두, 다들　支持 zhīchí 图 지지하다 圀 지지
活动 huódòng 圀 행사, 활동, 이벤트　进行 jìnxíng 图 진행하다
顺利 shùnlì 혱 순조롭다　几乎 jīhū ㈜ 거의, 거의 모두
遇到 yùdào 图 맞닥뜨리다　困难 kùnnan 圀 어려움
感谢 gǎnxiè 图 감사하다, 고맙게 여기다　理解 lǐjiě 圀 이해 图 이해하다

★ 모두가 이번 행사를 매우 지지한다. (✓)

이번 행사는 매우 순조롭게 진행되었으며, 거의 어떠한 어려움도 맞닥뜨리지 않았어요, 모두의 이해와 지지에 감사드립니다.

정답 ✓

해설 제시된 문장 大家很支持这次的活动.(모두가 이번 행사를 매우 지지한다.)이라는 내용이 음성에서 언급되는지 주의 깊게 들어야 한다. 음성에서 感谢大家的理解和支持(모두의 이해와 지지에 감사드립니다)이라는 내용이 언급되었다. 따라서 제시된 문장과 음성의 내용은 일치한다.

✅ **합격노하우** 제시된 문장에 很支持(매우 지지하다)처럼 정도를 나타내는 표현이 있으면, 음성에서도 이 내용이 동일하게 언급되는지 주의 깊게 들어야 한다.

3
중

★ 他们打算选后面的座位。　　（　）

只剩第一排和最后一排有座位了，我们还是坐后面吧，离得太近对眼睛不好。

打算 dǎsuàn 图 ~하려고 하다, ~할 계획이다　选 xuǎn 图 선택하다, 고르다
后面 hòumian 圀 뒤쪽, 뒷면　座位 zuòwèi 圀 자리, 좌석
只剩 zhǐshèng 图 다만 ~만이 남다　排 pái 鿇 (배열한) 줄, 열
最后 zuìhòu 圀 제일 마지막, 끝　还是 háishi ㈜ ~하는 편이 (더) 좋다
离 lí 图 (~으로부터) 떨어지다　近 jìn 혱 가깝다
对…不好 duì…bùhǎo ~에 나쁘다　眼睛 yǎnjing 圀 눈

★ 그들은 뒤쪽의 자리를 선택하려고 한다. (✓)

제일 앞줄과 제일 뒷줄에만 자리가 남았어요, 우리 뒤쪽에 앉는 편이 좋겠어요, 너무 가까우면 눈에 안 좋아요.

정답 ✓

해설 제시된 문장 他们打算选后面的座位.(그들은 뒤쪽의 자리를 선택하려고 한다.)라는 내용이 음성에서 언급되는지 주의 깊게 들어야 한다. 음성에서 我们还是坐后面吧(우리 뒤쪽에 앉는 편이 좋겠어요)라는 내용이 언급되었다. 따라서 제시된 문장과 음성의 내용은 일치한다.

✅ **합격노하우** 제시된 문장에 '打算+동사(~하려고 한다)'가 있으면, 음성에서도 이 내용이 동일하게 언급되는지 주의 깊게 들어야 한다.

4
중

★ 说话人以前很喜欢喝茶。　　（　）

大夫告诉我喝茶对身体好，又能减肥。我听了大夫的建议，现在不喝酒，改喝茶了。

以前 yǐqián 圀 예전, 이전　喜欢 xǐhuan 图 좋아하다
喝茶 hēchá 차를 마시다　大夫 dàifu 圀 의사
告诉 gàosu 图 말하다, 알리다　对…好 duì…hǎo ~에 좋다
身体 shēntǐ 圀 몸, 신체　减肥 jiǎnféi 图 살을 빼다
听 tīng 图 (의견·권고 등을) 듣다, 받아들이다　建议 jiànyì 圀 제안, 건의
喝酒 hējiǔ 图 술을 마시다　改 gǎi 图 바꾸다, 고치다

★ 화자는 예전에 차 마시는 것을 매우 좋아했다. (X)

의사가 나에게 차 마시는 것은 몸에 좋고, 또한 살을 뺄 수 있다고 말해줬다. 나는 의사의 제안을 듣고, 지금은 술을 마시지 않고, 차를 마시는 것으로 바꿨다.

정답 X

해설 제시된 문장에서 说话人以前很喜欢喝茶.(화자는 예전에 차 마시는 것을 매우 좋아했다.)라는 내용이 음성에서 언급되는지 주의 깊게 들어야 한다. 그런데 음성에서는 我听了大夫的建议, 现在不喝酒, 改喝茶了.(나는 의사의 제안을 듣고, 지금은 술을 마시지 않고, 차를 마시는 것으로 바꿨다.)라는 다른 내용이 언급되었다. 따라서 제시된 문장과 음성의 내용은 일치하지 않는다.

✅ 합격노하우 제시된 문장에 以前(예전)과 같은 시간 표현이 있으면, '시간+사건'의 내용이 음성에서도 동일하게 언급되는지 주의 깊게 들어야 한다.

5 상

★ 弟弟已经感冒了。 ( )

弟弟想去北京玩, 北方和我们南方不一样, 温度比较低, 我得让他多带些衣服, 否则会感冒的。

已经 yǐjīng 〖부〗이미, 벌써 感冒 gǎnmào 〖동〗감기에 걸리다
北京 Běijīng 〖고유〗베이징, 북경 北方 běifāng 〖명〗북방 지역, 북쪽
南方 nánfāng 〖명〗남방 지역, 남쪽 温度 wēndù 〖명〗온도
比较 bǐjiào 〖부〗비교하다 低 dī 〖형〗낮다 得 děi 〖조동〗~해야 한다
让 ràng 〖동〗~하게 하다 带 dài 〖동〗챙기다, 몸에 지니다 衣服 yīfu 〖명〗옷
否则 fǒuzé 〖접〗만약 그렇지 않으면

★ 남동생은 이미 감기에 걸렸다. (X)

남동생은 베이징에 가서 놀고 싶어 하는데, 북방 지역과 우리 남방 지역은 같지 않아서, 온도가 비교적 낮아, 나는 그가 옷을 좀 많이 챙기도록 시켜야 하는데, 만약 그렇지 않으면 감기에 걸릴 수 있다.   정답 X

해설 제시된 문장에서 弟弟已经感冒了.(남동생은 이미 감기에 걸렸다.)라는 내용이 음성에서 언급되는지 주의 깊게 들어야 한다. 그런데 음성에서는 我得让他多带些衣服, 否则会感冒的(나는 그가 옷을 좀 많이 챙기도록 시켜야 하는데, 만약 그렇지 않으면 감기에 걸릴 수 있다) 라는 다른 내용이 언급되었다. 따라서 제시된 문장과 음성의 내용은 일치하지 않는다.

✅ 합격노하우 제시된 문장에 '已经+동사+了(이미 ~했다)'가 있으면, 음성에서도 '동사'의 동작이 이미 완료되었다고 언급되는지 주의 깊게 들어야 한다.

6 중

★ 关于历史方面的问题可以问林华。( )

林华是北京大学的法律硕士, 关于法律方面的问题你可以问他。

关于 guānyú 〖개〗~에 관한 历史 lìshǐ 〖명〗역사
方面 fāngmiàn 〖명〗방면, 분야 问题 wèntí 〖명〗문제
可以 kěyǐ 〖조동〗~해도 된다, ~해도 좋다 问 wèn 〖동〗묻다, 질문하다
北京大学 Běijīng Dàxué 〖고유〗베이징 대학교, 북경 대학교
法律 fǎlǜ 〖명〗법률 硕士 shuòshì 〖명〗석사

★ 역사 방면에 관한 문제는 린화에게 물어보면 된다. (X)

린화는 베이징 대학교의 법률 석사라서, 법률 방면에 관한 문제는 네가 그에게 물어봐도 돼.   정답 X

해설 제시된 문장에서 关于历史方面的问题可以问林华.(역사 방면에 관한 문제는 린화에게 물어보면 된다.)라는 내용이 음성에서 언급되는지 주의 깊게 들어야 한다. 그런데 음성에서는 林华是北京大学的法律硕士(린화는 베이징 대학교의 법률 석사이다)라는 다른 내용이 언급되었다. 따라서 제시된 문장과 음성의 내용은 일치하지 않는다.

✅ 합격노하우 제시된 문장에 '关于+명사(~에 관한)'이 있으면, 음성에서도 '명사'에 관한 내용이 언급되는지 주의 깊게 듣는다.

7 하

★ 乒乓球比赛他们班没拿到第一。 ( )

虽然这次的乒乓球比赛我们班没能拿到第一, 但是至少大家一起努力过。

乒乓球 pīngpāngqiú 〖명〗탁구 比赛 bǐsài 〖명〗경기 班 bān 〖명〗반, 그룹
拿到 nádào 〖동〗손에 넣다, 입수하다 第一 dìyī 〖수〗제 1, 1등
虽然 suīrán 〖접〗비록 ~이지만 但是 dànshì 〖접〗그러나
至少 zhìshǎo 〖부〗적어도, 최소한 努力 nǔlì 〖동〗노력하다

★ 탁구 경기에서 그들의 반은 일등을 손에 넣지 못했다. (✓)

비록 이번의 탁구 경기에서 우리 반이 일등을 손에 넣을 수는 없었지만, 그러나 적어도 모두가 함께 노력했었다.   정답 ✓

해설 제시된 문장에서 乒乓球比赛他们班没拿到第一.(탁구 경기에서 그들의 반은 일등을 손에 넣지 못했다.)라는 내용이 음성에서 언급되는지 주의 깊게 들어야 한다. 음성에서 虽然这次的乒乓球比赛我们班没能拿到第一(비록 이번의 탁구 경기에서 우리 반이 일등을 손에 넣을 수는 없었지만)라는 내용이 언급되었다. 따라서 제시된 문장과 음성의 내용은 일치한다.

✅ 합격노하우 제시된 문장에 '没(有)+동사(~하지 않았다)'가 있으면, 음성에서도 '동사'의 동작을 안 했다고 하는지 주의 깊게 들어야 한다.

8 중

★ 去北京的航班还没开始登机。 ( )

去北京的乘客请注意, 您乘坐的航班现在开始登机。请带好您的行李箱和登机牌, 祝您愉快!

北京 Běijīng 〖고유〗베이징, 북경
航班 hángbān 〖명〗(비행기나 배의) 항공편, 운항편 开始 kāishǐ 〖동〗시작하다
登机 dēngjī 〖동〗탑승하다, 비행기에 탑승하다 乘客 chéngkè 〖명〗승객
注意 zhùyì 〖동〗주의하다 乘坐 chéngzuò 〖동〗(비행기·자동차·배 등을) 타다
带好 dàihǎo 〖동〗잘 챙기다 行李箱 xínglǐxiāng 〖명〗여행용 가방, 트렁크
登机牌 dēngjīpái 〖명〗탑승권 祝您愉快 zhù nín yúkuài 즐거운 시간 되십시오

★ 베이징으로 가는 항공편은 아직 탑승을 시작하지 않았다. (X)

베이징으로 가시는 승객분께서는 주의해주십시오, 당신께서 탑승하실 항공편이 지금 탑승을 시작합니다. 당신의 여행용 가방과 탑승권을 잘 챙겨주시기 바랍니다. 즐거운 시간 되십시오!

정답 X

해설 제시된 문장에 부정부사 没(~하지 않다)가 있으므로 **还没开始登机**(아직 탑승을 시작하지 않았다) 이라는 내용이 음성에서 언급되는지를 주의 깊게 들어야 한다. 그런데 음성에서는 **航班现在开始登机**(지금 탑승을 시작합니다)라는 반대되는 내용이 언급되었다. 따라서 제시된 문장과 음성의 내용은 일치하지 않는다.

합격노하우 제시된 문장에 '还没+동사(아직 ~하지 않았다)'가 있으면, 음성에서도 '동사'의 동작이 발생하지 않았다고 하는지 주의 깊게 들어야 한다.

9 중

★ 小丽还没有报名。 ( )

小丽，这个网站上写了报名开始和结束的时间，你仔细看看，千万别忘了。

还 hái [부] 아직, 여전히 报名 bàomíng [동] 등록하다, 신청하다 [명] 등록, 신청
网站 wǎngzhàn [명] 웹사이트 写 xiě [동] 글씨를 쓰다
开始 kāishǐ [동] 시작하다 结束 jiéshù [동] 끝나다, 마치다
时间 shíjiān [명] 시간 仔细 zǐxì [부] 자세히 [형] 세심하다
千万 qiānwàn [부] 절대로, 제발 别 bié [부] ~하지 마라
忘 wàng [동] 잊어버리다, 잊다

★ 샤오리는 아직 등록하지 않았다. (✓)

샤오리, 이 웹사이트에 등록이 시작되는 시간과 끝나는 시간이 쓰여있으니, 네가 자세히 보고, 절대로 잊어버리지 마라.

정답 ✓

해설 제시된 문장에 부정부사 没(~하지 않다)가 있으므로 **还没有报名**(아직 등록하지 않았다) 이라는 내용이 음성에서 언급되는지를 주의 깊게 들어야 한다. 음성에서 **这个网站上写了报名开始和结束的时间，你仔细看看，千万别忘了。**(이 웹사이트에 등록이 시작되는 시간과 끝나는 시간이 쓰여있으니, 네가 자세히 보고, 절대로 잊어버리지 마라.)라는 내용이 언급되었다. 따라서 제시된 문장과 음성의 내용은 일치한다.

합격노하우 제시된 문장에 '还没有+동사(아직 ~하지 않았다)'가 있으면, 음성에서도 '동사'의 동작이 발생하지 않았다고 하는지 주의 깊게 들어야 한다.

10 중

★ 说话人学习非常努力。 ( )

今天下午老师在办公室批评了我，说我不够努力，我觉得很不好意思。

学习 xuéxí [동] 공부하다 非常 fēicháng [부] 아주, 굉장히
努力 nǔlì [동] 열심히 하다 下午 xiàwǔ [명] 오후
办公室 bàngōngshì [명] 사무실 批评 pīpíng [동] 지적하다, 비판하다, 나무라다
说 shuō [동] 나무라다, 꾸짖다 不够 búgòu [부] 그다지, 그리
觉得 juéde [동] ~라고 생각하다 不好意思 bùhǎoyìsi 부끄럽다, 멋쩍다

★ 화자는 공부를 아주 열심히 한다. (X)

오늘 오후에 선생님이 사무실에서 나를 지적하셨는데, 내가 그다지 열심히 하지 않는다고 나무라셨고, 나는 매우 부끄럽다고 생각했다.

정답 X

해설 제시된 문장에서 **说话人学习非常努力。**(화자는 공부를 아주 열심히 한다.)라는 내용이 음성에서 언급되는지 주의 깊게 들어야 한다. 그런데 음성에서는 **老师在办公室批评了我，说我不够努力**(선생님이 사무실에서 나를 지적하셨는데, 내가 그다지 열심히 하지 않는다고 나무라셨다)라는 내용이 언급되었다. 따라서 제시된 문장과 음성의 내용은 일치하지 않는다.

합격노하우 제시된 문장에 '非常努力(매우 열심히하다)'처럼 정도를 나타내는 표현이 있으면, 음성에서도 이 내용이 동일하게 언급되는지 주의 깊게 들어야 한다.

11 하

A 吃晚饭 B 逛超市 C 洗毛巾 D 看电视

男：我们吃完晚饭去超市逛逛吧，你不是说想买条新毛巾吗？
女：对，等会儿你记得提醒我，我怕我忘了。

问：女的一会儿要去干什么？

晚饭 wǎnfàn [명] 저녁(밥) 逛 guàng [동] 둘러보다, 돌아다니다
超市 chāoshì [명] 슈퍼마켓 洗 xǐ [동] 빨다, 씻다
毛巾 máojīn [명] 수건, 타월 电视 diànshì [명] 텔레비전, TV
条 tiáo [양] 개(생활용품 등과 관련된 것을 세는 단위) 新 xīn [형] 새롭다
等会儿 děnghuìr [동] 좀 기다리다 记得 jìde [동] 기억하고 있다, 잊지 않고 있다
提醒 tíxǐng [동] 알려주다, 주의를 환기시키다 怕 pà [동] 걱정하다, 염려하다
忘 wàng [동] 잊다, 망각하다

A 저녁을 먹는다 B 슈퍼마켓을 둘러본다 C 수건을 빤다 D TV를 본다

남: 우리 저녁을 다 먹고 슈퍼마켓에 가서 좀 둘러보자, 네가 새로운 수건을 사고 싶다고 말하지 않았어?
여: 맞아, 좀 기다렸다가 네가 기억해서 나에게 알려줘, 내가 잊어버릴까 봐 걱정이 돼.

질문: 여자는 이따가 무엇을 하러 가려고 하는가?

정답 B

해설 제시된 보기 A 吃完饭(저녁을 먹는다), B 逛超市(슈퍼마켓을 둘러본다), C 洗毛巾(수건을 빤다), D 看电视(TV를 본다)이 모두 동작과 관련된 표현이므로 대화를 들을 때 화자가 하고 있거나 하려는 행동이 무엇인지를 주의 깊게 듣는다. 남자가 여자에게 我们吃完晚饭去超市逛逛吧, 你不是说想买条新毛巾吗?(우리 저녁을 다 먹고 슈퍼마켓에 가서 좀 둘러보자, 네가 새로운 수건을 사고 싶다고 말하지 않았어?)라고 묻자, 여자가 对(맞다)라고 답했다. 질문이 여자가 무엇을 하러 가는지 물었으므로 B 逛超市(슈퍼마켓을 둘러본다)을 정답으로 선택한다.

✓ 합격노하우 보기가 모두 동사 또는 동사구(동사+목적어)이면, 화자가 하고 있거나 하려는 행동을 묻는 질문이 나올 것을 예상한다.

12 중

A 价格太贵   B 质量很差
C 样子不好   D 颜色不合适

女: 这套沙发质量好, 价格又便宜, 样子也不错, 买了吧?
男: 但我觉得颜色跟咱们家的家具不合适。
问: 男的觉得这套家具怎么样?

价格 jiàgé 몡 가격 贵 guì 혱 (가격이나 가치가) 비싸다, 높다
质量 zhìliàng 몡 품질 差 chà 혱 나쁘다 样子 yàngzi 몡 스타일, 모양
颜色 yánsè 몡 색깔 合适 héshì 혱 적합하다, 알맞다 套 tào 양 세트, 벌
沙发 shāfā 몡 소파 便宜 piányi 혱 (값이) 싸다 不错 búcuò 혱 좋다
觉得 juéde 동 ~라고 생각하다 跟 gēn 개 ~와(과) 咱们 zánmen 대 우리
家具 jiājù 몡 가구

A 가격이 너무 비싸다   B 품질이 나쁘다   C 스타일이 안 좋다   D 색깔이 적합하지 않다
여: 이 소파 세트는 품질이 좋고, 가격 또한 싸고, 스타일도 좋아요, 사시죠?
남: 하지만 제 생각엔 색깔이 우리 집의 가구와 적합하지 않은 것 같아요.
질문: 남자는 이 가구 세트가 어떻다고 생각하는가? 정답 D

해설 제시된 보기가 다양한 형태의 문장이므로, 보기의 의미를 최대한 정확히 파악한 후 음성을 듣는 것이 중요하다. 대화에서 여자가 이 소파세트는 품질이 좋고, 가격 또한 싸고, 스타일도 좋으니 사라고 권하자, 남자가 但我觉得颜色跟咱们家的家具不合适。(하지만 제 생각엔 색깔이 우리 집의 가구와 적합하지 않은 것 같아요.)이라고 답했다. 질문은 남자는 이 가구 세트가 어떻다고 생각하는지를 물었으므로 D 颜色不合适(색깔이 적합하지 않다)을 정답으로 선택한다.

✓ 합격노하우 제시된 보기가 다양한 형태의 문장인 경우에는, 각 보기의 의미를 정확히 파악한 후 음성을 들어야 한다.

13 하

A 在家睡觉   B 出去旅行
C 学弹钢琴   D 参加考试

男: 我放暑假后打算去上海玩儿, 你呢?
女: 我也有旅行的计划, 但是要先上一个月的钢琴课。
问: 男的放暑假后打算做什么?

睡觉 shuìjiào 동 잠을 자다 出去 chūqu 동 나가다
旅行 lǚxíng 동 여행하다 弹钢琴 tán gāngqín 피아노를 치다
参加 cānjiā 동 참가하다 考试 kǎoshì 몡 시험
放 fàng 동 (학교나 직장이) 쉬다 暑假 shǔjià 몡 여름 방학
打算 dǎsuàn 동 ~할 생각이다, ~할 계획이다
上海 Shànghǎi 고유 (도시이름) 상하이, 상해 玩儿 wánr 동 놀다
计划 jìhuà 몡 계획 上课 shàngkè 동 수업을 듣다, 수업하다
钢琴 gāngqín 몡 피아노

A 집에서 잠을 잔다   B 여행을 떠난다   C 피아노 치는 것을 배운다   D 시험에 참가한다
남: 난 여름 방학을 하면 상하이에 가서 놀 생각이야, 너는?
여: 나도 여행할 계획이 있어, 하지만 먼저 한 달 동안 피아노 수업을 들을 거야.
질문: 남자는 여름 방학을 한 후에 무엇을 할 계획인가? 정답 B

해설 제시된 보기 A 在家睡觉(집에서 잠을 잔다), B 出去旅行(여행을 떠난다), C 学弹钢琴(피아노 치는 것을 배운다), D 参加考试(시험에 참가한다)이 모두 동작과 관련된 표현이므로 대화를 들을 때 화자가 하고 있거나 하려는 행동이 무엇인지를 주의 깊게 듣는다. 남자가 여자에게 我放暑假后打算去上海玩儿(난 여름 방학을 하면 상하이에 가서 놀 생각이야)이라고 말했다, 질문이 남자는 여름 방학을 한 후에 무엇을 할 계획인지를 물었으므로 B 出去旅行(여행을 떠난다)을 정답으로 선택한다.

✓ 합격노하우 보기가 모두 동작과 관련된 표현이면, 화자가 하고 있거나 하려는 행동이 무엇인지를 주의 깊게 들어야 한다.

14 중

A 火车站 B 加油站 C 大使馆 D 图书馆

女: 师傅, 请问这儿离大使馆有多远?
男: 不远, 你看到前面那个加油站了吗? 过了加油站右转就到了。
问: 女的打算去哪里?

火车站 huǒchēzhàn 몡 기차역 加油站 jiāyóuzhàn 몡 주유소
大使馆 dàshǐguǎn 몡 대사관 图书馆 túshūguǎn 몡 도서관
师傅 shīfu 몡 기사님, 선생님 这儿 zhèr 대 여기, 이곳
离 lí 개 ~로부터, ~에서 看到 kàndào 동 보이다, 눈이 닿다
过 guò 동 (지점을) 지나다, 경과하다 右转 yòuzhuǎn 동 오른쪽으로 돌다
到 dào 동 도착하다

| A 기차역 | B 주유소 | C 대사관 | D 도서관 |

여: 기사님, 실례지만 여기가 대사관으로부터 얼마나 먼가요?
남: 안 멀어요, 당신은 앞쪽에 저 주유소가 보이나요? 주유소를 지난 다음 오른쪽으로 돌면 바로 도착해요.
질문: 여자는 어디에 가려고 하는가?

정답 C

해설 제시된 보기 A 火车站(기차역), B 加油站(주유소), C 大使馆(대사관), D 图书馆(도서관)이 모두 장소와 관련된 표현이므로 대화를 들을 때 화자 혹은 특정 인물이 있는 장소 혹은 가려고 하는 장소가 어디인지를 주의 깊게 들어야 한다. 대화에서 여자가 师傅, 请问这儿离大使馆有多远?(기사님, 실례지만 여기가 대사관으로부터 얼마나 먼가요?)이라고 묻자, 남자가 멀지 않다고 답했다. 질문이 여자는 어디에 가려고 하는지를 물었으므로 C 大使馆(대사관)을 정답으로 선택한다.

합격노하우 제시된 보기가 장소 표현이면, 화자 혹은 특정인물이 있는 장소 혹은 가려고 하는 장소가 어디인지를 주의 깊게 들어야 한다.

15 중

A 气候不好　　B 历史不长
C 植物很少　　D 交通方便

男: 你来南京两年了, 对南京印象怎么样?
女: 南京是一座历史名城, 到处都是绿树, 让人感觉很安静, 就是冬天太冷, 夏天太热了。
问: 女的觉得南京怎么样?

气候 qìhòu 몡 기후　历史 lìshǐ 몡 역사　植物 zhíwù 몡 식물
少 shǎo 혱 적다　交通 jiāotōng 몡 교통
方便 fāngbiàn 혱 편리하다, 편하다　南京 Nánjīng 고유 난징, 남경(도시이름)
印象 yìnxiàng 몡 인상　怎么样? zěnmeyàng? 어때?
座 zuò 양 좌, 동, 채(도시 등 부피가 크거나 고정된 물체를 세는 단위)
名城 míngchéng 유서 깊은 도시　到处 dàochù 곳곳, 도처
绿树 lǜshù 푸른 나무, 녹수　让 ràng 동 ~하게 하다
感觉 gǎnjué 동 느끼다, 여기다　安静 ānjìng 안정되다, 조용하다
冬天 dōngtiān 몡 겨울　太 tài 부 너무, 지나치게　冷 lěng 혱 춥다
夏天 xiàtiān 몡 여름　热 rè 혱 덥다

| A 기후가 안 좋다 | B 역사가 길지 않다 | C 식물이 매우 적다 | D 교통이 편리하다 |

남: 너는 난징에 온 지 2년이 되었는데, 난징에 대한 인상이 어때?
여: 난징은 역사적으로 유서 깊은 도시이며, 곳곳이 모두 푸른 나무이고, 사람으로 하여금 안정됨을 느끼게 하는데, 단지 겨울에 너무 춥고, 여름엔 너무 더워.
질문: 여자는 난징이 어떻다고 생각하는가?

정답 A

해설 제시된 보기가 다양한 형태의 문장이므로, 보기의 의미를 최대한 정확히 파악한 후 음성을 듣는 것이 중요하다. 대화에서 남자가 너는 난징에 온 지 2년이 되었는데, 난징에 대한 인상이 어떠냐고 묻자, 여자가 南京是一座历史名城, 到处都是绿树, 让人感觉很安静, 就是冬天太冷, 夏天太热了。(난징은 역사적으로 유서 깊은 도시이며, 곳곳이 모두 푸른 나무이고, 사람으로 하여금 안정됨을 느끼게 하는데, 단지 겨울에 너무 춥고, 여름엔 너무 더워.)라고 답했다. 질문이 여자는 난징이 어떻다고 생각하는지를 물었으므로 A 气候不好(기후가 안 좋다)를 정답으로 선택한다.

합격노하우 제시된 보기가 다양한 형태의 문장인 경우에는, 각 보기의 의미를 정확히 파악한 후 음성을 들어야 한다.

16 하

A 准备材料　　B 参加会议
C 举办活动　　D 进行调查

女: 小王, 帮我通知大家下午三点到会议室讨论接下来的工作计划。
男: 好的, 经理, 我马上就去。
问: 女的让男的通知大家下午做什么?

准备 zhǔnbèi 동 준비하다　材料 cáiliào 몡 자료, 데이터
参加 cānjiā 동 참석하다, 참가하다　会议 huìyì 몡 회의
举办 jǔbàn 동 개최하다, 열다　活动 huódòng 몡 행사, 활동, 이벤트
进行 jìnxíng 동 진행하다　调查 diàochá 동 조사하다
通知 tōngzhī 동 통지하다, 알리다　会议室 huìyìshì 몡 회의실
讨论 tǎolùn 동 토론하다　接下来 jiēxiàlai 다음으로, 이어서
工作计划 gōngzuò jìhuà 업무계획　经理 jīnglǐ 몡 매니저, (기업의) 경영 관리 책임자　马上 mǎshàng 부 바로, 즉시

| A 자료를 준비한다 | B 회의에 참석한다 | C 행사를 개최한다 | D 조사를 진행한다 |

여: 샤오왕, 나를 도와 사람들에게 오후 세시에 회의실에서 다음의 업무계획을 토론하라고 통지해주세요.
남: 네, 알겠습니다, 매니저님, 제가 바로 가겠습니다.
질문: 여자는 남자에게 사람들에게 오후에 무엇을 할 것을 통지하라고 시켰는가?

정답 B

해설 제시된 보기 A 准备材料(자료를 준비한다), B 参加会议(회의에 참석한다), C 举办活动(행사를 개최한다), D 进行调查(조사를 진행한다)가 모두 동작과 관련된 표현이므로 대화를 들을 때 화자가 하고 있거나 하려는 행동이 무엇인지를 주의 깊게 듣는다. 여자가 남자에게 帮我通知大家下午三点到会议室讨论接下来的工作计划(나를 도와 사람들에게 오후 세시에 회의실에서 다음의 업무계획을 토론하라고 통지해주세요)라고 말했다. 질문에서 여자는 남자에게 사람들에게 오후에 무엇을 할 것을 통지하라고 시켰는지를 물었으므로 B 参加会议(회의에 참석한다)를 정답으로 선택한다.

합격노하우 보기가 모두 동사 또는 동사구(동사+목적어)이면, 화자가 하고 있거나 하려는 행동을 묻는 질문이 나올 것을 예상한다.

17 중

A 已经没课了 B 已经毕业了
C 想多积累经验 D 家里经济困难

男: 你才大三，怎么这么着急找工作呀？
女: 我们课不多了，所以我想提前熟悉一下工作环境，多积累点儿经验。
问: 女的为什么着急找工作？

已经 yǐjīng 🖫 이미, 벌써 课 kè 🖫 수업, 강의 毕业 bìyè 🖫 졸업하다
积累 jīlěi 🖫 쌓다, 쌓이다 经验 jīngyàn 🖫 경험 经济 jīngjì 🖫 경제
困难 kùnnan 🖫 어렵다, 곤란하다 着急 zháojí 🖫 조급해하다
找工作 zhǎo gōngzuò 직장을 찾다, 구직하다 提前 tíqián 🖫 앞당기다
熟悉 shúxī 🖫 (체험 등을 통해 상황을) 파악하다, 이해하다
工作 gōngzuò 🖫 업무, 일 环境 huánjìng 🖫 환경

A 이미 수업이 없다 B 이미 졸업했다 C 경험을 더 많이 쌓고 싶다 D 집안 경제가 어렵다

남: 너는 겨우 대학교 3학년인데, 왜 이렇게 조급하게 직장을 찾는 거야？
여: 우리 이제 수업이 많이 없어, 그래서 나는 앞당겨서 업무환경을 좀 파악하고, 경험을 좀 더 쌓고 싶어.
질문: 여자는 왜 조급하게 직장을 찾는가?

정답 C

해설 제시된 보기가 다양한 형태의 문장이므로, 보기의 의미를 최대한 정확히 파악한 후 음성을 듣는 것이 중요하다. 대화에서 남자가 너는 겨우 대학교 3학년인데, 왜 이렇게 조급하게 직장을 찾는 거냐고 묻자, 여자가 我们课不多了，所以我想提前熟悉一下工作环境，多积累点儿经验。(우리 이제 수업이 많이 없어, 그래서 나는 앞당겨서 업무환경을 좀 파악하고, 경험을 좀 더 쌓고 싶어.)이라고 답했다. 질문이 여자는 왜 조급하게 직장을 찾는지를 물었으므로 C 想多积累经验(경험을 더 많이 쌓고 싶다)을 정답으로 선택한다.

✅ 합격노하우 제시된 보기가 다양한 형태의 문장인 경우에는, 각 보기의 의미를 정확히 파악한 후 음성을 들어야 한다.

18 중

A 很得意 B 很烦恼 C 很难过 D 很吃惊

女: 好香啊! 这么多菜都是你一个人做的吗？
男: 那当然，我做的菜只要吃过的人没有一个不说好吃的。
问: 男的说话时是什么心情?

得意 déyì 🖫 의기양양하다, 득의하다 烦恼 fánnǎo 🖫 걱정스럽다, 번뇌하다
难过 nánguò 🖫 고통스럽다, 견디기 어렵다, 슬프다 吃惊 chījīng 🖫 놀라다
香 xiāng 🖫 향기롭다 这么 zhème 🖫 이렇게, 이런 菜 cài 🖫 요리, 반찬
做 zuò 🖫 만들다, 하다 当然 dāngrán 🖫 당연하다, 물론이다
只要 zhǐyào 🖫 ~하기만 하면 心情 xīnqíng 🖫 기분, 심정

A 의기양양하다 B 걱정스럽다 C 고통스럽다 D 놀라다

여: 아주 향기로워! 이렇게 많은 요리를 모두 너 혼자서 만든 거야?
남: 당연하지, 내가 만든 요리는 먹어본 사람 중 맛있다고 말하지 않은 사람이 없어.
질문: 남자가 이야기할 때의 기분은 어떠한가?

정답 A

해설 제시된 보기 A 得意(의기양양하다), B 很烦恼(걱정스럽다), C 很难过(고통스럽다), D 很吃惊(놀라다)이 모두 감정과 관련된 표현이므로 대화를 들을 때 화자가 느낀 감정이 무엇인지를 주의 깊게 듣는다. 여자가 남자에게 이렇게 많은 요리를 모두 너 혼자서 만든 거냐고 묻자, 남자가 那当然，我做的菜只要吃过的人没有一个不说好吃的(당연하지, 내가 만든 요리는 먹어본 사람 중 맛있다고 말하지 않은 사람이 없어.)라고 답했다. 질문이 남자가 이야기할 때의 기분은 어떠한지를 물었으므로 A 很得意(의기양양하다)를 정답으로 선택한다.

✅ 합격노하우 보기가 동일한 형태의 문장일 경우, 각 보기의 내용을 명확하게 구별해주는 표현을 핵심어구로 체크하여 어느 것이 음성에서 언급되는지 확인한다.

19 중

A 自己开车 B 乘坐地铁
C 坐出租车 D 骑自行车

男: 你不是很早就出门了吗，怎么会迟到呢？
女: 别提了，我的车坏了还没来得及修，只好坐出租车过来，谁知道路上竟然还堵车了。
问: 女的是怎么去上班的?

自己 zìjǐ 🖫 스스로 开车 kāichē 🖫 운전하다, 차를 몰다
乘坐 chéngzuò 🖫 (지하철·자동차·배 등을) 타다 地铁 dìtiě 🖫 지하철
出租车 chūzūchē 🖫 택시 骑 qí 🖫 (자전거나 동물 등에) 타다
自行车 zìxíngchē 🖫 자전거 出门 chūmén 🖫 집을 나서다, 외출하다
怎么 zěnme 🖫 어째서, 왜 迟到 chídào 🖫 지각하다
别提了 bié tí le 말도 마라 坏 huài 🖫 고장나다, 망가지다
来得及 lái de jí 🖫 ~할 겨를이 있다, (시간이 있어서) 손쓸 수가 있다
修 xiū 🖫 수리하다 只好 zhǐhǎo 🖫 어쩔 수 없이, ~할 수밖에 없다
知道 zhīdào 🖫 알다 路上 lùshang 🖫 도중, 길 가는 중
竟然 jìngrán 🖫 뜻밖에도, 놀랍게도
堵车 dǔchē 🖫 차가 막히다, 교통이 체증되다 上班 shàngbān 🖫 출근하다

A 스스로 운전한다 B 지하철을 탄다 C 택시를 탄다 D 자전거를 탄다

남: 너 아주 일찍부터 집을 나섰던 거 아니니, 어째서 지각을 하게 된 거야?
여: 말도 마, 내 차가 고장났는데 아직 수리할 겨를이 없어서, 어쩔 수 없이 택시를 타고 왔는데, 뜻밖에도 도중에 차까지 막힐 줄 누가 알았겠어.
질문: 여자는 어떻게 출근했는가?

정답 C

해설 제시된 보기 A 自己开车(스스로 운전한다), B 乘坐地铁(지하철을 탄다), C 坐出租车(택시를 탄다), D 骑自行车(자전거를 탄다)가 모두 교통수단과 관련된 표현이므로 대화를 들을 때 화자가 사용한 교통수단이 무엇인지를 주의 깊게 듣는다. 남자가 여자에게 너 아주 일찍부터 집을 나섰던 거 아니냐며 어째서 지각을 하게 된 것인지 묻자, 여자가 别提了, 我的车坏了还没来得及修, 只好坐出租车过来, 谁知道路上竟然还堵车了.(말도 마, 내 차가 고장났는데 아직 수리할 겨를이 없어서, 어쩔 수 없이 택시를 타고 왔는데, 뜻밖에도 도중에 차까지 막힐 줄 누가 알았겠어.)라고 답했다. 질문이 여자는 어떻게 출근했는지를 물었으므로 C 坐出租车(택시를 탄다) 를 정답으로 선택한다.

✅ **합격노하우** 보기가 모두 교통수단과 관련된 표현이면, 화자 혹은 특정인물이 어떤 교통수단을 이용하려 하는지 주의 깊게 들어야 한다.

---

20 중
A 很爱吃糖　　　　B 在喝中药
C 病都好了　　　　D 喜欢喝茶

女: 爸爸, 这碗中药太苦了, 我实在是喝不下去了。
男: 可是不喝药你的病就好不了啊, 等会儿吃一块糖就不苦了。
问: 关于女的, 可以知道什么?

糖 táng 몡 사탕　中药 zhōngyào 몡 한약, 중약　病 bìng 몡 병
好 hǎo 혱 다 낫다, (병이) 완쾌되다　喝茶 hēchá 차를 마시다
碗 wǎn 양 사발, 그릇(그릇, 사발 등의 물건을 세는 단위)
苦 kǔ 혱 쓰다　实在 shízài 튀 정말, 참으로
喝不下去 hē bu xiàqu 마실 수 없다, 삼킬 수 없다
可是 kěshì 젭 하지만, 그러나　等会儿 děnghuìr 조금 이따가
块 kuài 양 덩이(덩이로 된 물건을 세는 단위)

A 사탕 먹는 것을 좋아한다　　B 한약을 마시고 있다　　C 병이 다 나았다　　D 차 마시는 것을 좋아한다

여: 아빠, 이 한약은 너무 써요, 저는 정말 못 마시겠어요.
남: 하지만 약을 안 마시면 너의 병이 다 나을 수가 없잖아, 조금 이따가 사탕을 하나 먹으면 쓰지 않을 거야.
질문: 여자에 관해 알 수 있는 것은?

정답 B

해설 제시된 보기에 吃糖(사탕을 먹다), 喝中药(한약을 마시다), 喝茶(차를 마시다)라는 표현이 있으므로, 음식과 관련된 대화가 나올 것을 예상할 수 있다. 대화에서 여자가 这碗中药太苦了, 我实在喝不下去了(이 한약은 너무 써요, 저는 정말 못 마시겠어요)라고 말했다. 질문이 여자에 관해 알 수 있는 것이 무엇인지를 물었으므로 B 再喝中药(한약을 마시고 있다)를 정답으로 선택한다.

✅ **합격노하우** 제시된 보기가 모두 특정 주제와 관련된 경우, 대화에서 언급된 보기가 정답일 가능성이 높다.

---

21 중
A 一个包　　　　　B 一条裙子
C 一件衬衫　　　　D 还没想好

男: 妈妈的生日要到了, 可我还没想好到底是送她一条裙子还是一个包。
女: 不管是什么礼物, 只要是你送的, 她都会很开心的。
问: 男的准备送妈妈什么礼物?

包 bāo 몡 가방　裙子 qúnzi 몡 치마, 스커트
衬衫 chènshān 몡 블라우스, 셔츠
想好 xiǎnghǎo 통 충분히 생각하다, 잘 생각하다　生日 shēngrì 몡 생일
到底 dàodǐ 튀 도대체　送 sòng 통 주다, 선물하다
条 tiáo 양 개(생활용품, 도구와 관련된 것을 세는 단위)
不管 bùguǎn 젭 ~에 관계없이, ~을 막론하고　礼物 lǐwù 몡 선물
只要 zhǐyào 젭 ~하기만 하면　开心 kāixīn 혱 기쁘다, 즐겁다
准备 zhǔnbèi 통 ~하려고 하다, ~할 계획이다

A 가방　　　　B 치마　　　　C 블라우스　　　　D 아직 충분히 생각하지 못했다

남: 엄마의 생일이 곧 다가오는데, 하지만 난 아직 도대체 그녀에게 치마를 줘야 할지 가방을 줘야 할지 충분히 생각하지 못했어.
여: 어떤 선물인지에 관계 없이, 네가 주는 것이기만 하면, 그녀는 매우 기뻐하실 거야.
질문: 남자는 엄마에게 어떤 선물을 주려고 하는가?

정답 D

해설 제시된 보기가 다양한 형태의 문장이므로, 보기의 의미를 최대한 정확히 파악한 후 음성을 듣는 것이 중요하다. 대화에서 남자가 妈妈的生日要到了, 可我还没想好到底是送她一条裙子还是一个包.(엄마의 생일이 곧 다가오는데, 하지만 난 아직 도대체 그녀에게 치마를 줘야 할지 가방을 줘야 할지 충분히 생각하지 못했어.)라고 말하자, 여자가 어떤 선물인지에 관계 없이, 네가 주는 것이기만 하면, 엄마는 매우 기뻐하실 거라고 말했다. 질문이 남자는 엄마에게 어떤 선물을 주려고 하는지를 물었으므로 D 还没想好(아직 충분히 생각하지 못했다)를 정답으로 선택한다.

✅ **합격노하우** 제시된 보기가 서로 다른 명사일 경우, 대화를 들을 때 각 명사들과 관련된 내용이 어떻게 언급되는지 주의 깊게 들어야 한다.

---

22 하
A 预习　　B 复习　　C 看表演　　D 看电影

女: 听说晚上有个表演, 你想去看吗?
男: 我明天考试, 估计今天要复习到很晚。
问: 男的今天晚上要干什么?

预习 yùxí 통 예습하다　复习 fùxí 통 복습하다　表演 biǎoyǎn 몡 공연
电影 diànyǐng 몡 영화　听说 tīngshuō 통 듣자니
晚上 wǎnshang 몡 저녁, 밤　想 xiǎng 조동 ~하고 싶다
考试 kǎoshì 통 시험을 보다 몡 시험　估计 gūjì 통 짐작하다, 어림잡다

| A 예습한다 | B 복습한다 | C 공연을 본다 | D 영화를 본다 |

여: 듣자니 저녁에 공연이 하나 있다는데, 너 가서 보고 싶어?
남: 나는 내일 시험을 봐, 짐작건대 오늘은 아주 늦게까지 복습해야 할 것 같아.
질문: 남자는 오늘 저녁에 무엇을 하려 하는가?

정답 B

해설 제시된 보기 A 预习(예습한다), B 复习(복습한다), C 看表演(공연을 본다), D 看电影(영화를 본다)이 모두 동작과 관련된 표현이므로 대화를 들을 때 화자가 하고 있거나 하려는 행동이 무엇인지를 주의 깊게 듣는다. 여자가 남자에게 듣자니 저녁에 공연이 하나 있다는데, 너 가서 보고 싶냐고 묻자, 남자가 我明天考试, 估计今天要复习到很晚。(나는 내일 시험을 봐, 짐작건대 오늘은 아주 늦게까지 복습해야 할 것 같아.)이라고 답했다. 질문에서 남자는 오늘 저녁에 무엇을 하려 하는지를 물었으므로 B 复习(복습한다)를 정답으로 선택한다.

✓ **합격노하우** 보기가 모두 동사 또는 동사구(동사+목적어)이면, 화자가 하고 있거나 하려는 행동을 묻는 질문이 나올 것을 예상한다.

---

23 중

| A 记者 | B 作家 | C 护士 | D 翻译 |

男: 你怎么来得这么早呀? 还没到上班时间呢。
女: 我今天要交三篇文章, 还有一篇没有翻译好, 所以就早点儿来了。
问: 女的可能是什么职业?

记者 jìzhě 몡 기자   作家 zuòjiā 몡 작가   护士 hùshi 몡 간호사
翻译 fānyì 몡 번역자, 통역원 동 번역하다   怎么 zěnme 때 왜, 어째서
早 zǎo 형 (때가) 빠르다, 이르다   上班时间 shàngbān shíjiān 출근 시간
交 jiāo 동 제출하다, 내다   篇 piān 양 편, 장(문장·종이 등을 세는 단위)
文章 wénzhāng 몡 문장, 글
好 hǎo 형 동사 뒤에 쓰여 동작이 완성되었거나 잘 마무리되었음을 나타냄
所以 suǒyǐ 접 그래서, 그러므로   职业 zhíyè 몡 직업

| A 기자 | B 작가 | C 간호사 | D 번역자 |

남: 당신 왜 이렇게 일찍 오셨어요? 아직 출근 시간이 되지 않았는데요.
여: 제가 오늘 세 편의 문장을 제출해야 하는데, 번역을 다 하지 않은 문장이 아직 한 편 있어서, 그래서 좀 일찍 왔어요.
질문: 여자의 직업은 무엇일 가능성이 큰가?

정답 D

해설 제시된 보기 A 记者(기자), B 作家(작가), C 护士(간호사), D 翻译(번역자)가 모두 직업 신분을 나타내는 표현이므로 대화를 들을 때 두 화자 혹은 특정인물의 직업 신분을 나타낼 수 있는 대화 내용을 주의 깊게 들어야 한다. 대화에서 남자가 여자에게 왜 이렇게 일찍 왔냐고 묻자, 여자가 我今天要交三篇文章, 还有一篇没有翻译好, 所以就早点儿来了。(제가 오늘 세 편의 문장을 제출해야 하는데, 번역을 다 하지 않은 문장이 아직 한 편 있어서, 그래서 좀 일찍 왔어요.)라고 답했다. 질문이 여자의 직업은 무엇일 가능성이 큰지를 물었으므로 D 翻译(번역자)를 정답으로 선택한다.

✓ **합격노하우** 보기가 모두 직업을 나타내는 표현이면, 화자 혹은 특정인물의 직업이 어떻게 언급되는지 주의 깊게 들어야 한다.

---

24 중

| A 出国 | B 开会 | C 旅行 | D 参观 |

女: 小李生病了, 明天的活动你来负责, 好吗?
男: 抱歉, 张经理让我去北京开会, 下午就得出发。
问: 男的明天有什么安排?

出国 chūguó 동 출국하다   开会 kāihuì 동 회의를 하다, 회의를 열다
旅行 lǚxíng 동 여행하다   参观 cānguān 동 참관하다 몡 참관
生病 shēngbìng 동 병에 걸리다   活动 huódòng 몡 행사, 활동
负责 fùzé 동 책임지다   抱歉 bàoqiàn 죄송합니다
经理 jīnglǐ 몡 매니저, (기업의) 경영 관리 책임자   让 ràng 동 ~하게 하다
北京 Běijīng 고유 베이징, 북경   下午 xiàwǔ 몡 오후
得 děi 조동 ~해야 한다   出发 chūfā 동 출발하다
安排 ānpái 몡 일정 동 안배하다

| A 출국한다 | B 회의를 한다 | C 여행한다 | D 참관한다 |

여: 샤오리가 병에 걸렸어요, 내일의 행사는 당신이 책임져주세요, 괜찮나요?
남: 죄송합니다, 장 매니저가 저보고 베이징에 가서 회의를 하라고 해서, 오후에 바로 출발해야 합니다.
질문: 남자는 내일 어떤 일정이 있는가?

정답 B

해설 제시된 보기 A 出国(출국한다), B 开会(회의를 한다), C 旅行(여행한다), D 参观(참관한다)이 모두 동작과 관련된 표현이므로 대화를 들을 때 화자가 하고 있거나 하려는 행동이 무엇인지를 주의 깊게 듣는다. 대화에서 남자가 张经理让我去北京开会, 下午就得出发(장 매니저가 저보고 베이징에 가서 회의를 하라고 해서, 오후에 바로 출발해야 합니다)라고 했다. 질문이 남자는 내일 어떤 일정이 있는지를 물었으므로 B 开会(회의를 한다)를 정답으로 선택한다.

✓ **합격노하우** 보기가 모두 동사 또는 동사구(동사+목적어)이면, 화자가 하고 있거나 하려는 행동을 묻는 질문이 나올 것을 예상한다.

25 상

A 浪漫的　B 马虎的　C 冷静的　D 自信的

男: 着急没有用啊, 虽然压力很大, 但还是要想办法解决问题, 有什么困难可以和我商量。
女: 谢谢你, 我会的。
问: 男的是一个什么样的人?

浪漫 làngmàn ⓗ 낭만적이다	马虎 mǎhu ⓗ 조심성이 없다, 세심하지 못하다
冷静 lěngjìng ⓗ 냉정하다, 침착하다	
自信 zìxìn ⓗ 자신만만하다, 자신감 있다　着急 zháojí ⓗ 조급해하다
没有用 méiyǒu yòng 소용없다　虽然 suīrán 젭 비록 ~하지만
压力 yālì ⓗ (정신적) 스트레스　办法 bànfǎ ⓗ 방법
解决 jiějué ⓗ 해결하다　困难 kùnnan ⓗ 어려움
商量 shāngliang ⓗ 상의하다, 논의하다
什么样 shénmeyàng ⓓ 어떠한, 어떤 모양

A 낭만적인　B 조심성이 없는　C 냉정한　D 자신만만한

남: 조급해도 소용 없어, 스트레스가 많겠지만, 문제를 해결할 방법을 생각해야 해, 어떤 어려움이 있으면 나와 상의해도 좋아.
여: 고마워, 그럴게.
질문: 남자는 어떠한 사람인가?

정답 C

해설 제시된 보기 A 浪漫的(낭만적인), B 马虎的(조심성이 없는), C 冷静的(냉정한), D 自信的(자신만만한)가 모두 사람의 성격과 관련된 표현이므로 대화를 들을 때 화자가 특정 인물의 성격에 대한 평가나 화자의 성격을 나타낼 수 있는 표현들을 주의 깊게 듣는다. 대화에서 남자가 여자에게 着急没有用啊, 虽然压力很大, 但还是要想办法解决问题, 有什么困难可以和我商量。(조급해도 소용 없어, 스트레스가 많겠지만, 문제를 해결할 방법을 생각해야 해, 어떤 어려움이 있으면 나와 상의해도 좋아.)라고 말하자, 여자가 고맙다며 그렇게 하겠다고 답했다. 질문이 남자는 어떠한 사람인지를 물었으므로 C 冷静的(냉정한)를 정답으로 선택한다.

✅ **합격노하우** 보기가 모두 사람의 상태나 심리와 관련된 표현이면, 대화를 들을 때 화자의 상태/심리를 나타내는 표현을 주의 깊게 듣는다.

26 중

A 黄色　B 黑色　C 红色　D 蓝色

男: 这条黄色的裙子不太适合你。
女: 可是今年黄色很流行。
男: 流行的不一定适合你。你皮肤白, 还是穿红色更好看, 黑色也不错。
女: 好, 那我让售货员给我拿条红色的试试。
问: 女的准备试什么颜色的裙子?

黄色 huángsè ⓗ 노란색　黑色 hēisè ⓗ 검은색　红色 hóngsè ⓗ 빨간색
蓝色 lánsè ⓗ 파란색　条 tiáo ⓗ 개(생활용품, 도구와 관련된 것을 세는 단위)
裙子 qúnzi ⓗ 치마　适合 shìhé ⓗ 어울리다, 적합하다
可是 kěshì 젭 하지만, 그러나　流行 liúxíng ⓗ 유행하다
不一定 bùyídìng (반드시) ~한 것은 아니다　皮肤 pífū ⓗ 피부
白 bái ⓗ 희다, 하얗다　还是 háishi ⓓ ~하는 편이 (더) 좋다
不错 búcuò ⓗ 좋다　让 ràng ⓗ ~하게 하다
售货员 shòuhuòyuán ⓗ 점원, 판매원　拿 ná ⓗ (손으로) 가지다, 쥐다
试试 shìshi (옷가게에서 옷을) 입어보다, 한번 해보다

A 노란색　B 검은색　C 빨간색　D 파란색

남: 이 노란색의 치마는 너에게 썩 어울리지 않아.
여: 하지만 올해에 노란색이 유행해.
남: 유행하는 것이 반드시 너에게 어울리는 것은 아니야. 너는 피부가 하얘서, 빨간색을 입는 편이 더 보기 좋아, 검은색도 좋고.
여: 그래, 그럼 점원에게 빨간 것을 가져와달라고 해서 입어볼게.
질문: 여자는 어떤 색깔의 치마를 입으려 하고 있는가?

정답 C

해설 제시된 보기 A 黄色(노란색), B 黑色(검은색), C 红色(빨간색), D 蓝色(파란색)가 모두 색깔과 관련된 표현이므로 대화를 들을 때 화자가 언급한 특정 사물과 해당되는 색깔을 체크해둔 뒤 질문을 듣고 정답을 선택한다. 대화에서 남자가 这条黄色的裙子不太适合你。(이 노란색의 치마는 너에게 썩 어울리지 않아.)라고 말했다, 이 때 보기 A 黄色(노란색) 옆에 재빨리 체크해 둔다. 마지막으로 여자가 好, 那我让售货员给我拿条红色的试试。(그래, 그럼 점원에게 빨간 것을 가져와달라고 해서 입어볼게.)이라고 말했다. 질문이 여자는 어떤 색깔의 치마를 입으려 하고 있는지를 물었으므로 C 红色(빨간색)를 정답으로 선택한다.

✅ **합격노하우** 보기가 서로 다른 명사일 경우, 대화를 들을 때 각 명사들과 관련된 내용들이 어떻게 언급되는지 주의 깊게 들어야 한다.

27 중

A 存钱　B 逛街　C 取签证　D 买门票

女: 你好, 请问门票多少钱一张?
男: 40元一张, 只能用现金付款。
女: 我有学生证, 可以给我打折吗?
男: 可以, 有学生证的话半价。
问: 女的在干什么?

存钱 cúnqián ⓗ 저금하다
逛街 guàngjiē ⓗ 아이쇼핑하다, 길거리를 거닐다　取 qǔ ⓗ 받다, 얻다
签证 qiānzhèng ⓗ 비자　门票 ménpiào ⓗ 입장권
张 zhāng ⓗ 장(종이나 가죽 등을 세는 단위)
只能 zhǐnéng ⓗ ~할 수밖에 없다　用 yòng ⓜ ~로써　现金 xiànjīn ⓗ 현금
付款 fùkuǎn ⓗ (돈을) 지불하다　学生证 xuéshēngzhèng ⓗ 학생증
打折 dǎzhé ⓗ 할인하다　半价 bànjià ⓗ 반값, 반액

| A 저금한다 | B 아이쇼핑한다 | C 비자를 받는다 | D 입장권을 산다 |

여: 안녕하세요, 실례지만 입장권이 한 장에 얼마인가요?
남: 40위안에 한 장이고, 현금으로만 지불할 수 있습니다.
여: 제가 학생증이 있는데, 저에게 할인해 줄 수 있나요?
남: 가능해요, 학생증이 있다면 반값입니다.

질문: 여자는 무엇을 하고 있는가?

정답 D

해설 제시된 보기 A 存钱(저금한다), B 逛街(아이쇼핑한다), C 取签证(비자를 받는다), D 买门票(입장권을 산다)가 모두 동작과 관련된 표현이므로 대화를 들을 때 화자가 하고 있거나 하려는 행동이 무엇인지 주의 깊게 듣는다. 대화에서 여자가 请问门票多少钱一张?(실례지만 입장권이 한 장에 얼마인가요?)이라고 묻자, 남자가 40원에 한 장이고, 현금으로만 지불할 수 있다고 답했다. 질문에서 여자는 무엇을 하고 있는지를 물었으므로 D 买门票(입장권을 산다)를 정답으로 선택한다.

🔑 **합격노하우** 보기가 모두 동사 또는 동사구(동사+목적어)이면, 화자가 하고 있거나 하려는 행동을 묻는 질문이 나올 것을 예상한다.

---

28 中

A 准备材料　　B 开始做菜
C 打扫冰箱　　D 整理厨房

男：玛丽，你会做西红柿炒鸡蛋吗？
女：会啊，你想学做菜吗？我住的地方有厨房，我教你做吧。
男：那真是太好了！
女：不过，做菜的材料你要自己去买，我的冰箱里什么东西都没有了。

问：男的接下来可能先做什么？

准备 zhǔnbèi 동 준비하다　材料 cáiliào 명 재료
开始 kāishǐ 동 시작되다, 시작하다　做菜 zuòcài 동 요리를 하다
打扫 dǎsǎo 동 청소하다, 깨끗이 정리하다　冰箱 bīngxiāng 명 냉장고
整理 zhěnglǐ 동 정리하다　厨房 chúfáng 명 주방, 부엌
做 zuò 동 만들다, 하다
西红柿炒鸡蛋 xīhóngshì chǎo jīdàn 명 토마토 달걀 볶음
想 xiǎng 조동 ~하고 싶다　学 xué 동 배우다　住 zhù 동 살다
地方 dìfang 명 곳, 장소　教 jiāo 동 가르치다, 전수하다
真是 zhēnshi 정말　不过 búguò 접 하지만, 그러나
要 yào 조동 ~해야 한다　自己 zìjǐ 대 스스로, 자기

| A 재료를 준비한다 | B 요리하기 시작한다 | C 냉장고를 청소한다 | D 주방을 정리한다 |

남: 마리, 너 토마토 달걀 볶음 만들 줄 알아?
여: 만들 줄 알지, 너 요리하는 걸 배우고 싶어? 내가 사는 곳에 주방이 있어, 내가 널 가르쳐 줄게.
남: 그럼 정말 너무 잘됐네!
여: 하지만, 요리 재료는 네가 스스로 가서 구매해야 해, 내 냉장고 안에는 아무것도 없어.

질문: 남자가 이어서 무엇을 할 가능성이 큰가?

정답 A

해설 제시된 보기 A 准备材料(재료를 준비한다), B 开始做菜(요리하기 시작한다), C 打扫冰箱(냉장고를 청소한다), D 整理厨房(주방을 정리한다)이 모두 동작과 관련된 표현이므로 대화를 들을 때 화자가 하고 있거나 하려는 행동이 무엇인지 주의 깊게 듣는다. 대화에서 여자가 做菜的材料你要自己去买, 我的冰箱里什么东西都没有了(요리 재료는 네가 스스로 가서 구매해야 해, 내 냉장고 안에는 아무것도 없어)라고 말했다. 질문에서 남자가 이어서 무엇을 할 가능성이 큰지를 물었으므로, A 准备材料(재료를 준비한다)를 정답으로 선택한다.

🔑 **합격노하우** 보기가 모두 동사 또는 동사구(동사+목적어)이면, 화자가 하고 있거나 하려는 행동을 묻는 질문이 나올 것을 예상한다.

---

29 中

A 房租很便宜　　B 离公园很远
C 还没有搬家　　D 邻居很友好

女：你的房子租好了吗？
男：租好了，虽然房租贵点，但周围环境很好，附近还有个公园。
女：那挺好的，有时间可以去公园散散步。
男：是的，而且房东和邻居们对我都很好，还帮我一起搬东西呢。

问：关于男的租的房子可以知道什么？

房租 fángzū 명 임대료, 집세　便宜 piányi 형 (값이) 싸다
离 lí 개 ~에서, ~으로부터　公园 gōngyuán 명 공원　远 yuǎn 형 멀다
搬家 bānjiā 동 이사하다　邻居 línjū 명 이웃 사람, 이웃집
友好 yǒuhǎo 형 친근하다, 우호적이다　房子 fángzi 명 집
租 zū 동 임차하다　虽然 suīrán 접 비록 ~이지만　贵 guì 형 비싸다
周围 zhōuwéi 명 주위, 주변　环境 huánjìng 명 환경
附近 fùjìn 명 근처, 부근　挺 tǐng 부 아주, 상당히
有时间 yǒu shíjiān 시간 날 때　散步 sànbù 동 산책하다, 산보하다
而且 érqiě 접 게다가　房东 fángdōng 명 집주인
搬 bān 동 (비교적 크거나 무거운 것을) 옮기다, 운반하다

| A 임대료가 매우 싸다 | B 공원에서 매우 멀다 | C 아직 이사하지 않았다 | D 이웃이 매우 친근하다 |

여: 네 집은 구했어?
남: 구했어, 비록 임대료가 좀 비싸지만, 하지만 주위 환경이 매우 좋아, 근처에 공원도 있어.
여: 그거 아주 좋네, 시간 날 때 공원에 가서 산책도 할 수 있고.
남: 맞아, 게다가 집주인과 이웃 사람들이 나에게 모두 잘해 줘, 게다가 날 도와서 같이 물건도 옮겨 줬어.

질문: 남자가 구한 집에 관해 무엇을 알 수 있는가?

정답 D

해설 제시된 보기가 다양한 형태의 문장이므로, 보기의 의미를 최대한 정확히 파악한 후 음성을 듣는 것이 중요하다. 대화 초반에서 남자가 虽然房租贵了点, 但周围环境很好, 附近还有个公园(비록 임대료가 좀 비싸지만, 하지만 주위 환경이 매우 좋아, 근처에 공원도 있어)이라고 한 내용을 듣고 A 房租很便宜(임대료가 매우 싸다)와 B 离公园很远(공원에서 매우 멀다)을 오답으로 제거해 둔다. 그리고 대화 마지막에 남자가 房东和邻居们对我都很好(집주인과 이웃 사람들이 나에게 모두 잘해 줘)라고 말했다. 질문이 남자가 구한 집에 관해 무엇을 알 수 있는지를 물었으므로 D 邻居很友好(이웃이 매우 친근하다)를 정답으로 선택한다.

✅ **합격노하우** 제시된 보기가 다양한 형태의 문장인 경우에는, 각 보기의 의미를 정확히 파악한 후 음성을 들어야 하며, 대화를 들을 때 대화의 내용과 다른 보기는 대화를 들을 때 미리 제거해 둔다.

---

30 하

A 在公司加班　　B 一个人喝酒
C 和朋友唱歌　　D 与同事喝酒

男: 这条街一到晚上就特别热闹, 有很多好吃的。
女: 真的吗? 我刚到这里, 还不太熟悉。
男: 我下班后经常和同事一起过来, 吃着小吃喝喝啤酒, 会很放松。你以后跟我们一起来吧。
女: 好呀, 听起来挺不错的。

问: 男的下班后经常做什么?

公司 gōngsī 圆 회사　加班 jiābān 圄 초과 근무를 하다
一个人 yí ge rén 혼자서　喝酒 hējiǔ 圄 술을 마시다
唱歌 chànggē 圄 노래 부르다　同事 tóngshì 圆 (회사의) 동료
条 tiáo 옝 가닥, 갈래 (지형·구조물과 관련된 것의 가늘고 긴 것을 세는 단위)
街 jiē 圆 (양 옆에 건물이 있는) 거리, 길거리
一…就… yī…jiù… ~하자마자 ~하다　到 dào (시간·기간·날짜가) 되다
晚上 wǎnshang 圆 저녁, 밤　特别 tèbié 凰 아주, 매우, 특별히
热闹 rènao 圈 시끌벅적하다, 활기차다　好吃 hǎochī 圈 맛있다
真的吗 zhēnde ma 정말요? 진짜요?　刚 gāng 凰 막, 방금
熟悉 shúxī 圈 잘 알다, 익숙하다　下班 xiàbān 圄 퇴근하다
经常 jīngcháng 凰 자주, 종종　过来 guòlai 오다
小吃 xiǎochī 圆 간단한 음식, 스낵, 간식　啤酒 píjiǔ 圆 맥주
放松 fàngsōng 圄 스트레스를 풀다, 정신적 긴장을 풀다
以后 yǐhòu 圆 다음, 이후　跟 gēn 꽤 ~와
听起来 tīngqǐlai 듣자니 ~인 것 같다　挺 tǐng 凰 아주, 상당히
不错 búcuò 圈 좋다

A 회사에서 초과 근무를 한다　B 혼자서 술을 마신다　C 친구와 노래를 부른다　D 동료와 술을 마신다

남: 이 거리는 저녁이 되기만 하면 매우 시끌벅적해지고, 맛있는 게 많아요.
여: 정말요? 저는 이곳에 이제 막 와서, 아직 잘 알지 못해요.
남: 저는 퇴근 후에 자주 동료와 함께 와서 간단한 음식들도 먹으면서 맥주도 마시는데, 스트레스를 풀 수 있어요. 당신도 나중에 저희와 같이 와요.
여: 좋아요, 듣자니 아주 좋은 것 같아요.

질문: 남자는 퇴근 후에 자주 무엇을 하는가?

정답 D

해설 제시된 보기가 다양한 형태의 문장이므로, 보기의 의미를 최대한 정확히 파악한 후 음성을 듣는 것이 중요하다. 대화에서 남자가 我下班后经常和同事一起过来, 吃着小吃喝啤酒, 会很放松。(저는 퇴근 후에 자주 동료와 함께 와서 간단한 음식들도 먹으면서 맥주도 마시는데, 스트레스를 풀 수 있어요.)이라고 말했다. 질문이 남자는 퇴근 후에 자주 무엇을 하는지를 물었으므로 D 与同事喝酒(동료와 술을 마신다)를 정답으로 선택한다.

✅ **합격노하우** 제시된 보기가 다양한 형태의 문장인 경우에는, 각 보기의 의미를 정확히 파악한 후 음성을 들어야 한다.

---

31 하

A 打开空调　　B 打开窗户
C 照顾小孩　　D 把烟扔了

女: 房间里是什么味道? 真让人受不了。
男: 对不起, 我刚才看这里没人就抽了一会儿烟。
女: 这里是儿童休息区, 是禁止抽烟的。你快把窗户打开, 换换新鲜的空气, 孩子们马上就要进来了。
男: 好的, 真是很抱歉。

问: 女的让男的做什么?

打开 dǎkāi 圄 (스위치 따위를) 틀다, 열다　空调 kōngtiáo 圆 에어컨
窗户 chuānghu 圆 창문　照顾 zhàogù 圄 돌보다, 보살피다
烟 yān 圆 담배　扔 rēng 圄 버리다, 내버리다　房间 fángjiān 圆 방
味道 wèidao 圆 냄새　受不了 shòu bu liǎo 圄 견딜 수 없다, 참을 수 없다
刚才 gāngcái 圆 방금, 막　抽烟 chōuyān 圄 담배(를) 피우다, 흡연하다
一会儿 yíhuìr 잠시, 잠깐 동안　儿童 értóng 圆 어린이, 아동
休息区 xiūxi qū 圆 휴식구역　禁止 jìnzhǐ 圄 금지하다
换气 huànqì 圄 환기하다　新鲜 xīnxiān 圈 신선하다
空气 kōngqì 圆 공기　马上 mǎshàng 凰 곧, 금방　就 jiù 凰 곧, 즉시
要 yào 조동 ~할 것이다, ~하려 하고 있다　进来 jìnlai 圄 들어오다
抱歉 bàoqiàn 圄 죄송합니다

A 에어컨을 튼다　B 창문을 연다　C 아이를 돌본다　D 담배를 버린다

여: 방안에 무슨 냄새예요? 정말 견딜 수가 없네요.
남: 죄송해요, 제가 방금 여기에 사람이 없는 걸 보고 담배를 잠시 피웠어요.
여: 여기는 어린이 휴식구역이에요, 흡연을 금지하는 곳이라고요. 당신 빨리 창문을 열고, 신선한 공기로 환기시켜요, 아이들이 곧 들어올 거예요.
남: 알겠어요, 정말 너무 죄송합니다.

질문: 여자는 남자에게 무엇을 하라고 시켰는가?

정답 B

해설 제시된 보기 A 打开空调(에어컨을 튼다), B 打开窗户(창문을 연다), C 照顾小孩(아이를 돌본다), D 把烟扔了(담배를 버린다)가 모두 동작과 관련된 표현이므로 대화를 들을 때 화자가 하고 있거나 하려는 행동이 무엇인지 주의 깊게 듣는다. 대화에서 여자가 你快把窗户打开, 换换新鲜的空气, 孩子们马上就要进来了.(당신 빨리 창문을 열고, 신선한 공기로 환기시켜요, 아이들이 곧 들어올 거예요.)라고 말했다. 질문에서 여자는 남자에게 무엇을 하라고 시켰는지를 물었으므로 B 打开窗户(창문을 연다)를 정답으로 선택한다.

✓ **합격노하우** 보기가 모두 동사 또는 동사구(동사+목적어)이면, 화자가 하고 있거나 하려는 행동을 묻는 질문이 나올 것을 예상한다.

32
상

A 上半年生意很好　　B 最近收入增加了
C 是个很大的公司　　D 比以前差了很多

男: 你们公司最近生意怎么样?
女: 不错, 比上半年好多了.
男: 那每个月能赚不少钱吧?
女: 比不上你们大公司, 就跟我们原来生意好的时候差不多.
问: 关于女的公司, 下面哪句话是正确的?

上半年 shàng bàn nián 평 (일 년의) 상반기
生意 shēngyi 평 사업, 영업, 장사　最近 zuìjìn 평 최근, 요즈음
收入 shōurù 평 수입　增加 zēngjiā 통 증가하다　公司 gōngsī 평 회사
以前 yǐqián 평 예전, 이전　差 chà 형 나쁘다
怎么样? zěnmeyàng? 어때요?　不错 búcuò 형 좋다
比 bǐ 개 ~보다, ~에 비해　赚 zhuàn 통 (돈을) 벌다, (장사로) 이윤을 남기다
不少 bùshǎo 형 적지 않다, 많다
比不上 bǐ bu shàng 통 비교할 수 없다, 비교가 되지 않다
原来 yuánlái 부 이전에, 원래　差不多 chàbuduō 형 비슷하다

A 상반기에 사업이 잘 되었다　B 최근에 수입이 증가했다　C 큰 회사이다　D 예전보다 많이 나빠졌다

남: 당신들 회사 최근에 사업이 어때요?
여: 좋아요, 상반기보다 많이 좋아졌어요.
남: 그럼 달마다 적지 않은 돈을 벌 수 있겠네요?
여: 당신들처럼 큰 회사랑 비교할 수는 없어요, 그냥 우리들이 이전에 사업이 잘 되었을 때와 비슷해요.
질문: 여자의 회사에 관해 다음 중 옳은 것은?

정답 B

해설 제시된 보기가 다양한 형태의 문장이므로, 보기의 의미를 최대한 정확히 파악한 후 음성을 듣는 것이 중요하다. 대화에서 남자가 여자에게 최근 사업이 어떤지 물어보자, 여자가 不错, 比上半年好多了.(좋아요, 상반기보다 많이 좋아졌어요.)라고 했다. 질문이 여자의 회사에 관해 다음 중 옳은 것이 무엇인지 물었으므로 B 最近收入增加了(최근에 수입이 증가했다)를 정답으로 선택한다.

✓ **합격노하우** 제시된 보기가 다양한 형태의 문장인 경우에는, 각 보기의 의미를 정확히 파악한 후 음성을 들어야 한다.

33
상

A 车没油了　　B 雨太大了
C 他加班了　　D 路上堵车

女: 都六点了, 你怎么还没来呀?
男: 对不起, 我今天加班了. 我得先去一趟加油站, 你再等一下.
女: 既然车要没油了, 你就别来接我了, 我自己回家吧.
男: 那怎么行? 外面雨这么大. 我马上就到.
问: 为什么男的还没到?

没油了 méi yóu le 기름이 떨어졌다　加班 jiābān 통 초과 근무를 하다
路上 lùshang 길 가는 중, 길 위
堵车 dǔchē 차가 막히다, 교통이 체증되다　都 dōu 부 벌써, 이미
怎么 zěnme 대 왜, 어째서　得 děi 조동 ~해야 한다
先 xiān 부 앞, 전(시간·공간상 앞에 있는 것)
趟 tàng 양 번, 차례(왕래한 횟수를 세는 단위)　加油站 jiāyóuzhàn 평 주유소
既然 jìrán 접 ~된 이상, ~된 바에야　别 bié 부 ~하지 마라
接 jiē 통 마중하다, 맞이하다　自己 zìjǐ 대 혼자서, 스스로
回家 huíjiā 통 집으로 돌아가다　外面 wàimian 평 밖, 바깥
马上 mǎshàng 부 곧, 금방　就 jiù 부 곧, 즉시　到 dào 통 도착하다

A 차에 기름이 떨어졌다　B 비가 너무 많이 왔다　C 그가 초과 근무를 했다　D 길에서 차가 막혔다

여: 벌써 여섯 시인데, 당신 왜 아직까지 안 오나요?
남: 미안해요, 제가 오늘 초과 근무를 했어요. 저 먼저 주유소에 한번 갔다 와야 해요, 잠깐만 더 기다려 줘요.
여: 차에 기름도 떨어지려고 하는 이상, 저를 마중하러 오지 마세요, 저 혼자 집에 갈게요.
남: 어떻게 그렇게 해요? 밖에 비가 이렇게 많이 오는데. 저 금방 도착해요.
질문: 남자는 왜 아직 도착하지 않았는가?

정답 A

해설 제시된 보기가 다양한 형태의 문장이므로, 보기의 의미를 최대한 정확히 파악한 후 음성을 듣는 것이 중요하다. 대화에서 여자가 왜 아직까지 안 오냐고 묻자, 남자가 对不起, 我今天加班了. 我得先去一趟加油站, 你再等一下.(미안해요, 제가 오늘 초과 근무를 했어요. 저 먼저 주유소에 한번 갔다 와야 해요, 잠깐만 더 기다려 줘요.)라고 답했다. 질문이 남자는 왜 아직 도착하지 않았는지를 물었으므로 A 车没油了(차에 기름이 떨어졌다)를 정답으로 선택한다.

✓ **합격노하우** 제시된 보기가 다양한 형태의 문장인 경우에는, 각 보기의 의미를 정확히 파악한 후 음성을 들어야 한다.

34 중

A 邮局　　B 机场　　C 图书馆　　D 植物园

男: 这里景色真不错, 这么多高大的树, 还有各种花草, 空气特别好。
女: 是啊, 这儿又美丽又安静, 很适合散步。
男: 夏天的时候这里一定很舒服。
女: 没错, 我们夏天再一起来吧。
问: 他们最可能在哪儿?

邮局 yóujú 명 우체국　机场 jīchǎng 명 공항
图书馆 túshūguǎn 명 도서관　植物园 zhíwùyuán 명 식물원
景色 jǐngsè 명 풍경, 경치　不错 búcuò 형 좋다
这么 zhème 대 이렇게, 이러한　高大 gāodà 형 높고 크다　树 shù 명 나무
各种 gèzhǒng 대 갖가지의, 각종의　花草 huācǎo 명 화초, 화훼
空气 kōngqì 명 공기　特别 tèbié 부 아주, 특별히　美丽 měilì 형 아름답다
安静 ānjìng 형 조용하다　适合 shìhé 동 적합하다
散步 sànbù 동 산책하다, 산보하다　夏天 xiàtiān 명 여름
时候 shíhou 명 때, 무렵　一定 yídìng 부 분명히, 반드시
舒服 shūfu 형 쾌적하다, 편안하다　没错 méicuò 동 맞다, 틀림없다
一起 yìqǐ 부 같이, 함께

A 우체국　　　　　　　　B 공항　　　　　　　　C 도서관　　　　　　　　D 식물원
남: 여기 풍경이 정말 좋다, 높고 큰 나무가 이렇게 많고, 또한 갖가지의 화초들도 있고, 공기도 아주 좋아.
여: 맞아, 여기는 아름답기도 하고 조용하기도 해서, 산책하기에 적합해.
남: 여름일 때에 여기는 분명히 쾌적할 거야.
여: 맞아, 우리 여름에 다시 같이 오자.
질문: 그들은 어디에 있을 가능성이 가장 큰가?

정답 D

해설 제시된 보기 A 邮局(우체국), B 机场(공항), C 图书馆(도서관), D 植物园(식물원)이 모두 장소와 관련된 표현이므로 대화를 들을 때 화자 혹은 특정 인물이 있는 장소 혹은 가려고 하는 장소가 어디인지를 주의 깊게 들어야 한다. 대화에서 남자가 这里景色真不错, 这么多高大的树, 还有各种花草, 空气特别好.(여기 풍경이 정말 좋다, 높고 큰 나무가 이렇게 많고, 또한 갖가지의 화초들도 있고, 공기도 아주 좋아.)라고 말했다. 질문이 그들은 어디에 있을 가능성이 가장 큰지를 물었으므로 D 植物园(식물원)을 정답으로 선택한다.

✓ 합격노하우 제시된 보기가 장소 표현이면, 화자 혹은 특정인물이 있는 장소 혹은 가려고 하는 장소가 어디인지를 주의 깊게 들어야 한다.

35 중

A 有包子卖　　　　　B 在学校对面
C 菜给得很多　　　　D 菜的味道不好

女: 咱们去哪儿吃晚饭啊?
男: 我不想去学生餐厅吃, 那里的菜给得太少了, 味道也不好。
女: 学校对面新开了一家包子店, 好像很好吃, 我们去买几个包子吃吧!
男: 好的, 只要不去学生餐厅, 去哪儿都可以。
问: 关于学生餐厅, 我们可以了解到什么?

包子 bāozi 명 (소가 든) 만두, 빠오즈　卖 mài 동 팔다
学校 xuéxiào 명 학교　对面 duìmiàn 명 맞은편, 반대편
菜 cài 명 요리, 음식　给 gěi 동 주다　味道 wèidao 명 맛
咱们 zánmen 대 우리　哪儿 nǎr 대 어디, 어느 곳　晚饭 wǎnfàn 명 저녁밥
想 xiǎng 조동 ~하고 싶다　学生餐厅 xuésheng cāntīng 명 학생 식당
新开 xīnkāi 동 새로 열다　包子店 bāozi diàn 명 만두 가게
好像 hǎoxiàng 부 마치 ~과 같다　只要 zhǐyào 접 ~하기만 하면
可以 kěyǐ 조동 ~해도 좋다, ~해도 된다　了解 liǎojiě 동 알다, 이해하다

A 만두를 판다　　　　B 학교 맞은편에 있다　　　　C 음식을 많이 준다　　　　D 요리의 맛이 안 좋다
여: 우리 어디 가서 저녁밥을 먹을까?
남: 나는 학생 식당에 가서 먹고 싶지는 않아, 그곳의 요리는 너무 적게 주고, 맛도 안 좋아.
여: 학교 맞은편에 한 만두 가게가 새로 열었는데, 아주 맛있는 것 같아, 우리 가서 만두 몇 개를 사서 먹자!
남: 좋아, 학생 식당에만 가지 않는다면, 어디를 가든 다 괜찮아.
질문: 학생 식당에 관해 우리가 알 수 있는 것은 무엇인가?

정답 D

해설 제시된 보기가 다양한 형태의 문장이므로, 보기의 의미를 최대한 정확히 파악한 후 음성을 듣는 것이 중요하다. 대화에서 남자가 我不想去学生餐厅吃, 那里的菜给得太少了, 味道也不好.(나는 학생 식당에 가서 먹고 싶지는 않아, 그곳의 요리는 너무 적게 주고, 맛도 안 좋아.)라고 말했다. 질문이 학생 식당에 관해 우리가 알 수 있는 것이 무엇인지를 물었으므로 D 菜的味道不好(요리의 맛이 안 좋다)를 정답으로 선택한다.

✓ 합격노하우 제시된 보기가 다양한 형태의 문장인 경우에는, 각 보기의 의미를 정확히 파악한 후 음성을 들어야 한다.

36-37

36 중
A 提前准备好问题　　B 指出别人的错误
C 认真听别人说话　　D 坚持自己的看法

提前 tíqián (부) 미리, 앞당겨　准备 zhǔnbèi (동) 준비하다
问题 wèntí (명) 질문, 문제　指出 zhǐchū (동) 지적하다, 가리키다
别人 biérén (대) 다른 사람　错误 cuòwù (명) 잘못, 착오
认真 rènzhēn (형) 진지하다　坚持 jiānchí (동) 고집하다, 고수하다
自己 zìjǐ (대) 자기, 스스로　看法 kànfǎ (명) 견해

A 미리 질문을 준비한다　　　　　　　　　　B 다른 사람의 잘못을 지적한다
C 다른 사람이 말하는 것을 진지하게 귀담아듣는다　D 자기의 견해를 고집한다

37 중
A 互相尊重　　B 提出建议
C 态度友好　　D 不能骄傲

互相 hùxiāng (부) 서로, 상호　尊重 zūnzhòng (동) 존중하다
提出 tíchū (동) 제시하다, 제기하다　建议 jiànyì (명) 의견, 제안
态度 tàidu (명) 태도　友好 yǒuhǎo (형) 우호적이다
骄傲 jiāo'ào (형) 거만하다, 오만하다

A 서로 존중한다　　B 의견을 제시한다　　C 태도가 우호적이다　　D 거만해서는 안된다

在和别人讨论问题的时候，我们要清楚、准确地说出自己的看法。³⁶另外，也要认真地听取别人的意见。³⁷只要你尊重别人的意见，别人就会同样尊重你的意见，这样才能友好地交流。

36. 问：我们在讨论问题的时候要注意什么？

37. 问：怎么做到友好地交流？

别人 biérén (대) 다른 사람　讨论 tǎolùn (동) 토론하다
问题 wèntí (명) 질문, 문제　时候 shíhou (명) 때, 무렵
清楚 qīngchu (형) 분명하다, 조리 있다　准确 zhǔnquè (형) 정확하다, 틀림없다
说出 shuōchū (동) 말하다　自己 zìjǐ (대) 자기, 스스로　看法 kànfǎ (명) 견해
另外 lìngwài (접) 이 외에, 이 밖에　认真 rènzhēn (형) 진지하다
听取 tīngqǔ (동) 귀담아듣다, (의견·보고 등을) 청취하다
意见 yìjiàn (명) 의견, 견해　只要 zhǐyào (접) ~하기만 하면
会 huì (조동) ~할 것이다　同样 tóngyàng (부) (서로) 같다
友好 yǒuhǎo (형) 우호적이다　交流 jiāoliú (동) 소통하다, 교류하다
注意 zhùyì (동) 주의하다

다른 사람과 문제를 토론할 때에, 우리는 자신의 견해를 분명하고 정확하게 말해야 한다. 이 외에, 또한 다른 사람의 의견을 진지하게 귀담아들어야 한다. 당신이 다른 사람의 의견을 존중하기만 한다면, 다른 사람도 똑같이 당신의 의견을 존중할 것이고, 이렇게 해야 비로소 우호적으로 소통할 수 있다.

36. 질문: 우리가 문제를 토론할 때에 무엇을 주의해야 하는가?　　정답 C
37. 질문: 어떻게 해야 우호적으로 소통할 수 있는가?　　　　　　정답 A

해설 보기 읽기
37번의 보기에서 **互相尊重**(서로 존중한다), **态度友好**(태도가 우호적이다), **不能骄傲**(거만해서는 안 된다)를 읽고, 사람을 대할 때의 태도와 관련된 논설문이 나올 것임을 예상할 수 있다.

단문 듣기
단문 중반의 **另外, 也要认真地听取别人的意见。**(또한 다른 사람의 의견을 진지하게 귀담아들어야 한다.)을 듣고 알 수 있는 36번 보기 C **认真听别人说话**(다른 사람이 말하는 것을 진지하게 귀담아듣는다) 옆에 체크해 둔다. 이어서 **只要你尊重别人的意见, 别人就会同样尊重你的意见, 这样才能友好地交流。**(당신이 다른 사람의 의견을 존중하기만 한다면, 다른 사람도 똑같이 당신의 의견을 존중할 것이고, 이렇게 해야 비로소 우호적으로 소통할 수 있다.)를 듣고 그대로 언급한 37번 보기 A **互相尊重**(서로 존중한다) 옆에 체크해 둔다.

질문 듣고 정답 선택하기
36. 우리가 문제를 토론할 때에 무엇을 주의해야 하는지를 물었으므로, 대화에서 언급된 내용에 따라 C **认真听别人说话**(다른 사람이 말하는 것을 진지하게 귀담아듣는다)를 정답으로 선택한다

37. 어떻게 해야 우호적으로 소통할 수 있는지 물었으므로, 대화에서 언급된 내용에 따라 A **互相尊重**(서로 존중한다)을 정답으로 선택한다

✔ **합격노하우** 두 문제의 보기들 중 주관적인 견해를 나타내는 문장이 있을 경우, 논설문이 나올 것을 예상하여 단문의 중심 내용 파악에 집중하며 음성을 듣는다.

38-39

38 하
- A 半个小时
- B 一个小时
- C 两个小时
- D 三个小时

半 bàn 절반, 2분의 1 小时 xiǎoshí 시간

A 삼십 분   B 한 시간   C 두 시간   D 세 시간

39 중
- A 开车去机场
- B 注意听广播
- C 不要去购物
- D 少带些行李

开车 kāichē 차를 몰다, 운전하다 机场 jīchǎng 공항
注意 zhùyì 주의하다 广播 guǎngbō 방송
不要 búyào ~하지 마라, ~해서는 안 된다
购物 gòuwù 쇼핑하다, 물건을 사다 带 dài 챙기다, (몸에) 가지다
行李 xínglǐ 짐, 여행짐

A 차를 몰고 공항에 간다   B 방송을 주의해서 듣는다   C 쇼핑하러 가지 말아야 한다   D 짐을 조금 가져간다

---

³⁸乘坐国际航班一般要提前两个小时到机场。出门前,要检查一下护照有没有带。最好坐地铁去机场,因为路上不会堵车,时间有保证。到了机场,先去排队换登机牌。换了登机牌以后,还可以去免税店逛逛,购购物,³⁹但一定要注意听广播,否则你有可能会错过登机时间。

38. 问:乘坐国际航班最好提前多久到机场?

39. 问:为了按时上飞机,我们应该怎么做?

乘坐 chéngzuò (비행기, 자동차, 배 등을) 타다 国际 guójì 국제의
航班 hángbān (비행기의) 항공편 一般 yìbān 보통, 일반적으로
提前 tíqián (예정된 시간, 위치를) 앞당기다 到 dào 도착하다
出门 chūmén 집을 나서다, 외출하다
检查 jiǎnchá 점검하다, 조사하다 护照 hùzhào 여권
带 dài 챙기다, (몸에) 가지다 最好 zuìhǎo 가장 바람직한 것은
地铁 dìtiě 지하철 因为 yīnwèi 왜냐하면, ~때문에
路上 lùshang 길 가는 중, 도중 堵车 dǔchē 차가 막히다
有保证 yǒu bǎozhèng 보장되다 机场 jīchǎng 공항
排队 páiduì 줄을 서다 登机牌 dēngjīpái 탑승권
可以 kěyǐ ~해도 된다 (허가를 나타냄) 免税店 miǎnshuìdiàn 면세점
逛 guàng 둘러보다, 돌아다니다 购物 gòuwù 쇼핑하다, 물건을 사다
一定 yídìng 반드시, 분명히 注意 zhùyì 주의하다
广播 guǎngbō 방송 否则 fǒuzé 만약 그렇지 않으면
错过 cuòguò (시기나 대상을) 놓치다, 엇갈리다

³⁹국제 항공편을 탈 때 보통 공항에 두 시간 앞당겨 도착해야 한다. 집을 나서기 전에는, 여권을 챙겼는지 점검해 봐야 한다. 가장 바람직한 것은 지하철을 타고 공항에 가는 것인데, 왜냐하면 가는 길에 차가 막힐 리가 없어서, 시간이 보장되기 때문이다. 공항에 도착하고, 먼저 줄을 서서 탑승권을 교환한다. 탑승권을 교환한 이후, 면세점에 가서 둘러보고, 쇼핑을 해도 되는데, ³⁹하지만 반드시 방송을 주의해서 들어야 하며, 만약 그렇지 않으면 당신은 탑승 시간을 놓칠 수도 있다.

38. 질문: 국제 항공편을 탈 때 얼마나 시간을 앞당겨서 공항에 도착해야 가장 바람직한가?   정답 C
39. 질문: 제때에 비행기를 타기 위하여 우리는 어떻게 해야 하는가?   정답 B

해설 보기 읽기
39번의 보기에서 开车去机场(차를 몰고 공항에 간다), 少带些行李(짐을 조금 가져간다)를 읽고 여행과 관련된 단문이 나올 것임을 예상할 수 있다.

단문 듣기
단문에서 乘坐国际航班一般要提前两个小时到机场.(국제 항공편을 탈 때 보통 공항에 두 시간 앞당겨 도착해야 한다.)을 듣고 38번 보기 C 两个小时(두 시간) 옆에 체크해 둔다. 이어서 但一定要注意听广播(하지만 반드시 방송을 주의해서 들어야 한다)를 듣고 39번 보기 B 注意听广播(방송을 주의해서 듣는다) 옆에 체크해 둔다.

질문 듣고 정답 선택하기
38. 국제 항공편을 탈 때 얼마나 시간을 앞당겨서 공항에 도착해야 가장 바람직한지를 물었으므로, 단문에서 언급한 대로 C 两个小时(두 시간)을 정답으로 선택한다.
39. 제때에 비행기를 타기 위하여 우리는 어떻게 해야 하는지를 물었으므로, 단문에서 언급한 대로 B 注意听广播(방송을 주의해서 듣는다)를 정답으로 선택한다.

✓ **합격노하우** 38번과 같이 제시된 보기가 모두 시간을 나타내는 표현일 경우, 단문에서 언급되는 시간 및 관련 내용을 주의 깊게 들어야 한다.

40-41

40
A 工作计划   B 放松身体
C 学习方法   D 养成习惯

工作计划 gōngzuò jìhuà 몡 업무 계획
放松 fàngsōng 동 스트레스를 풀다, 이완시키다   身体 shēntǐ 몡 신체, 몸
学习 xuéxí 동 공부하다   方法 fāngfǎ 몡 방법
养成 yǎngchéng 동 (습관을) 기르다, 길러지다   习惯 xíguàn 몡 습관

A 업무 계획   B 몸의 스트레스 풀기   C 학습 방법   D 습관 기르기

41
A 睡前要多喝水   B 睡前不能吃饭
C 时间不能太长   D 最好不要躺着

睡 shuì 동 (잠을) 자다   要 yào 조동 ~해야 한다
喝水 hēshuǐ 물을 마시다   吃饭 chīfàn 밥을 먹다
不能 bùnéng 조동 ~해서는 안 된다, ~할 수가 없다
最好 zuìhǎo 가장 좋다   躺 tǎng 동 눕다

A 자기 전에 물을 많이 마셔야 한다   B 자기 전에 밥을 먹어서는 안 된다
C 시간이 너무 길어서는 안 된다   D 가능하면 눕지 않는 것이 좋다

中午睡觉对身体健康有好处吗？研究证明，午睡确实有很多好处。⁴⁰除了可以放松身体，它还可以保证我们下午工作或学习时能有好状态。如果你也有午睡的习惯，⁴¹要注意午睡的时间不要太长，30到40分钟是最好的。另外，睡前不要吃得太饱，否则会影响午睡的质量。

中午 zhōngwǔ 몡 점심, 정오   睡觉 shuìjiào 동 잠을 자다
对 duì 개 ~에 대해   健康 jiànkāng 형 건강하다
好处 hǎochù 몡 이로운 점, 좋은 점   研究 yánjiū 동 연구(결과) 연구하다
证明 zhèngmíng 동 증명하다   午睡 wǔshuì 몡 낮잠
确实 quèshí 부 확실하다   除了 chúle 개 ~외에 또
可以 kěyǐ 조동 ~할 수 있다   放松 fàngsōng 동 스트레스를 풀다, 이완시키다
身体 shēntǐ 몡 신체, 몸   保证 bǎozhèng 동 보증하다, 담보하다
下午 xiàwǔ 몡 오후   工作 gōngzuò 동 일하다   学习 xuéxí 동 공부하다
状态 zhuàngtài 몡 컨디션, 상태   如果 rúguǒ 접 만약, 만일
习惯 xíguàn 몡 습관   要 yào 조동 ~해야 한다   注意 zhùyì 동 주의하다
最好 zuìhǎo 가장 좋다   另外 lìngwài 접 이 외에, 이 밖에
饱 bǎo 형 배부르다   否则 fǒuzé 접 만약 그렇지 않으면
影响 yǐngxiǎng 동 영향을 끼치다   质量 zhìliàng 몡 질, 품질, 퀄리티

40. 问: 午睡对什么有好处？

41. 问: 午睡需要注意什么？

점심에 잠을 자는 것이 신체가 건강해지는 것에 대해 이로운 점이 있을까? 연구에서 증명하길, 낮잠에는 이로운 점이 확실히 많이 있다. ⁴⁰몸의 스트레스를 풀 수 있다는 것 외에, 또 우리가 오후에 일하거나 혹은 공부할 때 좋은 컨디션이 있을 수 있도록 보증해줄 수 있다. 만약 당신도 낮잠 자는 습관을 가지고 있다면, ⁴¹낮잠 자는 시간이 너무 길어서는 안 된다는 것을 주의해야 하며, 30분에서 40분이 가장 좋다. 이 외에, 자기 전에 너무 배부르게 먹어서는 안 되는데, 그렇지 않으면 낮잠의 질에 영향을 끼칠 수 있다.

40 질문: 낮잠은 무엇에 대해 좋은 점이 있는가?   정답 B
41 질문: 낮잠을 잘 때 무엇을 주의할 필요가 있는가?   정답 C

해설 보기 읽기
41번의 보기에서 睡前(자기 전), 躺(눕다)을 읽고 수면과 관련된 단문이 나올 것임을 미리 예상할 수 있다.

단문 듣기
단문에서 除了可以放松身体，它还可以保证我们下午工作或学习时能有好状态。(몸의 스트레스를 풀 수 있다는 것 외에, 또 우리가 오후에 일하거나 혹은 공부할 때 좋은 컨디션이 있을 수 있도록 보증해줄 수 있다.)를 듣고 그대로 언급한 40번 보기 B 放松身体(몸의 스트레스를 풀기) 옆에 체크해 둔다. 이어서 단문에서 要注意午睡的时间不要太长(낮잠 자는 시간이 너무 길어서는 안 된다는 것을 주의해야 한다)을 듣고 그대로 언급한 41번 보기 C 时间不能太长(시간이 너무 길어서는 안 된다) 옆에 체크해 둔다.

질문 듣고 정답 선택하기
40. 낮잠은 무엇에 대해 좋은 점이 있는지를 물었으므로, B 放松身体(몸의 스트레스 풀기)를 정답으로 선택한다.
41. 낮잠을 잘 때 무엇을 주의할 필요가 있는지를 물었으므로 C 时间不能太长(시간이 너무 길어서는 안 된다)을 정답으로 선택한다.

✓ **합격노하우** 문제의 보기에서 要(~해야 한다), 不能(~할 수 없다), 最好不要(가능하면 ~하지 않는 것이 좋다)와 같은 화자의 주관적인 견해를 나타내는 표현이 나오면 논설문이 나올 것을 예상하여 단문의 중심내용 파악에 집중하며 음성을 듣는다.

42-43

42 하
- A 服务很好
- B 不用出门
- C 十分安全
- D 都在打折

服务 fúwù 서비스　不用 búyòng ~할 필요가 없다
出门 chūmén 외출하다, 집을 나서다　十分 shífēn 매우, 충분히
安全 ānquán 안전하다　打折 dǎzhé 할인하다

A 서비스가 좋다　B 외출할 필요가 없다　C 매우 안전하다　D 모두 할인하고 있다

43 중
- A 送货时间长
- B 介绍太简单
- C 过程比较复杂
- D 质量不一定好

送货 sònghuò (거래된 상품을) 배송하다
介绍 jièshào 설명하다, 소개하다　简单 jiǎndān 단순하다, 간단하다
过程 guòchéng 과정　比较 bǐjiào 비교적, 상대적으로
复杂 fùzá 복잡하다　质量 zhìliàng 품질, 질, 퀄리티
不一定 bùyídìng (반드시) ~한 것은 아니다

A 배송하는 시간이 길다　B 설명이 너무 단순하다　C 과정이 비교적 복잡하다　D 품질이 꼭 좋은 것은 아니다

随着科学技术的发展，越来越多的人选择在网络上购物。⁴²网上购物很方便，不出门就能买到喜欢的东西。而且网上的东西还经常打折，特别便宜。但是，⁴³网购也有一些缺点。比如，我们收到的东西可能和网上介绍的不一样，东西的质量有时候不能让人满意。

42. 问：网上购物有什么优点？
43. 问：网上购物的缺点是什么？

随着 suízhe ~에 따라　科学 kēxué 과학　技术 jìshù 기술
发展 fāzhǎn 발전　越来越 yuèláiyuè 갈수록, 더욱더
选择 xuǎnzé 선택하다　网络 wǎngluò 인터넷, 네트워크
购物 gòuwù 쇼핑하다, 물건을 사다　网上 wǎngshàng 온라인, 인터넷
方便 fāngbiàn 편하다, 편리하다
出门 chūmén 외출하다, 집을 나서다　喜欢 xǐhuan 좋아하다
而且 érqiě 게다가　经常 jīngcháng 자주, 종종
打折 dǎzhé 할인하다　特别 tèbié 아주, 매우, 특별히
便宜 piányi (값이) 싸다　缺点 quēdiǎn 단점, 결점
比如 bǐrú ~가 예다, 예를 들면 ~이다　收到 shōudào 받다, 수령하다
可能 kěnéng 어쩌면, 아마도, 아마　不一样 bùyíyàng 같지 않다
质量 zhìliàng 품질, 질　有时候 yǒushíhou 가끔씩, 종종
让 ràng ~하게 하다　满意 mǎnyì 만족스럽다, 만족하다
优点 yōudiǎn 장점

과학 기술의 발전에 따라, 갈수록 많은 사람들이 인터넷 상에서 쇼핑하는 것을 선택한다. ⁴²온라인 쇼핑은 매우 편리한데, 외출하지 않아도 좋아하는 물건을 살 수 있다. 게다가 온라인의 물건은 자주 할인하기도 해서, 아주 싸다. 하지만, ⁴³온라인 쇼핑 또한 단점이 조금 있다. 우리가 받은 물건이 어쩌면 온라인에서 설명한 것과 같지 않을 수 있고, 가끔씩 물건의 품질이 사람들을 만족스럽게 하지 못하는 것이 그 예다.

42. 질문: 온라인 쇼핑에는 어떤 장점이 있는가?　　　　정답 B
43. 질문: 온라인 쇼핑의 단점은 무엇인가?　　　　　　정답 D

해설 보기 읽기
42번의 A 服务很好(서비스가 좋다), D 都在打折(모두 할인하고 있다)와 43번의 보기 내용을 읽고 특정 서비스와 관련된 단문이 나올 것임을 미리 예상할 수 있다.

단문 듣기
단문에서 网上购物很方便, 不出门就能买到喜欢的东西.(온라인 쇼핑은 매우 편리한데, 외출하지 않아도 좋아하는 물건을 살 수 있다.)를 듣고 그대로 언급한 42번 보기 B 不用出门(외출할 필요가 없다) 옆에 체크해 둔다. 이어서 网购也有一些缺点. 比如, 我们收到的东西可能和网上介绍的不一样, 东西的质量有时候不能让人满意.(온라인 쇼핑 또한 단점이 조금 있다. 우리가 받은 물건이 어쩌면 온라인에서 설명한 것과 같지 않을 수 있고, 가끔씩 물건의 품질이 사람들을 만족스럽게 하지 못하는 것이 그 예다.)를 듣고 그대로 언급한 43번 보기 D 质量不一定好(품질이 꼭 좋은 것은 아니다) 옆에 체크해 둔다.

질문 듣고 정답 선택하기
42. 온라인 쇼핑에는 어떤 장점이 있는지 물었으므로 B 不用出门(외출할 필요가 없다)을 정답으로 선택한다.
43. 온라인 쇼핑의 단점은 무엇인지를 물었으므로 D 质量不一定好(품질이 꼭 좋은 것은 아니다)를 정답으로 선택한다.

✅ **합격노하우** 두 문제의 보기가 모두 특정 주제와 관련된 경우 단문에서 언급된 보기가 정답일 가능성이 크다.

44-45

44 하

A 爱说话　　B 很有礼貌
C 会踢足球　　D 喜欢看书

爱 ài [동] (어떤 일을 취미로서) 좋아하다, 애호하다
说话 shuōhuà [동] 말하다, 이야기하다 礼貌 lǐmào [명] 예의, 예의범절
踢足球 tī zúqiú 축구를 하다 喜欢 xǐhuan [동] 좋아하다
看书 kànshū [동] 책을 보다, 독서하다

A 말하기를 좋아한다　B 예의가 있다　C 축구를 할 줄 안다　D 책 보는 것을 좋아한다

45 하

A 获得奖金了　　B 比赛踢赢了
C 受到表扬了　　D 成绩提高了

获得 huòdé [동] 획득하다, 얻다 奖金 jiǎngjīn [명] 상금, 보너스
比赛 bǐsài [명] 경기, 시합 赢 yíng [동] 이기다, 승리하다
受到 shòudào [동] 받다 表扬 biǎoyáng [동] 칭찬하다, 표창하다
成绩 chéngjì [명] 성적, 결과 提高 tígāo [동] 향상시키다, 제고하다

A 상금을 획득했다　B 경기에서 이겼다　C 칭찬을 받았다　D 성적이 향상되었다

44/45小王有点儿害羞，平时不爱说话，可是今天特别兴奋。我问了他原因，他说他昨天下午参加足球比赛赢了。我很吃惊，没想到他也会踢足球。我激动地祝贺了他，告诉他我也喜欢足球。我们愉快地交流了很久，还说好下次一起踢。

44. 问：关于小王，我们可以知道什么？

45. 问：小王为什么兴奋？

害羞 hàixiū [동] 수줍어하다, 부끄러워하다 平时 píngshí [명] 평소, 평상시
爱 ài [동] (어떤 일을 취미로서) 좋아하다, 애호하다
说话 shuōhuà [동] 말하다, 이야기하다 可是 kěshì [부] 하지만, 그러나
特别 tèbié [부] 매우, 아주 兴奋 xīngfèn [형] 흥분해 있다
原因 yuányīn [명] 이유, 원인 参加 cānjiā [동] 참가하다, 참석하다
足球 zúqiú [명] 축구 比赛 bǐsài [명] 경기, 시합 吃惊 chījīng [동] 놀라다
没想到 méixiǎngdào 생각지 못하다 踢足球 tī zúqiú 축구를 하다
激动 jīdòng [동] 흥분하다 祝贺 zhùhè [동] 축하하다
告诉 gàosu [동] 말하다, 알리다 喜欢 xǐhuan [동] 좋아하다
愉快 yúkuài [형] 즐겁다, 기쁘다, 유쾌하다
交流 jiāoliú [동] 소통하다, 교류하다 说好 shuōhǎo [동] 약속하다

44/45샤오왕은 조금 수줍어하며, 평소에 말하기를 좋아하지 않는데, 하지만 오늘은 매우 흥분해 있다. 내가 그에게 이유를 물어봤는데, 그는 어제 오후에 축구 경기에 참가해서 이겼다고 말했다. 나는 매우 놀랐는데, 그도 축구를 할 수 있을 거라고는 생각지 못했다. 나는 흥분하며 그를 축하했고, 나도 축구를 좋아한다고 말했다. 우리는 매우 오랫동안 즐겁게 소통했고, 게다가 다음에 같이 하기로 약속도 했다.

44. 질문: 샤오왕에 관해 우리가 알 수 있는 것은?　정답 C
45. 질문: 샤오왕은 왜 흥분했는가?　정답 B

해설 **보기 읽기**

44번의 보기에서 **爱说话**(말하기를 좋아한다), **有礼貌**(예의가 있다), **踢足球**(축구를 한다), **看书**(책을 보다)를 읽고, 특정 인물과 관련된 이야기가 나올 것임을 예상할 수 있다.

단문 듣기

단문의 초반에서 **小王有点儿害羞，平时不爱说话，可是今天特别兴奋。我问了他原因，他说他昨天下午参加足球比赛赢了。**(샤오왕은 조금 수줍어하며, 평소에 말하기를 좋아하지 않는데, 하지만 오늘은 매우 흥분해 있다. 내가 그에게 이유를 물어봤는데, 그는 어제 오후에 축구 경기에 참가해서 이겼다고 말했다.)를 듣고 44번 보기 C **会踢足球**(축구를 할 줄 안다)와 45번 보기 B **比赛踢赢了**(경기에서 이겼다) 옆에 체크해 둔다.

질문 듣고 정답 선택하기

44. 샤오왕에 관해 우리가 알 수 있는 것이 무엇인지 물었으므로, C **会踢足球**(축구를 할 줄 안다)를 정답으로 선택한다.
45. 샤오왕이 왜 흥분했는지를 물었으므로, B **比赛踢赢了**(경기에서 이겼다)를 정답으로 선택한다.

합격노하우 문제의 보기가 사람의 상태나 상황을 묘사하는 표현이 나오면 특정 인물과 관련된 이야기가 나올 것임을 미리 예상하여 단문을 들을 때 단문의 세부내용 파악에 집중한다.

二、阅读 독해

46-50

A 工资	B 从来	C 出差
~~D 坚持~~	E 至少	F 演出

工资 gōngzī 몡 월급, 임금
从来 cónglái 몜 여태껏, (과거부터) 지금까지
出差 chūchāi 출장 가다   坚持 jiānchí 꾸준히 하다
至少 zhìshǎo 몜 최소한, 적어도   演出 yǎnchū 몡 공연 통 공연하다

| A 월급 | B 여태껏 | C 출장 가다 | ~~D 꾸준히 하다~~ | E 최소한 | F 공연 |

* D 坚持(꾸준히 하다)은 예시 어휘이므로, 이를 제외한 나머지 5개의 보기 중에서 정답을 고른다.

46 중

这场(F 演出)非常精彩，台下的观众都被深深地吸引了。

场 chǎng 떙 회, 번, 차례(문예·오락·체육 활동 등을 세는 단위)
演出 yǎnchū 몡 공연 통 공연하다   非常 fēicháng 몜 매우
精彩 jīngcǎi 형 훌륭하다   台下 táixià 무대 아래
观众 guānzhòng 몡 관중   深深 shēnshēn 몜 매우 깊다
吸引 xīyǐn 통 매료시키다

이 (F 공연)은 매우 훌륭해서, 무대 아래의 관중들 모두 매우 깊게 매료당했다.   정답 F

해설 빈칸 앞 양사 场(회)과 함께 쓰이는 명사 F 演出(공연)가 정답이다. 양사 场은 문예·오락·체육 활동 등의 횟수를 셀 때 쓰이는 양사이다.

✅ 합격노하우 빈칸 앞이 '지시대사+양사' 형태이면 양사와 함께 쓸 수 있는 명사를 정답으로 선택한다.

47 하

因为上一年他工作特别努力，经理给他增加了(A 工资)。

因为 yīnwèi 젭 ~때문에, ~로 인하여
上一年 shàng yì nián 작년   工作 gōngzuò 통 일하다
特别 tèbié 몜 매우, 특별하다   努力 nǔlì 통 열심히 하다
经理 jīnglǐ 몡 사장님, 매니저   增加 zēngjiā 통 늘리다, 증가시키다
工资 gōngzī 몡 월급, 임금

그가 작년에 일을 매우 열심히 해서, 사장님이 그의 (A 월급)을 올려 주었다.   정답 A

해설 빈칸 앞에 '동사+了'형태의 增加了가 있으므로 술어 增加(늘리다, 증가시키다)의 목적어로 쓰이면서 문맥상 어울리는 명사 A 工资(월급)가 정답이다.

✅ 합격노하우 빈칸 앞이 '동사+了' 형태이면 동사 술어의 목적어가 되는 명사를 정답으로 선택한다.

48 하

招聘信息上要求(E 至少)硕士毕业，我不符合这个条件。

招聘 zhāopìn 통 채용하다   信息 xìnxī 몡 정보
要求 yāoqiú 통 요구하다 몡 요구   至少 zhìshǎo 몜 최소한, 적어도
硕士 shuòshì 몡 석사   毕业 bìyè 통 졸업하다
符合 fúhé 통 부합하다   条件 tiáojiàn 몡 조건

채용 정보에서 (E 최소한) 석사 졸업을 요구한다, 나는 이 조건에 부합하지 못한다.   정답 E

해설 要求( )硕士毕业(__ 석사 졸업을 요구한다)라는 문맥에 어울리는 E 至少(최소한)가 정답이다. 참고로 至少는 硕士毕业(석사 졸업)의 범위를 한정 짓는 관형어로 사용됨을 알아두자.

✅ 합격노하우 빈칸이 동사와 명사(구) 사이에 있으면 관형어가 되는 어휘를 정답으로 선택한다.

49 하

他经常要(C 出差)，每个月差不多有一半的时间在外面。

经常 jīngcháng 몜 자주, 항상   要 yào 조롱 ~해야 한다
出差 chūchāi 출장 가다   每个月 měi ge yuè 매달
差不多 chàbuduō 몜 거의, 대체로   一半 yíbàn 몜 절반
时间 shíjiān 몡 시간   外面 wàimian 몡 밖, 바깥

그는 자주 (C 출장 가야) 하며, 매달 거의 절반의 시간 동안 밖에 있다.   정답 C

해설 빈칸 앞에 조동사 要(~해야 한다)가 있으므로, 제시된 보기 중 유일하게 술어가 될 수 있는 동사 C 出差(출장 가다)가 정답이다.

✅ 합격노하우 빈칸 앞에 조동사가 있고, 제시된 보기 중 동사가 1개이면 동사를 정답으로 선택한다.

50 (중)

他虽然是我邻居，可是我们见面(B 从来)不打招呼，所以我对他也不熟悉。

虽然 suīrán 🖲 비록 ~이지만　邻居 línjū 🖲 이웃 사람, 이웃집
可是 kěshì 🖲 하지만, 그러나　见面 jiànmiàn 🖲 만나다, 대면하다
从来 cónglái 🖲 여태껏, (과거부터) 지금까지
打招呼 dǎzhāohu 🖲 인사하다　所以 suǒyǐ 🖲 그래서
对 duì 🖲 ~에 대해　熟悉 shúxī 🖲 잘 알다, 익숙하다

그는 비록 나의 이웃이지만, 하지만 우리는 만나도 (B 여태껏) 인사한 적이 없으며, 그래서 나는 그에 대해 잘 알지 못한다.　　정답 B

해설 빈칸이 술어 不打招呼(인사하지 않는다) 앞에 있으므로, 술어 앞에서 부사어로 쓰일 수 있는 부사 B 从来(여태껏)와 E 至少(최소한)가 정답의 후보이다. 지문에서 所以我对他也不熟悉(그래서 나는 그에 대해 잘 알지 못한다)라고 했으므로, 문맥상 자연스러운 B 从来(여태껏)가 정답이다.

✓ **합격노하우** 빈칸이 술어 앞에 있으면 부사어로 쓰일 수 있는 어휘를 정답의 후보로 찾는다.

51-55

A 厉害　　B 故意　　C 温度
D 高速公路　E 提供　　F 免费

厉害 lìhai 🖲 대단하다, 굉장하다　故意 gùyì 🖲 고의로, 일부러
温度 wēndù 🖲 온도　高速公路 gāosùgōnglù 🖲 고속 도로
提供 tígōng 🖲 (물자·조건 등을) 제공하다　免费 miǎnfèi 🖲 무료로 하다

A 대단하다　B 고의로　C̶ 온도　D 고속도로　E 제공하다　F 무료로 하다

* C 温度(온도)는 예시 어휘이므로, 이를 제외한 나머지 5개의 보기 중에서 정답을 고른다.

51 (중)

A: 火车上(E 提供)热水, 我们带个杯子就行。
B: 好, 那我再带点儿茶叶。

火车 huǒchē 🖲 기차　上 shang 🖲 ~에서, ~에
提供 tígōng 🖲 (물자, 조건 등을) 제공하다
热水 rèshuǐ 🖲 뜨거운 물　带 dài 🖲 챙기다, 휴대하다
杯子 bēizi 🖲 컵　再 zài 🖲 별도로, 더
茶叶 cháyè 🖲 (가공을 거친) 찻잎

A: 기차에서 뜨거운 물을 (E 제공해 줘요), 우리는 컵만 챙기면 돼요.
B: 그래요, 그럼 저는 별도로 찻잎을 좀 챙길게요.　　정답 E

해설 빈칸이 주어 火车上(기차에서)과 목적어 热水(뜨거운 물) 사이에 있으므로, 热水(뜨거운 물)를 목적어로 취하여 문맥상 자연스러운 동사 E 提供(제공하다)이 정답이다.

✓ **합격노하우** 빈칸이 주어와 목적어 사이에 있으면 목적어와 문맥상 어울리는 동사를 정답으로 선택한다.

52 (하)

A: 玛丽可真(A 厉害), 会说这么多种语言。
B: 没错, 她在学校的时候不但学习了汉语, 而且自学了法语和日语。

可真 kězhēn 🖲 어찌나　厉害 lìhai 🖲 대단하다, 굉장하다
会 huì 🖲 ~할 수 있다　语言 yǔyán 🖲 언어
没错 méicuò 🖲 맞다, 옳다　学校 xuéxiào 🖲 학교
时候 shíhou 🖲 때　不但 búdàn 🖲 ~뿐만 아니라
学习 xuéxí 🖲 공부하다　汉语 Hànyǔ 고유 중국어
而且 érqiě 🖲 게다가　自学 zìxué 🖲 독학하다
法语 Fǎyǔ 고유 프랑스어　日语 Rìyǔ 고유 일본어

A: 마리는 어찌나 (A 대단한지), 이렇게나 많은 종류의 언어를 말할 줄 알잖아.
B: 그러게, 그녀는 학교에서 중국어를 공부했을 뿐만 아니라, 게다가 프랑스어와 일본어까지 독학했어.　　정답 A

해설 빈칸 앞에 정도의 심함을 나타내는 부사 可真(어찌나)이 있으므로, 정도를 나타내는 형용사 A 厉害(대단하다)가 정답이다.

✓ **합격노하우** 빈칸 앞에 정도를 나타내는 부사가 있으면 형용사를 정답으로 선택한다.

53 (중)

A: 你有零钱吗? 我忘带交通卡了。
B: 不用准备零钱, 前面有去超市的(F 免费)公共汽车。

零钱 língqián 🖲 잔돈, 푼돈　忘 wàng 🖲 잊다, 망각하다
带 dài 🖲 가지다, (몸에) 지니다　交通卡 jiāotōngkǎ 🖲 교통카드
不用 búyòng 🖲 ~할 필요가 없다　准备 zhǔnbèi 🖲 준비하다
前面 qiánmian 🖲 앞　超市 chāoshì 🖲 슈퍼마켓, 마트
免费 miǎnfèi 🖲 무료로 하다, 돈을 받지 않다
公共汽车 gōnggòngqìchē 🖲 버스

A: 잔돈 있어? 나 교통 카드 가져오는 것을 잊어버렸어.
B: 잔돈 준비 할 필요 없어, 앞에 슈퍼에 가는 (F 무료) 버스가 있어.　　정답 F

해설 빈칸 뒤에 목적어로 쓰인 명사 公共汽车(버스)가 있으므로, 목적어 公共汽车(버스)와 문맥상 어울리며 관형어로 쓰일 수 있는 동사 F 免费(무료로 하다)가 정답이다. 참고로 '동사(免费)+명사(公共汽车)' 형태와 같이, 명사 앞에 的 없이 동사가 관형어로 쓰일 수 있음을 알아두자.

✓ 합격노하우 빈칸이 술어와 목적어 사이에 있으면 목적어와 어울리면서 관형어가 되는 어휘를 정답으로 선택한다.

54 하
A: 现在雪下得这么大, 在(D 高速公路)上开车实在是太危险了。
B: 你说得对, 我们等雪停了再出发吧。

雪 xuě 명 눈 高速公路 gāosùgōnglù 명 고속도로
开车 kāichē 동 운전하다, 차를 몰다 实在 shízài 부 정말, 참으로
危险 wēixiǎn 형 위험하다 等 děng 동 기다리다
停 tíng 동 그치다, 멎다 再 zài 부 ~하고 나서
出发 chūfā 동 출발하다

A: 지금 눈이 이렇게 많이 와서, (D 고속도로)에서 운전하는 것은 정말 너무 위험해요.
B: 당신 말이 맞아요, 우리 눈이 그치는 걸 기다리고 나서 출발하죠.

정답 D

해설 빈칸이 장소를 나타내는 개사 在(~에)와 방향을 나타내는 上(위) 사이에 있으므로, 제시된 보기 중 유일하게 장소를 나타내는 명사 D 高速公路(고속도로)가 정답이다.

✓ 합격노하우 빈칸이 개사 뒤에 있으면 개사와 함께 개사구 형태를 만들 수 있는 명사를 정답의 후보로 찾는다.

55 중
A: 我真的不是(B 故意)把花瓶打破的, 我保证不会有下一次了。
B: 好吧, 这次就原谅你。

真的 zhēnde 부 정말로 故意 gùyì 부 고의로, 일부러
花瓶 huāpíng 명 꽃병, 화병 打破 dǎpò 동 깨다
保证 bǎozhèng 동 보증하다, 담보하다 下一次 xià yícì 다음번
原谅 yuánliàng 동 용서하다

A: 나는 정말 (B 고의로) 꽃병을 깨뜨린 게 아니야, 다음엔 절대 이런 일 없게 보장할게.
B: 좋아, 그럼 이번만 용서해 줄게.

정답 B

해설 빈칸이 '把+명사' 형태인 把花瓶(꽃병을) 앞에 있으므로 부사 B 故意(고의로)가 정답이다. 참고로 把자문에서 부사는 '把+명사' 앞에 온다는 것을 알아두자.

✓ 합격노하우 빈칸이 '把+명사' 형태 앞에 있으면 주로 부사를 정답으로 선택한다.

56 상
A 这一站上下车的人较多
B 各位乘客, 前方到站新天地站
C 请要下车的乘客提前到左边车门做好准备

站 zhàn 명 역, 정류장 较 jiào 부 좀, 비교적
乘客 chéngkè 명 승객 下车 xiàchē 동 하차하다
提前 tíqián 동 앞당기다 车门 chēmén 명 차 문
准备 zhǔnbèi 동 준비하다

A 이 역은 승하차하는 사람이 좀 많습니다
B 승객 여러분, 다음 역은 신천지역입니다
C 하차하시는 승객 여러분은 왼쪽 차 문에 먼저 가서 준비를 잘 해주시기 바랍니다

정답 BAC

해설 첫 순서 보기 고르기
A에 지시대사 这(이)를 사용한 这一站(이 역)이 있으므로 문장의 맨 앞에 올 수 없다. 따라서 B, C가 첫 순서의 후보이다.

남은 보기 순서 배열하기
A의 这一站(이 역)이 가리키는 대상이 B의 新天地站(신천지역)이므로, A를 B 뒤에 배열한다. (B → A)
C에서 请……提前……做好准备(먼저 …… 준비를 잘 해주시기 바랍니다)라고 말한 이유가 A의 上下车的人较多(승하차하는 사람이 좀 많다)이므로, C를 A 뒤 맨 마지막으로 배열한다. (B → A → C)

완성된 문장
B 各位乘客, 前方到站新天地站, A 这一站上下车的人较多, C 请要下车的乘客提前到左边车门做好准备。
B 승객 여러분, 다음 역은 신천지역입니다. A 이 역은 승하차하는 사람이 좀 많습니다. C 하차하시는 승객 여러분은 왼쪽 차 문에 먼저 가서 준비를 잘 해주시기 바랍니다.

✓ 합격노하우 두 개의 보기에 각각 지시대사 这……(이 ~)와 그것이 가리키는 대상이 있으면 '대상' → '这……'의 순서로 배열한다.

57 (상)

A 如果选择的方法不对
B 只会离成功越来越远
C 做任何事除了努力, 也需要注意方法

如果 rúguǒ 젭 만약, 만일　选择 xuǎnzé 통 선택하다
方法 fāngfǎ 명 방법　只会 zhǐhuì ~할 수밖에 없다
成功 chénggōng 명 성공　越来越 yuèláiyuè 뷔 점점, 더욱더
任何 rènhé 떼 어떠한　除了 chúle 개 ~을 제외하고
努力 nǔlì 명 노력　需要 xūyào 통 필요하다
注意 zhùyì 통 주의하다

A 만약 선택한 방법이 잘못됐다면
B 성공과 점점 멀어질 수밖에 없다
C 무슨 일을 하든지 노력하는 것 이외에, 방법을 주의하는 것도 필요하다

정답 CAB

해설 첫 순서 보기 고르기
B의 只会(~할 수밖에 없다)는 앞서 언급한 조건에 대해 어쩔 수 없음을 나타내므로 문장 맨 앞에 올 수 없다. 따라서 A와 C가 첫 순서의 후보이다.

남은 보기 순서 배열하기
A의 如果(만약 ~라면)와 B의 只会(~할 수밖에 없다)는 如果……, 只会……(만약 ~라면, ~할 수밖에 없다)라는 짝꿍 연결어로 사용되므로, A → B의 순서로 먼저 배열한다. (A → B)
C에서 做任何事除了努力, 也需要注意方法(무슨 일을 하든지 노력하는 것 이외에, 방법을 주의하는 것도 필요하다)라며 방법을 주의해야 함을 강조했고, 'A → B'에서 방법을 주의하지 않았을 때 올 수 있는 부정적 결과에 대해 말하고 있으므로, 문맥상 C가 'A → B' 앞에 오는 것이 자연스럽다. 따라서 C를 'A → B' 앞에 배열한다. (C → A → B)

완성된 문장
C 做任何事除了努力, 也需要注意方法, A 如果选择的方法不对, B 只会离成功越来越远。
C 무슨 일을 하든지 노력하는 것 이외에, 방법을 주의하는 것도 필요하다. A 만약 선택한 방법이 잘못됐다면, B 성공과 점점 멀어질 수밖에 없다.

✅ **합격노하우** 두 개의 보기에 각각 '如果……(만약 ~라면)', '只会……(~할 수밖에 없다)'라는 짝꿍 연결어가 있으면 '如果……' → '只会……'의 순서로 배열한다.

58 (중)

A 所以只好选择了法律专业
B 我原来的理想是学经济
C 可惜我的数学成绩太差了

所以 suǒyǐ 젭 그래서　只好 zhǐhǎo 뷔 ~할 수밖에 없다
选择 xuǎnzé 통 선택하다　法律 fǎlǜ 명 법률
专业 zhuānyè 명 전공　原来 yuánlái 뷔 원래
理想 lǐxiǎng 명 꿈, 이상　经济 jīngjì 명 경제
可惜 kěxī 뷔 아쉽다　数学 shùxué 명 수학
成绩 chéngjì 명 성적　差 chà 형 나쁘다

A 그래서 법률 전공을 선택할 수밖에 없었다
B 나의 원래 꿈은 경제를 배우는 것이었다
C 아쉽게도 나의 수학 성적이 너무 나빴다

정답 BCA

해설 첫 순서 보기 고르기
A는 접속사 所以(그래서)로 시작하므로 문장의 맨 앞에 올 수 없다. 따라서 B, C가 첫 순서의 후보이다.

남은 보기 순서 배열하기
B에서 我原来的理想是学经济(나의 원래 꿈은 경제를 배우는 것이었다)라고 하였고, C는 可惜(아쉽다)로 시작하며 我的数学成绩太差了(나의 수학 성적이 너무 나빴다)라는 B와 반대되는 내용을 말하고 있으므로, 문맥상 B가 C 앞에 오는 것이 자연스럽다. 따라서 B를 C 앞에 배열한다. (B → C)
A 所以只好选择了法律专业(그래서 법률 전공을 선택할 수밖에 없었다)의 이유가 C의 数学成绩太差了(수학 성적이 너무 나빴다)이므로, A를 C 다음으로 배열한다. (B → C → A)

완성된 문장
B 我原来的理想是学经济。C 可惜我的数学成绩太差了, A 所以只好选择了法律专业。
B 나의 원래 꿈은 경제를 배우는 것이었다. C 아쉽게도 나의 수학 성적이 너무 나빠서, A 그래서 법률 전공을 선택할 수밖에 없었다.

✅ **합격노하우** 결과를 나타내는 所以(그래서)가 쓰인 보기는 문맥상 이유가 되는 보기 뒤에 배열한다.

59 중

A 为了感谢她这几年的辛苦工作
B 大家决定为她举办一个聚会
C 林经理由于工作原因马上要离开北京了

为了 wèile [개] ~을 하기 위해 感谢 gǎnxiè [동] 감사하다
辛苦 xīnkǔ [형] 수고롭다, 고생스럽다 工作 gōngzuò [명] 업무, 일
决定 juédìng [동] 결정하다 为 wèi [개] ~을 위하여
举办 jǔbàn [동] 개최하다, 열다 聚会 jùhuì [명] 파티, 회합
经理 jīnglǐ [명] 사장님 由于 yóuyú [개] ~로 인하여, ~때문에
原因 yuányīn [명] 이유, 원인 马上 mǎshàng [부] 곧
离开 líkāi [동] 떠나다

A 요 몇 년 동안의 수고로운 업무에 대해 그녀에게 감사드리기 위해
B 다들 그녀를 위해 파티를 열기로 결정했다
C 린 사장님이 업무상의 이유로 곧 북경을 떠나게 되었다

정답 CAB

해설 **첫 순서 보기 고르기**

A와 B에 인칭대사 她(그녀)가 있고, C에 인칭대사 她(그녀)가 가리키는 구체적 대상인 林经理(린 사장님)가 있으므로 C를 첫 순서로 고른다. (C →)

남은 보기 순서 배열하기

A 为了感谢她这几年的辛苦工作(요 몇 년 동안의 수고로운 업무에 대해 그녀에게 감사드리기 위해)가 이유가 되고 B 大家决定为她举办一个聚会(다들 그녀를 위해 파티를 열기로 결정했다)가 결론이 되므로, A와 B를 순서대로 연결한 후 첫 순서인 C 뒤에 배열한다. (C → A → B)

완성된 문장

C 林经理由于工作原因马上要离开北京了, A 为了感谢她这几年的辛苦工作, B 大家决定为她举办一个聚会。
C 린 사장님이 업무상의 이유로 곧 북경을 떠나게 되었다, A 요 몇 년 동안의 수고로운 업무에 대해 그녀에게 감사드리기 위해, B 다들 그녀를 위해 파티를 열기로 결정했다.

✅합격노하우 특정 사람의 명칭이 있는 보기 → 인칭대사 他(그)/她(그녀)가 있는 보기 순서로 배열한다.

60 중

A 出门不用带钥匙了, 很方便
B 现在很流行密码锁
C 但是如果密码被人知道就不太安全了

出门 chūmén [동] 외출하다 不用 búyòng [부] ~할 필요가 없다
带 dài [동] 가지다, (몸에) 지니다 钥匙 yàoshi [명] 열쇠
方便 fāngbiàn [형] 편리하다 流行 liúxíng [동] 유행하다, 성행하다
密码锁 mìmǎsuǒ [명] 비밀번호형 자물쇠 但是 dànshì [접] 하지만
如果 rúguǒ [접] 만약, 만일 被 bèi [개] ~에 의해 ~되다
知道 zhīdào [동] 알다 安全 ānquán [형] 안전하다

A 외출할 때 열쇠를 가지고 다닐 필요가 없어져서, 매우 편리하다
B 지금 비밀번호형 자물쇠가 매우 유행한다
C 하지만 만약에 비밀번호를 다른 사람이 알면 그다지 안전하지 않아진다

정답 BAC

해설 **첫 순서 보기 고르기**

C는 접속사 但是(하지만)로 시작하므로 문장의 맨 앞에 올 수 없다. 따라서 A, B가 첫 순서의 후보이다.

남은 보기 순서 배열하기

A 出门不用带钥匙了, 很方便(외출할 때 열쇠를 가지고 다닐 필요가 없어져서, 매우 편리하다)의 이유가 B 现在很流行密码锁(지금 비밀번호형 자물쇠가 매우 유행한다)이므로, B를 A 앞에 배열한다. (B → A)
접속사 但是(하지만)로 시작한 C 但是如果密码被人知道就不太安全了(하지만 만약에 비밀번호를 다른 사람이 알면 그다지 안전하지 않아진다)가 A 出门不用带钥匙了,很方便(외출할 때 열쇠를 가지고 다닐 필요가 없어져서, 매우 편리하다)과 반대되는 내용이므로, C를 A 다음 맨 마지막으로 배열한다. (B → A → C)

완성된 문장

B 现在很流行密码锁, A 出门不用带钥匙了, 很方便, C 但是如果密码被人知道就不太安全了。
B 지금 비밀번호형 자물쇠가 매우 유행한다, A 외출할 때 열쇠를 가지고 다닐 필요가 없어져서, 매우 편리하다, C 하지만 만약에 비밀번호를 다른 사람이 알면 그다지 안전하지 않아진다.

✅합격노하우 전환을 나타내는 접속사 但是(하지만)이 쓰인 보기는 문맥상 반대되는 내용의 보기 뒤에 배열한다.

61

A 我们的家具都是绿色材料做的
B 保证对健康没有任何影响
C 因此您可以放心地使用

家具 jiājù 명 가구　绿色 lǜsè 명 친환경의, 오염되지 않은
材料 cáiliào 명 재료　保证 bǎozhèng 동 보증하다, 담보하다
对 duì 개 ~에 대해　健康 jiànkāng 명 건강
任何 rènhé 대 어떠한　影响 yǐngxiǎng 명 영향
因此 yīncǐ 접 그러므로, 이 때문에
可以 kěyǐ 조동 ~할 수 있다, 가능하다
放心 fàngxīn 동 안심하다, 마음을 놓다　使用 shǐyòng 동 사용하다

A 우리 가구는 모두 친환경 재료로 만들어진 것입니다
B 건강에 어떠한 영향도 없다는 것을 보장합니다
C 그러므로 당신은 안심하고 사용하실 수 있습니다

정답 ABC

해설 첫 순서 보기 고르기
C는 접속사 因此(그러므로)로 시작하므로 문장의 맨 앞에 올 수 없다. 따라서 A, B가 첫 순서의 후보이다.

남은 보기 순서 배열하기
문맥상 A 我们的家具都是绿色材料做的(우리 가구는 모두 친환경 재료로 만들어진 것입니다)가 B 保证对健康没有任何影响(건강에 어떠한 영향도 없다는 것을 보장합니다)의 이유가 되므로 A를 B 앞에 배열한다. (A → B)
접속사 因此(그러므로)로 시작하는 C 因此您可以放心地使用(그러므로 당신은 안심하고 사용하실 수 있습니다)은 A → B로 연결된 문장의 결론이 되므로, C를 A → B 뒤에 배열한다. (A → B → C)

완성된 문장
A 我们的家具都是绿色材料做的, B 保证对健康没有任何影响 , C 因此您可以放心地使用。
A 우리 가구는 모두 친환경 재료로 만들어진 것입니다, B 건강에 어떠한 영향도 없다는 것을 보장합니다, C 그러므로 당신은 안심하고 사용하실 수 있습니다.

✅ **합격노하우** 결론을 나타내는 접속사 因此(그러므로)로 시작하는 보기는 문맥상 근거가 되는 보기 뒤에 배열한다.

62

A 晚上的聚会就不去了吧
B 现在胳膊疼得都举不起来了
C 我今天打了一天的篮球

晚上 wǎnshang 명 저녁, 밤　聚会 jùhuì 명 모임, 파티
就 jiù 부 ~인 이상, ~한 바에는　胳膊 gēbo 명 팔
疼 téng 형 아프다　举不起来 jǔ bu qǐlai 들어 올릴 수 없다
打篮球 dǎ lánqiú 농구를 하다

A 저녁의 모임에는 이렇게 된 이상 가지 말자
B 지금 팔이 아파서 들어 올리지도 못하겠어
C 나는 오늘 하루 종일 농구를 했어

정답 CBA

해설 첫 순서 보기 고르기
A의 부사 就(~인 이상)는 어떠한 조건이나 상황 아래에서 특정 결과가 발생됨을 나타내므로, A는 문장의 맨 앞에 올 수 없다. 따라서 B, C가 첫 순서의 후보이다.

남은 보기 순서 배열하기
B 现在胳膊疼得都举不起来了(지금 팔이 아파서 들어 올리지도 못하겠어)의 이유가 C의 今天打了一天的篮球(오늘 하루 종일 농구를 했다)이므로, B를 C 뒤에 배열한다. (C → B)
A 晚上的聚会就不去了吧(저녁의 모임에는 이렇게 된 이상 가지 말자)에 부사 就(~인 이상)가 쓰였으므로, 문맥적으로 B의 胳膊疼得都举不起来了(팔이 아파서 들어 올리지도 못하겠어)라는 조건 아래에서 하는 말임을 알 수 있다. 따라서 A를 B 다음으로 배열한다. (C → B → A)

완성된 문장
C 我今天打了一天的篮球, B 现在胳膊疼得都举不起来了, A 晚上的聚会就不去了吧。
C 나는 오늘 하루 종일 농구를 했어, B 지금 팔이 아파서 들어 올리지도 못하겠어, A 저녁의 모임에는 이렇게 된 이상 가지 말자.

✅ **합격노하우** 부사 就(~인 이상)는 어떠한 조건이나 상황에 대한 특정 결과를 나타낼 때 쓰이므로, 就가 있는 보기는 맨 앞에 올 수 없다.

63 상

A 告诉大家无论走到哪里，朋友的友谊都不会改变
B 毕业晚会上他用一首老歌《朋友》
C 同学们听完后都感动得哭了

告诉 gàosu [동] 말하다, 알리다 无论 wúlùn [접] ~든지, ~에 관계없이
友谊 yǒuyì [명] 우정, 우의 改变 gǎibiàn [동] 변하다, 바뀌다
毕业 bìyè [명] 졸업 晚会 wǎnhuì [명] 파티, 이브닝 파티
用 yòng [개] ~으로, ~로써 首 shǒu [양] 수 (노래, 시 등을 세는 단위)
老歌 lǎogē [명] 옛 노래 都 dōu [부] 모두
感动 gǎndòng [동] 감동하다 哭 kū [동] (소리 내어) 울다

A 모두에게 어디를 가든지 친구의 우정은 변하지 않는다는 것을 알려준다
B 졸업파티에서 그가 옛 노래『친구』를 이용한다
C 동창들은 다 듣고 나서 모두 감동해서 울었다

정답 BAC

해설 **문맥 파악으로 순서 배열하기**

A에는 주어가 없고, B에는 인칭대사 他(그)가 쓰였으며, C 同学们听完后都感动得哭了(동창들은 다 듣고 나서 모두 감동해서 울었다)에서는 술어 听(듣다)의 대상이 무엇인지 알 수 없으므로, 문맥을 파악하여 논리적으로 순서를 배열해야 하는 문제이다.
A 告诉大家无论走到哪里，朋友的友谊都不会改变(모두에게 어디를 가든지 친구의 우정은 변하지 않는다는 것을 알려준다)에는 주어가 없는데 문맥상 B의 인칭대사 他(그)가 주어가 되므로, A를 B 뒤에 배열한다. (B → A)
C의 听完后都感动得哭了(다 듣고 나서 모두 감동해서 울었다)에서 술어 听(듣다)의 대상이 B에서 언급된 老歌《朋友》(옛 노래『친구』)이므로, C는 B → A 뒤에 와야 한다. 따라서 C를 B → A 다음 맨 마지막으로 배열한다. (B → A → C)

완성된 문장

B 毕业晚会上他用一首老歌《朋友》，A 告诉大家无论走到哪里，朋友的友谊都不会改变，C 同学们听完后都感动得哭了。
B 졸업파티에서 그가 옛 노래『친구』를 이용해, A 모두에게 어디를 가든지 친구의 우정은 변하지 않는다는 것을 알려주었고, C 동창들은 다 듣고 나서 모두 감동해서 울었다.

합격노하우 제시된 세 개의 보기에 접속사, 연결어, 지시대사 등이 없고, 모두 주어와 술어를 갖춘 완전한 문장일 경우에는, 세 보기의 문맥을 파악하여 논리적으로 순서를 배열한다.

64 중

A 出门走一公里就有地铁站
B 但交通还是挺方便的
C 尽管这里是郊区

出门 chūmén [동] 집을 나서다, 외출하다
公里 gōnglǐ [양] 킬로미터(km) 就 jiù [부] 바로, 즉시
地铁站 dìtiězhàn [명] 지하철역 交通 jiāotōng [명] 교통
还是 háishi [부] 의외로, 뜻밖에 挺 tǐng [부] 제법, 아주
方便 fāngbiàn [형] 편리하다, 편하다
尽管 jǐnguǎn [접] 비록 ~라 하더라도
郊区 jiāoqū [명] 변두리, 교외 지역

A 집을 나서서 1킬로미터만 걸어가면 바로 지하철역이 있다
B 하지만 교통은 의외로 제법 편리하다
C 비록 여기가 변두리라 하더라도

정답 CBA

해설 **첫 순서 보기 고르기**

B는 접속사 但(하지만)으로 시작하므로 문장의 맨 앞에 올 수 없다. 따라서 A, C가 첫 순서의 후보이다.

남은 보기 순서 배열하기

C의 尽管(비록 ~라 하더라도)과 B의 但(하지만)은 尽管……，但……(비록 ~라 하더라도, 하지만~)이라는 짝꿍 연결어로 사용되므로, C → B의 순서로 연결하여 배열한다. (C → B)
A 出门走一公里就有地铁站 (집을 나서서 1킬로미터만 걸어가면 바로 지하철역이 있다)은 B의 交通还是挺方便的(교통은 의외로 제법 편리하다)에 대한 구체적인 설명이므로, A를 B 다음 맨 마지막에 배열한다. (C → B → A)

완성된 문장

C 尽管这里是郊区，B 但交通还是挺方便的，A 出门走一公里就有地铁站。
C 비록 여기가 변두리라 하더라도, B 하지만 교통은 의외로 제법 편리하다, A 집을 나서서 1킬로미터만 걸어가면 바로 지하철역이 있다.

합격노하우 제시된 보기에 각각 '尽管……(비록 ~하더라도)', '但……(하지만~)'이라는 짝꿍 연결어가 있으면 '尽管……(비록 ~하더라도)', → '但……(하지만~)'의 순서로 배열한다.

65 중
A 听了他的话, 我减肥成功了
B 比以前瘦了二十多斤
C 医生让我少吃一点, 多锻炼

听 tīng 동 (의견·권고 등을) 듣다, 따르다
减肥 jiǎnféi 동 다이어트하다 成功 chénggōng 동 성공하다
瘦 shòu 형 마르다 斤 jīn 양 0.5킬로그램 (1근)
医生 yīshēng 명 의사 让 ràng 동 권하다, ~하게 하다
锻炼 duànliàn 동 운동하다, 단련하다

A 그의 말을 듣고, 나는 다이어트에 성공했다
B 이전보다 10킬로그램이나 빠졌다
C 의사가 나에게 적게 먹고, 많이 운동하라고 권했다

정답 CAB

해설 첫 순서 보기 고르기
A에 인칭대사 他(그)가 쓰였으므로 A는 문장의 맨 처음에 올 수 없다. 따라서 B, C가 첫 순서의 후보이다.

남은 보기 순서 배열하기
B 比以前瘦了二十多斤(이전보다 10킬로그램이나 빠졌다)은 문맥상 A 听了他的话, 我减肥成功了(그의 말을 듣고, 나는 다이어트에 성공했다)에 대한 부연 설명이므로 B를 A뒤에 배열한다. (A → B)
A의 인칭대사 他(그)가 가리키는 대상이 C의 医生(의사)이므로, C를 A 앞에 배열한다. (C → A → B)

완성된 문장
C 医生让我少吃一点, 多锻炼, A 听了他的话, 我减肥成功了, B 比以前瘦了二十多斤。
C 의사가 나에게 적게 먹고, 많이 운동하라고 권했다, A 그의 말을 듣고, 나는 다이어트에 성공했다, B 이전보다 10킬로그램이나 빠졌다.

✅ **합격노하우** 특정 사람을 나타내는 표현이 있는 보기 → 인칭대사 他(그)/她(그녀)가 있는 보기의 순서로 배열한다.

---

66 중
上个星期五, 我们一家人去海边看日出。人不多, 海边又安静又凉快。太阳从海的那边跳出来的时候, 我们都开心地笑了起来, 不仅因为看到了日出, 更因为有家人陪在身边。

★ 让他们觉得开心的是:
　A 天气很凉快　　　B 能去海边玩
　C 能和家人在一起　D 看日出的人不多

一家人 yìjiārén 명 가족, 한집안 식구
海边 hǎibiān 명 해변, 바닷가 日出 rìchū 명 일출, 해가 뜨다
安静 ānjìng 형 조용하다, 안정되다
凉快 liángkuai 형 시원하다, 서늘하다 太阳 tàiyáng 명 태양
从 cóng 개 ~에서, ~부터 那边 nàbiān 대 저쪽, 그쪽
跳 tiào 동 튀어오르다 出来 chūlai 동 (안에서 밖으로) 나오다
时候 shíhou 명 때, 무렵 开心 kāixīn 형 기쁘다, 즐겁다
笑 xiào 동 웃다 不仅 bùjǐn 접 ~일 뿐만 아니라
更 gèng 부 더욱, 훨씬 因为 yīnwèi 접 ~때문에, ~로 인하여
陪 péi 동 동반하다 身边 shēnbiān 명 곁, 신변
觉得 juéde 동 ~라고 생각하다

저번 주 금요일, 우리 가족은 해변에 가서 일출을 봤다. 사람은 많지 않았고, 해변은 매우 조용하면서도 시원했다. 태양이 바다 저편에서 튀어 오를 때, 우리는 모두 기쁘게 웃기 시작했다. 일출을 볼 수 있어서일 뿐만 아니라, 곁에 가족이 함께 있어서 더욱 그랬다.

★ 그들을 기쁘게 한 것은:
　A 날씨가 매우 시원하다　　B 해변에 놀러 갈 수 있다　　C 가족들과 함께 있을 수 있다　D 일출을 보는 사람이 많지 않다

정답 C

해설 질문의 让他们觉得开心的(그들을 기쁘게 한 것)와 관련된 부분을 지문에서 찾아 주의 깊게 읽는다. 지문에서 我们都开心地笑了起来, 不仅因为看到了日出, 更因为有家人陪在身边(우리는 모두 기쁘게 웃기 시작했다. 일출을 볼 수 있어서일 뿐만 아니라, 곁에 가족이 함께 있어서 더욱 그랬다)이라고 하였으므로, 이를 통해 알 수 있는 C 能和家人在一起(가족들과 함께 있을 수 있다)가 정답이다.

✅ **합격노하우** 질문의 끝에 是(~이다)이 있으면 앞부분을 핵심어구로 하여 지문에서 관련된 내용을 재빨리 찾는다.

67 상

有人说过："怀疑一切。"不管是在学习上，还是在生活中，我们都要有怀疑精神。但怀疑是以丰富的知识积累和认真的思考过程为基础的，而不是随便地对一件事情表示怀疑。

★ 怀疑的基础是：

A 认真的调查　　B 丰富的知识
C 负责的态度　　D 生活的经验

有人 yǒurén [명] 어떤 사람, 누군가
怀疑 huáiyí [동] 의심하다, 회의하다 一切 yíqiè [대] 모든 것, 전부
不管 bùguǎn [접] ~에 관계없이, ~을 막론하고
学习 xuéxí [명] 공부 [동] 공부하다 生活 shēnghuó [명] 생활
精神 jīngshén [명] 정신
以…为… yǐ…wéi… ~을 ~으로 삼다, ~을 ~으로 여기다
丰富 fēngfù [형] 풍부하다 知识 zhīshi [명] 지식
积累 jīlěi [명] 축적 [동] 축적되다, 쌓이다
认真 rènzhēn [형] 진지하다, 착실하다
思考 sīkǎo [명] 사고 [동] 사고하다 过程 guòchéng [명] 과정
基础 jīchǔ [명] 기초 随便 suíbiàn [형] 제멋대로이다, 함부로 하다
件 jiàn [양] 건, 개(일, 사건, 개체 등을 세는 단위)
表示 biǎoshì [동] (언행으로 사상·감정 등을) 나타내다, 표시하다
调查 diàochá [명] 조사 [동] 조사하다 负责 fùzé [동] 책임지다
态度 tàidu [명] 태도 经验 jīngyàn [명] 경험

어떤 사람이 이런 말을 한 적이 있다. "모든 것을 의심하라." 공부에서든, 생활 속에서든 관계없이, 우리는 모두 의심하는 정신이 있어야 한다. 하지만 의심은 풍부한 지식의 축적과 진지한 사고 과정을 기초로 하는 것이지, 제멋대로 어떤 일에 대해 의심을 나타내는 것이 아니다.

★ 의심의 기초는:

A 진지한 조사　　B 풍부한 지식　　C 책임지는 태도　　D 생활의 경험

정답 B

해설 질문의 怀疑的基础(의심의 기초)와 관련된 부분을 지문에서 찾아 주의 깊게 읽는다. 지문에서 但怀疑是以丰富的知识积累和认真的思考过程为基础的(하지만 의심은 풍부한 지식의 축적과 진지한 사고 과정을 기초로 하는 것이다)라고 하였으므로, 이를 통해 알 수 있는 B 丰富的知识(풍부한 지식)이 정답이다.

✅ **합격노하우** 질문의 끝에 是(~이다)이 있으면 앞부분을 핵심어구로 하여 지문에서 관련된 내용을 재빨리 찾는다.

68 하

中国人普遍喜欢打羽毛球，这种运动不需要很大的力气，不管是老人还是孩子都比较适合打。而且，中国的运动员在世界羽毛球比赛中常常能获得第一名，让中国人更喜欢羽毛球了。

★ 关于羽毛球，我们可以知道：

A 很多中国人喜欢　　B 不适合小孩子打
C 需要很大的力气　　D 比赛有很多观众

普遍 pǔbiàn [부] 보편적으로, 일반적으로 喜欢 xǐhuan [동] 좋아하다
羽毛球 yǔmáoqiú [명] 배드민턴 运动 yùndòng [명] 운동
需要 xūyào [동] 필요하다 力气 lìqi [명] 힘, 역량
不管 bùguǎn [접] ~에 관계없이, ~을 막론하고
比较 bǐjiào [부] 비교적, 상대적으로
适合 shìhé [동] 적합하다, 적절하다
运动员 yùndòngyuán [명] 운동선수 世界 shìjiè [명] 세계
比赛 bǐsài [명] 경기 常常 chángcháng [부] 자주, 항상
获得 huòdé [동] 획득하다, 얻다 第一名 dìyīmíng [명] 1등, 제1위
让 ràng [동] ~하게 하다 更 gèng [부] 더욱
观众 guānzhòng [명] 관중

중국 사람들은 보편적으로 배드민턴 치는 것을 좋아한다. 이런 운동은 큰 힘을 필요로 하지 않고, 노인이든 아이든 관계없이 모두 치기에 비교적 적합하다. 또한 중국의 운동선수가 세계 배드민턴 시합에서 자주 1등을 해서, 중국 사람들이 배드민턴을 더 좋아하게 했다.

★ 배드민턴에 대하여, 우리가 알 수 있는 것은:

A 많은 중국 사람들이 좋아한다　　B 아이들이 치기에 적합하지 않다
C 큰 힘이 필요하다　　D 시합에 많은 관중이 있다

정답 A

해설 질문의 羽毛球(배드민턴)와 관련된 부분을 찾아 주의 깊게 읽는다. 지문에서 中国人普遍喜欢打羽毛球(중국 사람들은 보편적으로 배드민턴 치는 것을 좋아한다)라고 하였으므로 A 很多中国人喜欢(많은 중국 사람들이 좋아한다)이 정답이다.

✅ **합격노하우** 지문의 中国人普遍喜欢(중국 사람들은 보편적으로 좋아한다)이 보기 A 很多中国人喜欢(많은 중국 사람들이 좋아한다)으로 바꾸어 표현된 것을 확인한다.

69 중

南方很少下雪, 但是2008年冬天, 下了一场历史上少见的大雪。雪下过之后, 温度降低得很快, 很多植物都死了。科学家们说以后这样不正常的天气会越来越多。

★ 根据这段话, 可以知道：
A 科学家是北方人　　B 天气越来越冷了
C 北方植物特别少　　D 南方很少下大雪

南方 nánfāng 몡 남방 지역, 남쪽
很少 hěnshǎo 드물다, 아주 적다　下雪 xiàxuě 통 눈이 내리다
冬天 dōngtiān 몡 겨울　场 chǎng 양 차례, 번
历史上 lìshǐ shang 역사상　少见 shǎojiàn 휑 보기 드물다, 희귀하다
大雪 dàxuě 큰 눈　之后 zhīhòu 몡 ~다음, ~후
温度 wēndù 몡 온도　降低 jiàngdī 통 내려가다, 내리다
植物 zhíwù 몡 식물　科学家 kēxuéjiā 몡 과학자
这样 zhèyàng 떼 이렇게, 이렇다
不正常 búzhèngcháng 비정상적이다　天气 tiānqì 몡 날씨
会 huì 조동 ~할 것이다　越来越 yuèláiyuè 갈수록, 더욱더
北方 běifāng 몡 북방 지역, 북쪽

남방 지역에는 드물게 눈이 내린다. 하지만 2008년 겨울 역사상 보기 드문 큰 눈이 내렸다. 눈이 내린 다음, 온도가 빠르게 내려갔으며, 많은 식물들이 모두 죽었다. 과학자들은 이후 이렇게 비정상적인 날씨가 갈수록 많아질 것이라고 말했다.

★ 이 지문에 근거하여, 우리가 알 수 있는 것은:
A 과학자는 북방 지역 사람이다　　B 날씨가 갈수록 추워진다
C 북방 지역에 식물이 매우 적다　　D 남방 지역에는 드물게 큰 눈이 내린다　　정답 D

해설 질문에 특별한 핵심어구가 없으므로 각 보기의 科学家是北方人(과학자는 북방 지역 사람이다), 天气越来越冷了(날씨가 갈수록 추워진다), 北方植物特别少(북방 지역에 식물이 매우 적다), 南方很少下大雪(남방 지역에는 드물게 큰 눈이 내린다)를 핵심어구로 체크해 둔다. 지문에서 南方很少下雪, 但是2008年冬天, 下了一场历史上少见的大雪。(남방 지역에는 드물게 눈이 내린다. 하지만 2008년 겨울 역사상 보기 드문 큰 눈이 내렸다.)라고 하였으므로, 그대로 언급된 D 南方很少下大雪(남방 지역에는 드물게 큰 눈이 내린다)가 정답이다.

✅ 합격노하우 질문에 특별한 핵심어구가 없으면 보기를 먼저 읽은 후 지문에서 관련된 내용을 재빨리 찾는다.

70 중

有趣的人总是会吸引更多的人跟他交朋友, 因为这样的人不但自己会过得很开心, 也能给别人留下很深的印象。

★ 什么样的人能给别人留下很深的印象？
A 优秀　　　　　B 勇敢
C 幽默　　　　　D 诚实

有趣 yǒuqù 휑 재미있다　总是 zǒngshì 튀 항상, 늘
吸引 xīyǐn 통 끌어들이다, 매료시키다
因为 yīnwèi 젭 왜냐하면, ~때문에
不但……也 búdàn……yě ~뿐만 아니라 ~도
自己 zìjǐ 떼 자신, 스스로　开心 kāixīn 휑 즐겁다, 기쁘다
留下 liúxià 통 남기다　深 shēn 휑 깊다　印象 yìnxiàng 몡 인상
优秀 yōuxiù 휑 우수하다　勇敢 yǒnggǎn 휑 용감하다
幽默 yōumò 휑 유머스럽다
诚实 chéngshí 휑 성실하다, 진실하다

재미있는 사람은 항상 많은 사람들을 끌어들여 사귀게 되는데, 이런 사람들은 자신도 즐겁게 살 뿐만 아니라, 다른 사람에게 깊은 인상을 심어줄 수도 있기 때문이다.

★ 어떤 사람들이 다른 사람들에게 깊은 인상을 심어주는가?
A 우수한　　　B 용감한　　　C 유머러스한　　　D 성실한　　　정답 C

해설 질문의 什么样的人能给别人留下很深的印象？(어떤 사람들이 다른 사람들에게 깊은 인상을 심어주는가?)과 관련된 부분을 지문에서 찾아 주의 깊게 읽는다. 지문에서 有趣的人……, 这样的人不但自己会过得很开心, 也能给别人留下很深的印象(재미있는 사람은 ……, 이런 사람들은 자신도 즐겁게 살 뿐만 아니라, 다른 사람에게 깊은 인상을 심어줄 수도 있다)이라고 하였으므로 C 幽默(유머러스한)가 정답이다.

✅ 합격노하우 지문의 有趣(재미있는)가 보기 C 幽默(유머러스한)로 바꾸어 표현된 것을 확인한다.

71
电影《霸王别姬》讲的是两位京剧演员半个世纪的人生经历。这部电影当年获得了很多国际大奖，现在仍然有很多人喜欢看。可以说，它的成功让更多的人了解了中国的京剧文化。

★ 根据这段话，我们可以知道《霸王别姬》：
A 适合儿童去看　　B 没能拿到大奖
C 爱看的人不多　　D 是关于京剧的

电影 diànyǐng 영화
霸王别姬 Bàwángbiéjī 패왕별희(중국 영화)
讲 jiǎng 이야기하다, 말하다
位 wèi 분, 명(사람의 수를 세는 단위)
京剧 jīngjù 경극(중국 주요 전통극의 하나)
演员 yǎnyuán 배우　半个世纪 bàn ge shìjì 반세기
人生 rénshēng 인생　经历 jīnglì 경험, 경력
当年 dāngnián 그 당시, 그 해
获得 huòdé 획득하다, 차지하다　国际 guójì 국제적인, 국제의
大奖 dàjiǎng 큰 상, 상금이 많거나 영예가 높은 상
仍然 réngrán 여전히, 변함없이　喜欢 xǐhuan 좋아하다
可以 kěyǐ ~할 수 있다
成功 chénggōng 성공 통 성공하다　让 ràng ~하게 하다
了解 liǎojiě 이해하다　文化 wénhuà 문화
适合 shìhé 적합하다　儿童 értóng 어린아이, 아동
拿到 nádào 받다, 손에 넣다

영화『패왕별희』는 경극 배우 두 명의 반세기의 인생 경험을 이야기한다. 이 영화는 그 당시 많은 국제적인 큰 상을 획득했으며, 지금도 여전히 많은 사람들이 이 영화를 보는 것을 좋아한다. 이것의 성공은 더 많은 사람들이 중국의 경극 문화를 이해하게 했다고 말할 수 있다.

★ 이 지문에 근거하여, 우리는『패왕별희』에 대해 무엇을 알 수 있는가:
A 아이들이 보기 적합하다　B 대상을 타지 못했다　C 즐겨 보는 사람이 많지 않다　D 경극에 관련된 것이다　　정답 D

해설 질문의《霸王别姬》(『패왕별희』)와 관련된 부분을 지문에서 찾아 주의 깊게 읽는다. 지문에서 电影《霸王别姬》讲的是两位京剧演员半个世纪的人生经历。(영화『패왕별희』는 경극 배우 두 명의 반세기의 인생 경험을 이야기한다.)라고 하였으므로, 이를 통해 알 수 있는 D 是关于京剧的(경극에 관련된 것이다)가 정답이다.

합격노하우 질문에 특정 영화, 책 또는 TV 프로그램과 같은 제목이 있으면, 이 제목을 핵심어구로 하여 지문에서 관련된 내용을 재빨리 찾는다.

72
冬天来了，北方的天气越来越冷了。每到这个时候，很多人会选择去海南旅游。因为那里的冬天很暖和，景色也很美，还有吃不完的香甜水果。

★ 海南：
A 冬天很冷　　B 空气不好
C 水果很多　　D 不常下雨

冬天 dōngtiān 겨울　北方 běifāng 북방 지역, 북쪽
天气 tiānqì 날씨　越来越 yuèláiyuè 갈수록, 점점
时候 shíhou 때, 무렵　选择 xuǎnzé 선택하다
海南 Hǎinán 하이난성(지명)
旅游 lǚyóu 여행하다, 관광하다　因为 yīnwèi 왜냐하면
暖和 nuǎnhuo 따뜻하다　景色 jǐngsè 풍경, 경치
吃不完 chī bu wán (양이 많아서) 다 먹지 못한다
香甜 xiāngtián 달콤하다, 향기롭고 달다　水果 shuǐguǒ 과일
空气 kōngqì 공기

겨울이 와서, 북방 지역의 날씨가 갈수록 추워진다. 이 때만 되면, 많은 사람이 하이난성 여행을 가는 것을 선택한다. 왜냐하면 그곳의 겨울은 매우 따뜻하고, 풍경도 매우 아름다우며, 또한 다 먹지 못할 만큼의 달콤한 과일이 있기 때문이다.

★ 하이난성은:
A 겨울이 춥다　　B 공기가 안 좋다　　C 과일이 많다　　D 비가 자주 오지 않는다　　정답 C

해설 질문의 海南(하이난성)과 관련된 부분을 지문에서 찾아 주의 깊게 읽는다. 지문에서 很多人会选择去海南旅游。因为那里……，还有吃不完的香甜水果(많은 사람이 하이난성 여행을 가는 것을 선택한다. 왜냐하면 그곳 ……, 또한 다 먹지 못할 만큼의 달콤한 과일이 있기 때문이다)라고 하였으므로 C 水果很多(과일이 많다)가 정답이다.

합격노하우 질문이 명사만으로 되어 있을 경우, 지문에서 명사를 재빨리 찾는다.

73

《动物世界》是过去十年里观众最喜欢的电视节目之一。它通过一个个感人的故事告诉人们要保护动物，并且要尊重这些生命。

★《动物世界》告诉人们：
A 竞争很普遍　　B 人类很聪明
C 应该保护动物　D 自然非常美丽

动物 dòngwù 동물　过去 guòqù 과거, 지나가다
观众 guānzhòng 시청자, 관중　喜欢 xǐhuan 좋아하다
电视节目 diànshì jiémù TV 프로그램
之一 zhīyī ~중의 하나　通过 tōngguò ~을 통해
感人 gǎnrén 감동시키다, 감격시키다　故事 gùshi 이야기
告诉 gàosu 알리다, 말하다　保护 bǎohù 보호하다
并且 bìngqiě 또한, 게다가
尊重 zūnzhòng 존중하다　这些 zhèxiē 이러한
生命 shēngmìng 생명, 목숨　竞争 jìngzhēng 경쟁
普遍 pǔbiàn 보편적이다, 일반적이다　人类 rénlèi 인류
聪明 cōngming 똑똑하다, 총명하다　自然 zìrán 자연
美丽 měilì 아름답다

『동물의 세계』는 과거 10년 동안 시청자들이 가장 좋아한 TV프로그램 중 하나이다. 이것은 하나하나의 감동적인 이야기를 통해 사람들에게 동물들을 보호해야 하며, 또한 이러한 생명들을 존중해야 한다고 알려준다.

★ 『동물의 세계』가 사람들에게 알려주는 것은:
A 경쟁은 매우 보편적이다　B 인류는 매우 총명하다　C 동물을 보호해야 한다　D 자연은 매우 아름답다　　정답 C

해설 질문의 《动物世界》(『동물의 세계』)와 관련된 부분을 지문에서 찾아 주의 깊게 읽는다. 지문에서 《动物世界》是……。它通过一个个感人的故事告诉人们要保护动物(『동물의 세계』는……. 이것은 하나하나의 감동적인 이야기를 통해 사람들에게 동물들을 보호해야 한다는 것을 알려준다)라고 하였으므로 보기 C 应该保护动物(동물을 보호해야 한다)가 정답이다.

✓합격노하우 질문에 특정 영화, 책 또는 TV 프로그램과 같은 제목이 있으면, 이 제목을 핵심어구로 하여 지문에서 관련된 내용을 재빨리 찾는다.

74

过去人们常说"严师出高徒"，意思是说只有要求严格的老师，才能教出优秀的学生。其实，光靠严格的老师是不够的，关键还得看自己是否能严格要求自己。

★ "严师出高徒"的"高徒"是什么意思？
A 很优秀的学生　　B 高个子的学生
C 长得帅的学生　　D 收入多的学生

过去 guòqù 과거
严师出高徒 yánshī chū gāotú 엄격한 스승이 훌륭한 학생을 배출한다
意思 yìsi 뜻, 의미　只有 zhǐyǒu ~해야만 ~이다
要求 yāoqiú 요구, 요구 사항; 요구하다
严格 yángé 엄격하다　老师 lǎoshī 선생님
教 jiāo 가르치다　优秀 yōuxiù 우수하다, 아주 뛰어나다
其实 qíshí 사실　光 guāng 단지, 오로지
靠 kào 의지하다, ~에 달려있다　不够 búgòu 부족하다
关键 guānjiàn 관건, 키포인트　得 děi ~해야 한다
自己 zìjǐ 자기, 자신, 스스로　是否 shìfǒu ~인지 아닌지
高个子 gāogèzi 큰 키　长 zhǎng 생기다
帅 shuài 잘생기다　收入 shōurù 수입

과거에 사람들은 "엄사출고도(严师出高徒)"라고 자주 얘기했다. 요구가 엄격한 선생님만이, 비로소 우수한 학생을 가르쳐 낼 수 있다는 뜻이다. 사실, 단지 엄격한 선생님에게 의지하는 것만으로는 부족하며, 관건은 자기 자신에게 엄격하게 요구할 수 있는지 아닌지를 봐야 한다.

★ "엄사출고도(严师出高徒)"의 "고도(高徒)"는 무슨 의미인가:
A 우수한 학생　　B 큰 키의 학생　　C 잘생긴 학생　　D 수입이 많은 학생　　정답 A

해설 질문의 "严师出高徒"的"高徒"("엄사출고도(严师出高徒)"의 "고도(高徒)")와 관련된 부분을 지문에서 찾아 주의 깊게 읽는다. 지문에서 过去人们常说"严师出高徒"，意思是说只有要求严格的老师，才能教出优秀的学生。(과거에 사람들은 "엄사출고도"라고 자주 얘기했다. 요구가 엄격한 선생님만이, 비로소 우수한 학생을 가르쳐 낼 수 있다는 뜻이다.)이라고 하였으므로, 이를 통해 알 수 있는 A 很优秀的学生(우수한 학생)이 정답이다.

✓합격노하우 질문에 따옴표(" ")로 인용된 표현이 있으면, 이 표현을 핵심어구로 하여 지문에서 관련된 내용을 재빨리 찾는다.

75 중

要想做出真正的中国菜, 没有 "色、香、味" 这三点是肯定不行的。"色" 是颜色, "香" 是香气, "味" 是味道。真正的中国菜颜色丰富, 香气扑鼻, 味道好吃, 看起来就是一件美丽的艺术品。

★ 真正的中国菜:
A 味道特别　　　B 材料简单
C 没有香气　　　D 像艺术品

做出 zuòchū 图 만들어 내다	真正 zhēnzhèng 图 진정한
中国菜 zhōngguócài 图 중국 요리	
点 diǎn 图 가지 (사물의 부분 또는 항목을 세는 단위)	
肯定 kěndìng 图 분명히, 확실히	颜色 yánsè 图 색깔, 색
香气 xiāngqì 图 향기	味道 wèidao 图 맛
丰富 fēngfù 图 풍부하다	
扑鼻 pūbí 图 (냄새가) 코를 찌르다, 진동하다	
看起来 kànqǐlai 图 보기에~하다	
件 jiàn 图 개, 건 (일, 사건, 개체 등을 세는 단위)	
美丽 měilì 图 아름답다	艺术品 yìshùpǐn 图 예술품
特别 tèbié 图 특별하다	材料 cáiliào 图 재료
简单 jiǎndān 图 간단하다	

진정한 중국요리를 만들어내고 싶다면, "색(色), 향(香), 미(味)"이 세 가지가 없는 것은 분명히 안 된다. "색(色)"은 색깔, "향(香)"은 향기, "미(味)"는 맛이다. 진정한 중국 요리는 색깔이 풍부하고, 향기가 코를 찌르고, 맛이 매우 좋으며, 보기에 하나의 아름다운 예술품과 같다.

★ 진정한 중국 요리는:
A맛이 특별하다　　B재료가 간단하다　　C향기가 없다　　D예술품과 같다　　정답 D

해설 질문의 真正的中国菜(진정한 중국 요리는)와 관련된 부분을 지문에서 찾아 주의 깊게 읽는다. 지문에서 真正的中国菜……, 看起来就是一件美丽的艺术品(진정한 중국 요리는 ……, 보기에 하나의 아름다운 예술품과 같다)이라고 하였으므로 D 像艺术品(예술품과 같다)이 정답이다.

✅ 합격노하우 질문이 명사만으로 되어 있을 경우, 지문에서 명사를 재빨리 찾는다.

76 중

女朋友心情不好的时候, 可以陪她逛逛街, 买买衣服, 吃吃东西, 看看电影, 或者给她讲讲笑话, 要让她感觉到关心和爱。

★ 女朋友心情不好的时候, 男朋友可以做什么?
A 不上班　　　B 逛公园
C 买礼物　　　D 陪着她

女朋友 nǚpéngyou 图 여자친구	心情 xīnqíng 图 기분
陪 péi 图 함께하다, 곁에서 시중들다	
逛街 guàngjiē 图 길거리를 거닐다, 쇼핑하다	
买衣服 mǎi yīfu 옷을 사다	电影 diànyǐng 图 영화
或者 huòzhě 图 ~하든지 아니면 ~을 한다, 혹은	
讲笑话 jiǎng xiàohua 농담하다	让 ràng 图 ~하게 하다
感觉 gǎnjué 图 느끼다	关心 guānxīn 图 관심
男朋友 nánpéngyou 图 남자친구	上班 shàngbān 图 출근하다
逛 guàng 图 거닐다	公园 gōngyuán 图 공원	礼物 lǐwù 图 선물

여자친구의 기분이 안 좋을 때, 그녀와 함께 길거리를 거닐며, 옷도 사고, 맛있는 것도 먹고, 영화를 보거나, 그녀에게 농담을 해서, 그녀가 관심과 사랑을 느낄 수 있도록 해야 한다.

★ 여자친구가 기분이 안 좋을 때, 남자친구는 무엇을 할 수 있는가?
A출근하지 않는다　　B공원을 거닌다　　C선물을 사준다　　D같이 있어 준다　　정답 D

해설 질문의 女朋友心情不好的时候, 男朋友可以做什么?(여자친구가 기분이 안 좋을 때, 남자친구는 무엇을 할 수 있는가?)와 관련된 부분을 지문에서 찾아 주의 깊게 읽는다. 지문에서 女朋友心情不好的时候, 可以陪她逛逛街, 买买衣服, 吃吃东西, 看看电影(여자친구의 기분이 안 좋을 때, 그녀와 함께 길거리를 거닐며, 옷도 사고, 맛있는 것도 먹고, 영화를 본다)이라고 했으므로, 이를 통해 알 수 있는 D 陪着她(같이 있어 준다)가 정답이다.

✅ 합격노하우 질문이 전부 핵심어구인 경우에 질문과 관련된 부분을 지문에서 재빨리 찾는다.

77 하

我本来跟朋友说好晚上七点一起吃饭的, 可是公司的会议推迟了, 估计八点才能结束。我只好跟朋友重新约时间了。

★ 会议可能几点结束?
A 五点　　　B 六点
C 七点　　　D 八点

本来 běnlái 图 원래, 본래	说好 shuōhǎo 图 약속하다
晚上 wǎnshang 图 저녁, 밤	一起 yìqǐ 图 같이, 함께
可是 kěshì 图 그러나, 하지만	公司 gōngsī 图 회사
会议 huìyì 图 회의	推迟 tuīchí 图 연기하다, 지연시키다
估计 gūjì 图 어림잡다, 짐작하다	才 cái 图 ~이/가 되어서야
结束 jiéshù 图 끝나다, 마치다	
只好 zhǐhǎo 图 할 수 없이, 어쩔 수 없이	
重新 chóngxīn 图 다시, 재차	约 yuē 图 약속하다
时间 shíjiān 图 시간	

나는 원래 친구와 저녁 7시에 만나서 같이 밥을 먹기로 약속했는데, 그러나 회사 회의가 연기되어서, 어림잡아 8시가 되어서야 끝날 수 있을 것 같다. 난 할 수 없이 친구와 다시 시간을 약속해야 한다.

★ 회의는 몇 시에 끝날 것인가?
A 5시　　　　　　B 6시　　　　　　C 7시　　　　　　D 8시　　　　　　정답 D

해설 특정 시간을 묻는 문제이므로, 질문의 会议……几点结束?(회의는 …… 몇 시에 끝나는가?)와 각 보기의 五点(5시), 六点(6시), 七点(7시), 八点(8시)을 핵심어구로 체크해 둔다. 지문에서 公司的会议推迟了, 估计八点才能结束(회사 회의가 연기되어서, 어림잡아 8시가 되어서야 끝날 수 있을 것 같다)라고 하였으므로 D 八点(8시)이 정답이다.

합격노하우 질문에 几点(몇 시)과 같이 특정 시간을 묻는 표현이 있다면, 시간과 관련된 내용을 지문에서 재빨리 찾는다.

---

78 하

城市的污染问题越来越严重了, 如果得不到及时解决, 就会影响经济发展。因此, 我们在发展经济的同时, 千万别忘了保护环境。

★ 这段话建议我们要:
A 解决问题　　　　B 注意健康
C 总结经验　　　　D 保护环境

城市 chéngshì 몧 도시　污染 wūrǎn 몧 오염
问题 wèntí 몧 문제　越来越 yuèláiyuè 갈수록, 더욱더
严重 yánzhòng 혱 심각하다, 엄중하다　如果 rúguǒ 젭 만약, 만일
得到 dédào 툉 ~(하게) 되다　及时 jíshí 혱 신속히, 즉시
解决 jiějué 툉 해결하다　影响 yǐngxiǎng 툉 영향을 끼치다(주다)
经济 jīngjì 몧 경제　发展 fāzhǎn 몧 발전 툉 발전시키다
因此 yīncǐ 젭 그러므로, 이 때문에　同时 tóngshí 몧 동시, 같은 시간
千万 qiānwàn 児 절대로　别 bié 児 ~하지 마라
忘 wàng 툉 잊다, 망각하다　保护 bǎohù 툉 보호하다
环境 huánjìng 몧 환경　注意 zhùyì 툉 주의하다
健康 jiànkāng 몧 건강　总结 zǒngjié 툉 총정리하다
经验 jīngyàn 몧 경험

도시의 오염 문제가 갈수록 심각해지고 있다. 만약 신속하게 해결이 되지 못한다면, 경제 발전에도 영향을 끼칠 수 있다. 그러므로, 우리는 경제를 발전시키는 동시에, 환경을 보호하는 것도 절대 잊어서는 안 된다.

★ 이 지문이 우리에게 어떠해야 한다고 제안하는가:
A 문제를 해결한다　　B 건강을 주의한다　　C 경험을 총정리한다　　D 환경을 보호한다　　정답 D

해설 질문의 建议我们要(우리에게 ~해야 한다고 제안한다)와 관련된 부분을 지문에서 찾아 주의 깊게 읽는다. 지문 후반의 因此, 我们在发展经济的同时, 千万别忘了保护环境.(그러므로, 우리는 경제를 발전시키는 동시에, 환경을 보호하는 것도 절대 잊어서는 안 된다.)이라는 내용이 언급되었다. 따라서 D 保护环境(환경을 보호한다)이 정답이다.

합격노하우 질문에 这段话(이 지문이)가 있으면 뒷부분을 핵심어구로 하여 지문에서 관련된 내용을 재빨리 찾는다.

---

79 상

附近有家超市, 我去买了些吃的、喝的, 还买了刷牙和洗脸需要的东西。付款的时候, 我向售货员要了一个大塑料袋, 一共花了九十八块钱。

★ 我在超市买了:
A 手表　　　　　　B 裤子
C 毛巾　　　　　　D 橡皮

附近 fùjìn 몧 근처, 부근
超市 chāoshì 몧 슈퍼마켓(超级市场의 약칭)　还 hái 児 또, 게다가
刷牙 shuāyá 툉 양치질하다, 이를 닦다
洗脸 xǐliǎn 툉 세면하다, 세수하다　需要 xūyào 툉 필요하다
付款 fùkuǎn 툉 (돈을) 지불하다
售货员 shòuhuòyuán 몧 점원, 판매원　要 yào 툉 요구하다
塑料袋 sùliàodài 몧 비닐봉지　一共 yígòng 児 모두, 전부
花 huā 툉 (돈을) 쓰다　手表 shǒubiǎo 몧 손목시계
裤子 kùzi 몧 바지　毛巾 máojīn 몧 수건　橡皮 xiàngpí 몧 지우개

근처에 슈퍼마켓이 하나 있는데, 나는 가서 먹을 것과 마실 것을 샀고, 또 양치와 세면을 할 때 필요한 것들도 샀다. 지불 할 때, 내가 점원에게 큰 비닐봉지를 요구해서, 모두 98위안을 썼다.

★ 내가 슈퍼마켓에서 산 것은:
A 손목시계　　　　B 바지　　　　C 수건　　　　D 지우개　　　　정답 C

해설 질문의 在超市买了(슈퍼마켓에서 샀다)와 관련된 부분을 지문에서 찾아 주의 깊게 읽는다. 지문에서 附近有家超市, 我去买了些吃的、喝的, 还买了刷牙和洗脸需要的东西.(근처에 슈퍼마켓이 하나 있는데, 나는 가서 먹을 것과 마실 것을 샀고, 또 양치와 세면을 할 때 필요한 것들도 샀다.)라고 하였으므로 C 毛巾(수건)이 정답이다.

합격노하우 질문이 我(나)로 시작할 경우, 뒷부분을 핵심어구로 하여 지문에서 관련된 내용을 재빨리 찾는다.

80-81

刚认识我丈夫的时候，我认为他聪明、热情。⁸⁰可是约会了半年后，我发现他有很多缺点，容易发脾气，有时候很懒，什么事也不愿意干，⁸⁰于是想要放弃。这时，妈妈跟我说，每个人都有优点和缺点，⁸¹要想获得幸福的爱情，不能只看到对方的缺点。妈妈的话对我影响很大，现在我和丈夫结婚快十年了，我们一直互相理解，过得很幸福。

刚 gāng 〔부〕 막, 방금	认识 rènshi 〔동〕 알다	丈夫 zhàngfu 〔명〕 남편
认为 rènwéi 〔동〕 생각하다, 여기다		
聪明 cōngming 〔형〕 똑똑하다, 총명하다	热情 rèqíng 〔형〕 열정적이다	
可是 kěshì 〔접〕 하지만, 그러나		
约会 yuēhuì 〔동〕 데이트하다, 만날 약속을 하다		
发现 fāxiàn 〔동〕 발견하다, 알아차리다	缺点 quēdiǎn 〔명〕 단점, 결점	
容易 róngyì 〔형〕 쉽게	发脾气 fā píqi 화내다, 성질부리다	
有时候 yǒushíhou 가끔씩, 종종	懒 lǎn 〔형〕 게으르다, 나태하다	
愿意 yuànyì 〔동〕 (무엇을) 하고 싶어하다	干 gàn 〔동〕 일을 하다	
于是 yúshì 〔접〕 그래서	想要 xiǎngyào ~하려고 하다	
放弃 fàngqì 〔동〕 포기하다, 버리다	优点 yōudiǎn 〔명〕 장점	
获得 huòdé 〔동〕 얻다, 획득하다	幸福 xìngfú 〔형〕 행복하다	
爱情 àiqíng 〔명〕 애정, 남녀 간의 사랑	不能 bùnéng 〔동〕 ~해서는 안 된다	
只 zhǐ 〔부〕 단지, 오직	看到 kàndào 〔동〕 보다	
对方 duìfāng 〔명〕 상대방, 상대편		
影响 yǐngxiǎng 〔명〕 영향; 영향을 주다	结婚 jiéhūn 〔동〕 결혼하다	
一直 yìzhí 〔부〕 줄곧, 계속	互相 hùxiāng 〔부〕 서로, 상호	
理解 lǐjiě 〔동〕 이해하다	过 guò 〔동〕 지내다	

나의 남편을 막 알았을 때, 나는 그가 총명하고 열정적인 사람이라고 생각했다. ⁸⁰하지만 반년 동안 데이트하면서, 나는 그에게 많은 단점이 있는 것을 발견했는데, 쉽게 화를 내고, 가끔씩 게으르며, 아무 일도 하기 싫어했고, ⁸⁰그래서 포기하고 싶었다. 이때, 엄마가 나에게 모든 사람은 장점과 단점이 있으며, ⁸¹행복한 사랑을 얻으려면, 상대방의 단점만 봐서는 안 된다고 말했다. 엄마의 말이 나에게 끼친 영향은 컸고, 지금 나와 남편은 결혼한 지 10년이 다 되어가며, 우리는 줄곧 서로 이해하며, 행복하게 지내고 있다.

80 중
★ 约会半年后，我为什么想要放弃丈夫?
A 父母都很反对   B 他有很多缺点
C 兴趣爱好不同   D 生活习惯不同

约会 yuēhuì 〔동〕 데이트하다, 만날 약속을 하다
想要 xiǎngyào ~하려고 하다 放弃 fàngqì 〔동〕 포기하다, 버리다
丈夫 zhàngfu 〔명〕 남편 父母 fùmǔ 〔명〕 부모
反对 fǎnduì 〔동〕 반대하다 缺点 quēdiǎn 〔명〕 단점, 결점
兴趣爱好 xìngqù'àihào 〔명〕 취미
生活习惯 shēnghuó xíguàn 〔명〕 생활 습관

★ 반년간 데이트한 후, 나는 왜 남편을 포기하려고 했는가?
A 부모님들이 모두 반대한다   B 그에게 많은 단점이 있다   C 취미가 다르다   D 생활 습관이 다르다   정답 B

해설 질문의 约会半年后，我为什么想要放弃丈夫?(반년간 데이트한 후, 나는 왜 남편을 포기하려고 했는가?)와 관련된 부분을 지문에서 찾아 주의 깊게 읽는다. 지문에서 可是约会了半年后，我发现他有很多缺点，……，于是想要放弃(하지만 반년 동안 데이트하면서, 나는 그에게 많은 단점이 있는 것을 발견했는데,……, 그래서 포기하고 싶었다)라고 하였으므로 B 他有很多缺点(그에게 많은 단점이 있다)이 정답이다.

✔ **합격노하우** 질문에 为什么(왜)가 있으면 문장 전체를 핵심어구로 하여 지문에서 관련된 이유를 재빨리 찾는다.

81 상
★ 这段话主要谈的是如何:
A 获得幸福的爱情   B 跟朋友友好交流
C 看到别人的优点   D 找到合适的丈夫

主要 zhǔyào 〔부〕 주로 谈 tán 〔동〕 말하다
如何 rúhé 어떻게, 어찌하면 获得 huòdé 〔동〕 얻다, 획득하다
幸福 xìngfú 〔형〕 행복하다 爱情 àiqíng 〔명〕 애정, 남녀 간의 사랑
友好 yǒuhǎo 〔형〕 우호적이다, 친절하다
交流 jiāoliú 〔동〕 소통하다, 교류하다 看到 kàndào 〔동〕 보다
别人 biérén 〔명〕 다른 사람 优点 yōudiǎn 〔명〕 장점
找到 zhǎodào 찾아내다 合适 héshì 〔형〕 적당하다, 알맞다
丈夫 zhàngfu 〔명〕 남편

★ 이 지문에서 주로 말하는 것은 어떻게:
A 행복한 사랑을 얻는다   B 친구와 우호적으로 소통한다   C 다른 사람의 장점을 본다   D 적당한 남편을 찾는다   정답 A

해설 질문이 지문의 중심 소재를 물었다. 지문 후반에서 要想获得幸福的爱情，不能只看到对方的缺点。妈妈的话对我影响很大，现在我和丈夫结婚快十年了，我们一直互相理解，过得很幸福.(행복한 사랑을 얻으려면, 상대방의 단점만 봐서는 안 된다. 엄마의 말이 나에게 끼친 영향은 컸고, 지금 나와 남편은 결혼한 지 10년이 다 되어가며, 우리는 줄곧 서로 이해하며, 행복하게 지내고 있다.)라고 하였으므로, A 获得幸福的爱情(행복한 사랑을 얻는다)이 정답이다.

✔ **합격노하우** 질문이 중심 소재를 물었고, 지문에서 要想(~하려면), 不能(~해서는 안된다)과 같이 주장을 나타내는 표현이 사용되었으면, 이어지는 내용을 주의 깊게 읽어 지문의 주제를 파악한다.

82-83

⁸²和普通地图相比，手机地图由于使用方便正变得越来越流行。⁸³手机地图可以用最快的速度告诉我们怎样去一个地方，⁸³它还可以特别准确地提供乘坐公共汽车或地铁⁸³到目的地的方案。另外，当我们赶时间，不想乘坐公共交通的时候，⁸³手机地图还可以直接帮我们叫出租车，十分方便。

普通	pǔtōng	보통이다	地图	dìtú	지도
相比	xiāngbǐ	비교하다, 견주다	手机	shǒujī	휴대폰
由于	yóuyú	~으로 인하여, ~때문에			
使用	shǐyòng	사용, 사용하다			
方便	fāngbiàn	편리하다, 편하다	正	zhèng	마침, 한창
变得	biànde	~로 되다	越来越	yuèláiyuè	갈수록, 더욱더
流行	liúxíng	유행하는	用	yòng	~으로
			速度	sùdù	속도
告诉	gàosu	말해주다	怎样	zěnyàng	어떻게
地方	dìfang	장소, 곳	特别	tèbié	매우, 아주, 특별히
准确	zhǔnquè	정확하다, 틀림없다	提供	tígōng	제공하다
乘坐	chéngzuò	(자동차·비행기 등을) 타다			
公共汽车	gōnggòngqìchē	버스	地铁	dìtiě	지하철
到	dào	도착하다, 이르다	目的地	mùdìdì	목적지
方案	fāng'àn	방안	另外	lìngwài	이 외에, 이 밖에
赶	gǎn	서두르다, 재촉하다			
公共交通	gōnggòngjiāotōng	대중교통	直接	zhíjiē	직접
叫	jiào	부르다	出租车	chūzūchē	택시
十分	shífēn	매우, 충분히			

⁸²보통의 지도와 비교해서, 휴대폰 지도는 사용의 편리함으로 인하여 갈수록 유행하고 있다. ⁸³휴대폰 지도는 우리에게 어떤 한 장소에 어떻게 가는지 가장 빠른 속도로 알려줄 수 있으며, ⁸³이것은 매우 정확하게 버스나 지하철을 타고 ⁸³목적지에 가는 방안도 제공할 수 있다. 이 외에 우리가 시간을 서두를 때, 대중교통을 타기 싫을 때, ⁸³휴대폰 지도는 직접 우리를 도와 택시를 불러 줄 수도 있어, 매우 편리하다.

82 중

★ 与普通地图相比，手机地图：
A 不太流行   B 不太好用
C 更加方便   D 更加复杂

단어	병음	뜻
与	yǔ	~과(와)
普通	pǔtōng	보통이다
地图	dìtú	지도
相比	xiāngbǐ	비교하다, 견주다
手机	shǒujī	휴대폰
流行	liúxíng	유행하는
好用	hǎoyòng	쓰기 간편하다
更加	gèngjiā	더욱, 한층 더
方便	fāngbiàn	편리하다, 편하다
复杂	fùzá	복잡하다

★ 보통의 지도와 비교했을 때, 휴대폰 지도는:
A 유행하지 않는다 B 사용하기 불편하다 C 더욱 편리하다 D 더욱 복잡하다   정답 C

해설 질문의 与普通地图相比, 手机地图(보통의 지도와 비교했을 때, 휴대폰 지도는)와 관련된 부분을 지문에서 찾아 주의 깊게 읽는다. 지문에서 和普通地图相比, 手机地图由于使用方便正变得越来越流行.(보통의 지도와 비교해서, 휴대폰 지도는 사용의 편리함으로 인하여 갈수록 유행하고 있다.)이라고 하였으므로 C 更加方便(더욱 편리하다)이 정답이다.

ⓘ **합격노하우** 질문이 전부 핵심어구인 경우에 질문과 관련된 부분을 지문에서 재빨리 찾는다.

83 상

★ 手机地图的优点不包括：
A 特别准确   B 速度很快
C 可以打车   D 价格便宜

단어	병음	뜻
手机	shǒujī	휴대폰
地图	dìtú	지도
优点	yōudiǎn	장점
包括	bāokuò	포함하다
准确	zhǔnquè	정확하다
速度	sùdù	속도
打车	dǎchē	택시를 타다
价格	jiàgé	가격
便宜	piányi	(값이) 싸다

★ 휴대폰 지도의 장점에 포함되지 않는 것은:
A 매우 정확하다   B 속도가 빠르다   C 택시를 탈 수 있다   D 가격이 싸다   정답 D

해설 질문이 手机地图的优点不包括(휴대폰 지도의 장점에 포함되지 않는 것은)라고 했으므로 휴대폰 지도의 장점으로 언급되는 것을 오답으로 제거한다. 지문에서 手机地图可以用最快的速度告诉我们怎样去一个地方(휴대폰 지도는 우리에게 어떤 한 장소에 어떻게 가는지 가장 빠른 속도로 알려줄 수 있다)이라고 하였으므로 B 速度很快(속도가 빠르다)를 오답으로 제거한다. 이어서 它还可以特别准确地提供……到目的地的方案(이것은 매우 정확하게 …… 목적지에 가는 방안도 제공할 수 있다)이라고 하였으므로 A 特别准确(매우 정확하다)를 오답으로 제거한다. 지문의 마지막에서 手机地图还可以直接帮我们叫出租车(휴대폰 지도는 직접 우리를 도와 택시를 불러 줄 수도 있다)라고 하였으므로 C 可以打车(택시를 탈 수 있다)를 오답으로 제거한다. 따라서, 지문에서 휴대폰 지도의 장점으로 언급되지 않은 D 价格便宜(가격이 싸다)가 정답이다.

ⓘ **합격노하우** 질문에 不包括(포함하지 않는 것은)가 있으면 지문에서 관련된 내용을 찾아 언급된 내용의 보기를 하나씩 제거한 후 남은 보기를 정답으로 선택한다.

84-85

⁸⁴/⁸⁵许多留学生⁸⁵都会有这样的困惑, 他们只能听懂老师说的汉语, 而听不懂其他中国人说的话, ⁸⁴在日常生活中和中国人用汉语交流非常困难。⁸⁴/⁸⁵出现这种情况的原因有两个: ⁸⁴首先, 留学生的汉语水平不高, 说得不够流利; 其次, 不是每个中国人说的普通话都像老师一样标准。

许多 xǔduō ㊗ 매우 많다 留学生 liúxuéshēng ㊎ 유학생
困惑 kùnhuò ㊎ 곤혹 ㊏ 곤혹스럽다
只能 zhǐnéng ㊜ ~할 수 있을 뿐이다 听懂 tīngdǒng ㊗ 알아듣다
老师 lǎoshī ㊎ 선생님 汉语 Hànyǔ ㊎ 중국어
其他 qítā ㊏ 다른, 기타의 日常生活 rìcháng shēnghuó ㊎ 일상생활
交流 jiāoliú ㊗ 소통하다, 교류하다 非常 fēicháng ㊜ 굉장히, 매우
困难 kùnnan ㊏ 어렵다, 곤란하다
出现 chūxiàn ㊗ 나타나다, 출현하다 情况 qíngkuàng ㊎ 상황, 정황
原因 yuányīn ㊎ 원인, 이유 首先 shǒuxiān ㊜ 먼저 (열거에 쓰임)
水平 shuǐpíng ㊎ 수준 不够 búgòu ㊗ 불충분하다
流利 liúlì ㊏ 유창하다 其次 qícì ㊜ 그 다음
普通话 pǔtōnghuà ㊎ 현대 중국 표준어 像 xiàng ㊗ ~와 같다
标准 biāozhǔn ㊏ 표준적이다, 표준의

⁸⁴/⁸⁵매우 많은 유학생은 ⁸⁵이러한 어려움이 있는데, 그들은 선생님이 말하는 중국어만 알아듣고, 다른 중국인이 말하는 것은 알아들을 수 없어, ⁸⁴일상생활에서 중국인과 중국어로 소통하는 것이 굉장히 어렵다. ⁸⁴/⁸⁵이러한 상황이 나타나는 이유는 두 가지가 있다. ⁸⁴먼저, 유학생의 중국어 수준이 높지 않아, 유창하게 말하지 못한다. 그 다음, 모든 중국인이 말하는 표준어가 다 선생님과 같이 표준적인 것은 아니다.

84 중

★ 留学生在日常生活中交流困难的一个原因是:
A 汉语基础较差   B 听不懂普通话
C 老师教得太容易   D 不了解中国文化

留学生 liúxuéshēng ㊎ 유학생
日常生活 rìcháng shēnghuó ㊎ 일상생활
交流 jiāoliú ㊗ 소통하다, 교류하다 困难 kùnnan ㊏ 어렵다, 곤란하다
原因 yuányīn ㊎ 원인, 이유 汉语 Hànyǔ ㊎ 중국어
基础 jīchǔ ㊎ 기초 差 chà ㊏ 부족하다, 나쁘다
听不懂 tīng bu dǒng ㊗ 알아듣지 못하다
普通话 pǔtōnghuà ㊎ 현대 중국 표준어 教 jiāo ㊗ 가르치다
容易 róngyì ㊏ 쉽다 了解 liǎojiě ㊗ 이해하다
文化 wénhuà ㊎ 문화

★ 유학생이 일상생활에서 소통하는 것이 어려운 원인 중 하나는:
A 중국어 기초가 다소 부족하다   B 표준어를 알아듣지 못한다
C 선생님이 너무 쉽게 가르친다   D 중국 문화를 이해하지 못한다   정답 A

해설 질문의 留学生在日常生活中交流困难的一个原因(유학생이 일상생활에서 소통하는 것이 어려운 원인 중 하나)과 관련된 부분을 지문에서 찾아 주의 깊게 읽는다. 지문에서 许多留学生⋯⋯, 在日常生活中和中国人用汉语交流非常困难。出现这种情况的原因有两个: 首先, 留学生的汉语水平不高, ⋯⋯(매우 많은 유학생은 ⋯⋯, 일상생활에서 중국인과 중국어로 소통하는 것이 굉장히 어렵다. 이러한 상황이 나타나는 이유는 두 가지가 있다. 먼저, 유학생의 중국어 수준이 높지 않다, ⋯⋯)라고 하였으므로, 이를 통해 알 수 있는 A 汉语基础较差(중국어 기초가 다소 부족하다)가 정답이다.

✓ 합격노하우 질문의 끝에 是(~이다)이 있으면 앞부분을 핵심어구로 하여 지문에서 관련된 내용을 재빨리 찾는다.

85 중

★ 这段话主要讲的是:
A 中国人的生活习惯   B 普通话水平考试
C 留学生的学习经历   D 对汉语老师的要求

主要 zhǔyào ㊜ 주로 讲 jiǎng ㊗ 말하다
生活习惯 shēnghuó xíguàn ㊎ 생활 습관
普通话 pǔtōnghuà ㊎ 현대 중국 표준어
水平 shuǐpíng ㊎ 능력, 수준 考试 kǎoshì ㊎ 시험
留学生 liúxuéshēng ㊎ 유학생 经历 jīnglì ㊎ 경험, 경력
对 duì ㊞ ~에 대하여 汉语 Hànyǔ ㊎ 중국어
老师 lǎoshī ㊎ 선생님 要求 yāoqiú ㊎ 요구 사항, 요구

★ 이 단락에서 주로 말하고자 하는 것은:
A 중국인의 생활 습관   B 표준어 능력 시험   C 유학생의 학습 경험   D 중국어 선생님에 대한 요구 사항   정답 C

해설 질문이 지문의 중심 소재를 물었다. 지문의 처음에서 许多留学生都会有这样的困惑, 他们只能听懂老师说的汉语, 而听不懂其他中国人说的话(매우 많은 유학생은 이러한 어려움이 있는데, 그들은 선생님이 말하는 중국어만 알아듣고, 다른 중국인이 말하는 것은 알아들을 수 없다)라는 내용이 언급되었고, 이어서 出现这种情况的原因有两个(이러한 상황이 나타나는 이유는 두 가지가 있다)라고 하며 유학생들이 어려움을 겪는 두 가지 이유를 설명하고 있다. 따라서, 지문 전반에서 반복적으로 언급된 중심 소재 C 留学生的学习经历(유학생의 학습 경험)가 정답이다.

✓ 합격노하우 질문이 중심 소재를 묻는 경우, 지문 전반에서 반복적으로 언급된 소재를 찾아 정답으로 선택한다.

三、书写 쓰기

86 하
怎么考虑　是　的　你们

怎么 zěnme 때 어떻게　考虑 kǎolǜ 통 생각하다, 고려하다

대사	是	대사+동사	的
你们	是	怎么考虑	的?
주어	是	부사어 + 술어	的

해석 : 당신들은 어떻게 생각하나요?

해설
是와 的 사이에 술어 배치하기 제시된 어휘에 是과 的가 있으므로, 是……的 강조구문을 완성해야 한다. '대사+동사' 형태인 怎么考虑(어떻게 생각하다)를 是과 的 사이에 술어로 배치한다. 문장에 대사 怎么(어떻게)가 있으므로 문장 끝에 물음표를 붙인다.
→ 是怎么考虑的? (어떻게 생각하나요?)
주어 배치하기 대사인 你们(당신들)을 是 앞에 주어로 배치하여 문장을 완성한다. 참고로, 이 문장은 怎么(어떻게) 즉 방식을 강조하는 是……的 강조구문이다.
→ 你们是怎么考虑的? (당신들은 어떻게 생각하나요?)

✅ **합격노하우** 제시된 어휘 중 是과 的, 동사 또는 동사가 포함된 어휘가 있으면 是……的 강조구문을 고려하여 완성한다.

87 중
你看起来　很像　那个演员　真的

看起来 kànqǐlai 통 ~해 보인다, ~처럼 보인다
像 xiàng 통 닮다, 비슷하다　演员 yǎnyuán 명 연기자
真的 zhēnde 부 정말로

대사+동사	부사	부사+동사	대사+양사+명사
你看起来	真的	很像	那个演员。
	부사어	술어	목적어
주어+술어		목적어	

해석 : 당신은 정말로 저 연기자와 매우 닮아 보인다.

해설
술어 배치하기 제시된 어휘에 '대사+동사' 형태인 你看起来(당신은~해 보인다)가 있으므로 문장 맨 앞 주어+술어 자리에 배치한다. 술어인 看起来(~해 보인다)는 주술구 혹은 술목구를 목적어로 취하므로, 다른 동사와 함께 제시되더라도 바로 술어 자리에 배치한다.
→ 你看起来 (당신은 ~해 보인다)
목적어 배치하기 看起来(~해 보인다)가 술어이므로 주술구 또는 술목구 형태의 목적어를 완성한다. '부사+동사' 형태인 很像(매우 닮다)을 술어 자리에 배치하고, '대사+양사+명사' 형태인 那个演员(저 연기자)이 술어 像(닮다)과 문맥상 목적어로 어울리므로 목적어 자리에 배치하고, 부사인 真的(정말로)를 술어인 很像(매우 비슷하다) 앞에 부사어로 배치하여 문장을 완성한다.
→ 你看起来真的很像那个演员。(당신은 정말로 저 연기자와 매우 닮아 보인다.)

✅ **합격노하우** 동사 看起来(~해 보인다)는 주술구 또는 술목구 형태의 목적어를 취할 수 있다.

88 중
灯　一直　办公室里　亮着

灯 dēng 명 등, 램프　一直 yìzhí 부 계속
办公室 bàngōngshì 명 사무실　亮 liàng 통 빛을 내다, 비추다

명사	부사	동사+着	명사
办公室里	一直	亮着	灯。
주어	부사어	술어	목적어

해석 : 사무실 안에 등이 계속 켜져 있다.

해설
술어와 주어 배치하기 제시된 어휘 중 존재함을 나타내는 '동사+着' 형태의 亮着(켜져 있다)와 장소를 나타내는 명사 办公室里(사무실 안에)가 있으므로 존현문을 완성해야 한다. 따라서 '동사+着' 형태의 亮着(켜져 있다)를 술어 자리에 배치하고 장소를 나타내는 명사 办公室里(사무실 안에)를 주어 자리에 배치한다.
→ 办公室里亮着 (사무실 안에 켜져 있다)
목적어 배치하기 제시된 어휘 중 목적어로 올 수 있는 명사 灯(등)을 목적어 자리에 배치한다.
→ 办公室里亮着灯 (사무실 안에 등이 켜져 있다)
문장 완성하기 남은 어휘인 부사 一直(계속)을 술어 앞에 부사어로 배치하여 문장을 완성한다.
→ 办公室里一直亮着灯。(사무실 안에 등이 계속 켜져 있다.)

✅ **합격노하우** 제시된 어휘 중 장소를 나타내는 어휘와 존재함을 나타내는 '동사+着'가 있으면 '장소+동사+着(~에서 ~하고 있다/~에 ~인 상태이다)'의 형태로 주어와 술어를 동시에 배치하여 존현문을 완성한다.

89 상

你说的　我　不再　了　相信　话

不再 búzài 图 다시는 ~하지 않다
相信 xiāngxìn 图 믿다, 신뢰하다　话 huà 명 말, 언어

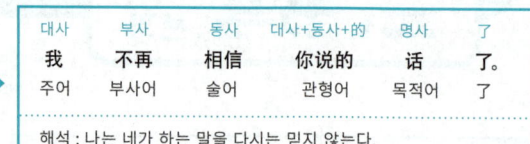

대사	부사	동사	대사+동사+的	명사	
我	不再	相信	你说的	话	了。
주어	부사어	술어	관형어	목적어	了

해석 : 나는 네가 하는 말을 다시는 믿지 않는다.

해설

술어 배치하기 제시된 어휘 중 유일한 동사인 相信(믿다)을 바로 술어 자리에 배치한다.
→ 相信 (믿다)

주어 목적어 배치하기 명사 话(말)와 대사 我(나) 중, 술어 相信(믿다)과 문맥상 목적어로 어울리는 명사 话(말)를 목적어 자리에, 주어로 어울리는 我(나)를 주어 자리에 배치한다.
→ 我相信话 (나는 말을 믿는다)

문장 완성하기 부사 不再(다시는 ~않는다)를 술어 相信(믿다) 앞에 부사어로, '대사+동사+的' 형태의 你说的(네가 말한)를 목적어 话(말) 앞에 관형어로 배치하고, 어기조사 了를 문장 맨 끝에 배치하여 문장을 완성한다.
→ 我不再相信你说的话了。(나는 네가 하는 말을 다시는 믿지 않는다.)

✓ **합격노하우** 제시된 어휘 중 동사 또는 형용사가 1개이면 바로 술어 자리에 배치한다.

90 중

她　去散步　陪　我想

散步 sànbù 图 산보하다, 산책하다
陪 péi 图 ~와 함께하다, 동반하다
想 xiǎng 조동 ~하고 싶다, ~하려고 하다

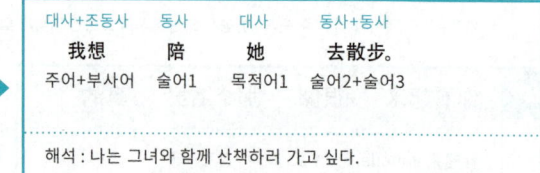

대사+조동사	동사	대사	동사+동사
我想	陪	她	去散步。
주어+부사어	술어1	목적어1	술어2+술어3

해석 : 나는 그녀와 함께 산책하러 가고 싶다.

해설

술어 배치하기 술어가 될 수 있는 동사가 陪(~와 함께 하다)와 去散步(산책하러 가다) 두 개이므로 연동문을 고려하여 문장을 완성해야 한다. 동사 陪는 去散步의 방식을 나타내므로 陪를 술어1 자리에, 去散步를 술어2+술어3 자리에 배치한다.
→ 陪 ~ 去散步 (~와 함께 산책하러 가다)

주어 목적어 배치하기 남은 어휘 중 '대사+조동사' 형태인 我想(나는 ~하고 싶다)을 주어 자리에 바로 배치하고, 대사 她(그녀)를 목적어1 자리에 배치하여 문장을 완성한다. 참고로 조동사는 주어 뒤, 술어 앞에서 부사어로 쓰이므로 '대사/명사+조동사' 형태의 어휘는 바로 주어 자리에 배치할 수 있다.
→ 我想陪她去散步。(나는 그녀와 함께 산책하러 가고 싶다.)

✓ **합격노하우** 제시된 어휘 중 술어가 될 수 있는 동사가 2개 이상이면 연동문을 고려하여 문장을 완성한다.

91 중

她是个　在我的　诚实的人　印象中

诚实 chéngshí 图 진실하다, 성실하다
印象 yìnxiàng 명 기억, 인상

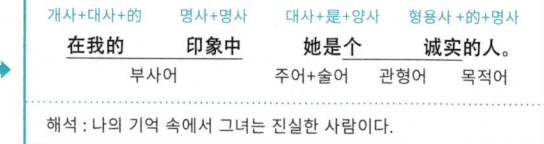

개사+대사+的	명사+명사	대사+是+양사	형용사+的+명사
在我的	印象中	她是个	诚实的人。
부사어		주어+술어	관형어　목적어

해석 : 나의 기억 속에서 그녀는 진실한 사람이다.

해설

술어와 주어 배치하기 제시된 어휘 중 是이 있으므로, 是자문을 완성하는 문제이다. '대사+是+양사' 형태의 她是个(그녀는 ~이다)를 주어+술어 자리에 배치한다.
→ 她是个 (그녀는 ~이다)

목적어 배치하기 '형용사+的+명사' 형태인 诚实的人(진실한 사람)이 술어 是(~이다)과 문맥상 목적어로 어울리고, 양사 个와 人(사람)이 함께 쓰이므로 诚实的人(진실한 사람)을 목적어 자리에 배치한다.
→ 她是个诚实的人 (그녀는 진실한 사람이다)

문장 완성하기 '개사+대사+的' 형태인 在我的(나의 ~에서)와 명사 印象中(기억 속)을 在我的印象中(나의 기억 속에서)이라는 개사구로 연결한 후 문장 맨 앞에 부사어로 배치하여 문장을 완성한다. 참고로, 부사어는 문장에서 술어 앞이나 문장의 맨 앞에 위치하는데, 이 문장에서 술어 是(~이다) 앞에 주어 她(그녀)가 있으므로, 개사구 在我的印象中(나의 기억 속에서)은 문장 맨 앞에 배치한다.
→ 在我的印象中她是个诚实的人。(나의 기억 속에서 그녀는 진실한 사람이다.)

✓ **합격노하우** 제시된 어휘 중 '명사/대사+是(+……)' 형태의 어휘가 있으면 바로 주어+술어 자리에 배치한다.

92 중

他继续加班　他的　不允许　身体情况

继续 jìxù 동 계속하다, 끊임없이 하다
加班 jiābān 동 야근하다, 초과 근무를 하다
允许 yǔnxǔ 동 허락하다, 허가하다　身体 shēntǐ 명 몸, 신체　情况 qíngkuàng 명 상태, 상황

대사+的	명사+명사	부사+동사	대사+동사+동사
他的	身体情况	不允许	他继续加班。
관형어	주어	부사어+술어	주어+술어+목적어
			목적어(주술목구)

해석 : 그의 몸 상태는 그가 야근을 계속하는 것을 허락하지 않는다.

해설
술어 배치하기 제시된 어휘 중 '부사+동사' 형태인 不允许(허락하지 않다), '대사+동사+동사' 형태인 他继续加班(그는 야근을 계속한다) 중 不允许를 술어 자리에 바로 배치한다. 不允许의 允许는 '~가 ~하는 것을 허락하다'라는 의미로 주술(목)구 혹은 술목구를 목적어로 취할 수 있으므로, 다른 동사와 함께 제시되더라도 바로 술어 자리에 배치한다.
→ 不允许 (허락하지 않다)

주어 목적어 배치하기 不允许(허락하지 않다)가 술어이므로 주술목구인 他继续加班(그는 야근을 계속한다)을 목적어 자리에 배치하고, 주어로 어울리는 身体情况(몸 상태)을 주어 자리에 배치한다.
→ 身体情况不允许他继续加班 (몸 상태는 그가 야근을 계속하는 것을 허락하지 않는다)

문장 완성하기 '대사+的' 형태의 他的(그의)를 주어 身体情况(몸 상태) 앞 관형어 자리에 배치하여 문장을 완성한다.
→ 他的身体情况不允许他继续加班。(그의 몸 상태는 그가 야근을 계속하는 것을 허락하지 않는다.)

✓ 합격노하우 동사 允许(허락하다)는 주술(목)구 또는 술목구 형태의 목적어를 취할 수 있음을 알아둔다.

93 상

杂志　弄丢了　被　他刚借回来的

杂志 zázhì 명 잡지　弄丢 nòngdiū 동 잃어버리다
刚 gāng 부 방금, 막　借 jiè 동 빌리다
回来 huílai 동 돌아오다

대사+부사+동사+的	명사	被	동사+了
他刚借回来的	杂志	被	弄丢了。
관형어	주어	被	술어+기타성분

해석 : 그가 방금 빌려 온 잡지를 잃어버렸다.

해설
被 ~ 술어+기타성분 배치하기 제시된 어휘 중 被가 있으므로, 被자문을 완성해야 한다. 따라서 '동사+了' 형태인 弄丢了(잃어버렸다)를 '술어+기타성분' 자리에 배치하고 개사 被를 술어 앞에 배치한다.
→ 被 ~ 弄丢了 (~에 의해 잃어버렸다)

주어와 행위의 주체 배치하기 명사 杂志(잡지)가 문맥상 술어 弄丢了(잃어버렸다)의 대상이 되므로 주어 자리에 배치한다. 그 외 남은 어휘 중에는 被 다음에 행위의 주체로 배치할 단어가 없는데, 被자문에서 행위의 주체가 누구인지 전혀 알 수 없거나, 확실히 알 수 있을 때 행위의 주체는 생략할 수 있음을 반영한다.
→ 杂志被弄丢了 (잡지를 잃어버렸다)

문장 완성하기 '대사+부사+동사+的' 형태인 他刚借回来的(그가 방금 빌려 온)를 관형어로 주어 杂志(잡지) 앞에 배치하여 문장을 완성한다.
→ 他刚借回来的杂志被弄丢了。(그가 방금 빌려 온 잡지를 잃어버렸다.)

✓ 합격노하우 제시된 어휘 중 被가 있고, 명사 또는 대사기 1개이면 명사나 대사를 주어 자리에 배치한다.

94 상

几乎跟　他儿子的　一样　语言能力　大人

几乎 jīhū 부 거의　一样 yíyàng 형 같다
语言能力 yǔyán nénglì 언어 능력　大人 dàren 명 어른

대사+명사+的	명사+명사	부사+개사	명사	형용사
他儿子的	语言能力	几乎跟	大人	一样。
관형어	주어	부사어		술어

해석 : 그의 아들의 언어 능력은 거의 어른과 같다.

해설
술어 배치하기 제시된 어휘 중 유일한 형용사인 一样(같다)을 술어 자리에 배치한다.
→ 一样 (같다)

주어와 목적어 배치하기 술어인 一样(같다)과 문맥상 주어로 어울리는 '명사+명사' 형태인 语言能力(언어 능력)를 주어 자리에 배치한다. 술어가 형용사이므로 목적어는 배치하지 않는다.
→ 语言能力一样 (언어 능력이 같다)

문장 완성하기 남은 어휘 중 '대사+명사+的' 형태인 他儿子的(그의 아들의)를 주어 语言能力(언어 능력) 앞에 관형어로 배치하고, '부사+개사' 형태인 几乎跟(거의 ~와)과 명사 大人(어른)을 几乎跟大人(거의 어른과)으로 연결한 후 술어인 一样(같다) 앞에 부사어로 배치하여 문장을 완성한다. 참고로, 부사어가 여러 개일 경우에는 부사→개사구 순서로 배치한다.
→ 他儿子的语言能力几乎跟大人一样。(그의 아들의 언어 능력은 거의 어른과 같다.)

✓ 합격노하우 제시된 어휘 중 동사 또는 형용사가 1개이면 바로 술어 자리에 배치한다.

95 중

| 每个人对 | 不同的 | 都有 | 成功 | 理解 |

每个 měi ge ~마다 对 duì ~에 대해
不同 bùtóng 다르다, 같지 않다
成功 chénggōng 성공, 성공하다
理解 lǐjiě 이해, 이해하다

→

대사+양사+명사+개사	명사	부사+동사	형용사+的	명사
每个人对	成功	都有	不同的	理解。
주어	부사어	술어	관형어	목적어

해석 : 사람마다 성공에 대해 모두 다른 이해가 있다.

해설

술어 배치하기 제시된 어휘에 有가 있으므로 有자문을 완성해야 한다. 따라서 都有(모두 ~가 있다)를 술어 자리에 배치한다.
→ **都有** (모두 ~가 있다)

주어와 목적어 배치하기 每个人对(사람마다 ~에 대해)가 '대사+양사+명사+개사' 형태이므로 바로 주어 자리에 배치하고, 명사 理解(이해)는 목적어 자리에 배치한다. 참고로 개사구는 주어 뒤, 술어 앞에서 부사어로 쓰이므로 '…명사/대사+개사' 형태는 바로 주어 자리에 배치할 수 있다.
→ **每个人对** ~ **都有理解** (사람마다 ~에 대해 모두 이해가 있다)

문장 완성하기 '형용사+的' 형태인 不同的(다른)를 목적어 理解(이해) 앞에 관형어로 배치하고, 명사 成功(성공)을 개사 对(~에 대해) 다음에 배치하여 문장을 완성한다.
→ **每个人对成功都有不同的理解。** (사람마다 성공에 대해 모두 다른 이해가 있다.)

✓ **합격노하우** '……명사/대사+개사' 형태의 어휘는 바로 주어 자리에 배치한다. 개사구는 주어와 술어 사이에서 부사어로 쓰이기 때문이다.

96 중

号码 hàomǎ 번호, 숫자

해설

제시어로 문장 떠올리기
[예시]
① 그녀가 전화번호를 공책에 적었다.
② 그녀가 적어놓은 번호는 지금 통화 중이다.

떠올린 문장 쓰기
[모범 답안]
① 她把电话号码写在本子上了。
② 她记下来的号码现在占线。

어휘
电话号码 diànhuàhàomǎ 전화번호 写 xiě 쓰다
本子 běnzi 공책, 노트
占线 zhànxiàn (전화 선로가)통화 중이다, 사용 중이다

✓ **합격노하우**
1. 把电话号码写在本子上 전화번호를 공책에 적다
2. 现在占线 지금 통화 중이다

97 하

俩 liǎ 두 사람, 두 개

해설

제시어로 문장 떠올리기
[예시]
① 그녀들 두 사람은 좋은 친구이다.
② 그녀들 두 사람은 손을 더럽혔다.

떠올린 문장 쓰기
[모범 답안]
① 她们俩是好朋友。
② 她们俩把手弄脏了。

어휘
俩 liǎ 두 사람, 두 개 弄脏 nòngzāng 더럽히다

✓ **합격노하우**
1. 他/她们俩 그들(그녀들) 두 사람
2. 把手弄脏 손을 더럽히다

98 하

活泼 huópō 활발하다

해설

제시어로 문장 떠올리기
[예시]
① 그는 활발한 아이다.
② 이 아이의 성격이 매우 활발하다.

떠올린 문장 쓰기
[모범 답안]
① 他是个活泼的孩子。
② 这个孩子的性格非常活泼。

어휘
活泼 huópō 톙 활발하다 孩子 háizi 몡 아이 性格 xìnggé 몡 성격

합격노하우
1. 活泼的孩子 활발한 아이
2. 性格非常活泼 성격이 매우 활발하다

99 상

扔 rēng 던지다

해설

제시어로 문장 떠올리기
[예시]
① 그가 공을 내던졌다.
② 그의 공 던지기 동작은 매우 좋다.

떠올린 문장 쓰기
[모범 답안]
① 他把球扔了出去。
② 他的扔球动作很好。

어휘
球 qiú 몡 공 扔 rēng 통 던지다 动作 dòngzuò 몡 동작

합격노하우
1. 把……扔出去 ~을 내던지다
2. 扔球动作 공 던지기 동작

100 중

解释 jiěshì 설명하다, 해석하다

해설

제시어로 문장 떠올리기
[예시]
① 선생님이 학생에게 문제를 설명해 주고 있다.
② 그가 매우 알기 쉽게 설명해서, 학생은 알아들었다.

떠올린 문장 쓰기
[모범 답안]
① 老师在给学生解释问题。
② 他解释得很清楚, 学生听懂了。

어휘
给 gěi 깨 ~에게 解释 jiěshì 통 설명하다 问题 wèntí 몡 문제
清楚 qīngchu 톙 알기 쉽다, 분명하다 听懂 tīngdǒng 통 알아듣다

합격노하우
1. 给……解释 ~에게 설명하다
2. 解释得很清楚 매우 알기 쉽게 설명하다

합격을 위한 막판 1주!

해커스 중국어
HSK 4급
실전모의고사

초판 10쇄 발행 2025년 10월 13일
초판 1쇄 발행 2018년 1월 2일

지은이	해커스 HSK연구소
펴낸곳	㈜해커스
펴낸이	해커스 출판팀
주소	서울특별시 서초구 강남대로 61길 23 ㈜해커스
고객센터	02-537-5000
교재 관련 문의	publishing@hackers.com
	해커스중국어 사이트(china.Hackers.com) 교재Q&A 게시판
동영상강의	china.Hackers.com
ISBN	979-11-5855-609-9 (13720)
Serial Number	01-10-01

저작권자 © 2018, 해커스

이 책 및 음성파일의 모든 내용, 이미지, 디자인, 편집 형태에 대한 저작권은 저자에게 있습니다.
서면에 의한 저자와 출판사의 허락 없이 내용의 일부 혹은 전부를 인용, 발췌하거나 복제, 배포할 수 없습니다.

중국어인강 1위
해커스중국어(china.Hackers.com)
해커스 중국어

- 어려운 중국어 듣기를 완벽 정복할 수 있는 **다양한 버전의 교재 MP3**
- HSK 기출 사자성어 · HSK 급수별 필수어휘 · HSK 레벨테스트 등 **다양한 HSK 무료 학습 컨텐츠**
- 해커스 스타강사의 **본 교재 인강** (교재 내 할인쿠폰 수록)

[중국어인강 1위] 주간동아 선정 2019 한국 브랜드 만족지수 교육(중국어인강) 부문 1위

합격생들이 해커스중국어를 선택한 이유

1

**HSK 베스트셀러
중국어인강 1위
굿콘텐츠 서비스
해커스중국어**

HSK 전 급수
베스트셀러

중국어인강
1위

굿콘텐츠
서비스 인증
획득

[중국어인강 1위] 주간동아 선정 2019 한국 브랜드 만족지수 교육(중국어인강) 부문 1위
[굿콘텐츠 서비스] 정보통신산업진흥원 인증 굿콘텐츠제공서비스 품질인증 (2019년도)
[단어장 베스트셀러] YES24 국어 외국어 사전 베스트셀러 중국어 한어수평고시(HSK) 분야 (2021년 2월 3주 주별베스트 기준)
[기본서 베스트셀러] YES24 국어 외국어 사전 베스트셀러 중국어 한어수평고시(HSK) 분야 (2022년 6월 2주 주별베스트 기준)
[3급 실전모의고사] 교보문고 외국어 베스트셀러 HSK/중국어시험 분야 (2020.04.20. 온라인 주간집계 기준)
[4급 실전모의고사] 교보문고 외국어 베스트셀러 HSK/중국어시험 분야 (2019.11.19. 온라인 주간집계 기준)
[5급 실전모의고사] 교보문고 외국어 베스트셀러 HSK모의고사/테스트 분야 모의고사 기준 1위 (2018.06.15. 온라인 주간집계 기준)
[6급 실전모의고사] 교보문고 외국어 베스트셀러 HSK모의고사/테스트 분야 1위 (2020.06.19. 온라인 주간집계 기준)

2

**수강생이 직접
체험한 결과로 증명하는
해커스중국어
강의 효과**

중국어 1도 몰랐는데 HSK 3급 238점으로 합격!
저는 쓰기의 오민경선생님 도움을 많이 받았습니다. 쓰기 뿐만 아니라 듣기와 독해에서 자주 나오는 문장에 대해 알려주셨고 기초부터 어려운 내용까지 자세히 설명해주셔서 좋았습니다. 또 단어가 문장 안에서 어떤 성분으로 쓰이는지, 다른 과목에는 어떻게 활용할 수 있는지 알려주셨습니다.

- 해커스중국어 인강 수강생 이*미님

즐겁게 중국어를 배웠습니다!
중국어 공부를 어떻게 시작해서 학습해야 하는지 시작엔 막막했지만 선생님들의 자세하고 이해하기 쉽게 설명해 주는 온라인 수업을 들으면서 즐겁게 중국어 배웠습니다. 한 권으로 합격하는 해커스 HSK 강의 모두 잘 들었고 선생님들 감사합니다!

- 해커스중국어 인강 수강생 l******3 님

해커스중국어 china.Hackers.com

실전모의고사 5회분

해커스 HSK 4급 실전모의고사

합격을 위한 막판 1주!

해커스 HSK연구소

문제집

추가 자료 해커스중국어 china.Hackers.com

본 교재 동영상강의(할인쿠폰 수록) · HSK 4급 필수어휘 600 · HSK 기출 사자성어 · 매일 HSK 필수어휘 테스트

해커스 HSK 4급 실전모의고사

문제집

저작권자 © 2018, 해커스 이 책 및 음성파일의 모든 내용, 이미지, 디자인, 편집 형태에 대한 저작권은 저자에게 있습니다.
서면에 의한 저자와 출판사의 허락 없이 내용의 일부 혹은 전부를 인용, 발췌하거나 복제, 배포할 수 없습니다.

시험에 나올 어휘를
효과적으로 공부하려면?

해커스중국어(china.Hackers.com)에서
<예문으로 마스터하는 HSK4급 필수어휘 600> 무료 다운받기!

실전모의고사
제1회

* 실제 시험을 보는 것처럼 시간에 맞춰 실전모의고사를 풀어보세요.

잠깐! 테스트 전 확인 사항

1. 휴대 전화의 전원을 끄셨나요? ····················· ☐
2. 답안지, 연필, 지우개가 준비되셨나요? ··········· ☐
3. 시계가 준비되셨나요? ···························· ☐
   *듣기 답안 작성 5분, 독해+쓰기 65분

**고사장 소음까지 대비하고
듣기 점수 올리려면?**

해커스중국어(china.Hackers.com)에서
고사장 소음 버전 MP3 무료 다운받기!

답안지 작성법

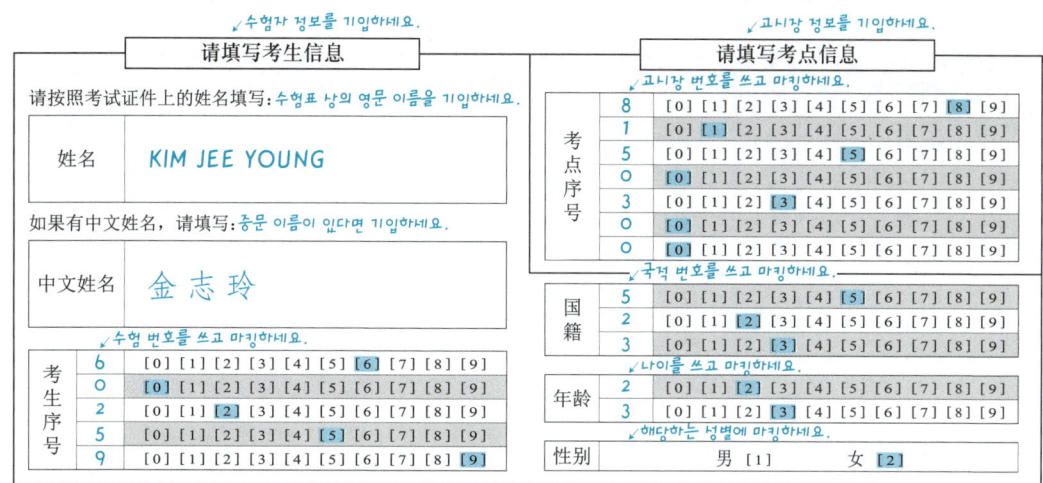

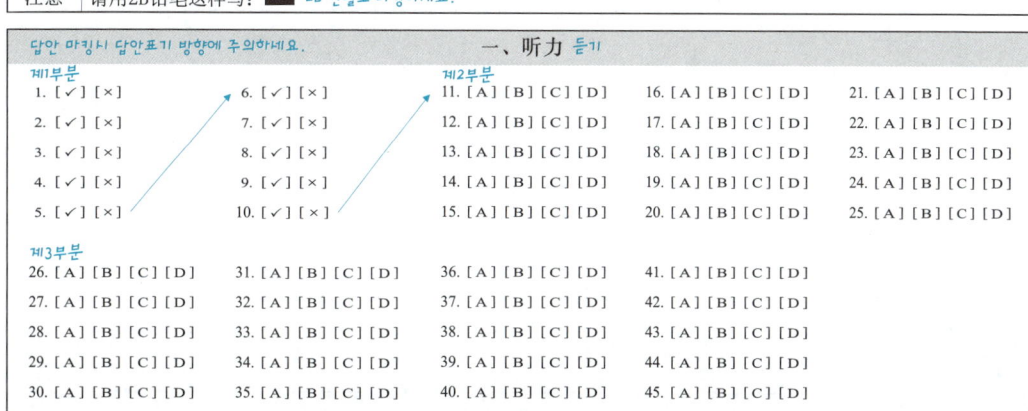

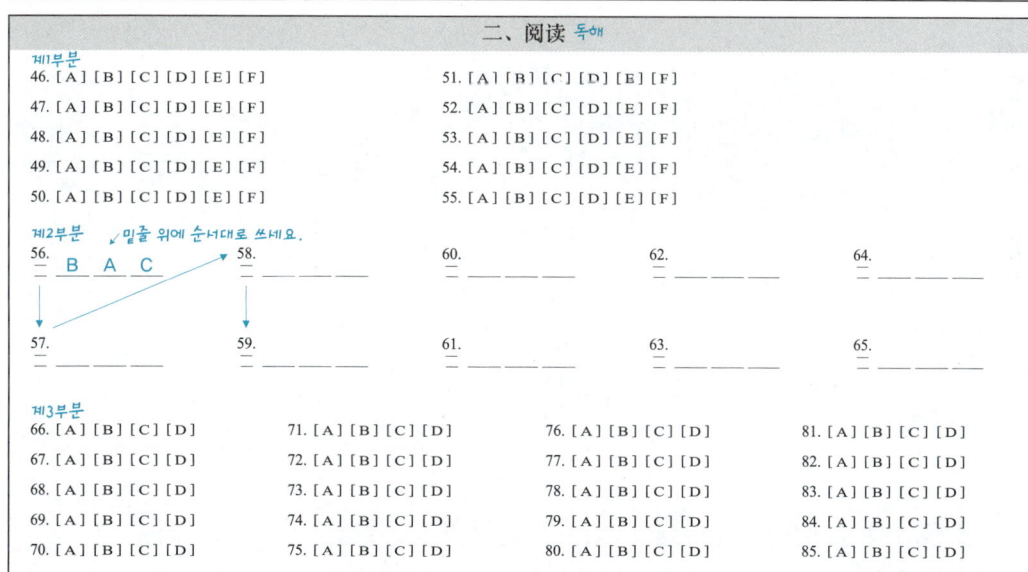

三、书写 쓰기

제1부분
86. 这道菜又辣又好吃。
87.
88.
89.
90.
91.
92.
93.
94.
95.

제2부분
96. 她戴的帽子真漂亮!
97.
98.
99.
100.

답안지

汉语水平考试 HSK（四级）答题卡

请填写考生信息

请按照考试证件上的姓名填写：

姓名

如果有中文姓名，请填写：

中文姓名

考生序号: [0] [1] [2] [3] [4] [5] [6] [7] [8] [9]
[0] [1] [2] [3] [4] [5] [6] [7] [8] [9]
[0] [1] [2] [3] [4] [5] [6] [7] [8] [9]
[0] [1] [2] [3] [4] [5] [6] [7] [8] [9]
[0] [1] [2] [3] [4] [5] [6] [7] [8] [9]

请填写考点信息

考点序号: [0] [1] [2] [3] [4] [5] [6] [7] [8] [9]
[0] [1] [2] [3] [4] [5] [6] [7] [8] [9]
[0] [1] [2] [3] [4] [5] [6] [7] [8] [9]
[0] [1] [2] [3] [4] [5] [6] [7] [8] [9]
[0] [1] [2] [3] [4] [5] [6] [7] [8] [9]
[0] [1] [2] [3] [4] [5] [6] [7] [8] [9]

国籍: [0] [1] [2] [3] [4] [5] [6] [7] [8] [9]
[0] [1] [2] [3] [4] [5] [6] [7] [8] [9]
[0] [1] [2] [3] [4] [5] [6] [7] [8] [9]

年龄: [0] [1] [2] [3] [4] [5] [6] [7] [8] [9]
[0] [1] [2] [3] [4] [5] [6] [7] [8] [9]

性别: 男 [1]   女 [2]

注意 请用2B铅笔这样写：■

一、听力

1. [✓] [✗]
2. [✓] [✗]
3. [✓] [✗]
4. [✓] [✗]
5. [✓] [✗]
6. [✓] [✗]
7. [✓] [✗]
8. [✓] [✗]
9. [✓] [✗]
10. [✓] [✗]
11. [A] [B] [C] [D]
12. [A] [B] [C] [D]
13. [A] [B] [C] [D]
14. [A] [B] [C] [D]
15. [A] [B] [C] [D]
16. [A] [B] [C] [D]
17. [A] [B] [C] [D]
18. [A] [B] [C] [D]
19. [A] [B] [C] [D]
20. [A] [B] [C] [D]
21. [A] [B] [C] [D]
22. [A] [B] [C] [D]
23. [A] [B] [C] [D]
24. [A] [B] [C] [D]
25. [A] [B] [C] [D]

26. [A] [B] [C] [D]
27. [A] [B] [C] [D]
28. [A] [B] [C] [D]
29. [A] [B] [C] [D]
30. [A] [B] [C] [D]
31. [A] [B] [C] [D]
32. [A] [B] [C] [D]
33. [A] [B] [C] [D]
34. [A] [B] [C] [D]
35. [A] [B] [C] [D]
36. [A] [B] [C] [D]
37. [A] [B] [C] [D]
38. [A] [B] [C] [D]
39. [A] [B] [C] [D]
40. [A] [B] [C] [D]
41. [A] [B] [C] [D]
42. [A] [B] [C] [D]
43. [A] [B] [C] [D]
44. [A] [B] [C] [D]
45. [A] [B] [C] [D]

二、阅读

46. [A] [B] [C] [D] [E] [F]
47. [A] [B] [C] [D] [E] [F]
48. [A] [B] [C] [D] [E] [F]
49. [A] [B] [C] [D] [E] [F]
50. [A] [B] [C] [D] [E] [F]
51. [A] [B] [C] [D] [E] [F]
52. [A] [B] [C] [D] [E] [F]
53. [A] [B] [C] [D] [E] [F]
54. [A] [B] [C] [D] [E] [F]
55. [A] [B] [C] [D] [E] [F]

56. _____
57. _____
58. _____
59. _____
60. _____
61. _____
62. _____
63. _____
64. _____
65. _____

66. [A] [B] [C] [D]
67. [A] [B] [C] [D]
68. [A] [B] [C] [D]
69. [A] [B] [C] [D]
70. [A] [B] [C] [D]
71. [A] [B] [C] [D]
72. [A] [B] [C] [D]
73. [A] [B] [C] [D]
74. [A] [B] [C] [D]
75. [A] [B] [C] [D]
76. [A] [B] [C] [D]
77. [A] [B] [C] [D]
78. [A] [B] [C] [D]
79. [A] [B] [C] [D]
80. [A] [B] [C] [D]
81. [A] [B] [C] [D]
82. [A] [B] [C] [D]
83. [A] [B] [C] [D]
84. [A] [B] [C] [D]
85. [A] [B] [C] [D]

三、书写

86.
87.
88.
89.
90.
91.
92.
93.
94.
95.
96.
97.
98.
99.
100.

汉语水平考试
HSK（四级）

注 意

一、HSK（四级）分三部分：

　　1. 听力（45题，约30分钟）

　　2. 阅读（40题，40分钟）

　　3. 书写（15题，25分钟）

二、听力结束后，有5分钟填写答题卡。

三、全部考试约105分钟（含考生填写个人信息时间5分钟）。

汉语水平考试
HSK（四级）

一、听 力

第一部分

第1-10题：判断对错。

例如：我想去办个信用卡，今天下午你有时间吗？陪我去一趟银行？

★ 说话人打算下午去银行。　　　　　　　　　　　　　　(✓)

现在我很少看电视，其中一个原因是，广告太多了，不管什么时间，也不管什么节目，只要你打开电视，总能看到那么多的广告，浪费我的时间。

★ 说话人喜欢看电视广告。　　　　　　　　　　　　　(×)

1. ★ 小李没有拿到签证。　　　　　　　　　　　　　　(　　)

2. ★ 哥哥不能参加明天的比赛。　　　　　　　　　　　(　　)

3. ★ 说话人的狗生病了。　　　　　　　　　　　　　　(　　)

4. ★ 这个超市的东西都非常便宜。　　　　　　　　　　(　　)

5. ★ 他们不想在学校餐厅吃饭。　　　　　　　　　　　(　　)

6. ★ 父母的关心和支持非常重要。　　　　　　　　　　(　　)

7. ★ 学习汉语对了解中国文化有帮助。　　　　　　　　(　　)

8. ★ 说话人完全不了解中国的节日。　　　　　　　　　(　　)

9. ★ 小云不想找工作。　　　　　　　　　　　　　　　(　　)

10. ★ 南北方人吃饭的习惯差不多。　　　　　　　　　　(　　)

第二部分

第11-25题：请选出正确答案。

例如：女：该加油了，去机场的路上有加油站吗？
男：有，你放心吧。
问：男的主要是什么意思？

    A 去机场　　B 快到了　　C 油是满的　　D 有加油站 ✓

11.　A 睡觉　　　　B 复习　　　　C 去运动　　　D 看电影

12.　A 7:00　　　　B 7:10　　　　C 7:30　　　　D 8:00

13.　A 学习成绩好　B 字写得很快　C 琴弹得很好　D 画儿画得好

14.　A 买不到票了　B 门票比去年贵　C 这个月举行　D 参加的人很多

15.　A 买东西　　　B 寄邮件　　　C 住宾馆　　　D 去换钱

16.　A 不太想看　　B 忙着工作　　C 比赛不精彩　D 参加招聘会

17.　A 生病了　　　B 有点饿　　　C 很难过　　　D 没睡好

18.　A 价格非常贵　B 是朋友送的　C 在网上买的　D 样子不流行

19.　A 回家　　　　B 买东西　　　C 修手机　　　D 去办公室

20.　A 法国　　　　B 医院　　　　C 电影院　　　D 图书馆

21. A 同事　　　　B 夫妻　　　　C 朋友　　　　D 同学

22. A 环境不错　　B 房租很贵　　C 交通很方便　D 周围不安静

23. A 时间比较长　B 不可以请假　C 已经开过了　D 内容很重要

24. A 宿舍　　　　B 教室　　　　C 食堂　　　　D 图书馆

25. A 没时间　　　B 不会打　　　C 身体不好　　D 不感兴趣

第三部分

第26-45题：请选出正确答案。

例如：男：把这个材料复印五份，一会儿拿到会议室发给大家。
女：好的。会议是下午3点吗？
男：改了。三点半，推迟了半个小时。
女：好，602会议室没变吧？
男：对，没变。
问：会议几点开始？

  A 14:00 B 15:00 C 15:30 ✓ D 18:00

26. A 一本书 B 一道菜 C 一位朋友 D 一场表演

27. A 约他看电影 B 通知他加班 C 请他帮个忙 D 问他到哪儿了

28. A 不喜欢开车 B 打算回公司 C 忘记拿包了 D 没复印材料

29. A 出国留学 B 继续学习 C 赚钱旅行 D 找个好工作

30. A 很有名 B 难理解 C 很特别 D 太无聊了

31. A 下班 B 回家 C 买电脑 D 打电话

32. A 地方很大 B 植物不多 C 非常热闹 D 适合孩子去

33. A 复习 B 吃饭 C 买饮料 D 整理房间

34. A 他们打算看表演   B 演员都非常漂亮
   C 男的今晚没时间   D 女的不喜欢冰冰

35. A 词语很丰富　　B 汉字很有趣　　C 发音很容易　　D 语法比较难

36. A 都很好吃　　　B 都很健康　　　C 味道不太一样　D 做法都很复杂

37. A 很咸　　　　　B 很辣　　　　　C 很酸　　　　　D 很甜

38. A 家人很重要　　　　　　　　　　B 要了解自己
    C 接受自己很难　　　　　　　　　D 不要随便原谅自己

39. A 找到方向　　　B 接受自己　　　C 了解优缺点　　D 选择家人

40. A 什么是幸福　　B 怎么获得幸福　C 幸福很难得到　D 幸福是暂时的

41. A 丰富的经历　　B 美丽的景色　　C 积极的态度　　D 愉快的心情

42. A 三百多年　　　B 一千多年　　　C 两千多年　　　D 三千多年

43. A 导游　　　　　B 律师　　　　　C 翻译　　　　　D 售票员

44. A 工作简单　　　B 钱赚得很多　　C 同事都很年轻　D 经理很重视他

45. A 经验丰富　　　B 认真仔细　　　C 专业合适　　　D 活泼幽默

二、阅 读

第一部分

第46-50题：选词填空。

A 遍　　B 交通　　C 不过　　D 坚持　　E 稍微　　F 祝贺

例如：她每天都（ D ）走路上下班，所以身体一直很不错。

46. 今天这个会议是关于城市（　　）管理问题的，请大家积极讨论。

47. 这件衣服漂亮是漂亮，但（　　）贵了一些，能便宜点儿吗？

48. 这段话我看了几（　　）了，还是不理解，你能帮我解释一下吗？

49. 这种"绿色水果"没有污染，所以很受欢迎，（　　）价格有点儿贵。

50. 小丽，（　　）你顺利地考上了北京大学，我们都特别为你高兴！

第51-55题：选词填空。

A 表格   B 到处   C 温度   D 误会   E 盐   F 占线

例如：A：今天真冷啊，好像白天最高（ C ）才2℃。

B：刚才电视里说明天更冷。

51. A：你好，我来报名参加歌唱比赛。

B：好的，请填一下这张（　　），我们会打电话通知您比赛的时间和地点。

52. A：昨天我看见你和一个漂亮的女人在一起，她是你女朋友吧？

B：你（　　）了，她只是我的同事。

53. A：你刚才去哪儿了，我（　　）找你。

B：怎么了？王教授刚才叫我去他的办公室拿材料。

54. A：我想找张亮帮个忙，但是打了他好几次电话，一直（　　）。

B：你别急，过一会儿再试试。

55. A：今天食堂的汤好咸啊，你尝尝看。

B：嗯，是有点儿咸，可能（　　）放多了。

第二部分

第56-65题：排列顺序。

例如：A 可是今天起晚了

　　　B 平时我骑自行车上下班

　　　C 所以就打车来公司　　　　　　　　　　　　B A C

56. A 否则他永远都不会原谅你

　　 B 并且把那件事情解释清楚

　　 C 你最好现在就向他道个歉　　　　　　　　　_____

57. A 他晚上一般都是12点才睡觉

　　 B 还没到9点就睡着了

　　 C 可是昨天可能是因为实在太累了　　　　　　_____

58. A 受到了许多顾客的欢迎

　　 B 公司旁边的这个饭店虽然地方不大

　　 C 但是由于饭菜价格低、味道好　　　　　　　_____

59. A 我用这段时间给大家介绍一下明天的安排

　　 B 早上我们去长城，吃过午饭会去故宫

　　 C 各位朋友，车子还有十分钟就要到宾馆了　　_____

60. A 我们不但要有自己的想法

　　B 在与别人一起工作时

　　C 而且也要能听别人的意见

61. A 公司暂时还不能给他提供宿舍

　　B 他只好先在亲戚家住一段时间

　　C 林林这个暑假要到上海去工作

62. A 经过三个月的学习，我有了很大的进步

　　B 所以一开学就选了京剧课

　　C 我对中国文化很有兴趣，尤其是京剧

63. A 现在，人们的生活普遍离不开网络

　　B 买票、购物、找信息都可以在网上完成

　　C 这都是因为网络提供的信息越来越丰富了

64. A 大学毕业以后才开始在南方生活

　　B 我从小是在北方长大的

　　C 因为不适应这里的气候，常常生病

65. A 也很难按时完成这个任务

　　B 我觉得如果继续按照现在的速度干

　　C 即使再多给一个月的时间

第三部分

第66-85题：请选出正确答案。

例如：她很活泼，说话很有趣，总能给我们带来快乐，我们都很喜欢和她在一起。

★ 她是个什么样的人？

A 幽默 ✓   B 马虎   C 骄傲   D 害羞

66. 生活中很多年轻人没有养成按时吃饭的习惯，他们总是说自己"太忙了"。其实，这对身体很不好，时间久了容易生病。

★ 根据这段话，年轻人不按时吃饭是因为：

A 想减肥   B 生病了   C 要省钱   D 太忙了

67. 每年的"双十一"，也就是11月11号，上网购物的人总是特别多。因为那一天几乎所有的东西都会打折，有的东西甚至只卖几块钱。

★ 11月11号那天，在网上买东西：

A 质量好极了   B 价格便宜了   C 服务不太好   D 顾客比较少

68. 在技术公司做了这么多年的招聘工作，我觉得对于应聘者来说，良好的专业基础是应聘成功的关键。

★ 应聘技术公司时，最重要的是：

A 打扮得漂亮   B 非常有自信   C 经验很丰富   D 专业基础好

69. 塑料袋虽然很方便，但是会污染环境，因此我们应该减少使用塑料袋，而多用纸袋。这么做不仅是为了保护环境，也是为了保护我们自己，因为地球只有一个。

★ 为了保护环境，我们应该：

A 骑自行车   B 不扔垃圾   C 多用纸袋   D 少用筷子

70. 成龙是一位优秀的电影演员,他的电影幽默有趣,不仅受到中国观众的喜爱,在国际上也十分有名。

    ★ 成龙的电影:

    A 幽默　　　B 感动　　　C 无聊　　　D 积极

71. 根据调查,76%的人有坚持运动的习惯,他们规定自己每天至少进行30分钟的体育锻炼。

    ★ 根据这段话,可以知道大部分人:

    A 喜欢跑步　　B 坚持运动　　C 身体健康　　D 需要减肥

72. 周末的时候,我一般会选择去图书馆看看书,有时会到附近的公园逛一逛,偶尔也会和朋友去爬爬山。

    ★ 我周末不会做什么?

    A 游泳　　　B 阅读　　　C 爬山　　　D 散步

73. 许多时候,人与人的关系都是通过时间积累起来的。即使再好的亲戚朋友,如果不经常联系,关系也会变淡。

    ★ 根据这段话,可以知道人们应该:

    A 互相帮助　　B 积极工作　　C 积累经验　　D 经常联系

74. 中国人过春节的时候,大人常常会给小孩发一个红包。无论红包里的钱有多少,都表示了大人对孩子的新年祝福。

    ★ 红包里装的是什么?

    A 糖　　　B 钱　　　C 地图　　　D 书本

75. 如果一个人在外面旅行,首先要考虑的是安全问题,一定要放好自己的钱包和手机,千万别丢了,否则会很麻烦。

    ★ 一个人旅行,首先要考虑:

    A 护照　　　B 健康　　　C 安全　　　D 快乐

76. 这个男人好像对我有意思。他经常约我出去，还送我一些小礼物。我想告诉他我不喜欢他，但是又不知道怎么开口。

　　★ 她想要做什么？
　　　　A 接受礼物　　B 安排约会　　C 和他一起出去　D 拒绝他的邀请

77. 二十四节气是中国人经验的积累。通过它，我们可以了解季节的变化和太阳的运动情况。比如"立春"，因为"立"是"马上开始"的意思，所以这个节气表示春天快到了，这时天气往往也暖和起来了。

　　★ 根据这段话，"立春"的意思是春天：
　　　　A 已经到了　　B 马上就到　　C 快要走了　　D 已经走了

78. 中国人常说"三思而后行"，意思是在做事情前要多想几次。这告诉我们要养成考虑清楚再做事的好习惯，特别是在做重要决定的时候。

　　★ 根据这段话，做重要决定前应该：
　　　　A 养成习惯　　B 推迟计划　　C 认真考虑　　D 主动交流

79. "9"是很受中国人欢迎的数字，因为它读起来很像"久"，意思是永远。人们往往不喜欢数字"4"，因为听上去很像"死"，容易让人想到伤心的事。

　　★ 根据这段话，中国人认为数字"9"表示：
　　　　A 顺利　　　　B 满意　　　　C 伤心　　　　D 永远

80-81.
　　红色是中国人最熟悉的一种颜色，因此我们可以经常听到"中国红"的说法。红色表示高兴和热闹。在中国，大喜的日子里结婚的人要穿红色的衣服。过春节的时候，红色也很流行，街上到处都可以看见红色。

　　★ "大喜"是什么意思？
　　　　A 结婚　　　　B 搬家　　　　C 过生日　　　D 生孩子

　　★ 根据这段话，红色表示什么？
　　　　A 紧张　　　　B 难过　　　　C 兴奋　　　　D 失望

82-83.

　　大脑是人的身体中非常重要的一部分，人的大脑分为左脑和右脑，左脑主要负责语言、数字、时间等，右脑主要负责运动、音乐、图片、感情等。对于我们学习语言的人来说，左脑的充分使用比右脑更重要，因此要多锻炼左脑。

★ 左脑主要负责什么？

　　A 音乐　　　　B 语言　　　　C 感情　　　　D 图片

★ 下面哪种方法对语言学习有帮助？

　　A 少用右脑　　B 多做作业　　C 锻炼左脑　　D 增加学习内容

84-85.

　　随着科学技术的进步，现在的手机可以上网、放音乐，能做的事儿变多了，使用的方法也变得复杂了。很多老年人买了新手机以后不会用，其中一个原因就是说明书上的使用方法介绍得不清楚，让老人很难理解。不过，社会在发展，这个问题已经顺利解决了。现在很多老年大学都会请大学生做老师，专门教老年人使用手机。

★ "这个问题"是指：

　　A 手机质量特别差　　　　B 上网速度非常慢
　　C 手机不能放音乐　　　　D 老人不会用手机

★ 这段话主要谈论的是：

　　A 社会的发展　　　　　　B 科技的进步
　　C 老年人与手机　　　　　D 老年人与大学生

三、书 写

第一部分

第86-95题：完成句子。

例如：那座桥　　800年的　　历史　　有　　了

　　　　那座桥有800年的历史了。

86. 就要　　他的　　好了　　病

87. 公司的　　他　　受到了　　表扬

88. 墙上　　通知　　挂着　　招聘

89. 抽烟　　不　　在餐厅　　我从来

90. 女儿　　把　　送到国外　　王医生　　留学了

91. 我们　　让　　为友谊　　干杯

92. 去不去　　正考虑　　妈妈　　理发呢

93. 很严重了　　这条　　河　　污染得　　已经

94. 比　　我的　　多了　　他的工作　　辛苦

95. 被他　　这么好的　　一个机会　　浪费了

第二部分

第96-100题：看图，用词造句。

例如：　　　　　乒乓球　　　　他的爱好是打乒乓球。

96.　　　　　观众

97.　　　　　失望

98.　　　　　日记

99.　　　　　鼓励

100.　　　　　来不及

실전모의고사 제1회 정답

듣기
해설집 p.22

제1부분
1 ✗ 2 ✓ 3 ✗ 4 ✗ 5 ✓ 6 ✓ 7 ✗ 8 ✗ 9 ✓ 10 ✗

제2부분
11 B 12 C 13 C 14 B 15 D 16 B 17 D 18 C 19 D 20 C 21 B 22 A 23 C 24 D 25 B

제3부분
26 B 27 D 28 B 29 C 30 B 31 D 32 D 33 B 34 A 35 D 36 C 37 B 38 B 39 D 40 A
41 C 42 C 43 A 44 D 45 B

독해
해설집 p.40

제1부분
46 B 47 E 48 A 49 C 50 F 51 A 52 D 53 B 54 F 55 E

제2부분
56 CBA 57 ACB 58 BCA 59 CAB 60 BAC 61 CAB 62 CBA 63 ABC 64 BAC 65 BCA

제3부분
66 D 67 B 68 D 69 C 70 A 71 B 72 A 73 D 74 B 75 C 76 D 77 B 78 C 79 D 80 A
81 C 82 B 83 C 84 D 85 C

쓰기
해설집 p.56

제1부분
86 他的病就要好了。
87 他受到了公司的表扬。
88 墙上挂着招聘通知。
89 我从来不在餐厅抽烟。
90 王医生把女儿送到国外留学了。
91 让我们为友谊干杯。
92 妈妈正考虑去不去理发呢。
93 这条河已经污染得很严重了。
94 他的工作比我的辛苦多了。
95 这么好的一个机会被他浪费了。

제2부분

96
모범 답안 ① 这里坐着几千名观众。
모범 답안 ② 今天的比赛很精彩，观众非常激动。

97
모범 답안 ① 他看起来失望极了。
모범 답안 ② 比赛输了，他非常失望。

98
모범 답안 ① 他正在写日记。
모범 답안 ② 他有每天写日记的好习惯。

99
모범 답안 ① 他鼓励孩子不要放弃。
모범 답안 ② 因为孩子输掉了比赛非常伤心，所以老师在鼓励他。

100
모범 답안 ① 表演快要开始了，我们恐怕来不及了。
모범 답안 ② 他把钥匙放在办公室了，现在回去已经来不及了。

실전모의고사
제2회

* 실제 시험을 보는 것처럼 시간에 맞춰 실전모의고사를 풀어보세요.

잠깐! 테스트 전 확인 사항
1. 휴대 전화의 전원을 끄셨나요? ····················· ☐
2. 답안지, 연필, 지우개가 준비되셨나요? ············ ☐
3. 시계가 준비되셨나요? ···························· ☐
   *듣기 답안 작성 5분, 독해+쓰기 65분

시험에 나올 어휘를
효과적으로 공부하려면?

해커스중국어(china.Hackers.com)에서
<예문으로 마스터하는 HSK4급 필수어휘 600> 무료 다운받기!

답안지

汉语水平考试 HSK（四级）答题卡

请填写考生信息

请按照考试证件上的姓名填写：

姓名

如果有中文姓名，请填写：

中文姓名

考生序号 [0][1][2][3][4][5][6][7][8][9]
[0][1][2][3][4][5][6][7][8][9]
[0][1][2][3][4][5][6][7][8][9]
[0][1][2][3][4][5][6][7][8][9]
[0][1][2][3][4][5][6][7][8][9]

请填写考点信息

考点序号 [0][1][2][3][4][5][6][7][8][9]
[0][1][2][3][4][5][6][7][8][9]
[0][1][2][3][4][5][6][7][8][9]
[0][1][2][3][4][5][6][7][8][9]
[0][1][2][3][4][5][6][7][8][9]
[0][1][2][3][4][5][6][7][8][9]
[0][1][2][3][4][5][6][7][8][9]

国籍 [0][1][2][3][4][5][6][7][8][9]
[0][1][2][3][4][5][6][7][8][9]
[0][1][2][3][4][5][6][7][8][9]

年龄 [0][1][2][3][4][5][6][7][8][9]
[0][1][2][3][4][5][6][7][8][9]

性别　　男 [1]　　　女 [2]

注意　请用2B铅笔这样写：■

一、听力

1. [✓][✗]　　6. [✓][✗]　　11. [A][B][C][D]　　16. [A][B][C][D]　　21. [A][B][C][D]
2. [✓][✗]　　7. [✓][✗]　　12. [A][B][C][D]　　17. [A][B][C][D]　　22. [A][B][C][D]
3. [✓][✗]　　8. [✓][✗]　　13. [A][B][C][D]　　18. [A][B][C][D]　　23. [A][B][C][D]
4. [✓][✗]　　9. [✓][✗]　　14. [A][B][C][D]　　19. [A][B][C][D]　　24. [A][B][C][D]
5. [✓][✗]　　10. [✓][✗]　　15. [A][B][C][D]　　20. [A][B][C][D]　　25. [A][B][C][D]

26. [A][B][C][D]　　31. [A][B][C][D]　　36. [A][B][C][D]　　41. [A][B][C][D]
27. [A][B][C][D]　　32. [A][B][C][D]　　37. [A][B][C][D]　　42. [A][B][C][D]
28. [A][B][C][D]　　33. [A][B][C][D]　　38. [A][B][C][D]　　43. [A][B][C][D]
29. [A][B][C][D]　　34. [A][B][C][D]　　39. [A][B][C][D]　　44. [A][B][C][D]
30. [A][B][C][D]　　35. [A][B][C][D]　　40. [A][B][C][D]　　45. [A][B][C][D]

二、阅读

46. [A][B][C][D][E][F]　　51. [A][B][C][D][E][F]
47. [A][B][C][D][E][F]　　52. [A][B][C][D][E][F]
48. [A][B][C][D][E][F]　　53. [A][B][C][D][E][F]
49. [A][B][C][D][E][F]　　54. [A][B][C][D][E][F]
50. [A][B][C][D][E][F]　　55. [A][B][C][D][E][F]

56. ____　　58. ____　　60. ____　　62. ____　　64. ____

57. ____　　59. ____　　61. ____　　63. ____　　65. ____

66. [A][B][C][D]　　71. [A][B][C][D]　　76. [A][B][C][D]　　81. [A][B][C][D]
67. [A][B][C][D]　　72. [A][B][C][D]　　77. [A][B][C][D]　　82. [A][B][C][D]
68. [A][B][C][D]　　73. [A][B][C][D]　　78. [A][B][C][D]　　83. [A][B][C][D]
69. [A][B][C][D]　　74. [A][B][C][D]　　79. [A][B][C][D]　　84. [A][B][C][D]
70. [A][B][C][D]　　75. [A][B][C][D]　　80. [A][B][C][D]　　85. [A][B][C][D]

86-100题 →

三、书写

86. _____

87. _____

88. _____

89. _____

90. _____

91. _____

92. _____

93. _____

94. _____

95. _____

96. _____

97. _____

98. _____

99. _____

100. _____

请不要写到框线以外!

汉语水平考试
HSK（四级）

注 意

一、HSK（四级）分三部分：

    1. 听力（45题，约30分钟）

    2. 阅读（40题，40分钟）

    3. 书写（15题，25分钟）

二、听力结束后，有5分钟填写答题卡。

三、全部考试约105分钟（含考生填写个人信息时间5分钟）。

一、听力

第一部分

第1-10题：判断对错。

例如：我想去办个信用卡，今天下午你有时间吗？陪我去一趟银行？

★ 说话人打算下午去银行。 (✓)

现在我很少看电视，其中一个原因是，广告太多了，不管什么时间，也不管什么节目，只要你打开电视，总能看到那么多的广告，浪费我的时间。

★ 说话人喜欢看电视广告。 (×)

1. ★ 乘客们已经登机了。 (   )

2. ★ 说话人晚上有个约会。 (   )

3. ★ 他们打算去机场接人。 (   )

4. ★ 不应该在早上锻炼身体。 (   )

5. ★ 我同事的汉语说得非常好。 (   )

6. ★ 昨天的演出只有京剧表演。 (   )

7. ★ 说话人有过很多理想。 (   )

8. ★ 大使馆在银行附近。 (   )

9. ★ 说话人打算请朋友去餐厅吃饭。 (   )

10. ★ 说话人的父亲帮她送孩子。 (   )

第二部分

第11-25题：请选出正确答案。

例如：女：该加油了，去机场的路上有加油站吗？
　　　男：有，你放心吧。
　　　问：男的主要是什么意思？

　　　A 去机场　　　B 快到了　　　C 油是满的　　　D 有加油站 ✓

11.　A 洗澡　　　　B 睡觉　　　　C 打扫房间　　　D 出门旅行

12.　A 开车　　　　B 走路　　　　C 骑车　　　　　D 坐地铁

13.　A 需要运动　　B 来得太早　　C 电梯坏了　　　D 吃得太多

14.　A 绿茶　　　　B 啤酒　　　　C 果汁　　　　　D 牛奶

15.　A 超市　　　　B 书店　　　　C 公园　　　　　D 图书馆

16.　A 认真工作　　B 照顾父母　　C 出国留学　　　D 努力学习

17.　A 有大熊猫　　B 菜不好吃　　C 环境不好　　　D 人很热情

18.　A 裤子　　　　B 帽子　　　　C 衬衫　　　　　D 袜子

19.　A 写作业　　　B 做晚饭　　　C 拿雨伞　　　　D 收衣服

20.　A 包子　　　　B 饺子　　　　C 烤鸭　　　　　D 面条

21. A 身体不舒服   B 心情不愉快   C 心里很感动   D 工作有麻烦

22. A 周帅赢了   B 比赛很精彩   C 女的很紧张   D 男的很开心

23. A 一盒饼干   B 一双皮鞋   C 一台电脑   D 一件衬衫

24. A 吃饭   B 购物   C 看电影   D 看病

25. A 打电话   B 发短信   C 发传真   D 发邮件

第三部分

第26-45题：请选出正确答案。

例如： 男：把这个材料复印五份，一会儿拿到会议室发给大家。
女：好的。会议是下午3点吗？
男：改了。三点半，推迟了半个小时。
女：好，602会议室没变吧？
男：对，没变。
问：会议几点开始？

A 14:00　　　B 15:00　　　C 15:30 ✓　　　D 18:00

26. A 生意不好　　B 要关门了　　C 正在打折　　D 地方很小

27. A 吃饭　　　　B 打球　　　　C 换衣服　　　D 回学校

28. A 成绩不太好　B 还是个孩子　C 考上硕士了　D 小时候就很高

29. A 想找人聊天　B 邻居在弹琴　C 身体不舒服　D 工作不顺利

30. A 很贵　　　　B 很甜　　　　C 特别大　　　D 很新鲜

31. A 坐地铁　　　B 坐出租车　　C 骑自行车　　D 自己开车

32. A 一本书　　　B 一张照片　　C 一台电脑　　D 一台照相机

33. A 价格很便宜　B 周围环境好　C 交通不方便　D 质量不太好

34. A 门坏了　　　B 钥匙丢了　　C 男的要回家　D 女的很生气

35. A 努力工作　　　B 认真学习　　　C 注意身体　　　D 改变习惯

36. A 不容易买到　　B 价格非常贵　　C 能带来好心情　D 不一定会舒服

37. A 长得很好　　　B 很有能力　　　C 适合自己　　　D 收入很高

38. A 学会做菜　　　B 认识朋友　　　C 学会定计划　　D 了解不同文化

39. A 交通方式　　　B 住哪个宾馆　　C 带什么吃的　　D 去哪些景点

40. A 网上聊天　　　B 网上购物　　　C 怎样选择密码　D 怎样用银行卡

41. A 数字非常多的　　　　　　　　　B 别人猜不到的
　　C 跟别人不一样的　　　　　　　　D 简单而容易记的

42. A 吃饭前　　　　B 吃饭后　　　　C 睡觉前　　　　D 起床后

43. A 睡不好　　　　B 肚子疼　　　　C 心情不好　　　D 对皮肤不好

44. A 休息一会儿　　B 马上去散步　　C 多喝点茶水　　D 多吃点水果

45. A 是最好的运动　B 应该走一百步　C 速度越快越好　D 有些人不适合

二、阅 读

第一部分

第46-50题：选词填空。

A 脾气　　B 既然　　C 积极　　D 坚持　　E 举办　　F 后悔

例如：她每天都（ D ）走路上下班，所以身体一直很不错。

46. 做任何事情之前都要考虑清楚，不要事后再（　　）。

47. （　　）你已经想好了，我尊重你的决定，有什么需要我做的就告诉我。

48. 上大学的时候应该（　　）地参加活动，多积累经验。

49. 他的（　　）很好，所以大家都愿意和他交朋友。

50. 学校要在这个月15号（　　）毕业晚会，要求所有人都参加。

第51-55题：选词填空。

A 印象   B 提前   C 温度   D 连   E 商量   F 马虎

例如：A：今天真冷啊，好像白天最高（ C ）才2℃。

B：刚才电视里说明天更冷。

51. A：跟你说过多少次了，工作的时候一定要认真去做，不能（　　）。

B：对不起，我下次一定注意。

52. A：小雨的公司最近特别忙，我看她（　　）吃饭的时间都没有了。

B：是啊，孩子太辛苦了，我明天做点儿鸡汤给她送过去。

53. A：你们俩计划什么时候结婚？

B：大概在六月，不过在哪一天还没（　　）好。

54. A：小马，麻烦你通知大家，会议（　　）到上午九点钟举行。

B：好的，我马上就去。

55. A：一年级新来的那个老师怎么样？

B：很有耐心，我们对她的（　　）都很好。

第二部分

第56-65题：排列顺序。

例如：A 可是今天起晚了

   B 平时我骑自行车上下班

   C 所以就打车来公司   B A C

56. A 下午要去银行取一点儿钱出来

  B 我的现金昨天用完了

  C 顺便再买一些新鲜的水果   _____

57. A 今天要在宿舍好好准备一下

  B 因为我邀请朋友来吃饭

  C 抱歉，我不能和你去踢足球   _____

58. A 它可以使我们感到轻松

  B 但是我们千万不要把太多的时间花在游戏上

  C 现在很多人喜欢上网玩游戏   _____

59. A 每个人都想获得幸福的爱情

  B 不过爱情不是生活的全部

  C 生活中还有其他美好的东西等着我们去发现 _____

60. A 由于缺少锻炼，就慢慢胖了起来

    B 可是工作不到三年

    C 我上学时经常跑步，所以怎么吃也不胖   _____

61. A 现在又开始发烧，头也疼得厉害

    B 早上起床时我觉得身体不舒服

    C 恐怕是感冒了   _____

62. A 无论明天下雨还是不下雨

    B 运动会都会按时举行

    C 学校给我们发的通知上写着   _____

63. A 而失败让我们认识到自己的缺点

    B 我们要感谢所有的成功和失败

    C 因为成功让我们获得自信   _____

64. A 他不仅耐心地回答了我的问题

    B 方教授非常愿意和年轻人交流

    C 还热情地给我的文章提出了许多建议   _____

65. A 意思是在比赛中输赢不是最关键的

    B 增进友谊才是主要目的

    C 中国人常说："友谊第一、比赛第二。"   _____

第三部分

第66-85题：请选出正确答案。

例如：她很活泼，说话很有趣，总能给我们带来快乐，我们都很喜欢和她在一起。

★ 她是个什么样的人？

A 幽默 ✓　　　B 马虎　　　C 骄傲　　　D 害羞

66. 日记可以让我们留住很多有趣的东西，比如说今天吃了好吃的菜，遇到了友好的人，这些都可以写到日记里，以后再看的时候都是美好的回忆。

★ 这段话告诉我们要：

A 多运动　　　B 写日记　　　C 好好吃饭　　　D 认识朋友

67. 当我们进入一个新环境的时候，如果感到不适应，就应该积极地改变自己，主动适应新环境，而不是等着环境来适应我们。

★ 进入新环境时我们应该：

A 改变环境　　　B 学会适应　　　C 冷静下来　　　D 有自信心

68. 结婚让人有幸福的感觉，但也有很多的烦恼，这是很正常的。遇到问题，夫妻双方不应该随随便便地放弃婚姻，而应该共同努力解决。在这个过程中，夫妻感情也会越来越好。

★ 对于结婚后的烦恼，夫妻两个人应该：

A 告诉父母　　　B 永远忘记　　　C 互相批评　　　D 一起解决

69. 人们常说"时间就是金钱"，其实时间比金钱更重要，钱没有了可以再赚，时间没了就回不来了。浪费时间就是浪费生命，我们要尽可能地在一定的时间里做更多有用的事情。

★ "时间就是金钱"的意思是：

A 不该浪费钱　　　B 赚钱不容易　　　C 时间很重要　　　D 要努力工作

70. 长江是中国人的"母亲河",但是这些年来随着经济的发展,长江的水污染问题变得特别严重。我们应该重视这个问题,因为保护自然环境是我们每个人的责任。

　　★ 长江的水污染问题:

　　　A 不太严重　　B 应该重视　　C 影响经济　　D 很难解决

71. 儿子,你过来帮妈妈一个忙好吗?我现在要去办公室送一份材料,请你帮我把厨房里的盘子洗干净。

　　★ 说话人希望儿子帮她:

　　　A 送材料　　　B 洗衣服　　　C 洗盘子　　　D 做晚饭

72. 有些汉字也许我们不会读,但可以根据字的形状猜出它的意思。比如"瘟疫"两个字都有"疒",我们学过的"病"字也有"疒",说明这个词很可能和某种病有关系。

　　★ 根据这段话,我们可以知道带"疒"的汉字:

　　　A 很难解释　　B 数量不多　　C 读音都差不多　D 意思和病有关

73. 听说他获得了国际电影大奖,他的影迷们都向他表示祝贺。他对记者说,自己能拿到这个奖,离不开大家的支持和鼓励,他会继续努力,拍出更好的电影。

　　★ 根据这段话,我们可以知道他的职业是:

　　　A 作家　　　　B 演员　　　　C 医生　　　　D 警察

74. 你刚来北京没几天,对这里的情况也不太了解。如果你周末想出去玩儿,就打电话告诉我。我可是个"老北京",对这儿的每个地方都很熟悉。

　　★ 说话人是什么意思?

　　　A 他年纪很大　B 他熟悉北京　C 他周末有空　D 他喜欢旅游

75. 6月1日到2日北京将举行国际经济会议,在这段时间里,其他城市的车辆暂时不允许进入北京。请您提前安排好自己的出行计划,如果因此给您带来了不便,请您原谅!

　　★ 最近其他城市的车辆不能进入北京是因为:

　　　A 举行会议　　B 天气不好　　C 堵车严重　　D 人口太多

76. 许先生今年已经80多岁了,但是他还在坚持工作,把中国的很多小说翻译成了法语。他说,这样做是为了完成自己的理想,让更多的外国人了解中国文化。

   ★ 许先生坚持翻译工作是为了:

   A 多赚点儿钱　　B 成为翻译家　　C 提高法语水平　D 介绍中国文化

77. 酸梅汤是中国北方常见的饮料,它的味道就跟它的名字一样,又酸又甜。要是在温度特别高的夏天喝上一杯,会让你感觉非常凉快。

   ★ 从这段话中我们可以知道,酸梅汤:

   A 又酸又甜　　　B 是蔬菜汤　　　C 温度特别高　　D 南方人不喜欢

78. 我校现在需要招聘一名汉语老师,要求:年龄35岁以下,中文专业毕业,至少有一年的汉语教学经验。欢迎符合条件者前来应聘。

   ★ 应聘这个工作的人需要:

   A 超过35岁　　　B 会一门外语　　C 有留学经历　　D 有教学经验

79. 女儿们的聊天内容总是和衣服有关,父亲实在受不了了,说:"你们从早到晚都在聊衣服。就不能谈点儿其他的吗?"女儿说:"好吧,我们现在就开始谈帽子吧。"

   ★ 爸爸希望女儿们:

   A 聊聊别的内容　B 晚上早点睡觉　C 少买点儿衣服　D 在家安静一些

80-81.

教育学家常说:"兴趣是最好的老师"。在我小时候,我父母很注意发展我的兴趣爱好,比如弹钢琴、踢足球、画画儿等。并且他们很尊重我自己的选择,支持和鼓励我做自己感兴趣的事。我很感谢他们,因为这样做确实对孩子的性格发展和成长都很有好处,不但会让他们感觉到轻松和愉快,也会让他们以后的生活变得更加丰富多彩。

   ★ 这段话认为孩子小时候应该:

   A 常常运动　　　B 好好学习　　　C 多认识朋友　　D 发展兴趣爱好

★ 家长培养孩子兴趣时最好：

　　A 尊重孩子的选择　　　　B 了解孩子的性格
　　C 重视老师的看法　　　　D 学习别人的经验

82-83.

　　生活就好像爬山，每个人都很努力地往上爬，但是很少有人能爬到最高处，看到最美丽的景色。原因只有一个，那就是，大部分人一遇到困难就放弃了。所以无论是在学习、工作还是生活中，我们都要不断努力，即使困难再大，也要坚持到底。

★ 人们爬不到高处是因为：

　　A 不够聪明　　B 不能坚持　　C 没有能力　　D 改变了方向

★ 这段话建议人们：

　　A 经常爬山　　B 增加经验　　C 坚持到底　　D 努力工作

84-85.

　　在生活中，怎么与朋友建立友好的关系，距离是关键。有的人把朋友当成自己的家人，什么都谈。然而朋友到底不是父母，也不是家人，他们也有自己的生活。如果你与朋友走得太近，虽然你自己的感觉挺好，但有的朋友很可能会觉得你打扰了他。所以和朋友在一起，最好有一定的距离，这样才会让你们都觉得舒服。

★ 朋友关系中要注意的是：

　　A 感觉　　　　B 责任　　　　C 友谊　　　　D 距离

★ 要是与朋友走得太近，朋友会觉得：

　　A 不友好　　　B 压力大　　　C 被打扰　　　D 很失望

三、书 写

第一部分

第86-95题：完成句子。

例如：那座桥   800年的   历史   有   了

　　　　那座桥有800年的历史了。

86. 让我   明天的   紧张   考试

87. 对健康   有很大   长时间坐着   影响

88. 要   多积累   年轻人   经验

89. 写   按照   请你   这张表格

90. 雨   得   刚才的   真突然   下

91. 时间   越长越好   睡觉   吗

92. 塑料袋   都   不提供   这家超市   连

93. 你毕业   去哪儿   以后   工作

94. 引起   感冒   会   头疼   很可能

95. 弟弟   手机   忘   把   在洗手间了

第二部分

第96-100题：看图，用词造句。

例如：  乒乓球　　他的爱好是打乒乓球。

96.  景色　　97.  放松

98.  合适　　99.  醒

100.  热闹

실전모의고사 제2회 정답

듣기
해설집 p.64

제1부분
1 × 2 ✓ 3 × 4 ✓ 5 ✓ 6 × 7 ✓ 8 × 9 × 10 ✓

제2부분
11 A 12 C 13 C 14 A 15 D 16 B 17 A 18 D 19 D 20 C 21 C 22 B 23 D 24 B 25 B

제3부분
26 C 27 C 28 C 29 B 30 B 31 A 32 A 33 B 34 C 35 C 36 D 37 C 38 D 39 C 40 C
41 B 42 B 43 A 44 A 45 D

독해
해설집 p.82

제1부분
46 F 47 B 48 C 49 A 50 E 51 F 52 D 53 E 54 B 55 A

제2부분
56 BAC 57 CBA 58 CAB 59 ABC 60 CBA 61 BAC 62 CAB 63 BCA 64 BAC 65 CAB

제3부분
66 B 67 B 68 D 69 C 70 B 71 C 72 D 73 B 74 B 75 A 76 D 77 A 78 D 79 A 80 D
81 A 82 B 83 C 84 D 85 C

쓰기
해설집 p.99

제1부분
86 明天的考试让我紧张。
87 长时间坐着对健康有很大影响。
88 年轻人要多积累经验。
89 请你按照这张表格写。
90 刚才的雨下得真突然。
91 睡觉时间越长越好吗?
92 这家超市连塑料袋都不提供。
93 你毕业以后去哪儿工作?
94 感冒很可能会引起头疼。
95 弟弟把手机忘在洗手间了。

제2부분

96
모범 답안 ① 这里的景色真美啊!
모범 답안 ② 美丽的景色很让人感动。

97
모범 답안 ① 工作压力太大了,她需要放松一下。
모범 답안 ② 她需要放下眼镜放松一下眼睛。

98
모범 답안 ① 这件衣服的大小对我正合适。
모범 답안 ② 这件衣服她穿很合适。

99
모범 답안 ① 她今天早上七点就醒了。
모범 답안 ② 她每天一醒就去开门。

100
모범 답안 ① 这条街每天都很热闹。
모범 답안 ② 这条街上人很多,特别热闹。

실전모의고사
제3회

* 실제 시험을 보는 것처럼 시간에 맞춰 실전모의고사를 풀어보세요.

잠깐! 테스트 전 확인 사항

1. 휴대 전화의 전원을 끄셨나요? ····················· ☐
2. 답안지, 연필, 지우개가 준비되셨나요? ············ ☐
3. 시계가 준비되셨나요? ···························· ☐
    *듣기 답안 작성 5분, 독해+쓰기 65분

고사장 소음까지 대비하고
듣기 점수 올리려면?

해커스중국어(china.Hackers.com)에서
고사장 소음 버전 MP3 무료 다운받기!

답안지

汉语水平考试 HSK（四级）答题卡

请填写考生信息

请按照考试证件上的姓名填写：

姓名

如果有中文姓名，请填写：

中文姓名

考生序号
[0][1][2][3][4][5][6][7][8][9]
[0][1][2][3][4][5][6][7][8][9]
[0][1][2][3][4][5][6][7][8][9]
[0][1][2][3][4][5][6][7][8][9]

请填写考点信息

考点序号
[0][1][2][3][4][5][6][7][8][9]
[0][1][2][3][4][5][6][7][8][9]
[0][1][2][3][4][5][6][7][8][9]
[0][1][2][3][4][5][6][7][8][9]
[0][1][2][3][4][5][6][7][8][9]
[0][1][2][3][4][5][6][7][8][9]
[0][1][2][3][4][5][6][7][8][9]

国籍
[0][1][2][3][4][5][6][7][8][9]
[0][1][2][3][4][5][6][7][8][9]
[0][1][2][3][4][5][6][7][8][9]

年龄
[0][1][2][3][4][5][6][7][8][9]
[0][1][2][3][4][5][6][7][8][9]

性别　　男 [1]　　女 [2]

注意　请用2B铅笔这样写：■

一、听力

1. [✓] [×]
2. [✓] [×]
3. [✓] [×]
4. [✓] [×]
5. [✓] [×]

6. [✓] [×]
7. [✓] [×]
8. [✓] [×]
9. [✓] [×]
10. [✓] [×]

11. [A] [B] [C] [D]
12. [A] [B] [C] [D]
13. [A] [B] [C] [D]
14. [A] [B] [C] [D]
15. [A] [B] [C] [D]

16. [A] [B] [C] [D]
17. [A] [B] [C] [D]
18. [A] [B] [C] [D]
19. [A] [B] [C] [D]
20. [A] [B] [C] [D]

21. [A] [B] [C] [D]
22. [A] [B] [C] [D]
23. [A] [B] [C] [D]
24. [A] [B] [C] [D]
25. [A] [B] [C] [D]

26. [A] [B] [C] [D]
27. [A] [B] [C] [D]
28. [A] [B] [C] [D]
29. [A] [B] [C] [D]
30. [A] [B] [C] [D]

31. [A] [B] [C] [D]
32. [A] [B] [C] [D]
33. [A] [B] [C] [D]
34. [A] [B] [C] [D]
35. [A] [B] [C] [D]

36. [A] [B] [C] [D]
37. [A] [B] [C] [D]
38. [A] [B] [C] [D]
39. [A] [B] [C] [D]
40. [A] [B] [C] [D]

41. [A] [B] [C] [D]
42. [A] [B] [C] [D]
43. [A] [B] [C] [D]
44. [A] [B] [C] [D]
45. [A] [B] [C] [D]

二、阅读

46. [A] [B] [C] [D] [E] [F]
47. [A] [B] [C] [D] [E] [F]
48. [A] [B] [C] [D] [E] [F]
49. [A] [B] [C] [D] [E] [F]
50. [A] [B] [C] [D] [E] [F]

51. [A] [B] [C] [D] [E] [F]
52. [A] [B] [C] [D] [E] [F]
53. [A] [B] [C] [D] [E] [F]
54. [A] [B] [C] [D] [E] [F]
55. [A] [B] [C] [D] [E] [F]

56. _____
57. _____
58. _____
59. _____
60. _____
61. _____
62. _____
63. _____
64. _____
65. _____

66. [A] [B] [C] [D]
67. [A] [B] [C] [D]
68. [A] [B] [C] [D]
69. [A] [B] [C] [D]
70. [A] [B] [C] [D]

71. [A] [B] [C] [D]
72. [A] [B] [C] [D]
73. [A] [B] [C] [D]
74. [A] [B] [C] [D]
75. [A] [B] [C] [D]

76. [A] [B] [C] [D]
77. [A] [B] [C] [D]
78. [A] [B] [C] [D]
79. [A] [B] [C] [D]
80. [A] [B] [C] [D]

81. [A] [B] [C] [D]
82. [A] [B] [C] [D]
83. [A] [B] [C] [D]
84. [A] [B] [C] [D]
85. [A] [B] [C] [D]

86-100题 →

三、书写

86. _____
87. _____
88. _____
89. _____
90. _____
91. _____
92. _____
93. _____
94. _____
95. _____
96. _____
97. _____
98. _____
99. _____
100.

汉语水平考试
HSK（四级）

注　意

一、HSK（四级）分三部分：

　　1. 听力（45题，约30分钟）

　　2. 阅读（40题，40分钟）

　　3. 书写（15题，25分钟）

二、听力结束后，有5分钟填写答题卡。

三、全部考试约105分钟（含考生填写个人信息时间5分钟）。

汉语水平考试
HSK（四级）

一、听 力

第一部分

第1-10题：判断对错。

例如：我想去办个信用卡，今天下午你有时间吗？陪我去一趟银行？

★ 说话人打算下午去银行。　　　　　　　　　　　　　（ ✓ ）

现在我很少看电视，其中一个原因是，广告太多了，不管什么时间，也不管什么节目，只要你打开电视，总能看到那么多的广告，浪费我的时间。

★ 说话人喜欢看电视广告。　　　　　　　　　　　　　（ × ）

1. ★ 航班没有准时起飞。　　　　　　　　　　　　　　（　　）

2. ★ 说话人还没有开始表演。　　　　　　　　　　　　（　　）

3. ★ 说话人要帮小李买车票。　　　　　　　　　　　　（　　）

4. ★ 说话人把帽子放在床上了。　　　　　　　　　　　（　　）

5. ★ 保护环境是大家共同的责任。　　　　　　　　　　（　　）

6. ★ 说话人的爸爸每个月打两次乒乓球。　　　　　　　（　　）

7. ★ 火车就要出发了。　　　　　　　　　　　　　　　（　　）

8. ★ 说话人打算派小张去上海出差。　　　　　　　　　（　　）

9. ★ 文文毕业后想继续读研究生。　　　　　　　　　　（　　）

10. ★ 公园门口不能停车。　　　　　　　　　　　　　　（　　）

第二部分

第11-25题：请选出正确答案。

例如： 女：该加油了，去机场的路上有加油站吗？
　　　男：有，你放心吧。
　　　问：男的主要是什么意思？

　　　A 去机场　　　B 快到了　　　C 油是满的　　　D 有加油站 ✓

11. A 修电脑　　　B 见客人　　　C 去上班　　　D 去学习

12. A 在医院　　　B 在公园　　　C 生病了　　　D 心情差

13. A 很着急　　　B 很抱歉　　　C 很紧张　　　D 很兴奋

14. A 交通　　　　B 看病　　　　C 工作　　　　D 生活

15. A 一位作家　　B 一位歌手　　C 一位护士　　D 一位演员

16. A 还没吃早饭　B 时间太晚了　C 不想吃东西　D 也打算减肥

17. A 吃午饭　　　B 学游泳　　　C 学唱歌　　　D 去教室

18. A 在中国西北　B 冬天特别冷　C 男的没去过　D 女的很了解

19. A 医院　　　　B 饭店　　　　C 邮局　　　　D 商店

20. A 很喜欢做菜　B 去了新公司　C 工作非常忙　D 拿到了奖金

21. A 同事   B 夫妻   C 朋友   D 同学

22. A 座位更多 B 花钱更少 C 不会堵车 D 环境更好

23. A 旅馆   B 银行   C 食堂   D 图书馆

24. A 回家   B 工作   C 旅行   D 锻炼

25. A 没有钱   B 没有时间 C 没有力气 D 没有兴趣

第三部分

第26-45题：请选出正确答案。

例如： 男：把这个材料复印五份，一会儿拿到会议室发给大家。
女：好的。会议是下午3点吗？
男：改了。三点半，推迟了半个小时。
女：好，602会议室没变吧？
男：对，没变。
问：会议几点开始？

    A 14:00   B 15:00   C 15:30 ✓   D 18:00

26. A 电影   B 照片   C 杂志   D 画儿

27. A 打电话   B 送礼物   C 卖裙子   D 交朋友

28. A 公园   B 机场   C 火车站   D 电影院

29. A 朋友发烧了   B 排队时间长   C 看病的人不多   D 看病过程顺利

30. A 商店   B 公园   C 卫生间   D 加油站

31. A 学校会议   B 报纸新闻   C 电视节目   D 广播节目

32. A 司机   B 警察   C 服务员   D 修理工

33. A 5号晚上   B 6号中午   C 7号晚上   D 8号中午

34. A 坐地铁   B 坐出租车   C 坐公共汽车   D 坐朋友的车

35. A 8号踢得好   B 比分是0:0   C 中国队赢了   D 踢了95分钟

36. A 穿衣   B 艺术   C 吃饭   D 买车

37. A 经常买新衣服   B 吃得好穿得好   C 生活内容丰富   D 收入大大提高

38. A 32℃   B 33℃   C 34℃   D 35℃

39. A 东部   B 西部   C 南部   D 北部

40. A 爱好   B 天气   C 学习   D 收入

41. A 文化   B 历史   C 经济   D 科学

42. A 大人也喜欢   B 第一家在美国   C 是亚洲第6个   D 开始于1951年

43. A 提高影响力   B 引起孩子兴趣   C 减少城市污染   D 加快经济发展

44. A 小的更好吃   B 大的吃不完   C 让爸爸高兴   D 让哥哥吃大的

45. A 保护家人   B 关心别人   C 照顾自己   D 懂得选择

二、阅读

第一部分

第46-50题：选词填空。

A 原谅　　B 理解　　C 力气　　D 坚持　　E 幸福　　F 咱们

例如：她每天都（ D ）走路上下班，所以身体一直很不错。

46. 人与人之间只有互相（　　）和尊重才能获得真正的友谊。

47. （　　）是什么？每个人的想法都不一样，这个问题没有标准答案。

48. 她虽然是个女生，但是（　　）可不小，这箱子肯定搬得动。

49. 这件事是我做错了，你能（　　）我吗？

50. 今天终于不用再加班了，得好好放松一下，（　　）晚上一起去看电影？

第51-55题：选词填空。

A 盘子　　B 现金　　C 温度　　D 正好　　E 到底　　F 解释

例如：A：今天真冷啊，好像白天最高（ C ）才2℃。

B：刚才电视里说明天更冷。

51. A：你昨天晚上（　　）去哪儿了？我们一直在找你。

B：我在同事家多喝了几杯，开不了车，就住下了。

52. A：服务员，这个（　　）不太干净，麻烦给我换一个。

B：真是抱歉，我给您拿个干净的，请稍等。

53. A：大家还有什么问题吗？

B：方老师，"甚至"这个词我不太懂，请您再（　　）一下。

54. A：您好，我可以用银行卡付款吗？

B：抱歉，我们这里只能收（　　）。

55. A：这个帽子我戴上去感觉怎么样？

B：挺好的，颜色不错，大小也（　　）。

第二部分

第56-65题：排列顺序。

例如：A 可是今天起晚了

　　　B 平时我骑自行车上下班

　　　C 所以就打车来公司　　　　　　　　　　　　　B A C

56. A 也打算参加一下

　　 B 听说李明下个月准备举办高中同学聚会

　　 C 我很长时间没见到老同学了　　　　　　　　　_____

57. A 他希望学完离开中国时能变得和成龙一样厉害

　　 B 于是他来到中国学习武术

　　 C 马龙从小就喜欢看中国的功夫片　　　　　　　_____

58. A 让越来越多的人选择住在郊区

　　 B 尽管城里热闹方便

　　 C 但是拥挤的交通和严重的污染　　　　　　　　_____

59. A 我们都不去保护她

　　 B 地球就像我们的母亲，我们是她的子女

　　 C 还会有谁去保护她　　　　　　　　　　　　　_____

60. A 中国不仅面积很大，世界第三

　　B 还是现在世界上历史最长的国家

　　C 差不多有五千年左右的历史　　＿＿＿＿＿＿＿＿

61. A 另一个是面试时要对自己有信心

　　B 一个是要认真做好准备

　　C 找工作面试时，有两点很重要　　＿＿＿＿＿＿＿＿

62. A 短时间内不容易解决

　　B 由于这个问题太复杂了

　　C 你得再多给我们一个星期的时间　　＿＿＿＿＿＿＿＿

63. A 也不要还没去试一下就放弃

　　B 妈妈经常鼓励我

　　C 即使在努力之后得到失败的结果　　＿＿＿＿＿＿＿＿

64. A 而好的工作机会越来越少

　　B 因此研究生找工作的压力非常大

　　C 研究生越来越多　　＿＿＿＿＿＿＿＿

65. A 很多误会聊着聊着就没有了

　　B 聊天其实是一个解决问题的好办法

　　C 和朋友一起租房子往往会出现一些问题　　＿＿＿＿＿＿＿＿

第三部分

第66-85题：请选出正确答案。

例如：她很活泼，说话很有趣，总能给我们带来快乐，我们都很喜欢和她在一起。

★ 她是个什么样的人？

A 幽默 ✓　　　B 马虎　　　C 骄傲　　　D 害羞

66. 中国人喜欢用"世上无难事，只怕有心人"来鼓励别人，意思是世界上没有什么做不好的难事，只要你想做并且坚持去努力，就一定会成功。

★ "世上无难事，只怕有心人"的意思是，做事的时候最需要：

A 聪明　　　B 坚持　　　C 帮助　　　D 鼓励

67. 乘客朋友们，等地铁时请您自觉站在黄线外，并且按照顺序排队，地铁门打开后请先下后上。

★ 在等候和乘坐地铁时：

A 不需要排队　　B 要先上后下　　C 不能看手机　　D 要站在黄线外

68. 我出生在大理，一个美丽的城市。在这里没有冬天，任何时候都可以看到绿树红花，让人感觉自己好像每天都生活在一张美丽的画儿中。

★ 根据这段话，我们知道大理：

A 交通方便　　B 冬天不冷　　C 生活轻松　　D 景色很美

69. 我的同屋王冬是一个幽默的男生，他喜欢给朋友们讲笑话。只要有他在的地方就会有笑声，他乐观积极的态度总是能够影响周围的人。

★ 王冬的性格怎么样？

A 安静　　　B 幽默　　　C 自信　　　D 害羞

70. 公司附近的面包店这周有特别活动，店里50%的面包打八折。如果在网上付款还会获得一个活动密码，顾客可以用密码到店里换小礼物。

★ 活动密码可以用来：

A 换礼物　　　B 买面包　　　C 打八折　　　D 网上付款

71. "地球一小时"是一个为了保护环境举办的全世界活动，参加的人需要关上电器一小时。这个活动每年举办一次，时间是3月最后一个星期六的晚上8:30到9:30。

★ "地球一小时"活动是为了：

A 保护环境　　　B 节约时间　　　C 保护动物　　　D 拒绝电器

72. 中国人吃饭，一般是很多人在一起点了菜后边吃边聊，所以大多数中国饭店会有十多人使用的大桌子。然而，西方人很少围着大桌子一起吃。他们更愿意安静地各吃各的。

★ 中国人吃饭时：

A 不爱聊天　　　B 各吃各的　　　C 非常热闹　　　D 不用小桌

73. 虽然大部分人能坚持早晚刷牙，但还是有小部分人不重视牙齿的健康。例如，经常喝饮料、刷牙不认真等等。偶尔一次没关系，如果经常这样，会严重影响牙齿健康。

★ 根据这段话，我们可以知道大部分人：

A 经常喝饮料　　B 刷牙不认真　　C 缺少健康知识　D 注意保护牙齿

74. 一个人的美分为两种：一种是外在美，另一种是内在美。但现在很多人只重视外在美，认为长得好看最重要。他们不知道，外在的美会随着时间而发生改变，内在美才是永远的。

★ 这段话告诉我们要：

A 了解自己　　　B 重视内在　　　C 关心别人　　　D 注意打扮

75. 现在，很多人都喜欢在休息时间打打游戏，放松一下。但是对于学生来说，他们最重要的任务是学习知识。如果长时间地打游戏，对学习没有好处。

★ 作者认为长时间打游戏：

A 可以放松　　　B 浪费时间　　　C 影响学习　　　D 非常流行

76. 工作时，如果遇到了问题，除了要及时交流，还要学会接受别人好的建议。这样不仅可以减少错误的发生，而且能提高工作效率，让工作做得更好。

★ 作者认为工作时怎样才能减少错误的产生？

A 多花时间　　B 及时交流　　C 提高效率　　D 不能骄傲

77. 喂，张先生您好！我是旅行社的导游小李。您这次的西安旅行是由我来负责的。我现在已经在火车站外面等您了，我穿着黄色上衣，戴着白色的帽子。

★ 关于小李，可以知道：

A 在车站工作　　B 是一位导游　　C 穿着白色上衣　　D 在火车站里

78. 心情和天气有很大的关系。阳光很好的时候，人们往往也会开心。相反，坏天气也会对心情产生不好的影响。阴天或者下雨天，人们更容易想起难过的事情。

★ 下雨时，人们容易：

A 伤心　　B 激动　　C 紧张　　D 生气

79. 照片可以帮助人们积累回忆。美丽的景色、可爱的动物、特别的朋友，都是常见的拍照内容。而现在越来越多的人喜欢"自拍"，自己给自己拍照，这说明大家越来越重视自己了。

★ 根据这段话，"自拍"说的是拍照人在拍：

A 老师　　B 家人　　C 自己　　D 朋友

80-81.

在自然里，到处都可以见到绿色。草、叶子、没有成熟的水果都是绿色的。因此，绿色就有了希望、健康、干净的意思。现在，人们习惯把没有受到污染的食品叫做"绿色食品"。积极向上的、有利于保护环境的生活方式也被叫做"绿色生活"。

★ 什么样的食品是"绿色食品"？

A 绿颜色的　　B 好吃的　　C 便宜的　　D 无污染的

★ 根据这段话，绿色不能表示哪种意义？

A 快乐　　B 健康　　C 干净　　D 希望

82-83.

现在人们的生活压力都比较大，不过，大家也都想出了很多减少压力的办法。有些人一感觉到压力大就开始吃甜食，比如糖、巧克力、蛋糕什么的。吃甜食确实对赶走坏心情有一定的帮助，但是吃多了容易变胖，对健康没有好处。其实，运动、旅行、听音乐，甚至是收拾房间，这些都是很好的选择。

★ 这段话主要谈的是什么？

A 饮食的习惯　　B 减压的方法　　C 爱好的选择　　D 甜食的种类

★ 作者认为减少压力的好方法是：

A 吃甜的东西　　B 努力地工作　　C 跟朋友聊天　　D 去收拾房间

84-85.

一些教育家认为，儿童需要符合他们年龄特点和兴趣爱好的阅读材料，尤其是内容，一定要丰富多样。所以专家建议，要让儿童多接触来自各个方面的阅读材料，如报纸、杂志，甚至是街道上的广告。通过阅读这些文字，儿童的阅读理解能力会提高很多。

★ 儿童的阅读材料要：

A 内容丰富　　B 价格便宜　　C 词语简单　　D 语法容易

★ 这段话主要讲了儿童阅读的：

A 好处　　　　B 材料　　　　C 速度　　　　D 困难

三、书 写

第一部分

第86-95题：完成句子。

例如：那座桥　　800年的　　历史　　有　　了

　　　　那座桥有800年的历史了。

86. 没什么　　计划书　　区别　　这两本

87. 公司的规定　　不符合　　提前下班

88. 睡觉　　她总是　　听着歌　　喜欢

89. 我　　的　　特别　　适合他　　眼镜

90. 千万别　　骗了　　你　　坏人　　被

91. 我们　　把比赛　　不得不　　推迟了一周

92. 超过　　小李的工资　　早就　　八千了

93. 这篇文章　　得　　很详细　　介绍

94. 在网站上　　还没　　报名　　你怎么

95. 提醒　　注意　　警察　　大家　　安全

第二部分

第96-100题：看图，用词造句。

例如：  乒乓球　　　他的爱好是打乒乓球。

96.  稍微　　97.  脾气

98.  乘坐　　99.  严重

100. 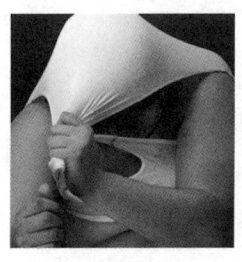 脱

실전모의고사 제3회 정답

듣기
해설집 p.106

제1부분
1 ✓ 2 ✓ 3 ✗ 4 ✗ 5 ✓ 6 ✗ 7 ✗ 8 ✓ 9 ✗ 10 ✓

제2부분
11 B 12 D 13 B 14 A 15 D 16 C 17 B 18 B 19 B 20 D 21 A 22 C 23 B 24 C 25 C

제3부분
26 B 27 C 28 D 29 B 30 C 31 C 32 D 33 C 34 B 35 C 36 B 37 C 38 B 39 A 40 D
41 A 42 B 43 D 44 D 45 B

독해
해설집 p.124

제1부분
46 B 47 E 48 C 49 A 50 F 51 E 52 A 53 F 54 B 55 D

제2부분
56 BCA 57 CBA 58 BCA 59 BAC 60 ABC 61 CBA 62 BAC 63 BCA 64 CAB 65 CBA

제3부분
66 B 67 D 68 D 69 B 70 A 71 A 72 C 73 D 74 B 75 C 76 B 77 B 78 A 79 C 80 D
81 A 82 B 83 D 84 A 85 B

쓰기
해설집 p.141

제1부분
86 这两本计划书没什么区别。
87 提前下班不符合公司的规定。
88 她总是喜欢听着歌睡觉。
89 我的眼镜特别适合他。
90 你千万别被坏人骗了。
91 我们不得不把比赛推迟了一周。
92 小李的工资早就超过八千了。
93 这篇文章介绍得很详细。
94 你怎么还没在网站上报名?
95 警察提醒大家注意安全。

제2부분

96
모범 답안 ① 姐姐比妹妹稍微高(矮)一点儿。
모범 답안 ② 其实她们稍微有些区别。

97
모범 답안 ① 他正在电话里对朋友发脾气。
모범 답안 ② 他现在非常兴奋,所以一直在发脾气。

98
모범 답안 ① 她乘坐飞机去北京。
모범 답안 ② 她乘坐的飞机准备降落。

99
모범 답안 ① 她病得很严重。
모범 답안 ② 她的咳嗽越来越厉害,感冒很严重。

100
모범 답안 ① 他正在脱衣服。
모범 답안 ② 这件衣服很难脱。

실전모의고사
제4회

*실제 시험을 보는 것처럼 시간에 맞춰 실전모의고사를 풀어보세요.

잠깐! 테스트 전 확인 사항
1. 휴대 전화의 전원을 끄셨나요? ·················· ☐
2. 답안지, 연필, 지우개가 준비되셨나요? ············ ☐
3. 시계가 준비되셨나요? ························· ☐
　*듣기 답안 작성 5분, 독해+쓰기 65분

시험에 나올 어휘를
효과적으로 공부하려면?

해커스중국어(china.Hackers.com)에서
<예문으로 마스터하는 HSK4급 필수어휘 600> 무료 다운받기!

답안지

汉语水平考试 HSK（四级）答题卡

请填写考生信息

请按照考试证件上的姓名填写：

姓名

如果有中文姓名，请填写：

中文姓名

考生序号
[0] [1] [2] [3] [4] [5] [6] [7] [8] [9]
[0] [1] [2] [3] [4] [5] [6] [7] [8] [9]
[0] [1] [2] [3] [4] [5] [6] [7] [8] [9]
[0] [1] [2] [3] [4] [5] [6] [7] [8] [9]
[0] [1] [2] [3] [4] [5] [6] [7] [8] [9]

请填写考点信息

考点序号
[0] [1] [2] [3] [4] [5] [6] [7] [8] [9]
[0] [1] [2] [3] [4] [5] [6] [7] [8] [9]
[0] [1] [2] [3] [4] [5] [6] [7] [8] [9]
[0] [1] [2] [3] [4] [5] [6] [7] [8] [9]
[0] [1] [2] [3] [4] [5] [6] [7] [8] [9]
[0] [1] [2] [3] [4] [5] [6] [7] [8] [9]
[0] [1] [2] [3] [4] [5] [6] [7] [8] [9]

国籍
[0] [1] [2] [3] [4] [5] [6] [7] [8] [9]
[0] [1] [2] [3] [4] [5] [6] [7] [8] [9]
[0] [1] [2] [3] [4] [5] [6] [7] [8] [9]

年龄
[0] [1] [2] [3] [4] [5] [6] [7] [8] [9]
[0] [1] [2] [3] [4] [5] [6] [7] [8] [9]

性别　　男 [1]　　女 [2]

注意　请用2B铅笔这样写：■

一、听力

1. [✓] [✗]　　6. [✓] [✗]　　11. [A] [B] [C] [D]　　16. [A] [B] [C] [D]　　21. [A] [B] [C] [D]
2. [✓] [✗]　　7. [✓] [✗]　　12. [A] [B] [C] [D]　　17. [A] [B] [C] [D]　　22. [A] [B] [C] [D]
3. [✓] [✗]　　8. [✓] [✗]　　13. [A] [B] [C] [D]　　18. [A] [B] [C] [D]　　23. [A] [B] [C] [D]
4. [✓] [✗]　　9. [✓] [✗]　　14. [A] [B] [C] [D]　　19. [A] [B] [C] [D]　　24. [A] [B] [C] [D]
5. [✓] [✗]　　10. [✓] [✗]　　15. [A] [B] [C] [D]　　20. [A] [B] [C] [D]　　25. [A] [B] [C] [D]

26. [A] [B] [C] [D]　　31. [A] [B] [C] [D]　　36. [A] [B] [C] [D]　　41. [A] [B] [C] [D]
27. [A] [B] [C] [D]　　32. [A] [B] [C] [D]　　37. [A] [B] [C] [D]　　42. [A] [B] [C] [D]
28. [A] [B] [C] [D]　　33. [A] [B] [C] [D]　　38. [A] [B] [C] [D]　　43. [A] [B] [C] [D]
29. [A] [B] [C] [D]　　34. [A] [B] [C] [D]　　39. [A] [B] [C] [D]　　44. [A] [B] [C] [D]
30. [A] [B] [C] [D]　　35. [A] [B] [C] [D]　　40. [A] [B] [C] [D]　　45. [A] [B] [C] [D]

二、阅读

46. [A] [B] [C] [D] [E] [F]　　51. [A] [B] [C] [D] [E] [F]
47. [A] [B] [C] [D] [E] [F]　　52. [A] [B] [C] [D] [E] [F]
48. [A] [B] [C] [D] [E] [F]　　53. [A] [B] [C] [D] [E] [F]
49. [A] [B] [C] [D] [E] [F]　　54. [A] [B] [C] [D] [E] [F]
50. [A] [B] [C] [D] [E] [F]　　55. [A] [B] [C] [D] [E] [F]

56. _____　58. _____　60. _____　62. _____　64. _____

57. _____　59. _____　61. _____　63. _____　65. _____

66. [A] [B] [C] [D]　　71. [A] [B] [C] [D]　　76. [A] [B] [C] [D]　　81. [A] [B] [C] [D]
67. [A] [B] [C] [D]　　72. [A] [B] [C] [D]　　77. [A] [B] [C] [D]　　82. [A] [B] [C] [D]
68. [A] [B] [C] [D]　　73. [A] [B] [C] [D]　　78. [A] [B] [C] [D]　　83. [A] [B] [C] [D]
69. [A] [B] [C] [D]　　74. [A] [B] [C] [D]　　79. [A] [B] [C] [D]　　84. [A] [B] [C] [D]
70. [A] [B] [C] [D]　　75. [A] [B] [C] [D]　　80. [A] [B] [C] [D]　　85. [A] [B] [C] [D]

86-100题 →

三、书写

86.
87.
88.
89.
90.
91.
92.
93.
94.
95.
96.
97.
98.
99.
100.

汉语水平考试
HSK（四级）

注 意

一、HSK（四级）分三部分：

1. 听力（45题，约30分钟）

2. 阅读（40题，40分钟）

3. 书写（15题，25分钟）

二、听力结束后，有5分钟填写答题卡。

三、全部考试约105分钟（含考生填写个人信息时间5分钟）。

汉语水平考试

HSK（四级）

王 茜

一、听力

第一部分

第1-10题：判断对错。

例如：我想去办个信用卡，今天下午你有时间吗？陪我去一趟银行？

★ 说话人打算下午去银行。 (✓)

现在我很少看电视，其中一个原因是，广告太多了，不管什么时间，也不管什么节目，只要你打开电视，总能看到那么多的广告，浪费我的时间。

★ 说话人喜欢看电视广告。 (✗)

1. ★ 北京南站已经到了。 ( )

2. ★ 邮局六点下班。 ( )

3. ★ 今天下午不举行活动了。 ( )

4. ★ 小张每天都写日记。 ( )

5. ★ 说话人不喜欢喝咖啡。 ( )

6. ★ 外面的风很大。 ( )

7. ★ 夏天去东北旅游的人很多。 ( )

8. ★ 说话人还没有时间打扫房间。 ( )

9. ★ 这次的任务很难完成。 ( )

10. ★ 说话人对李明的印象很好。 ( )

第二部分

第11-25题：请选出正确答案。

例如： 女：该加油了，去机场的路上有加油站吗？
男：有，你放心吧。
问：男的主要是什么意思？

  A 去机场   B 快到了   C 油是满的   D 有加油站 ✓

11.   A 应聘成功了   B 不想当记者   C 条件不太好   D 正在等结果

12.   A 平时要练习   B 做菜很容易   C 决定很重要   D 做事要努力

13.   A 打羽毛球   B 参加聚会   C 去理发店   D 和女的约会

14.   A 卖出去   B 空半年   C 借给朋友   D 租给别人

15.   A 弹钢琴   B 看电视   C 打电话   D 听音乐

16.   A 在公司工作   B 收入很不错   C 正在读博士   D 很讨厌学习

17.   A 还没有结束   B 观众特别多   C 踢得很精彩   D 我们队赢了

18.   A 天气很冷   B 空调坏了   C 王师傅病了   D 电话占线了

19.   A 她工作努力   B 她要过生日   C 她想换手机   D 她要毕业了

20.   A 收入不够高   B 工作机会少   C 竞争压力大   D 气候不适应

21. A 留学 B 护照 C 成绩单 D 信用卡

22. A 学校 B 银行 C 超市 D 公司

23. A 广告太少了 B 非常吸引人 C 歌曲很好听 D 变得无聊了

24. A 质量不好 B 买的人多 C 价格便宜 D 颜色漂亮

25. A 多练习 B 多放糖 C 少放盐 D 学做菜

第三部分

第26-45题：请选出正确答案。

例如：男：把这个材料复印五份，一会儿拿到会议室发给大家。
　　　女：好的。会议是下午3点吗？
　　　男：改了。三点半，推迟了半个小时。
　　　女：好，602会议室没变吧？
　　　男：对，没变。
　　　问：会议几点开始？

　　　A 14:00　　　B 15:00　　　C 15:30 ✓　　　D 18:00

26. A 星期一　　　B 星期五　　　C 星期六　　　D 星期天

27. A 环境不好　　B 离公司远　　C 房租很贵　　D 交通不便

28. A 骑自行车去　B 坐出租车去　C 自己走路去　D 坐导游的车去

29. A 介绍工作　　B 提高能力　　C 找一个律师　D 翻译一本书

30. A 教育　　　　B 数学　　　　C 法律　　　　D 经济

31. A 北京下雪了　B 会议推迟了　C 飞机没座位了　D 女的换航班了

32. A 孩子发烧了　B 买不到机票　C 路上堵车了　D 自己生病了

33. A 不太负责　　B 性格很好　　C 做事很粗心　D 适合这份工作

34. A 少吃东西　　B 多做运动　　C 只吃水果　　D 吃减肥药

35. A 比较穷　　　　B 不干净　　　　C 变了很多　　　D 比城市好

36. A 紧张地　　　　B 努力地　　　　C 愉快地　　　　D 热情地

37. A 健康情况　　　B 个人心情　　　C 考试结果　　　D 生活态度

38. A 玩游戏　　　　B 唱京剧　　　　C 爬长城　　　　D 看表演

39. A 朋友生气了　　B 考试没通过　　C 买不到电影票　D 礼拜天要加班

40. A 应该早做准备　　　　　　　　B 会遇到很多困难
　　C 要注意天气变化　　　　　　　D 努力后总能成功

41. A 随便放弃　　　B 降低标准　　　C 积极地解决　　D 找人拿主意

42. A 脾气不好　　　B 不爱说话　　　C 做事没计划　　D 专业不合适

43. A 不够自信　　　B 常常受表扬　　C 工作做不完　　D 越来越聪明

44. A 竞争的增加　　B 人们不保护　　C 环境的改变　　D 海洋的污染

45. A 工作的规定　　B 科学的发展　　C 实际的调查　　D 自然保护区

二、阅读

第一部分

第46-50题：选词填空。

A 严重　　B 接受　　C 研究　　D 坚持　　E 适应　　F 冷静

例如：她每天都（ D ）走路上下班，所以身体一直很不错。

46. 我是北方人，所以刚到南方来的时候，不太（　　）这里的气候。

47. 如果我们年轻时不锻炼身体，老了就很可能产生（　　）的健康问题。

48. 小王在工作中总是能（　　）地解决问题，所以大家都觉得她很优秀。

49. 你说得对，是我太着急了，我（　　）你的批评。

50. 王教授是专门（　　）中国历史的，知识相当丰富。

第51-55题：选词填空。

A 暂时　　B 秒　　C 温度　　D 酸　　E 顺序　　F 偶尔

例如：A：今天真冷啊，好像白天最高（ C ）才2℃。

B：刚才电视里说明天更冷。

51. A：你今天体育课的100米跑步跑得怎么样？

B：速度有点儿慢，得再提高两（　　）才能通过100米的考试。

52. A：妈妈，你买的葡萄怎么这么（　　）啊？

B：不好吃吗？哎呀，我买的时候应该尝一尝的。

53. A：放暑假的时候我想回国一趟，可我怕把房间的钥匙弄丢了。

B：我觉得可以（　　）放在小张那里，他不回国。

54. A：我最喜欢的演员怎么还没有出场啊？

B：你看一下演出的介绍，上面有节目的（　　）。

55. A：你平时除了打网球，还有别的爱好吗？

B：（　　）也会打打篮球，不过没有网球打得好。

第二部分

第56-65题：排列顺序。

例如：A 可是今天起晚了

　　　B 平时我骑自行车上下班

　　　C 所以就打车来公司　　　　　　　　　　B A C

56. A 没有人能永远都不经历失败

　　B 有的人在失败后放弃了努力

　　C 区别是有的人能从失败中获得经验　　　_____

57. A 而应该多和朋友交流交流

　　B 不要总是放在心里

　　C 如果我们在生活中遇到了烦恼　　　　　_____

58. A 丽丽十分感动

　　B 昨天有个男的送了丽丽巧克力和花

　　C 然而她还是拒绝了做他的女朋友　　　　_____

59. A 昨天晚上我写工作总结睡得太晚了

　　B 没办法参加这次国际会议了

　　C 早上没赶上去上海的航班　　　　　　　_____

60. A 我觉得偶尔吃一次应该也没关系

    B 但是烤鸭实在是太香了

    C 最近我正在努力减肥

61. A 一般来说要在60公里和120公里之间

    B 对开车的速度是有要求的

    C 在高速公路上开车的时候

62. A 我觉得你对他可能有一些误会

    B 然后再决定是否邀请他

    C 所以能不能先听我解释一下

63. A 最近常常加班，工作很辛苦

    B 昨天晚上我八点就上床睡觉了

    C 可是一直在做梦，睡得不好

64. A 这让观众感到很吃惊

    B 尽管这位演员的年龄看起来只有十多岁

    C 可没想到她的表演水平特别高

65. A 打游戏打到了天亮

    B 结果今天白天上班时困得不行

    C 李明昨天晚上没睡觉

第三部分

第66-85题：请选出正确答案。

例如：她很活泼，说话很有趣，总能给我们带来快乐，我们都很喜欢和她在一起。

★ 她是个什么样的人？

A 幽默 ✓　　B 马虎　　C 骄傲　　D 害羞

66. 许多年轻人放假后总是在家里睡觉或者玩电脑，这对他们的健康没有好处。年轻人应该活泼一些，多出去看看外面的景色，呼吸呼吸新鲜空气。

★ 年轻人放假的时候应该：

A 多玩电脑　　B 锻炼身体　　C 多出门走走　　D 在家里睡觉

67. 我不是反对你和他在一起，只是结婚是人生大事，你应该考虑清楚。要知道，性格好比长得帅更重要。性格合适的两个人，结婚后才能幸福。你们应该互相再多了解了解。

★ 这段话主要谈的是：

A 性格的养成　　　　B 结婚的目的
C 考虑问题的方法　　D 选择爱人的标准

68. 平时我们在外面吃饭时，可能会遇到在餐厅抽烟的人。这时候我们可以礼貌地和他们商量一下，让他们到餐厅外面抽烟，一般他们不会拒绝这样的要求。

★ 餐厅里如果有人抽烟，我们可以：

A 批评他们　　B 离开餐厅　　C 和他们商量　　D 问他们的看法

69. 无论是在学习还是工作当中，压力是每个人都会有的。感到有压力时，我们应该学会放松，例如去喜欢的商店购物，看一场有意思的电影，和好朋友一起聊天等。

★ 有压力的时候我们应该：

A 继续学习　　B 学会放松　　C 多吃东西　　D 花很多钱

70. 有的人很喜欢开玩笑，以为自己很幽默。但有的时候这些玩笑会让别人受不了，甚至感到伤心。开玩笑时，我们应该先想一想这个玩笑合适不合适。

★ 开玩笑之前要想一想，这个玩笑是否：

　　A 有趣　　　　B 积极　　　　C 正确　　　　D 合适

71. 无论是自己民族的文化，还是其他国家和民族的文化，都是世界文明的重要组成部分。因此我们都要尊重并保护，否则会影响各国各民族之间的交流。

★ 对于外国文化，我们的态度应该是：

　　A 尊重　　　　B 拒绝　　　　C 羡慕　　　　D 感谢

72. 判断一个人是否成熟，要以他的实际年龄为基础，但是这不是最重要的，关键还要看他是否有丰富的生活经验。

★ 判断一个人是否成熟，关键要看他的：

　　A 年龄　　　　B 经验　　　　C 性别　　　　D 能力

73. 很多大学生刚毕业的时候不清楚自己适合什么职业，应聘的时候要考虑很久。其实，只有真正参与到具体的工作中，才能弄清楚自己的优点和缺点。

★ 这段话主要谈的是：

　　A 赚钱的方法　B 职业的选择　C 发现优缺点　D 养成好习惯

74. 拒绝别人是一门艺术。在不得不拒绝别人时，一定要注意说话的态度。否则会给别人留下不好的印象，甚至伤害别人。

★ 拒绝别人时，我们要：

　　A 表示感谢　　B 说明原因　　C 理解艺术　　D 注意态度

75. 在中国，酒深受大家喜爱，有"无酒不成席"的说法。尤其是过年过节，请客吃饭的时候，喝酒是亲戚朋友之间不可缺少的重要活动。

★ 在中国，酒：

　　A 做法简单　　B 很受欢迎　　C 味道一般　　D 不能久放

76. 通过阅读这本书，我们可以学到很多关于少数民族的知识。作者说，他写这本书的目的就是想让更多的人了解少数民族的文化和生活习惯，让不同民族之间的关系变得更好。

    ★ 这本书可以让我们：

    A 学习语法　　　B 关系变好　　　C 了解少数民族　D 参加文化交流

77. 研究发现，如果父母在教育孩子的时候能够以鼓励为主，少批评，那么孩子的自信心就会大大增强。

    ★ 教育孩子时要：

    A 多鼓励　　　　B 常原谅　　　　C 有方法　　　　D 有信心

78. "旧书网"是一个专门买卖旧书的网站。在这里，你可以用很便宜的价格买到你想要的书。同时，你也可以把自己的旧书放在这里卖。这个网站的出现减少了资源的浪费。

    ★ 上"旧书网"：

    A 能讨论新书　　B 很浪费时间　　C 可以买卖旧书　D 可以免费阅读

79. 明天就要考试了，大家回去后请准备好铅笔、橡皮和准考证。今天晚上要放松心情，好好休息。明天考试时不要紧张！

    ★ 参加考试前要：

    A 认真复习　　　B 做好准备　　　C 仔细检查　　　D 重新报名

80-81.

一个年轻人问富人怎么才能赚更多的钱，富人没有直接回答他，而是拿出3个大小不同的苹果说："我们来比比谁吃的苹果多。"年轻人想都没想就拿了最大的一个，而富人拿了最小的一个。富人很快就吃完了，又拿起第3个苹果吃起来，吃完后说："还是我吃得多吧。"年轻人突然明白了，如果只看眼前的好处，那一定会输掉更多。

    ★ 富人选小个苹果的原因是：

    A 他已经饱了　　B 他很懂礼貌　　C 他不喜欢苹果　D 他能吃得更多

    ★ 这个故事想告诉我们：

    A 赚钱不容易　　B 态度很重要　　C 别只看到眼前　D 不要羡慕富人

82-83.

中国人常说，"能力越大，责任越大"。这句话的意思就是，如果一个人可以做别人做不到的事情，就能得到更多的机会，完成更多的任务。同时，他身上的责任也会更大。其实，对有能力的人来说，如果不怕辛苦，就能得到锻炼，比别人获得的经验要多得多。

★ 有能力的人：

A 要积极帮助别人　　　　B 会受到更多批评
C 能提高工作水平　　　　D 会有更大的责任

★ 不怕辛苦就可以：

A 锻炼身体　　B 获得经验　　C 赚很多钱　　D 受到重视

84-85.

许多人总是羡慕别人的幸福，却不知道其实幸福就在自己手中。不要以为幸福就是有很多钱，很多车，其实幸福往往是免费的，比如亲情、爱情、友谊，比如别人的帮助、支持、鼓励……都让我们感到愉快。除了这些，如果每一天的生活都既丰富又有趣，难道不就是一种幸福吗？让我们更积极地生活，努力把每一天都活得更精彩，更幸福吧！

★ 根据上文，幸福是：

A 很难获得的　　B 需要保护的　　C 没有标准的　　D 在自己手中的

★ 怎么做才能获得更多的幸福？

A 努力地赚钱　　　　　　B 积极地生活
C 交不同的朋友　　　　　D 积累丰富的知识

三、书写

第一部分

第86-95题：完成句子。

例如：那座桥　　800年的　　历史　　有　　了

　　　　那座桥有800年的历史了。

86. 公司的　　招聘会由　　这次　　负责　　他

87. 压力　　公共自行车　　增加了　　城市管理的

88. 只好　　经理　　再检查一遍　　发展计划

89. 小狗　　弄　　沙发　　脏了　　被

90. 祝贺　　一个警察　　正式成为　　你

91. 就出国　　一毕业　　小李　　读博士了

92. 是　　秋天　　一个　　去看红叶　　好主意

93. 把　　我不小心　　错了　　学校地址　　填

94. 生活着　　海洋里　　动物和植物　　各种各样的

95. 使人　　这个消息　　很激动　　心情

第二部分

第96-100题：看图，用词造句。

例如：  乒乓球   他的爱好是打乒乓球。

96.  长城

97.  页

98.  表演

99.  害羞

100.  翻译

실전모의고사 제4회 정답

듣기   해설집 p.148

제1부분
1 ×   2 ×   3 ✓   4 ✓   5 ×   6 ✓   7 ✓   8 ✓   9 ×   10 ✓

제2부분
11 D   12 D   13 C   14 D   15 A   16 C   17 C   18 B   19 D   20 D   21 C   22 B   23 D   24 C   25 C

제3부분
26 D   27 C   28 B   29 D   30 A   31 D   32 A   33 D   34 B   35 C   36 C   37 D   38 C   39 A   40 D
41 C   42 C   43 B   44 C   45 D

독해   해설집 p.166

제1부분
46 E   47 A   48 F   49 B   50 C   51 B   52 D   53 A   54 E   55 F

제2부분
56 ACB   57 CBA   58 BAC   59 ACB   60 CBA   61 CBA   62 ACB   63 ABC   64 BCA   65 CAB

제3부분
66 C   67 D   68 C   69 B   70 D   71 A   72 B   73 B   74 D   75 B   76 C   77 A   78 C   79 B   80 D
81 C   82 D   83 B   84 D   85 B

쓰기   해설집 p.182

제1부분
86 这次公司的招聘会由他负责。
87 公共自行车增加了城市管理的压力。
88 经理只好再检查一遍发展计划。
89 沙发被小狗弄脏了。
90 祝贺你正式成为一个警察。
91 小李一毕业就出国读博士了。
92 秋天去看红叶是一个好主意。
93 我不小心把学校地址填错了。
94 海洋里生活着各种各样的动物和植物。
95 这个消息使人心情很激动。

제2부분

96
모범 답안 ① 我终于来到了长城。
모범 답안 ② 长城真的长极了。

97
모범 답안 ① 这本书一共500多页。
모범 답안 ② 这篇小说有500多页。

98
모범 답안 ① 她们表演得好极了。
모범 답안 ② 看起来她们表演得非常开心。

99
모범 답안 ① 这个孩子很害羞。
모범 답안 ② 孩子戴着帽子觉得很害羞。

100
모범 답안 ① 她在给朋友做翻译。
모범 답안 ② 她能用英文交流，不需要翻译。

실전모의고사
제5회

*실제 시험을 보는 것처럼 시간에 맞춰 실전모의고사를 풀어보세요.

잠깐! 테스트 전 확인 사항

1. 휴대 전화의 전원을 끄셨나요? ····················· ☐
2. 답안지, 연필, 지우개가 준비되셨나요? ············ ☐
3. 시계가 준비되셨나요? ······························· ☐
　*듣기 답안 작성 5분, 독해+쓰기 65분

고사장 소음까지 대비하고
듣기 점수 올리려면?

해커스중국어(china.Hackers.com)에서
고사장 소음 버전 MP3 무료 다운받기!

답안지

汉语水平考试 HSK（四级）答题卡

请填写考生信息

请按照考试证件上的姓名填写：

姓名

如果有中文姓名，请填写：

中文姓名

考生序号 [0][1][2][3][4][5][6][7][8][9]
[0][1][2][3][4][5][6][7][8][9]
[0][1][2][3][4][5][6][7][8][9]
[0][1][2][3][4][5][6][7][8][9]
[0][1][2][3][4][5][6][7][8][9]

请填写考点信息

考点序号 [0][1][2][3][4][5][6][7][8][9]
[0][1][2][3][4][5][6][7][8][9]
[0][1][2][3][4][5][6][7][8][9]
[0][1][2][3][4][5][6][7][8][9]
[0][1][2][3][4][5][6][7][8][9]
[0][1][2][3][4][5][6][7][8][9]
[0][1][2][3][4][5][6][7][8][9]

国籍 [0][1][2][3][4][5][6][7][8][9]
[0][1][2][3][4][5][6][7][8][9]
[0][1][2][3][4][5][6][7][8][9]

年龄 [0][1][2][3][4][5][6][7][8][9]
[0][1][2][3][4][5][6][7][8][9]

性别　　男 [1]　　女 [2]

注意　请用2B铅笔这样写：■

一、听力

1. [✓] [✗]　　　6. [✓] [✗]　　　11. [A] [B] [C] [D]　　16. [A] [B] [C] [D]　　21. [A] [B] [C] [D]
2. [✓] [✗]　　　7. [✓] [✗]　　　12. [A] [B] [C] [D]　　17. [A] [B] [C] [D]　　22. [A] [B] [C] [D]
3. [✓] [✗]　　　8. [✓] [✗]　　　13. [A] [B] [C] [D]　　18. [A] [B] [C] [D]　　23. [A] [B] [C] [D]
4. [✓] [✗]　　　9. [✓] [✗]　　　14. [A] [B] [C] [D]　　19. [A] [B] [C] [D]　　24. [A] [B] [C] [D]
5. [✓] [✗]　　　10. [✓] [✗]　　15. [A] [B] [C] [D]　　20. [A] [B] [C] [D]　　25. [A] [B] [C] [D]

26. [A] [B] [C] [D]　　31. [A] [B] [C] [D]　　36. [A] [B] [C] [D]　　41. [A] [B] [C] [D]
27. [A] [B] [C] [D]　　32. [A] [B] [C] [D]　　37. [A] [B] [C] [D]　　42. [A] [B] [C] [D]
28. [A] [B] [C] [D]　　33. [A] [B] [C] [D]　　38. [A] [B] [C] [D]　　43. [A] [B] [C] [D]
29. [A] [B] [C] [D]　　34. [A] [B] [C] [D]　　39. [A] [B] [C] [D]　　44. [A] [B] [C] [D]
30. [A] [B] [C] [D]　　35. [A] [B] [C] [D]　　40. [A] [B] [C] [D]　　45. [A] [B] [C] [D]

二、阅读

46. [A] [B] [C] [D] [E] [F]　　51. [A] [B] [C] [D] [E] [F]
47. [A] [B] [C] [D] [E] [F]　　52. [A] [B] [C] [D] [E] [F]
48. [A] [B] [C] [D] [E] [F]　　53. [A] [B] [C] [D] [E] [F]
49. [A] [B] [C] [D] [E] [F]　　54. [A] [B] [C] [D] [E] [F]
50. [A] [B] [C] [D] [E] [F]　　55. [A] [B] [C] [D] [E] [F]

56. _____　58. _____　60. _____　62. _____　64. _____

57. _____　59. _____　61. _____　63. _____　65. _____

66. [A] [B] [C] [D]　　71. [A] [B] [C] [D]　　76. [A] [B] [C] [D]　　81. [A] [B] [C] [D]
67. [A] [B] [C] [D]　　72. [A] [B] [C] [D]　　77. [A] [B] [C] [D]　　82. [A] [B] [C] [D]
68. [A] [B] [C] [D]　　73. [A] [B] [C] [D]　　78. [A] [B] [C] [D]　　83. [A] [B] [C] [D]
69. [A] [B] [C] [D]　　74. [A] [B] [C] [D]　　79. [A] [B] [C] [D]　　84. [A] [B] [C] [D]
70. [A] [B] [C] [D]　　75. [A] [B] [C] [D]　　80. [A] [B] [C] [D]　　85. [A] [B] [C] [D]

86-100题 →

三、书写

86.

87.

88.

89.

90.

91.

92.

93.

94.

95.

96.

97.

98.

99.

100.

请不要写到框线以外！

汉语水平考试
HSK（四级）

注　意

一、HSK（四级）分三部分：

　　1. 听力（45题，约30分钟）

　　2. 阅读（40题，40分钟）

　　3. 书写（15题，25分钟）

二、听力结束后，有5分钟填写答题卡。

三、全部考试约105分钟（含考生填写个人信息时间5分钟）。

汉语水平考试

HSK（四级）

一、听 力

第一部分

第1-10题：判断对错。

例如：我想去办个信用卡，今天下午你有时间吗？陪我去一趟银行？

★ 说话人打算下午去银行。　　　　　　　　　　　　　（ ✓ ）

现在我很少看电视，其中一个原因是，广告太多了，不管什么时间，也不管什么节目，只要你打开电视，总能看到那么多的广告，浪费我的时间。

★ 说话人喜欢看电视广告。　　　　　　　　　　　　　（ × ）

1. ★ 说话人偶尔会忘记关灯。　　　　　　　　　　　　（　　）

2. ★ 大家很支持这次的活动。　　　　　　　　　　　　（　　）

3. ★ 他们打算选后面的座位。　　　　　　　　　　　　（　　）

4. ★ 说话人以前很喜欢喝茶。　　　　　　　　　　　　（　　）

5. ★ 弟弟已经感冒了。　　　　　　　　　　　　　　　（　　）

6. ★ 关于历史方面的问题可以问林华。　　　　　　　　（　　）

7. ★ 乒乓球比赛他们班没拿到第一。　　　　　　　　　（　　）

8. ★ 去北京的航班还没开始登机。　　　　　　　　　　（　　）

9. ★ 小丽还没有报名。　　　　　　　　　　　　　　　（　　）

10. ★ 说话人学习非常努力。　　　　　　　　　　　　（　　）

第二部分

第11-25题：请选出正确答案。

例如：女：该加油了，去机场的路上有加油站吗？
男：有，你放心吧。
问：男的主要是什么意思？

      A 去机场　　　B 快到了　　　C 油是满的　　　D 有加油站 ✓

11.　A 吃晚饭　　　B 逛超市　　　C 洗毛巾　　　D 看电视

12.　A 价格太贵　　　B 质量很差　　　C 样子不好　　　D 颜色不合适

13.　A 在家睡觉　　　B 出去旅行　　　C 学弹钢琴　　　D 参加考试

14.　A 火车站　　　B 加油站　　　C 大使馆　　　D 图书馆

15.　A 气候不好　　　B 历史不长　　　C 植物很少　　　D 交通方便

16.　A 准备材料　　　B 参加会议　　　C 举办活动　　　D 进行调查

17.　A 已经没课了　　　B 已经毕业了　　　C 想多积累经验　　　D 家里经济困难

18.　A 很得意　　　B 很烦恼　　　C 很难过　　　D 很吃惊

19.　A 自己开车　　　B 乘坐地铁　　　C 坐出租车　　　D 骑自行车

20.　A 很爱吃糖　　　B 在喝中药　　　C 病都好了　　　D 喜欢喝茶

21. A 一个包 B 一条裙子 C 一件衬衫 D 还没想好

22. A 预习 B 复习 C 看表演 D 看电影

23. A 记者 B 作家 C 护士 D 翻译

24. A 出国 B 开会 C 旅行 D 参观

25. A 浪漫的 B 马虎的 C 冷静的 D 自信的

第三部分

第26-45题：请选出正确答案。

例如： 男：把这个材料复印五份，一会儿拿到会议室发给大家。
女：好的。会议是下午3点吗？
男：改了。三点半，推迟了半个小时。
女：好，602会议室没变吧？
男：对，没变。
问：会议几点开始？

A 14:00　　　　B 15:00　　　　C 15:30 ✓　　　　D 18:00

26. A 黄色　　　　B 黑色　　　　C 红色　　　　D 蓝色

27. A 存钱　　　　B 逛街　　　　C 取签证　　　　D 买门票

28. A 准备材料　　B 开始做菜　　C 打扫冰箱　　D 整理厨房

29. A 房租很便宜　B 离公园很远　C 还没有搬家　D 邻居很友好

30. A 在公司加班　B 一个人喝酒　C 和朋友唱歌　D 与同事喝酒

31. A 打开空调　　B 打开窗户　　C 照顾小孩　　D 把烟扔了

32. A 上半年生意很好　　　　　B 最近收入增加了
　　C 是个很大的公司　　　　　D 比以前差了很多

33. A 车没油了　　B 雨太大了　　C 他加班了　　D 路上堵车

34. A 邮局　　　　B 机场　　　　C 图书馆　　　　D 植物园

35. A 有包子卖　　　B 在学校对面　　　C 菜给得很多　　　D 菜的味道不好

36. A 提前准备好问题　　　　　　B 指出别人的错误
    C 认真听别人说话　　　　　　D 坚持自己的看法

37. A 互相尊重　　　B 提出建议　　　C 态度友好　　　D 不能骄傲

38. A 半个小时　　　B 一个小时　　　C 两个小时　　　D 三个小时

39. A 开车去机场　　　B 注意听广播　　　C 不要去购物　　　D 少带些行李

40. A 工作计划　　　B 放松身体　　　C 学习方法　　　D 养成习惯

41. A 睡前要多喝水　B 睡前不能吃饭　C 时间不能太长　D 最好不要躺着

42. A 服务很好　　　B 不用出门　　　C 十分安全　　　D 都在打折

43. A 送货时间长　　B 介绍太简单　　C 过程比较复杂　D 质量不一定好

44. A 爱说话　　　B 很有礼貌　　　C 会踢足球　　　D 喜欢看书

45. A 获得奖金了　　B 比赛踢赢了　　C 受到表扬了　　D 成绩提高了

二、阅 读

第一部分

第46-50题：选词填空。

      A 工资   B 从来   C 出差   D 坚持   E 至少   F 演出

例如：她每天都（ D ）走路上下班，所以身体一直很不错。

46. 这场（　　）非常精彩，台下的观众都被深深地吸引了。

47. 因为上一年他工作特别努力，经理给他增加了（　　）。

48. 招聘信息上要求（　　）硕士毕业，我不符合这个条件。

49. 他经常要（　　），每个月差不多有一半的时间在外面。

50. 他虽然是我邻居，可是我们见面（　　）不打招呼，所以我对他也不熟悉。

第51-55题：选词填空。

A 厉害　　B 故意　　C 温度　　D 高速公路　　E 提供　　F 免费

例如：A：今天真冷啊，好像白天最高（ C ）才2℃。

　　　B：刚才电视里说明天更冷。

51. A：火车上（　　）热水，我们带个杯子就行。

　　B：好，那我再带点儿茶叶。

52. A：玛丽可真（　　），会说这么多种语言。

　　B：没错，她在学校的时候不但学习了汉语，而且自学了法语和日语。

53. A：你有零钱吗？我忘带交通卡了。

　　B：不用准备零钱，前面有去超市的（　　）公共汽车。

54. A：现在雪下得这么大，在（　　）上开车实在是太危险了。

　　B：你说得对，我们等雪停了再出发吧。

55. A：我真的不是（　　）把花瓶打破的，我保证不会有下一次了。

　　B：好吧，这次就原谅你。

第二部分

第56-65题：排列顺序。

例如：A 可是今天起晚了

　　　B 平时我骑自行车上下班

　　　C 所以就打车来公司　　　　　　　　　　　　　B A C

56. A 这一站上下车的人较多

　　 B 各位乘客，前方到站新天地站

　　 C 请要下车的乘客提前到左边车门做好准备　　　_____

57. A 如果选择的方法不对

　　 B 只会离成功越来越远

　　 C 做任何事除了努力，也需要注意方法　　　　　_____

58. A 所以只好选择了法律专业

　　 B 我原来的理想是学经济

　　 C 可惜我的数学成绩太差了　　　　　　　　　　_____

59. A 为了感谢她这几年的辛苦工作

　　 B 大家决定为她举办一个聚会

　　 C 林经理由于工作原因马上要离开北京了　　　　_____

60. A 出门不用带钥匙了，很方便

    B 现在很流行密码锁

    C 但是如果密码被人知道就不太安全了 _____

61. A 我们的家具都是绿色材料做的

    B 保证对健康没有任何影响

    C 因此您可以放心地使用 _____

62. A 晚上的聚会就不去了吧

    B 现在胳膊疼得都举不起来了

    C 我今天打了一天的篮球 _____

63. A 告诉大家无论走到哪里，朋友的友谊都不会改变

    B 毕业晚会上他用一首老歌《朋友》

    C 同学们听完后都感动得哭了 _____

64. A 出门走一公里就有地铁站

    B 但交通还是挺方便的

    C 尽管这里是郊区 _____

65. A 听了他的话，我减肥成功了

    B 比以前瘦了二十多斤

    C 医生让我少吃一点，多锻炼 _____

第三部分

第66-85题：请选出正确答案。

例如：她很活泼，说话很有趣，总能给我们带来快乐，我们都很喜欢和她在一起。

★ 她是个什么样的人？

A 幽默 ✓　　　B 马虎　　　C 骄傲　　　D 害羞

66. 上个星期五，我们一家人去海边看日出。人不多，海边又安静又凉快。太阳从海的那边跳出来的时候，我们都开心地笑了起来，不仅因为看到了日出，更因为有家人陪在身边。

★ 让他们觉得开心的是：

A 天气很凉快　　　　　　B 能去海边玩
C 能和家人在一起　　　　D 看日出的人不多

67. 有人说过："怀疑一切。"不管是在学习上，还是在生活中，我们都要有怀疑精神。但怀疑是以丰富的知识积累和认真的思考过程为基础的，而不是随便地对一件事情表示怀疑。

★ 怀疑的基础是：

A 认真的调查　　B 丰富的知识　　C 负责的态度　　D 生活的经验

68. 中国人普遍喜欢打羽毛球，这种运动不需要很大的力气，不管是老人还是孩子都比较适合打。而且，中国的运动员在世界羽毛球比赛中常常能获得第一名，让中国人更喜欢羽毛球了。

★ 关于羽毛球，我们可以知道：

A 很多中国人喜欢　　　　B 不适合小孩子打
C 需要很大的力气　　　　D 比赛有很多观众

69. 南方很少下雪，但是2008年冬天，下了一场历史上少见的大雪。雪下过之后，温度降低得很快，很多植物都死了。科学家们说以后这样不正常的天气会越来越多。

★ 根据这段话，可以知道：

A 科学家是北方人　　　　B 天气越来越冷了
C 北方植物特别少　　　　D 南方很少下大雪

70. 有趣的人总是会吸引更多的人跟他交朋友，因为这样的人不但自己会过得很开心，也能给别人留下很深的印象。

★ 什么样的人能给别人留下很深的印象？

A 优秀　　　　B 勇敢　　　　C 幽默　　　　D 诚实

71. 电影《霸王别姬》讲的是两位京剧演员半个世纪的人生经历。这部电影当年获得了很多国际大奖，现在仍然有很多人喜欢看。可以说，它的成功让更多的人了解了中国的京剧文化。

★ 根据这段话，我们可以知道《霸王别姬》：

A 适合儿童去看　B 没能拿到大奖　C 爱看的人不多　D 是关于京剧的

72. 冬天来了，北方的天气越来越冷了。每到这个时候，很多人会选择去海南旅游。因为那里的冬天很暖和，景色也很美，还有吃不完的香甜水果。

★ 海南：

A 冬天很冷　　　B 空气不好　　　C 水果很多　　　D 不常下雨

73. 《动物世界》是过去十年里观众最喜欢的电视节目之一。它通过一个个感人的故事告诉人们要保护动物，并且要尊重这些生命。

★ 《动物世界》告诉人们：

A 竞争很普遍　　B 人类很聪明　　C 应该保护动物　D 自然非常美丽

74. 过去人们常说"严师出高徒"，意思是说只有要求严格的老师，才能教出优秀的学生。其实，光靠严格的老师是不够的，关键还得看自己是否能严格要求自己。

★ "严师出高徒"的"高徒"是什么意思？

A 很优秀的学生　B 高个子的学生　C 长得帅的学生　D 收入多的学生

75. 要想做出真正的中国菜，没有"色、香、味"这三点是肯定不行的。"色"是颜色，"香"是香气，"味"是味道。真正的中国菜颜色丰富，香气扑鼻，味道好吃，看起来就是一件美丽的艺术品。

★ 真正的中国菜：

A 味道特别　　　B 材料简单　　　C 没有香气　　　D 像艺术品

76. 女朋友心情不好的时候，可以陪她逛逛街，买买衣服，吃吃东西，看看电影，或者给她讲讲笑话，要让她感觉到关心和爱。

　　★ 女朋友心情不好的时候，男朋友可以做什么？

　　　A 不上班　　　B 逛公园　　　C 买礼物　　　D 陪着她

77. 我本来跟朋友说好晚上七点一起吃饭的，可是公司的会议推迟了，估计八点才能结束。我只好跟朋友重新约时间了。

　　★ 会议可能几点结束？

　　　A 五点　　　B 六点　　　C 七点　　　D 八点

78. 城市的污染问题越来越严重了，如果得不到及时解决，就会影响经济发展。因此，我们在发展经济的同时，千万别忘了保护环境。

　　★ 这段话建议我们要：

　　　A 解决问题　　B 注意健康　　C 总结经验　　D 保护环境

79. 附近有家超市，我去买了些吃的、喝的，还买了刷牙和洗脸需要的东西。付款的时候，我向售货员要了一个大塑料袋，一共花了九十八块钱。

　　★ 我在超市买了：

　　　A 手表　　　B 裤子　　　C 毛巾　　　D 橡皮

80-81.

　　刚认识我丈夫的时候，我认为他聪明、热情。可是约会了半年后，我发现他有很多缺点，容易发脾气，有时候很懒，什么事也不愿意干，于是想要放弃。这时，妈妈跟我说，每个人都有优点和缺点，要想获得幸福的爱情，不能只看到对方的缺点。妈妈的话对我影响很大，现在我和丈夫结婚快十年了，我们一直互相理解，过得很幸福。

　　★ 约会半年后，我为什么想要放弃丈夫？

　　　A 父母都很反对　B 他有很多缺点　C 兴趣爱好不同　D 生活习惯不同

　　★ 这段话主要谈的是如何：

　　　A 获得幸福的爱情　　　　　　B 跟朋友友好交流
　　　C 看到别人的优点　　　　　　D 找到合适的丈夫

82-83.

和普通地图相比，手机地图由于使用方便正变得越来越流行。手机地图可以用最快的速度告诉我们怎样去一个地方，它还可以特别准确地提供乘坐公共汽车或地铁到目的地的方案。另外，当我们赶时间，不想乘坐公共交通的时候，手机地图还可以直接帮我们叫出租车，十分方便。

★ 与普通地图相比，手机地图：

A 不太流行　　B 不太好用　　C 更加方便　　D 更加复杂

★ 手机地图的优点不包括：

A 特别准确　　B 速度很快　　C 可以打车　　D 价格便宜

84-85.

许多留学生都会有这样的困惑，他们只能听懂老师说的汉语，而听不懂其他中国人说的话，在日常生活中和中国人用汉语交流非常困难。出现这种情况的原因有两个：首先，留学生的汉语水平不高，说得不够流利；其次，不是每个中国人说的普通话都像老师一样标准。

★ 留学生在日常生活中交流困难的一个原因是：

A 汉语基础较差　　　　B 听不懂普通话
C 老师教得太容易　　　D 不了解中国文化

★ 这段话主要讲的是：

A 中国人的生活习惯　　B 普通话水平考试
C 留学生的学习经历　　D 对汉语老师的要求

三、书 写

第一部分

第86-95题：完成句子。

例如：那座桥　　800年的　　历史　　有　　了

　　　　那座桥有800年的历史了。

86. 怎么考虑　　是　　的　　你们

87. 你看起来　　很像　　那个演员　　真的

88. 灯　　一直　　办公室里　　亮着

89. 你说的　　我　　不再　　了　　相信　　话

90. 她　　去散步　　陪　　我想

91. 她是个　　在我的　　诚实的人　　印象中

92. 他继续加班　　他的　　不允许　　身体情况

93. 杂志　　弄丢了　　被　　他刚借回来的

94. 几乎跟　　他儿子的　　一样　　语言能力　　大人

95. 每个人对　　不同的　　都有　　成功　　理解

第二部分

第96-100题：看图，用词造句。

例如：  乒乓球　　他的爱好是打乒乓球。

96.  号码

97.  俩

98.  活泼

99.  扔

100.  解释

실전모의고사 제5회 정답

듣기　　　　　　　　　　　　　　　　　　　　　　　　　　　해설집 p.190

제1부분
1 ✓　2 ✓　3 ✓　4 ✗　5 ✗　6 ✗　7 ✓　8 ✗　9 ✓　10 ✗

제2부분
11 B　12 D　13 B　14 C　15 A　16 B　17 C　18 A　19 C　20 B　21 D　22 B　23 D　24 B　25 C

제3부분
26 C　27 D　28 A　29 D　30 D　31 B　32 B　33 A　34 D　35 D　36 C　37 A　38 C　39 B　40 B
41 C　42 B　43 D　44 C　45 B

독해　　　　　　　　　　　　　　　　　　　　　　　　　　　해설집 p.208

제1부분
46 F　47 A　48 E　49 C　50 B　51 E　52 A　53 F　54 D　55 B

제2부분
56 BAC　57 CAB　58 BCA　59 CAB　60 BAC　61 ABC　62 CBA　63 BAC　64 CBA　65 CAB

제3부분
66 C　67 B　68 A　69 D　70 C　71 D　72 C　73 C　74 A　75 D　76 D　77 D　78 C　79 C　80 B
81 A　82 C　83 D　84 A　85 C

쓰기　　　　　　　　　　　　　　　　　　　　　　　　　　　해설집 p.225

제1부분
86 你们是怎么考虑的？
88 办公室里一直亮着灯。
90 我想陪她去散步。
92 他的身体情况不允许他继续加班。
94 他儿子的语言能力几乎跟大人一样。

87 你看起来真的很像那个演员。
89 我不再相信你说的话了。
91 在我的印象中她是个诚实的人。
93 他刚借回来的杂志被弄丢了。
95 每个人对成功都有不同的理解。

제2부분

96
모범 답안 ① 她把电话号码写在本子上了。
모범 답안 ② 她记下来的号码现在占线。

97
모범 답안 ① 她们俩是好朋友。
모범 답안 ② 她们俩把手弄脏了。

98
모범 답안 ① 他是个活泼的孩子。
모범 답안 ② 这个孩子的性格非常活泼。

99
모범 답안 ① 他把球扔了出去。
모범 답안 ② 他的扔球动作很好。

100
모범 답안 ① 老师在给学生解释问题。
모범 답안 ② 他解释得很清楚，学生听懂了。

시험에 나올 어휘를
효과적으로 공부하려면?

해커스중국어(china.Hackers.com)에서
<예문으로 마스터하는 HSK4급 필수어휘 600> 무료 다운받기!

해커스
HSK 4급
실전모의고사

합격을 위한 막판 1주!

실전모의고사
5회분

상세한 해설집
(어휘+합격 노하우)

모의고사용/
문제별 분할/
고사장 소음 버전 MP3

추가 자료 해커스중국어 china.Hackers.com

본 교재 동영상강의(할인쿠폰 수록) · HSK 4급 필수어휘 600 · HSK 기출 사자성어 · 매일 HSK 필수어휘 테스트

3

중국어 실력 점검!
무료 HSK 레벨테스트

자신의 HSK 실력이 궁금하다면,
무료 HSK 레벨테스트

1. 4년간 철저한 시험문제 분석을 반영하여
   해커스 HSK연구소에서 직접 출제!

2. 영역별 점수 및 추천 공부방법까지
   철저한 성적 분석 서비스

무료테스트 바로가기

4

해커스중국어
실전모의고사
3 STEP 학습 시스템

강의 듣고! > **보충하고!** > **복습하자!**

오늘의 강의
스타강사 선생님의
명쾌한 강의에
실전 팁까지!

쓰기영역
보너스 강의
어려운 쓰기영역
정복을 위한
추가 동영상강의

쓰기빈출자료집
선생님이 정리한
시험에 많이 나오는
빈출 자료 제공

해커스중국어 china.Hackers.com